제5판

영유아 프로그램의 다양성과 역동성

Approaches to Early Childhood Education

Jaipaul L. Roopnarine · James E. Johnson 공저
이진희 · 윤은주 · 성소영 · 이병호 · 전홍주 · 안지령 공역

PEARSON 아카데미프레스

Approaches to Early Childhood Education, 5/E

Authorized Translation from the English language edition, entitled APPROACHES TO EARLY CHILDHOOD EDUCATION, 5th Edition, ISBN: 0135126282 by ROOPNARINE, JAIPAUL L.; JOHNSON, JAMES E., published by Pearson Education, Inc, publishing as Merrill, Copyright © 2009

KOREAN language edition published by ACADEMY PRESS, Copyright © 2010
KOREAN translation rights arranged with PEARSON EDUCATION, INC., publishing as Merrill through AGENCY ONE, SEOUL KOREA

역자 서문

유아교육기관의 문을 들어서면 포근하고 다채로운 색감, 아이들의 신난 목소리, 어디선가 풍겨오는 달콤한 간식 냄새 등을 통해 그 생명력을 온 몸으로 느끼게 된다. 유아교육 프로그램은 하나의 살아있는 생명체와 같아서 실로 복잡다양하고 역동적이며 또 부단히 변화한다. 『Approaches to Early Childhood Education』의 제5판(2009)을 만나면서 역자들은 동일한 책의 제1판에서 제4판과의 비교를 통해 유아교육 프로그램의 생명력, 그 역동성과 다양성에 대하여 절실히 실감할 수 있었다.

이 책을 번역하게 된 데에는 하나의 진리나 정설처럼 반드시 따라야 할 유아교육 프로그램의 정체된 모습이 아니라 끊임없이 스스로를 돌아보며 앞으로 나아가고자 하는 오늘날의 모습을 전하고 싶다는 역자들의 공통된 소망이 가장 컸다. 아울러 세계 여러 곳에서 각자의 사회문화적 가치와 현실적 요구를 반영하면서 진지하고 지혜롭게 성장해가고 있는 유아교육 프로그램의 역동적인 모습을 토대로 하여, 우리의 문화적 가치와 교육 이상 및 실제에 적합한 유아교육 프로그램을 개발, 실천, 평가하여 개선해나가는 모습, 스스로를 비판적으로 되돌아보되 동시에 우리의 노력에 자긍심을 가지는 모습을 그려보면서 힘들고 더딘 번역작업을 즐겁게 할 수 있었다.

이 책의 장점은 다양한 유아교육 프로그램의 과거, 현재, 미래에 대한 큰 그림을 이해할 수 있게 해준다는 것이다. 우리가 이전부터 어느 정도 잘 알고 있다고 생각했던 유아교육 프로그램이 그 사이에 방향 재정립을 거듭하며 어떤 변화들을 해왔는지를 들여다보게 해주며 또 앞으로 어떤 모습을 갖추어갈지도 가늠해보게 한다. 이 책의 또 다른 장점은 각 장별로 해당 유아교육 프로그램의 개발이나 실시에 관련된 이들이 직접 생생한 이야기를 전해주기에 그 생명력이 더욱 절실하게 와 닿는다는 점이다. 누군가 다른 이를 통해 간접적으로 전해 듣는 이야기가 아니라 각 프로그램의 관계자로부터 직접 전해 듣는 이야기를 통해 구체적인 과정과 맥락, 비전과 한계, 신념과 가치, 이론과 실제 등을 더 잘 이해할 수 있으리라 기대한다. 아울러 제5판에서는 영아보육, 장애 유아의 통합, 다문화 사회 속의 유아교육의 역할, 유아교육의 공교육화와 유·초 연계 등의 다양한 쟁점을 부각시키고 있다. 이를 통해 오늘날 유아교육자들이 당면하여 씨름하고 있는 여러 쟁점들에 대하여 입체적이고 다면적인 정보를 토대로 하여 우리의 과거, 오늘, 내일에 대해서도 깊게 생각해볼 기회를 제공해주리라 믿는다.

유아교육 프로그램은 우리가 이해하고자 다가서는 순간 살아 움직이듯 변하기에 이해하기도, 적용하기도 쉽지 않은 일이다. 이 책의 번역작업이 유아교육 프로그램의 역동성과 다양성, 맥락성과 가치 내재성을 이해하고 우리의 신념과 가치관을 짚어보며 우리 땅 위에서 우리 아이들에게 가장 좋은 유아교육을 제공하기 위한 노력과 실천에 작은 보탬이 되기를 소망한다. 이 책에서 제시되는 모든 연령은 만 연령으로 표기하였으며 문화적 맥락이나 이론적 보충이 필요한 부분에는 역주를 달아 이해를 돕고자 하였다. 마지막으로 이 책의 번역을 도와주신 여러 분들께 깊은 감사의 마음을 전하며 아울러 이 번역서를 읽기 좋게 교정해주고 출판해준 아카데미프레스에 감사의 마음을 전하고자 한다.

2010년 2월

역자 일동

우리는 유아교육 분야에 중요한 기여를 할 수 있는 『Approaches to Early Childhood Education』의 제5판을 시의적절하게 소개하게 됨을 영광으로 생각한다. 유아교육은 2005년에 본서의 제4판이 나온 이후의 짧은 시간 동안 급격한 변화를 경험하였다. 유아교육은 교육의 수월성과 형평성, 그리고 통합성에도 계속적인 노력을 기울이면서, 다른 어느 때보다 더 많은 기대와 관심과 감시 속에 점차 공적이고 정치적인 성격을 가지게 되었다. 분자유전학과 신경과학 등과 같은 연구들은 대중의 마음속에서 유아교육의 지위를 강화시키고 더 많은 관심을 불러일으키게 되었다. 유아교육 프로그램의 양적, 질적 성장에 대한 압력은 지역 유아 발달 프로그램(Community Child Development Programs), 가정 보육시설, 조기 개입 프로그램, 헤드스타트, 그리고 최근 새롭게 성장하고 있는 공립 유아원 프로그램 등의 유아 프로그램에 영향을 미치는 동시에 교사교육 프로그램에도 영향을 미친다.

이번 제5판에서는 교수법, 평가방법, 교육과정 분야에서 이루어진 새로운 변화, 발달 동향과 더불어 갈등과 쟁점을 명시하고 있다. 교사가 유아교육의 리더가 되기 위해서는 최근의 연구 동향과 그 적용에 대하여 잘 파악하고 있어야 하며, 이를 통해 지역사회의 다양성과 특정 상황의 구체성 모두에 적용될 수 있는 정책과 교육 실제를 개발할 수 있도록 유연한 개념적 틀과 실제적 방안을 구축하여야 한다. 이 책은 독자들의 유아교육 지식 기반과 기능을 강화하는 데 역점을 둠으로써 독자들이 우리 분야가 직면하고 있는 도전과 요구, 그 중에서도 통합교육과 학습자의 다양한 요구에 대응할 수 있도록 돕고자 한다. 우리는 독자들이 각 장의 내용을 통합하여 매끄럽게 서로 이어지는 하나의 교류모형을 유추할 수 있으리라 믿으며, 여기에는 연구와 이론과 실제와 정책 간의 상호 교류를 이해하는 것뿐만 아니라 유아교육 프로그램 내부에서 발견되는 다양한 내용과 맥락의 변인 간 교류를 이해하는 것도 포함된다.

유아교육에서 기존의 이데올로기와 그와 상반되는 이데올로기가 충돌하면서 다시금 기로에 서게 되었다. 유아교육은 학업과 성적 위주의 방향으로 갈 것인가, 아니면 발달과 보육에 중점을 둘 것인가? 이 책에서는 유아교육에서의 다양한 교수, 학습, 의도적 교육에 대해서도 다루고 있다. 이 책은 우리가 유아교육 분야의 의미, 정체성, 기능, 경계선에 대하여 고민하는 데 도움을 줄 것이다.

제5판의 특징

제5판은 종전과 같이 유아 발달 및 교육 분야의 교사교육자, 연구자, 학생을 위한 권위 있는 자원이면서, 아울러 최근의 유아교육 분야의 학문적인 동향과 다양한 환경에서 유아를 교육시키는 데 필요한 새로운 발전방향을 반영하고 있다. 제5판은 신생아기와 걸음마기부터 유아원, 유치원, 초등학교에 걸쳐 다문화주의, 발달과학, 예방 연구 등의 관점에서 유아교육의 실제와 정책을 기반으로 유아교육의 역사와 동향을 조망하는 데 초점을 두고 있다. 이러한 내용은 제1장 「다문화적 관점에서 바라본 미국의 유아교육사」(Blythe F. Hinitz), 제2장 「영아보육 프로그램」(J. Ronald Lally & Peter L. Mangione), 그리고 제7장 「조기 개입 프로그램」(Karen L. Bierman, Celene Domitrovich, & Harriet Darling)에 잘 반영되어 있다.

또 하나의 새로운 초점은 교육과정 활동을 현재 유아교육계의 목표와 기준에 연결시켜 주고, 교육개혁을 위해 체계적으로 유아원에서 3학년에 걸친(PK-3) 교육체제를 마련하려는 움직임에 대하여 정리하여 보여주는 데 있다. James E. Johnson과 Jennifer L. Chestnut에 의해 새로이 추가된 제8장은 PK-3 운동과 유아교육을 공교육기관과 관련 지어 설명하고 있다. 이러한 맥락에서 다른 장에서도 가능하다면 각각의 모형, 접근법, 초점을 PK-3 운동과 연관시켜 설명하고 있다. 즉 유아만이 아닌, 초등학교 아동의 교육도 포함하는 것이다.

공립학교에 유아교육을 통합하는 최선의 방법은 무엇인가? 교사들이 PK-3 교육체제에서 일할 수 있도록 어떻게 적절하게 준비시킬 것인가? Jie-Qi Chen과 Gillian McNamee에 의해 새로이 추가된 제11장 「스펙트럼에서 브릿징으로: 유아학급에서 교육과정 및 수업과 평가를 통합하기」는 이 질문에 많은 도움이 될 것이다. 이번 제5판에서 또 하나의 두드러진 특징은 Elena Bodrova와 Deborah J. Leong에 의해 새로 작성된 제10장 「정신의 도구: 유아교육에 대한 비고츠키식 접근」이다.

감사의 글

이 책의 제5판을 출판하는 데 지속적인 이해와 관심을 보여준 우리 가족, Nancy, Beth, Miles, Maya, India, Karen, Clayton에게 깊은 감사를 드린다. 우리는 특히 이번 제5판의 편집에 도움을 준 Syracuse University의 가정생태학과의 Diana Janice Biro와 원고를 정리하고 소통을 도와준 Pennsylvania State University의 C&I(Curriculum and Instruction) 학과의 Kara Kaufman에게 감사드린다. 인용자료의 사용 허가, 사진 선택 및 교정을 담당한 Mei-Fang Cheng에게도 감사를 드린다. Megan Lape와 Prarthana Pant는 참고문헌 확인을 담당하였다.

또한 책의 내용과 구성에 대해 의견을 내주신 이들에게도 감사를 드린다. University of North Carolina, Charlotte의 Deborah A. Ceglowski, University of North Carolina, Greensboro의 Angie Cranor, Northern Virginia Community College의 Mary Hanrahan, University of Hartford의 Regina Miller에게도 감사를 드린다.

역사와 진화

제1장 다문화 관점에서 바라본 미국의 유아교육사

제2장 영아보육 프로그램

제16장 몬테소리 교육의 현재

제17장 피라미드 방법

역사와 진화

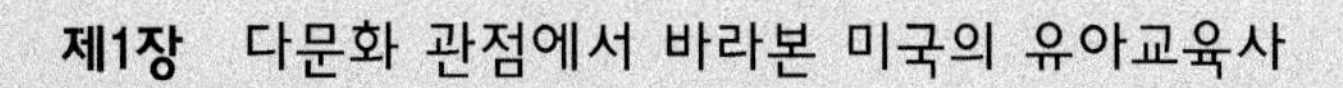

제1장 다문화 관점에서 바라본 미국의 유아교육사

제2장 영아보육 프로그램

제3장 헤드스타트 프로그램

제4장 포테이지 모델: 유아와 가족을 위한 조기 개입에 대한 가정중심 접근법

다문화 관점에서 바라본 미국의 유아교육사

Blythe F. Hinitz(College of New Jersey)

1. 개요

초기 아메리카 대륙에는 약 600개 언어를 사용하는 수백 부족 이상의 원주민들이 살고 있었다.[1] 탐험가와 식민지 개척자들은 처음에 자기들이 아시아까지 당도했다고 믿었기 때문에 원주민들을 "인디언"으로 불렀다. 이 원주민들은 탄탄한 부족 · 가족 제도와 자녀를 키우는 성문화된 방법을 갖고 있었다. 그리고 이를 통해 유아가 사회 구성원으로 역할을 수행하는 필요한 기술과 지식 그리고 의례를 갖추도록 교육했다. 그러나 많은 원주민들이 전쟁, 질병 혹은 동화의 결과로 사라졌다(Lascarides & Hinitz, 2000의 14장과 18장 참고; *Young Children* 1992년 9월호에 나오는 지도 참고).

미국 유아교육사의 시작은 유럽에 그 뿌리를 두고 있다. 그러나 미국 원주민의 유아교육제도가 고대 그리스의 제도와 여러 면에서 비슷하다는 점을 눈여겨볼 필요가 있다(Lascarides & Hinitz, 2000). 영국, 프랑스, 스페인, 포르투갈에서 건너온 이민자들은 각자 고국의 고유한 유아교육제도를 들여왔다. 영국의 Roboert Owen이나 Samuel Wilderspin이 창시한 교육제도가 그 일례에 해당한다. 이후 이민자들은 독일에서 유치원을, 영국에서 유아학교(nursery school)를, 이탈리아에서 몬테소리 방법

1) 1990년 미국 통계청에서는 136개의 원주민 언어를 확인했으며, 이 중 70개 정도의 언어는 200명 미만이 사용하고 있는 것이다.

을 들여온다. 이런 초기 역사로 인해 유아교육과 보육이라는 이원체제가 나타났다. 먼저 사회경제적 지위가 낮은 가족을 위한 보육시설과 중상류 계층 자녀를 위한 유치원과 유아원으로 나뉘어 발전했다. 많은 지역에서 종교단체가 교육제도의 정착을 도맡았다. 그런데 종교단체에서 원주민을 유럽식 체제에 동화시키려 한 시도는 종종 재난에 가까운 결과를 불러왔다. 또 다른 집단인 1619년 Jamestown에 도착한 흑인들은 계약노동자에서 시작해 미국의 "독특한 제도"라 불린 노예제도로 점차 바뀌어갔다. 노예 대부분은 읽고 쓰는 것이 금지되었고, 늙은 여자들과 너무 어려 일하러 나갈 수 없는 아이들이 갓 태어난 아기들을 맡아 양육하였다. 반면에 읽기/쓰기가 되는 노예는 농장에서 탈출하거나 폭도에 가담하였다. 원주민, 식민지 개척자, 노예, 이민자 등의 후손 모두가 미국 시민에 포함된다. 그리고 이들 각각은 고유 언어와 문화를 갖고 다양성을 유지하면서 오늘날 미국을 이루고 있다. 1600년대부터 1850년대에 이르는 미국 유아교육/보육사는 현재까지 유아교육의 바탕을 이룬다. 이제부터 미국 유아교육과 보육의 역사가 매우 다양하다는 점을 알게 될 것이다. 수많은 문화와 철학 그리고 신념을 포함하고 있으며 유럽, 아시아, 아프리카, 미국 원주민 부족의 전통에 토대를 두고 있다. 많은 소수 집단 사람들이 유아기 때 발달 프로그램에 다닌 결과로 점차 적응하여 개인적 삶이나 학업 측면에서 성공하고 있다. 역사적으로 유아교육과 보육은 여성의 행정력과 지도력 계발에 도움이 되어 왔다. 뿐만 아니라 미국 여러 분야에서 주요한 경제의 한 요인으로 여겨지고 있다.

본 장에서는 출생부터 8세[2]를 위한 유아교육 프로그램 중 몇 가지의 기원과 역사 그리고 최근 동향에 대해 살펴볼 것이다. 그리고 유아교육의 3가지 갈래(다양한 개인적, 문화적, 언어적 배경을 지닌 유아를 대상으로 한 유치원, 유아원, 유아보육 프로그램)에 관해 알아볼 것이다. 그리고 현재 볼 수 있는 역사의 흐름과 함께 앞으로 확대될 것으로 보이는 프로그램에 관해서도 살펴볼 것이다. 선별된 유아교육의 지도자와 종사자들의 일과 삶을 역사적 흐름과 관련지어 본문에서 설명할 것이다.

2. 미국 원주민 유아의 교육

유럽에서 온 식민지 개척자들이 발을 들여놓기 이전에는 미국 원주민이 북아메리카에 거주하는 유일한 원주민 집단이었다. 유목 사냥꾼, 농경사회 농부, 어부 등이 부족을 이루며 살고 있었다. 현존하는 부족들은 1660년부터 계속되어 온 다른 종교와 세속문화로의 모든 동화 시도에 맞서 자기들만의 독특한 집단 정체성과 문화를 지금까

---

2) 역주: 본 역서에서 제시되는 모든 연령 표기는 만 연령임을 밝혀둔다.

지 지켜오고 있다. 자신들의 땅임에도 불구하고 미국 땅이 되어 버린 나라에 살고 있는 원주민 대부분은 1924년 의회법 전까지는 완전한 시민권조차 부여받지 못했다. 1817년에 이 중 일부가 특별 협정으로 시민권을 받기는 했지만, 나머지 원주민들은 1887년 Dawes Severalty 법[3]을 통한 토지배분을 받고서야 비로소 시민권을 얻을 수 있었다. 1868년 인준을 받은 미국 헌법의 수정조항 14조에 따라 미국에 거주하는 주민은 모두 미국 시민이 될 수 있게 되었다.

원주민 부족사회에서 성인은 자녀를 낳고 나서야 비로소 사회적 지위를 얻고 사회 구성원으로 참여할 자격이 주어졌다. 결혼한 사람이 완전한 성인으로 인정받으려면 반드시 자녀를 출산해야 했다. 1600년대와 1700년대 프랑스와 스페인에서 온 선교사들이 모든 아동과 성인을 기독교인으로 만들려고는 했지만 교육을 하려는 노력은 하지 않았다. 반면에 청교도는 소년소녀를 위한 학교를 설립하였다. 그리고 원주민용 "기도 마을(praying towns)"을 조성하였고, 성경과 책을 부족언어나 이중언어 판으로 번역하였다. 1819년 의회법으로 "문명화 자금"이 마련됨에 따라 원주민에게 농업과 장사를 가르치고 유아들에게 읽기, 쓰기, 셈하기를 가르쳤다(Lascarides & Hinitz, 2000). 체로키(Cherokee)와 촉토(Choctaw) 부족이 특히 형태를 갖춘 학교 체계를 발전시켰는데, 이는 1898년 Curtis 법 조례[4]로 부족 지배체제가 종말에 이를 때까지 존속되었다. 원래 학교는 남동부에 세워졌었는데 1830년 Andrew Jackson 대통령의 제거 법(Removal Act)[5] 공표 때 문을 닫고 서부의 원주민 보호지역으로 강제 이주되어 다시 문을 열었다.

1800년대와 1900년대 초에 미국 원주민 아동을 위해 3가지 유형의 정부지원 학교가 문을 열게 되었다. 그 첫째 유형이 원주민 보호지역 기숙학교(reservation boarding school)이며, 두 번째가 원주민 보호지역 통학학교(reservation dayschool)이고, 마지

---

3) 역주: 매사추세츠의 상원의원 Henry L. Dawes가 제안하여 1887년 통과된 법안으로 미국 원주민의 기존 토지 보유를 말소한 후 평등하게 재분배하는 동시에 시민권을 부여하였다. 가장은 160에이커, 18세 이상의 독신 성인은 80에이커, 미성년자 등은 40에이커를 배분받았다.

4) 역주: 이법의 초안을 작성한 Charles Curtiz의 이름을 딴 법으로 Dawes Severalty 법을 수정한 것이다. 문명화된 다섯 부족(Chotaw, Chickasaw, Creek, Cherokee, Seminole)에게 영토를 분배하면서 원주민 자치 정부와 법원 등을 효과적으로 없애고 통합하였다. 원주민 혈통과 유럽계 혈통을 모두 받은 Charles Curtis는 원주민의 교육 및 자체 문화를 존중하고자 하였으며, Curtis 법의 최종안에 대해 불만을 표시했다고 한다. 원주민으로서는 최초로 미국의 부대통령(1929~1933)을 역임하기도 했다.

5) 역주: 문명화된 다섯 부족의 땅에 대한 접근성을 위해 1830년 5월 26일 Jackson 대통령이 통과시킨 법이다. 수만 명의 원주민들을 서쪽으로 이주시키게 하는 정책이었으나 실제로는 상당한 억압이 이루어졌으며, 상당수의 원주민이 그 과정에서 죽거나 병든 결과를 불러와 이 이주 경로를 '눈물의 길(Trail of Tears)' 이라 부른다.

막이 원주민 보호지역 외부 기숙학교(off reservation boarding school)이다. 각 학교는 나름대로의 문제를 갖고 있었다. 그러나 보호지역 외부 기숙학교와 관련된 문제가 가장 심각하였다. 일부 학부모는 집에서 멀리 떨어져 있는 기숙학교로 자녀를 보내라는 유인책에 빠지기도 했지만, 대부분은 자녀를 보내지 않기 위해 경찰이나 정부 관료를 피해 자녀를 숨기기까지 하였다. 이는 기숙학교 교직원들이 원주민 아동(일부는 6세 정도의 어린 유아)의 이름을 없애고 그들의 언어와 문화를 말살하여 동화시키려 했기 때문이다. 유럽계 미국인처럼 입히고 영어만 사용하게 했다. 명령을 어기거나 도망치는 아이에게는 때리기, 머리를 화장실에 박기, 학교내 감옥 보내기 등의 가혹한 벌이 주어졌다. 이들 학교 대부분은 위생과 영양 공급이 부족하여, 병이 창궐하였고 심지어 아이들을 죽음에 이르게 하였다. Calloway(2006)는 저서 「최초의 주민들(First Peoples)」에서 다른 측면을 제시하였는데, 즉 학생들이 이 학교를 통해 단결하여 자기 문화를 살리고자 하였다는 것이다. 원주민 보호지역 기숙학교와 통학학교에서 더 하였지만, 보호지역 외부 기숙학교에서도 어느 정도는 일어났다. 이런 일을 경험하고 살아남은 학생 일부는 후학들에게 좀 더 나은 학문적, 경험적 교육을 제공하기를 바라며 기숙학교에 교사로 취직하여 돌아왔다. Carlisle Indian School과 Hampton Institute가 잘 알려진 기숙학교였다. 이 학교들은 원래 노예였던 이들을 교육시키기 위해 설립되었으며 미국 흑인과 원주민을 섞었다는 점에서 논란의 대상이 되기도 하였다. Hampton은 미국 원주민 학생이 자기 부족언어를 쓰고 전통 종교 문화 활동에 참여하도록 허용한 얼마 안 되는 학교 중 하나였다.

1894년 당시 대통령 Grover Cleveland로부터 William Hailman이 인디언사무국(Bureau of Indian Affairs: BIA) 원주민 학교담당관으로 임명받았다(Beatty, 1995). Hailman은 프뢰벨 유치원 운동의 지도자로서 학교교장과 교육감을 역임했으며, 원주민 학교담당관으로 임명받기 전에는 전미교육협회(the National Education Association: NEA)와 국제유치원연합(the International Kindergartens Union: IKU)에서 왕성한 활동을 벌였다. Hewes(2001)에 따르면, "Hailman이 원주민 교육에 관여하기 시작한 시기는 원주민에 대한 연방정부의 태도와 여론이 원주민 보호지역에 대해 군사행동을 요구하던 기조에서 동화와 시민교육을 강조하는 기조로 바뀌는 시점이었다"(p. 209). 그는 보호지역과 보호지역 외부 모든 학교를 관장하면서, 교직원 고용, 교육과정 수립, 교과서 채택 그리고 학교운영을 관할하였다. 더불어 직접이든 대리인을 통해서든 모든 학교를 방문, 감독하는 일도 그가 해야 할 임무에 속했다. 또 학교 환경과 상황에 대해 인디언사무국에 보고하는 임무도 맡았다. Hailman은 공동의 여가활동을 제안하고, 기숙사 분할을 통해 소집단 생활단위로 나누어 기숙학교 학생들 간에 대인관계망의 형성을 돕고 상호의존성을 육성시키려 했다. 교육적 이유로 기숙사학교보다 통학학교를 더 선호하여 재임기간 동안 통학학교를 더 많이 개교시켰다. 재임기간 동안 교육받은 교사들로 하여금 프뢰벨 유치원을 맡게 하여 프뢰벨 교육을 보호지역 학교에 성공적으로 도입시켰다. 유치원 교사들은 초등학교 교사와 동일한 보수를 받았으며 프뢰벨 교육을 초등학교에 소개하기도 하였다. 프뢰벨 방식으로 원주민 학생을 교육시키기 위해 세 종류의 일반학교가 문을 열었다. 이 일반학교는 원주민 보호지역뿐 아니라 학생들이 보호지역 밖에서도 전문적 생활을 영위해 갈 수 있게하는 것을 목표로 교육시켰다. Hailman이 1898년 임기를 마쳤을 때, "편파적인 정치가들이 사사건건 그가 하는 일을 위협했지만" 그의 '정직하면서 현명한 행정력' 과 성공은 '원칙을 잘 지킨 좋은 예' 로서 인디언권리연합회(Indian Rights Association)로부터 치하를 받기에 이른다(Hewes, 2001, p. 232).

인디언위원회 이사진이 Brookings Institute 산하의 정부연구기관(Institute of Government Research)과 협약을 맺으면서 인디언의 삶과 교육에 관한 연구가 이루어졌다. John D. Rockefeller 재단의 지원을 받아 수행되었으며 「인디언 행정의 문제」란 제목으로 보고서가 출판되었다. 책임연구자인 Louis Meriam의 이름을 따 「Meriam 보고서」로 더 잘 알려진 이 보고서는 "인디언 사무" 기금과 인디언 학교를 비판하면서, 특히 기숙학교 환경에 대해 매우 비판적인 의견을 내놓았다. 이 보고서의 발표는 미국 원주민 교육의 흐름을 크게 바꾸어 놓았다. 인디언사무국은 아동을 지역사회에 그대로 머물게 하려 했는데, 이는 기숙학교와 상반되는 통학학교의 제공을 의미하였다. 진보적 교육방법에 따라 아동과 부족의 일상에서 나온 이야기와 노래, 수학과 과학이 이용되었다. 그리고 교육과정은 지역상황과 역사, 문화를 고려하여 구성되었다.

2차 세계 대전 전후에 원주민교육에 영향을 끼친 몇 가지 연방개혁 법안이 통과되었다. 연방과 주 정부 간 협약에 따라 1934년에 인디언사무국을 통해 제안된 John O' Malley 법안은 교육을 향상할 것을 발의하였다. 1972년 통과된 인디언교육법(Indian Education Act)은 성취격차를 줄이기 위해 연방 재원의 지원을 가능하게 만들었다. 그리고 인디언교육사무처(the Office of Indian Education: OIE)와 전미인디언교육자문위원회(the National Advisory Council for Indian Education: NACIE)가 설립되었다. 1975년의 인디언 민족자결권과 교육지원법은 미국 인디언 지역 학교 운영권과 자결권을 허용하였으며 인력 개발, 교사교육, 청소년 인턴 프로그램 등을 제공하였다.

Hewes(2001)는 1960년대와 1970년대 보상교육 프로그램으로 인해 미국 원주민을 위한 교육의 필요성이 검토되었다고 전한다. Hewes는 이 필요에 부응할 방안을 분석하면서 프뢰벨 교육원리를 떠올렸다고 말했다. 그리고 이 방법의 적절한 예로 Milton Akers의 1968년 NAEYC 제안서 「미국 원주민 유아를 위한 유치원 교사교육 프로그램」을 인용했다. 이 제안서에 따르면, 가족, 부족사회, 학교와 함께 협력을 계획하고 자연환경을 유용하게 사용하고 자부심과 더불어 문화적 정체감을 육성시키려면, 특별한 관심이 필요하다(Hewes, 2001). 이런 모든 생각들은 유아와 예비교사의 요구를 면밀히 살펴야 된다는 사실을 강조한다. 1983년 NAEYC에서 출판된 「유아교육에서 미국 원주민의 구술 전통의 활용」도 전통을 반영하는 교육은 전통 가치, 특히 부족 원로의 참여가 필요하다고 언급하고 있다. 왜냐하면 부족의 원로는 다음 세대로 이어질 이야기와 노래를 지켜주는 수호자이기 때문이다.

지난 20년간 우리는 원주민 유아의 교육적 삶에 영향을 준 발전과정을 지켜보았다. 1987년 출판된 「출생에서 8세 유아를 위한 유아교육프로그램의 발달에 적합한 실제」는 유아교사들을 위한 지침서로서 역할을 하였다. 여기서는 개별성과 "각 발달영역에서의 개별능력의 완성"을 강조한다(Williams, 1994, p. 159). 또 신중한 언어사용보다 구어와 직접연습에 더 가치를 두며, 교사의 모델링이나 안내보다 유아의 독자적인 지식구성에 더 가치를 둔다. Williams에 따르면, 많은 부족사회에서 소중하게 여기는 문화적 경향성과 성향은 발달에 적합한 실제(DAP)와는 상충된다고 한다. 원주민은 개인 성취나 칭찬보다는 집단 활동, 공동노력, 협동을 더 가치롭게 여긴다. 존경받는 성인을 모델링하는 것이 개인적 지식구성보다 사회적 지식구성에 더 도움이 되는 것으로 여겨져 높이 평가된다. 따라서 원주민 교실에서는 유아가 과제수행 방법을 조심스럽게 관찰하여 따라하는 능력 역시 높이 평가된다. 많은 원주민 부족 사회가 정교한 구술전통을 갖고 있음에도 불구하고 침묵 역시 매우 높이 평가되고 있다. 원주민 아동교육의 감독은 확대가족이 책임진다. 따라서 학교에 관한 정보 교환은 부모가 아닌 확대가족의 일원 모두 할 수 있다. 가족은 서로 돕는 상호의존적 행위를 할 수 있게 명확한 기준을 제공해줄 것을 기대하기도 한다. 원주민 유아와 성인은 효과적으로 말할 능력을 갖추었음에도 말로 표현하는 것을 꺼려 한다. 이처럼 몇 가지 예시에서 알 수 있듯이 DAP와 원주민의 전통가치가 상충된다. 따라서 Williams는 문화 다양성의 관점에서 DAP 지침이 재검토될 시기가 왔다고 말한다.

21세기 문턱에서 우리는 미국 의회와 부시 대통령에 의해 승인된 아동낙오방지법(NCLB)이 통과되는 것을 지켜보았다. 이 법안은 "모든 아동이 초등학교 3학년 말까지는 읽기가 가능하도록" 약속해주고 있지만, 원주민 아동이 전통언어를 사용해서 학습하는 것을 금지시켰다. 전통의식이나 전설, 조상과의 관계 및 그 외 문화적 양상은 부족어의 도움 없이는 전수되기 어려운 것이다. 기숙학교 운동 때, 정부가 원주민 문화와 언어의 말살을 시도한 적이 있었으나 성공하지 못했다. 미국정부는 한 세기가 흐른 지금, 의도한 것은 아니지만 아동낙오방지법으로 그 대를 잇고 있는지 모른다. 2004년 전미인디언교육연합회(NIEA)는 집행령 13336에 부시 대통령이 사인하도록 만들었다. 이로써 "원주민 스스로의 요구와 절차"에 따라 진행되는 인디언 자치권이 확보되었다. "미국과 알라스카 원주민 학생은 2001년 아동낙오방지법의 학력기준을 통과하는 데 문제가 발생할 경우 이 법령에 따라 부족전통과 언어, 문화에 부합하는 방식으로 문제를 해결할 수 있다(공법 107-110)." 또한 이 과정에서 아동의 문화를 보존할 것을 이 법령은 지시하고 있다. 이 법은 성공적 교육과정 운영과 원주민 아동의 발달성과를 조사하는 다년간 연구를 통해 실행되고 있다. 아동낙오방지법은 전통어 사용보다 영어 사용을 권장한다. 그렇기 때문에 아동낙오방지법의 언어와 관련해 생기는 함정을 피해 올 수 있었던 유일한 학교는 이중언어를 사용한 원주민 학교뿐이었다.

1969년에 설립된 전미인디언교육연합회는 미국 원주민교육의 향상을 위해 설립된 조직 중 가장 오래되고 규모가 큰 조직이다. 유료회원제로서 모든 원주민을 대상으로 한다. 미국 본토 원주민, 알라스카 원주민, 하와이 원주민 지도자 12명으로 이루어진 위원회가 그 산하에 소속되어 있다. 이 연합회는 원주민의 자치권을 목표로 한다. 또한 교육자원을 향상시키면서 동시에 고유한 가치와 문화전통을 보존시켜 나가도록 돕는 것을 목적으로 한다. 창립 이래로 전미인디언교육연합회는 여러 가지 연방정부 결정에 영향력을 행사해왔다.

미국 교육부 산하의 미국 인디언교육사무국과 연구윤리위원회의 자문을 거친 뒤, 2007년 미국 인디언 유아학교에 질문지(Besser, 2006)가 배포되었다. 이 조사의 목적은 (1) 학교의 자원과 재정에 대해 충분하다고 생각하는지, (2) 특정한 주 법령이나 연방 법령이 학교 프로그램을 지원하는지 아니면 방해하는지, (3) 해당 프로그램에서 미국 원주민 문화가 상대적으로 가치를 부여받고 있는지의 여부를 알고자 함이었다. 유아학교 관리자에게 현재 미국 인디언 유아교육제도의 현실에 대한 불만과 함께 프로그램의 성공 정도에 관해 질문하였다. 조사결과로 인해 주와 연방 법률제정, 특히 아동낙오방지법과 재정에 관련된 문제점들이 부각되었다. 예를 들어, 아동낙오방지법에 따르면 보조교사는 일정 수준의 학력을 갖추어야만 한다. 그러나 필요한 학력을 갖춘 미국 원주민 후손들은 자신의 능력에 따라 유아교육기관보다 더 많은 월급을 받을 수 있는 직장에 다니는 경우가 많았다. BIA학교는 공립학교보다 더 낮은 재정을 지원받아 왔다. 유아원이나 유치원이 모든 주에서 의무 교육에 해당하는 것은 아니다. 따라서 초등교사는 초등학교에 입학하는 유아가 그 교육수준에서 나타나는 내용과 기능을 학습했을 것이라고 확신할 수 없다. 일부 학교는 미국 원주민 교육을 위해서 특별히 고안된 성공적인 새로운 프로그램, 교육과정, 지원을 강조하였다. 기타 학교 관리자들은 "점수 위주"의 목표 달성이나 시험점수 향상에 대한 지나친 강조가 문화적으로 적합한 교육과정과 교육실제에 방해가 된다고 털어놓았다. 조사결과에 따르면, 원주민 유아교육에 진전이 있었다고 한다. 그러나 여전히 과제도 남아 있다.

3. 흑인 유아의 교육

미국 흑인 유아교육은 북아메리카 해안에 계약 흑인노예가 도착한 1600년대부터 시작되었다. 뉴잉글랜드에서 아프리카, 카리브라는 세 지역 간의 항해무역은 미국 북동부 지역에서 노예를 판매했지만, "노예 주(slave states)"라고 할 수 있는 대부분의 주는 미국 남동부에서 찾아볼 수 있다. 켄터키 주를 제외한 모든 주에서 노예에게 읽기/쓰기를 가르치는 것은 법률로 금지되었다. 그런 와중에도 성경읽기를 위한 예외는 있었다. 따라서 초기 흑인 유아와 성인 교육은 종교 기관에 의해 시작되었다고 할 수 있으며, 영국교회를 시작으로 퀘이커교, 침례교, 감리교가 그 뒤를 이었다. 흑인 유아는 무너질 듯한 건물에서 비형식적 교육을 비정기적으로 받았다. 프랑스와 스페인 식민지 개척자들은 이들을 기독교로 개종시키고 싶어했기 때문에 영국인들보다 더 적극적으로 노예교육에 임하였다.

흑인의 생활과 태도, 가치를 이루던 서부 아프리카의 정치, 경제, 사회적 기반을 상실하면서 시작된 북아메리카 흑인의 출발은 문화적 비연속성으로 얼룩졌다. 노예제도는 강요된 의존 체제이다. 따라서 이민자 부모와 달리 노예부모는 새로운 문화에서 더 많은 기회를 가질 수 있게 자녀를 준비시킬 수 없었다. 게다가 노예는 단일하게 응집된 민족집단이 아니어서 같은 전통이나 관습을 공유할 수 없었다. 단지 일부 대규모 농장에서 존경받는 중심인물이 집단을 통합할 수 있을 뿐이었다.

1700년대에는 흑인만을 위한 학교가 메사추세츠주, 뉴욕주, 펜실베이니아주 그리고 뉴저지주에서 문을 열었다. 공식적으로 노예제의 폐지를 선포한 노예해방선언은 흑인만이 다닐 수 있는 학교를 선택할 여지가 남아있던 것에 종지부를 찍는 부정적 결과도 불러왔다. 탈주자, 해방노예 및 유기토지 관리국(해방흑인관리국)은 재건시대 동안 미국 흑인을 위한 교육제도 체계 설립에 대한 책임을 맡았다(Ashelman, 2003). 관리국이 한시적이었기 때문에 공립학교 체제처럼 갖추어지지 못했다. 그러나 이를 통해 모든 아동을 대상으로 한 무상초등교육이 남부에 도입되었다. 흑인은 정치적, 경제적, 사회적 권력 주류로의 진입이 원천적으로 봉쇄되어 있었다. 거의 모든 분야에서 흑인들은 기회 거부나 교육비용 불평등의 허점을 어떻게 해볼 능력이 없었다(Comer, 1989). 공립학교 체제는 미국 대부분 지역, 특히 남부에서 다음 세기까지 인종분리 상태로 남아 있었고, 미 대법원의 Brown씨 대 교육위원회 간의 재판[6]에 대한 최종판결

---

6) 역주: 1954년 5월 17일에 있었던 사건으로 Brown씨 자녀가 백인학교에 다닐 수 있도록 허용해 달라는 소송으로서 미 대법원에서 흑백 아동들에 대한 분리교육은 불법이라는 판결을 내렸다. 이 사건은 인권운동가들과 법률가들에게는 상당한 의미를 가진다. 이른바 기념비적 결정 중의 하나로 꼽히는 사건이기 때문이다.

(1954)이 날 때까지 지속되었다.

재건시대가 끝날 무렵, 흑인 여성들은 조합을 결성하여 절박한 사회적 요구에 대응해 나갔다. 흑인 여성들은 교회에서 교육받고 "비밀 명령(secret orders)"으로 "조합일(club work)"을 처리했다(Cahan, 1989). 미국 전역에 있던 이 도시 지역조직은 1896년에 이르러 유색여성연합회(NACW)로 통합되었다. 여성연합회(NCW: 백인 여성집단)는 1902년 NACW를 도와 보육시설과 유치원 활동을 지원하였다. 1900년 초 흑인 아동만을 위한 인종분리 유아학교가 북부 도시에 생겨났는데, 이는 만연된 인종편견 때문이었다. 뉴욕시에서 처음 만들어진 유아교육기관 중 하나인 Hope Day Nursery는 흑인여성위원회에 의해 설립되었다.

NACW는 남부 대부분 주에서 지역조직을 통해 직장여성의 자녀를 위한 유치원, 유아학교, 유아보육시설을 제공하였다. Mary Church Terrell과 Josephine Silone Yates는 이 유치원들을 설립하고 운영하는 데 도움을 주었다. 흑인 유아를 위한 유치원 대부분이 사립이었던 것에 반해 Anna Murray와 같은 교육자들은 공립유치원을 주장하였다. 미국교육협회와 미국유치원연합회를 비롯한 몇몇의 전국적 기구의 지원으로 버지니아주에서 이 바람, 즉 공립유치원이 결실하기까지 70년이 소요되었다고 Ashelman은 적고 있다.

1893년 Patty Smith Hill은 루이스빌 자유유치원연합회(Louisville Free Kindergarten Association: LFKA)의 회장이 되어 12년 동안 지도자의 역할을 담당하였다. 그녀의 철학은 통합이었다. Hill은 북 장로교회의 영향 아래 흑인 유아 유치원을 개원하였다. 여기에 시범 유치원에서 온 Finnie Burton과 여타 교사들이 참여하였다. 그 시대 많은 유치원이 그러했듯이, LFKA 유치원 프로그램은 예비교사뿐 아니라 유아들에게 배움의 기회를 제공했다. LFKA 유치원 프로그램은 다양한 환경 출신의 유아를 대상으로 했다. 인종, 신체, 사회, 지적 상태가 다른, 특히 일반 범주 반대편에 있는 "불쌍하고 대접받지 못하는 가정 출신" 유아를 대상으로 하였다(Snyder, 1972). 루이스빌 교육연합회는 "루이스빌 유색유치원연합회(Louisville Colored Kindergarten Association: LCKA)를 연합회의 일원으로 초청하였다." 이는 그때까지 유례가 없던 일이었다(Fowlkes, 1987).

최초의 '유색유아를 위한 공립 유치원'이 1879년 개원되었다(Whitney & Ridgeway, 1938). 루이스빌에 있는 공립학교는 흑인과 백인 유아를 위한 공간을 같은 건물에 배치하였다. Mildred Hill(Patty Smith Hill의 자매)은 이 학교 유치원 교사가 되었으며, 시카고의 Francis Wayland Parker에게서 배운 Francis Ingram이 일학년을 가르쳤다. 1938년까지 31개의 "유색 유치원"이 있었으며, 이들은 세인트 루이스 유치원 보통학교(Normal school) 졸업생인 유색 여교사들에 의해 성공적으로 지도를 받았다

(Fowlkes, 1987).

많은 사립 흑인 유아원(day nursery)이 1900년과 2차 세계 대전 사이에 문을 열었다. 시카고 대학과 콜롬비아 대학에서 학위를 받은 Oneida Cockrell이 1930년 시카고 Rosenwald Child Nursery를 설립하였다. 그녀는 "단순한 돌보기 차원의 보육을 넘어 교육적으로 우수한 유아교육을 재정립하는 것을 목적으로 삼았다"(Simpson, 1981). 이는 유치원과 유아학교(nursery school)의 요소를 유아원(day nursery)에 통합하는 교육 프로그램을 만드는 시대적 추세와도 부합한다. 전쟁 중 해군으로 복무했던 Ira August Calhoun은 아내와 여동생들이 가정보육시설(family child care)에서 돌보는 많은 유아들이 힘겹게 살아가는 한부모가정 출신이라는 점을 알게 되었다. 그와 가족들은 유아발달 과목을 수강하여 유아학교 운영에 필요한 캘리포니아 주 규정을 충족시켰다. 그런 후 1965년 이웃 유아와 가족을 돌볼 Blue Bird Day Nursery를 개원하였다(Simpson, 1981).

흑인들 사이에서 위의 흐름과 비슷하나 독자적인 유아발달운동이 일어나 역사적으로 흑인대학들(HBCUs), 예를 들어 Hampton Institute(1929), Spelman College(1930), Bennet College(1931)가 부설 유아학교를 설립하게 되었다. Hampton 가정경제학과 졸업생으로 유명한 Flemmie P. Kittrell 박사와 Evangeline Howlette Ward 박사는 유아원(day nursery)과 유아학교(nursery school) 개설을 미국과 전 세계로 계속해서 홍보했으며 거기서 대학교수와 전문기구 집행부 역할을 맡아 수행하였다. Kittrell 박사는 가정경제학과 유아교육에서 박사학위를 받은 첫 번째 흑인으로서 인도에서까지 활동을 펼쳤다. 그녀는 1964년 Howard 대학에 보육시간 동안 "문화적으로 결핍된 유아와 부모를 위한 유아학교 프로그램"을 개설했다(Cahan, 1989; Kittrell, 1970, vita 2 & 3; Kittrell, 1966). 이 2년의 연구 프로젝트는 헤드스타트 프로그램의 토대 중 하나가 되었다. Ward 박사는 NAEYC의 첫 흑인 회장으로서 세계유아교육기구(OMEP)의 세계 집행부 일원이 되어 1985년에 생을 마감할 때까지 활동을 펼쳤다.

문화적 결핍(culturally deprived)은 1960년대 유아교육 연구문헌에서 포괄적으로 사용된 용어이다. 주로 도시에 사는 빈곤층 특히 흑인 유아와 가족을 지칭하였다. 그러나 실제로는 유아가 문화면에서 결핍된 것은 아니였으며, 백인들이 즐기는 유형의 문화시설은 아닐지라도 대개 다양한 문화시설이 있는 지역에 거주하였다. Comer (1989)에 따르면, 흑인 유아 부모는 주류 사회 일원으로 포함되지 못했다. 과거부터 현재에 이르기까지 인종과 관련한 사회 상황 때문에 많은 소수인종 부모들이 스트레스를 받았다. 따라서 많은 흑인 부모들은 자녀의 학교 준비를 위한 발달 경험을 자녀에게 제공하지 못했다. Comer는 이런 상황을 개선하기 위해 가족에 대한 지원과 함께 더 유능한 교사가 양성될 수 있도록 교사교육을 강조하였다.

Comer(1989)는 지난 두세기 동안 흑인학생이 고등교육에 접근하는 것이 용이하지 않았다는 점을 상기시켰다. 그러나 21세기에 들어서면서 많은 흑인 지도자들이 유아교육과 교사교육에서 이런 어려움을 극복하고 명망 높은 대학에서 학위를 수여받았다. 예를 들어, Barbara Bowman, Alice M. Reffels, 그리고 Carol Brunson Day 박사, Ed Greene 박사, Marjorie W. Lee 박사, Thomas Moore 박사가 시카고대학교, 일리노이대학교, 국립 교육대학교(현재 국립 루이스대학교), 인디애나 대학교, 에릭슨 대학교(Erickson institute), 하워드 대학교, 콜롬비아 대학교와 같은 좋은 대학을 졸업했다.

Brown III 판결에 따라 캔사스 주 Topeka에 문을 연 한 마그네트 학교(magnet school)[7]에서 일하는 한 유치원교사에게서 발췌한 아래의 인용문은 평등하고 통합된 유아교육이라는 이상을 향한 수십 년간의 노력을 집약적으로 보여준다. 그녀가 말하길 "저나 다른 교사들처럼 당신은 세 종류의 서로 다른 배경을 가진 유아들을 만납니다. 유아는 서로 사랑하는 것을 배우고 옳은 일을 하도록 배우고 또 지역에 도움이 되도록 배웁니다. 따라서 저는 마그네트 학교는 유아가 상황을 변화시킬 수 있게 유아를 바꾸는 기회를 제공한다고 봅니다. 만약 마그네트 학교가 없었다면 현실은 전혀 바뀌어지지 않고 과거처럼 그대로 있었을 겁니다"(McConnell, Hinitz, & Dye, 2005, Johnnie Sanders 선생님과의 인터뷰). 이런 교사들이 아동을 변화시키고 다양한 사고를 할 수 있도록 키워내어, 노예해방선언이 흑인의 육체적 노예제를 없앤 것과 마찬가지로, 정신적으로도 이러한 "희안한 제도(노예제도)"에 종지부를 찍어 줄 것이라고 희망을 걸어보자.

4. 이민자 유아의 교육

시나리오 A

5살 난 유아이다. 교실의 낮은 테이블에 4명의 다른 유아와 함께 앉아 있다. 각각은 활동지 한 장, 크레파스 한 통, 연필 한 자루를 갖고 있다. 투명한 피부에 갈색 머리를 한 젊은 교사가 영어로 몇 가지 지시를 내린다. 나머지 4명은 크레파스 통을 열어 연필로

---

7) 역주: Magnet school은 자석에서 유래된 말로서 자석이 철가루를 끌어모으듯 지역, 인종, 문화, 경제, 성적에 상관없이 학생들을 선발함으로써 지역적 편차를 줄여 교육하자는 의도에서 1970년도에 미국에서 만들어졌다.

표시하고 그려져 있는 그림에다 색칠하기 시작한다. 아이는 당황해서 종이만 바라보고 교사가 와서 자기를 도와줄 것을 고개를 숙이고 기다린다.

시나리오 B

5살 난 유아이다. 교실의 낮은 테이블에 성인과 3명의 다른 유아와 함께 앉아 있다. 각 유아는 활동지 한 장, 크레파스 한 통, 연필 한 자루를 갖고 있다. 투명한 피부에 갈색 머리를 한 젊은 교사가 영어로 몇 가지 지시를 내린다. 테이블에 앉아 있는 성인이 다른 언어로 이를 반복해준다. 같은 테이블에 있는 다른 유아들은 모두 각자 크레파스 통을 연다. 아이는 연필을 꺼내 활동지의 첫 번째 네모칸에 있는 그림에 표시를 한다. 다른 유아들도 똑같이 한다. 크레파스를 꺼내서 성인이 아이에게 시키는 대로 다른 그림에 색을 칠한다. 아이는 활동을 마치고 함께 앉아있는 성인에게 활동지를 건넨다. 아이는 자신의 놀이영역 표시카드를 떼어 들고 쌓기영역으로 간다.

이 두 시나리오를 잠깐 생각해보라. 둘 다 동일한 가정에서 온 이민 유아를 묘사하고 있다. 그렇지만 이 두 시나리오에서 보여주는 것처럼 이민자 유아와 이중언어 유아를 보는 관점에는 큰 차이가 있다.

역사를 조망해보면 다음과 같은 사실을 알 수 있다. 지금의 미합중국으로 온 식민지 개척자들과 이민자들은 지역민 언어로 교육과 보육을 제공하는 기관을 원했다. 그러나 이는 중류층과 상류층에게나 가능한 것이었다. 왜냐하면 그들은 자녀를 보내고 싶은 교육기관을 지원할 재정을 충당할 수 있었기 때문이다. Margarethe Schurz, Caroline Luise Frankenberg, Maria Krause Boelte, 그리고 Eudora Hailman과 William Hailman이 세운 독일어로 교육하는 학교는 학비를 댈 수 있는 사람에게나 가능한 학교였다. 그러나 Cahan(1989)이 「과거 보육(Past caring)」에서 말한 것처럼, 미국 유아교육과 보육은 제도적으로 두 체계로 존재해왔다. 미국 해안으로 들어온 수많은 이민세대의 가난한 사람들은 사립학교 수업료를 감당할 형편이 못 되었다. 자녀들이 다니는 무료 유아원과 유치원 그리고 대부분의 학교에서는 영어를 사용하고 주류 문화로 유아와 가족 모두를 동화시키려 했다. 그들 이전에 있었던 미국 원주민과 마찬가지로, 이 이민자 자녀들은 언어와 문화를 박탈당하고 영어를 사용하도록 강요받았으며 "미국식" 관점으로 "시민권"을 공부하고 연습하였다.

한 예로 남북전쟁과 1873년 경제 공황에 이어 일어난 상황을 들 수 있다. 자리를 잡았던 복지제도가 증가한 이민자와 높은 출산율의 압력을 못 이겨 붕괴되었다. 이로 인해 자선단체 활동가들은 유아와 그 가족을 위한 새로운 방안을 강구하게 되었다. 이에 따라 무료 혹은 자선 유치원이 미국 전역의 여러 도시지역에 설립되었다. 일부 유치원은 상류층 가족으로부터 "후원"을 받아 운영되었다. 그리고 다른 유치원들은 기금을 받아 충당되었다. 점차로 무료 유치원 연합회가 그 서비스를 지역사회에까지 확대시켜 가정방문이나 부모를 위한 강좌를 개설하였다(Lascarides & Hinitz, 2000). 결국 일부 무료 유치원 연합회들은 자신들의 역할을 재정립하고 다른 사회단체와 합병하여 사회복지관을 세웠다. 이 중 가장 유명한 것이 시카고에 있는 Hull House와 뉴욕에 있는 Henry Street Settlement이다. 이와 비슷하게 국제기구운동을 벌이던 단체들도 협동체제로 참여하였다. YWCA의 Edith Terry Bremer는 1910년에 뉴욕에서 국제기구 운동을 시작하였다. 이 운동의 목적은 새로 도착한 이민자들과 2세대 이민소녀와 여성들에게 영어강좌, 여가 및 클럽활동을 제공하고 가사와 관련된 도움, 고용, 귀화와 그 밖의 문제들을 해결하는 데 도움을 주는 것이었다(Bhavnagri, Krolikowski, & Vaswani, 2006). 처음 세워졌던 국제기구 중 하나인 메트로폴리탄 디트로이트 국제기구는 지금도 그 업무를 계속 수행하고 있다.

1800년 후반 무료 유치원을 이용한 사람 수가 기하급수적으로 증가함에 따라 무료 유치원 연합회들은 조직을 관리하고 꾸려 나가는 데 어려움을 겪기 시작했다. 이로 인해 사회개혁가들이 공립학교 유치원을 요구하는 캠페인을 벌이게 되었다. 이 캠페인은 공립학교 체제의 부패와 비효율성이 언론에 의해 공개되는 것으로 시작되었다. 무료 유치원 연합회는 지역사회 개혁가들과 함께 공립학교의 현실과 무료 유치원의 이상적 모습을 비교하였다. 이런 공론화는 자선 유치원의 공립학교 체제로의 통합을 이끌어 내었다. 공립학교 유치원은 계속해서 이민자 자녀와 그 가족의 "미국인화"를 주요한 목적으로 삼았다. 이 목적에는 건강, 영어 기능 및 유아의 도덕성 함양, 미국 시민이라는 이상을 향한 사회화도 포함되어 있었다(Lascarides & Hiniz, 2000).

이제 라틴 아메리카와 아시아로부터 노동자와 이민자가 미국으로 넘어온 1800년대로 돌아가보자. 이들도 마찬가지로 처음에는 제대로 대접을 받지 못했다. 그러나 일부 아시아 이민자는 곧 자기 소유의 땅을 구매할 수 있게 된 반면 히스패닉 이민자들은 대부분의 분야에서 여전히 가난한 노동계층으로 남았다. 이제 인종집단에 대한 이야기가 여러 방면으로 다양하게 펼쳐질 것이다. 우선 히스패닉/라틴 유아교육부터 살펴보도록 하겠다. 그런 후 여러 아시아계 미국인의 유아교육사를 다방면에 걸쳐 살펴보도록 하자.

5. 히스패닉/라틴계 유아의 교육

스페인어를 사용하는 두 집단이 미국 히스패닉 인구의 대부분을 차지한다. 첫 번째는 멕시코인과 멕시코계 미국인, 두 번째는 푸에르토리코인이다. 쿠바와 다른 중남미 지역에서 온 이들도 라틴 아메리카계를 구성하는 세 번째 집단이다. 1800년대 후반과 1900년대 초반에 미국으로 건너온 멕시코인은 농업 노동이민자였다. 일거리가 없었을 때는 이민이 주춤하기도 했다. 그러나 멕시코인은 논쿼터(non quota) 이민자로 분류되어 1924년 국적별 쿼터법에서 제외되었다. 푸에르토리코인은 1917년 미국 시민이 되었고, 따라서 무상 공교육을 자국 섬에서 받을 수 있게 되었다. 정치적 추방과 고등교육을 받으려는 사람들과 가난을 벗어나고자 하는 사람들로 본토와 섬 간에는 끊임없는 이주가 이어졌다.

앞으로 베이비 붐 세대가 은퇴하는 시기가 되면 이민자가 노동력의 많은 부분을 차지하게 된다. 빈곤층 아동 4명 중 1명의 경우 부모 중 한 명은 최소한 타국 출생이다. 이민자 대다수가 히스패닉이며, 이들은 보육과 유아교육 서비스를 제대로 못 받고 있다. 인구조사 자료에 따르면 히스패닉은 미국에서 가장 급속도로 증가하는 인종적, 민족적 "소수" 집단에 해당한다. 인구 8명 중 1명이 히스패닉이다. 어림잡아 이민 1세대 빈곤층 아동 중 2/3이 히스패닉이며, 모든 이민 집단 중 가장 가난하게 사는 집단에 속한다. 아동비율로 보면 히스패닉 아동 수는 비히스패닉 백인과 흑인 아동 수에 비해 모든 연령대에서 급속히 증가하고 있다.

지난 30년에 걸쳐 진행된 연구들에서 미국 라틴 아메리카계를 위한 아동보육과 유아교육의 현실, 그리고 유아와 가정의 요구에 대해 동일한 결론을 내리고 있다. 히스패닉 가정은 일반 가정에 비해 보육의 질과 양 측면에서 모두 낮은 서비스를 받고 있다. 이들은 자신들의 언어와 문화에 적합한 보육을 찾기 위해 고군분투하고 있다. 비

Anne Vega/Merrill

유아교육자들은 다양한 집단의 유아들을 위한 서비스를 제공하고 있다.

슷한 사회경제적 특성을 보이고, 빈곤율이 높은 다른 가정들처럼 히스패닉 가정은 저임금의 직장 그리고 탄력적이지 않고 밤과 주말이 포함된 노동시간이 요구되는 직장에서 근무하고 있다. 히스패닉 가정은 조직화된 보육(보육시설, 유아학교, 유아원, 연방 헤드스타트 프로그램과 유치원)보다 "비형식적" 보육을 훨씬 더 선호한다. 친척, 친구, 이웃이 하는 보육을 훨씬 선호해서 배우자나 조부모가 유아를 돌보면서 집에 있다. 단체보육을 꺼리는 일부 부모는 확대 가족망과 같은 전통적 보육이 가능한 사회지원 형태를 갖추고 있다. 이들은 비형식적 체제와 형식적 유아교육기관 간에 문화적 차이가 상당하다는 점을 알고 있다. 기관중심(center-based) 보육에 대한 라틴 아메리카인들의 요구는 제한된 구매력이나 약한 지역조직 기반 때문에 다른 인종 공동체에 비해 제대로 받아들여지지 않고 있는지도 모른다. 가정의 영향력은 유아서비스기관을 조직할 때 볼 수 있는 정치경제적 영향력과 맞물려 돌아간다. 한 연구에 의하면, 보육시설을 이용하는 라틴 아메리카계 미국인은 거의 없으며 이는 비용을 충당할 수 있는 기관중심보육이 인근에 없기 때문인 것으로 나타났다(Collins & Ribeiro, 2004; Fuller, Eggers-Pierola, Holloway, & Liang, 1996).

라틴계 엄마들이 보육기관을 선택할 때는 여러 가지 요인이 작용한다. 그 중 같은 언어를 사용하는가의 여부가 가장 중요하다. 어떤 엄마들은 자녀가 스페인어와 영어 능력 모두를 계속해서 발달시키기를 희망한다. 따라서 이런 바람을 도와줄 수 있는 교사가 있는 보육시설을 찾는다. 아동 양육, 사회화, 교육에 대해 가치를 공유하는 것도 중요하다. 라틴계 엄마들은 약속(compromiso)에 대해서 말하는데, 이는 아동의 사회화에 관해 교사나 보육 제공자와 부모가 공동으로 책임을 지는 것을 말한다. 그리고 반드시 친밀한 사적 관계를 통해 나타나야 한다. 라틴계 엄마가 느끼기에 교사가 따뜻하고 개방적이면서도 동시에 규율을 지키도록 하는 것 같지 않으면 교사와 부모 간에 문제가 발생한다. 라틴계 엄마가 생각하는 교육의 개념은 다른 유아와 잘 어울리는 것을 배우고, 어른의 권위를 공경하는 것을 키워 나가고, 규칙을 이해하고 학교교육에 대한 '감'을 잡는 것을 강조하는 등 매우 광범위하다. 교육은 주어진 상황 원칙 안에서 유능해지고 개인적으로 효능성 있게 되는 법을 배우는 성숙과정에 해당한다. 라틴계 엄마들은 자녀의 초기 사회화와 학교교육에 높은 관심을 갖고 있다(Collins & Ribeiro, 2004; Fuller et al., 1996).

라틴계 유아교육에서 몇 가지 문제점이 여러 연구에서 보고되고 있다. 히스패닉 유아는 도서관 방문이나 책 읽기를 덜한다고 한다. 국가수준 학업성취평가에서 읽기 검사점수가 다른 집단보다 낮게 나왔고, 그 차이는 1975년에서 1999년 사이에 실시한 평가에서 줄어들지 않은 것으로 나타났다. 라틴계 학생들이 학년에서 유급, 정학, 퇴학되는 비율은 다른 집단에 비해 월등히 높았다. 그러나 기관중심 유아교육 프로그램에 참여한 유아에게서는 성과가 나타났다는 것이 연구에서 밝혀졌다. 미국의 대표적 민간조사연구 기관인 RAND 연구자들에 따르면, 헤드스타트에 참여한 것이 언어와 문해가 포함된 평가결과와 히스패닉 아동의 학업성취에 긍정적 효과를 가져온 것으로 나타났다. 헤드스타트 프로그램에 다닌 것이 적어도 히스패닉과 다른 집단 유아 간 점수 차를 1/4 가량 줄인 것으로 나타났으며, 유급도 2/3로 준 것으로 추정되었다. 멕시코 태생 유아가 가장 큰 성과를 나타낸 것으로 보고되었다. 외국 태생 엄마를 둔 유아가 헤드스타트로부터 받는 혜택은 유아기 동안 영어에 제한적으로 노출되는 데 대한 "보충적 노출"을 제공받는 것이다. 교사교육 및 연구, 교실에서의 학습 활동은 히스패닉 부모에게 더 큰 만족감을 주었고 또 부모들이 헤드스타트 프로그램에 참여하도록 만들었다(Collins & Ribeiro, 2004; Fuller et al., 1996).

최근 연구(Collins & Ribeiro, 2004)에 의하면, 공립 유아원 교실에 등록한 유아의 1/4이 히스패닉인 것으로 나타났다. 경제적 극빈층과 소수 민족 등록이 가장 집중된 학교에서 히스패닉과 흑인 유아간의 비율이 거의 동일하게 나타났다. 이 연구결과의 많은 부분이 이민자와 소수 인종 모두를 위한 장래 계획에 시사점을 던져주고 있다. 연구자들은 유아원의 주당 운영일수와 함께 하루에 유아원에서 보내는 시간량에서 차이가 있다는 점을 알게 되었다. 연구에 참여한 유아원의 32%만이 종일반을 운영하고 있었다. 대부분이 주 5일 유아원을 운영하고 있었다. 소수 민족과 빈곤층이 집중해 있는 공립학교에서 종일반을 더 많이 운영하는 것으로 나타났다(Barnett, Hustedt, Hawkinson, & Robin, 2007; Collins & Ribeiro, 2004; Fuller et al., 1996; Frede, Jung, Barnett, Lamy, & Figueras, 2007).

6. 아시아계 유아의 교육

아시아 이민자가 미국에 입국한 시기에 따라 상황이 다양하다는 것을 알 수 있다. 그리고 각 집단은 나름대로의 특성을 지녔으나 집단 간에 유사한 점들도 있다. 미국으로 들어온 아시아인과 아시아계 미국인을 대표하는 세 집단은 중국, 일본, 인도이며 다른 아시아인으로는 필리핀, 우르두어를 사용하는 파키스탄 출신인 미르푸르인, 벵골어를 사용하는 방글라데시아 출신의 실헤티스족 등이다. 이들 대부분이 종교적 자유, 직업 기회나 교육을 위해 미국으로 이민해왔다. 동남아시아에서 온 이민자 중 가장 큰 비율을 차지하는 집단은 베트남, 캄보디아, 몽, 이우이엔, 그리고 라완 피난민으로, 이들은 베트남 전쟁과 남베트남의 몰락 기간인 1972년과 1989년 사이에 있었던 다섯 차례의 대량 이민 시기(five waves)에 미국으로 건너왔다.

다문화 상황에서 유아교사는 융통성 있는 접근법을 사용해야 한다.

1) 중국 이민자

미국에 최초로 도착한 중국인은 상인과 무역인이다. 그러나 1800년대 중반 이후부터 들어온 대부분의 중국인은 노동자들이었다. 이들은 엄격한 이민법 때문에 부인과 가족을 본국에 남겨 두어야 했다. 부인들은 점차 자립해 나갔다. 이들은 유아원과 유치원에 익숙해졌는데, 이는 1900년대 초 중국에 Froebel과 Pestalozzi를 위시한 유럽 철학자와 교육자들의 사상이 도입되었기 때문이다. 중국인 부모들은 유아에게 일찍부터 형식적 교육을 시키는 것을 거부감 없이 받아들였다. 유아원과 공사립 유치원을 중국 전역에서 찾아볼 수 있게 되었다. 사립 유치원은 기독교 선교사에 의해 운영되곤 했다. 공립 보통학교와 중등 보통학교에서 보육 간호사와 유아원교사가 양성되었다. 드디어 중국에 있던 가족들의 미국 입국이 허용되자, 이들은 어린 자녀를 위한 교육시설을 찾았다. 그러나 1879년 초 중국 노동자의 기회를 제한하는 중국인 입국 불허법 통과로 인해 자녀를 "백인" 학교에 보낼 수 없게 되었으며 더욱이 중국으로도 보낼 수 없게 되었다.

샌프란시스코와 그 외 지역에서 생겨난 반중국 정서는 특히 공교육에서 두드러졌다. 1871년부터 1884년까지 샌프란시스코 학교위원회는 중국 아동이 공립학교에 다닐 권리 인정을 거부하였다. 모든 인종 아동은 학교에 다닐 권리가 있다는 캘리포니아주 대법원 판결에 대응하여, 샌프란시스코는 "separate but equal"[8]이라는 조례를 시행시켰다. 이는 중국 아동은 분리된 중국학교에 다니도록 한 법령이다. 따라서 중국인 아동은 오후, 저녁 그리고 주말에 민족학교에 다니게 되었는데, 그곳에서 역사, 문학,

8) 역주: 미국의 인종분리법률을 함축하는 말로, 유색인종에게 학교 등의 공적 서비스를 백인에게 하는 것과 똑같은 수준으로 공급하되 다만 백인과 따로 공급한다는 의미이다.

언어, 때로는 조국의 종교에 관해 배웠다. 민족교육과정은 중국어를 사용하지 않는 가정에서는 별로 성공하지 못했다. 그러나 유아들에게 희망을 주었는데, 살고 있던 도시의 조그만 네모난 집을 넘어서 축적된 과거를 배울 수 있었기 때문이었다.

많은 중국인 엄마들은 옷가게나 공장에서 장시간 노동을 해야만 했다. 뉴욕시에서는 중국 출신 유아들이 처해 있는 끔찍한 상황이 발견된 후, 이들의 필요를 충족시키기 위해 몇 몇 보육시설을 마련했다. Sung(1967)과 연구진들은 유아들이 아파트에 혼자 남겨지거나 하루 종일 TV 앞에 붙어 있거나 모든 것을 스스로 해결해야 한다는 사실을 알게 되었다. 1978년까지 단 3개 프로그램만이 중국계 유아에게 특별히 초점을 맞춘 것으로 나타났다. China Day Care Center, Hamilton Madison House Day Care, 그리고 Educational Alliance가 이에 해당한다. 약 250명 유아가 이 센터에 다녔다.

2) 일본 이민자

1870년대 새크라멘토 근처 캘리포니아주 Wakamatsu Colony에 정착한 일본인들은 젊고 교육받은 비교적 부유한 사람들이었다. 이들은 잘 운영된 일본 유아교육과 초등교육체계의 산물이었다. 1872년 일본법령인 일본 기본교육강령(Janpanese fundamental code of Edcation)으로 일본에는 초중등학교, 보통학교, 대학의 교육시스템이 구축되었다. Shinzo Seki의 노력 결과로 정부가 지원하는 유치원이 1876년에 문을 열었다. 이 초기 유치원은 Froebel과 미국 유치원의 영향을 받았지만 일본 문화에 맞게 수정되어 적용되었다. 유치원 규정은 1899년 교육부에 의해 일찌기 마련되었다. 이것은 1926년 유치원법의 기초가 되었는데 학령, 운영시간, 유아 수, 시설, 목적, 교육과정 등을 총망라하였다. 이 유치원법은 1947년까지 유효했다. 최근 일본교육 기준은 2001년과 2006년에 개정되었고 국가수준 유치원 교육과정 기준은 2001년 4월에 개정되었다. 개정된 기준에는 건강, 인간관계, 환경, 언어, 표현영역 교육과정과 더불어 교육이념과 목표가 포함되었다. 지난 2006년 12월, 60년 만에 처음으로 기본교육강령이 개정되었다. 이 개정에서 중요하게 다룬 부분은 대학교육과 교사 자질 향상 그리고 가족과 유아교육이었다(Perry, 2007).

1900년대 초 일본은 유아원(yochien)을 시작했는데, 이는 주로 고소득층 가족의 유아를 대상으로 하였다. 보육시설(hoikuen)은 가난한 노동자를 비롯한 저소득층 자녀를 대상으로 한 것이었다. 시간이 흐름에 따라, 도시화와 산업화에 대응하여 사회개혁가들이 많은 보육시설을 설립하였다. 가족 변화와 유아 건강과 복지 향상이 이런 센터의 확장을 부추겼다. 따라서 일본은 유아교육과 초등교육에 익숙했다고 할 수 있다. 그러나 일본인의 미국 이민이 증가하면서 이들은 농장에서 일용직으로 일하게 되었고 중국 출신 노동자와 마찬가지로 열악한 상황에 처하게 되었다. 일부 일본인들은 재정 상태가 튼튼하여 자기 소유의 땅과 농장을 구입하였다. 그러나 이런 점들이 샌프란시스코가 일본 출신 아동들을 분리된 중국학교에 다니도록 한 학교 법을 통과시키는 것을 막아내지는 못했다. 이 법은 확대되어 1905년 "모든 동양인"을 포함하기에 이르렀다. 그러나 일본인의 미국 사회로의 문화적 동화, 특히 서부지역 주와 하와이에서 나타난 동화는 이후 아세이(Issei)[9]들을 특히 힘들게 했던 반일본 운동이나 추방법 통과를 초래했다. 1924년 일본인 추방령 통과는 일본 이민자들이 2차 대전이 끝날 때까지 미국으로 이민 오는 것을 불가능하게 만들었다.

일본인에 대한 분노는 1942년 2월에 이루어진 진주만 폭격으로 증폭되었고 루스벨트 대통령이 9066 집행령에 사인하기에 이르렀다. 비록 이 집행령이 독일이나 이탈리아 등의 국가에 적용된 것이지만 주로 일본인과 일본계 미국인의 감금을 정당화하는 데 이용되었다. 일본인을 조상으로 둔 모든 사람이 대상이 되었다. 일본 정보원이나 협조자로 의심되는 경우에만 적용되는 것이 아니었다.

"적대국 국민 수용소"에 대해 알려진 것은 거의 없다. 이곳은 충성도 질문지에 근거하여 "충성도가 낮다"로 분류된 사람을 포함해 일본 이민 1세대의 지도자를 수용한 곳이었다. 문헌이나 인터넷에 Manzanar, Harmony 수용소, Tule Kake와 여타 수용소에 관한 설명이 나와 있다. 다음은 수용소에 관한 설명이다.

대통령의 명령은 특히 니세이에게 충격이었다. Hewes(1988)에 따르면, 1941년 "미국 학교에서 교육받고 미국 문화에 둘러싸여 살던 젊은 사람들이 막 성인이 되어 이민 3세대인 센세이의 부모가 되어가고 있었다." 처음에 수용소는 경마장, 집회장소, 혹은 축사를 활용해 만들어졌다. 억류자들은 국외로 추방되기 전에 창문도 없는 방이나 가축 마구간에 수용되었다. 전시 시민 조정국 계획(WCCA)에 따라 마련된 수용소에는 학교가 빠져 있었다. 그러나 일본계 미국인들은 수용소 안에서 곧 아동과 성인을 위한 교육시설이 필요하다는 것을 깨달았다. 워싱턴주에 있는 Harmony 수용소에서는 1학년에서 8학년까지의 아동을 위한 수업이 이루어졌다. 교사로 일한 사람들은 수용소에 들어오기 전에 교사 혹은 보조교사로 일했던 이들이었다.

민간인 전시 재배치국(WRA)은 1942년 여름 동안 캘리포니아 주에 있는 Manzanar 수용소에 유치원에서 12학년 그리고 유아학교가 수업을 할 수 있도록 자금을 배당해 주었다. 유아학교는 수용소의 유아가 언어적 어려움을 극복하고 초등학교에 들어갈 준비를 시키기 위해서였다. 아동발달 혹은 관련분야에서 교육받은 대학생이나 졸업생 그리고 니세이 교사들이 거기 있었다는 점이 수용소 유아학교 프로그램의 질

9) 아세이(Issei)는 일본이민자 1세대이다. 니세이(Nisei)가 이들 일본계 미국인 자녀로서 미국에서 태어났으며 미국 시민권을 자동적으로 받게 되었다. 산세이(Sanseisms)는 3세대이며 욘세이(Yonsei)는 4세대에 해당한다.

을 높이는 핵심 요소로 작용했다. 교육받은 피난민 유아원 교사는 수용소 생활의 불행, 불편, 좌절을 극복하려고 일을 했다. 어떤 교사는 Manzanar에서 채용되어 교육을 받았다. 이들 중 과반수가 그 프로그램에 자녀를 보내는 엄마들이었다. 21세에서 35세 미만의 여성들이 선호되었다. 장학은 교사연수 자료나 교사 회의를 통해 계속적으로 이루어졌다. 유아학교의 목표, 교사 업무 분석, 아동발달, 건강, 안전, 창의성 육성, 아동성장 안내 등의 주제가 다루어졌다. 유치원 교사들은 비형식적 경험을 제공하기 위해 유아들에게 읽기, 쓰기, 철자법, 수학에 관한 교육을 추가적으로 받았다. 부모들은 유아학교 부모교사 모임(P.T.A.)을 통해 의사 결정을 하였다. 모든 학급에서는 영어를 사용했다. 수용소에서 허용된 유일한 일본어로 된 책은 종교서적이었다. 따라서 모든 이야기책은 영어로 되어 있었다. 그 결과, 모든 Manzanar 아이들이 1943년과 1944년에 1학년에 들어가서 능숙한 영어실력을 발휘할 수 있었다.

유아학교 프로그램은 1940년대의 다른 유아학교들과 비등했지만 수용소 상황으로 인해 몇 가지 독특한 문제를 드러내었다. 수용소 주거 영역과 교실에 있는 공동화장실 모두가 너무 불편하게 배치되어 있어 유아가 사용하려면 안내를 받아야 했다. 화장실이 부족하여 청결하게 유지될 수 없었다. 그리고 바닥에는 종종 오물이 흘러 넘쳐서 유아에게 위험요소가 되었다. 바글거리는 아파트는 유아들이 밤잠을 잘 수 없게 만들었다. 따라서 대부분의 경우 오후 낮잠을 자도록 짜여졌다. 주스와 우유를 공동 식당에만 두게 규제되어 있어서 간식으로 이용할 수 없었다. 따라서 유아들은 손을 씻고 손으로 물을 받아 마시도록 배웠다(Hewes, 2000).

마지막 수용소가 1946년에 문을 닫았지만 희생자들은 후유증과 불운한 기억을 안고 살아야만 했다. 유아학교에서 일한 많은 수의 교사가 '외부'에서 교사로 취직되었다. 수용소에서 그들과 가깝게 일하던 백인 감독자들의 추천을 받아서였다. 배상이 1988년 의회에 의해 통과되어 Bill Cliton 대통령 때 배상금이 가족에게 배부되었다(클리턴 대통령의 1993년 사과 편지는 인터넷 www.pbs.org에서 볼 수 있다). 수용과 억류는 현재 일부 센세이 대학원 학생들의 연구 자료로 쓰이고 있다. 이 대학원생들은 자신들이 하는 일을 자신과 가족들을 위해 억류의 후유증을 극복하기 위한 한 방법으로 이용하고 있다. 이들은 전미교육학회와 교육사학회에서 연구결과에 대해 발표하였다(Lascrides & Hinitz, 2000).

3) 인도 이민자

인도 출신 이민자는 미국의 아시아 이민자의 2/3를 차지한다. 2000년 미국인구조사(집필 당시 가장 최신 자료)에 따르면, 인도인 170만 명이 미국에 거주하고 있으며 대부분 영어를 구사하는 것으로 나타났다. 이들은 아시아계 이민자 중에서도 독특한 특징을 보이는데, 성인 대부분이 대학 졸업자이고 거의 60%가 관리직, 전문직, 혹은 관련 업종에 종사하고 있다. 인도 사회는 카스트제도, 하위문화, 사회경제적 지위, 지리, 그리고 교육면에서 매우 다양한 모습을 띠고 있다. 그렇지만 인도 이민자 가족들은 공통의 문화와 일련의 가치를 서로 공유하고 있고 더 나아가 동남아시아 이민자들도 공유한다.

(1) 동남아시아계 이민자

베트남, 캄보디아, 몽, 위미앤, 라오스 난민은 베트남 전쟁으로 인해 미국으로 넘어오게 되었다. 1980년 난민조약에 따르면, 난민은 정치적 박해나 이에 대한 강한 두려움 때문에 자국 밖에 있으면서 자의로 혹은 타의로 자국에 돌아갈 수 없는 사람을 지칭한다(University of California, Irvine, 2007, p. 1-2). 1975년에 이민 온 사람들은 미국 행정부나 남베트남과 친밀했던 사람과 군인가족이 있다. 1975년에서 1989년 사이에 도착한 "보트 피플"과 1980년대 "아메라시안(Amerasians)"으로 불리는 미국 군인 아버지를 둔 아동, 1980년대에 베트남 "재교육시설"에서 석방되어 가족과 함께 미국 이민이 허용된 "정치적 수감자"가 이어졌다.

난민 1세대는 미국 정부에서 새로운 나라로의 이주를 책임지고 진행했기 때문에 독특한 특징을 드러낸다. 이후 이민세대에 비해 좋은 교육을 받고 서구문화에도 능통한 집단이었다. 반면에 이민 2세대, 3세대는 5년에서 9년 정도의 교육을 받은 사람들이었다. 이들 대부분은 극동지역 여기저기에 위치한 난민수용소에서 오랫동안 지냈다. "아메라시안(Amerasians)"은 교육을 거의 받지 못했다. 주로 시골에서 농사를 짓던 캄보디아인은 초등교육을 2~3년 정도 받았을 뿐이었다. 이들과 라오스인도 마찬가지로 이민이 허용되기 전에 오랜 시간을 난민수용소에서 지냈다. 미국 본토에 도착한 이 다섯 집단은 모두 인종차별과 빈곤에 직면하였다. 처음에 이들은 앞서 들어온 아시아계 이민자처럼 군집된 공동체를 형성할 수 없었다. 그러나 이후에 여러 지역사회와 사회복지, 교육 및 종교단체의 지원을 받았다. 이들이 여러 지역사회에 통합되어 들어갈 수 있도록 특별히 고안된 헤드스타트 프로그램과 공립학교 프로그램을 제공받았다(난민가족에 대한 논의는 Lascarides & Hinitz, 2000 참조).

미국으로 20세기에 이민 왔건 혹은 21세기에 왔건 상관없이 아시아인과 아시아계 미국인 사이에는 교육철학과 문화가치에서 놀랄 만한 유사성을 찾아볼 수 있다. 가치면에서 보면 이들은 다른 많은 이민 집단과 비슷한 양상을 보인다. 가장 중요한 가치는 교육에 대한 믿음, 교사에 대한 존경, 노는 것보다 공부하는 것을 더 선호하는 것이다. 부모들은 자녀교육에 대한 책임을 교사에게 전적으로 맡기는 경향이 있다. 마찬가지로 지나친 부모참여를 교사에 대한 간섭으로 여기고 숙제를 감독하고 점검하는 정도의 활동만 하였다. 많은 부모들이 심지어 유아에게도 숙제를 내줄 것을 요구하기도 한다. 그리고 만약 학교에서 아무 과제도 내지 않으면 아마 부모들은 자녀와 함께 매일 읽기나 수학을 복습할 것이다. 자녀가 올바른 행동이나 습관을 배우기를 원한다. 아동은 특별히 대답이 요구되는 경우에만 답하도록 교육받는다. 따라서 어른에게 질문을 하거나 생각을 자유롭게 표현하는 것은 공손치 못한 것으로 여겨진다. 아동은 교사를 포함해 모든 어른에게 공경을 표하도록 지도받는다. 학교교육은 매우 중요한 것으로서 때로는 신분을 상징하기도 한다. 문헌에 의하면, 유아교사는 반드시 유아의 문화와 가족환경에 대해 잘 알고 있어야 한다. 교사는 정기적으로 부모와 주요 양육자에게 유아발달과 기타 정보에 대해 의사소통해야 한다. 아시아 부모들은 특히 놀이의 지적, 정서적, 신체적 가치에 대해 알고 싶어하며 손이 많이 가거나 매우 특이한 유형의 창의적 활동이 필요한 시기도 알고 싶어한다(Joshi, 2005; West, 1992).

7. 이중언어 사용 유아의 교육

이중언어와 더불어 이와 관련된 많은 문제가 미국 건국 이전부터 있어 왔다(이 장의 원주민에 대한 논의 참고). 원주민에게 가해졌던 신체적, 정신적 학대가 학교나 보육시설에 들어오는 모든 이민자에게 다양한 형태로 가해졌다. 이런 이유로 인해 이중언어 사용은 미국 유아교육 프로그램에서 이민 유아와 그 가족의 경험을 논의할 때 반드시 다루어져야 할 내용이다. 미국 히스패닉과 아시아계 유아교육사에 대한 논의는 이 두 집단이 이중언어를 쓰기 때문에 유아의 이중언어 교육에 대한 논의로 이어진다.

미국 역사를 살펴보면 이 나라가 가끔씩 의도적으로 국제적 고립을 고수해왔으며 그리고 한 언어만 사용해왔다는 점을 알 수 있다. 이러한 사고와 행동 패턴은 오늘날에도 잔재한다. 그러나 이로 인해 미국은 국제사회에서 눈에 띄게 불리한 위치에 처하게 됐다. 미국 일자리의 50% 혹은 그 이상이 국제경제와 관련되어 있는 현 시점에서 아동(그리고 성인)이 여러 가지 언어를 구사하도록 교육시키는 것은 중요한 사항이다. 자녀의 2개 언어 학습에 대한 부모의 바람은 자녀의 최대 이익만을 위하는 것이 아니라 진심으로 국가를 위하는 것이기도 하다.

Garcia(1999)는 사회문화적 접근과 민족연구 간 차이를 논하면서, 교육자가 함께 일하는 학생집단의 민족적 지식을 완전히 습득한다는 것은 거의 불가능한 일이라고 지적하고 있다. 따라서 민족연구접근은 정형화와 문화결핍(culturally deprived)으로 결론을 내릴 수 있다(1960년대, 1970년대 연구자들이 자신들과 다른 민족과 문화를 정상이 아닌(deviant) 것으로 보았던 이유도 이 때문이다). 교육자는 아동의 가족, 가정, 지역사회와 학교환경의 교차점을 이해하는 것에 초점을 맞추어야 한다고 Garcia

는 강조한다. 그는 "언어발달의 문화적 영향와 사회적 중재과정"을 설명하면서 이를 통해 아동은 자신을 둘러싼 세계를 인식하기 위해 정신 체계(쉐마)를 구성한다고 하였다.

문화적으로 다양한 언어적 소수 민족 출신 아동은 다른 급우보다 훨씬 더 큰 문제에 직면한다. 아동은 모국어로 세상을 인식하고 기능하는 기제를 형성해 나간다. 만약 교실 문화가 아동의 언어와 그리고 그 언어에 따른 세상에 대한 인식을 부정한다면, 이는 아동이 기본 인지구조를 구성하는 데 사용해 온 마음의 도구를 부정하는 것을 의미한다. 언어기능의 발달에 따라 아동의 인지과정은 환경에 대한 직접적 지각과 점차 상관이 없어진다. 언어발달 덕분에 아동은 충동보다 계획에 맞춰 반성적으로 행동하게 된다. 사회문화이론 관점에서 보면, 인지발달은 추상적 방법으로 언어를 사용하는 능력이 증가하는 것을 나타낸다. 언어와 인지발달 간의 관계가 이론가들이 주장하는 대로 이루어진다면, 아동의 원래 언어와 문화를 부정적으로 다루거나 무시하는 교육은 아동의 인지발달에 역행하는 결과를 가져올 가능성이 크다(Garcia, 1999). 이중언어 유아교육 프로그램의 예가 연구에 포함되어 있는데, 이 프로그램이 학업적 성공에 대한 동기부여 역할을 하였다고 한다. 그 한 예가 Carpenteria Preschool Project이다. 이 프로젝트는 언어적 소수자인 라틴계 학생들의 사회문화적 학습맥락에 대해 관심을 기울이는 것이 학교생활 개선과 직접적 상관이 있다는 것을 보여준다(Campos, 1995).

이민문제에 대한 연방정부의 최근 관심은 여러 요소와 관련하여 유아교육에 집중되어 있다. 이중언어를 사용하는 이민가족 유아가 공적 재정이 지원된 유아발달센터와 초등학교에 다닌다는 사실은 뜨거운 논쟁을 불러일으키곤 하였다. 역사적으로 논란의 대부분이 미국에서 히스패닉이 많이 있는 지역에서 일어났다. 그러나 오늘날에는 전 세계에서 온 이민자들, 즉 히스패닉, 아시아의 언어나 여타 다른 언어를 사용하는 이민자가 미국 전역에 정착해 있다. 이에 따라 전국 방방곡곡 인터넷 블로그나 TV 프로그램, 신문 등을 통해 이민과 관련한 교육문제를 논의하게 되었다(Garcia & McLaughlin, 1995).

8. 여성과 유아교육

유아교육의 다양성에 대한 논의에서 여성의 역할 검토를 빼놓고서는 온전한 논의라고 할 수 없다. 유아교육은 여성 지도력을 입증해주는 역할을 해왔다. 부모협동 유아학교(Hewes, 1998)부터 프로그램 운영에 이르기까지, 지난 수십 년간 여성은 "배려적이면서도 사무적이기" 위한 지적 능력, 기능, 지식을 갖추었다는 사실을 보여주고 있다. 유아교육은 여성의 창조성, 기량, 행정과 관리 능력을 드러내 보여주는 통로를 제공해왔다. 유아교육 프로그램의 원장들은 대부분 여성이다. 이들은 새로운 책임을 맡기 위해 필요한 교육이나 훈련이 거의 없거나 전무한 상태로 교육이나 운영 부문에서 발탁되었다. 미국 유아교육 프로그램 역사의 초반부에는 교육행정에 관련된 학교나 교재가 따로 없었다. 따라서 예비관리자는 자기 스스로 기존 유치원이나 보육시설 원장으로부터 도제방식으로 배울 수밖에 없었다. 최근 관리자의 지식기반은 프로그램 정보에 초점을 맞추는 것에서 회계, 법규, 인사, 팀협력, 평가, 조직에 관한 지식 등의 광범위한 범위로 변화되었다(Hinitz, 1998). Hewes(2000)가 언급했던 바와 같이 최근 많은 주에서 원장의 자격에 대한 규정을 만들었다. 몇몇 주(예를 들어, 일리노이)는 원장 자격과정과 기준을 발의하였으며 이 문제는 NAEYC의 인증기준에서도 다루어지고 있다.

3인의 "유아교육의 어머니"(Sadovnik & Semel, 2002)인 Elisabeth Irwin, Margaret Naumburg 그리고 Caroline Pratt은 진보주의 운동의 지도자였으며 공사립 분야에서 이들의 업적은 1920년대부터 시작된 교육개혁의 새로운 시대를 여는 데 기여하였다. 그 시대에 정립되었던 진보주의의 정의와 사회 여건의 측면에서 이들의 업적을 살펴보도록 하자.

진보주의 운동은 그 시대의 절박한 사회문제를 해결하고자 한 개혁운동이었다. 청교도의 억압에 따른 억눌림, 급속한 도시화, 산업화, 이민자의 증가, 부유층과 빈곤층 간의 엄청난 불균형에 대한 반응이었다. 진보주의 학교는 다원주의적으로 계획되었으며, 민주사회 발달에 필요한 환경을 제공하도록 구성되었다. 진보주의 학교 대부분은 복잡한 빌딩, 과밀 학급, 시대에 뒤떨어진 교재, 단순암기나 반복학습에 의지한 공립학교의 교수방법에 대한 불만에서 생겨났다. 진보주의 학교의 공통 특징은 아동중심 교육과정, 학습과정의 안내자이자 환경창조자로서의 교사, 길고 융통성 있는 시간 운영, 표현예술에서의 독창성 육성, 실험과 탐색을 통한 학습, "프로젝트"와 "일" 공동체 의식의 중요성 등이다.

진보주의 운동의 많은 리더들이 페미니스트였으며, 빅토리아 시대의 사회적 억압에 분개한 이들이었다. 또 여성이 지적으로나 신체적으로 열등하다는 깊게 뿌리박힌 사회인식을 극복하고자 하였다. 여성을 위한 교육이 가정관리나 양육과 같은 부분에 맞춰 있는 현실에 분개하였다. 즉 여성에 대한 교육이 바깥세상에서 일하는 것보다 결혼하여 아이를 기르기 위한 준비로 인식되어 있었다(Beatty, 2005). 여성은 시민권, 자율성, 성적 해방 그리고 동일한 일에 대해 동일한 임금을 원했다(Hauser, 2006). 20세기 전반부에 이들 여성은 뉴욕시에 Greenwich Village에 근거지를 마련하였다. 20세기 초반에 Manhattan의 Greenwich Village는 보헤미안과 지식인들을 끌어들이는 공간이었다. 예술가, 작가, 사업가, 은행가, 이민자가 인근 지역에 살고 있었다. Patchin Place에 있는 Dinner 클럽 그리고 뒤이어 Heterodoxy 클럽은 1912년부터 1940년에까지 새로운 여성주의 이론과 실제를 구축한 선각자들에게 안식처가 되었다. Elisabeth Irwin은 이 두 클럽의 멤버였으며 Caroline Pratt은 거기서 많은 식사와 모임에 참석하였다.

Irwin, Naumburg 그리고 Pratt은 모두 대학교육을 받은 사람들로서 어려움에 처한 이들을 돕고자 하는 불타는 열정을 갖고 있었다. 이 여성들이 갖고 있는 공통점은 사회복지시설에서 처음 일을 시작했다는 것과 Montessori, Dewey, Kilpatrick, Thorndike와 기존 교육이론가와 철학자나 H.Gary Plan 등에 대해 광범위하게 알고 있었다는 것이다. Littel Red Schoolhouse(Irwin)와 Walden School(Naumburg)의 설립자는 원래 스스로를 유아교육자로 보지 않았다. 반면에 City and Country School의 설립자인 Pratt은 자신의 커리어를 유치원 교사교육 프로그램에서 시작하였다. 이 세 사람은 그 시대의 유아교사교육 프로그램에서 문제점을 발견하고 각자의 방법으로 교사의 교육 실제 특히 교사협력학교(Cooperative School for Student Teacher)와 교육실험국(Bureau of Educational Experiment) 그리고 유아학교(Harriet Johnson 유아학교가 된)에 참여함으로써 교사교육의 교육과정과 실제에 변화를 가져왔다. 이들이 설립한 사립학교는 모두 운영유지를 위해 비싼 등록금을 받았지만, 장학금을 받는 학생도 매년 입학시켰다.

Irwin, Naumburg, 그리고 Pratt은 각자 뉴욕시의 공립학교 체계에서 일한 경력이 있었고 모두 만족한 상태로 사립학교에 돌아왔다. Naumburg는 1915년 4월부터 1916년 2월까지 Bronx시 공립학교 4의 몬테소리를 기반으로 한 유치원 교실에서 가르쳤다. 그녀는 겨울철 난방시설 미비, 적절한 물자 · 교재 · 설비의 부족과 같은 많은 장애물에 부딪쳤다. 그러나 결국 그녀가 그만두게 된 것은 상부기관인 교육부의 지원부족 때문이었다. 1921년에 설립된 Little Red Schoolhouse는 원래 진보주의 교육을 실천하기 위한 공립 실험학교였다.

O' Han(2005)에 따르면, Irwin은 공립학교 개혁에서 중심 인물이었다. Irwin은 뉴욕시 공립학교에 정신건강을 처음 소개한 교육자 중 한 사람이었다. 활동중심 교육과정은 기존 초등학교 실제를 뒤흔들어 놓았다. 그 사실과 장학관과 행정가로 구성된 위원회와의 의견 불일치로 인해 결국 그 프로그램이 문닫게 되었다. 1913년 사립으로 학교를 다시 열면서 교육기관(Little Red Schoolhouse and Elisabeth Irwin High School)으로 탈바꿈한 것은 1931년 부모들의 적극적 지원 덕분이었다.

Caroline Pratt은 공립학교들을 위한 상담자로만 일했다. 1935년 놀이 프로그램과 Putnam Valley Central School의 한 프로그램에서의 일을 시작으로 Pratt과 그녀의 직원들은 City and Country School 프로그램의 요소를 공립학교에 도입하였다. Pratt은 All Day Neigborhood Schools 설립에 참여하였다. 이 학교는 뉴욕시 학교 시범교육으로서 진보주의교육 연합회(Progressive Education Association)와 다른 지역기관으로부터 재정지원을 받았다.

이 장 앞부분에서도 기술되었듯이, 유아교육 지도자들은 다양한 문화와 민족적 배경을 가지고 있다. 여성과 마찬가지로 유색인이 리더십을 가지고 성공하기 위해서는 유아교육 프로그램, 정부나 비정부 기관의 지원, 고등교육 등의 여정을 필요로 한다. Josue Cruz 박사, Olivia Sracho 박사, Eugene Garcia 박사, Elsie Gee 박사, Deborah Leong 박사, Karen Liu 박사, Celia Genishi 박사, Meiko Kamii 박사와 Constance Kamii 박사가 개인적인 문화 전통을 반영하면서 자신이 선택한 전문직에서 존경을 받고 있는 유아발달과 유아교육 분야에서 뛰어난 지도자로 손꼽힌다.

9. 결론

유아교육의 역사를 돌아보고 써 내려오면서 몇 가지 특징이 두드러짐을 알 수 있었다. 유럽 식민자들이 미국에 왔을 때, 그들은 토착문화를 비롯하여 그와 관련된 문화들을 근절시키려 하였다. 다행히 이런 시도는 성공적이지 못했다. 종종 적대와 엄청난 재난을 만나게 되지만 각각의 문화는 그 고유성과 언어를 지켜오고 있다. 이런 여러 문화의 공존은 유아교육 프로그램과 국가 전체를 더 강하고, 생명력 있고 유연하게 만든다. 유아교육은 우리 사회에 나타난 다양성 덕분에 더욱 풍부해졌다. 선구자들은 여러 측면에서 서로 달랐지만 유아에 대한 변하지 않는 사랑과, 유아에게 가장 동기를 부여하고 도움이 되는 프로그램을 제공하려는 강렬한 소망을 가졌다는 점에서 동일하다. 우리는 이로 인해 풍요로워졌으며 이러한 역사적 사실을 여러분과 나눌 수 있게 된 점을 영광스럽게 느낀다. 유아와 가족의 삶을 향상시키기 위해 역사적 교훈을 지속적으로 마음에 새기리라 믿어 의심치 않는다.

웹사이트

Asian American Media. Exploring the Japanese American internment through film and the Internet. Retrieved March 25, 2008, at http://www.asianamerican-media.org/jainternment 49th Congress of the United States. (1887). *Dawes Act* (1887). Retrieved October 2, 2006, at http://www.historicaldocuments.com/DawesAct.htm

N. P. Bhavnagri, S. Krolikowski, & T. G. Vaswani, "A Historical Case Study on Interagency Collaboration for Culturally Diverse Immigrant Children and Families." Proceedings of the Lilian Katz Symposium, November 5-7, 2000. Clearinghouse on Early Education and Parenting, Early Childhood and Parenting (ECAP) Collaborative, University of Illinois at Urbana-Champaign. Retrieved online March 25, 2008, at ceep.crc.uiuc.edu/pubs/katzsym/bhavnagri.html and ceep.crc.uiuc.edu/pubs/katzsym/bhavnagri.pdf

Indian Nations at Risk Task Force. (1991). *Final report of the Indian Nations at Risk: An Educational Strategy for Action.* Retrieved September 20, 2006, at http://www.tedna.org/pubs/nationsatrisk.pdf

Public Broadcasting System. Children of the camps: Internment history. Retrieved March 25, 2008, at http://www.pbs.org/childofcamp/history

Southern Poverty Law Center, http://www.splcenter.org/index.jsp

Teaching Tolerance magazine, http://www.tolerance.org/teach/magazine/index.jsp

참고문헌

Ashelman, P. (2003). *The southern workman: A resource for documenting the development of early care and education in Virginia.* Unpublished manuscript.

Barnett, W. S., Hustedt, J. T., Hawkinson, L. E., & Robin, K. B. (2007). *The state of preschool: 2006* State Preschool Yearbook. New Brunswick, NJ: National Institute for Early Education Research. Retrieved May 7, 2008, at http://nieer.org

Beatty, B. (1995). *Preschool education in America: The culture of young children from the Colonial Era to the present.* New Haven, CT: Yale University Press.

Beatty, B. (2005). The rise of the American nursery school: Laboratory for a science of child development. In D. B. Pillemer & S. H. White (Eds.), *Developmental psychology and social change* (pp. 264-287). New York: Cambridge University Press.

Besser, D. (2007, April/2006, November). A history and current analysis of issues in early childhood education affecting American Indian children. Research paper and literature review submitted in partial fulfillment of the requirements for ECE 390 Research Seminar at The College of New Jersey.

Bhavnagri, N. P., Krolikowski, S., & Vaswani, T. G. (2000). A historical case study on interagency collaboration for culturally diverse immigrant children and families. Proceedings of the Lilian Katz Symposium, Issues in Early Childhood Education: Curriculum, Teacher Education and Dissemination of Information. November 5-7, 2000 Urbana-Champaign, IL.

Cahan, E. D. (1989). *Past caring: A history of U.S. preschool care and education for the poor, 1820-1965.* New York: National Center for Children in Poverty, Columbia University.

Calloway, C. G. (2006). *First peoples: A documentary survey of American Indian history.* Boston, MA: Bedford/St. Martin's.

Collins R., & Ribeiro, R. (2004, Fall). Toward an early care and education agenda for Hispanic children. *Early Childhood Research and Practice, 6*(2), 2. Retrieved online March 25, 2008, at http://ecrp.uiuc.edu

Campos, J. (1995). The Carpenteria Preschool Program: A long-term effects study. In. E. Garcia & B. McLaughlin (Eds.), *Meeting the challenge of linguistic and cultural diversity in early childhood education*(pp. 34-48). New York: Teachers College Press.

Comer, J. P. (1989). Racism and the education of young children. *Teachers College Record, 90*(3), 352-361. Retrieved March 24, 2008, from http://www.tcrecord.org/Content.asp?Contentid=478

Fowlkes, M. A. (1987, November 13). *Patty Smith Hill of Louisville: Her role in the Americanization of the kindergarten.* Paper presented at the annual meeting of the National Association for the Education of Young Children, Chicago, Illinois.

Frede, E., Jung, K., Barnett, W. S., Lamy, C. E., & Figueras, A. (2007, June). *The Abbott preschool program longitudinal effects study (APPLES).* New Brunswick, NJ: National Institute for Early Education Research.

Fuller, B., Eggers-Pierola, C., Holloway, S. D., & Liang, X. (1996, Spring). Rich culture, poor markets: Why do Latino parents forgo preschooling? *Teachers College Record, 97*(3), 400-418.

García, E. (1999). *Student cultural diversity: Understanding and meeting the challenge* (2nd ed.). Boston: Houghton Mifflin Company.

García, E., & McLaughlin, B. (Eds.) [with Spodek, B., & Saracho, O. N]. (1995). *Meeting the challenge of linguistic and cultural diversity in early childhood education.* New York: Teachers College Press.

Hauser, M. (2006). *Learning from children: The life and legacy of Caroline Pratt.* New York: Peter Lang.

Hewes, D. W. (1988, November 18). Nisei nursery: Preschool at Manzanar Relocation Camp 1942-1945. Discussion paper presented at the History Seminar of the Annual Conference of the National Association for the Education of Young Children, Anaheim, California.

Hewes, D. W. (1998). *"It's the camaraderie": A history of parent cooperative preschools.* Davis, CA: Center for Cooperatives, University of California.

Hewes, D. W. (2000). Looking back: How the role of director has been understood, studied, and utilized in ECE programs, policy, and practice. In M. L. Culkin (Ed.), *Managing quality in young children's programs: The leader's role* (pp. 23-39). New York: Teachers College Press.

Hewes, D. W. (2001). *W. N. Hailmann: Defender of Froebel.* Including *The personalized sequel.* Grand Rapids, MI: The Froebel Foundation.

Hinitz, B. F. (1998). Early childhood education managers. In L. Eisenman (Ed.), *Historical dictionary of women's education in the United States* (pp. 139-141). Westport, CT: Greenwood Press.

Hinitz, B. F. (2003, October 30). *Chicago: Crucible of Early Childhood Teacher Edu-*

cation for the Midwest. Paper presented at the Annual Meeting of the History of Education Society-U.S., Evanston, IL.

Hinitz, B. F. (2004). Margaret Naumburg. In S. Ware (Ed.), *Notable American women: A biographical dictionary: Completing the twentieth century,* vol. V. Cambridge, MA: Harvard University Press.

Hinitz, B. F. (2006). Historical research in early childhood education. In B. Spodek, & O. N. Saracho, *Handbook of research on the education of young children.* (2nd ed., pp. 573-594). Mahwah, NJ: Lawrence Erlbaum Associates, Publishers.

Joshi, A. (2005, May). Understanding Asian Indian families: Facilitating meaningful home-school relations. *Young Children, 60*(3), 75-78.

Kittrell, F. P. (1966, December). *A nursery school program within day care hours for culturally deprived children and parents.* Washington, DC: Department of Home Economics, Howard University. [Reproduced by Division of Home Economics, Federal Extension Service, U.S. Department of Agriculture.]

Kittrell, F. P. (1970). *Curriculum vita.* Archives of Howard University per J. Simpson.

Lascarides, V. C., & Hinitz, B. F. (2000). *History of early childhood education.* New York: Falmer Press.

O'Han, N. (2005). *Elisabeth Irwin and the founding of the Little Red School House.* Paper presented at the History of Education Society-U.S. Annual Meeting. Baltimore, MD.

Perry, E. I. (2007, June 25). *The significance of the revision of The Fundamentals Law of Education in Japan.* Paper presented at The Fifth International Conference: Teacher Education at a crossroad. Mofet Institute, Tel Aviv, Israel.

Sadovnik, A. R., & Semel, S. F. (Eds.). (2002). *Founding mothers and others: Women educational leaders during the Progressive Era.* New York: Palgrave.

Simpson, W. J. (1981). *A biographical study of Black educators in early childhood education.* Ph.D. diss., The Fielding Institute.

Snyder, A. (1972). *Dauntless Women in Childhood Education, 1856-1931.* Washington, DC: Association for Childhood Education International.

Sung, B. L. (1967). *The Story of the Chinese in America.* New York: Collier Books. Southeast Asia Archive. Retrieved March 25, 2008, at http://www.lib.uci.edu/libraries/collections/sea,/seaexhibit/fristpage.html

Tafoya, T. (1983). Coyote in the classroom: The use of American-Indian oral tradition with young children. In O. Saracho & B. Spodek (Eds.), *Understanding the Multicultural Experience in Early Childhood Education* (pp. 35-44). Washington, DC: National Association for the Education of Young Children.

University of California-Irvine. Documenting the Southeast Asian refugee experience. Southeast Asia Archive. Retrieved May 7, 2008, at http://www.lib.uci.edu/libraries/collections/sea/seaexhibit/firstpage.html

West, B. (1992). Children are caught-Between home and school, culture and school. In B. Neugebauer (Ed.), *Alike and different: Exploring our humanity with young children* (pp. 131-132). Washington, DC: National Association for the Education of Young Children.

Whitney, E., & Ridgeway, K. (1938, April). The kindergarten movement in Kansas City. In *Association for Childhood Education, history of the kindergarten movement in the Mid-Western States and in New York.* Washington, DC: Author.

Williams, L. R. (1994). Developmentally appropriate practice and cultural values: A case in point. In B. L. Mallory & R. S. New (Eds.), *Diversity & developmentally appropriate practices: Challenges for early childhood education* (pp. 155-165). New York: Teachers College Press.

Yetman, N. R. (1970). *Life under the "Peculiar Institution": Selections from the slave narrative collection.* New York: Holt, Rinehart & Winston.

Young Children (1992, September). Entire Issue. *Young Children, 47*(6).

영아보육 프로그램

J. Ronald Lally & Peter L. Mangione(WestEd)

1. PITC의 목적

영아보육 프로그램(Program for Infant/Toddler Care: PITC)[1]에서는 미국 영아들이 안전하고, 건강하며, 정서적으로 안정되면서 인지적으로 풍부하게 인생을 출발할 수 있도록 해주고자 한다. PITC는 다음의 다섯 가지 목적을 가지고 있다. (1) 3세 미만의 모든 영유아를 대상으로 하는 보육의 질을 향상시키고 이용 가능성을 확대한다. (2) 이용 가능한 질 높은 교사교육 비디오 자료 및 책을 제공하고 효과적 교수 방법을 촉진하여 0에서 3세 전문 교사교육자의 수를 증가시킨다. (3) 민감하게 반응하고, 존중하며, 관계에 기초한 영아보육 실제를 증진시키는 정보를 보급한다. (4) 개별 영아의 고유한 교육과정을 존중하도록 교육과정을 계획한다. (5) 영아 및 가족의 요구와 혜택을 중심으로 교육과정 및 프로그램 활동을 개발하도록 국가, 지방 및 지역 정책과 실제를 위한 정보를 제공한다.

1) 역주: 보통 영아보육과 유아보육을 구분할 때, 3세 이전의 모든 유아를 영아로 통용하여 부르며, 출생 후 1년까지는 영아(infant), 1~3세까지는 걸음마기 유아(toddler)로 세분된다. 이 장에서는 내용상 연령 구분이 필요한 경우를 제외하고는 통칭하여 영아라 부른다.

2. PITC 소개

PITC는 미국 영아보육 프로그램의 낮은 질, 영아/유아보육의 이용과 수요 급증, 이 연령에 대한 교육자와 교사교육용 교재의 부족에 대응하여 1985년에 설립되었다. 우리가 관찰한 것과 이후 연구에서 확인된 바에 따르면, 그 당시 영아보육의 질은 놀랄 만큼 낮았다. 3세 미만 영아보육시설의 10% 미만만이 발달에 적합한 것으로 평가되었고, 40%가 발달에 해로운 것으로 평가되었다(Cost, Quality, and Child Outcomes Study Team, 1995). 수요와 관련하여, 영아보육에 대한 요구는 이용 가능한 보육시설의 수용가능 인원수를 훨씬 능가하였다(California Child Care Resource and Referral Network, 2007). 교사교육의 경우, 그 시기 대부분의 교사교육이 3세 이상의 유아보육에는 전문이지만 영아 경험은 전무한 교사교육자에 의해 이루어졌다. 이 주제에 대한 해설서가 포함된 지침을 개발하도록 PITC로부터 요청받은 Honig과 Wittmer(1986)가 영아용 집단 보육을 목적으로 한 오디오 및 비디오 교사교육 자료를 조사했으나 거의 찾지 못했다.

이 글을 쓰고 있는 지금도 영아 보육시설의 수와 질적인 측면에서 진전된 것은 거의 없다. 단지 교육자와 교사교육 자료의 양만 바뀌었을 뿐이다. 「미국의 아기들(America' s Babies)」(Oser & Cohen, 2003)에서 보고된 바에 의하면, 3세 미만 미국 영아 6백만 명이 부모가 아닌 다른 성인에 의해서 매일 몇 시간 혹은 하루 종일 보호받고 있으며, 3세 미만의 영아를 둔 어머니의 61%가 직업을 가지고 있는 것으로 나타났다. 캘리포니아 주 보육정보센터(California Child Care Resource and Referral Network)는 영아보육시설의 부족현상이 1985년에 보고된 것과 비슷하다고 밝히고 있다. 보육의 질과 관련하여 중요한 지표 중 하나인 교사 이직률은 '4년에 한 번' 이 75%에 이른다(Oser & Cohen, 2003). 더욱이 보육분야는 아직 적정한 보수를 받을 만한 전문직으로 인식되지 못하고 있다. 보육교사의 시간당 평균 임금은 8.91달러이다(Oser & Cohen). 이러한 요인들 때문에 현장에서 이루어지는 교사교육에 대한 노력이 우려할 정도로 훼손되고 있다.

그러나 급증하는 연구들에서 보여주는 바와 같이, 보육의 질이 중요한 것은 틀림없는 사실이다. 미 국립아동보건 발달연구소(National Institute of Child Health and Human Development: NICHD)(1997, 1998, 2002a, 2002b, 2007)의 영유아보육 연구에 따르면, 질 높은 보육은 부모-자녀 관계 증진을 돕고, 민감하지 못한 엄마와 영아 사이에 불안정한 애착이 형성될 가능성을 낮추고, 유아기동안 문제행동을 더 적게 나타나게 하고, 유아보육시설에서의 높은 인지적 수행과 언어능력 그리고 높은 수준의 학습 준비도를 갖게 하는 것으로 밝혀졌다. 반면에 질 낮은 보육은 부모-자녀 관계가 원만하지 못하고, 민감성이 낮은 엄마의 경우 불안정한 부모-자녀 애착 형성의 가능성이 높으며, 빈번한 문제행동, 낮은 인지적 · 언어적 능력과 저조한 학습 준비도를 예측하였다.

또 특정 상황하에서의 질 높은 보육은 유아에게 가장 많은 혜택을 주는 것으로 알려졌다. 발달에 미치는 가족의 영향이 일관되게 보고되고 있다. 가족 특징과 유아와 어머니 간의 관계의 질은 유아 발달에 있어 보육 요인보다 더 강한 예측요소로 알려져 있다. 그런데 가정 조건과 보육 조건은 상호작용 효과를 가진 것으로 보인다. 즉, 가정의 지원이 더 많이 요구되는 유아일수록 질이 높거나 낮은 보육의 영향을 더 크게 받는다. 예를 들어, NICHD 연구에서 양질의 보육은 (유아가 36개월일 때) 어머니의 더 높은 양육 참여와 민감성을, 그리고 (유아가 15개월과 36개월일 때) 어머니와 유아의 긍정적 관계를 어느 정도 예측하였다. 그러나 질 낮은 보육을 일주일에 10시간 이상 받거나 출생 후 첫 15개월 동안 두 곳 이상의 보육시설을 경험한 영아의 경우, 어머니의 민감성이 낮은 경우에만 불안정한 애착을 더 나타내었다.

그러나 전반적으로 좀 더 민감하고 반응적인 관심을 받은 보육시설 유아는 2세 및 3세 때 보육교사에 의해 발견된 문제가 적은 것으로 보고되었다. 새로운 보육시설에 등록했던 횟수를 변인으로 하여 조사된 보육의 불안정성은 어머니가 민감하고 반응적인 보살핌을 제공하지 않은 경우의 영아에게 더 높은 불안정 애착의 가능성과 연관되어 있음이 밝혀졌다. 민감성에 있어 어머니와 보육교사 모두 표본의 하위 25%에 해당하는 유아 중 단 45%만이 안정적 애착을 보인 반면에, 더 민감한 어머니와 보육교사를 가진 유아의 62%가 안정적 애착을 나타내었다. 빈곤 조건 또한 보육 조건과 상호 중요한 영향을 미치는 것으로 나타났다. 가난하여 지속적으로 공적 원조를 받는 가족의 영아를 위한 보육의 질적 수준은 빈곤층에 가깝지만 원조를 받지 않는 가족의 영유아와 비교했을 때 차이가 있는 것으로 나타났다. 즉, 보조금이 지급되는 빈곤기준에 부합되는 가족의 경우 자체 생활비에서 보육비를 지불해야 하는 빈곤에 근접한 상황(near-poverty situations)에 처한 가족의 유아보다 오히려 더 높은 질의 보육을 받는 것으로 나타났다. 어머니의 수입에 더 의존하는 가족은 영아를 더 어린 나이에 보육시설에 맡겼고, 어머니의 수입에 덜 의존하는 가족보다 하루 중 더 많은 시간동안 보육시설을 이용하였다. 일시적 빈곤층(transitory poverty)으로 알려진, 빈곤층이 되었다가 아니었다를 반복하는 가족은 대부분 영아를 생후 3개월 전에 매우 일찍 보육시설에 보낸다.

아동발달에 미치는 보육의 질 효과와 관련된 여타 혼란스러운 많은 쟁점 속에서 PITC는 가정이나 유아의 환경에 관계없이 보육의 질이 보장될 가능성이 높은 풍토를 만들어 낼 목적으로 일련의 프로그램 원칙을 개발하였다. 비록 PITC 프로그램 원칙을 하나도 반영하지 않고도 훌륭한 프로그램을 개발할 수 있겠으나, PITC는 여섯 가지 원칙 전부를 쉽게 이용할 수 있는 양질의 영아보육을 실현하기 위한 기회를 극대화하기 위한 것이다. PITC 프로그램의 여섯 가지 원칙은 모든 영아와 가족을 위해 안정된 보육 경험을 확립한다. 그리고 각 유아와 가족의 안정된 관계와 정서적 결합을 강조하고 있다. 이 원칙의 목적은 보육시 각 유아가 정서적으로 안정되도록 돕는 것인데, 이는 유아의 학습, 발달, 행복 증진의 바탕이 되는 것이다.

3. PITC의 원칙

- 전담 보육: 개별 영아 및 가족을 전담할 영아보육교사의 배정

전담 보육체계에서는 한 교사가 개별 영아를 담당하여 해당 영아의 보육에 대해 주된 책임을 진다(Bernhardt, 2000). 영아가 보육교사보다 더 오래 보육시설에 머물 때는, 두 번째 교사가 전담 관계를 맺어 담당한다. 각 유아는 보육시설에 있는 동안 항상 한 명의 특정한 사람에게 배정되어야 한다. 보육교사들이 팀으로 협력하는 것 또한 중요하다. 전담 보육은 교사들이 서로 팀을 이루어 지원하면서 서로가 주로 보살피는 영아의 안전을 위한 지원 토대를 제공할 때 가장 잘 이루어진다. 전담 보육이 배타적 보육을 의미하지는 않는다. 그보다는 모든 이들이 각각의 유아에 대해 주된 책임을 갖는 사람이 누구인지를 아는 것을 의미한다.

- 작은 학급 크기: 영아들과 보육교사의 학급 크기 소규모화

영아에 관한 주요 연구결과에 따르면 양질의 보육의 핵심요소는 작은 학급 크기와 적절한 비율이다. PITC는 영아의 연령에 따라서 6~12명의 유아들을 한 집단으로 하여 1:3 또는 1:4의 전담 보육의 비율을 갖추도록 권고한다. 이 지침에 따르면, 유아가 어릴수록 학급 크기가 더 작아야 한다. 작은 학급 크기는 평화로운 교류, 움직이고 탐색하는 데 필요한 자유와 안전, 친근한 관계의 발달을 지원하여 영아들이 필요로 하는 맞춤식 보육의 제공을 촉진시켜 준다.

- 연속성: 동일한 전담 교사 및 집단 배정을 통한 연속성

보육의 연속성은 영아를 위한 양질의 보육에서 필요한 깊은 관계 맺기를 제공해주는 세 번째 핵심원칙이다. 보호의 연속성에 대한 개념을 적용한 프로그램에서는 전담교사와 영아가 영아기 3년 내내 또는 그 영아가 보육시설에 등록하는 기간 내내 계속해서 함께한다.

- 맞춤식 보육: 개인의 요구, 능력, 스케줄에 대한 민감성

유아의 독특한 리듬과 기질을 따르면 행복과 건전한 자아인식이 증진된다. 특정

영아의 신체적 리듬이나 요구가 다른 영아들과 다를지라도 그 유아가 자신에 대해서 긍정적으로 느끼게 돕는 것이 중요한 것이다. 영아의 개인적 요구에 신속하게 반응하는 것은 영아의 자기 조절 능력의 성장을 지원해준다. 즉, 개인적, 사회적 맥락에 따라 자신의 행동과 정서적 반응을 조절하도록 도와준다. 영아를 프로그램에 적응시키는 것이 아니라 프로그램을 영아에게 맞추는 것이며, 영아는 자신이 중요하고, 자신의 요구가 이루어지며, 자신의 선택, 기호 및 기분이 존중된다는 메시지를 받게 된다.

- 문화적 연속성: 가족들과의 대화와 협력을 통한 가정과 프로그램 사이의 문화적 연속성

유아는 문화적 맥락 내에서 자신이 누구이고 무엇이 중요한지에 대한 인식을 발달시킨다. 특히 생애 초기 동안 가치와 기대 그리고 일을 하는 방법을 전수하는 것은 전통적으로 유아의 가족과 문화 공동체였다. 더 많은 유아들이 영아라는 어린 나이에 보육시설에 들어감에 따라, 이들의 문화적 정체성과 가족에 대한 소속감에 대한 문제가 제기되었다. 가정과 보육시설 간의 보육 연속성은 매우 어린 유아의 경우 항상 중요한데, 특히 영아가 자신의 가족과 다른 문화 상황에서 보육될 때는 더욱 중요해진다. 발달에서 문화가 중요한 역할을 하기 때문에, 다양한 배경을 가진 가족들을 대하는 교사는 다음을 통해 문화적 연속성을 지원할 수 있어야 한다.

(1) 영아의 삶에서 문화의 중요성에 대한 교사의 이해 고취
(2) 문화적 능력 향상
(3) 문화적 차이의 인식과 존중
(4) 가족들에게 개방적이며 민감하게 대하는 방법을 배우고 자녀 양육의 실제에 대해서 가족과 기꺼이 협력하여 결정하는 자세. 이렇게 할 때 가족과 영아보육교사가 함께 협력하여 각 영아를 위해 최적의 발달을 촉진시킬 수 있다.

- 특별한 요구를 가진 영아의 통합: 장애 혹은 다른 특별한 요구를 가진 영아를 위한 적절한 도움과 지원

통합(inclusion)이란 적절한 도움과 지원을 통해 모든 영아들에게 이용 가능한 질 높은 보육의 혜택을 제공함으로써 각 영아가 프로그램에 완전하게, 적극적으로 참여할 수 있도록 하는 것을 의미한다. 관계에 기초한 보육 제공을 위한 접근은 PITC에서 이미 수용한 주제로서 배우고자 하는 영아의 신호와 자극에 대해 개별화되고

민감한 보육을 의미하는 것으로 장애나 다른 특별한 요구를 가진 영아들을 포함하여 모든 영아에게 중요하다. 민감하고 지속적인 관계를 맺은 영아들은 사회적 유능성과 적응력의 토대가 되는 정서적 안정감이 발달된다. 개별화된 보육을 받은 영아들은 자신의 방법과 속도로 배우고 성장할 수 있다.

이러한 원칙들은 1960년대로 거슬러 기원을 찾을 수 있다. 1985년에 PITC 개발이 시작되었을 때 영아를 위한 민감하고 관계에 기초한(relation-based) 보육의 실시를 지원해주는 원칙에 대한 요구는 매우 확고하였다.

4. PITC의 역사

PITC의 시작은 미국 최초로 연방정부의 자금을 제공받은 영아 센터인 Syracuse 대학교의 Children' s Center에서 유래한다. 이 프로그램은 1964년에 집단 보육시설에서 이루어지는 보육이 영아 발달에 미치는 영향에 대한 연구로 시작되었다. Alice Honig의 도움을 받아 Bettye Caldwell과 Julius Richmond가 공동으로 설립한 이 프로그램은 유아와 가족에게 기관 중심 보육 강화 프로그램을 제공하기 위하여 발달심리학, 아동발달, 유아교육 및 소아의학 분야로부터의 방법들을 접목시켰다. 1969년에 J. Ronald Lally는 Bettye Caldwell의 뒤를 이어 센터장이 되었는데, 108명의 저소득 가정 유아들을 위한 장기 개입 프로그램인 Syracuse 대학교 가족발달연구(Syracuse University Family Development Research) 프로그램을 창시하였다. 이는 대상 유아가 임신 6개월 때부터 5세까지 지속되는 프로그램이었다. 1964년부터 1977년까지 교실과 아동에 대한 관찰과 평가에 근거하여 지속적인 개선 노력이 이루어졌다. 이러한 노력의 결과 중 하나가 「영아 돌보기: 교사교육의 설계(Infant Caregiving: A Design for Training)」(Honig & Lally, 1981)라는 책이었고, 이 책을 통해 Syracuse University의 Children' s Center의 영아보육 실시로부터 나온 지혜가 널리 전파됐으며, 이는 PITC의 기초를 형성하였다. 종단적 사후 연구 보고서에서 제시된 바와 같이 이 센터에서 사용한 보육 접근법은 다음을 성취하기 위해 계획되었다.

유아는 안전하고 일관성 있는 환경 속에서 성인들과 다른 유아들에 의해서 정당하고 애정 있는 상냥함으로 다뤄질 것과 매일의 교육 경험들을 기대하며 올 것이며, 보육공동체 자원을 이용할 수 있고 자신의 요구를 충족시켜 줄 것으로 안다. 보육교사는 유아들이 다음과 같은 능력을 갖고 있다는 가정에 동의하며 일을 하였다. 즉, 1) 무엇이든지 자신이 관심을 가진 것에 대해 배울 수 있다, 2) 자신의 행위와 선택이 다른 사람들에게 영향력을 미친다는 것을 이해할 수 있다, 3) 타인의 권리를 위한 협력과 배려가 궁극적으로 자신의 창의성, 흥미, 호기심과 개성을 더 충만하게 표현할 수 있도록 할 것이라는 사실을 배울 수 있다, 4) 성인들이 호기심과 탐색을 격려해준다는 것을 안다, 5) 보육교사의 행동에서 다른 유아나 성인들의 행동에 이르기까지 모방 가능하다는 것을 가정한다. 부가적 가정으로는 이 유아들이 특별한 기술과 재능을 가진 고유한 창조물로서 다루어지도록 이런 기능과 재능들은 사회가 인정하고 또 그 사회에 유용하게 쓰여질 것이라는 것, 그리고 이러한 특별한 재능들은 낮 시간을 함께 보내는 성인들이 보호해주고 더 크게 향상시킨다는 것이다. 요약하자면, 선택의 자유과 책임 의식에 관한 일상적 분위기, 각 유아가 성공할 것이라는 기대, 환경에서 공평성과 일관성에 대한 확신, 배움에 있어서 창의성, 흥분과 탐구에 대한 강조, 외적 학습동기 유발보다 오히려 내적 학습동기 유발에 대한 기대, 그리고 하루를 보내기에 안전하고 기분 좋은 장소를 만들 수 있는 맥락 조성이다.(Lally, Mangione, & Honig, 1987)

같은 기간에 Glen Nimnicht와 그의 팀은 지금은 WestEd라고 불리는, 극서부 교육연구 및 발달 연구소(Far West Laboratory for Educational Research and Development)에서 반응적 교육 프로그램(Responsive Education Program)(Thoms & Lewis, 1975)을 만들었다. 이는 연방정부 재원으로 이루어졌으며 세밀하게 평가된 유아교육 프로그램(공립 유아원부터 초등 2학년까지)으로서 세 가지 목적을 갖는다. 즉, (1) 문제해결력 발달을 촉진함으로써 유아의 인지 발달을 지원하는 것, (2) 학습자가 자기 자신만의 아이디어, 가치 및 학습양식을 생산적으로 활용하도록 지원함으로써 건강한 자아 개념을 기르도록 하는 것, (3) 학습자가 다원 사회에서 인종과 문화적 다양성을 이해하고 존중하며 평등하게 상호작용할 수 있는 태도와 행동의 발달을 촉진함으로써 문화적 다원주의를 지원하는 것이다. 프로그램 평가 결과는 세 가지 목적 모두에서 통제집단과 비교했을 때, 유의미한 정적 성장을 보여주었다. Lally가 Syracuse University에서 극서부 연구소로 옮기고, 후에 Peter Mangione이 합류했을 때 이들은 이렇게 잘 계획하고 연구된 두 개의 접근법을 함께 결합시키기로 하였다. 1985년 캘리포니아 교육부(California Department of Education: CDE)가 보조금이 지급되는 프로그램에서 영아들이 받는 보육의 질에 대한 우려를 해결할 수 있게 도울 기회가 생겼을 때 이미 PITC 접근법은 상당할 만큼 개발되어 있었고 세밀히 구상되어 있었다. 미국 영아들의 절반은 보육 프로그램에서 긴 시간을 보내는데, 그들을 위한 보육과 교육은 종종 그 가치가 낮게 인정되고, 불충분한 대우를 받으며, 부적절하게 교육된 보육교사에게 맡겨지곤 했다. 캘리포니아에서 나타난 이러한 경향은 국가적 추세를 반영했다. Robert Cervantes와 Janet Poole(후자는 1970년대 후반에 Syracuse

Children' s Center를 방문했다)의 지도력을 통하여, 영아보육 프로그램(PITC)을 개발 운영하기 위해서, 캘리포니아 교육부는 극서부 교육연구 및 발달 연구소와 함께 역사적이며 장기간 지속될 협력관계를 맺었다.

연구가 시작되었을 때, PITC 개발자들은 비록 연구와 경험 모두에서 생애 첫 3년간의 중요성을 인식하며 개별 영아 발달에 대해서는 상당히 많이 알려져 있지만, 집단 보육 환경에서 영아와 걸음마기 유아를 위한 최적의 보육을 제공하는 방법에 대해서는 보육교사들을 위한 유용한 정보가 거의 없음을 알게 되었다. Poole와 다른 사람들, 특히 캘리포니아 교육부의 아동발달부서(CDD)의 Mary Smithberger, 극서부 교육연구 및 발달 연구소(WestEd)의 유아 · 가족 연구센터의 Lally와 Mangione 등은 유아와 가족 연구가, 보육 전문가 및 대중매체 전문가들로 구성된 팀을 모으면서 작업을 시작했다. 그들은 함께 영아 발달과 보육에 대한 이론과 실제 지식을 영아보육교사에게 직접 제공할 수 있도록, 이용하기 쉬우면서 방송 수준의 화질을 갖춘 비디오 자료를 중심으로 종합적 대중매체 교육시스템을 구축하기 시작했다. 비디오와 인쇄 자료 개발을 지원하기 위해 카네기 재단, 포드 재단, 스미스 리처드슨 재단 및 해리스 재단과 같은 사립 재단들과 협력하였다.

설립 시작부터 PITC는 질 높은 영아보육의 실시를 위해 기관보육시설과 가정보육시설의 교사를 돕는 것에 초점을 두어 왔다. 교사가 보육하면서 영아의 정서적, 사회적, 인지적 메시지를 읽고 반응하는 방법들을 개발해 왔으며, 질 높은 보육의 기초인 보육교사와 유아 간, 보육교사와 가족 간 관계의 중요성에 초점을 두는 프로그램을 만들기 위한 방침들을 개발해왔다. PITC 자료와 접근법은 수많은 보육교사를 교육시키는 전국 곳곳에서 교사교육자(trainers)를 교사교육에 참여시켰다.

초창기부터 PITC에서는 광범위한 이해관계자들의 관점을 포함시켜 왔다. 프로젝트 첫 해에 캘리포니아에서 3000명의 학부모, 보육교사, 교사교육자들이 교사교육 요구 사정 평가에 참여했다. 영아보육과 발달 분야에서 전국적으로 인정받는 전문가들로 구성된 위원회가 프로젝트 자문위원 및 평가자 명단에 포함되었다. 추가로 보육 전문가 주위원회도 구성되었다. 교사교육자, 보육교사, 유아 및 부모들뿐 아니라, 특별 고문, 저명한 전문가, 그리고 유아학습, 환경, 문화와 언어 분야의 이론가들까지도 PITC에 중요한 기여를 해왔다. 여기에는 교사교육에 대한 개념화, 교재에 대한 검토 및 시범 실시, PITC 교육과정 지침서에 대한 논문 작성, 그리고 PITC 비디오 제작의 참여가 해당되었다.

PITC 개발 초기, 한 예비연구(Mangione, 19870)에서 교사교육자들이 교사 양성에서 효과적으로 이러한 자료를 이용하기 위해서는 양질의 비디오와 안내서 이상의 것이 필요하다는 연구결과를 제시했다. 이에 따라 교사교육자용 매뉴얼을 개발하여

PITC 자료를 기초로 한 수업계획안을 제공하였다. 이와 더불어, 캘리포니아 교육부와 WestEd는 교사교육자 교육기관(Trainer Institutes)을 만들어 PITC의 철학과 자료를 널리 보급하는 데 주요한 기반을 마련했다. 교사교육자 기관은 1990년에 처음 시작되었으며, CDD와 WestEd의 PITC 창설자뿐 아니라 영아보육과 발달 분야에서 저명한 인사들로 구성된 교수진을 구성하여 3일 반나절 단위를 기본 단위로 하는 교육을 행했다. 교사교육자 기관은 사범대학 교수, 프로그램 운영자, 보육정보센터 직원, 가정 및 기관 보육시설의 보육교사 양성에 책임이 있는 사람들에게 효율적인 성인학습 기법뿐 아니라, PITC 내용과 철학에 대한 깊은 이해를 제공한다. 1992년 이래, CDE/CDD는 자격이 있는 캘리포니아 거주자에게 장학금을 제공함으로써 캘리포니아 전 지역의 다양한 지역사회로 교사교육의 접근성을 크게 넓혔다. 또한 다른 주에서 오는 교사교육자들에게도 이 교육프로그램을 개방하였고 이는 PITC가 전국으로 보급되는 원동력이 되었다.

1994년 카네기 재단에서는 「출발점: 가장 어린 유아들의 요구 충족시키기(Carnegie Task Force on Meeting the Needs of Young Children)」(1994)라는 제목의 보고서를 출판하였고, 그 결과, 공립 · 사립 단체에서 영아보육의 요구 충족 필요성에 대한 인식과 의지가 상당히 높아졌다. 2년 후 국가 복지정책 개정 법령에서는 유아보육 체계에 대해 추가적으로 청구하면서 특히 3세 미만의 영아를 위한 보육의 질에 대한 우려를 표명했다. 따라서 이제 교사교육 노력을 확대하고 지원하는 것이 이전보다 훨씬 더 중요해졌으며, 연방과 주정부 및 사립재단에서는 이에 대한 지침과 교사교육 자료를 얻기위해 캘리포니아로 시선을 돌리기 시작했다. 몇몇 주의 교육부, 보건복지부, 사회복지부 대표자들이 PITC 교사교육자 교육 프로그램을 도입하고 주 전체 교사교육 조직망을 창설하는 것에 대한 전문적 도움을 얻기 위해서 WestEd와 접촉했다. 오늘까지 PITC는 16개 주에서 대학원 과정과 위성방송 교사교육을 제공하고 있다. 더욱이 PITC는 1996년에서 2003년 사이에 영아보육하는 700개의 조기 헤드스타트(Early Head Start: EHS)와 이주자 헤드스타트(Migrant Head Start) 프로그램에 교사교육과 기술지원 도움을 제공하는 데 주요한 역할을 담당하였다. 그리고 실제로 EHS 초기 4기 모든 후혜자들이 PITC 교사교육에 참여했다.

1998년 캘리포니아의 CDE와 CDD에서는 WestEd와 협력을 강화하여 정상적으로 발달하는 유아들뿐 아니라, 장애를 가진 영아들을 위한 보육의 질을 높이기 위하여 다방면의 계획을 수립하였다. PITC는 캘리포니아의 모든 지역에 전달되도록 만들어진 교사훈련과 기술지원 체계의 중심이 되었다. 새로운 PITC 활동에는 다음이 포함되어 있다.

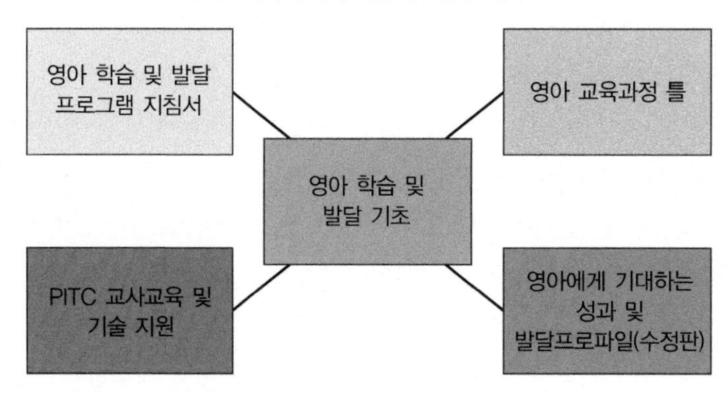

그림 2-1 캘리포니아 교육부의 체계

- 보육의 질을 위한 파트너(지역 교사교육 조직망)
- PITC 시범 프로그램
- 교사교육자 프로그램 중 함께 시작하기(Beginning Together)로, 장애 혹은 다른 특별한 요구를 가진 유아의 통합과 보육에 초점을 둔 프로그램
- 확장된 PITC 교사교육자 교육프로그램
- PITC 교사교육의 효율성에 대한 평가
- 전문대학과 지역의 기획위원회에 대한 대외 봉사 활동

2007년까지 PITC 교사교육 시스템은 미국 전역에서 십만 명이 넘는 보육교사에게 적용되었다. 캘리포니아 교육부와의 협력은 지금도 계속되고 있다. 2008년 CDE의 포괄적 영아 학습 및 발달 체계 덕분에 주(state)의 관련 종사자들은 PITC 교사교육과 기술 지원을 PITC의 철학에 기초하여 새롭게 개발된 프로그램 지침서, 아동발달의 기초, 교육과정의 구성, 평가도구와 연결하여 사용할 수 있었다(그림 2-1).

5. PITC 이론 및 연구의 기초

PITC 접근법은 영아프로그램과 영아보육교사가 영아들에게 친근하고 민감한 관계 형성을 제공하기 위해 안전하고 흥미를 불러일으키며 발달에 적절한 환경을 제공하고, 방해받지 않는 탐색시간을 주고, 정서와 인지 모두에서 영아의 학습을 지원하고 확장할 수 있는 성인과의 상호작용을 제공하도록 돕기 위해 만들어졌다. 이러한 강조는 발달과정 중인 영아가 많은 능력을 가진 반면에 많은 취약성도 지니고 있다는 연구결과를 반영하고 있다(Shonkoff & Philips, 2000). 부모와 교사는 이러한 두 특성 모두를 알고 대처할 필요가 있다. 영아는 한편으로는 취약하며 성인을 필요로 한다고 알려져 왔다. 영아는 카네기재단의 대표를 역임했던 David Hamburg의 말처럼 “장기화된 무력함(Poolonged helplessness)”의 상태이다. 영아는 생존, 보호, 그리고 초기 양육을 위해 성인을 필요로 한다. 이러한 보호와 양육이 없다면 영아는 죽게 된다. 따라서 영아는 사회적, 정서적, 인지적 생존을 위해 성인에게 의존한다. 어린 영아들은 보호뿐만이 아니라 그들이 태어난 특정한 사회와 문화 속에서 성공적으로 역할하는데 필요한 방법에 대해 안내를 받기 위해서도 성인을 필요로 한다. 영아는 사회의 “왕도”를 그들에게 알려줄 성인에게 의존한다. 영아의 취약성과 더불어, 다른 한편으로 영아가 매우 유능하다는 사실도 밝혀져 왔다. 영아는 자신의 목표를 갖고, 배울 준비를 갖추고 태어나며, 자기 경험의 체계화를 지향하며, 순서를 만든다. 영아의 뇌는 사물이나 사건을 이해하고 의미를 찾아내고, 가능성을 탐색하도록 구조화되어 있다. 영아는 적극적으로 탐색하고 실험한다. 유전적으로 쉽게 언어를 배우도록 갖춰져 있다. 이들은 다른 사람을 관찰하여 그들로부터 배우려는 성향을 갖고 있다. 또 모방과 지각 경험의 결합을 통해 사고하고, 느끼고, 행동하는 법을 발달시킨다. PITC는 이러한 두 가지 특성을 이해하고 직접 다룸으로써 프로그램 지도자와 영아보육교사를 돕기 위한 전략들을 개발해 왔다. PITC 접근법에서는 유아의 취약성에 관심을 기울이면서 영아보육교사의 즉각적이고, 적절하며, 연관된 반응들을 통하여 영아로 하여금 자신의 행동이 인정되고 욕구가 충족된다는 것을 알게 하고, 자신의 행동이 어떤 바람직한 결과를 낳을 수 있다는 것을 이해하게 한다. 영아의 취약성은 영아의 유능성에 대해서 동시에 관심을 기울이지 않고는 결코 논할 수 없다. 따라서 PITC는 영아가 어떤 문제를 해결하려고 애쓸 때, 영아보육교사가 너무 성급하게 대신 해결해 준다든가, 아니면 도움의 신호를 보냈는데도 도와주지 않기보다는, 그 영아가 도움 신호를 보낼 때까지 주의 깊게 관찰하고 기다려주라고 제안한다. 이러한 영아의 취약성과 유능성 모두에 대한 동시적으로 민감한 반응은 PITC의 핵심이다. 영아보육교사가 옆에 있다는 것 자체가 영아로 하여금 어려움에 직면할 때 계속 노력하게 하며 도움이 필요하면 언제나 도움을 요청하고 얻을 수 있다는 것을 알게 해준다. 이러한 유형의 학습은 영아의 인지적 성장에 있어 매우 중요하다(Hauser-Cram, Warfield, Shonkoff & Krauss, 2001).

안정에 기반을 둔 행동에 주목하는 것도 PITC 접근법에서 강조된다. 영아가 성장해 가면서 지지적이고 신뢰할 수 있는 보육교사라는 ‘안정된 기반(secure base)’을 갖고 있다면, 좀 더 자발적이고 자신감 있는 탐구자가 될 것이다(Bowlby, 1969). 취약성과 유능성 모두 다시 한 번 더 주목된다. 영아가 새롭고 세심한 탐색 기술, 예를 들면, 기어다니고 사물을 손에서 손으로 옮기기와 같은 기술을 보여줄 때, 영아보육교사는 영아의 취약함에 주의를 기울이면서 탐색을 위한 안정된 기반을 마련해주고, 유아가 계속 안전하며 행복하다고 느낄 수 있도록 해준다. 이런 과정에서 동시에 유아의 유능성을 인정하고 지원해준다.

PITC 접근법은 PITC 철학의 핵심을 이루는 취약성과 유능성 모두를 나타내는 영아 및 걸음마기 유아에 대한 비전을 갖고 있으며, 더 나아가 연구 문헌에서 증명되어 온 영아에 대한 10가지의 추가적 특징에 기반을 두고 있다.

1) PITC 접근법의 기초를 이루는 영아 발달의 10가지 특징

(1) 관계는 발달을 위한 핵심이다

영아는 긍정적인 신체, 사회, 정서 및 인지적 성장을 위해 친근하고, 지속적으로 돌봐주는 관계에 의존한다. 영아는 보육교사가 자신의 신호를 읽고 그 요구에 반응해준다고 신뢰할 수 있을 때 최적으로 발달한다. 보육교사-영아, 부모-영아, 혹은 방문교사-부모 사이 관계의 질이 영아 발달에 미치는 영향은 아무리 강조해도 지나치지 않다. PITC는 이러한 관계가 형성되고 시간이 지날수록 관계가 더 깊어지는 가능성을 증진시켜 줄 수 있는 영아보육 정책이 수립될 것을 제안한다.

(2) 영아는 전인적으로 배운다. 부모와 보육교사는 특정 시간에 자신이 초점을 두는 영역뿐만이 아니라 모든 발달영역에서 자신의 행동이 영아의 학습에 영향을 미친다는 것을 지각해야 한다

영아는 사회적, 정서적, 인지적, 언어적, 신체적 학습을 분리해서 경험하지 않는다. 따라서 매우 어린 유아의 경우 한 번에 하나의 발달영역에 관심을 집중시키기보다는 '전인적 유아(whole child)' 에 관심을 가질 때 영아의 학습이 최대로 촉진된다(Bornstein & Bonstein, 1999; Shonkoff & Philips, 2000). 이러한 이유 때문에, 영아가 성인이 관심을 기울이는 부분만이 아니라 전체적 경험으로부터 배운다는 사실을 반영하면서 성인들이 상호작용하는 것이 어린 유아에게 가장 도움이 된다. PITC는 교사들이 이러한 '전인적 유아' 접근법을 영아 발달과 학습을 촉진하는 데 사용하도록 제안한다. PITC는 이러한 접근법을 취하며 교사와 부모들이 각 발달영역에 초점을 맞춤으로써 그리고 영아와 걸음마기 유아가 가진 다양한 학습에 대한 흥미를 인정함으로써 영아기 학습 경험들을 찾도록 교육시킨다. 영아기 학습에 대한 이러한 접근법은 영아의 발달과 학습에 엄청난 영향을 미칠 수 있다. 왜냐하면 이 접근법이 영아에게 흥미 있고 의미 있는 문제들에 초점을 맞추고 있기 때문이다.

양육자의 무릎에 앉혀 영아를 안아주며 쓰다듬어 주는 것은 부모와 영아의 신뢰관계를 발달시킨다.

(3) 영아기는 폭넓게 정의된 세 단계로 구성된다

출생에서 3세 사이에 영아는 어린 영아, 돌아다닐 수 있는 영아, 영아기 후반의 영아로 구분되는 발달 단계를 거친다. 영아는 각 단계에서 자신의 생각과 행위를 다르게 조직한다. 성인들은 유아가 발달적으로 어떤 단계에 속하는지에 따라 영아를 돌보는 방법을 조절할 수 있어야 한다. 예를 들어, 어떤 교사가 어린 영아에게 그보다 나이가 더 많은 영아와 같은 정도의 충동통제력을 기대한다면 그 영아에게 해로운 훈육방법을 사용할 수도 있다. PITC에서는 교사가 어떻게 행동할지 결정을 할 때 중요한 변인으로서 영아가 가진 "발달적 능력(developmental equipment)" (Fraiberg, 1955)을 항상 주의 깊게 보아야 한다고 말한다. 그렇게 함으로써 성인은 깨물고, 싸우고, 우는 것과 같은 문제에 대해서 한 가지 접근법만 있는 것이 아니라 매 순간 무엇이 그 영아에게 문제를 일으키도록 하는지, 특히 그 영아의 발달 수준이 어떤지 고려하여 접근해야 한다는 사실을 이해할 수 있다. PITC는 제공되는 보육의 유형과 도입되는 경험들이 영아의 발달 단계와 조화를 이루어야만 하며 유아의 발달이 한 단계에서 또 다른 단계로 이동함에 따라 함께 변화되어야 한다고 권고한다.

(4) 영아는 적극적이며, 자기 동기화된 학습자이다

모든 영아는 호기심이 강하고 배움에 흥미를 갖고 태어나며 일상 학습에 적극적으로 참여한다. 자발성, 탐구 및 호기심을 활발하게 유지시키려면 영아의 학습과정을 촉진하도록 환경과 활동을 구성해야 한다.

환경계획, 놀잇감과 설비, 활동, 그리고 놀이와 탐색에 대한 촉진은 영아의 자기동기화(self motivation)에 대한 인식을 반영해야만 한다. 예를 들면 보육교사가 모든 수업을 선택하여 일방적으로 제시하거나, 도전적이지 않거나 흥미를 일으키지 않는 환경을 제공한다면, 영아는 자기가 흥미로워하는 것을 하려고 고집을 부리거나 스스로 자극을 만들어낼 것이다.

성인이 주도하는 세계에서 영아와 걸음마기 유아들이 자신의 학습목표를 열정적으로 따르거나 흥미 있는 경험을 찾을 때, 종종 "안돼", "그만해" 혹은 "나쁜 거야"라는 말을 듣게 된다. 대조적으로, PITC에서는 영아가 자발적 학습에 몰두할 때, "이것은 잘못된 거야" 혹은 "나는 나쁜 아이야" 또는 "배우는 데 내가 주도권을 가져서는 안 돼"라고 느끼지 않도록 해야 함을 교사가 이해하도록 도와준다. 영아의 자기 동기부여에 대한 인식은 실제로 부모와 보육교사를 해방시킨다. 부모나 교사가 모든 학습동기를 제공해야 되고, 모든 학습 경험을 만들어내야 된다고 생각하기보다는 배움에 대한 영아의 자연스러운 열망을 활용하는 방법을 찾고, 그런 다음 자기들이 관찰한 것을 확장시키고, 수정하고, 촉진시킬 수 있다. 이러한 접근은 단지 영아가 배우는 것을 도울 뿐 아니라, 학습자로서 자신에 대해 긍정적으로 느끼도록 격려한다.

(5) 영아는 서로 다르다. 영아는 독특한 기질과 독특한 관계경험을 가진 개인이다

개별 영아는 개인적 기질, 발달 속도, 그리고 다른 사람과 관계를 맺는 방식이 서로 다른 한 개인으로 태어난다. 보육교사가 개별 영아 발달에서 기질의 영향을 인정하고, 이러한 기질적 차이를 존중하는 것은 매우 중요하다. 그러기 위해서는 어린 영아와 일하는 전문가들은 다양한 기질적 특성과 발달의 역동적인 특성에 대해 많이 알아야 한다. 영아의 기질적 차이에 대한 인식과 수용은 개별화된 보육을 향한 첫 단계를 의미한다. 기질은 성인이 각 영아와 자신과의 관계를 바라볼 수 있는 창이다. 활동적 유아, (활동하려면) 준비시간이 긴 유아, 그리고 열정적이지 않거나 쉽게 과도하게 자극받는 유아 모두가 조금씩 다른 접근을 필요로 한다는 점을 이해하는 것은 개별화에 있어서 매우 중요하다.

(6) 영아는 다른 사람들과의 접촉을 통해서 자신의 첫 자아상을 발달시킨다

영아나 걸음마기 유아는 자신을 돌봐주는 사람들의 행동을 모방하고 통합함으로써 어떻게 생각하고 느껴야 하는지에 대한 대부분을 배우게 된다. 영아가 처음으로 자신을 어떻게 보아야 할지, 자신이 어떻게 역할을 해야 할지, 다른 사람들이 자신에게 어

만지기와 같은 감각 경험은 초기 탐색과 또래놀이의 구성요소이다.

떻게 반응할지에 대한 모든 생각과 느낌은 그들과의 관계로부터, 그리고 관계를 통해서 형성된다.

(7) 가정 문화와 가족은 영아의 정체성 발달의 근본이다

영아의 자아상은 영아 발달과 학습에 있어 매우 중요한 부분이다. 따라서 영아보육 프로그램에서도 보육교사를 신중히 선발하고 교육시키는 것과 더불어 가족, 가정문화 그리고 가정의 언어와의 연계가 프로그램의 주요 부분이 되어야 한다. PITC에서는 가정의 문화적 가치를 존중하고 통합시키기 위해 의식적으로 노력하고 있으며, 자녀가 어떻게 보육되기를 원하는지에 대한 정보를 가족 구성원들로부터 알아내기 위해서 노력한다. 어린 유아들과 관계를 맺으려면 보육교사와 가정방문 교사가 가정과 관계를 맺는 것이 반드시 필요하다. 프로그램 교사는 영아를 잘 돌보기 위해서 그 가족에 대해 알 필요가 있다. 따라서 교사와 프로그램 운영자들은 가족들을 참여시키려는 의지를 갖고 숙달된 관찰자와 상대를 존중하는 면담자가 되어야 한다. PITC에서는 가족과의 연계가 없다면 영아를 더 잘 돌보기 위해 필요한 많은 정보들이 불완전하거나 전혀 수집될 수 없다고 교사들에게 조언해주고 있다.

(8) 언어 기술과 습관은 일찍 발달한다

언어 발달은 영아기/걸음마기 시기에 특히 중요하다. PITC는 영아와의 의사소통을 인정하고 고무시키는 신뢰할 수 있는 성인과 함께 영아가 의미 있고 경험에 기초한 의사소통을 할 수 있도록 다양한 기회를 제공하도록 교사를 지원한다. 언어적으로 풍부한 환경을 만드는 것은 언어 발달뿐 아니라 인지 발달도 촉진시킨다. 노래하고, 이야기하고, 질문하고, 반응을 기다리고, 구두로 사물에 이름을 붙이는 것은 신경회로의 형성에 직접적으로 영향을 미친다(Shore, 1997). 영아가 두 개 이상의 언어를 배우는 경우에도 같은 원칙을 적용시킬 수 있다. 더불어, 교사는 가정과 보육환경 사이에 연속성을 만듦으로써 영아가 제2언어에 대해 편하게 느끼도록 하는 데 초점을 맞추어야 한다. 영아가 하나 혹은 그 이상의 언어를 배우도록 도와주려면 영아기의 보육에서는 의사소통하려는 영아의 시도에 대해 잘 반응하고 따스하고 양육적인 대화가 강조되어야만 한다(Pearson & Mangione, 2006).

(9) 환경의 영향은 강력하다

"어린 유아들이 무엇을 배우고, 어떻게 자신을 둘러싼 사건과 사람들에게 반응하며, 자신과 다른 사람들로부터 무엇을 기대하는지는 부모와의 관계, 부모의 행동, 가정환경에 의해서 크게 영향을 받는다" (Shonkoff & Phillips, 2000. p. 226). 영아는 매일 경험하는 환경에 의해서 크게 영향을 받는다. 한 환경으로부터 다른 환경으로 스스로 움직일 수 없는 매우 어린 영아의 경우 특히 더 그러하다. PITC에서는 안전하고, 건강하며, 흥미를 일으키는 환경 조성의 중요성에 대해 영아보육교사들과 정보를 나누고 있다. 교재교구, 설비, 학급 크기 및 환경의 안정성이 영아에게 작용하는 영향력에 대해 더 세심한 주의를 기울이고 있다.

(10) 규칙적 보육 일과는 영아기 학습에 있어 매우 중요하다

영아에게 가장 중요한 학습경험의 일부는 보육 일과(routines) 동안에 일어난다. 일관성 있는 방식으로, 영아들이 따를 수 있는 속도로 일과가 진행될 때, 영아는 일과 속에서 다음에 일어날 것을 예상하는 방법을 배울 수 있다. 이러한 경험은 영아가 규칙적 보육 일과에 참여하고, 점차 협력하도록 해준다. 영아는 자신의 요구가 어떻게 충족되고, 어떻게 스스로를 조절하기 시작할지를 배운다. 또한 규칙적인 일과는 교사가 그 일과 속에서 다음에 할 활동들에 대해서 이야기하게 만들어 영아나 걸음마 유아들과 함께 대화할 기회를 제공하며, 이로 인해서 언어 발달이 촉진된다. 규칙적인 일과를 통해 가정의 문화에 기초한 실제를 전달한다. 보육 실제가 문화적으로 의미가 있기 때문에, 교사는 영아가 가정 일상에서 경험한 것과 영아보육 프로그램의 일과에서 경험한 것을 연계시켜 주는 것이 중요하다.

6. 교육과정에 대한 PITC 접근법

좋은 영아보육은 아기 돌보기나 유아원과는 다르다. 다른 것과는 상이한 독특한 유형의 돌봄이다. 영아는 독특한 발달적 요구와 흥미를 갖기 때문에 이들을 위한 보육은 영아의 욕구를 충족시킬 수 있도록 특별하게 구성되어야 한다. 잘 계획되고 적절하게 운영되려면, 처음부터 보육할 개별 영아에 토대를 두고 보육환경, 일과, 교직원조직, 학급 크기, 가족과의 관계, 장학지도, 교사교육에 관한 결정이 이루어져야 한다. 따라서 교육과정에 대한 PITC 접근법은 교육과정 설계과정에서 영아들을 적극적인 동반자로 받아들인다. PITC 철학을 따르는 교육과정에서 수업계획의 중요한 부분은 영아가 배우고자 선택한 것에 맞추어 교사의 행동과 환경을 변화시키는 것이다. PITC 교육과정은 영아보육교사가 각각의 영아에게 적합하게 개별화할 방법을 찾아내고, 영아가 필요로 하고 생각하고 느끼는 것을 알아낼 방법을 찾도록 돕는 것이다. 개별 영아에 맞게 조율할 때 교사는 자신이 가진 지식기반(유아의 다음 단계로의 발달을 촉진시키기 위해서 유아 발달, 환경, 발달에 적합한 교재, 자신의 개인적 특성에 대한 이해)을 활용한다. 이때 교사가 영아의 입장에서 생각해 보는 것, 그러고 나서 그 다음의 상호작용을 위해서 자신의 지식과 경험을 이용하는 것, 바로 이 두 요소는 PITC 교육과정 접근법의 핵심이다. 이러한 접근에서 가장 중요한 교육과정 구성요소는 대개 계획된 수업이 아니라 계획된 환경이다. 따라서 이 접근법은 영아의 학습과 발달에 있어서 영아의 적극적인 역할을 존중할 뿐만 아니라 예측할 수 없는 방법으로 순간순간 변화되는 학습 방식 또한 존중한다. 본질적으로 PITC 교육과정은 영아에게 주의를 기울이는 데서 시작된 것이다. 개별 영아와 걸음마기 유아가 누구이며, 그들의 요구와 흥미가 무엇이며, 어떻게 학습하는가에 대한 이해는 영아 발달과 학습, 그리고 행복을 가장 잘 지원해 줄 수 있는 보육 방향이 무엇인지 결정하는 데 중요한 역할을 한다. 이러한 접근은 영아 관찰과 기록, 대화, 숙고, 반성, 계획, 실행의 지속적인 순환을 요구한다. 그림 2-2는 이러한 교육과정을 나타낸다.

(1) 각 영아 관찰하기

영아보육교사는 학습과 발달의 효과적 촉진을 위해서 영아가 무엇을 하는지 관찰할 필요가 있다. PITC 접근법에서 교사는 아이들과 적극적으로 활동하면서 관찰하고 신속히 적고, 나중에 자신과 영아 및 그 가족들에게 의미 있으리라고 생각하는 것을 기록한다. PITC 교사가 영아와의 관계에서 이루어지는 역동성에 초점을 두어 영아의 행동을 해석하기 위해 자신의 지식을 활용하도록 권장한다. 이러한 관찰 전략은 교사가 생각하기에 의미 있는 것을 식별하고 기록하는 데 교사의 적극적인 역할을 중시하는 것이다.

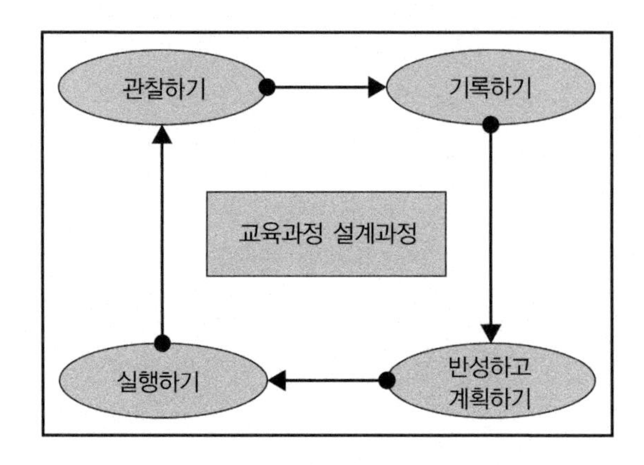

그림 2-2 PITC 교육과정 진행과정

(2) 관찰 기록하기

영아보육교사는 세 가지 방법으로 관찰한 바를 기록한다. (1) 즉시 기록하거나 사진 촬영하거나 비디오 녹화하기. (2) 따로 시간을 할애하여 기록하기. (3) 더 나이가 많은 영아의 경우 활동결과물을 수집하기. 교사들은 종종 영아들과 보내는 시간이나 일과 흐름을 방해하지 않으면서 관찰을 기록하기 위해서 서로 협력한다.

(3) 반성하고 계획하기

PITC에서는 영아보육교사가 자신의 관찰기록과 정보를 스스로, 그리고 동료와 가족 구성원들과 함께 살펴보고 연구하도록 장려한다. 유아의 행동과 기질, 학습 흥미, 발달 프로파일과 요구에 대해서 천천히 시간을 갖고 다시 보고 생각하는 것은 교사가 각 영아를 더 깊이 이해하고 존중하도록 만든다. 이는 또한 교사에게 영아의 학습과 발달을 어떻게 지원할지에 대한 아이디어를 제공해준다. 이러한 과정은 환경과 일과를 어떻게 채택하고 관찰과 기록과 반성 및 토론에 근거하여 새로운 일과나 교재를 어떻게 소개할지에 대한 아이디어를 생각나게 해주므로 교사에게 흥미롭고 고무적인 일에 해당한다. 반성과 계획 과정 일부에는 개별 영아 혹은 소집단 영아들의 흥미와 능력에 직접적으로 관련된 한두 개의 아이디어로 목록을 좁히는 것이 포함되어 있다. 일단 교사가 영아의 학습과 발달을 지원하기 위한 다음 단계를 계획하면 그 다음에는 영아가 선택하게 하고 새로운 교재나 설계된 환경과 상호작용하며, 자유롭고 창의적으로 경험하도록 계획을 조정하고 변화시킨다.

(4) 계획 실행하기

PITC 교육과정을 이용하는 교사는 환경을 변화시키고 교재를 소개하고 새로운 방법으로 관계를 맺고 상호작용하며 선택된 주제를 위해 사물이나 개념을 강조함으로써 계획을 실행한다. 교사가 영아와 함께 자신의 계획을 점검하는데, 그 과정은 관찰과 함께 다시 시작된다. 교사는 관찰 후 기록 작업, 평가, 그리고 반성을 통해서 각 영아가 변화된 것에 어떻게 반응하는지에 대해 알게 된다. 영아의 학습과 발달에 대한 지속적인 연구를 통해 새로운 교육과정 아이디어가 계획되고 실행되는 역동적인 과정이 진행된다. 이러한 교육과정 계획 및 실행과정을 통해서 교사는 각 영아에 대해 더 깊게 이해한다. 교사는 환경 적용에 있어서 더 민감하게 되고 각 유아의 변화하는 흥미와 능력에 더 반응적이게 된다.

7. PITC 교사교육의 구성요소

1) 영아 발달

PITC는 4가지 발달 영역인 사회·정서, 인지, 언어, 운동 및 지각발달에 초점을 맞춘다.[2] PITC는 캘리포니아 교육부의 「영아학습과 발달의 기초」를 따라 각 영역에서의 능력과 학습흥미를 구체화시켰다. 이 장 앞에서 언급한 것처럼 PITC 관점에서는 영아의 학습과 발달을 총체적인 것으로 이해한다. 학습 능력과 홍미가 이러한 영역으로 나뉘는 것은 인위적이지만 이로 인해 교사는 영아기 학습과 발달에 대해 넓고 깊게 이해하고 수행할 수 있게 된다. 때로는 학습능력을 영역별로 구분하는 것이 쉽지는 않다. 예를 들면 단지 4개의 학습 능력 혹은 흥미만이 언어 발달 능력에 포함되어 있다. 그러나 상호작용, 관계, 감정 표현, 모방 등은 언어로 의사소통하고 언어를 활용하는 유아의 발달 능력에 직접적으로 연관이 있다. PITC는 학습과 발달의 항상 상호 연관된 본질을 강조하면서 교사들이 이 영역들 내에서 특정 능력에 초점을 맞추도록 도와준다. 이 접근법에서 영아와 걸음마기 유아의 학습 능력과 흥미는 다음과 같다.

사회·정서 발달

- 성인과의 상호작용
- 성인과의 관계

2) 캘리포니아 교육부의 「영아학습과 발달의 기초」에서 이러한 영역을 자세히 설명하고 있으며 PITC가 캘리포니아 교육부와 협력하여 제작한 DVD에서도 설명하고 있다.

- 또래와의 상호작용
- 또래와의 관계
- 다른 사람과의 관계에서의 자기 정체성
- 능력의 인식
- 정서의 표현
- 감정이입
- 감정조절
- 충동통제
- 사회적 이해

인지 발달

- 원인과 결과
- 공간적 관계
- 문제해결
- 모방
- 기억
- 수 감각
- 분류하기
- 상징 놀이
- 주의집중
- 개별 자조 활동에 대한 이해

언어 발달

- 수용 언어
- 표현 언어
- 의사소통 기술과 지식
- 문자에 대한 관심

운동 및 지각 발달

- 대근육 운동
- 소근육 운동
- 지각력

2) 집단 보육의 실제

PITC는 다섯 가지 교사교육 구성요소 내에 발달영역에 대한 정보와 집단보육의 실제에 대한 정보를 통합시키고 있다. (1) 사회 · 정서적 성장과 사회화, (2) 집단 보육, (3) 학습과 발달, (4) 문화, 가족, 보육교사, 그리고 (5) 함께 시작하기—통합적 환경에서 장애를 가진 혹은 다른 특별한 요구를 가진 영아에 대한 보육으로 구성된다.

(1) 구성요소 1: 사회 · 정서적 성장과 사회화

구성요소 1은 타인의 감정과 권리에 대한 존중을 고무시키는 동시에 유아의 자기 인식, 자기 통제, 자존감 발달을 지원하려면, 모든 유아에게 신체적 · 정서적으로 안전한 보육이 필요하다는 신념에 기초하고 있다.

영아기의 건강한 사회 · 정서적 발달은 다른 모든 학습의 토대가 된다. 그리고 이는 상당 부분 유아를 존중하고 배려해주는 성인과의 친근한 관계에 달려 있다. 영아보육교사는 안전함, 따뜻한 수용 그리고 유아의 성장하는 독립심에 대해 인정해줌으로써 영아의 자아 인식을 도와줄 수 있다. 유아의 사회 · 정서적 발달을 고무시키기 위한 교사의 능력은 교사 자신의 감정과 경험에 의해 영향받으며, 그렇기 때문에 교사교육에서 자기 인식에 강조를 두고 있다. 교사교육 내용에는 영아 기질, 정서 발달 단계, 반응적인 보육 그리고 지도와 훈육이 포함되어 있다. 다음은 구체적인 교사교육 수업 내용이다.

- 사회 · 정서 발달의 단계
- 반응적 보육
- 집단보육에서의 기질과 개인차
- 유아의 정서적 요구 충족시키기
- 집단보육에서 영아와 걸음마기 유아의 지도와 훈육

(2) 구성요소 2: 집단 보육

구성요소 2는 영아와 가족 그리고 보육교사 간 관계를 지원하는 프로그램을 통해서 PITC 철학이 실행되도록 강조하고 있다. 이러한 정책에는 소집단 구성, 전담 보육교사 지정 그리고 영아들과 보육교사가 장시간동안 함께하게 하는 보육의 연속성 등이 해당된다. 또 구성요소 2는 일상적인 보육의 기초, 영아의 건강과 안전, 사회 · 정서적인 발달과 학습을 지원하기 위한 환경 개발 및 관리를 포함한다. 이 구성요소에서 교사교육은 영아집단에서의 친근감 형성, 규칙적 보육일정, 안전하고 흥미로운 환경 조성, 존중하는 보육을 다룬다. 다음은 구체적인 교사교육 내용이다.

- 주된 보육자 지정과 보육의 연속성
- 집단크기와 보육의 개별화
- 영아와 걸음마기 유아를 위한 환경 조성
- 집단 보육 환경에서의 일상적인 일과

(3) 구성요소 3: 학습과 발달

구성요소 3은 PITC가 채택하고 있는 영아 학습 접근법을 강조한다. 이 접근법은 영아의 타고난 흥미에 초점을 맞추고, 특별한 교과를 가르치기보다는 오히려 자연스러운 흥미와 배우려는 욕구를 촉진시키는 데 주력한다. 이러한 촉진은 영아들이 보육교사와 친밀하고 반응적인 관계를 맺게 해줌으로써, 안전하고 흥미롭고 발달에 적합한 환경을 계획함으로써, 방해받지 않고 탐색할 수 있는 시간을 영아들에게 제공함으로써, 영아의 발견과 학습을 정서적, 인지적으로 지원하는 방식으로 영아와 함께 상호작용함으로써 이루어진다. 이러한 실제는 PITC 특징인 영아 존중 태도와 일치한다. 교사교육 내용에는 인지 발달, 언어와 상호작용 기술의 발달, 언어와 학습 그리고 문화 간 관계, 영아기 집단 보육에서 특별한 요구를 가진 유아의 통합이 포함되어 있다. 다음은 구체적 교사교육 내용이다.

- 인지 발달과 학습
- 언어 발달과 의사소통
- 특별한 요구
- 문화, 언어 그리고 인지
- 영아기의 뇌 발달

(4) 구성요소 4: 문화, 가족, 그리고 보육교사

가족은 어린 유아의 삶에서 가장 중요한 영향을 끼치는 존재이기에, 보육교사는 영아의 보육에 대한 주요한 의사결정에 가족을 반드시 포함시켜야 한다. 보육 프로그램과 가족 사이에 돈독한 협력관계 구축이 영아로 하여금 자신이 누구이고, 어디서 왔는지가 존중받는다는 느낌을 받도록 해준다. 영아가 가정에서 사용하는 언어로 상호작용하는 것 또한 중요하다. 구성요소 4의 권고사항에는 자신의 문화적 관점을 인식하는 것과 가족들과 함께 차이점을 존중하면서 협의해가는 것이 포함되어 있다. 이 구성요소는 보육교사 자신의 감정을 탐색하고 수용하고 직면하는 것뿐만 아니라, 영아보육을 이용하는 데 대한 부모들의 근심을 완화시키는 측면에서도 보육교사를 도와준다. 교육내용에는 문화와 정체성, 문화적 차이 다루기, 문화적으로 민감한 보육 프로그램

정책, 부모들과 협력관계를 만들어 나가는 것이 포함되어 있다. 다음은 구체적인 교사교육 내용이다.

- 자기 인식과 문화적 의식
- 문화적으로 반응적인 보육
- 인정하고, 묻고, 조절하는 과정의 활용
- 문화와 유아기 정체성의 확립
- 부모와 협력관계 구축하기

(5) 구성요소 5: 함께 시작하기–통합 환경에서 장애나 다른 특별한 요구를 가진 영아의 보육

함께 시작하기: 통합 환경에서의 장애나 다른 특별한 요구를 가진 영아를 보육하는 것은 지역사회 연계를 제공하고, 모든 PITC 활동에 장애나 다른 특별한 요구를 가진 영아의 통합을 지원해준다. 5일간 이루어지는 교사교육 연수는 앞의 네 구성요소를 다 마친 PITC 졸업생에게만 제공된다. 이 연수는 PITC 교사교육에서 제공하는 교사양성과 전문적 지원이 특별한 요구를 가진 유아와 관련된 당면 문제들을 해결하여 적절한 통합보육을 촉진시키기 위한 것이다.

8. PITC 교사양성과정

PITC 교사교육 기관은 전문적 교사교육 전문가와 영아보육교사 모두를 위한 것이다. 각 교사양성 과정에서는 그 영역에서 성인 교육에 필요한 내용과 방법 모두에 강조를 두고 있다. PITC 개발자와 특정 주제영역의 강의담당 전문가들로 구성된 교수진은 강의, 비디오, 교재, 대 · 소집단 토론, 경험 학습, 반성, 협동적 문제 해결하기 등과 같은 다양한 방법을 가지고 성인들의 다양한 학습유형에 반응함으로써 PITC 교사교육 철학을 직접 구현해 보여준다. 각 구성요소의 연수 참석 후에 참여자들이 각 구성요소의 주제를 어떻게 가르칠지에 대해 계획을 짜서 자격 검증 보고서를 성공적으로 완성하면 그 구성요소를 가르칠 자격을 갖춘 PITC 교사교육자가 될 수 있다. PITC의 교사양성 철학에서 없어서는 안 될 부분이 “학습공동체(community of learners) 만들기” 개념이다. 이는 성인학습자의 다양한 학습유형, 지식, 그리고 경험에 주목하며 지원적, 협동적 학습의 가치를 강조한다. 이러한 교사연수에서 PITC 내용 전문가들은 그 교육과정의 핵심으로서 비디오와 자료집을 활용해 교육한다.

1) PITC 지역 보육교사 교육 체계

PITC은 많은 주 정부와 협력하여 보육교사들을 위해 현장에서 연수와 전문적 지원을 제공할 방법을 개발해왔다. 캘리포니아주에서 개발된 질 향상을 위한 파트너(Partner for Quality: PQ) 체계는 지금까지의 제도들 중에서 가장 포괄적이다. 여기서 지역 교사교육의 노력을 설명하기 위해 이 PQ 시스템을 예로 들고자 한다.

PQ는 캘리포니아 인구밀집지역 중심부와 낙후된 시골지역 모두에 PITC 교사양성 과정을 도입했다. PITC 자격증을 가진 지역의 영아 전문가들은 각 지역에서 보육교사의 역량증진을 체계적으로 도모하며, PITC에서 인정하는 PQ 교사교육자들이 실시하는 교사교육을 운영하고 있다. 지역의 영아 전문가와 PQ 교사교육자는 그 지역의 일반 보육시설과 가정보육시설에 교사교육과 지도 및 멘토링을 제공하고 있다. 이러한 멘토링 과정은 보육시설 현장에서 이루어지며 보통 18개월이 넘는 시간이 걸리는데, 보육교사교육을 위한 64시간, 프로그램 관찰과 보육교사 및 원장과 반성적으로 교육의 실제에 대해서 상호 교환하는 데 최고 80시간이 걸린다. PQ 시스템 채택 이후 3만 8천 명이 넘는 캘리포니아의 보육교사들이 멘토링을 받았다. Fiene (2005, 2007)과 Korkus-Ruiz, Dettore, Baghato 및 Ho(2007)에 의해 이루어진 멘토링 성과 연구와 유사하게 PQ에 대한 평가에서 멘토링 활동을 받은 프로그램들에 매우 긍정적인 효과가 나타났다(프로그램 효과 검증 참조). 또한 지역의 영아 전문가들은 지역공동체에 기반을 둔 여러 기관들과 함께 일하고 있다. 보육정보센터, 보육계획 위원회, 0~5세를 위한 특별위원회, 조기 개입 프로그램을 비롯한 여러 기관에서 교사양성을 널리 알리고 보급하였다. 영아 전문가들은 캘리포니아의 여러 지역에서 단과대학 캠퍼스에 위치한 네 개의 PITC 시범 프로그램의 각각을 담당하면서 지원하고 있다.

2) 시범 프로그램

PITC는 전문대학 학장들과 협력하면서 캘리포니아에서 전문대학에 기반을 둔 네 개의 PITC 시범 프로그램을 개발했다. 이 프로그램들은 산타크루즈 근처 샌디에이고 지역의 Grossmont 대학, 헤이워드의 Chabot 대학, Santa Rosa 전문대학에서 실시되는데, 방문자에게 PITC 정책과 실제를 볼 수 있는 기회가 제공된다. 교사양성협회와 지역교사양성자, 유아교육과 학생, 프로그램 운영자, 정책 수립자, 교사 및 다른 방문자들은 일방경 관찰실과 전자식 오디오, 비디오 모니터링 시스템을 활용하여 관계에 기초한 보육, 민감한 양육, 안전하면서 흥미 있는 환경을 관찰할 수 있다.

시범 프로그램들은 각각이 독특해서 한 센터 이상을 방문할 경우 규모, 물리적 환경, 위치, 역사, 문화가 다른 프로그램들을 볼 수 있는 경험을 할 수 있다. 2002년 이래로 이 PITC 시범 프로그램 관찰이 가능하게 되었고, 지역 영아/걸음마기 유아 지원(Infant Toddler Support: ITS) 센터에 연락하면 된다.

3) PITC식 가정방문

저소득층 유아와 그 가정을 위한 조기 개입 노력은 PITC의 핵심 요소이다. 2002년에 PITC 개발자들은 가정방문을 위한 교육과정 개발에 착수하여, 가정방문에 있어서 가장 좋은 실제를 PITC의 철학과 융합하여 가정방문자가 부모와 더 효율적으로 협력할 수 있도록 하였다. PITC식 가정방문(Home visiting the PITC way)은 가정방문교사 훈련 교육과정의 하나로서, 부모들이 유아의 건강한 발달을 이해하고 촉진하며 즐길 수 있게 가정방문교사가 지원할 수 있도록 준비시키는 과정이다. 가정방문교사는 부모들과 함께 신뢰를 쌓는 법, 발달 단계에 대해서 부모와 이야기하는 법, 긍정적인 부모 양육의 모델이 되는 법을 배운다. 가정방문교사 훈련 프로그램 참여자들은 부모들과 함께 자녀를 가르치는 상황이나 문제 상황에 대한 시나리오를 갖고 영유아의 발달 요구와 능력에 대해 비디오로 된 예들을 보고 분석하는 것을 연습하면서, 개별적인 전문성 개발 계획을 세운다.

PITC 교수진과 PITC식 가정방문 교사교육자 매뉴얼에 의해 이루어지는 핵심 연수는 최소 5일을 필요로 하는데, 한 번에 모두 수강하거나 일정한 시간 간격을 두고 수강할 수 있다. 교사교육자들은 수강생의 요구에 따라 추가적으로 실시할 수 있다.

9. 미디어에 기초한 PITC 교사교육

앞에서 제시된 철학과 내용들은 다양한 방법으로 소개된다. 그 중 중심이 되는 15개의 교사교육 DVD 시리즈는 다양한 추가적 보조 자료를 포함하며, 영아와 걸음마기 보육에서 가장 널리 알려진 지도서와 매뉴얼이다.

몇 가지 중요한 사항이 PITC 개발자들이 비디오 녹화 자료가 교사교육 체계에 중심이 되도록 의사결정하는 데 영향을 미쳤다. 무엇보다 어린 유아에 대한 민감한 관찰자가 되는 것은 적절하고 효과적으로 보육하는 법을 배우는 데 아주 중요한 부분이다. 지침이 없으면, 훈련되지 않은 관찰자는 영아의 행동에서 미묘한 양상들을 상당 부분 놓칠 수 있다. 비디오 자료는 영아 행동의 미세한 부분에까지 보는 이의 주의를 끌어내며 더 민감한 관찰자가 되도록 돕기 위해 시각 효과와 내레이션으로 강조할 수 있다.

비디오를 교육매체로 선택하게 된 또 다른 중요한 요인은 양질의 교사교육 자료가 수많은 보육교사들에게 보급되도록 할 수 있기 때문이다. 비디오 녹화된 프로그램은 쉽게 전송되며 공공이나 민간 통신망을 통해서 방송될 수 있다. 또한 잘 제작된다면 비디오는 시청자에게 정보를 줄 뿐 아니라 영감을 줄 수도 있다. 영아에게 제공되는 질 높은 보육을 보여주는 한 편의 비디오는 보육교사들의 관심을 불러일으킬 뿐만 아니라 그들에게 긍정적인 역할모델이 될 수 있다.

앞서 언급했던 바와 같이, Honig과 Wittmer(1989)는 영아보육교사를 위한 91개의 미디어 교육 자료를 조사하고 각각에 대한 설명을 제공하였다. PITC 개발이 시작되었을 때, Honig과 Wittmer의 연구에서 수집했던 자료 대부분은 부모를 대상으로 한 것이거나 혹은 전문대학 수준의 인간발달 전공 학생들을 위한 것이었다. 이 자료들은 영아 집단 보육에 관련된 문제들을 거의 다루지 않았다. 따라서 영아 집단을 위한 환경 설계, 집단 크기, 집단에서 영아의 혼합연령, 집단 내에서의 개인차, 부모의 우려사항과 요구를 다루는 것과 같은 주제들이 널리 보급된 교사교육 미디어 자료에서 다뤄지지 않았다.

이러한 배경에 반하여, 집단 보육에 관계된 주제로 이루어진 교사교육 비디오의 수가 최근 증가추세에 있다. PITC는 기관중심(center-based) 보육교사와 가정보육시설의 보육교사교육을 지원하라는 요구의 증가에 대한 인식을 반영한다. PITC는 어린 유아를 위한 보육에 있어 일관된 접근법에 입각하여 다양한 주제를 다루는 비디오/DVD를 제작하였으며, 영어, 스페인어, 중국어로 만들어진 교사교육 비디오 시리즈를 폭넓게 제공하고자 한다.

10. 요구 사정

PITC 개발 첫 단계에서, 교사교육에 대한 요구를 자세히 알아보기 위해 캘리포니아주에서 405명(278명의 기관 보육교사와 127명의 가정보육교사)의 보육교사에게 설문을 실시하였다. 설문지 응답자의 50% 이상이 "안전하고 흥미 있는 환경을 만드는 것"이란 주제를 가장 유용하게 활용할 수 있는 비디오 주제 다섯 가지 중에 꼽았다. 높은 순위를 받은 그 외 주제들은 사회 · 정서 발달과 사회화의 영역에 속하였다. 이러한 결과는 PITC 비디오와 이에 관련된 안내서의 개발에 있어 우선순위를 정하는 데 활용되었다.

보육교사들에게 영아기 발달과 보육에 대해 학습하는 여러 방법들에 대하여 효과 측면에서 순위를 매기도록 하였다. 상위 순위 내에 가장 많이 선택된 주제는 "숙달된 교사의 행동 관찰하기" 였다. 이 결과는 학생들이 영아 발달과 보육에 대해 배우는 데 있어서 관찰이 중요한 방법이라는 관점을 강조하였다.

마지막으로, 응답자들은 영아보육에 대한 교사교육 비디오를 보는 데 있어 바람직한 상황과 환경에 대하여 순위를 매겼다. 그들은 교사교육자와 동료교사들이 있는 환경을 선호하였다. 다른 사람들과 함께 비디오 내용에 대해 토론할 뿐 아니라 전문가에게 질문을 할 수 있는 기회가 교사들의 학습에 매우 중요한 것으로 밝혀졌다. 교사교육자나 전문가와의 토론기회에 대한 보육교사들의 보편적 관심은 비디오를 통해 제시되는 정보가 종합적인 교사교육 체계 속에 통합되어야 한다는 사실을 보여주었다.

매체 자료의 검토, 요구사정, 양질의 영아보육 지침들에 대한 파악을 통해 얻은 정보는 교사교육 비디오 개발의 기본 틀이 되었다. PITC의 전국 주 자문위원, 비디오 제작 전문가, 보육교사 교육자, 보육교사 등이 프로젝트 팀에 제공한 충고와 제언이 비디오의 길이, 다뤄질 이론과 실천적 내용의 범위, 제시된 소재의 폭, 그리고 사용될 시각적 효과의 종류 등에 반영되었다.

몇 가지 이유 때문에 25~30분의 길이가 비디오에 최적이라고 결정되었다. 공영 텔레비전 시스템을 대표하는 자문위원들이 이 길이를 추천했는데, 그 정도 길이의 비디오가 30분짜리 시간대 프로그램에 적절하기 때문이다.

비디오 제작 전문가는 각각의 비디오에서 제한된 수의 개념만을 다루면서 범위를 좁혀야 한다고 충고했다. 시리즈로 이루어진 비디오는 하나의 종합적 패키지를 구성하므로, 각각은 하나의 특정 주제에 초점을 맞출 수 있었다. 그러나 충분히 다루기 위해서는 면밀하게 정의된 비디오 주제를 상당히 세부적으로 다뤄야만 한다.

이러한 상반된 우려사항에 비추어 채택된 방법은 각 개념에 대한 설명은 지나치게 하지 않으면서 선정된 개념들에 대해서 충분한 정보를 제공하는 것이었다.

비디오 제작 시 또 다른 고려사항은 발달 이론/연구와 실제적 지침/제안 사이에서의 균형이었다. 자문위원회에서는 사실상 실용적 비디오 제작을 강력히 제안했다. 이러한 충고에 따라서, 비디오는 영아 발달에 대한 배경자료를 소개한 다음, 이론과 실제에 기초한 실제적 조언과 충고가 대부분 상세히 다루어졌다. 영아 발달에 관한 이론과 연구나 이와 관련된 대부분의 실제적 충고는 영아의 가정에서 부모에 의한 양육에 대한 것이다. 이러한 자료는 집단 보육이라는 맥락에 맞게 수정되었으며 집단 보육 실제로부터의 지식이 보충되었다.

영아보육에 관한 비디오를 제작하는 데 있어서 고충 중 하나는 질 높은 보육의 미묘한 양상들을 전달하는 방법이었다. 각 장면에서 무엇을 전달할지를 정하기 전에 각 장면을 비판적으로 분석하는 것이 각 비디오 제작과정에서 핵심이 되었다. 분석단계는 종종 장면을 반복해 보면서 보육교사와 영아들의 행동을 어떻게 해석할지에 대해 프로젝트 팀 내에서 토의하는 것으로 이루어진다. 철저한 분석은 장면에서 중요한 측

구성요소 1: 미디어 교육자료
- 우리의 손에 (In our Hands)
- 영아의 연령: 어린 영아, 이동성이 있는 영아, 더 나이가 많은 영아 돌보기
- 맞춰가기: 영아들과 양육적인 관계 맺기
- 첫 걸음: 새로운 보육환경에서 유아 맞이하기
- 유연하거나 겁이 많거나 까다로운 아기: 영아의 다양한 기질

구성요소 2: 미디어 교육자료
- 영아를 존중하기: 전문적 영아보육에 대한 Magda Gerber식 접근
- 성장할 공간: 영아를 위한 보육환경(제2판)
- 단순한 일과를 넘어서: 식사시간, 기저귀 갈기, 그리고 낮잠 재우기(제2판)
- 함께 보육하기: 집단에서 영아의 친밀함에 대한 요구 채우기

구성요소 3: 미디어 교육자료
- 영아기의 발견: 인지 발달과 학습
- 초기 메시지: 언어 발달과 의사소통의 촉진
- 다음 단계: 교육과정에 영아 포함시키기

구성요소 4: 미디어 교육자료
- 방어적 충동: 부모와 교사의 감정 다루기
- 중요한 결합: 문화적으로 민감한 영아보육의 10가지 핵심
- 중요한 결합에 대한 논의거리: 소집단 토의를 위한 동영상
- 방어적 충동에 대한 논의거리: 소집단 토의를 위한 동영상

구성요소 5: 미디어 교육자료
다른 네 개의 구성요소에서 사용된 DVD가 이 구성요소의 수업에 이용됨.

그림 2-3 요구사정 비디오 (DVD로 볼 수 있음)

면으로 주의를 끌 수 있는 간단하면서 직접적인 설명 개발을 가능하게 만들며, 나레이션에 들어가는 요점을 효과적으로 강조할 수 있는 편집 기술과 시각 효과의 종류에 대해서도 아이디어를 제공해준다. 비디오는 보육교사들의 관심을 끌기 위해 영아보육에서 교사에게 보람이 되는 측면을 강조하면서 도전과 어려움도 제시해준다. 비디오는 화면으로, 언어로, 보육교사와의 따스하고 신뢰하는 관계를 필요로 하는 영아의 요구를 전달한다. 보육교사와 영아가 나누는 관계에서 자연스럽게 생기는 기쁨에 대한 예시가 비디오 시리즈 전반에 나타난다. 영아보육의 밝고 즐거운 측면을 전달하기 위해서 유머가 이용되기도 한다. 비디오에서 교사의 전문성을 존중한다는 사실이 전달되고, 어린 유아에 대한 민감한 보육의 중요성이 강조된다. 다시 말하면, 비디오를 제시하는 양식에서 영아 보육이 전문직임을 인정하고 그에 대한 존중함이 나타났다. 또한 미국에 영어가 모국어가 아닌 영아보육교사의 수가 증가하고 있는 상황이므로 영어와 더불어 중국어와 스페인어 비디오 제작이 결정되었다. 또한 비디오의 세계적인

배포를 위해 PAL(Phase Alternating Line) 코딩시스템을 사용하여 디코더 사용 시 자막이 나타나도록 하였다.

11. PITC의 효과

몇몇의 현장에 기초한 평가 연구에서 PITC의 효과가 증명되었다. 1996~1997년의 연구에서 PITC 교사양성 프로그램에 참여한 가정보육시설의 보육교사 18명에게 긍정적 효과를 가져왔음이 밝혀졌다. 교사교육을 마친 후, 7점식 가정보육시설 평정척도(Family Day Care Rating Scale: FDCRS)를 사용해서 평가한 결과 89%가 양질의 보육을 제공한 것으로 평가되었는데(평균 5.93), 이는 전국 표본 평균값보다 2점이 더 높은 것이었다(Carollee Howes, personal communication, 1997).

1999년 Nova Southeastern University 연구팀은 플로리다의 Broward County에서 영아보육 프로그램 운영자들이 보육시설 교사 훈련에 PITC 자료를 이용하게 하였다. 교사교육 이전에 그 보육시설들은 영아환경 평가척도(Infant/Toddler Environment Rating Scale: ITERS)에서 전체 평균 3.7점(최소 수준)을 받았던 반면, 교사교육 이후에 관찰된 환경의 질은 평균 5.0점(좋은 수준)까지 증가되었다(Masai, 1999).

캘리포니아 교육부의 아동발달부서는 과거 5년 동안 PITC에 근거해 주 전체의 교사교육과 전문적 원조를 지원해왔다. 5인 이상의 가정보육시설 보육교사들로 구성된 보육 프로그램과 단체들은 자격 있는 PITC 교사교육자로부터 교사교육과 전문적 원조 60시간을 받도록 신청할 수 있다. 2002년에 436개 프로그램이 PITC 교사교육과 전문적 원조를 받았다. WestEd는 이 제도의 도입 이래 보육의 질에서의 변화를 평가하기 위해 두 가지 평가를 실시하였다. 주 전체로 행해진 한 연구에서 24개월 이하의 영아교실에서 교사교육 이전(평균 4.00)과 교사교육 이후(평균 4.38)의 ITERS 총점 간의 차이가 통계적으로 유의미했으며, 2세반의 교사교육 이전(평균 4.00)과 교사교육 이후(평균 4.48)의 총점 간의 차이도 통계적으로 유의미하였다(WestEd, 2003). 샌디에이고 연구에서 교사교육 이후 모든 ITERS 하위척도 점수들이 교사교육 이전의 ITERS 하위척도 점수들보다 상당히 더 높았다(WestEd, 2002). 가정보육시설에 대한 평가에서도 모든 FDCRS 하위척도 평균이 사전 평가와 사후 평가 사이에 유의미하게 증가하였다. 교사교육 이전에는 모든 FDCRS의 하위척도 평균이 2.34에서 4.38까지의 범위에 해당하였다. 대부분의 하위척도에서 프로그램들이 사전 평가에서 "최소한" 또는 최악의 수준에서 보육을 제공했었음을 보여주었다. 사후 평가의 평균은 3.76에서 5.50까지의 범위에 이르렀다(WestEd, 2003).

요약하면, 이러한 연구는 PITC 교사교육과 전문적 원조를 제공받은 세 개 표본 프로그램(두 곳의 보육기관과 한 곳의 가정보육시설)에서 전반적인 보육의 질이 통계적으로 유의미하게 개선되었음을 보여주었다. 영아와 보육교사의 상호작용의 질은 가장 일관성 있게 긍정적 변화를 보인 영역이었다. 평균 점수는 교사교육을 시작하기 전 영아환경 평정척도(Infant/Toddler Environment Scale: ITERS), 유아교육기관환경 평정척도(Early Childhood Environment Scale: ECERS), 가정보육시설 평정척도(Family Day Care Rating Scale: FDCRS)에서 분명히 "최소한"의 범위에 있었고, 교사교육 후에는 그 범위 내에서 향상되거나 "좋은" 범위까지 올랐다. 이러한 결과는 희망적이고 추후 연구를 정당화시켜 준다. PITC의 무선실험설계 연구가 2008년에 착수되었다. 이 평가연구가 완성될 때, PITC 교사교육과 전문적 원조의 효과에 대한 추가적인 검증이 제공될 것이다.

12. 결론

이 장의 서론에서 언급한 바와 같이, 오늘날 미국의 보육시설에는 6백만 명의 영아가 다니고 있다. 이들 대부분은 부적절하거나 유해한 수준의 보육의 질을 경험하고 있다. 1900년대 초의 아동노동 상황을 지금 되돌아보면 끔찍한 것처럼, 미국에서 영아에 대한 현재의 처우를 지금부터 50년 후 사람들이 그렇게 생각할 것으로 PITC는 여기고 있다. 현재 대부분의 보육시설은 "건강, 안전, 따뜻한 관계와 학습에 있어서의 영아의 요구"를 충족시키지 못하고 있다. 더욱이, 질 나쁜 환경에서는 기저귀 갈기나 급식에서 기본적인 위생을 충족시키지 못하기에 병에 훨씬 더 취약하고, 교실의 안전문제 때문에 위험에 노출되어 있으며, 성인과 따스하고 지지적 관계를 갖지 못하며 신체와 지적 성장에 필요한 책과 놀잇감의 부족으로 학습의 기회를 놓치고 있다(Cost, Quality, and Child Outcomes Study, 1995, p. 2).

가정보육시설에서 영아가 경험하는 환경은 이 장에서 기관형 보육시설에 대해 묘사한 것과 비슷한 것으로 나타났다. 캘리포니아, 노스캐롤라이나 및 텍사스의 가정보육시설에 대한 연구에 따르면, Galinsky, Howes, Kontos 및 Shinn(1994)은 299개의 시설 중에 오로지 9%만이 양질의 시설이었으며, 35%가 "(성장에 치명적인) 부적절한 것"으로 평가되었다(p. 4). 유아들의 반만이 보육교사와 안전한 애착을 형성하였다. 이 연구에 참여한 부모의 65%는 자신들이 이용하는 가정보육시설 외에 대안이 없다고 생각하고 있었다. 저소득 가정의 유아는 고소득 가정의 유아들보다 질 나쁜 가정보육시설에 다닌다는 사실이 알려졌다. Galinsky와 동료들(1994)은 몇 가지 요소가 가정보육시설의 질에 영향을 미친다고 보고하였다. 보육의 질은 훈련된 보육교사가 있는 환경에서 더 높게 나타났다. 또 다른 요소는 매우 높은 비율(81%)의 보육시설들이 규제되지 않고 불법으로 운영되고 있었다는 점이다. 또한 연구자들은 하나의 중요한 요인으로 의도성(intentionality)을 지적했는데, 의도성은 "아동을 위한 보육에 헌신하고, 보육과 교육에 대해 더 많이 배울 기회를 모색하여, 서로에게서 배우기 위해 동료 보육교사를 찾는" 모범이 되는 가정보육시설의 보육교사를 말한다(p. 5).

부적절하고 해로운 보육에 대해 어떻게 할 수 있을까?

영아보육의 질에 대한 연구와 PITC의 20년간 경험으로부터 나온 권고사항은 다음과 같다.

- 아동 발달 지식과 적절한 실제에 기초한 교사교육이 의무화되어야 한다. 중앙 정부, 주 정부, 그리고 지방 기관들은 가정보육시설의 보육교사를 포함하여 모든 영아보육교사들을 교육할 수 있는 교사교육 체계를 창안하기 위해 협력해야 한다.
- 영아보육에 대한 법적·행정적 규정이 필수적이다. 규정은 보육환경이 영아의 기본적 요구 충족을 위한 즉 (1) 친근한 돌봄의 관계, (2) 건강과 안전, (3) 가족과의 연계, (4) 지식이 풍부하고, 민감한 보육교사라는 조건을 보장하여야 한다.
- 영아보육교사 선발에 주의를 기울여야 한다. 영아를 돌보는 것은 아무나 할 수 있는 일은 아니다. 좋은 보육을 제공하고자 하는 신념을 가진 사람은 유아보육과 발달에 대해 배울 수 있는 기회를 모두 활용해야 할 것이며 따스하고 민감한 보육교사가 되려고 해야 할 것이다.
- 보육교사 양성은 내용과 방법 전수의 두 측면에 초점을 맞춰 포괄적으로 이루어져야 한다. 말 그대로, 보육교사 양성의 내용은 최근 아동발달에 대한 연구와 실제의 지식에 기초해야만 한다. 교사양성을 위한 교육과정은 보육교사가 유아의 사회·정서 발달의 기초, 학습과 탐색에 대한 영아의 타고난 동기, 영아에게 미치는 언어와 문화의 영향, 유아 가족의 결정적인 영향 및 유아의 개성과 특별한 요구에 대해 이해할 수 있도록 도와야 한다. 이러한 교육과정은 보육교사와 영아의 친밀한 관계 형성을 촉진하기 위해 집단보육 환경을 계획하고, 보육 일과를 개별화하며, 보육의 체계화에 대한 정보를 포함하여야 한다.

아기들은 학습과 발달을 위한 놀랄 만한 능력을 가지고 태어난다. 3세까지 뇌의 핵심 구조 중 대략 85%가 형성된다. 유아기의 양질의 경험이 인지 및 언어발달, 성인과의 관계, 성인 및 또래와 긍정적으로 상호작용하는 능력의 형성에 영향을 미친다는 사실은 명백하다. 어린 유아에게 매일 제공되는 보육의 유형에 관심을 가지고 영아가 긍정적인 조기 경험을 가질 수 있도록 해야만 한다. 영아가 성장하고 성공하려면 보육서비스의 구조와 전문성 개발 체계 모두가 철저히 개선되어야 한다. PITC의 바람은 가까운 미래에 영아기가 합당한 관심을 받을 뿐 아니라 영아를 돌보는 보육교사에게도 보육이라는 중요한 일에 적합한 교사교육과 전문직으로서의 지위가 제공되는 것이다.

웹사이트

http://www.pitc.org

PITC는 미국 영아의 삶이 안전하고, 건강하며, 정서적으로 안정되고, 지적으로 풍요로운 환경에서 시작하는 것을 보장한다. PITC 접근법에서는 영아가 학습할 수 있도록 자신과 환경을 준비하는, 충분한 교육을 받은 보육교사를 질 높은 보육과 동일시한다. 좋은 보육이 되기 위해서 보육교사는 보육하고 있는 개별 유아가 원하는 것에 적절히 대응하기 위한 방법을 탐색하여야 하며, 영아가 요구하며 생각하고 느끼는 것이 무엇인지를 개별 영아로부터 배워야 한다.

http://www.wested.org

비영리 연구, 발달 및 서비스 단체. WestEd(극서부 교육연구 및 발달 연구소)는 학교, 가정 및 지역사회에서 교육과 인간발달을 향상시키고 증가시킨다. 교육평가와 책임, 유아기와 청소년의 발달, 프로그램 평가, 지역공동체의 설립, 정책분석이 이 단체의 전문분야이다.

http://www.zerotothree.org

ZERO TO THREE: 전미영아 및 가족센터(National Center for Infants, Toddlers and Families)의 목표는 영아와 가족의 건강한 발달과 안녕을 위해 지원하는 것이다. 이 전국 규모의 비영리 조직은 영아의 삶에 영향을 미치는 성인들에게 정보를 주고, 교육하며, 지원하는 것에 목적을 둔다.

참고문헌

Bernhardt, J. L. (2000). A primary caregiving system for infants and toddlers: Best for everyone involved. *Young Children, 55*(2), 74-80.

Bornstein, M., & Bornstein, H. (1999). Caregiver's responsiveness and cognitive development. In *Infants and toddlers: Theory and research, infant toddler caregiving: A guide to cognitive development and learning*, Sacramento: California Department of Education.

Bowlby, J. (1969). *Attachment and loss: Vol. 1. Attachment.* London: Hogarth Press. New York: Basic Books.

California Child Care Resource and Referral Network. (2007). *Child Care Portfolio.* San Francisco, CA: Author.

Carnegie Task Force on Meeting the Needs of Young Children. (1994). *Starting points: Meeting the needs of our youngest children.* New York: Carnegie Corporation of New York.

Cost, Quality, & Child Outcomes Study Team. (1995, January). *Cost, quality, and child outcomes in child care centers: Executive summary.* Denver: University of Colorado at Denver.

Fiene, R. (2005, April). *The effectiveness of an infant caregiver mentoring program: Multidimensional interventions utilizing random clinical trials.* Paper presented at the Society for Research in Child Development Biennial Meeting. Atlanta, GA.

Fiene, R. (2007). Using child care programs as a portal to changing the eating behaviors of young children. In L. Birch & W. Dietz (Eds.), *Eating behaviors of the young child* (pp. 247-261). Princeton, NJ: Johnson & Johnson Pediatric Institute and the American Academy of Pediatrics.

Fraiberg, S. H. (1955). *The magic years: Understanding and handling the problems of early childhood.* New York: Fireside.

Galinsky, E., Howes, C., Kontos, S., & Shin, M. (1994). The study of children in family child care and relative care—Key findings and policy recommendations. *Young Children, 50*(1), 58-61.

Hamburg, D., & Takanishi, R. (Eds.). (1997). Meeting essential requirements for healthy adolescent development in a transforming world. Preparing adolescents for the 21st century: Challenges facing Europe and the United States. Cambridge, England: Cambridge University Press.

Hauser-Cram, P., Warfield, M. E., Shonkoff, J. P., & Krauss, M. W. (2001). Children with disabilities. A longitudinal study of child development and parent well-being. *Monographs of the Society for Research in Child Development, 66*(3), Serial No. 266.

Honig, A. S., & Lally, J. R. (1981). *Infant caregiving: A design for training.* Syracuse, NY: Syracuse University Press.

Honig, A. S., & Wittmer, D. (1989). Recent infant/toddler researches: A helpful guide for caregivers. Paper presented at the Annual Meeting of the National Association for the Education of Young Children, Atlanta, GA.

Korkus-Ruiz, S., Dettore, E., Bagnato, S., & Ho, H. Y. (2007). Improving the quality of early childhood education programs: Evaluation of a mentoring process for staff and administrators. Early Child Services: An Interdisciplinary Journal of Effectiveness, 1(1), 33-38.

Lally, J. R. (1987). Long range impact of an early intervention with low-income children and their families. The Syracuse University Family Development Research Program. San Francisco: WestEd.

Mangione, P. (1987). Program for infant toddler caregivers: Year-end report to California Department of Education, Sacramento, CA.

Masai, W. (1999). "Making connections: Enhancing the quality of infant toddler child care through training of center directors." *Zero to Three, 19*(6).

National Institute of Child Health and Human Development Early Child Care Research Network. (1997). "Poverty and Patterns of Child Care." In G. J. Duncan and J. Brooks-Gunn, Eds., *Consequences of growing up poor.* New York: Russell Sage Foundation.

National Institute of Child Health and Human Development Early Child Care Research Network. (1998). Early child care and self-control, compliance, and problem behaviors at twentyfour and thirty-six months. *Child Development, 69,* 1145-1170.

National Institute of Child Health and Human Development Early Child Care Research Network. (2002a). Early child care and children's development prior to school entry. *American Educational Research Journal, 39,* 133-164.

National Institute of Child Health and Human Development Early Child Care Research Network. (2002b). Structure>process> outcome: Direct and indirect effects of caregiving quality on young children's development. *Psychological Science, 13,* 199-206.

National Institute of Child Health and Human Development Early Child Care Research Network. (2007). The interaction of child care and family risk in relation to child development at 24 and 36 months. *Journal of Applied Developmental Science.*

Oser, C., & Cohen, J. (2003) *America's babies: The zero to three policy center data book.* Washington, DC: Zero to Three Press.

Pearson, B. Z., & Mangione, P. (2006). Nurturing very young children who experience more than one language. In J. R. Lally, P. L. Mangione, & D. Greenwald (Eds.), *Concepts for care: 20 essays on infant/toddler development and learning* (pp. 31-39). San Francisco: WestEd.

Shonkoff, J. A., & Phillips, D. (Eds.). (2000). *From neurons to neighborhoods. The science of early childhood development.* Washington, DC: National Academies Press.

Shore, R. (1997). *Rethinking the brain: New insights into early development.* New York: Families and Work Institute. [Full report and executive summary available. Volume discounts available. (212) 465-2044.]

Thoms, D., & Lewis, F. (1975). *The responsive education program for children and adult learners: Summary.* San Francisco, CA: Far West Lab. for Educational Research and Development.

WestEd. (2002). San Diego *Children and families commission final report*: Grant Award #37979. Sausalito, CA: WestEd.

WestEd. (2003). *Preparing the way for California's infants and toddlers: The Program for Infant/Toddler Caregivers. 2002 Year End Report.* Sausalito, CA: WestEd.

Whitebrook, M., Almaraz, M., Jo-Yung, J., Sakai, L., Boots, S., Voisin, T., et al. (2003). *California Child Care Workforce Study: Family child care providers and assistants in Alameda County, Kern County, Monterey County, San Benito County, San Francisco County, San Mateo County, Santa Cruz County, and Santa Clara County.* Washington, DC: Center for the Child Care Workforce.

헤드스타트 프로그램

Douglas R. Powell(Purdue University)

헤드스타트는 미국 정부에서 대규모의 재정을 지원하고 있는 유아교육 프로그램이다. 1965년에 설립된 이래로 2006년까지 2천4백만 명 이상의 유아가 헤드스타트의 혜택을 받았으며, 2006년에는 전국적으로 90만 9천 명 이상의 유아가 등록되어 있다. 헤드스타트 프로그램은 처음에는 단기 여름 프로그램 형태로 출발하여 경제적으로 불리한 유아와 그 가족을 위한 포괄적 서비스로 진화하였다. 유아교육 분야에서 헤드스타트는 출생에서 5세까지의 유아를 위한 좋은 프로그램이 무엇인지를 알아보기 위한 국가적 실험실의 역할을 해오고 있다. 헤드스타트 프로그램은 학부모와 협력하는 방법 측면에서, 그리고 매우 어린 유아가 있는 가족에 초점을 맞춘 혁신적 시범 프로그램의 개발 측면에서 선구적인 역할을 하고 있다. 또한 문화적, 언어적으로 다양한 집단의 요구에 민감하게 반응하는 교육뿐만 아니라 장애 유아의 통합교육을 이끄는 데에서도 선두를 달리고 있다. 헤드스타트가 정치적 성향이 매우 다른 정치인들로부터 폭넓은 지지를 얻고 있다는 점은 주목할 만하다. 헤드스타트는 "20세기 후반에 이루어진 가장 중요한 사회적, 교육적 실험"(Zigler & Muenchow, 1992, p. 2)이라 불린다.

이 장에서는 헤드스타트 프로그램에 대하여 개괄적으로 살펴보고자 한다. (1) 헤드스타트의 목적과 현재의 범위를 포함한 역사, (2) 프로그램의 내용, 교직원 구성, 프로그램 효과에 대한 평가결과, (3) 헤드스타트에서 개발한 혁신적인 시범 프로젝트, (4) 헤드스타트의 미래와 관련된 쟁점이라는 네 부분으로 나뉘어 제시한다.

1. 헤드스타트의 진화

1) 가난과의 전쟁으로부터의 출발

헤드스타트는 미국 역사상 가장 좋은 시기에 국가적 차원에서 시도되었던 가난과의 전쟁(War on Poverty)의 핵심 요소로서, 1964년 처음 착안되었다.[1] 이러한 헤드스타트의 출발은 인권운동 시기의 사회적 · 정치적 분투, 인간 발달 과정에 있어서 환경이 갖는 영향력에 대한 과학적 관심의 재조명, 그리고 경제적으로 불우한 환경에서 자란 유아를 위한 교육적 개입 프로그램이 줄 수 있을 것으로 기대했던 효과에 기초하였다(Zigler & Anderson, 1979).

1960년대 인권운동은 만연한 가난의 속성, 그리고 가난이 국가의 경제적, 사회적 안녕에 주는 위협에 주목하였다. 또한 가난한 사람들뿐만 아니라 소수인종과 소수민족이 수준 높은 교육, 직장, 주택, 보건, 사회복지 서비스를 받는 데 있어서 불공평한 대우를 받는다는 점이 강조되었다. 존 F. 케네디 대통령과 린든 B. 존슨 대통령이 주도한 가난과의 전쟁을 위한 모든 프로그램은 교육이 가난의 해결책이라는 근본적 신념에 기초하여 이루어졌다. 직업훈련과 교육이 1964년 제정된 경제기회균등법(Economic Opportunity Act)의 핵심 요소였으며, 이 법에 따라 가난을 뿌리 뽑기 위한 프로그램들이 만들어졌다. 또한 사회 및 경제적 조건에서의 불평등을 상쇄시키는 프로그램을 계획하고 실시하는 데 있어서 불리한 환경에 처한 개인들이 직접 참여해야만 한다는 신념이 있었다. 경제기회균등법과 그 이후의 헤드스타트 같은 가난과의 전쟁 프로그램에는 가능한 최대한의 참여(maximum feasible participation)라는 개념이 포함되었다.

당시에 유아를 대상으로 한 사회정책은 환경이 인간발달에 지속적으로 영향을 미친다는 연구결과에 따라 펼쳐졌다. 이러한 환경론적 관점은 1950년대와 1960년대 초기에 지배적이었던 유전론의 관점과 현격한 차이를 나타내었다. 지능과 능력이 유전에 의해 고정된 것으로 보던 그 당시에 팽배해있던 관점을 반박하게 된 데에는 저명한 학자 J. McVicker Hunt가 1961년 출간한 『지능과 경험(Intelligence and Experience)』이라는 저서가 상당히 큰 역할을 하였다. Hunt는 지적 발달이 대부분 환경이 제공하

---

1) 역주: 1963년 케네디 대통령의 승인을 앞둔 가난과의 전쟁 계획에는 헤드스타트 프로그램이 없었다. 케네디 대통령의 암살 직후 승계한 존슨 대통령이 1964년 2월 R. Sargent Shriver에게 가난과의 전쟁에 대한 계획을 다시 맡겼는데 Shriver는 가난한 이의 절반 이상이 아동이라는 사실, 그리고 케네디재단에서 지원하였던 유아교육 프로그램들의 효과에 대한 연구 결과(Susan Gray의 연구 포함)에 착안하여 1964년 여름 동안 단기적인 시범 프로그램으로 처음 실시하였으며 많은 이의 자원봉사와 노력으로 1965년 전국 규모로 실시하게 되었다.

는 자극, 특히 어머니가 주는 자극의 질적 수준에 의해 결정된다고 주장하였다.

또 다른 저명한 학자인 Benjamin Bloom은 1964년에 출간한 『인간 특성의 안전성과 변화(Stability and Change in Human Characteristic)』라는 저서에서 상당한 양의 선행연구를 총망라하여 개관하면서 유사한 결론을 내렸다. Bloom의 연구에서는 생애 첫 4, 5년을 지적 성장에 있어서 가장 급속한 변화를 겪는 시기로 꼽았다. 그는 유아기가 인지적 기능에 오랫동안 영향을 줄 수 있는 최적기라고 결론지었다. 이러한 결론은 유아기가 발달의 '결정기(critical period)' 라는 개념을 유행시켰고, 그리고 학습의 절반가량은 5세 이전에 이루어진다는 주장의 근원이 되었다.

그러나 이후 연구에서 유전적 요소와 5세 이후에 이루어지는 경험의 중요성이 무시되는 이러한 인간발달 관점이 너무 극단적이었다는 지적을 받게 된다. 이에 따라 종국에는 유아교육의 혜택을 지속시킬 수 있도록 초등학교 교육 방식을 수정할 필요가 있음을 인식하게 되었다. 그럼에도 불구하고 헤드스타트가 창안되었던 1960년대 중반에는 환경론적 관점이 지배적이었다. 유아기는 건물의 기초가 가지는 중요성과 유사한 중요성을 가지는 것으로 간주되었다: "만약 기초가 흔들리면 건축물이 무너진다. (중략) 일반 대중들은 가난과 무지에 대한 해결책으로 유아에게 학습을 위한 튼튼한 기초를 만들어주는 것을 환영하였다" (Zigler & Anderson, 1979, pp. 7-8).

몇몇의 조기 개입 프로그램에 대한 긍정적인 평가결과 역시 헤드스타트 프로그램의 설립 결정을 내리는 데 기여하였다. 1950년대와 1960년대 초기에는 경제적으로 불우한 유아를 대상으로 하는 교육에 초점을 둔 유아교육 프로그램이 매우 드물었지만, 이 시기에 가난한 가정 출신의 유아들을 위한 혁신적인 프로그램이 소수 설립되었다. 테네시 주 Nashville 시에 있는 Peabody 대학의 Susan Gray가 주도한 유아훈련프로그램(Early Training Program)이 헤드스타트의 전신이 된 두드러진 선구적 프로그램의 하나다. 이 프로젝트에서 초점을 두었던 성취동기와 학업 적성은 당시의 환경론적 관점과 부합했으며 일반 대중의 공통적인 동의를 얻었다. 중요한 점은 이러한 유아교육 프로그램이 IQ와 언어능력에 미치는 긍정적 영향(Gray & Klaus, 1965)으로 말미암아, 이러한 프로그램을 더 큰 규모로 운영할 경우 얻을 수 있을 효과에 대해 희망을 품게 되었다는 것이다.

2) 순진한 이상과 정치적 현실

1965년 여름, 전문가들이 권했던 것보다 훨씬 더 많은 지역, 더 많은 수의 유아를 대상으로 헤드스타트 프로그램이 제공되었다.[2] 보다 면밀하게 살펴볼 수 있는 작은 규모

---

2) 역주: 예컨대 당시 하버드 대학의 심리학과 교수였던 Jerome Bruner는 전국적으로 헤드스타트를 실시하는 첫 해에는 2,500명 이상의 유아를 대상으로 해서는 안 된다고 경고한 바 있다.

의 예비 프로그램으로 시작했어야 한다고 보는 관점이 있다. 이러한 관점을 주장하는 이들은 짧은 시간 동안에 새롭고 주요한 프로그램을 성공적으로 출발시킬 수 있는 방법적 측면에 대해서 크게 우려했으며, 아울러 가난한 가정의 유아에게 유아교육 프로그램을 가장 잘 제공할 수 있는 방법에 대하여 현명한 의사결정을 내리기에는 경험이나 연구에 근거한 정보가 부족하다고 생각하였다. 그러나 존슨 대통령의 재임 시기였던 1965년 5월 18일, 헤드스타트 계획을 공포하는 로즈가든 연설에서 처음부터 약 2천 개의 시설, 50만 명의 유아들을 대상으로 하겠다는 대규모의 계획이 나왔다. 예방접종이나 절실하게 필요한 보건 서비스를 제공하는 것 정도의 단순한 개입 프로그램에 그칠지라도 가능한 한 많은 유아에게 혜택을 주고자 하는 데 목표를 두었던 것이다(Richmond, Stipek, & Zigler, 1979). 유아교육을 통해 유아의 지능지수와 지적 능력을 높일 수 있으리라는 믿음이 강했다. 1960년대에는 빈곤 가정의 유아에게 유아교육을 제공함으로써 궁극적으로는 미국에 퍼져 있던 가난 문제를 감소시킬 수 있으리라는 주장이 팽배하였다.

헤드스타트 출범 직후, 환경 자극을 약간 더 풍부하게 해줌으로써(최초의 여름 시범 프로그램에서처럼) 유아의 지적 능력에 상당한 향상을 가져올 수 있으리라고 믿었던 부푼 기대는 현실을 모르는 이상주의, 지나친 낙관주의로 판명되었다. 어느 정도 자극을 제공하는 환경을 통해서 유아가 찰흙처럼 쉽사리, 그리고 영구적으로 변형될 수 있으리라고 보았던 당시의 지배적 관점에 대하여 심각한 문제가 제기되었다. 1960년대 중반의 환경론에는 생물학적 요인에 관한 부분이 결여되어 있었기에, 환경론과 유전론 사이의 논쟁이 지속적으로 이루어지면서 1960년대 후반에 이르러서는 더 합리적인 중간 지점을 찾아가게 되었다. 점차적으로 유전적 요인과 환경 간의 상호작용이 발달과정의 핵심이라고 인식하게 되었으며 이러한 생각은 오늘날까지 계속되고 있다(Bronfenbrenner & Morris, 2006).

헤드스타트의 초창기에는 가난의 속성, 그리고 경제적으로 불우한 상황에 처한 유아와 가족의 특징에 대하여 지나치게 단순한 생각들을 가지고 있었다. 일반적인 고정관념의 하나는 저소득층 어머니들이 대체로 무능하며 자녀에게 적절한 지도와 애정을 제공할 수 없다고 보았던 것이다(Baratz & Baratz, 1970). 빈곤 가정의 삶은 자극이 너무 지나치거나(예컨대 지나친 소음) 아니면 너무 부족하거나(예컨대 장난감의 부족) 둘 중 하나일 것으로 여겼다. Zigler와 Anderson(1979)이 지적한 바와 같이, "가난한 가정의 언어활동은 신체언어, 단음절, 고함, 그리고 불평으로 이루어진다고 가정되었다" (p. 9). 인류학자인 Oscar Lewis의 가난에 대한 일련의 연구에 대하여 많은 이들이 '가난의 문화(culture of poverty)' 가 있으며 가난한 가정에서 자라는 아이들은 '문화적으로 결핍되어' 있다는 것으로 잘못 해석하였다. 주류인 중산층 가정의 생활

기준에서 벗어난 것은 일종의 병리현상이나 기능장애인 것으로 간주되곤 하였다.

1960년대 후반까지 가난한 가정과 유아에 대한 이러한 고정관념에 대하여 단호한 도전이 이루어졌다. 여러 연구에서 중산층 유아를 표본으로 하여 개발된 검사가 가지는 편견, 그리고 저소득층이나 소수인종 유아에게 익숙하지 않은 검사상황에 대하여 전문가들이 민감해야 한다고 강조하게 된다. 예컨대, 한 연구에 따르면 흑인 유아의 언어수행은 학습 상황이 아닌 경우 그리고 흑인 검사자가 검사했을 때 유의미하게 더 높게 나타난 것으로 밝혀졌다(Labov, 1970). 연구, 프로그램을 통한 경험, 대중매체의 보도 등을 통해서도 지역사회, 공동체, 구성 집단에 따라 가난이 다양한 양식으로 표현된다는 사실이 드러남에 따라서 모든 사람이 요구, 특징, 소망 측면에서 동일하다고 가정했던 연구와 프로그램에 대해 의심하게 되었다. 더 나아가, 개인과 가족이 기능하는 데 있어서 공동체와 사회적 맥락이 미치는 영향을 정책분석에서 강조하게 되었다(예컨대 Keniston & Carnegie Council on Children, 1977). 어떤 일이 잘못되었을 때 가족과 개인을 탓하기에는 이들을 충분히 자기-충족적인 단위라고 볼 수가 없기 때문이다(Ryan, 1971). 결국 '문화적 빈곤(cultural deprivation)' 이라는 개념은 세찬 반론에 직면하게 되었으며, 이에 따라 교육 및 인적 서비스 프로그램에서 문화적 다양성을 환영하며 개인차를 존중하고 가족의 약점보다는 장점에 기반을 둘 것을 요구하게 되었다.

환경적 영향의 중요성, 가소성이 매우 높은 발달 시기로서의 유아기, 그리고 획일적으로 무능하게 간주되던 빈곤 가정 등에 대하여 지나치게 단순하게 생각하던 관점이 시간이 흐르면서 수정되었다. 그러나 경제적으로 불리한 가정의 유아들을 대상으로 한 단기간의 유아교육 프로그램이 IQ와 일반능력 측면에서 획기적이고 지속적인 향상을 가져올 수 있으리라고 보았던 원래의 기대는 그 결함에도 불구하고 헤드스타트나 다른 유아교육 프로그램을 구성하는 강력한 틀로서 오랫동안 지속되고 있다. 이러한 기대는 유아교육 프로그램을 가난이 미래에 미치는 영향에 대항하는 예방접종의 하나라고 보는 관점을 지지한다. 이 장에서 나타나듯이 예방접종 모델(inoculation model)은 정책입안자와 일반대중이 헤드스타트에 대하여 기대하는 바를 결정하곤 하였다.

3) 프로그램의 목적

헤드스타트는 오랫동안 저소득층 유아의 발달 및 학습 결과에 초점을 두는 광범위한 일련의 목표를 채택해 왔다. 유아발달의 주요 영역인 사회 발달, 정서 발달, 인지 발달, 신체 발달이 서로 연관된 것으로 본다. 따라서 헤드스타트는 '전인적 유아(whole child)' 를 목표로 한다.

이후의 학교생활에서 성공할 수 있도록 유아를 준비시키는 측면에서의 헤드스타트 역할에 대하여 상당한 관심이 집중되어 왔다. 학교준비도(school readiness)는 헤드스타트 프로그램에 대한 재정지원을 재승인한 1998년의 연방정부 입법 과정에서 주요한 의제에 해당하였다. 제105회 국회에서 헤드스타트의 목적을 수정하여, 헤드스타트는 "가정의 요구평가에 기초하여 필요한 교육, 건강, 영양, 사회복지 및 여타 서비스를 제공함으로써 유아의 사회발달과 인지 발달을 향상시켜 학교준비도"를 촉진한다(공법 105-285)라고 명기되었다. 또한 헤드스타트에 등록된 유아가 다음과 같은 최소 기대치를 반드시 충족하도록 수행기준을 첨가하였다: ① 음소, 문자, 수에 대한 인식을 발달시킨다, ② 요구, 소망, 생각에 대하여 의사소통하기 위하여 음성언어를 이해하고 사용한다, ③ 점차적으로 복잡하고 다양한 어휘를 이해하고 사용한다, ④ 책을 감상하고 이를 시연한다, ⑤ 영어가 제2외국어인 유아의 경우 점차적으로 영어를 습득한다.

2000년 헤드스타트 사무국에서는 학교에서 성공하는 데 중요한 것으로 여겨지는 기초요소들로 구성된, 유아가 성취해야 할 결과에 대한 틀을 내놓았다. 유아 성취결과 틀(Child Outcomes Framework)은 헤드스타트 프로그램들이 유아의 진보상황과 성취를 지속적으로 평가하는 데, 그리고 이러한 유아의 성취결과에 대한 데이터를 프로그램 자체평가와 지속적 향상에 활용하는 데 지침을 제공하고자 하는 것이다. 2003년에 개정된 이 틀은 8개의 일반 영역, 27개의 영역별 요소, 그리고 유아의 기술, 능력, 지식과 행동에 대하여 더 구체적인 지표가 되는 100개의 예로 구성되어 있으며, 모두 3세에서 5세의 유아를 대상으로 한다. 여기에는 1998년에 입법 수정된 성취결과가 포함되어 있다(U.S. Department of Health & Human Services, 2003). 8개의 영역과 영역별 요소는 다음과 같다.

- **언어 발달**: 듣기와 이해, 말하기와 의사소통
- **읽기/쓰기**: 음운 인식, 책에 대한 지식과 감상, 문자에 대한 인식과 개념, 초기 쓰기, 자모에 대한 지식
- **수학**: 수와 연산, 도형과 공간 감각, 패턴, 측정
- **과학**: 과학적 기술과 방법, 과학적 지식
- **창의적 예술**: 음악, 미술, 동작, 극놀이
- **사회 · 정서 발달**: 자아개념, 자기 통제, 협동, 사회관계, 가족과 지역사회에 대한 지식
- **학습에 대한 접근**: 주도성과 호기심, 몰두 및 지속, 추론과 문제해결
- **신체적 건강 및 발달**: 소근육 기술, 대근육 기술, 건강상태와 실제

2007년의 헤드스타트 재승인(공법 110-134)에서도 헤드스타트 유아 성취결과 틀에서 명시한 의무적인 읽기/쓰기 및 언어 기술을 포함하여 학교준비도와 관련된 목적을 지속적으로 강조하였다.

처음부터 헤드스타트는 유아의 성취결과를 향상시키려면 넓게는 가족, 보다 구체적으로는 부모나 주양육자가 필수적인 협력자가 되어야 한다고 보고 있다. 유아가 가족과 문화라는 맥락 안에서 발달하며, "부모는 자녀의 주된 교육자이자 양육자로서 존중받아야 한다."(Head Start Bureau, 1997, p. 1)는 사실을 잘 이해하고 있는 것이다. 헤드스타트 프로그램에서는 부모가 프로그램의 의사결정 및 활동에 참여할 수 있는 기회, 자녀양육을 포함하여 성인으로서의 다양한 역할을 함에 있어서 자신의 장점과 관심사를 개발할 수 있는 기회를 많이 제공한다. 여기에는 부모가 "형식적 프로그램이 종료된 후에도 오랫동안 유아의 긍정적 변화를 강화해 주면서 변화시킬 사람"(Zigler & Muenchow, 1992, p. 101)이 되도록 프로그램 차원에서 돕지 않는 한, 일이년의 프로그램으로는 유아의 발달을 지속적으로 향상시킬 수 없다는 깨달음이 전제가 된다.

헤드스타트가 부모와 협력하는 방식은 부모참여 방법 측면에서 항상 선두에 서 왔다. 예컨대, 헤드스타트의 필수요건 중 하나는 프로그램에 대한 지역 교육정책위원회의 절반 이상이 부모로 구성되도록 하는 것이다. 지역 프로그램 운영에서의 부모 역할에 대한 이러한 규정은 부모가 전문가들이 결정한 서비스를 수동적으로 받는 존재가 아니라 능동적이고 존중받아야 하는 참여자라고 생각하는 가족 권한강화(family empowerment)의 관점을 반영하고 있다. 이 규정은 헤드스타트의 근본이라 할 수 있는 가난과의 전쟁, 그리고 경제기회균등법의 '가능한 최대한의 참여' 원칙으로부터 나온다. 헤드스타트는 "항상 유아교육 그 이상이 되도록 계획"(Washington & Oyemade Bailey, 1995, p. 8)된다.

수년 동안 헤드스타트의 목적 혼동에 대한 지적이 있어 왔다. 하나의 오해는 헤드스타트가 가난을 완전히 뿌리 뽑는 역할을 한다는 것이다. 앞에서 기술한 바와 같이, 사회 및 교육 프로그램이 수많은 사회병폐를 성공적으로 해결할 수 있는 힘을 가졌다고 낙관하던 시절에 헤드스타트가 설립되었다. 1965년 5월 18일, 존슨 대통령은 헤드스타트에 대한 자신의 연설에서 가난과의 전쟁이라는 목적에 대하여 이렇게 말했다: "5, 6세 유아들은 가난이라는 저주를 물려받은 것이지 스스로 만든 것이 아닙니다. 우리가 행동을 취하지 않는 한, 이 아이들은 가족의 모반(birthmark)처럼 다음 세대로 가난을 또 물려줄 것입니다. 헤드스타트 프로그램을 올 한 해 실시하는 것은 이 유아들의 일생을 모두 합친 3천만 년이 생산적이고 만족스러우리라는 것, 그리고 국민의 세금으로 운영되는 여러 기관이나 사회복지정책에 의존하는 무력함으로 낭비되지 않을 것을 의미합니다"(Zigler & Valentine, 1979, p. 68에서 재인용).

유아교육 프로그램이 성인이 되었을 때의 복지정책 비용과 범죄를 감소시킬 수 있다는 생각은 1984년 큰 추진력을 갖게 된다. 미시간 주의 Ypsilanti 시에서 이루어진 페리 유아원 프로젝트(Perry Preschool Project)에 대한 주요 연구에서 이 프로젝트에 참여했던 유아들이 19세가 되었을 때 참여하지 않았던 유아들에 비하여 고등학교 졸업률은 더 높았고 십대에 임신하는 비율이나 청소년 범죄율은 더 낮은 것으로 나타났다(Berrueta-Clement, Schweinhart, Barnett, Epstein, & Weikart, 1984). 페리 유아원 프로젝트 참가자가 27세가 되던 1993년의 추적연구(Schweinhart, Barnes, & Weikart, 1993) 그리고 또다시 40세가 되었을 때 이루어진 추적연구(Schweinhart, Montie, Xiang, Barnett, Belfield, & Nores, 2005)의 결과에 따르면, 이 유아교육기관에 다녔던 이들이 다니지 않았던 이들에 비하여 범죄를 저질러 체포되는 수가 적었으며 월급과 자산 면에서 더 부유했으며 취업률도 높은 것으로 나타났다.

많은 정책 입안자나 유아의 권익을 옹호하는 이들은 이러한 페리 유아원의 결과가 헤드스타트에도 똑같이 적용될 수 있을 것이라는 잘못된 가정을 하고서, 헤드스타트가 복지정책에 들 비용을 감소시킬 수 있는 입증된 전략이라며 대대적으로 장려하였다. 일부 분석가들은 이렇듯 페리 유아원 프로젝트의 평가결과를 헤드스타트에 부적절하게 일반화시켰던 것으로 말미암아 사람들이 페리 유아원 프로젝트가 헤드스타트와 동일한 것이 아니라는 사실을 깨닫게 되었을 때 심각한 문제에 봉착하게 되었다고 본다. 이러한 깨달음으로 인하여 헤드스타트 프로그램에 대한 정치적 지지가 감소하고 헤드스타트의 확충과 질적 수준 제고를 위한 재원을 배정하는 데 있어 진척이 잘 이루어지지 않던 시기가 도래했던 것으로 여겨진다(Zigler, 1998).

헤드스타트의 목적에 대한 또 다른 혼동은 이 프로그램이 주로 유아의 IQ와 인지적 능력을 향상시키는 데 주력하는지의 여부에 관한 것이다. 초반부터 헤드스타트 프로그램에서는 유아발달의 모든 측면을 고려하도록 되어 있었다. 1965년 프로그램 준비위원회에서 설정한 원래의 목적을 보면, 신체적 건강, 사회·정서적 발달, 정신적 과정과 기능, 앞으로의 학습에 대한 자신감을 강조하였음을 알 수 있다. 그러나 정책 입안자와 일반 대중들이 헤드스타트를 이해할 때는 처음부터 유아의 IQ가 초점이 되었는데, 이는 IQ가 미국 사회에서 가장 잘 알려진(그러나 제대로 이해되지 못한) 심리학적 개념이었기 때문이다. 프로그램 평가자가 쉽게 활용할 수 있는 IQ검사는 다수 개발되어 있었던 반면에 유아의 다른 측면들을 신뢰롭고 타당하며 효율적으로 검사할 수 있는 도구가 없었던 상황이었다. 따라서 초기에 이루어진 프로그램 평가에서는 책무성을 평가할 때 대부분, 혹은 전적으로, IQ와 인지능력의 증가에만 초점을 두었던 것이다.

4) 현재의 범위와 조직구성

헤드스타트의 현재 위상에 대한 인상적인 측면을 보여주는 주요 숫자들이 있다. 먼저 2006년의 경우 헤드스타트는 미국의 50개 주 모두와 District of Columbia, Puerto Rico, Virgin Islands에서 909,201명의 유아에게 제공되었다. 18,865개의 헤드스타트 시설과 50,030개의 교실이 있었다. 유급 직원의 수만 218,000명을 넘었고 자원봉사자는 130만 명 이상이었다. 2006년의 예산은 67억 달러 이상이었으며, 유아 일인당 평균 비용은 일 년에 7,209달러에 이르른다.

2006년 헤드스타트에 등록한 유아의 인종적 배경을 보면 다음과 같다: 백인 39.8%, 흑인 30.7%, 인디언/알래스카 원주민 4.2%, 아시아계 1.8%, 하와이/퍼시픽 군도 1% 이하, 이인종/다인종 6.4%, 그리고 기타 16.2%였다. 유아의 34%는 스페인어를 사용하는 라틴계였다. 2006년에 등록한 유아의 12%는 한 가지 혹은 그 이상의 장애를 가지고 있었는데 정신지체, 건강손상, 시각장애, 청각손상, 정서장애, 발화 및 언어 손상, 정형적 장애, 그리고 학습장애가 이에 포함된다. 오래전부터 헤드스타트에서는 지역별로 운영되는 각 시설에 등록하는 유아의 최소 10%는 장애 아동으로 구성되도록 요구하고 있다.

대다수의 유아는 4세(51%) 혹은 3세(35%)다. 점차적으로 종일제 서비스를 제공하는 곳이 증가하고 있기는 하나, 대부분의 헤드스타트 프로그램은 반일제 프로그램으로 운영된다. 모든 기관중심(center-based) 헤드스타트 프로그램에서는 일 년에 최소한 두 차례의 가정방문을 실시하도록 되어 있다. 비교적 적은 수의 프로그램에서는 의미 있는 방식으로 가정중심(home-based) 서비스를 제공하고 있다. 2006년에 약 48,000명의 유아가 가정중심 헤드스타트 프로그램 서비스에 참여하였다.

1995년부터는 조기헤드스타트(Early Head Start) 프로그램을 통해 영아와 걸음마기 유아에게도 혜택을 제공하고 있다. 조기헤드스타트 프로그램에서는 가정중심, 기관중심 혹은 가정중심과 기관중심의 결합방식 중에서 선택하도록 함으로써 저소득층 임산모와 3세 미만의 어린 자녀가 있는 가정의 요구에 맞는 맞춤형 서비스를 제공하고 있다. 2006년에는 3세 이하의 유아, 약 62,000명에게 유아발달 및 가족지원 서비스를 제공하도록 60개 이상의 조기헤드스타트 프로그램을 재정적으로 지원하였다.

헤드스타트는 미국 보건복지부 산하의 유아·가족 부서(Administration for Children and Families)에 위치한 헤드스타트 사무국(Head Start Bureau)에서 주관하여 중앙정부에서 실시한다.[3] 각 지역의 헤드스타트 프로그램은 공공기관, 사립비영리기

3) 역주: 헤드스타트는 각 지역에서 헤드스타트 프로그램을 설립, 운영하고자 신청한 공·사립, 비영리·영리 기관 중에서 선정된 곳과 계약을 체결하고 정부 재원을 지원하는 방식으로 운영되기

조기 헤드스타트(Early Head Start)에 등록된 한 유아가 지역사회 현장 견학 동안 어머니와 시간을 보내고 있다.

관, 종교기관, 학교 등에서 신청하여 보조금(grants)을 지원받는 방식으로 운영된다. 이러한 보조금은 보건복지부의 지역 사무소, 그리고 헤드스타트 사무국의 인디언 원주민 프로그램, 이주노동자 및 계절제 노동자[4] 프로그램 분과에서 수여한다. 2006년의 경우 1,604개의 지역 기관에서 보조금을 받았다. 중앙정부의 재정 지원은 프로그램에 소요되는 전체 비용의 80%까지로 제한되어 있으며, 다른 출처로부터의 매칭 펀드가 20% 요구된다. 헤드스타트 프로그램에서 학부모에게 수업료를 부과하는 것은 법적으로 금지되어 있다.

2. 프로그램에서 제공하는 서비스 및 효과

헤드스타트에서는 지역사회의 특정한 요구에 부합할 수 있는 융통성이 각 지역별 프로그램에 필요하다는 신념이 중추적 역할을 한다. 지역사회 맥락 내에서 각 유아와 가

때문에 정부에서 제시하는 프로그램 수행기준의 큰 틀을 따르더라도 교육과정이나 프로그램 운영 등에 있어서 자율성과 다양성이 존재함을 주지할 필요가 있다.

4) 역주: 이주노동자와 계절제 노동자는 주로 농장에서 일손이 필요한 시기에 단기적으로 일하는 노동자를 말한다. 계절제(seasonal) 노동자는 단기 고용자이되 일 년에 최소한 총25일 이상을 농장에서 일하며 여기서 얻은 수익이 총수입의 절반을 넘어야 하고, 이주(migrant) 노동자는 일하는 곳이 자신의 집에서 멀리 떨어져 있어 다른 지역으로 이주하여 일하는 계절제 노동자를 지칭한다.

족에게 적합한 융통성 있는 개별화 서비스를 폭넓게 제공하고자 하는 의도를 갖고 있다. 융통성은 중앙 헤드스타트 사무국의 프로그램 수행기준(정부의 *Federal Register*에도 기록되어 있음)에서 정해둔 확고한 범위 내에서 이루어진다. 이 수행기준은 헤드스타트 프로그램에서 유아와 가족에게 제공해야 하는 서비스를 규정하고 헤드스타트에 기대하는 질적 수준에 있어서 최적의 내용으로 구성되어 있다.

헤드스타트 프로그램 수행기준은 유아발달 및 보건, 가족 및 지역사회와의 협력, 프로그램 계획 및 운영이라는 3가지 주요 영역으로 조직되어 있다. 각 영역은 본질적으로 모든 헤드스타트에 의무적으로 요구되는 규정이라 할 수 있는 일련의 기준, 기준의 근거, 그리고 각 기준이 어떻게 실시될 수 있는지에 대한 예시로 된 지침으로 구성되어 있다. 또한 장애를 가진 유아와 그 가족을 대상으로 하는 기준에 대하여 자세히 기술한 부분도 포함되어 있다. 프로그램 실시에 있어서 최대한의 융통성을 주기 위하여 수행기준에서는 기준에서 정의한 서비스를 어떻게 실행할지에 대해서는 규정하지 않고 있다. 헤드스타트에서는 유아, 보건, 부모참여를 각각의 개별요소로서가 아니라 조화롭게 통합된 서비스로서 제공하고자 한다. 수행기준을 보면 서비스 제공에 있어서 통합적인 접근방법을 지지하기 위하여 다른 기준이나 예시를 교차 참조하도록 한 경우가 상당수 있다.

1) 유아발달 및 보건 서비스

헤드스타트에 대해서 일반적으로 잘못 생각하고 있는 것 중의 하나가 바로 모든 교실에서 하나의 표준 교육과정을 실시할 것이라는 생각이다. 실제로는 각 지역별 프로그램에 상당한 자율성을 주고 있는데, 각 프로그램에서는 유아의 발달과 언어에 적합한 교육과정을 선택하거나 직접 고안하여 실시할 수 있다. 프로그램 수행기준에서는 유아의 개인적 관심사, 기질, 언어, 문화적 배경, 학습양식뿐만 아니라 발달 속도에서도 개인차가 있음을 인지하고 있다. 헤드스타트 프로그램은 앞에서 지적한 바와 같이 장애아를 통합하고 성, 문화, 언어, 민족, 가족구성에서의 차이를 존중하는 수용적인 환경을 장려하여야 한다. 프로그램 수행기준을 보면 헤드스타트는 가정에서 사용하는 언어, 문화, 가족구성 방식을 지지해야 한다는 것을 수차례 강조하고 있다.

헤드스타트 수행기준은 전미유아교육협회(NAEYC)에서 권장하고 있는 유아교육 프로그램에서의 발달에 적합한 실제(Bredekamp & Copple, 1997)를 충실하게 따르고 있다. 매일 제공되는 프로그램에는 개별 활동과 소집단 활동을 포함하여 유아주도 활동과 교사중심 활동이 균형 있게 포함되어야 한다. 신뢰를 쌓고 독립심을 촉진하며, 분명하고 일관된 규칙과 현실적인 기대를 통해 자기 통제력을 기르고 다른 사람의 감정과 권리를 존중하도록 지도하고, 적절하고 예측 가능하며 서두르지 않는 하루 일과와 전환활동을 제공함으로써 사회 및 정서발달을 지지하여야 한다. 실험, 탐구, 관찰, 놀이, 탐색 등의 방법을 통해 각 유아의 학습을 지원하여야 한다. 미술, 음악, 동작, 대화가 창의적인 자기 표현을 기르기 위한 핵심적인 경험이라고 보며, 유아와 유아 사이, 유아와 성인 사이의 언어 활용을 촉진시킨다. 발달에 적합한 활동과 재료를 제공하여 유아의 읽기/쓰기와 수 개념 발달을 촉진시켜야 한다. 기관중심 프로그램에서는 소근육 및 대근육 발달을 촉진하는 활동적인 놀이와 동작을 위해 충분한 시간, 공간, 기구, 놀잇감, 그리고 성인의 지도를 제공하여야 한다. 가정중심 프로그램에서는 부모가 신체발달의 중요성을 충분히 인지하고서 안전하고 활동적인 놀이를 할 기회를 자녀에게 제공하도록 격려한다.

교육 및 유아발달을 위한 프로그램 수행기준에서는 영아/걸음마기 유아와 3세 이상의 유아에 대한 기준을 구분하여 제시하고 있다. 영아 및 걸음마기 유아를 위한 서비스에서는 확고한 관계의 발달(예컨대 교사가 자꾸 바뀌지 않아야 하며 제한된 수의 일관된 교사가 오랫동안 담당할 것), 서서히 나타나는 의사소통 기술, 대소근육 발달, 그리고 다양한 감각 및 운동 경험을 탐색할 기회가 강조된다. 3세 이상의 유아를 위한 교육과정에서는 학교준비도와 이후의 학업 성공에 기초가 되는 기술을 촉진토록 하는데, 여기에는 각 유아가 경험을 조직하고 개념을 이해하며 연령에 적합한 읽기/쓰기, 수, 추론, 문제해결 및 의사결정 기술을 발달시킬 기회가 포함된다. 또한 이 연령의 교육과정에서는 유아의 정서적 안정감과 사회적 관계 기술, 자아인식, 유능감, 자아존중, 학습에 대한 긍정적 태도 발달을 돕고자 한다.

앞에서 지적한 바와 같이 헤드스타트에서는 학교준비도, 특히 읽기/쓰기 성취결과에 대하여 점점 더 강조하고 있다. 유아의 읽기/쓰기 발달을 촉진시킬 수 있도록 각 지역 프로그램을 지원하기 위해 헤드스타트 사무국에서는 2002년 전략적 교사교육 프로그램(Strategic Teacher Education Program: STEP)으로 알려진 현직교육 프로그램을 제공함으로써 모든 헤드스타트 프로그램과 학급 교사가 유아읽기/쓰기에 대한 기본 지식과 최신의 지도기법을 갖추도록 하였다. 또 다른 현직교육 프로그램 중 전국적으로 보급된 것은 *HeadsUp! Reading*으로서 전미헤드스타트협회(National Head Start Association)에서 개발한 것이다. 15주 동안의 위성방송을 통한 교사훈련 시리즈인 이 프로그램의 효과에 대하여 연구한 결과, 통제집단에 비하여 실험집단 유아들의 읽기/쓰기 기술에 긍정적인 효과가 있는 것으로 나타났다(Jackson, Larzelere, St. Clair, Corr, Ficther, & Egertson, 2006).

부모는 지역별 프로그램에서 교육과정을 개발하거나 유아발달 및 교육에 대한 접근방법을 결정하는 과정에서 필수적인 부분이 되어야 한다. 또한 부모가 자녀를 관찰하는 기술을 강화하고 그 평가결과를 교사와 공유함으로써 개별 아동을 위한 프로그램 계획에 반영되도록 할 수 있는 기회를 제공해야 한다. 각 유아의 발달과 교육에 대한 부모-교사 간의 논의는 협의회와 가정방문을 통해 이루어지게 된다. 가정방문의 목적에는 부모가 자녀의 첫 번째 교사로서의 역할을 수행할 수 있도록 지원하고, 가족이 이루고자 하는 목적을 정하고 이를 달성하는 과정을 지원해주는 것이 포함된다. 장애아를 위한 서비스는 각 유아의 개별가족서비스계획(IFSP) 혹은 개별교육프로그램(IEP)과 일치하여야 한다.

헤드스타트는 출범 이래로 유아의 보건을 향상시키기 위하여 상당한 노력을 기울여왔다. 전국 헤드스타트 프로그램의 초대 회장은 의사인 Robert Cooke 박사였다. 그는 존스 홉킨스 대학의 소아과 과장이었다. 유아의 건강관리에 대하여 세심하게 관심을 쏟는 것이 헤드스타트가 원래 목적한 바의 핵심적인 한 부분에 해당하였다.

이러한 전통은 오늘날까지도 계속되어, 수행기준에서도 유아의 건강과 안전, 영양, 정신건강에 대하여 자세히 다루고 있다. 헤드스타트 프로그램에 입학한 후 90일 이내에 교사는 부모와 협력하여 각 유아의 건강상태를 결정하여야 한다. 여기에는 각 유아가 지속적이고 쉽게 이용할 수 있는 보건 서비스를 계속 필요로 할지를 평가하는 것이 포함된다. 만약 유아가 지속적인 보건 서비스를 이용할 수 없는 상황이라면, 헤드스타트 프로그램에서 부모가 가능한 서비스를 찾아 이용할 수 있도록 도와주어야 한다. 유아의 건강상태에 대한 점검에는 또한 의학적 건강, 치아, 정신건강 관리를 포함하여 예방의학과 일차적 건강관리 측면에서 예정에 맞추어 제때에 진료를 받고 있는지의 여부를 결정하는 것이 포함된다. 역시 필요하다면 프로그램에서 가족을 도와서 유아가 제때에 필요한 건강관리를 받는 데 필요한 조치를 취하게 한다. 또한 헤드스타트 프로그램에서는 일반적으로 권장되는 일정에 맞추어 유아가 건강 검진을 받도록 하고 의료 서비스를 받은 기록을 차곡차곡 보관하도록 하여야 한다. 유아가 어떤 건강이나 발달상의 문제를 가진 것으로 알려지거나 의심될 때 헤드스타트 프로그램에서는 자격 있는 전문가에 의한 추가적인 진단검사, 검진, 치료를 직접 알아보거나 연계해준다.

각 유아가 입학한 지 45일 이내에 헤드스타트 프로그램에서는 신체, 언어, 사회, 인지, 지각, 정서 기술에 대하여 발달, 감각, 행동 선별검사(screenings)를 직접 실시하거나 이에 대한 정보를 얻어야 한다. 선별검사는 유아의 문화적 배경과 가정에서 사용하는 언어에 적절해야 하고, 각 유아의 발달 및 행동의 모든 측면에 대한 정보를 여러 출처로부터 획득해야 하는데 여기에는 가족 구성원, 교사, 다른 적절한 교직원의 의견이 포함된다. 건강상의 문제가 확인된 유아의 경우에는 부모와 함께 추후 계획을 작성하고 지속적으로 점검해야 한다. 치아건강을 위한 추후 계획과 치료에는 보통에서 심각한 정도의 충치를 가진 유아, 그리고 수돗물에 적절한 양의 불소가 포함되어 있지 않은 지역의 모든 유아를 위한 불소 보충 및 국소 불소처치가 포함된다. 더 나아가 헤드스타트 프로그램에서는 교사가 새로운 혹은 반복해서 발생하는 의학적, 치과적, 혹은 발달상의 문제를 발견해낼 수 있도록 하는 절차를 개발하고 실시함으로써 즉각적으로 적절한 전문의의 도움을 받을 수 있게 한다. 이러한 과정에서 부모는 모든 내용에 대하여 전달받고 직접 참여하게 된다.

헤드스타트 프로그램에서 제공하는 정신건강 서비스에는 자녀의 정신건강에 대하여 부모가 알고 있거나 우려하는 바를 이끌어내고 교사가 유아를 관찰한 바나 유아의 행동과 발달에서 기대되는 변화에 대하여 부모에게 정보를 제공할 수 있게 해주는 가족과의 협력이 포함된다. 특히 분리불안이나 애착 문제의 경우가 그러하다. 또한 가정과 헤드스타트 프로그램에서 양육적이고 지지적인 환경과 관계를 강화할 수 있는 방법에 대하여 부모-교사 간에 논의가 있어야 한다. 프로그램에서는 부모가 정신건강 문제에 대하여 더 잘 이해하도록 도우며 필요한 정신건강 중재에 대한 부모참여를 지원한다. 교사 그리고/혹은 가족이 유아의 정신건강에 대하여 우려하는 바가 있으면 프로그램에서 확보해둔 정신건강 전문가의 도움을 신속하게 얻어야 한다. 또한 개별 유아의 요구와 정신건강을 향상시킬 수 있는 방법을 다루기 위하여 프로그램 교직원과 부모와의 정신건강 상담을 정기적으로 실시한다.

또한 헤드스타트의 수행기준은 교사와 가족이 협력해서 문화적 취향이나 특별한 식이요법을 포함한 가족의 식사 패턴을 고려하여 각 유아의 영양을 위해 필요한 바를 확인하도록 요구한다. 지역별 프로그램에서는 각 유아의 영양상의 요구와 급식 규정을 충족시킬 수 있는 영양 프로그램을 고안하고 실시하여야 한다. 기관중심 프로그램에 있는 유아는 매일 식사를 제공받으며, 오전반, 오후반, 혹은 종일반인지에 따라 영양 있는 간식과 아침식사 그리고/혹은 점심식사를 제공받는다. 유아의 음식 경험을 확장시켜줄 뿐만 아니라 문화적, 민족적 취향을 민감하게 고려하면서 다양한 음식을 제공하여야 한다. 음식을 보상이나 처벌의 수단으로 사용해서는 안 된다. 각 유아가 음식을 먹거나 맛보도록 권하되, 강요해서는 안 된다. 반일제 기관중심 프로그램의 경우 식사와 간식을 통해 유아가 하루에 필요한 영양 중 1/3은 충족해주어야 하며 전일제 기관중심 프로그램의 경우에는 일일 권장량의 1/2에서 2/3 사이를 제공하여야 한다. 헤드스타트 프로그램에서는 식사와 함께 치아 위생을 도모하여야 한다. 프로그램의 영양 서비스를 계획, 실시, 평가하는 데 부모들이 참여하여야 하며 부모교육 활동에는 가족들이 식사 준비에 대하여 배우고 영양학적 기술을 강화시킬 수 있는 기회를 제공하는 것이 포함되어야 한다.

마지막으로 헤드스타트 수행기준에는 건강상의 응급절차가 포함되는데 여기에는 건강관련 문제로 일시적으로 헤드스타트에 등원해서는 안 되는 상황에 대한 설명, 약물 투약, 부상 예방, 위생과 응급처치 도구의 제공에 대한 것이 있다.

2) 가족 및 지역사회와의 협력 관계

미국의 유아교육 프로그램 중에서 가족과 협력하는 면에 있어서 가장 포괄적이고 상세한 서비스를 제공하는 프로그램은 아마도 헤드스타트일 것이다. 학자들은 오랫동안 헤드스타트의 성공에 있어서 주춧돌이 된 것은 부모참여라고 지적하고 있다.

헤드스타트는 상호 신뢰와 가족의 목표, 장점, 필요한 서비스와 다른 지원에 대한 이해를 바탕으로 하여 부모와 협력적인 파트너 관계를 구축하고자 한다. 이러한 목적을 위하여 헤드스타트 프로그램에서는 가족의 목적과 책임, 일정, 목적을 달성하고 진척상황을 점검할 방법을 정하기 위하여 개별적으로 가족 협약서(Family Partnership Agreement)를 작성하고 이를 실천할 기회를 부모에게 제공하여야 한다. 이 협약서를 작성할 때 가정에서 다른 프로그램이나 기관과 작성한 기존의 계획을 고려하여 조화를 이루도록 한다. 여기에서 제공하는 서비스는 (1) 주거, 음식, 의복, 교통수단과 같은 기본적 요구에 대한 응급 지원, (2) 약물중독, 아동학대와 방임, 가정폭력과 같은 정신 건강 문제에 중점을 둔 교육과 상담 프로그램, (3) 평생교육과 직업훈련에 관련된 것이다.

부모참여에 대한 헤드스타트의 개념은 포괄적이며 두 가지 부모 역할을 강조하는데 그 하나는 프로그램의 교육방침과 실제에 대한 적극적인 기여자로서의 역할이고 다른 하나는 자녀의 건강한 성장과 발달에 대한 유능한 지지자로서의 역할이다. 가정방문을 포함하여 프로그램에서 제공하는 활동에 대한 부모참여는 자발적인 의사에 따른 것이어야 하며 유아의 입학조건으로 요구되어서는 안 된다.

헤드스타트의 부모참여 규정 중 가장 잘 알려져 있는 것은 각 프로그램의 운영위원회 구성원의 51%가 현재 등록되어 있는 유아의 부모여야 한다는 공동운영(shared governance) 규정일 것이다. 또한 예전에 다녔었던 유아의 부모도 이 운영위원회에서 지역사회 대표로 참여할 수 있다. 운영위원회에서는 다음을 포함한 여러 영역에서 교육방침과 절차를 결정하기 위하여 각 지역 프로그램의 법적, 재정적 관리를 책임지고 있는 주요 경영진과 운영자와 협력하도록 되어 있다.

- 프로그램 철학과 장단기 목적 및 목표
- 모집, 선발, 입학 우선순위를 정하는 준거
- 헤드스타트의 원장이나 프로그램 종사자에 대한 고용 및 해고 관련 의사결정

운영위원회에서는 지역 프로그램의 교육방침, 활동, 서비스의 개발 및 실시에 대하여 교직원에게 조언을 제공한다.

여러 다른 규정에서도 부모참여에 대해 명시하고 있다. 그 중 하나는 부모가 고용인이나 자원봉사자로서의 역할을 하도록 하는 것이다. 2005~2006학년도에 약 925,000명의 부모가 지역 헤드스타트 프로그램에서 자원봉사를 하였으며 헤드스타트 교직원의 27%가 현재 헤드스타트에 다니거나 종전에 다녔던 유아의 부모였다. 부모의 방문을 환영해야 하며 자녀가 단체 활동하는 것을 관찰하고 참여하도록 격려하여야 한다. 프로그램이 운영되는 시간 동안 언제든 부모에게 시설을 개방해야 한다.

헤드스타트에서는 프로그램에 참여하는 부모들이 당면하게 되는 수많은 육아와 관련된 과업을 다룬다. 부모가 자신의 양육 기술과 지식, 자녀의 교육 및 발달상의 요구와 활동에 대한 이해를 증진시킬 수 있는 기회를 제공한다. 또한 (앞에서 기술한 바와 같이) 부모가 프로그램 교직원들과 함께 자녀에 대해 가지고 있는 우려사항을 공유하도록 권장한다. 일 년에 두 번 실시하는 가정방문에 더하여, 기관중심 프로그램의 교사는 해마다 최소한 두 차례 교사-부모 협의회를 해야 한다. 이 협의회는 프로그램을 통한 각 유아의 교육 및 발달 진보상황에 대하여 교사와 부모 모두의 지식과 이해를 증진시키는 데 목적이 있다.

부모 교육 및 지원 서비스에서는 광범위한 내용영역을 다룬다. 부모에게 건강, 영양, 정신건강 교육에 참여할 기회를 제공한다. 또 다른 내용영역은 지역사회와 자녀 권리옹호다. 헤드스타트 프로그램에서는 부모가 지역사회 서비스의 성격과 목적에 영향력을 발휘하게끔 지원하고 격려함으로써 서비스가 부모의 요구와 흥미에 더 잘 부합되도록 한다. 또한 유아가 가정에서 헤드스타트나 다른 유아교육 프로그램으로, 또는 헤드스타트에서 초등학교로 연계되는 과정에서 부모가 자녀의 권리를 옹호할 수 있도록 돕는다. 더 나아가 자녀 권리옹호자로서의 역할을 지지함에 있어서 부모가 지속적으로 자녀의 학교 교육에 참여하도록 하는 데 초점을 두며, 여기에는 부모가 자녀의 교육에 관련된 의사결정에 참여할 수 있도록 하는 교사나 다른 교직원과의 의사소통뿐만 아니라 학교에서 자녀의 교육에 대한 부모의 권리와 책임을 발휘하도록 해주는 부모교육 및 훈련이 포함된다. 건강과 권리옹호 영역에 더하여, 개정된 프로그램 수행기준에서는 각 지역별 헤드스타트 프로그램에서 직접 교육하거나 다른 지역 프로그램에 보냄으로써 가족의 읽기/쓰기 발달을 지원해줄 것을 요구하고 있다. 이는 성인학습자로서 부모가 자신의 읽기/쓰기 목적을 인식하도록 돕는 데 목적을 둔다.

그 어떤 프로그램도 유아와 가족의 요구를 모두 충족시켜줄 수는 없다. 헤드스타트의 지역사회 협력이라는 요소는 유아 및 가족에 대한 서비스 제공을 향상시키고 지역 헤드스타트 프로그램이 지역사회의 요구에 반응할 수 있도록 한다. 헤드스타트와 다음 유형의 지역사회 기관 간에 효과적인 의사소통, 협력, 정보공유가 이루어져야 한다.

- 진료소, 의사 및 치과의사 등의 건강관리 기관
- 정신건강 기관
- 영양 서비스 기관
- 장애아와 그 가족을 위한 서비스를 제공하는 개인 및 기관
- 가족 보호 및 지원 서비스
- 아동보호 서비스
- 지역 초등학교와 도서관이나 박물관과 같은 여러 교육기관 및 문화기관

각 헤드스타트 프로그램에서는 지역사회의 전문가와 자원봉사자로 구성된 건강 서비스 자문위원회를 구성하고 유지하여야 한다.

이 프로그램에서는 유아의 헤드스타트로의 전이, 그리고 헤드스타트에서 초등학교나 다른 보육시설로의 전이에 상당한 주의를 기울인다. 지역별 헤드스타트 프로그램에서는 유아에 관련된 적절한 기록이 학교나 유아가 다음에 가게 되는 기관에 반드시 이관될 수 있도록 한다. 이에 더하여 각 지역 프로그램에서는 헤드스타트 교직원과 학교나 다른 보육시설의 교직원(교장, 교사, 사회복지사, 건강관리 직원 등) 간의 의사소통을 촉진할 수 있도록 적극적인 역할을 취하여야 한다. 이러한 의사소통의 목적은 각 유아를 위한 프로그램이 연속성을 가질 수 있도록 하는 데 있다. 개별 유아의 발달 진보상황과 능력에 대하여 논의하기 위해 헤드스타트 교사, 부모, 유치원이나 초등학교 교사가 함께하는 회의를 개최하도록 되어 있다. 조기헤드스타트 프로그램에서는 유아가 3세가 되기 최소한 6개월 이전에 각 유아와 가족을 위한 전이계획을 시작하여야 한다.

3) 프로그램 계획 및 교직원 구성

지역 헤드스타트 프로그램의 운영관리에 있어서 계획은 필수불가결한 부분이다. 구체적으로 각 프로그램에서는 체계적이고 지속적인 프로그램 계획 과정을 개발하여 실시해야 하는데, 여기에는 헤드스타트와 협력하거나 유아가 있는 저소득층 가족을 위한 서비스를 제공하는 다른 지역사회 기관뿐만 아니라 헤드스타트 프로그램의 운영진, 정책결정 집단, 교직원과의 협의가 포함된다. 프로그램 계획에는 지역사회의 장점과 요구 및 자원에 대한 평가, 단기/장기 프로그램 목적과 목표의 설정, 서비스 실시 계획에 대한 명기, 최소한 일 년에 한 차례의 진행상황 점검이 포함된다. 프로그램 효과와 프로그램 목적 및 목표를 향한 진척상황에 대한 자체평가가 매년 최소한 한 번 실시되어야 한다. 부모, 운영진이나 정책결정 집단과의 의사소통, 교직원 간의 의사소통이 정기적으로 이루어져야 한다. 적절한 비밀유지 규정을 따르면서 모든 유아, 가

족, 교직원에 대한 기록을 관리하여야 한다.

지역 헤드스타트 프로그램의 교직원 구성에는 원장, 학급교사, 가정방문자, 그리고 각 영역별 내용전문가(교육 및 아동발달 서비스, 건강 서비스, 영양 서비스, 가족 및 지역사회 협력 서비스, 부모참여 서비스, 장애 서비스 영역으로 나뉨)가 포함된다. 내용전문가의 경우 각 지역 프로그램의 규모에 따라 정규 교직원으로, 혹은 정기적으로 자문을 구하는 컨설턴트로 고용된다. 교직원 구성과 조직 구조는 지역 프로그램에서 결정한다.

학급교사로서 종사하려면 CDA(Child Development Associate)[5] 혹은 이에 준하는 자격증을 획득하여야 한다. CDA 자격증은 국가적으로 실시되는 제도로, 유아교육 역량기반(competency-based) 자격증이라 할 수 있다. 1998년 헤드스타트에 대한 연방정부의 재승인 과정에서 2003년 9월까지는 기관중심 헤드스타트 프로그램에 종사하는 모든 교사 중 최소한 절반은 유아교육기관에서 가르쳐본 경험이 있고 유아교육이나 관련 학문분야에서 준학사(associate), 학사 또는 그 이상의 학위를 소지하도록 요구하였다. 또한 영아 및 걸음마기 유아를 담당하는 교사는 매우 어린 유아들과 일관되고 안정되며 지지적인 관계를 형성하는 데 필수적인 훈련과 경험을 갖추어야 하며 영아기와 걸음마기의 발달, 이 시기의 보육에 관련된 안전 문제(예컨대 영아돌연사 증후군의 위험을 감소시키는 것), 영아나 걸음마기 유아 및 그 부모와 효과적으로 의사소통하는 방법 등에 대한 지식을 갖추어야만 한다. 2005~2006년에는 헤드스타트 교사의 72%가 유아교육 준학사 이상의 학위를 소지하고 있었다. 더 나아가 2007년의 헤드스타트 재승인 과정에서는 2013년까지 기관중심 프로그램에 있는 전국의 헤드스타트 교사 중 최소한 50%는 유아교육이나 관련 학문분야의 학사 학위 이상을 소지하여야 한다고 규정하였다.

내용전문가로 고용되는 교직원이나 컨설턴트가 갖추어야 할 자격은 내용영역에 따라 구체화된다. 예컨대 교육 및 아동발달 서비스에 대한 책임을 맡는 내용전문가는 아동 성장 및 발달의 이론과 원칙, 유아교육, 가족지원에 대한 훈련과 경험을 갖추어야 한다.

문화 및 언어 차이에 대한 민감성도 교직원에게 요구되는 조건이다. 교직원과 프

---

5) 역주: CDA 자격증은 국가적 차원에서 보육의 질을 높이고자 만든 것으로 3년간의 개발과정을 거쳐 1975년에 최초로 수여되었다. 1985년부터는 워싱턴에 소재한 비영리 단체인 Council for Professional Recognition에서 관리하고 있다. 헤드스타트, 조기헤드스타트 및 기타 보육 프로그램에 종사하는 교사, 보조교사, 가정방문자의 수행능력을 역량기준(competency standards)에 따라 평가하여 자격증을 수여한다. CDA는 현직교사의 질 향상뿐만 아니라 보조교사나 자원봉사자(특히 헤드스타트 학부모)와 같은 비전공자가 유아교사로서 취업할 수 있는 기회의 문을 열어주는 역할을 한다.

로그램 컨설턴트는 지역 헤드스타트 프로그램의 학부모들이 갖고 있는 인종적 배경이나 문화적 전통에 대하여 잘 알고 있어야 하며, 영어를 전혀 못하거나 숙달되게 말하지 못하는 유아나 그 가족과 가능한 범위 내에서 효과적으로 의사소통할 수 있어야 한다. 어느 헤드스타트 프로그램의 유아 대부분이 특정한 언어를 공통으로 말한다면 최소한 학급 교직원 중 한 명은, 혹은 유아와 정기적으로 상호작용하는 가정방문자는 그 언어를 구사할 수 있어야 한다.

4) 프로그램 효과

1965년 프로그램의 출범 이래로 헤드스타트에 대한 광범위한 연구가 이루어졌다. 연구결과에 따르면 헤드스타트 프로그램은 유아에게 즉각적인 혜택을 준다. 요약컨대, "헤드스타트에 참여한 유아는 이 프로그램에 참여하지 못했을 경우에 비해 훨씬 더 튼튼한 발판 위에서 유치원을 시작할 수 있다"(Love, Tarullo, Raikes, & Chazan-Cohen, 2006, p. 569).

헤드스타트에 대한 처음 몇 십년간의 연구결과가 1985년에 요약되었는데(McKey, Condelli, Ganson, Barrett, McConkey, & Plantz, 1985), 210편의 헤드스타트에 대한 출간물 및 미출간 보고서를 종합한 것이다. 이 종합분석에 따르면 유아의 인지능력, 성취동기, 자기존중감, 사회적 행동, 건강 지표 측면에서 즉각적인 향상이 있는 것으로 밝혀졌다. 또한 어머니의 복지와 지역사회 서비스도 어느 정도 향상되었으나 헤드스타트가 이러한 변화를 가져온 원인인지에 대해서는 명확하지 않았다. 또한 헤드스타트로 인하여 이루어진 인지검사 점수에서의 증가가 장기적으로(대체로 헤드스타트에 참여한 지 2년 후) 지속되지 않는다는 사실도 나타났다. 마찬가지로 사회정서 기능에서의 향상도 장기적으로(대체로 참여한 지 3년 후) 지속되지 않았다. 단 1985년의 종합분석에 포함되었던 연구보고서 210편 각각이 헤드스타트의 모든 측면을 살펴본 것은 아니었음을 주지할 필요가 있다. 예컨대 인지적 향상에 대한 분석결과는 72개의 연구에 토대를 두었으며 사회정서 발달에 대한 결과는 17개의 연구에 기초하였다(McKey et al., 1985).

2000년까지 헤드스타트의 효과를 평가하는 데 있어서 엄격한 실험설계 방법은 그다지 많이 사용되지 않았다. 1997년 미국 회계감사원(Government Accounting Office[GAO], 1997)에서 작성한 헤드스타트의 영향에 대한 보고서에서는 헤드스타트에 관한 연구 대부분이 가진 제한점이 부각되었다. GAO에서 헤드스타트 효과에 대한 약 200편의 보고서를 개관한 결과, 단지 16개의 연구에서만 헤드스타트 참여자를 헤드스타트에 참여하지 않은 비교집단과 비교했으며 이 중 단 1개의 연구에서만 헤드스타트 집단과 비교집단에 무선할당(random assignment)하는 방법을 사용했음을 확인했다. 또한 GAO 보고서에서는 연구의 패턴이 헤드스타트에서 실제 다루는 유아의 다양한 측면보다는 대부분 학업 혹은 인지적 결과에만 초점을 맞추었다는 것, 그리고 현재의 프로그램이나 대상 집단에 적용되지 않을 수도 있는 1960년대와 1970년대에 수행된 연구결과에 의존했다는 사실에 주목하였다.

부분적으로는 GAO 보고서에 응하여, 1998년 헤드스타트에 대한 국회 재승인 과정에서 헤드스타트 영향력에 대한 실험연구를 실시할 것을 요구하였다. 이 목적을 위하여 현재 헤드스타트에서는 헤드스타트와 조기헤드스타트 프로그램의 효과에 대한 실험설계(무선할당) 종단연구 하나와 프로그램 효과에서의 향상에 대한 정보를 제공할 수 있는 일련의 다른 연구 프로젝트들을 포함하는 야심찬 연구를 지원하고 있는 중이다.

헤드스타트 영향력 연구는 국회에서 헤드스타트를 조사하도록 요구한 것이다. 발달 및 학습상의 주요 결과에 대한 기여가 어떠한지, 그리고 헤드스타트가 어떤 상황 속에서 가장 효과적이며 어떤 유아에게 그러한지를 조사하고 있다. 헤드스타트 영향력 연구에는 23개의 주에 있는 84개의 기관이 참여하여 전국을 대표할 수 있는 표본을 포함한다. 헤드스타트에 처음 지원한 3세와 4세 유아를 대상으로 하여 헤드스타트 집단이나 헤드스타트가 아니라 부모가 선택한 다른 서비스를 받을 수 있는 통제집단에 무작위로 배정하였다. 이 유아들이 초등학교 1학년과 3학년이 될 때까지 종단연구를 하고 있다(Puma et al., 2005).

약 9개월의 프로그램 참여를 포함하는 자료수집 첫해의 예비 결과에 따르면 헤드스타트 프로그램에 배정된 3세 유아에게 약간에서 중간정도의 긍정적인 효과가 나타났다. 4세 유아의 경우에는 긍정적인 효과가 더 적었다. 인지영역에서 3세와 4세 유아 모두에게 통계적으로 유의한 긍정적 효과가 나타났는데, 유아의 전(pre)-읽기, 전-쓰기, 어휘에 대한 측정과 유아의 읽기/쓰기 기술에 대한 부모 보고에서는 긍정적 효과가 있었으나 구어 이해와 음운 인식이나 초기 수학 기술에서는 그렇지 않았다. 사회정서 영역에서 3세로서 연구에 참여한 유아의 경우에는 행동문제에서 약간의 통계적으로 유의한 헤드스타트 효과(더 적은 문제를 일으킴)가 나타났다. 3세 유아의 사회기술, 학습에의 접근법이나 사회적 유능성에서는 효과가 없었다. 4세 때 프로그램을 시작한 유아의 경우에는 사회 · 정서적 유능성에 있어서 유의한 효과가 발견되지 않았다. 건강영역에서 유아의 건강관리에의 접근성(더 높음)과 건강상태(더 나음)에 대한 부모 보고에 있어서 3세아의 경우 통계적으로 유의한 효과가 있었다. 4세 때 프로그램을 시작한 유아의 경우 건강관리에의 접근성(더 높음)에서는 중간 정도의 유의한 효과가 있었으나 건강상태에서는 차이가 없었다. 3세 때 프로그램을 시작한 유아의 부모가 교육활동을 더 많이 활용하며 체벌을 덜 사용하는 것으로 나타났으며 4세 때 프로그램을 시작한 유아의 부모도 교육활동은 더 많이 활용하는 것으로 나타났다(Puma et al., 2005). 이러한 효과의 크기는 연구에서 제시된 것보다 더 클 것인데 이는 분석 시에 실제로 헤드스타트에 입학한 유아나 계속 헤드스타트에 참여하지 않은 유아보다는 헤드스타트에 무선할당된 집단과 통제집단('처치 의도')에 초점을 두었기 때문이다. 즉 헤드스타트에 참여할 기회를 제안받은 유아 중 일부는 실제로 헤드스타트에 등록하지 않았고 통제집단에 배정된 유아 중 일부는 종국에는 헤드스타트 참여자가 되었던 것이다(Ludwig & Phillips, 2007).

1995년에 시작된 조기헤드스타트 효과 연구는 다양한 프로그램 접근방법, 지리적 위치, 참여자 배경을 대표할 수 있도록 선정된 17개 프로그램 표본을 대상으로 한다. 유아가 37개월이 되었을 때의 결과를 보면 유아의 인지, 언어 및 사회정서 발달에서 긍정적인 프로그램 효과가 나타났으며 자녀의 놀이 시 부모의 상호작용과 가정에서의 언어 및 학습 지지 측면에서도 효과가 있었다(예컨대 자녀에게 매일 책을 읽어줄 가능성이 더 커짐; Love et al., 2005). 이 연구에서는 17개 프로그램의 약 1,900명 유아라는 기대 표본을 두고 유아가 5학년이 되었을 때 다시 측정할 것이다.

이러한 두 전국규모의 효과연구에 더하여 헤드스타트 사무국에서는 헤드스타트 유아와 가족의 특징, 경험과 결과와 그 이후에 대하여 알아보고자 계획된 헤드스타트 가족 및 유아 경험 조사연구(Head Start Family and Child Experiences Survey: FACES)를 위한 연구비를 지원하고 있다. 제1기 연구집단은 3,200명의 유아와 그 가족이라는 전국적으로 대표성을 띤 집단으로 구성되었으며 헤드스타트를 다니던 해의 가을과 봄[6], 유치원 입학 시, 그리고 일부 유아는 초등학교 때까지 검사를 실시하였다. 두 차례 더 같은 해에 헤드스타트에 입학한 유아와 그 가족으로 구성된 전국적 연구집단을 표집하였는데 각 연구집단에 약 2800명의 유아가 포함되었다. FACES 연구는 헤드스타트의 질적 수준과 효과에 대한 여러 질문에 대답하는 데 유용하다. 예컨대 한 최근의 분석에 따르면 헤드스타트의 유아들은 프로그램에 입학할 당시 대다수의 또래 유아들보다 읽기/쓰기 및 수학적 계산 기술이 덜 발달하였으며 헤드스타트 프로그램의 시작과 끝 사이에 일부 발생적 읽기/쓰기 기술에서 유의한 증가를 보였으나 전국 규준으로 보면 여전히 뒤처지는 것으로 나타났다. 헤드스타트를 2년간 다녔던 유아들은 1년간 다녔던 또래들보다 더 큰 진보를 보였다(Zill & Resnick, 2006).

헤드스타트 연구문헌에는 프로그램 효과에 대한 더 작은 규모의 연구 또한 수없이 많이 포함되어 있다. 예컨대 서동부의 한 대도시 지역에서 수행된 어떤 연구에서는 헤드스타트에 등록할 자격이 되는 유아들을 대상으로 학교준비도 결과를 살펴보았다.

---

6) 역주: 미국의 경우 가을에 1학기가 시작되어 봄에 2학기를 운영함을 유의하여야 한다.

해당 유아들을 무작위로 헤드스타트에 입학시키거나 대기자 통제집단으로 배정하였다. 가을에 입학하여 봄이 되면서 수용어휘와 음운인식 측면에서 헤드스타트에 다닌 유아들이 통제집단 유아보다 더 큰 향상을 보였다. 그러나 사회성 기술이나 학습에의 접근방법에 대한 측정에서는 집단 간 차이가 없었다(Abbott-Shim, Lambert, & McCarty, 2003).

3. 시범 프로젝트

1) 보육 및 가족 자립성

점점 더 많은 수의 부모가 자녀가 어릴 때 학교에 다니거나 직업을 가지게 됨에 따라 미국에서 보육은 더욱 절실히 요구되고 있다. 저소득층 가정의 경우 복지 개혁정책에 따라 보육에 대한 요구가 더욱 커졌는데, 이제는 부모들이 복지수당을 받으려면 반드시 직업훈련과 노동을 하여야 하기 때문이다. 여름방학 동안에는 대체로 운영되지 않는 전형적인 헤드스타트의 반일제 학급은 부모가 학교에 다니거나 유급노동을 하고 있는 가정에서 필요로 하는 보육 요구를 헤드스타트가 제공되지 않는 시간에는 충족시켜줄 수 없다.

헤드스타트와 보육을 결합하는 방법에 대해서는 어느 정도 모색이 되어 왔으며(Poersch & Blank, 1996) 1997년 헤드스타트는 보육시설과 협력관계를 형성하고 어떤 지역에서는 종일제로 연중 방학 없이 운영되는 헤드스타트 서비스를 제공할 수 있도록 하는 프로젝트를 시작하였다. 한 가지 가능한 모형은 헤드스타트가 헤드스타트 운영시간 이전 그리고/혹은 이후의 보육을 제공할 수 있는 보육 프로그램과 연계하는 것이다. 이 경우 일반적으로 헤드스타트 프로그램에서 유아를 보육 프로그램에 데려다주는 교통편을 제공한다. 또 다른 접근방법은 협력적인 'wrap-around' 보육모형으로, 헤드스타트 자체 내에서 프로그램이 운영되는 날은 운영시간의 전후에, 그리고 운영되지 않는 날에도 보육을 제공하는 것이다. 연장된 보육을 제공하기 위해서 동일한 교직원이나 다른 시간제 교직원을 활용할 수 있다. 세 번째 모형은 협력적인 'wrap-in' 보육협력모형으로, 헤드스타트가 한 보육 프로그램과 계약을 맺어서 헤드스타트에 올 수 있는 자격을 가진 유아에게 그 보육시설에서 종일제 보육과 교육서비스를 제공하도록 하는 것이다. 계약을 맺은 보육 프로그램에서는 적절한 헤드스타트 수행기준을 충족시켜야 하며 헤드스타트에서는 이 유아들에게도 헤드스타트에서 통상적으로 제공하는 포괄적 서비스와 부모참여 기회를 주어야 한다(Blank & Poersch, 2004).

이 중 'wrap-in' 모형이 점점 인기를 얻고 있으며 많은 잠재적 혜택을 제공하고 있다. 이러한 혜택에는 보건 및 사회복지 서비스에 대한 가족의 접근성을 증가시켜 주는 것, 시설 공간 및 자원을 최대화하는 것, 유아교육기관의 질을 향상시키는 것, 보다 융통성 있는 서비스 시간을 제공하는 것이 포함된다. 미주리 주 Kansas City의 한 협력 프로그램에 대한 예비 평가결과에 따르면 교사의 행동, 교사-유아 애착, 학급의 질적 수준에서 긍정적인 효과가 있는 것으로 나타났다(Blank & Poersch, 2004).

또한 헤드스타트에서는 가정보육시설에 대한 지원에 대해서도 실험하고 있다. 헤드스타트 가정보육 시범 프로젝트 18개가 1992년 시작되어, 부가적인 훈련과 지원 서비스를 통해 가정보육시설에서 헤드스타트 수행준거를 충족시킬 수 있을지를 알아보고 있다. 한 실험연구에서는 가정보육시설의 유아와 가족을 기관중심 교실 프로그램에 참여하는 이들과 비교하여 효과를 분석하였다. 참여 가족은 4세 유아가 있으며 부모가 일하거나 직업훈련을 받고 있거나 학교를 다니고 있어야 한다. 결과에 따르면 실시된 수행준거 지표의 전체 수에서는 헤드스타트 가정보육시설과 기관중심 보육시설 간에 유의한 차이가 없었으며, 다만 부모참여 지표의 경우 기관중심 보육시설이 가정보육시설보다 약간 더 나았다. 가정보육시설에 배정된 유아들이 인지, 사회 · 정서, 신체 발달 측정에서 최소한 기관중심 보육시설에 있는 유아들만큼의 수행을 보였다. 이후 유치원에 갔을 때 연구한 결과 두 유형의 헤드스타트에 다녔던 유아들이 인지, 사회 · 정서, 신체적 결과측정에서 동등하게 잘 수행했으며 1학년으로 진학하도록 평가받는 데에서도 차이가 없었다. 또한 두 헤드스타트의 부모들이 부모-교사 협의회나 유치원 활동에 참여하는 비율도 동일하였다(Faddis, Ahrens-Gray, & Klein, 2000).

2005년 헤드스타트 프로그램 외에 종일제, 연중 보육을 필요로 하는 가족 중에 과반수(57%)가 친척, 친구, 이웃을 보육자로 활용하였다(Center for Law & Social Policy, 2006). 이러한 비공식적 보육자(혈족 보육자[kith and kin caregivers]로도 불림)는 대체로 자격증이 없으며 규제를 받지도 않고 공식적인 보육 훈련 프로그램에 참여하지 않는다. 2004년 헤드스타트 사무국에서는 친척, 친구, 이웃이 가정중심 조기헤드스타트에 등록된 영아와 걸음마기 유아에게 제공하고 있는 보육의 질을 높일 수 있도록 가정방문 개선 예비 프로젝트(Enhanced Home Visiting Pilot Project)를 실시하도록 24개의 조기헤드스타트 프로그램에 재정적 지원을 하였다. 이러한 시도에는 보육자를 찾아가는 가정방문, 집단훈련과 지지집단 이벤트, 유아에게 긍정적인 결과를 줄 수 있도록 가정에서 활용할 수 있는 교재(예컨대 아동도서)와 교구 제공이 포함된다. 결과에 대한 평가가 현재 실시되고 있다(Paulsell, Mekos, Del Grosso, Banghart, & Nogales, 2006).

2) 가족 지원을 위한 포괄적 접근

헤드스타트는 부모참여에 대한 강력한 방침하에 운영되는데 가족 지원을 위한 혁신적이고 포괄적인 접근방법에 초점을 둔 여러 시범 프로그램을 고안하여 실시하고 있다(Powell, 2006). 여기에는 부모-유아 센터(Parent-Child Centers), 유아 및 가족 자원센터(Child and Family Resource Center) 등이 포함된다.

부모-유아 센터는 헤드스타트에서 출생에서 3세까지의 유아와 그 가족을 대상으로 한 서비스를 최초로 실험한 곳으로 1967년에 시작되었다. 부모-유아 센터를 통해 얻은 교훈은 1995년 출범한 조기헤드스타트 프로그램의 토대가 되었다. 처음부터 부모-유아 센터는 개별 지역사회의 요구를 충족시키도록 설계되었다. 그 결과, 원래의 36개 시범 프로그램 각각이 프로그램 설계와 방법 면에서 서로 상당히 달랐다. 1960년대 후반 처음 개발되던 당시, 부모-유아 센터는 최초로 3세 이하의 유아를 가진 가정에 역점을 둔 국가적 차원의 노력이었다. 유아의 발달 잠재성을 최대화하기 위하여 가족의 조직과 기능을 강화하는 것이 목적의 하나였다(Lazar, Anchel, Beckman, Gethard, Lazar, & Sale, 1970). 1970년에 3개의 부모-유아 센터가 부모와 매우 어린 유아를 대상으로 한 서로 다른 조기 개입 접근방법을 연구하는 실험연구의 중심이 되었다. 이 센터들은 부모 및 유아 발달센터(Parent and Child Development Centers)로 알려졌으며 Houston, New Orleans, Birmingham(앨라배마 주의 도시)에 위치하였다. 각각이 유아의 생애 초기 동안에 서로 다른 교육 및 양육지원 방법을 실시하였다. 예컨대 Houston 모형에서는 일 년간은 가정방문을, 이후에는 어머니와 유아 모두를 위해 센터-중심 활동을 제공하였다. 세밀하게 이루어진 평가를 통해 어머니의 자녀양육 기술과 유아의 인지기능에 있어 긍정적인 프로그램 효과를 발견하였다(Andrews et al., 1982).

유아 및 가족 자원센터는 헤드스타트의 "초기 가족 지원 프로그램 모형의 가장 순수한 예" (Zigler & Freedman, 1987, p. 64)를 제공하였다. 센터에서 등록한 각 가정의 독특한 요구를 충족시키도록 요구사정과 목적설정 과정을 통하여 개별 계획을 수립하였다. 대상 유아의 연령은 출생에서 8세까지였다. 가정방문이 중심 요소였으며 또한 약물 중독, 건강치 못한 상태, 부적절한 주거환경 및 보건과 실업 등과 같은 심각한 가족 문제를 해결할 수 있도록 다양한 지역사회 서비스를 연계해주는 것도 중심 요소였다. 한 평가결과에 따르면 가족의 제반 상황 측면은 향상되었지만 유아에게는 유의한 효과를 미치지 못한 것으로 나타났다(Travers, Nauta, & Irwin, 1982). 이러한 센터들은 1970년대에 주로 설립되었고 종국에는 완전히 사라졌다.

4. 헤드스타트의 미래

21세기로 접어들면서 헤드스타트는 많은 도전에 직면하게 되었다. 두 가지 주목할 만한 영역은 유아의 학교준비도 기술에 대한 관심을 증강시킬 필요, 그리고 저소득층 가정의 요구 변화에 프로그램 차원에서 반응할 필요에 해당하는 것이다.

역사적으로 볼 때 유아가 학교에서 성공할 수 있도록 준비시키는 측면에서 헤드스타트의 질적 수준이나 초점에 대한 문제 제기가 주기적으로 이루어졌다. 이 장에서 요약된 바와 같이 최근에 이루어진 일련의 결과중심 평가에 따르면 헤드스타트 프로그램은 읽기/쓰기 기술을 포함하여 유아의 학교준비도에 긍정적인 기여를 하는 것으로 나타났다. 그렇지만 그 증가정도는 크지 않아서 개선의 여지가 있다. 유아기의 읽기기술이 점차 강조되면서, 헤드스타트의 치아 관리, 면역, 영양, 가족지원 서비스를 포함한 포괄적인 초점이 유아의 읽기/쓰기와 학급에서의 학교준비도 경험에 대한 관심으로 인해 부식될 것이다. 또한 유아의 성취결과에 대한 측정평가가 '시험에 맞추어 가르치기' 라는 교육 실제를 통해 교육과정의 강조점을 좌지우지할 가능성에 대해서도 우려하고 있다. 헤드스타트의 도전과제는 학교에서의 초기 성공에 기여할 수 있는 지원 서비스를 다양하고 적절하게 운영하는 것과 아울러, 모든 발달영역에서의 긍정적 성장을 온전히 인정하는 접근방법 안에서 읽기/쓰기와 학교준비도 목적을 포용하는 것이다.

헤드스타트는 또한 가난한 가정의 변화하는 요구라는 문제와도 맞서야 한다. 현대 사회의 모습은 헤드스타트가 설립된 시대와는 본질적으로 다르다. 사회복지 제도에 의존하는 데서 벗어나고자 하는 오늘날의 저소득층 가정은 다음과 같은 것을 필요로 한다: 종일제 보육, 영아와 걸음마기 유아를 위한 서비스, 취업 준비도와 가족의 여타 요구에 대한 체계적 지원(Parker, Piotrkowski, Horn, & Greene, 1995). 확실히 헤드스타트는 이러한 영역의 각 부분에서 질 높은 서비스를 발전시켜 왔다. 기술한 바와 같이, 헤드스타트는 복지제도 개혁 정책의 실재에 부응하여 종일제 보육을 제공하거나 알아봐주는 역량을 증강시키고 있다. 이러한 노력은 아직 널리 보급되지 않았으며 가정에서 보편적으로 이용할 수 없다. 이러한 서비스는 비교적 적은 수의 프로그램에서만 실시되고 있다. 헤드스타트는 주로 3, 4세 유아를 위한 반일제 프로그램으로 지속되고 있다. 보육 프로그램과의 협력뿐만 아니라 같은 연령을 대상으로 하는 다른 프로그램들과의 협력을 통해 자원을 확장하고 유아와 가족을 위한 혜택을 향상시킬 수 있었다. 이때 가능한 한 방법으로 복지제도 개혁 프로그램인 '가난한 가정에 대한 임시 지원(Temporary Assistance to Needy Families[TANF]; Horn, 2004)' 이 있다. 헤드스타트 가정의 19%가 2005년에 TANF의 혜택을 받았다(Center for Law and Social

Policy, 2006). 협력적 연대의 또 다른 방법은 종종 극빈층 가정의 유아를 주요 대상으로 주정부에서 재정을 지원하는 유아원 프로그램으로 점차 그 수가 증가하고 있다 (Stebbins & Scott, 2007).

이러한 어려운 도전에 대해 창의적으로 반응하려면 "가족 환경에 대한 포괄적 서비스를 탄생시킨 곳"(Zigler & Muenchow, 1992, p. 243)으로서 헤드스타트의 위치, 그리고 적응과 향상이라는 전통(Bowman, 2004)을 충분히 활용할 필요가 있다. 헤드스타트는 유아와 가족을 위한 혁신적인 새로운 프로그램 모형을 개발하는 국가적 실험실로서의 역할을 유지하고 강화시킬 필요가 있다. 지역사회의 다른 기관 및 자원과 강한 협력관계를 맺는 것도 이러한 노력에 있어서 필수적이다. 많은 가난한 가족의 삶에 영향을 미치는 빈약한 산전 관리와 영향, 부적절한 주거, 범죄율이 높은 이웃, 인종 및 성 차별을 물리치는 데는 헤드스타트가 아무리 포괄적이고 잘 실시된다 할지라도 할 수 있는 바가 제한적일 수밖에 없다. 헤드스타트는 "가난에 대한 만병통치약"(Washington & Oyemade Bailey, 1995, p. 141)이 아니다. 그렇지만 유아에게 혜택을 주기 위하여 지역사회의 다양한 기관이 가진 힘을 모으고 움직이는 데 있어서 선도적인 역할을 하고 있다. 유아의 발달과 학습 결과에 있어 향상이 있으려면 자극을 주는 교실과 지지적인 부모-유아 관계가 필요할 뿐만 아니라 유아, 가족, 그들의 환경에 대하여 진정으로 배려하는 지역사회가 절실히 요구되는 것이다.

참고문헌

Abbott-Shim, M., Lambert, R., & McCarty, F. (2003). A comparison of school readiness outcomes for children randomly assigned to a Head Start program and the program's wait list. *Journal of Education for Students Placed at Risk, 8*, 191-214.

Andrews, S. R., Blumenthal, J. B., Johnson, D. L., Kahn, A. J., Ferguson, C. J., Lasater, R. M., Malone, P. E., & Wallace, D. B. (1982). The skills of mothering: A study of Parent Child Development Centers. *Monographs of the Society for Research in Child Development, 47* (6, Serial No. 198).

Baratz, S. S., & Baratz, J. C. (1970). Early childhood intervention: The social science base of institutional racism. *Harvard Educational Review, 48*, 161-170.

Berrueta-Clement, J. R., Schweinhart, L. J., Barnett, W. S., Epstein, A. S., & Weikart, D. P. (1984). Changed lives: The effects of the Perry Preschool Program on youths through age 19. *Monographs of High/Scope Educational Research Foundation Number 8.* Ypsilanti, MI: High/Scope Press.

Blank, H., & Poersch, N. O. (2004). Head Start and child care: Programs adapt to meet the needs of working families. In E. Zigler & S. J. Styfco (Eds.), *The Head Start debates* (pp. 339-349). Baltimore, MD: Brookes.

Bloom, B. S. (1964). *Stability and change in human characteristics.* New York:

Wiley.

Bowman, B. T. (2004). The future of Head Start. In E. Zigler & S. J. Styfco (Eds.), *The Head Start debates* (pp. 533-544). Baltimore, MD: Brookes.

Bredekamp, S., & Copple, C. (Eds.). (1997). *Developmentally appropriate practice in early childhood programs.* Rev. ed. Washington, DC: National Association for the Education of Young Children (NAEYC).

Bronfenbrenner, U., & Morris, P. A. (2006). The bioecological model of human development. In R. Lerner & W. Damon (Eds.), *Handbook of child psychology (6th ed.): Vol. 1. Theoretical models of human development* (pp. 793-828). Hoboken, NJ: Wiley.

Center for Law and Social Policy (2006, September). *Head Start participants, programs, families, and staff in 2005.* Washington, DC: Author.

Faddis, B., Ahrens-Gray, P., & Klein, E. L. (2000). *Evaluation of Head Start family child care demonstration.* Portland, OR: RMC Research Corp.

Government Accounting Office. (1997). *Head Start: Research provides little information on impact of current program.* Washington, DC: Author.

Gray, S. W., & Klaus, R. A. (1965). An experimental preschool program for culturally deprived children. *Child Development, 36*, 887-898.

Head Start Bureau. (1997). *Head Start program performance standards and other regulations.* Washington, DC: Head Start Bureau, Administration on Children, Youth and Families, U.S. Department of Health and Human Services.

Horn, W. F. (2004). Coordinating Head Start with the states. In E. Zigler & S. J. Styfco (Eds.), *The Head Start debates* (pp. 459-465). Baltimore, MD: Brookes.

Hunt, J. McV. (1961). *Intelligence and experience.* New York: Ronald Press.

Jackson, B., Larzelere, R., St. Clair, L., Corr, M., Fichter, C., & Egertson, H. (2006). The impact of *HeadsUp! Reading* on early childhood educators' literacy practices and preschool children's literacy skills. *Early Childhood Research Quarterly, 21*, 213-226.

Keniston, K., & Carnegie Council on Children. (1977). *All our children: The American family under pressure.* New York: Harcourt Brace Jovanovich.

Labov, W. (1970). The logic of nonstandard English. In F. Williams (Ed.), *Language and poverty* (pp. 153-189). Chicago: Markham.

Lazar, I., Anchel, G., Beckman, L., Gethard, E., Lazar, J., & Sale, J. (1970). *A national survey of the Parent-Child Center program.* Washington, DC: Kirschner.

Love, J. M., Kisker, E. E., Ross, C. M., Constantine, J., Boller, K., Chazan-Cohen, R., et al. (2005). The effectiveness of Early Head Start for 3-year-old children and their parents: Lessons for policy and programs. *Developmental Psychology, 41*, 885-901.

Love, J. M., Tarullo, L. B., Raikes, H., & Chazan-Cohen, R. (2006). Head Start: What do we know about its effectiveness? What do we need to know? In K. McCartney & D. Phillips (Eds.), *Blackwell handbook of early childhood development* (pp. 550-575). Malden, MA: Blackwell.

Ludwig, J., & Phillips, D. (2007). The benefits and costs of Head Start. In L. Sherrod (Ed.), *Social policy report* (pp. 3-18). Ann Arbor, MI: Society for Research in

Child Development.

McKey, R. H., Condelli, L., Ganson, H., Barrett, B. J., McConkey, C., & Plantz, M. C. (1985, June). *The impact of Head Start on children, families, and communities. Final report of the Head Start Evaluation, Synthesis, and Utilization Project.* Washington, DC: Superintendent of Documents, U.S. Government Printing Office (ERIC document #ED395681).

Parker, F. L., Piotrkowski, C. S., Horn, W. F., & Greene, S. M. (1995). The challenge for Head Start: Realizing its vision as a two-generation program. In S. Smith (Vol. ed.) & I. Sigel (Series ed.), *Two generation programs for families in poverty: A new intervention strategy. Advances in Applied Developmental Psychology, Vol. 9* (pp. 135-159). Norwood, NJ: Ablex.

Paulsell, D., Mekos, D., Del Grosso, P., Banghart, P., & Nogales, R. (2006, January). *The Enhanced Home Visiting Pilot Project: How Early Head Start programs are reaching out to kith and kin caregivers.* Princeton, NJ: Mathematica Policy Research, Inc.

Poersch, N. O., & Blank, H. (1996). *Working together for children: Head Start and child care partnerships.* Washington, DC: Children's Defense Fund.

Powell, D. R. (2006). Families and early childhood interventions. In W. Damon & R. M. Lerner (Series Eds.) & K. A. Renninger & I. E. Sigel (Vol. Eds.), *Handbook of child psychology (6th ed.): Vol 4. Child psychology in practice* (pp. 548-591). Hoboken, NJ: Wiley.

Puma, M., Bell, S., Cook, R., Heid, C., Lopez, M., Zill, N., et al. (2005). *Head Start Impact Study: First year findings.* Washington, DC: U.S. Department of Health and Human Services.

Richmond, J. B., Stipek, D. J., & Zigler, E. (1979). A decade of Head Start. In E. Zigler & J. Valentine (Eds.), *Project Head Head Start: A legacy of the War on Poverty* (pp. 135-152). New York: Free Press.

Ryan, W. (1971). *Blaming the victim.* New York: Pantheon Books. Schweinhart, L. J., Barnes, H. V., & Weikart, D. P. (1993). Significant benefits: The High/Scope

Perry Preschool Study through age 27. *Monographs of the High/Scope Educational Research Foundation, 10.* Ypsilanti, MI: High/Scope Press.

Schweinhart, L. J., Montie, J., Xiang, Z., Barnett, W. S., Belfield, C. R., & Nores, M. (2005). Lifetime effects? High/Scope Perry Preschool study through age 40. *Monographs of the High/Scope Educational Research Foundation, 14.* Ypsilanti, MI: High/Scope Press.

Stebbins, H., & Scott, L. C. (2007, January). *Better outcomes for all: Promoting partnerships between Head Start and state pre-k.* Washington, DC: Center for Law and Social Policy.

Travers, J., Nauta, M., & Irwin, N. (1982). *The effects of a social program: Final report of the Child and Family Resource Program's infanttoddler component.* Cambridge, MA: Abt Associates.

U.S. Department of Health & Human Services. (2003). *The Head Start path to positive child outcomes.* Washington, DC: Administration of Children, Youth and Families/Head Start Bureau, U.S. Department of Health and Human Services.

Washington, V., & Oyemade Bailey, U. J. (1995). *Project Head Start: Models and strategies for the twenty-first century.* New York: Garland.

Zigler, E. (1998). By what goals should Head Start be assessed? *Children's services: Social Policy, Research, and Practice, 1*, 5-17.

Zigler, E., & Anderson, K. (1979). An idea whose time had come: The intellectual and political climate for Head Start. In E. Zigler & J. Valentine (Eds.), *Project Head Start: A legacy of the War on Poverty* (pp. 3-19). New York: Free Press.

Zigler, E. F., & Freedman, J. (1987). Head Start: A pioneer of family support. In S. L. Kagan, D. R. Powell, B. Weissbourd, & E. F. Zigler (Eds.), *America's family support program: Perspectives and prospects* (pp. 57-76). New Haven, CT: Yale University Press.

Zigler, E., & Muenchow, S. (1992). *Head Start: The inside story of America's most successful educational experiment.* New York: Basic Books.

Zigler, E., & Valentine, J. (1979). *Project Head Start: A legacy of the War on Poverty.* New York: Free Press.

Zill, N., & Resnick, G. (2006). Emergent literac of low-income children in Head Start: Relationships with child and family characteristics, program factors, and classroom quality. In D. K. Dickinson & S. B. Neuman (Eds.), *Handbook of early literacy research, vol. 2* (pp. 347-371). New York: Guilford.

포테이지 모델: 유아와 가족을 위한 조기 개입에 대한 가정중심 접근법

David E. Shearer(국제 포테이지협회 회장)
Darlene L. Shearer(University of South Florida)

1. 서론

지난 40년 동안 유아를 대상으로 한 조기 개입 프로그램은 재정적 · 인적 자원에서 수적으로나 양적으로나 괄목할 만한 성장을 해왔다. 미국에서는 정부가 발달장애 유아에게 제공되는 조기 개입 서비스 업무를 관장한다. 반면에 발달위험 유아를 위한 서비스의 선택과 제공여부는 주와 지역 교육기관이 담당한다. 이런 사정 때문에 미국 조기 개입 의무서비스는 매우 복잡한 양상을 보이며 종합형 조기 개입 서비스체계로 계속 개선되고 있다. 지금은 공법 105-117조(장애인교육법 수정안, 1997)에 따라 운영된다. 법률에 따르면, 유아를 대상으로 한 서비스의 계획, 실행 및 평가의 전 과정에 부모와 가족이 반드시 참여하여야 한다. 뿐만 아니라 유아가 최소한의 제한적인(least restrictive) 혹은 자연적인 학습 환경에서 서비스를 받도록 명시하고 있다. 장애초등학생에게 적합한 학습환경에 대해서는 논란이 계속되고 있다. 반면에 아주 어린 유아에게 맞는 최적의 학습환경이 가정 또는 보육기관인 데 대해서는 이견이 없다.

조기 개입 대상은 6세 미만의 유아와 가족이다. 발달지연과 발달장애 또는 발달위험 유아가 개입 프로그램을 제공받는 것은 미국이나 다른 선진국에서 보편적인 일이며, 특히 아주 어린 유아에게는 당연히 이루어진다(Giudice et al., 2006; Johnson,

2001; Odom & Karnes, 1988). 미국정부기관인 HHS(Department of Health and Human Services)는 유아 프로그램을 위한 자원을 제공하면서 유아교육 발전에 많은 박차를 가했던 기관이다. 일찍이 1978년도에 부모참여의 중요성을 인지하고 부모참여를 보장하는 큰 조치가 유아교육에서 취해질 것이라는 성명을 발표한 바 있다. 그리고 그 조치에는 부모-교사 프로젝트, 부모자문기관, 가정용 교재 개발 등이 포함되었다. 오늘날 부모 프로그램은 조기 개입 분야에서 일반적으로 이루어진다. 유아와 부모의 필요를 충족시키기 위해 생겨난 조기 개입 프로그램이 미국이나 전 세계적으로 사회에 필요한 상호종속 요인으로 받아들여지고 있다(Brorson, 2005; Ray, Bowman, & Robbins, 2006).

개입시기와 강도(intensity)는 발달지연과 인지발달 지체위험 유아를 대상으로 한 조기 개입교육의 핵심 원리이다. 이와 관련해 지금까지 밝혀진 연구결과는 다음과 같은 명료한 결론을 내리고 있다. 고강도로 일찍 시작한 조기 개입 교육에 참여한 유아가 저강도로 프로그램에 늦게 참여한 유아에 비해 인지면에서 월등히 높은 성취결과를 보인다(Love, Kisker, Ross, et al., 2005; Ramey & Ramey, 1992). 대규모 전국표본으로 무작위 선택을 통해 개입을 실시한 결과, 유아의 지적 발달은 개입요소(이 경우 가정방문 횟수, 유아센터에 출석한 일수, 부모가 참여한 모임의 수)의 누적된 결과와 관련이 있는 것으로 나타났다. 반면에 배경 특성(어머니의 학력, 유아의 출생 시 몸무게)과는 무관하였다(Blair, Ramey & Hardin, 1995). 연구결과는 개입과 결과 간에 처치-반응 관계가 있음을 보여주었다. 즉, 인지기능 발달에 유아/부모의 참여량이 매우 중요하다는 사실을 보여준다. 위의 예는 발달초기 유아를 대상으로 집중식 가정개입 프로그램이 성공을 거두는 데 직접적인 부모참여 강조가 도움이 되었다는 충분한 증거에 해당한다.

1969년 포테이지 모델 도입 이래 부모역할의 중요성은 계속 강조되었다. 이와 더불어 부모가 자녀의 핵심 중재자 역할을 하면서 교사가 될 수 있는 기회가 개입 프로그램과 함께 제공되었다. 포테이지 모델은 최고의 성공적 개입전략을 개발, 적용, 시연해오고 있다. 이 모델은 전체 가족 구성원과 가정교사(home teacher)를 중심으로 한 가정방문체제로서, 자녀의 교사/양육자가 좀 더 효과적이게 도와주는 프로그램이다(**가정교사**라는 용어는 이 장에서 직종을 의미한다기보다 기능에 대한 일반적 설명에 해당한다).

부모 및 가족과 관련한 포테이지 모델의 기본 전제는 다음과 같다.

- 부모 및 가족은 자녀가 최대로 잠재능력을 발휘, 성취할 수 있도록 보살펴주고 또 그렇게 되기를 바란다. 그러나 그 잠재능력은 경우에 따라 달라질 수 있다.

- 수업, 모델링, 강화를 통해 부모나 다른 가족은 자녀의 효율적 교사나 양육자가 될 수 있다.
- 부모의 자녀지도 의지나 지도 결과로 나타나는 자녀의 성취정도는 가족의 사회경제적 수준, 학력, 지적 수준과는 무관하다.

구조화된 교수법은 가족에게 중요한 피드백을 매일 제공해주며 교사에게는 주별로 제공하여 목표 달성 때까지 교사와 가족 모두에게 도움을 준다. 뿐만 아니라 교육과정을 변경할 때 데이터베이스를 계속 제공해주기 때문에 가족과 유아가 성공할 가능성을 증가시킨다.

1) 능동적 부모참여 원리

모델 개발자는 개입모델에서 다음과 같은 중요한 이유로 부모가 과정에 직접 참여할 것을 강조하였다.

- 부모는 양육자/보육자로서 자녀를 도와주고 격려한다. 아주 어린 유아는 일상역할 안에서 부모에게 기대게 되는데 이때 부모를 관찰하고 모방하며 부모로부터 배우게 된다.
- 부모는 소비자다. 자녀가 제공받는 프로그램과 서비스에 대해 부모는 직간접적으로 비용을 지불한다. 대부분의 부모가 자녀의 학습내용과 학습법에 대해 의견을 내놓고 자녀교육에 참여하기를 원한다.
- 부모가 자녀가 제공받는 프로그램에 대해 잘 알고 있다면, 프로그램을 지속 · 확대시키는 데 좋은 후원자가 될 수 있다. 미국 전역의 학교위원회, 자문위원회, 주입법부는 부모가 직접 제시한 결과를 기반으로 정책과 법률을 변경시켜 왔다.
- 가족지원은 역동적 체제이다. 가족지원체제에는 가족을 단결시켜 주는 상호작용 프로그램과 개입 프로그램이 포함된다.
- 장애 자녀를 둔 부모는 정상적으로 성장하는 자녀를 둔 부모에 비해 더 오랫동안 자녀를 책임지게 된다.
- 가정에서 유용하게 사용될 프로그램의 기능적 목표를 정할 때, 부모는 교육기관 또는 가정교사에게 중요한 정보를 제공한다.
- 교실에서 가정으로의 학습전이는 가족과 프로그램 담당자 간 의사소통이 충분하지 않고 효과적이지 않기 때문에 일어나는 일로서, 모두가 알고 있는 문제이다. 따라서 교육 프로그램과 가족이 제공하는 교육경험 사이에 체계적으로 일관성을 유지하는 것이 매우 중요하다.
- 부모참여는 유아의 학습 속도를 엄청나게 증가시킬 수 있다. 부모참여 정도가

가정교사가 수업과 모델링을 통해 부모 및 유아가 효과적인 수업방식을 개발할 수 있도록 돕는다.

높을수록 인지발달은 더 잘 이루어진다.

2) 가정중심 접근법 원리

앞서 밝혔듯이, 강도는 효과적 조기 개입 프로그램을 보장하는 핵심 원리 중 하나이다(Blair et al., 1995; Ramey and Ramey, 1998). 능동적 가족참여가 가능한 가정중심 접근법에서는 매일 또는 시간대별로 지도, 관리, 일반화가 가능하다. 가정중심 접근법 이용을 위한 추가 원리는 다음과 같다.

- 학습이 가족과 유아의 자연적 상황에서 일어난다. 따라서, 학습된 개념을 교실이나 상담소에서 가정과 일상으로 전이시킬 필요가 없다.
- 자연스럽게 일어나는 가정개입에서는 유아에게 바로, 언제나 접근할 수 있다. 이는 유아의 가정환경 내에서 유아에게 맞는 교육과정 목표를 가질 때 더 잘 일어난다. 가족이 갖고 있는 문화, 생활방식, 가치 체계의 차이를 교육과정을 계획할 때 반영할 수 있다. 이는 가족이 자녀가 배울 내용과 방법을 최종적으로 결정하기 때문에 가능하다.
- 가정에서 배웠거나 자연스럽게 유아를 동기유발시킬 수 있는 가족구성원으로부터 배운 행동은 일반화가 더 잘 될 뿐 아니라 오랫동안 지속된다.
- 가정에서의 수업에는 많은 가족이 참여할 수 있다. 아버지, 어머니, 형제 그리

고 확대 가족까지 참여한 지도는 현실에서 가능하다.

- 가정에서는 행동의 전 범위를 다룰 수 있는 반면, 교실상황에서는 교정 대상이 될 수 없는 행동들이 있다(예를 들어, 짜증을 내는 것은 집에서만 일어나거나 매일 밤 부모와 함께 침대에 기어들어 갈 때 일어날 수 있는 것이다).
- 자녀가 새로운 행동을 보일 때 그 행동을 다루는 데 필요한 기술은 부모 교육에서 제공된다. 부모들은 자연스럽게 자녀를 동기유발시키는 능력을 이미 갖추고 있다.
- 부모와 자녀를 일대일로 대하는 가정교사의 업무는 부모와 자녀의 수업목표를 개별화하는 것이다.

2. 포테이지 모델

포테이지 모델은 세 가지 구성요소 (1) 부모참여, (2) 가정중심 프로그램, (3) 구조화된 교수법 사용(그림 4-1 참조)으로 구성되어 있다. 이러한 구성요소의 효과성은 지난 30년간 누적되어 증명되었다(Bijou, 1983, 1991; Brinker & Lewis, 1982; Cameron, 1986, 1990; Jellnek, 1985; Miller, 1990; Muelen Vander & Sipma, 1991; Shearer & Shearer, 1976; Shearer & Snider, 1981; Thorburn, 1997; White, 1997). 최근 들어 성공적으로 운영되는 조기 개입 프로그램들 대부분이 이 구성요소의 중요성을 알고 있으며, 부분적으로 수정하여 사용하거나 권장활동으로 채택하고 있다(Blechman, 1984; Brorson, 2005; Dunst, Trivette, & Mott, 1994; Hoyson, Jamieson, & Strain, 1984; Shearer, 1993, 2004; Shearer & Loftin, 1984; Shelton & Stepanek, 1994; Sturmey et al., 1992; Thorburn, 1997; U.S. General Accounting Office, 1990; Wasik, Bryant, & Lyons, 1990).

1) 전담교사로서의 부모

포테이지 모델은 그 출발에서부터 자녀의 전담교사(primary teacher)로서 부모역할을 강조해왔다. 부모가 유아의 첫 교사이고 여러 선행연구에서 이를 뒷받침한다는 점을 그 근거로 삼는다(Bijou, 1991; Cmeron, 1990; Eiserman, Weber, & McCoun, 1995; Kohli, 1991; Shearer, 1993; Shearer & Loftin, 1984; Thorburn, 1992, 1997; Yamaguchi, 1988). 교사로서 부모는 자녀를 동기유발시킬 수 있고 새롭게 습득한 기능을 집에서 보강시켜 줄 수 있다. 또 자녀를 돌보는 다른 양육자에게 값진 정보를 제공해 준다(Bailey & Wolery, 1984; Cameron, 1990; White, 1997). 부모와 함께 보내는 시간과 행동 강화(reinforcement) 기회가 많기 때문에 효과는 장기간 지속될 수 있다. 즉,

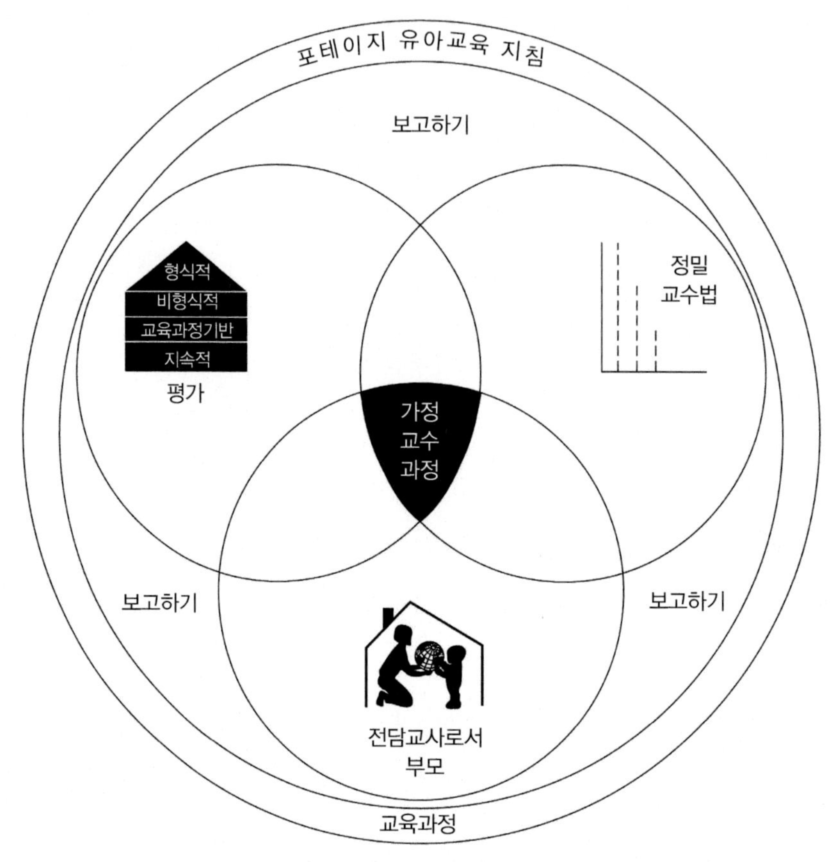

그림 4-1 포테이지 가정방문 모델

부모가 자녀의 전담교사가 되면 개입강도는 높아진다. 강도는 학문적, 지적, 사회적 행동에 좋은 효과를 내지 못했던 조기 개입 실행에서 종종 놓쳤던 핵심 요소이다 (Granthan-Mc Gregor, Powell, Walker, et al., 1994; Hebbeler & Gerlach-Downie, 2002; Ramey, Ramey, Gaines, & Blair, 1995).

모든 부모가 자녀의 전담교사가 될 능력을 갖고 있는지 혹은 전담교사가 되길 바라는지에 대한 문제 제기는 어쩌면 당연한 일인지도 모른다. 그러나 실험연구에 따르면, 부모참여 수준에 따라 아주 어린 유아를 대상으로 한 개입서비스 결과는 직접적으로 영향을 받는다(Johnson et al., 2000; Ramey & Ramey, 1992; Wasik, Bryant, & Lyons, 1990). 매 순간 참여하길 바라는 부모의 희망과 더불어 개별 요구와 상황에 따라 부모참여가 달라질 수 있기에, 부모참여가 다양하게 아루어진다는 것을 이해해야 할 것이다.

2) 평가 절차

유아발달 상태에 대한 체계적 평가는 포테이지 모델의 핵심이다. 평가절차에 따라 4

가지 형태로 진행된다.

1. 형식적 평가(예를 들어, 주요 발달 영역을 평가하는 표준화 평가도구로서 Hawaii Early Learning Profile[HELP], Assessment, Evaluation and Programming System[AEPS], Battelle Developmental Inventory, 2nd Edition[BDI-2], Alpern-Boll Developmental Profile II 등이 있음)
2. 비형식적 평가(예를 들어, 관찰)
3. 교육과정기반 평가(예를 들어, 포테이지 체크리스트)
4. 지속적 평가

위 절차에 따라 파악한 정보에 따라 개별 유아의 필요를 충족시켜 줄 교육과정을 개발하게 된다. 형식적 평가가 진행되는 동안, 표준화 평가도구는 개별 유아의 장점과 요구를 평가한다. 형식적 평가도구는 상당히 많이 제작, 보급되어 있다. 그런데 가장 인기 있는 평가도구 중 일부는 유아의 구체적 발달영역에 대한 정보를 제공하지 않는다. 이 문제는 진행과정에 대한 사후-사전 검사나 전반적 프로그램 효과의 평가를 어렵게 만들었다. 이 때문에 일부 교사는 형식적 평가와 교육과정기반 평가방법(예를 들어, 포테이지 체크리스트)을 혼동하면서 유아용 교수목표 개발이 아닌 발달상태 평가를 위해 이 체크리스트를 이용하고 있다. 형식적 평가의 목적을 이해하는 데 있어 형식적 평가와 교육과정기반 평가의 구분은 중요하다.

개별 유아를 위한 계획수립이 용이하도록 「포테이지 유아교육 지침」이 개발되었다(Bluma, Shearer, Frohman, & Hilliard, 1976). 출생부터 6세까지를 대상으로 하는 교육과정 지침은 수업 안내책자, 다섯 가지 발달영역(인지, 언어, 자조, 신체, 사회)이 포함된 행동 체크리스트, 영아 자극 방법, 체크리스트에 진술된 580개의 행동과 짝을 이루는 교육과정 카드 한 벌로 이루어져 있다. 카드에는 개별화 프로그램을 돕기 위해 과제별로 교재와 지도절차에 대한 설명이 담겨 있다.

체크리스트는 유아가 이미 보인 발달영역상의 행동을 정확하게 짚어내는 데 사용된다. 체크리스트에서 신규 기능(학습된 행동에 이어 나타난 학습되지 않은 행동)을 나타내는 행동은 교사가 학습목표로 삼는 것이다. 이때 관련된 교육과정 카드를 참조하는데, 이 카드에는 행동용어로 진술된 목표와 기능지도에 필요한 자료와 방법이 제시되어 있다. 이 자료는 교사와 부모를 위한 지침으로만 이용될 수 있다. 유아에게 실제로 처방된 행동의 50%는 체크리스트에 없는 것이지만 체크리스트의 장기목표로 이어질 수 있는 행동이다. 따라서 목록에 올라있는 수많은 행동이 장기목표가 될 수 있으며, 이 장기목표는 더 작은 행동단위로 분할되는 장점을 갖고 있다. 이 행동단위들은 장기목표 성취를 위해 서로 연계된다. 결과적으로 체크리스트가 아니라 유아가 교육과정을 결정하는 것이다.

그러나 일부 전문가와 교사는 포테이지 자료 및 교육과정을 포테이지 가정중심모델의 전부로 혼동하기도 한다는 점에 주목해야 한다. 포테이지 모델은 「포테이지 유아교육 지침」만이 아님을 분명히 밝혀둔다. 포테이지 교육과정의 인기는 간단함과 실용성 때문이다—간단성과 실용성은 여러 문화와 언어에 맞게 포테이지를 수정하여 적용할 때 필수적이다(Shearer, 1991; Thorburn, 1997; Yamaguchi, 1988 참고). 물론 포테이지 지침 덕분에 유아발달에서 측정 가능한 변화를 이끌어낼 수 있었다. 특히 이 장에서 설명한 포테이지 모델에 들어있는 포테이지 지침의 세부 목표들을 사용한 덕분에 가능해진 것이다. 이렇듯 「포테이지 지침」은 포테이지 모델에서 중요한 부분이지만 그렇다고 중심은 아니다. 다시 말하면, 포테이지 모델은 이 장에서 설명한 전 과정이 포함된 완전한 가정방문 모델이다. 다시 말해 프로젝트성으로 개발된 단순한 교육과정 자료가 아니라는 것이다.

다른 교육과정을 「포테이지 지침」과 함께 이용하거나 혹은 보충자료로 사용하기도 한다. 이는 특정 장애나 요구를 가진 이에게 모델을 적용해야 하거나 자료를 체계적으로 수정하고 갱신할 긴급한 필요가 생겼을 때이다. 포테이지 모델의 기타 구성요소가 나타나는 과정에서, 이러한 대체나 보강은 모델 적용을 방해하기보다 오히려 더 확장시켜 준다.

조기 개입 평가에 있어 중요한 변화는 평가대상의 확대이다. 이것은 개별 유아의 범위를 넘어선다. 즉, 가족지원과 가정환경의 상호관련 효과를 포괄적으로 평가한다(예를 들어, Bailey et al,, 1988; Bradley & Caldwell, 1984; Bronfenbrenner, 1979; Dunst, Trivette, & Deal, 1988; Dunst, Trivette, & Mott, 1994; Ramey et al., 1992; Ramey & Shearer, 1999; Shonkoff & Philips, 2000; Turnbull et al., 1993). 결론적으로 말하면 포괄적 평가는 가족의 관심과 유용자원을 조사하는 것을 포함한다. 유아환경의 핵심 요소도 평가한다. 확장된 평가 개념으로 바뀌면서 포테이지 사용자들은 교사교육에서 추가적인 문제를 안게 되었다. 우리의 경험에 비추어 보건대, 가정교사교육에서 교사가 정확하고 편견 없는 관찰기술을 익히는 데 상당한 시간과 노력이 든다.

3) 구조화된 교수 방법

포테이지 개별모델에 이용되는 구조화된 교수법은 정밀교수법(precision teaching approach)이다. 이 방법은 행동주의 원리에 입각해 개발된 이론으로서, 특히 장애 유아에게 효과적인 것으로 밝혀졌다(Hallahan & Kauffman, 1976; Stephens, 1976). Lindsley(1968) 이론에 근거한 과정으로서 사용 방법이 간단하면서 효과적이다. 가정교사는 유아가 습득할 필요가 있는 핵심 기능이나 행동을 찾아서 검토하고 결정한다. 다음과 같은 절차로 이루어진다. (1) 가르칠 구체적 학습행동에 대한 정확한 조작적 정의, (2) 복잡한 기술을 세부 단위나 하위 기술로 분류하는 과제분석, (3) 새로운 기술을 반복적으로 연습하게 하는 직접적 교수법, 그리고 (4) 과정 검토와 중재 평가를 매일 실시하는 직접적 측정이다.

발달은 유아출생 후 첫해 동안 급속하게 일어난다. 발달을 촉진하는 조기 개입 접근법은 이론과 방법에 주로 근거하며, 이는 시행착오를 방지해준다. 특정한 개입의 성공여부를 파악하기 위해 유아나 영아가 3~6개월이라는 시간을 기다린다는 것은 있을 수 없는 일이다. 정밀교수법은 시행착오를 줄여준다. 따라서 유아의 특별한 장점과 문제점을 알기 위한 행동관찰과 기록이 중요하게 다루어지고, 개입결과를 평가하기 위한 반응기록이 강조된다. 이 교수법을 사용하면 성공 가능성은 상당히 높아진다. 정밀교수법은 보조교사나 경험이 적은 교사에게 더 유익하다. 왜냐하면 문제발생 위치를 자세히 설명하고 특정 접근법이 효과적인 혹은 효과적이지 못한 이유를 찾아내도록 하기 때문이다.

4) 가정지도 절차

포테이지 중재모델(그림 4-1 참조)의 구성요소에서 가정지도 절차가 중요하게 다뤄지는 것은 우연이 아니다. 가정지도 절차는 포테이지의 중심이며 정신이다. 이는 모든 구성요소가 합쳐지고 성공적 중재가 일어나는 지점이다(Shearer & Shearer, 1995). 가정지도 과정은 그림 4-2에 나타나 있듯이 4가지 핵심 단계로 구성되어 있다.

대략적으로 2~3개의 기능행동이나 과제를 주별 학습목표로 삼는다. 유아(그리고 가족)가 일주일 안에 성취할 수 있는 목표와 행동 및 기준으로 정한다.

1. 가정교사는 가정을 방문해 이전 주의 활동에 대한 사후기준(post-baseline) 자료를 수집한다.
2. 가정교사는 가족과 토론하고 계획한 후 다음 주에 할 새 과제를 소개한다. 가정교사는 부모에게 교수법을 시범 보이고 새 과제의 기준(baseline) 자료를 수집한다.
3. 그런 후 부모가 가정교사 앞에서 교수활동을 따라 시연한다. 이는 사용될 기법이나 과제에 대한 오해가 없는지 확인하는 한편 부모가 그 과제를 어렵지 않게 수행할 수 있는지 확인하기 위해서이다.
4. 가정교사는 부모가 공유하고 싶어하는 다른 문제나 관심사에 대해 다룸으로써 부모를 도와준다. 주요 주제는 일반적으로 (a) 활동에 활용될 일상 (b) 활동에

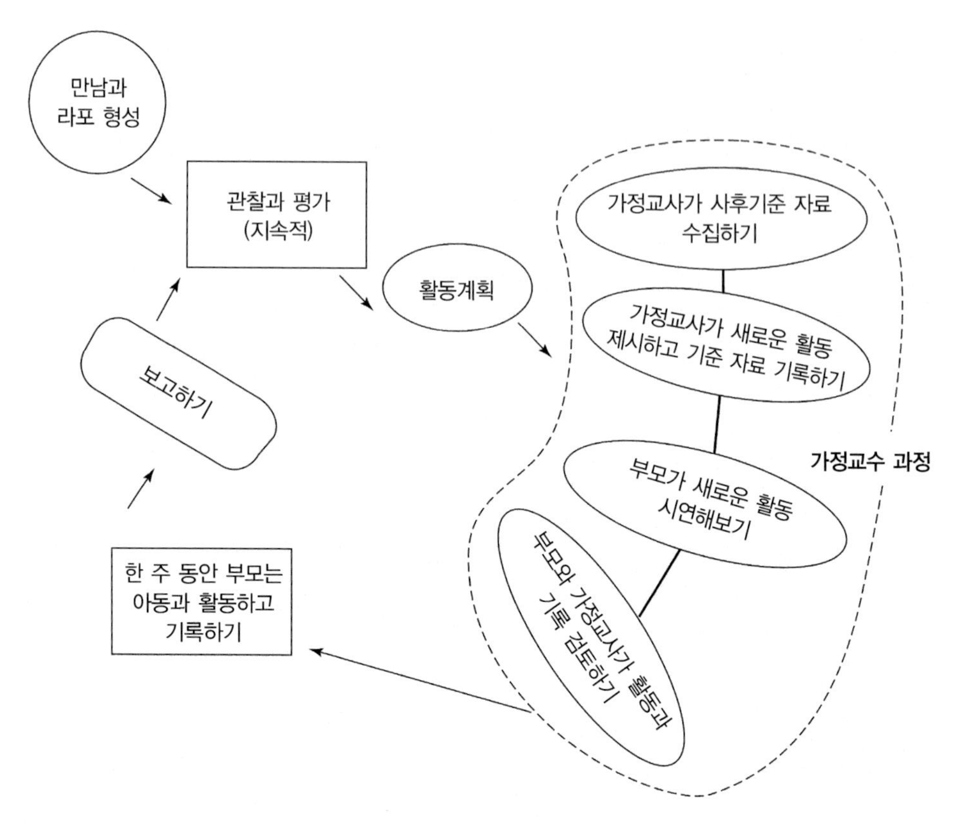

그림 4-2 포테이지 가정방문 모델

대한 유아의 성공을 평가하는 기준 (c) 유아를 강화시키는 방법 등이다.

가정교사는 형식적 그리고 비형식적 평가에 이어 유아가 준비되어 있는 것으로 보이는 2~3개 행동기법을 제시한다. 부모 역시 집중하여 지도하기를 원하는 행동을 제안한다. 부모와 가정교사는 활동차트에 있는 지침과 더불어 행동목표로 설정될 목표를 기록한다. 일주일 동안 부모와 아동이 성공할 가능성이 높은 목표를 활동과 함께 기록한다. 부모가 자녀를 지도하고 자녀의 성장과정을 기록하면서 자신감을 얻게 되면, 활동 가짓수는 한 주에 3개나 4개로 점차 늘어난다. 그리고 이 활동들은 여러 발달영역에 있는 것들이다. 예를 들어, 부모는 한 주 동안 짜증 줄이기, 단추 잠그기, 수세기를 지도할 수 있다.

가정교사는 목표로 삼은 행동을 반영하여 활동차트에 기록한다. 가정교사에게 가장 중요한 업무는 과제 세분화와 또 일주일 안에 성공할 수 있는 활동으로만 처방하는 것이다. 이로 인해 부모는 즉각적인 강화를 받는데, 이는 유아의 학습이 부모 지도의 직접적 결과로 인했기 때문이다. 지도 지침은 정확히 기록해준다. 부모가 그 주 동안 지침을 참조할 필요가 있을 경우 이해하는 데 어려움을 없애기 위해서 이런 상세하고 정확한 기록이 필요하다. 따라서 기록은 항상 간단하며 보통은 성공 횟수 기록을 포함한다.

활동이 분명히 지정되고 나면, 가정교사는 유아에게 활동을 소개하고 기준 자료(수업에 앞서 보이는 정확한 반응의 횟수)를 활동차트에 기록한다. 가정교사는 차트에 기록된 지침을 따라 지도를 시작한다. 이어서 가정교사는 부모에게 무엇을, 어떻게 해야 할지 시연해 보이며 지도방법을 모델링해준다. 몇 차례 기회를 가진 후, 부모가 넘겨받아 가정교사가 시연했던 것에 따라 자녀와 함께 활동을 한다. 이때 가정교사는 부모가 한 주 동안 활동을 실시할 가능성을 높일 수 있는 방법을 제안하고 강화한다.

가정교사는 방문내내 한 주 동안 유아와 함께 일상활동을 하면서 지도하는 것의 중요성을 강조한다. 가정교사는 자신의 집과 사무실 전화번호를 부모에게 주면서, 한 주 동안 질문이나 문제가 생기면 전화하도록 당부한다. 가능한 가정에 흔히 있는 물건들을 활용하도록 하나, 때로는 가정교사가 활동자료를 가져가서 부모와 유아가 활용하도록 두고 온다.

그 다음주 방문에서, 교사는 이전 주 활동의 사후기준 자료를 수집한다. 이는 가정교사가 부모기록의 정확도를 검증하게 해준다. 또 유아의 성공적인 성취정도와 함께 발달에 적합한 다음 단계에 대한 유아의 준비상태와 관련한 피드백을 제공해준다. 가정교사는 기준 자료를 받으면서 이 자료를 바탕으로 이전 처치를 변경하거나 새로운 활동을 소개한다.

이것이 가정방문의 진행 순서이다. 가정방문 과정 전체에서 직접적인 개입이 일어나는 부분이다. 그러나 실제로는 부모가 가르칠 때 시작과 중간 조치 혹은 추가 조치가 종종 필요하다. 이는 부모가 모두 같지 않기 때문이다. 따라서 개개 부모에게 맞는 개별화된 교수절차가 중요하다. 인지적으로 제한이 있는 부모조차도 성공적으로 가르칠 수 있는 과정에 참여할 수 있다. 이런 경우 활동차트는 사용하지 않는다. 그렇다 하더라도 부모는 다르게 수정된 차트를 이용하여 기록한다. 이 모델을 쓰면 육아도우미(babysitter)나 기타 양육자도 좋은 교사가 될 수 있다. 부모나 심지어 전문가까지도 중증장애 유아의 지도를 거의 포기해 왔다고 털어놓곤 한다. 그러나 과제분석과 정밀교수법의 도움을 받는다면 단기간 내에 향상되어 학습이 이루어지는 것을 볼 수 있다.

5) 자료 수집과 책무성

평가는 포테이지 모델에서 계속 진행되는 과정이다. 가정에서 보관하는 활동차트는 매주 수집된다. 가정교사는 이 차트를 검토하고 주별 진보상황 보고서를 작성한다. 이전 주에 처방된 행동과 유아가 성공에 필요한 기준을 도달했는지의 여부를 결정짓고 다음주 처방 활동 등의 모든 사항을 주별 진보상황 보고서에 기록한다(보통 활동차트

어머니가 포테이지 모델에 따라서 가정에서 자녀를 지도하고 있다.

뒷면에 기록한다). 그리고 개개 유아별 행동일지(behavior log)가 작성된다. 이 행동일지에는 발달영역과 처방날짜를 포함하여 모든 활동이 기록된다. 성공여부에 상관없이 행동일지에는 기록된 모든 기능 행동 활동에 대한 지속적 기록과 개별 처방 기간이 적혀있다. 또 부모, 유아, 가정교사의 성공확률도 기록되어 있다. 자료를 계속 기록하는 것은 감독관과 각 가정교사가 문제를 빨리 파악해서 정기적 피드백을 할 수 있도록 하기 위해서이다. 그리고 이는 프로그램 모니터링과 수정을 위해서이기도 하다.

6) 포테이지 가정방문

포테이지 가정방문은 크게 세 단계로 이루어진다. (1) **직접적 개입 단계**로, 이 단계에서는 영유아의 발달과정을 중심으로 가정에서 해야 하는 활동의 시연 및 검토, 부모에 의한 연습과 반환시연, 그리고 과제의 목적과 예상결과에 대한 논의가 이루어진다(가정 지도과정 참조). (2) **비형식적 상호작용과 놀이 단계**로, 이 단계에서는 중요한 교육과정 평가정보가 제공되는데 이를 기초로 가정교사가 비형식적 놀이활동을 계획하고 학습한 활동을 일상생활에 통합시켜 유아가 활동을 일반화할 수 있게 부모가 도와줄 수 있도록 안내해준다. (3) 마지막은 **가족 지원 단계**로, 가정방문교사는 이 단계에서 부모의 지원자 역할을 하며, 가족이 요구하는 정보와 도움을 적절히 제공하고 가족과 신뢰 있는 관계를 형성하게 된다(그림 4-3 참조).

3. 포테이지 모델 연구와 평가

부모의 지도능력과 유아성장 및 발달에 대한 부모지도의 효과를 알아보기 위해 포테이지 모델 시행 초기에 몇 가지 평가연구가 실시되었다. 그 중 한 평가연구에서 활동차트 분석과 함께 포테이지 중재를 받은 유아 75명을 대상으로 한 사전사후 검사가 이루어졌다. 가족이 기록한 일상기록 비율은 92%에 다달았고, 평균 128개의 처방활동이 유아에게 제공되었다. 그리고 활동 성공률도 91%에 달했다. 카텔영아척도(Cattell Infant Scale)와 스탠포드-비네 지능검사 결과에 따르면, 중재가 시작될 때 유아의 평균 지능지수는 75인 것으로 나타났다. 8개월 후에 유아들의 인지능력은 평균적으로 정신연령 13개월이 향상되었다(Shearer & Shearer, 1972).

또 다른 평가에서 포테이지 개입에 참여한 유아와 무작위로 표집된 지역 헤드스타트 프로그램에 다니는 유아들이 비교 평가되었다. 두 집단의 사전사후 검사도구로 스탠포드 지능검사, 카텔영아척도, 그리고 알펀-볼(Alpern-Boll) 발달척도가 사용되었다. 다변량 공분산 분석에 따르면, 포테이지 참여 집단이 교실수업을 받은 비교집단에 비해 지능지수, 언어 · 지식 · 사회 기능에서 더 높은 점수를 낸 것으로 나타났다(Peniston, 1972).

최초의 반복연구가 사전검사 결과 평균 언어연령이 36.9세인 언어장애아 44명을 대상으로 이루어졌다. 피바디 그림어휘력검사 결과에 따르면, 포테이지 중재 시작 후 8개월이 경과하자 35.6세에서 50.7세까지 변화되었다. 그리고 알펀-볼 의사소통 능력

직접적 개입 활동 25~35분	비형식적 활동 30~35분	부모가족 활동 20~30분
참가자: 부모, 가정교사, 유아 **내용:** 전 구성영역 內 기능습득 목표대상 활동 • 검토 • 시연 • 실행 • 토론(논의) **방법:** 가정교수과정 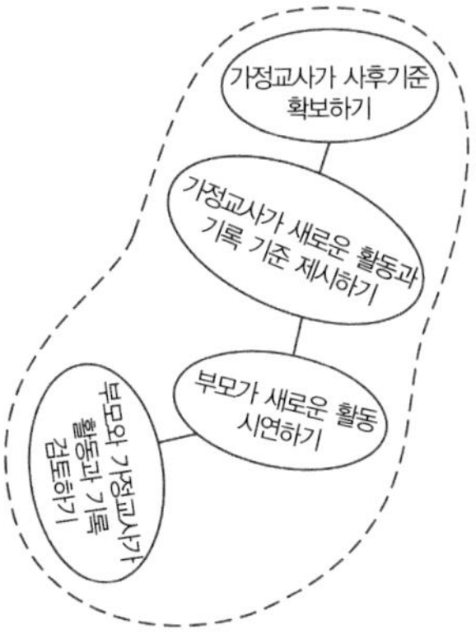 가정교사가 사후기준 확보하기 가정교사가 새로운 활동과 기록 기준 제시하기 부모가 새로운 활동 시연하기 부모와 가정교사가 활동과 기록 검토하기	**참가자:** 부모, 유아, 형제자매, 가정교사 **내용:** 유아의 창의적 표현력 증진 활동, 자발적 교수 기회, 아래에 따른 기술 습득의 확대 • 유지 • 생성 • 일상으로 투입 **방법:** 미술, 음악, 산책, 식사, 목욕과 같은 활동	**참가자:** 부모, 가정교사 **내용:** 부모, 가정교사가 함께 협력하여 다음을 담당한다: • 필요의 결정 • 부모지식 확대 • 문제 해결력 향상 **방법:** 다음에 따라 이루어진다 1. 주변 교육과정 계획 2. 정보 공유 3. 가족 문제 처리(해결) 전략 개발

그림 4-3 포테이지 가정방문의 세 가지의 구성 요소

하위척도 점수에서는 30.3개월에서 47.8개월로 향상되었다. 추가로 8 군데의 포테이지 프로그램의 반복검증 결과, 알편-볼 IQ가 평균 정신연령이 매달 1.2개월에서 1.8개월 정도 증가하였다(Ghoca, 1972). 포테이지 모델을 다른 나라에서 반복검증한 결과에서도 유사한 결과가 나타났다. 핀란드(Arvio, Hautamaki, & Tilikka, 1993), 가자지구(Oakland & Ghazaleh, 1995), 인도(Kohli, 1988, 1991), 자메이카(Thorburn, Brown, & Bell, 1979), 일본(Yamagachi, 1987, 1996), 네덜란드(Meulen & Sipma, 1991; Meulen van der & Bulsink, 1992), 파키스탄(Shazad, 2002), 영국(Barna, Bidder, Gray, Clements, & Gardner, 1980; Revill & Blendon, 1979; White, 1997) 등에서 반복연구가 이루어졌다.

결과에 대한 연구는 개입 모델의 효과를 알아보는 데 있어 중요하다. 그러나 이 분야의 연구설계를 둘러싼 실행상의 난점, 윤리적 · 방법적 난점, 특히 유아와 관련한 많은 난점이 산재해 있다. 포테이지 초기 연구는 방법적 건전성과 엄격함을 강조하는 오늘날의 연구 분위기와 다른 상황에서 진행되었다. 또 최근의 많은 개입전략과 달리 포테이지 모델은 시범모델로서 재정지원을 받았기에 연구가 필수요소로 요구되거나 초점이 되지 못했다는 점을 고려해야 한다. 아울러 효과검증을 위해 주로 인지발달에 주목했던 것도 더 이상 실제적으로 바람직하다고 보지 않고 있다. 포테이지 모델에서도 유아발달에 미치는 가족영향에 대해 잘 알고 있기 때문이다(예를 들어, 가족 태도, 기대 그리고 부모-자녀 상호작용). 포테이지를 비롯한 이와 관련된 많은 프로그램의 개발자들은 더 강력하고 엄격한 모델 평가가 필요하다고 여긴다.

4. 포테이지 수정과 적용

포테이지의 개발원리와 모델을 설명할 때 여러 가지 수정, 적용사례를 살펴보고 모델의 유용성과 융통성을 알아보는 것이 중요하다.

1) 포테이지 부모 프로그램

프로그램 초기 시행단계에서 프로그램 관계자들은 체계적 절차의 필요성을 자주 언급하였다. 가정교사에게서 부모가 점차 독립하여 교육목표와 내용을 정하는 임무를 완전히 수행할 수 있게끔 도와주려면 체계적 절차가 필요하다. 부모들이 가정교사를 주 1회 방문해 자녀에게 해주어야 할 일을 알려주는 교육의 권위자로 보는 일이 생기기도 하기 때문이다. 부모가 자녀의 최고의 지지자이자 개입자가 될 수 있게 해주는 최고의 권한 부여방법이 신중한 검토를 통해 나타났다. 그 결과로 포테이지 부모교육 프로그램이 개발되었고 여기에는 한 벌의 부모용 책자, 교수자 안내서, 그리고 부모

행동목록 등이 들어 있었다(Body, Stauber, & Bluma, 1977). 그리고 부모는 이 자료를 통해 지도기술에 관한 심층적 정보를 안내받았다.

평가를 위해서 여러 유아와 부모들이 가정지도 포테이지 기본모델과 더불어 체계적 부모교육 프로그램을 받았다. 그리고 부모의 지도 및 관리 기술 습득과 일반화를 위해 특별한 부모 프로그램이 고안되었다. 세 가족집단(추가 부모교육 프로그램을 받은 가족집단, 기본 포테이지 모델 사용 가족집단, 그리고 일반 유아의 부모로 구성된 무처치 통제집단)이 비교 평가되었는데, 평가결과에 따르면 앞의 두 처치집단이 무처치 통제집단에 비해 부모 및 자녀 측정에서 더 높은 수행을 보였다(Boyd et al., 1977). 포테이지 모델의 정밀교수법과 모델링을 사용한 것이 적중한 것으로 평가결과는 보고하였다. 기본 포테이지 모델만 사용한 집단과 비교해 볼 때, 부모를 체계적으로 지도하고 가정지도과정의 계획 및 적용단계에 부모참여를 강조한 것이 크진 않지만 의미 있는 중요한 성과를 나타낸 것으로 보인다. 게다가, 부모가 유아관리와 교수행동을 익히고 일반화시켰던 것이 해당 장애 유아뿐만 아니라 그 형제에게까지 혜택을 준 것으로 나타났다.

2) 도시 적용

포테이지 모델은 원래 시골지역의 유아를 위한 교육 프로그램으로 지원받았다. 초창기 성공으로 인해 1974년에 특수교육사무국(Beurou of the Education of the Handicapped: BEH)으로부터 추가기금을 지원받아 같은 모델이 중서부 대도시지역에 적용되었다. 위스콘신 주의 Milwaukee에 개설한 Operation Success 프로그램은 나중에 홈스타트교육센터(Home Start Training Center)의 시범모델로 사용되었는데, 이는 가정중심모델을 해보려는 헤드스타트 프로그램을 대상으로 한 교육 및 기술자문을 목적으로 하였다. 미국 전역에 포테이지 모델에 관한 정보와 자료의 보급화를 목적으로, 프로그램 기술자문과 원거리교육에 BEH 기금이 쓰이게 되었다. 포테이지 모델은 이런 노력으로 공립학교, 주립기관, 사립기관에 적용되었다. 기관중심과 가정중심 기관, 미국 주요 도시 공동체, 그리고 다양한 장애 프로그램들에도 적용되었다.

3) 국제 적용

꾸준한 보급으로 포테이지 모델은 국제적 명성을 얻었다. 35개 언어로 교육과정 지침서가 번역되었고 모델 자체만도 90개국 이상에 소개되었다. 가족중심이라는 특징과 명확하게 정의되고 구조화된 교육과정, 간략한 특징 등이 여러 나라 사람들과 한정된 자원과 경험을 가진 프로그램들에게서 엄청난 반향을 불러일으켰다. 포테이지 모델의 장점은 개인 요구에 따라 맞춤형 적용이 가능하다는 것이다. 뿐만 아니라 실천적 행위에 초점이 맞춰져 있는데, 예를 들어 불안정한 가족생활로 무기력해지거나 사회적응이 어려운 가족에게는 상담이 제공된다(Russell, 1986).

(1) 영국

포테이지 모델은 1976년 Wessex Health Care 평가연구팀의 팀장인 Albert Kushlick이 이끄는 평가연구의 주제로서 영국에 처음 소개되었다(Smith, Kushlick, & Glossop, 1977). 영국 상황에 맞는 효과적 모델의 반복재현이 연구의 핵심 목표였다. 포테이지는 1970년 후반과 1980년 초반에 이르기까지 광범위하게 보급되어 영국의 많은 지역에 공급되었으며, 1986년 중앙정부의 기금을 따냄으로써 그 절정에 이르렀다. 현재는 영국 전 지역에 보급되어 있고, 이에 대한 재정은 지역교육기관과 일부 사립기관이 참여하는 건강신탁기금으로 충당되고 있다.

1983년 영국이 국가포테이지협회(National Portage Association: NPA)를 설립한 첫 국가가 되었는데, 이로써 개별 부모, 전문가, 포테이지 모델을 실천하는 단체를 대표하게 되었다. 이 협회는 영국 전역에서 진행된 포테이지 프로그램 설립캠페인에서 주도적 역할을 하였다. 또 교육워크숍 프로그램을 통해 지역 프로그램 기준도 관리하는데 이는 회원들이 동의한 실제 기준에 연계된다. 현재 영국 국가포테이지협회(NPA)에 등록된 지역 교육기관은 150개를 넘어선다. 이 협회는 현재 포테이지 서비스를 제공하고 있는 공인교사를 관리한다. 매년 학술대회를 개최하며, 여기에 가족과 전문가가 참석하여 포테이지 운동에 관한 새로운 아이디어와 개발을 공유한다. 2005년 NPA에서 「영국 포테이지 보급 조사연구」 결과를 출판하였다. 이 연구는 포테이지 서비스의 접근성에 대한 문제를 파헤쳤다. 그리고 이 연구보고서에 이어 *Developing Portage Service*란 이름의 프로그램을 통해 새로운 포테이지 서비스를 확립시켰다. 이로써 지역사회에서 일하고 있는 유아교육자들의 변화하는 요구에 부응하는 교육이 필요한 지역에서 포테이지 설립을 촉진하였다. 교육은 NPA의 핵심 업무에 해당한다. 최근 NPA는 *Portage Curriculum for Further Development*라는 표준교육과정을 개발하였다. 이것은 기본 포테이지 워크숍 자료를 상당히 수정해 완성한 것으로서 포테이지 교사교육자의 자격갱신과 관련되었다. 포테이지 서비스 지원맥락으로서의 개별 가족의 역동성을 점차 인식함으로써 수정작업이 이루어진 것이다. 그 외의 새로운 교육 시도도 이루어졌다. 도구개발이 이에 해당하는데 "똑같이 다르게(Equally Different)"라는 도구는 통합교육 실행에서의 자기평가를 강조한다. 또한 포테이지 실행에서 핵심 요소인 적극적 듣기 기술 사용에 강조를 둔 강의개발도 이에 포함된다(White, 2001).

영국에서의 포테이지 프로그램은 새로 설립된 지역 유아/아동보육 발달협력체

(Early Years and Childcare Development Partnerships)에서 점차로 활발한 역할을 하고 있다. 슈어 스타트(Sure Start)[1] 시작 때처럼 양질의 교육에 대한 요구가 포테이지 프로그램 교사교육자에 대한 엄청난 수요를 불러일으켰고 이로써 가족중심 프로그램이 촉진되었다(Hassall, Weston, & Raine, 2001; Horne, 2006; Wolfendale, 2001).

(2) 일본

포테이지 모델은 일본 복지부 기금으로 진행된 실험연구에 의해 1977년 일본에 처음 소개되었다. 도입과정에서 포테이지 체크리스트의 항목이 축소되었고(562개), 교육과정 카드 활동도 개정되었다. 더불어 자료설명과 지도상황이 추가되었는데 이는 모두 언어적 · 문화적 동화를 위해서였다. 일본에서 포테이지 프로그램 어머니교육은 교육기관에서 진행되는데, 이는 일본문화와 어려운 상황으로 인해 가정에서의 교육이 어려웠기 때문이다. 개입방문은 주 단위 또는 격주 단위로 실시된다. 부모는 포테이지 교사와의 상담을 위해 자녀를 데리고 오고, 매주 새로운 활동을 제공받고 돌아간다. 최근에 포테이지 센터는 원거리 가족을 위해 전화상담을 통해 가정지도서비스를 제공하고 있다. 20년 역사의 일본 포테이지 모델은 유치원, 유아원, 보육원에 이르기까지 다양한 기관에서의 집단지도 교육과정으로 바뀌었다. 일본 사회의 변화를 반영하여 교육과정, 체크리스트 및 활동부분의 수정작업이 이루어졌다.

1983년 이래 일본 포테이지 모델의 효과에 대한 연구가 계속되었으며 특히 도쿄 주변의 7개 실험센터를 위주로 진행되고 있다. 천 명 이상의 유아들이 이 센터들에서 서비스를 받는데 60% 이상의 유아가 다운증후군을 갖고 있다. 그리고 200명의 유아를 대상으로 종단연구가 실시되었는데, 발달과 지식성취에서 장기적으로 유의미한 효과가 나타났다(Yamaguchi, 1996). 최근 연구에서는 장애통합 교육을 유치원, 유아원, 보육원에서 수정 적용하는 데 초점을 두고 있다. 최근 연구에 따르면, 다양한 수준의 지도와 놀이를 추가하고 반응을 위한 단서(prompts)를 사용한 것이 장애아와 비장애아에 상관없이 비슷한 교육 효과를 가져온 것으로 나타났다. 최소한 모든 유아가 같은 시간대에 과제를 마칠 수 있게 되었다. 포테이지 모델은 일본에서 공식적으로 조기개입 모델로 받아들여지고 있다(Yamaguchi, Shimizu, & Nishinaga, 2006). 1985년에 일본 포테이지협회가 설립되었고 오늘에 이르러 2500명의 등록회원과 함께 40개 지회를 통해 많은 부모와 전문가를 대표하고 있다.

---

1) 역주: 1997년 논의되어 1999년부터 본격적으로 시행된 영국의 대표적 복지정책으로 빈곤/소외 지역 아동과 일반 아동과의 차이가 성인에까지 지속 확장되는 것을 방지하기 위해 모든 아동이 보육될 수 있는 인프라 구축 및 교육 서비스 제공 그리고 저소득층 부모가 일자리를 갖고 양육할 수 있는 서비스를 지원하고 있다.

(3) 인도

1980년 인도에서는 Tehal Kohli 박사를 책임자로 하여 포테이지 모델의 대규모 적용과 수정작업이 진행되었다(Kohli, 1991). 교육과정 번역과 가정교사 교육 이후 발달지수(DQ) 75 이하인 유아를 대상으로 실험 프로그램이 진행되었다. 인도의 20 Point 프로그램의 평가에 따르면, 처음 목표대상이었던 대다수 유아가 조기 개입 실시 이후 일반 학교에 진학했고 발달적으로 유의미한 결과를 나타내었다. 시골과 빈민지역 그리고 문맹 가족들에게도 적합한 것으로 나타났다. UNICEF의 도움으로 인도는 Hindi에서 포테이지 자료 수정과 전문가, 보조전문가, 비전문가용 포테이지 교육 프로그램을 개발하였다. Chandigarh 도시 빈민지역용으로 가정조언가, Anganwadi(즉, 지역과 가정에서 가족을 돕는 준전문가)와 부모를 활용한 저비용 모델이 개발되었다. 그 외 인도 주요 대도시에서도 워크숍이 개최되어 포테이지 모델이 적용되었다. 인도에서의 포테이지 모델 수정의 특징 중 하나는 Anganwadi 혹은 보육교사의 이용이다. 이것은 아주 복잡한 육아 문제를 갖고 있는 빈민지역 가족의 삶이 보육을 필요로 했기 때문에 생겨난 특징이다. 교육개입 대상인 유아가 자주 집에 남겨졌는데, 8살이 안 된 형제가 이들을 돌보고 있었다(Kohli, 1990). Anganwadi 센터는 아동보육과 부모교육을 비롯하여 다양한 서비스를 제공하고 있다. 한편 1994년에 인도 국가포테이지협회(INPA)가 설립되었다. 이 협회는 유아교사교육, 연구, 자료보급 정보센터 그리고 전국적 야근서비스 등에 주안점을 두었다. INPA는 2007년에 이르기까지 6천여 명의 유아와 8천여 명의 어머니에게 프로그램을 지원하였고, 5백 명이 넘는 Anganwadi와 보육교사를 훈련시켰다. 그리고 700명 이상의 유아교사를 교육시켰는데 이들은 주로 인도의 Punjab 지역에 있는 교사들이었다.

인도 남동부 지역의 포테이지 관계자들은 장애 유아 통합용 Udisha 포테이지 지표를 개발하였는데, 이것으로 Anganwadi 센터와 지역의 학습 및 장애통합의 발전정도를 평가한다. 또 Anganwadi 직원은 이 지표를 센터와 조기 개입 프로그램의 효과 평가에도 사용한다. 지역기반 재활네트워크는 2003년에 Udisha 포테이지 프로젝트를 시행하여 장애 유아가 대규모 유아교육 네트워크인 인도아동발달시스템(India Child Development System: ICDS)에 통합되도록 하였다. 6,826,168명에 이르는 유아를 40,301개 Angawadi 센터에서 돌보고 있다. 장애 유아 통합교육은 인도 시골지역에서는 새로운 도전에 해당하였다. 그래서 Udisha 프로젝트는 Karnataka 주 27개 지역에 있는 모든 Anganwadi 센터에서 시행하는 것을 목표로 삼았다.

"모든 마을에 포테이지를(Portage to Every Village)" 은 Sir Dorabji Tata Trust에서 지원하고 있으며, 미국 헤드스타트와 비슷한 개념이다. Marati, Hindi, Telegu, Bengali, Tamil 그리고 Konkani 언어로의 포테이지 체크리스트 번역작업은 Udisha 포테

이지 프로젝트에 의해 완성이 되었다. Urdu와 Gujarathi 언어로의 번역작업은 현재 진행 중이다(Rao, 2007).

(4) 네덜란드

네덜란드에서 포테이지의 다양한 적용을 활발히 연구하고 소개한 주체는 Groningen 대학교이다. B. F. van der Meulen, D. E. Oenema-Mostert, A. T. Hoekstra와 S. A. J. Ruiter가 선두에서 이런 노력을 주도하고 있다. 포테이지 집단프로그램은 포테이지 모델의 기관중심 버전으로 개발되었고, 네덜란드 전문 보육센터와 재활센터 종사 전문가에게 도움이 되고 있다. 특별한 활동과 게임을 제공하여 집단의 다른 유아들 속에서 특정 유아의 발달을 자극시키는 것이 이 프로그램의 목표이다. 유아를 돕고 가족 및 교사를 지원하기 위해 유아의 일상적인 집단활동 안에서 기능적, 개별적 목표를 달성한다. 프로그램은 개별 유아 수준과 집단 수준에서 실시되고 있다. 한편 이 프로그램은 교육자와 보건전문가에게 현직교사 연수를 실시하고 있다. 네덜란드 포테이지 모형의 성과에 대해 많은 연구가 발표되었다. 첫 연구는 발달지연보다 부모-유아 상호작용에서 문제가 있는 유아와 가족에 관한 것이었다. 유아 발달 활동을 통해 부모는 자녀의 행동관리에 필요한 기술을 안내받았다. 부모와 유아 모두 긍정적 반응을 나타냈는데 특히 유아가 사회적 · 지식적 영역에서 유의미한 성취를 보였다(Meulen & Bulsink, 1993). 두 번째 연구는 정신장애를 가진 유아를 대상으로 포테이지 모델을 적용한 사례로서, 역시 인지적 성과가 있는 것으로 보고되었다(Meleu van der & Sipma, 1991). 2001년과 2006년 사이 Oenema-Mostert가 일련의 보고서를 통해 연구 결과를 출판하였다. 이는 만성지병을 가진 유아의 가족을 중심으로 유아의 교육과 부모행동에서의 가정중심개입의 효과를 연구한 것이다. 최근 연구자들은 준실험, 시계열실험을 통해 유아의 발달변화를 측정하고 부모의 향상된 능력변화를 측정하여 포테이지 집단프로그램의 효과를 검증하고 있다(Meulen & Oenema-Monstert, 2006). 같은 시기에, Groningen 대학교의 연구자들은 네덜란드용 원자료의 수정과 포테이지 체크리스트 항목의 순서에 관한 파일럿 연구를 수행하였다. 수정의 초점은 개개 아동 행동보다 가족중심의 교육적 · 생태적 변인의 강조에 두었다. 파일럿 검증 이후에 연구자들은 포테이지 모델이 네덜란드 전역에 소개되어야 한다고 결론맺었다(Hoestra, Muelen, & Janse, 2007; Oenema-Monstert, 2007). 2008년 네덜란드는 제12회 국제 포테이지 학술대회(2년마다 개최됨)를 개최하였다.

(5) 사이프러스

1996년 이전에는 사이프러스에 장애 유아 개입 서비스가 제공되지 않았다. 더욱이 가정중심은 전무한 상태였다. 1996년 3월에야 전문가들과 정부 프로그램에 포테이지가 소개되었다. 사이프러스 적용을 시험해보기 위해 Dakis Ioannou와 Christos Stelios Ioannou 재단의 재정 지원을 받아 예비 포테이지 프로젝트가 진행되었다. 이 예비 프로젝트는 창시자들의 공식적 인정과 평가가 이루어진 1999년에야 포테이지 모델 프로그램으로 완성되었다.

사이프러스 포테이지 프로그램은 법인으로 운영된다. 운영위원회가 정책 결정의 주체이며 프로그램 행정은 정부 및 법인대표로 구성된 자문위원회가 맡고 있다. 관여 단체로는 보건부, 교육문화부, 노동 및 사회보장부, 크리스토스 스테리오스 이오안노 재단(Christos Stelios Ioannou Foundation), 정신장애인 권리보호 위원회, 장애아 부모 연합회가 있다.

사이프러스 포테이지 재단은 비정부단체로 등록되어 있다. 이 재단은 사이프러스 장애아의 요구 충족에 필요한 지침을 제공하고 가족에게 권한을 부여하며, 부모와 전문가의 조율된 공동 노력을 이끌어내어 포테이지 모델이 성공적으로 자립하도록 만들었다(Samaria & Neophytou, 2005).

최근 사이프러스 포테이지는 사이프러스 여러 다른 대도시에서도 급속한 발전과 확장 일로를 걷고 있다. 유럽연합(EU)과의 협력과 재정 지원을 통해 사이프러스 포테이지 재단은 대규모의 두 지역 프로젝트를 진행 중이다. 여기서 사이프러스 북부 지역의 세 프로그램뿐만 아니라 Limassol, Ayia Napa, Paphos 지역에서 세 가지 새로운 포테이지 프로그램의 구축을 시도하고 있다.

(6) 라트비아

1997년 6월 라트비아 최초의 학령전 장애 유아를 위한 조기 개입 서비스기관인 라트비아 포테이지협회가 설립되었다. 라트비아에 포테이지 모델이 소개되기 전에는 다른 전후-소비에트 연합국가들과 마찬가지로 정신적, 신체적 장애를 가진 유아를 위한 특수교사교육 프로그램이 교육제도적으로 전무했다. 그러나 전통적인 포테이지 모델에 근거하면서 라트비아의 특징에 맞춰 수정된 포테이지 모델로 그 공백이 채워지게 되었다.

라트비아 포테이지협회는 현재 250명 이상의 유아 및 가족과 함께 일하고 있다. 110명 이상이 라트비아 포테이지 기본 워크숍에 참여하였으며, 이 중 50% 이상이 포테이지 가정교사로 근무하고 있다. 나머지는 다른 장애단체에서 근무한다.

라트비아 포테이지 모델은 다음과 같은 특징을 갖고 있다.

- 라트비아 포테이지 가정지도모델의 목적은 유아가 친구들과 함께 사회에 가능

한 한 빨리 통합되어 함께할 수 있게 하는 것이다.

- 라트비아 포테이지 모델은 가정 내에서 가족과 함께 거주하면서 부모가 포테이지 모델을 따를 수 있는 장애 유아용 프로그램이다.
- 라트비아 포테이지 모델은 포테이지 전문가 교육 프로그램을 갖고 있으며, 포테이지 집중 워크숍을 마치면 참여자들에게 전문가 자격증을 수여하고 있다.

2005년 프로그램 창시자인 David Shearer가 라트비아를 방문하여 포테이지 모델로서의 타당성을 안정하였다. 라트비아 포테이지협회가 라트비아 포테이지 업무를 관리하며, 비정부 단체로 법적 지위를 갖고 있다. 유아와 가족이 포테이지 서비스를 받을 경우 지자체에서 재정을 지원한다(Kursiete & Kursiete, 2006).

라트비아 포테이지 연합은 Riga, Valmiera, Cesis에 센터를 두고 있을 뿐만 아니라 Liepaja, Daugavpils, Gulbene에 지역센터를 새로 개소하여 하나의 공통된 라트비아 포테이지 조기 개입 네트워크로 확장 발전시키고 있다. 뿐만 아니라 라트비아 포테이지협회는 Georgia에 포테이지 모델을 소개하였고, 그 결과로 Georgia 포테이지협회를 2005년 설립하고 가정방문 서비스의 예비프로그램을 도입하는 성과를 이루어냈다 (Tsintsadze, 2006).

2006년 Riga에서 라트비아 포테이지협회는 제11회 국제 포테이지협회 학술대회를 개최하였다.

(7) 터키

UNESCO의 두 대표가 포테이지 모델을 추천하면서 1989년 Ankara에 있는 Hacettepe 대학이 포테이지 프로젝트에 관심을 표명하였다. 1999년 본 장의 저자들이 개최한 조기 개입 워크숍은 터키의 장애교육 프로그램 전문가들의 관심을 받았다. 2002년에 Ankara를 다시 방문해 포테이지 집중 교육을 실시하게 되었다. 그 결과 20명 이상의 교사와 중재자들이 과정을 수료하였다. 지금은 터키의 가정환경과 유아보육 실제 평가를 위한 유아교육 및 보육발달 프로젝트가 개발 단계에 있다. 이 과정에 「포테이지 지침」이 사용되고 있다. 그리고 터키 전역에 포테이지 모델 사용 확대를 위한 계획이 지금 진행 중이다.

Hacettepe 대학 관계자가 포테이지 모델의 터키 적용 평가에 관한 연구를 수행 중이다(Guven, Bal, & Tugrul, 1998). 800명 이상의 일반 유아와 장애 유아가 이 연구에 참여하였고, 일반 유아와 장애 유아 모두에게 모델을 적용한 결과가 도출되었다. 또 이 대학은 터키 전역에의 모델 적용 가능성을 알아보기 위해 후속연구를 실시하였다 (Guven, Bal, Metin & Atay, 2000). 대학연구자들은 심각한 저체중 조산영아를 대상으로 모델의 적용을 연구하는 중이다(Karaaslan & Bal, 2002). 2003년 터키 포테이지 협회가 비정부단체로 설립되었다. 교사교육을 통한 포테이지 모델의 터키 전역 확대를 주요 목표 중 하나로 삼고 있다. 그리고 국제 포테이지협회 본부가 이 교육을 제공할 예정이다(Atay, 2004).

(8) 가자지구

1984년 가자지구 장애 보육단체의 지원으로 Sun 보육센터에서 David Shearer를 가자로 초청함으로써 포테이지 모델이 대규모로 도입되었다. Shearer는 그 후 6년간 여섯 번 가자지구 방문을 통해 가정교사 집중 교육을 실시하였고 가자지구에서의 모델 실행을 인준하였다. 현재 가자지구 캠프와 마을의 500가구 이상에 서비스를 제공하고 있다. 포테이지 자료는 약간의 문화적 수정을 거쳐 영어에서 아랍어로 번역되었다. 경제적 난관기와 시민혼란기에도 불구하고 이 지역에서 포테이지 서비스는 계속되고 있다. 외출금지령이 자주 취해졌는데, 이 기간 동안은 가자지구에 사는 모든 사람이 집에 머물러야 했기 때문에 이는 정상적 근무와 생활환경을 급격히 바꾸어 놓았다. 따라서 외출금지기간 동안 교사는 가정방문을 할 수 없었다. 그러나 외출금지기간이 예상되면 교사는 어머니들이 사용할 새로운 활동을 추가로 제공해 주었다. 공습기간에도 교사들은 불평 없이 이 집 저 집을 방문하여 지도일정을 그대로 진행시켰다. 일반적으로 교사들은 활동 지역에 살았는데 주민의 보호아래 잘 이동할 수 있기 때문이었다(Ghazaleh, Ghazaleh, & Oakland, 1990; Oakland & Ghazaleh, 1995).

(9) 사우디아라비아

1990년 후반 사우디아라비아에 포테이지 모델이 소개되었다. 본 장의 저자들이 Jeddah 지원센터를 세 차례 방문하여 교사교육자들을 교육시켰다. 그 후 조기 개입 서비스에 장애로 판정받은 출생부터 9개월까지의 영아를 포함하여 포테이지 가정방문 프로그램을 확장하였다. 가족, 특히 어머니들은 유아프로그램에서 매우 적극적이었다. 유아가 9개월이 되어 “가정/센터”로 데리고 오고, 종일제 기관중심 프로그램에 등록해서도 계속 적극적이었다. 현재 조기 개입센터에서 90명 이상의 유아가 서비스를 받고 있다. 이것은 Jeddah 지역의 유일한 장애 유아용 조기 개입 프로그램이라서 앞으로 더 많은 서비스가 요구되고 있다.

(10) 카브리해의 국가들

자마이카 조기촉진 프로젝트(Jamaican Early Stimulation Project)를 시작으로 1975년 이래로 자메이카에 포테이지가 자리 잡게 되었다. 포테이지 모델은 최소한의 수정을 가한 정도에서 원형 그대로 실시되었다. 차이점이라면 장애 유형에 무관하게 서비스가 전혀 없거나 거의 없는 지역에 살고 있는 모든 유형의 장애 아동과 나이가 많은 장애 아동들에게 적용되었다는 점이다. 1990년 500가구 이상이 등록했고 80%가 주별 가정방문을 제공받았다. 가정방문은 "아동발달 도우미(aides)"로 불린 지역 비전문가들에 의해 이루어졌다. 지역근무자와 가정교사 대부분의 평균 교육수준이 6학년에서 8학년 정도였다. 따라서 이들을 지원하기 위한 교육은 집중적이고 지속적으로 이루어져야 했다. 시간이 흐르면서 포괄적 교사교육 프로그램이 완성되었다. Marigold Thorburn 박사는 자메이카의 장애 유아에게 포테이지를 적용하면서 현지적용에 관한 수많은 연구를 진행하였다. 박사는 카리브해의 거의 모든 국가와 섬에 포테이지 모델을 소개하는 교두보 역할을 하였다(Thorburn, 1997).

(11) 파키스탄

파키스탄은 1990년 초부터 포테이지 모델을 적용하고 있다. Karachi 대학 특수교육과의 Shazadi와 그 동료들이 처음 소개하였다. 그리고 이들은 포테이지 모델의 파키스탄식 현지적용을 실시하면서 장애아교육 촉진에 있어서의 부모 역할을 연구하였다. 20여 명의 유아와 가족이 참여한 실험연구가 진행되었다. 6개월에 걸친 가정방문에 이어, 연구자들은 「포테이지 유아교육 지침(파키스탄 모델)」을 이용하여 장애 유아의 사회, 인지, 신체, 행동 발달에서의 효과를 검사하였다. 포테이지 활동으로 부모교육을 받은 유아들이 통제집단에 비해 발달상 더 높은 성취를 보였으며, 부모들도 자녀를 도울 능력이 더 있다고 생각하는 것으로 나타났다. 연구결과는 포테이지 모델이 발달지연 유아를 둔 부모를 위한 지침으로 사용될 수 있다고 밝혔다. 또 포테이지 모델을 이용해 단기간에 파키스탄 시골지역 현장종사자들의 모델 사용이 가능하도록 교육시킬 수 있음도 밝혔다. 또한 모델의 비용 대비 효과가 높다고 이 연구는 밝혔다(Shazadi, Anjum, & Siddqui, 2004). 포테이지는 정부와 사립기관 모두에게 인기를 얻었으며 특수교육이사회에게도 마찬가지였다. 교육부는 파키스탄에서의 사용을 위해 모델의 수정과 현지적용을 지원하였다. 현재 포테이지 부모협회와 지회를 둔 파키스탄 포테이지협회가 설립되어 있다. 지회에서 해당지역 교사교육을 담당하고 있다. 2006년 저자들이 Karachi와 주변 마을을 방문하여 파키스탄에서의 포테이지 현지적용의 성공을 인증하였다. 한편 Karachi 대학 특수교육과 대학원생들이 포테이지 지침을 이용하여 학교를 다닐 수 없는 형편이거나 집중개입이 필요한 유아들을 가정방문한 결과로 특수교육과 기타 개입서비스 사이에 존재하던 심한 간격이 채워졌다.

(12) 아일랜드

Theresa Ghalaieny는 수년간 사우디아라비아 Jedda 지역의 HELP 센터에서 근무하면서 그곳에 포테이지 모델을 소개하였다. 2000년 아일랜드로 돌아와 영국의 Mollie White와 함께 아일랜드에서 3일간의 "기본" 포테이지 워크숍을 열 차례 실시하였으며 더 많은 일정을 계획하였다. 가정방문교사 대부분은 포테이지 모델을 사용하는 지역 간호사들이다. 포테이지 가정방문교사 후원 그룹이 구성되어 교사교육 고급 워크숍이 실시되었다. 인지장애를 가진 유아를 위한 많은 센터에서 교사교육을 전혀 혹은 거의 받지 않은 채 포테이지 체크리스트를 사용하고 있다. 현재 정부에 의한 포테이지 재정 지원은 전무하다. Ghalaieny 여사는 지칠 줄 모르는 포테이지 일꾼이다. 그녀는 끊임없이 교사교육 네트워크를 구축하고 아이랜드 모델평가와 연구를 위해 지원을 얻으려고 노력하고 있다.

5. 포테이지의 새로운 과제

38주년을 앞둔 포테이지 모델은 기술공학과 지식이 이전 어느 때보다도 발달하고 있는 세계에서 그 실행과 사용과 관련해서 새로운 과제에 당면하고 있다. 포테이지를 적용하는 이들 중 스스로를 "얼리어답터(early adopters)"로 부르면서 새로운 묘안, 교육과정 혹은 절차만을 얻으려고 하는 이도 있다. 반면 어떤 이들은 "주류"에 남기를 원하면서 새로운 아이디어의 적절성과 내구성에 대한 연구와 사용이 충분히 이루어져 결정이 날 때까지 기다리고 있다. 또한 어떤 사람들은 자기에게 현재 익숙한 것에 너무 안주해 있어서 새로운 방법으로 변화시키거나 시도하려면 엄청난 설득, 심지어는 입법과정까지 취해져야 할 정도이다. 유아와 가족에게 가장 효과적인 쪽으로 연구가 진행되어 감에 따라 포테이지 모델을 비롯한 모든 개입모델은 적합성을 유지하기 위해 연구결과를 수용하고 활용하여야 할 것이다(Shearer, 2006).

1) 발달상의 위험에 처한 유아에 대한 적용

(1) 경도 정신지체의 예방

경도 정신지체(mild mental retardation)[2]는 미국 전체 발달장애의 약 70%를 차지하고 있다(Stoneman, 1990). 이 장애유형은 정신사회적 열악함과 가난으로 대부분 발생하며 후대까지 이어진다. 유아기 때 가족으로부터 적절한 자극을 받지 못하는 유아의 정

2) 역주: IQ 50~55에서 70 정도의 교육가능급 정신지체를 말함.

신지체와 지능 미발달을 예방하기 위해 조기 개입은 반드시 필요하다. 뇌 발달에서 유아기 경험의 중요성을 알려주는 수많은 증거는 생후 3년간 유아의 학습기회를 향상하고 발달을 높여주는 체계적 노력이 이루어지도록 고무해주고 있다(Ramey & Ramey, 1998). 유아를 위해 특별히 고안된 개입이 발달에 직접적으로 영향을 줄 수 있다는 입장과 이런 기회를 제공하는 방법을 부모에게 가르침으로써 간접적인 영향을 줄 수 있다는 입장의 차이는 포테이지와 같은 개입모델에서 중요한 문제에 해당한다.

이런 맥락에서 빈약한 자원을 가진 가족과 지역에서 태어났다는 이유로 위험에 처해진 유아를 예방하기 위한 주된 방책으로서의 포테이지 모델적용을 통한 예방연구가 1995년 그 첫발을 내디뎠다. 고등학교를 마치지 않고 가난한 도시에 거주하는 40명의 젊은 산모들이 임신 막달 3개월 동안에 모집되었다. 그리고 이들은 주별 가정방문집단과 통제집단에 무작위로 배정되었다. 3년 동안 연구가 진행되었고 모든 유아가 최소한 2년 동안은 조기 개입을 받았다. 그 기간 동안 가족은 유아와 육아에 대해 다양한 검사를 받았다. 이 개입은 주로 유아의 인지발달과 언어발달을 알아보기 위해 계획되었다. 가정방문집단 어머니들은 포테이지 모델과 자료를 사용하여 자녀와 상호작용하는 방법과 놀이 방법을 지도받았다. 연구결과에 따르면 가정방문집단과 통제집단 간 발달 차이는 없는 것으로 나왔다. 연구 도중 연구참여자 소실(attrition)로 인해 개입 효과를 제대로 보여주지 못했다.

그러나 피험자들을 여러 번 관찰하고 경험한 바는 주목할 가치가 있다. 확인된 장애를 가지거나 발달지연인 유아의 가족과 일해 본 경험과는 반대로, 모든 의도와 목적에서 위험 표본에 속한 유아들이 "정상"으로 나타났다. 육아경험이 처음이거나 힘든 젊은 어머니들은 자녀의 생애 첫 일년 동안 기꺼이 주단위 지원과 지도를 받고자 희망했다. 자녀가 한 살이 될 때쯤, 주별 방문을 유지하는 것이 점점 힘들어졌다. 어머니들이 학교로 돌아가거나 일터로 가야 했으며 부모로서의 자신의 역할에 더 높은 자신감을 나타냈기 때문이다. 자녀에게서 신체적, 정신적으로 눈에 두드러지는 차이가 없었기 때문에 다른 장애아 부모와 달리 자기 자신의 개발을 추구하는 쪽으로 우선순위가 바뀌었다. 2년째 유아들이 점점 독립적이게 됨에 따라 어머니들은 처치와 통제집단 둘 다 양육은 덜하고 규율을 더 많이 사용하였다. 따라서 유아의 다른 중요한 학습경험이 무시되거나 지나쳐졌다. 부모의 이런 태도는 일반 부모들보다 더 했으며 이는 젊은 어머니들이 살고 있는 문화와 가치를 반영하는 것으로 보인다.

이들 연구 대상과 일하면서 두 번째 행한 관찰도 보고할 만한 가치가 있었다. 연구에 참여한 과반수의 어머니가 경도 정신지체 범주에 해당하였다. 개입기간 동안 이 결과는 밝혀지지 않았고 어머니의 요구를 반영할 수 있도록 가정방문계획을 수정하는 작업도 이루어지지 않았다. 후속 분석에 따르면, 경도 정신지체 범주에 있는 엄마들은 집단배정에 상관없이 영아와 유아의 기본발달을 잘 이해하지 못하였다. 그리고 육아기술이나 태도 측정에서 낮은 점수를 나타내는 경향이 있었으며 자녀를 훈육하는 데 있어 벌을 사용하는 경향이 더 많은 것으로 나타났다. 가정방문 프로그램의 시도만으로 부모가 능동적이거나 효과적이게 할 수는 없는 것으로 보인다. 또한 유아가 자동적으로 혜택을 보지도 않는다.

(2) 조산영아

조산영아는 정상 출산아에 비해 빈약한 발달(인지, 신체, 행동 포함)을 보인다. 모든 조산영아가 발달상의 문제를 보이지는 않지만 조산이나 주산기 손상은 발달상 위험을 증가시킨다. 조산유아나 가족을 위한 보육과 교육에서 조기 개입 프로그램의 효과를 연구한 결과에 따르면, 짧은 기간동안 인지 · 행동 기능에서 많지는 않지만 향상을 보인 것으로 나타났다(Bao, Sun, & Wei, 1999; Resnick, Armstrong, & Carter, 1988). 영국 연구단체가 조산유아를 둔 가족에게 있어 포테이지 가정중심 발달 교육 프로그램의 효과를 발표했다(Avon Premature Infact Project, 1998). 이 연구는 지금까지 포테이지 모델에 대한 무선 실험연구 중 통제가 잘 이루어진 몇 안 되는 연구 중 하나로 손꼽을 수 있다. 33주 미만에 태어난 Bristol 지역에 거주하는 영아를 대상으로 연구가 이루어졌다. 영아들은 무작위로 세 집단으로 배정되었다. 포테이지(발달개입), 부모조언가(비지식적 상담만 지원), 조산관리 집단이 이에 해당한다. 포테이지 집단은 영국에서 전통적으로 포테이지 프로그램에 제공되는 과제분석이 포함된 상세한 정밀교수법을 받았다. 연구결과, 가정방문 2년 후에 출생 몸무게가 1,250그램 미만이었던 조산영아에게 포테이지가 도움이 된 것으로 나타났다. 뇌 초음파에서 확인된 손상을 가진 유아에게도 마찬가지 결과가 나타났다. 이 결과로 인해 연구자들은 그런 유아에게서 높아진 발달 위험이 발달개입에 의해 호전될 것으로 기대하였다. 안타깝게도 2살 때 나타났던 포테이지 혜택은 5살이 되었을 때는 더 이상 나타나지 않았다(Johnson, Ring, Anderson, & Marlow, 2005). 이 연구가 개입이 이루어진 지 3년 후 개입의 지속효과나 새로운 효과를 찾는 데 실패한 첫 번째 대규모 연구는 아니다. 영아 건강 발달 프로그램(IHDP) 연구자들에 의하면, 개입효과는 개입 기간 이후에 유지되지 않는다(Brooks-Gunn, Liaw, & Klebanov, 1992; McCormick et al., 1993; Ramey, Bryant, Wasik, et al., 1992). Avon 연구자들은 조산아 가족에게 특히 사용될 수 있도록 포테이지 모델을 좀 더 수정하기 위한 예비 연구를 수행하였다. 연구에서 일부 부모들은 개입이 실질적으로 혜택을 보기에는 너무 늦게 제공된다는 의견을 표명하였다.

(3) 출생 질식 후유증 영아

저자들은 앨라배마 주의 Birmingham, 잠비아의 Lusaka, 인도의 Belgaum, 파키스탄의 Karachi 지역 연구자들과 협력하면서 출생 질식(birth asphyxia) 후유증을 갖고 있는 개발도상국 영아의 건강과 발달을 향상시키는 방법을 개발하고 평가하고 있다. 이들 영아들은 출생 질식 후유증으로 인지발달상의 위험이 있었다. 이 연구는 혁신적이고 비용 대비 효과가 높으면서 가정방문을 중심으로 한 부모제공 조기 개입 시도에 대한 무작위 통제 평가이다. 이 연구에 유아발달 31개 영역과 관련된 교육과정과 포테이지 모델의 혼합형이 사용되었다. 연구 방향은 유아의 일상 관심사에 대해 잘 구성된 대화를 포함한 성인-유아 교류이다. 또한 가정학습활동에서의 부모 반응과 참여의 맥락적 영향에 대해 조사할 것이다. 3개의 대상 국가들은 비슷한 수준을 가진 지역 준전문가들을 활용한다. 이들은 다양한 교육 수준을 갖고 있으며, 부모에게 혼합형 가정중심 교육을 제공하고 있다.

6. 결론

모든 유형의 가족과 유아를 위한 육아와 부모교육에 대한 해답을 아직 우리는 찾지 못했다. 그러나 글로벌 관점에서 보건대, 포테이지 서비스나 변형 서비스의 전 세계 적용은 주목할 만한 현상이다. 모델 적용에는 적용 대상이나 문화의 가치와 규범에 대한 철저한 이해가 요구되며 이는 성공의 핵심요소다. 우리의 연구는 답을 제공하기보다 더 많은 질문을 제기하였으나, 그래도 정보를 공유하고 싶다. 우리는 이런 사실들을 드러내놓고 우리가 이룬 업적과 우리가 현재 하고 있는 일을 구체화시켜 다른 사람들이 우리 활동을 그대로 따르거나 수정하거나 각색하기를 바란다. 그리고 일어난 일에 대해 객관적으로 분석하고 반성하는 기회를 가지길 바란다.

가정중심 부모교육 프로그램에 대해 많은 질문들이 아직 해결되지 않은 채 있지만 우리는 많은 것을 배웠다. 1969년 이래 포테이지 모델이 사용되어 왔다. 지난 38년의 경험으로부터 우리가 무엇을 알아냈는지 살펴보자.

- 가정중심 부모지도를 통한 개입은 부모와 협력해서 개발해야 한다.
- 구조화된 계열 과제가 주어질 경우, 부모는 자녀를 효과적으로 가르칠 수 있고 그렇게 가르친다. 그리고 적절한 지원만 주어지면 자녀를 위한 교육 프로그램을 계획하고 적용하고 지지한다.
- 행동적, 체계적, 발달에 적합한 접근법을 사용함으로써 유아는 가정중심 프로그램에서 발달적 성과를 이룰 수 있다.

- 어떤 유아교육기관에서든 지속적, 직접적 부모참여가 없다면 유아는 성과를 유지시킬 수 없다. 수업의 개별화는 교실보다 가정에서 더 잘 일어난다.
- 아버지, 형제, 확대가족 구성원을 유아지도에 참여시키는 것은 실질적이고 실행 가능하다.
- 부모의 문화, 삶의 방식, 가치 체계의 차이는 교육과정에 포함될 수 있고 포함되어야 한다. 왜냐하면 부모는 계획부터 자녀가 무엇을 배우고 어떻게 배울 것인지 최종 결정하기 때문이다.
- 유아의 자연적 환경에서 일어나는 학습은 교실에서 집으로 학습을 전이하는 문제를 없애준다.
- 가정환경에서 기능이 학습되고 아동의 자연스러운 강화자(reinforcers)라 할 수 있는 부모와 가족으로부터 배울 경우, 유아가 배우는 기능은 다른 영역에까지 일반화되고 지속될 수 있다.

참고문헌

Alpern, G., Boll, T., & Shearer, M. (1980). *Manual: Developmental profile.* Aspen, CO: Psychological Development Publications.

Arvio, M., Hautamaki, J., & Tilikka, P. (1993). Reliability and validity of the Portage assessment scale for clinical studies of mentally handicapped populations. *Child: Care, Health and Development, 19*(2), 89-98.

Atay, M. (2004). *The successful implemention and expansion of the Portage Model in Turkey.* The 10th International Portage Association Conference, Manila, Philippines. Avon Premature Infant Project. (1998). Randomised trial of parental support for families wih very preterm children. Archives of Disease in Childhood, 79, 4F-11F.

Bailey, D. B., Simeonsson, R. J., Winton, P. J., Huntington, G. S., Comfort, M., Isbell, P., et al. (1988). Family-focused intervention: A functional model for planning, implementing, and evaluating individualized family services in early intervention. *Journal of the Division for Early Childhood, 10,* 156-171.

Bailey, D. B., & Wolery, M. (1984). *Teaching infants and preschoolers with handicaps.* Columbus, OH: Charles E. Merrill Publishing.

Bao, X., Sun, S., & Wei, S. (1999). Early intervention promotes intellectual development of premature infants?a preliminary report. *Chinese Medical Journal, 112,* 520-523.

Barna, S., Bidder, R. T., Gray, O. P., Clements, J., & Gardner, S. (1980). The progress of developmentally delayed preschool children in a home-training scheme. *Child: Care, Health and Development, 6,* 157-164.

Bijou, S. W. (1983). The prevention of mild and moderate retarded development.

In *Curative aspects of mental retardation: Biomedical and behavioral advances* (pp. 223-239). Baltimore, MD: Paul Brookes.

Bijou, S. W. (1991). Overview of early childhood programs around the world. In J. Herwig & M. Stine (Eds.), *A symposium on family-focused intervention: Exploring national and international practices and perspectives* (pp. 63-71). Portage, WI: Cooperative Educational Service Agency 5.

Blair, C., Ramey, C. T., & Hardin, J. M. (1995). Early intervention for low birthweight, premature infants: Participation and intellectual development. *American Journal on Mental Retardation, 99*(5), 542-554.

Blechman, E. (1984). Competent parents, competent children: Behavioral objectives of parent training. In R. Dangel & R. Polster (Eds.), *Parent training* (pp. 15-27). New York: Guilford.

Bluma, S., Shearer, M., Frohman, A., & Hilliard, J. (1976). *Portage guide to early education* (rev. ed.). Portage, WI: Cooperative Educational Service Agency 5.

Boyd, R., Stauber, K., & Bluma, S. (1977). *Portage Parent Program*. Portage, WI: Cooperative Educational Service Agency 5.

Bradley, R., & Caldwell, B. (1984). 174 children: A study of the relationship between home environment and cognitive development during the first 5 years. In A. Gottfried (Ed.), *Home environment and early cognitive development* (pp. 5-57). Orlando, FL: Academic Press.

Brinker, R. P., & Lewis, M. (1982). Discovering the competent infant: A process approach to assessment and intervention. *Topics in Early Childhood Special Education, 2*, 1-16.

Bronfenbrenner, U. (1979). *The ecology of human development: Experiments by nature and design*. Cambridge, MA: Harvard University Press.

Brooks-Gunn, J., Liaw, F., & Klebanov, P. K. (1992). Effects of early intervention on cognitive function of low birth weight preterm infants. *Journal of Pediatrics, 120*, 350-359.

Brorson, K. (2005). The culture of a home visit in early intervention. *Journal of Early Childhood Research, 3*(1), 51-76

Cameron, R. J. (1986). Portage: Some directions for applied research. In R. J. Cameron (Ed.), *Portage: Preschoolers, parents and professionals* (pp. 101-109). Windsor, England: NFERNelson.

Cameron, R. J. (1990). *Parents, professionals and preschoolers with special educational needs: Towards a partnership model of problem solving*. Unpublished doctoral dissertation, University of Southampton.

Dunst, C., Trivette, C., & Deal, A. (1988). *Enabling and empowering families: Principles and guidelines for practice*. Cambridge, MA: Brookline.

Dunst, C. J., Trivette, C. M., & Mott, D. W. (1994). Strengths-based family-centered intervention practices. In C. J. Dunst, C. M. Trivette, & A. G. Deal (Eds.), *Supporting and strengthening families. Vol. 1. Methods, strategies, and practices* (pp. 115-131). Cambridge, MA: Brookline.

Eiserman, W., Weber, C., & McCoun, M. (1995). Parent and professional roles in early intervention. *Journal of Special Education, 29*, 20-44.

Ghazaleh, H., Ghazaleh, K., & Oakland, T. (1990). Primary and secondary prevention services provided to mentally handicapped infants, children, and youth in the Gaza Strip. *International Journal of Special Education, 5*, 21-27.

Ghoca, M. L. (1972). *The development of language in preschool multiply handicapped children.* Unpublished master's thesis, University of Wisconsin-Milwaukee.

Giudice, E. D., Titomanlio, L., Brogna, G., Bonaccorso, A., Romano, A., Manst, G., et al. (2006). Early intervention for children with Down syndrome in southern Italy. *Infants & Young Children, 19*(1), 50-58.

Grantham-McGregor, S., Powell C., Walker S., et al. (1994). The long term follow up of severely malnourished children who participated in an intervention program. *Child Development, 65*, 428-439.

Guven, N., Bal, S., Metin, N., & Atay, M. (2000). *Usage of the Portage Project in Turkey and extending its usage throughout Turkey.* The 8th International Portage Association Conference, Birmingham, Alabama.

Guven, N., Bal S., & Tugrul, B. (1998). *A contrastive study examining, on the basis of the Portage Early Education Programme Checklists, cognitive development in two groups of normal children aged 37 to 72 months, attending two different kindergartens, one which had classes in the same group whereas the other had mixed-aged classes.* The 7th International Portage Association Conference, Hiroshima, Japan.

Hallahan, D. P., & Kauffman, J. M. (1976). *Introduction to learning disabilities. A psychobehavioral approach.* Englewood Cliffs, NJ: Prentice Hall.

Hassall, L., Weston, B., & Raine, P. (2001). *Portage and Sure Start?Towards community development.* Annual Conference Proceedings, U.K. National Portage Association, Tampa, FL. Hebbeler, K. M., & Gerlach-Downie, S. G. (2002).

Inside the black box of home visiting: A qualitative analysis of why intended outcomes were not achieved. *Early Childhood Research Quarterly, 17*, 28-51.

Horne, J. (2006). *Parental empowerment and Portage.* The 11th International Portage Association Conference, Riga, Latvia.

Hoyson, M., Jamieson, B., & Strain, P. S. (1984). Individualized group instruction of normally developing and autistic-like children: The LEAP curriculum model. *Journal of the Division for Early Childhood, 8*, 157-172.

Individuals with Disabilities Education Act Amendments of 1997, Part C. 105th Cong., 1st Sess. 1 (1997).

Jellnek, J. A. (1985). Documentation of child progress revisited: An analysis method for outreach or local programs. *Journal of the Division for Early Childhood, 9*, 175-182.

Johnson, K. A. (2001). *No place like home: State home visiting policies and programs.* Summary report of survey of states regarding home visiting activities. New York: The Commonwealth Fund.

Johnson, S., Ring, W., Anderson, P., & Marlow, N. (2005). Randomised trial of parental support for families with very parental children: Outcome at 5 years. *Archives of Diseases in Childhood, 90*, 909-915.

Johnson, Z., Molloy, B., Scallan, E., Fitzpatrick, P., Rooney, B., Keegan, T., & Byrne, P. (2000). Community mothers programme?seven years follow-up of a randomized controlled trial of non-professional intervention in parenting. *Journal of Public Health Medicine, 22*(3), 337-342.

Karaaslan, B. T., & Bal, S. (2002). *Evaluation of the effect of home based early intervention programmes on the development of very low birth weight premature infants.* Ankara, Turkey: Hacettepe University, Health Sciences Institute. Master's degree thesis in Child Development and Education.

Klein, P. S., & Rye, H. (2004). Interaction-oriented early intervention in Ethiopia. *Infants and Young Children, 17*(4), 340-354.

Kohli, T. (1988). Effectiveness of Portage in India. In M. White & R. J. Cameron (Eds.), *Portage progress, problems and possibilities* (pp. 82-93). Windsor, England: NFER-Nelson.

Kohli, T. (1990). Impact of home centre based training programme in reducing developmental deficits of disadvantaged young children. *Indian Journal of Disability and Rehabilitation, 4*(2), 65-74.

Kohli, T. (1991). A decade of strides in Portage programs in India. In J. Herwig & M. Stine (Eds.), *A symposium on family-focused intervention: Exploring national and international practices and perspectives* (pp. 63-71). Portage, WI: Cooperative Educational Service Agency 5.

Kohli, T., & Datta, R. (1986). Portage training: An international program for preschool mentally retarded children with motor handicaps. *Journal of Practical Approaches to Developmental Handicaps, 9.*

Kursiete, V., & Kursiete, I. (2006). *Portage in Eastern Europe.* 11th Biennial Conference of the International Portage Association, Riga, Latvia.

Lindsley, O. R. (1968). *Training parents and teachers to precisely manage children's behavior.* Paper presented at CS Mott Foundation—Children's Health Center, New York City.

Love, J. M., Kisker, E. E., Ross, C., Constantine, J., Boller, K., Schochet, P. Z., et al. (2005). The effectiveness of Early Head Start for 3-year-old children and their parents: Lessons for policy and programs. *Developmental Psychology, 41*(6), 885-901.

McCormick, M. C., McCarton C., Tonascia, J., et al. (1993). Early educational intervention for very low birthweight infants: Results from the Infant Health and Development Program, *Journal of Pediatrics, 123*, 527-533.

Meulen van der, B. F., & Bulsink, R. H. H. (1992). The Portage Project Groningen. In H. Nakken, G. H. van Gemert, & Tj. Zandberg (Eds.), *Research on intervention in special education* (pp. 239-254). Lewiston, ME: Mellen Press.

Meulen van der, B. F., & Oenema-Mostert, I. (2006). *Early childhood intervention for families with a young chronically ill child.* 11th Biennial Conference of the International Portage Association, Riga, Latvia.

Meulen van der, B. F., & Sipma, W. G. (1991). The Portage Project Groningen: Measurement procedures and results. In J. Herwig & M. Stine (Eds.), *A symposium on family-focused intervention: Exploring national and international practices and perspectives* (pp. 125-144). Portage, WI: Cooperative Educational Service Agency 5.

Miller, D. (1990). *The importance of home-based support in providing early intervention services.* Madison: University of Wisconsin, Department of Educational Administration.

Oakland, T., & Ghazaleh, H. (1995). *Primary prevention of handicapping conditions among Palestinian children in Gaza.* Unpublished manuscript.

Oenema-Mostert, I. (2007). *Early intervention for families with a young chronically ill child.* 2nd Conference of the International Society on Early Intervention, Zagreb, Croatia.

Odom, S., & Karnes, M. (Eds.). (1988). *Early intervention for infants and children with handicaps.* Baltimore, MD: Paul Brookes.

Peniston, E. (1972). *An evaluation of the Portage Project.* Unpublished manuscript.

Rao, I. (2007). *Udisha-Portage: Inclusive early childhood education.* Progress Report of Community Based Rehabilitation Network (South Asia), Bangalore. Submitted to Sir Dorabji Tata Trust, Mumbai, India.

Ramey, C., Bryant, D., Wasik, B., Sparling, J., Vendt, K., & LaVange, L. (1992). Infant health and development program for low birth weight, premature infants: Program elements, family participation, and child intelligence. *Pediatrics, 89*, 454-465.

Ramey, C. T., & Ramey, S. L. (1998). Early intervention and early experience. *American Psychologist, 53*(2), 109-120.

Ramey, C. T., Ramey, S. L., Gaines, K. R., & Blair, C. (1995). Two-generation early intervention programs: A child development perspective. In S. Smith (Ed.), *Two-generation programs for families in poverty: A new intervention strategy. Vol. 9. Advances in Applied Developmental Psychology.* Norwood, NJ: Ablex.

Ramey, C. T., & Shearer, D. L. (1999). A conceptual framework for interventions with low birth weight and premature children. In E. Goldson (Ed.), *Nurturing the premature infant: Developmental interventions in the neonatal intensive care nursery* (pp. 86-101). New York: Oxford University Press.

Ramey, S. L., & Ramey, C. T. (1992). Early educational intervention with disadvantaged children? To what effect? *Applied and Preventive Psychology, 1*, 131-140.

Ray, A., Bowman, B., & Robbins, J. (2006). *Preparing early childhood teachers to successfully educate all children: The contribution of fouryear undergraduate teacher preparation programs.* The Foundation for Child Development. New York.

Resnick, M. B., Armstrong S., & Carter, R. L. (1988). Developmental intervention program for high-risk premature infants: Effects on development and parent-infant interactions, *Developmental and Behavioral Pediatrics, 9*, 73-78.

Revill, S., & Blendon, R. (1979). A home training service for pre-school developmentally handicapped children. *Behavior Research Therapy, 17*, 207-214.

Robinson, C. C., Rosenburg, S. A., & Beckman, P. J. (1988). Parent involvement in early childhood special education. In J. B. Jordan, J. J. Gallagher, P. S. Huttinger, & M. B. Karnes (Eds.), *Early childhood special education: Birth to three.*

Reston, VA: Council for Exceptional Children.
Rosenberg, S. A., Robinson, C. C., & Beckman, P. J. (1984). Teaching skills inventory: A measure of parent performance. *Journal of the Division of Early Childhood, 8*, 107-113.
Russell, P. (1986). Parental involvement in the 1980s. In R. J. Cameron (Ed.), *Portage: Preschoolers, parents and professionals* (pp. 72-83). Windsor, England: NFER-Nelson.
Samaria, I., & Neophytou, D. (2005). *Portage in Cyprus*, Thirteenth International Portage Association Conference, Ireland.
Shazadi, S. (2002). Developing a home based programme for special needs children. *Journal of Education and Research*, Karachi Pak Organization of Workers in Educational Research, 1(2).
Shazadi, S., Anjum, S., & Siddqui, N. (2004). *A study of parent guidance through the Portage Guide to Early Education: The Pakistani Model.* 10th International Portage Association Conference, Manila, Philippines.
Shearer, D. E. (1991). Portage makes a difference. In J. Herwig & M. Stine (Eds.), *A symposium on family-focused intervention: Exploring national and international practices and perspectives* (pp. 1-5). Portage, WI: Cooperative Educational Service Agency 5.
Shearer, D. E. (1993). The Portage Project: An international home approach to early intervention of young children and their families. In J. Roopnarine & J. Johnson (Eds.), *Approaches to early childhood education* (2nd ed.). New York: Merrill-Macmillan.
Shearer, D. E. (1995). The application of the Portage Model in developing countries [Letter to the editor]. *Actionaid Disability News, 6*(1), 33-34.
Shearer, D. E. (2004). *Current status of international Portage early intervention programs.* The 10th International Portage Association Conference, Manila, Philppines.
Shearer, D. E. (2006). *New challenges for the future of Portage.* 11th International Portage Association Conference, Riga, Latvia.
Shearer, D. E., & Loftin, C. (1984). The Portage Project: Teaching parents to teach their preschool child in the home. In R. Dangel & R. Polster (Eds.), *Parent training: Foundations of research and practice.* New York: Guilford Press.
Shearer, D. E., & Shearer, D. L. (1995, October). Has Portage experienced a paradigm shift? *International Portage Association News, 11*, 1-6.
Shearer, D. E., & Shearer, M. (1976). The Portage Project: A model for early childhood intervention. In T. Tjossem (Ed.), *Intervention strategies for high risk infants and young children* (pp. 338-350). Baltimore, MD: University Park Press.
Shearer, D. E., & Snider, R. A. (1981). On providing a practical approach to the early education of young children. *Child Behavior Therapy Review, 3*, 119-127.
Shearer, M., & Shearer, D. E. (1972). The Portage Project: A model for early childhood education. *Exceptional Children, 36*, 210-217.
Shelton, T. L., & Stepanek, S. S. (1994). *Family centered care for children meeting*

specialized health and developmental services (3rd ed.). Bethesda, MD: Association for the Care of Children's Health.

Shonkoff, J. P., & Phillips, D. A. (Eds.). (2000). *From neurons to neighborhoods: The science of early child hood development.* Washington, DC: National Academy Press.

Smith, J., Kushlick, A., & Glossop, C. (1977). *The Wessex Portage Project research report 125.* Southampton, United Kingdom: University of Southampton.

Stephens, T. M. (1976). *Directive teaching of children with learning and behavioral handicaps.* Columbus, OH: Charles E. Merrill.

Stoneman, Z. (1990). Conceptual relationships between family research and mental retardation. In N. W. Bray (Ed.), *International review of research in mental retardation.* Vol. 16 (pp. 161-202). San Diego, CA: Academic Press.

Sturmey, P., Thorburn, M., Brown, J., Reed, J., Kaur, J., & King, G. (1992). Portage guide to early intervention: Cross-cultural aspects and intra-cultural variability. *Child: Care, Health, and Development, 18*, 377-394.

Thorburn, M. J. (1992). Parent evaluation of a community-based rehabilitation program in Jamaica. *International Journal of Rehabilitation Research, 15*, 170-176.

Thorburn, M. J. (1997). Raising children with disabilities in the Caribbean. In. J. L. Roopnarine & J. Brown (Eds.), *Caribbean families: Diversity among ethnic groups* (pp. 177-204). Greenwich, CT: Ablex.

Thorburn, M. J., Brown, J. M., & Bell, C. (1979). *Early stimulation of handicapped children using community workers.* Paper presented at the Fifth Congress of the International Association of the Scientific Study of Mental Deficiency, Jerusalem, Israel.

Tsintsadze, N. (2006). *The introduction of the Portage Model for special needs children in Georgia and future plans.* 11th International Portage Association Conference, Riga, Latvia.

Turnbull, A., Patterson, J., Behr, S., Murphy, D., Marquis, J., & Blue-Banning, M. (1993). *Cognitive coping, families and disability.* Baltimore, MD: Paul Brookes.

U.S. General Accounting Office (USGAO). (1990, July). *Home visiting: A promising early intervention strategy for at-risk families.* Report to the Chairman, Subcommittee on Labor, Health and Human Services, Education and Related Agencies, Committee on Appropriations, U.S. Senate.

Wasik, B. H., Bryant, D. M., & Lyons, C. M. (1990). *Home visiting: Procedures for helping families.* Newbury Park, CA: Sage.

White, M. (1997). A review of the influence and effects of Portage. In S. Wolfendale (Ed.), *Working with parents of special education needs children after the code of practice*, Chapter 2. London, England: Fulton.

White, M. (2006). *Update on Portage training and programs in the United Kingdom.* 11th International Portage Association Conference, Riga, Latvia.

Wolfendale, S. (2001). Portage in contemporary contexts, in National Portage Association (UK) *Proceedings of Annual Conference*, Yeovil, England.

Yamaguchi, K. (1987). *The Japan adaptation of the early intervention model and some results.* Tokyo: Tokyo Gakugei University, The Research Institute for the

Education of Exceptional Children.

Yamaguchi, K. (1988). The Japanese adaptation of the Portage early intervention model and some results. In M. White & R. Cameron (Eds.), *Portage: Progress, problems, and possibilities.* Windsor, England: NFER-Nelson.

Yamaguchi, K. (1996). A follow-up study of Japanese children who received early intervention through a Portage programme. In S. Cameron & M. White (Eds.), *The Portage early intervention model: Making the difference for families across the world.* Somerset, England: UK National Portage Association.

Yamaguchi, K., Shimizu, N., & Nishinaga, K. (2006). *Recent Developments of Portage Activities in Japan.* 11th International Portage Association Conference, Riga, Latvia.

통합과 연계

제5장 모두를 포함하기: 장애 유아와 일반 유아를 위한 유아 프로그램 모형

제6장 21세기의 '문화에 적합한 교육', '다문화 교육', '반편견 교육'을 위한 개념적 틀

제7장 조기 개입 프로그램

제8장 공립학교에서의 유아발달/교육(EDE) 프로그램

모두를 포함하기: 장애 유아와 일반 유아를 위한 유아 프로그램 모형

Ellen Barnes(Syracuse, Jowonio School)
David Smukler(State University of New York at Cortland)

연방정부 및 주 법규와 연구는 장애 유아가 최소한으로 제약된 환경에서 일반 유아들과 함께 교육받는 것을 지지한다. 뉴욕 주의 Syracuse에 위치한 Jowonio 학교는 30년 넘게 신체, 사회, 의사소통, 인지 측면에서 일반 유아와는 다른 다양한 요구를 가진 유아를 위한 프로그램을 운영하고 있다. 특수교육에 대한 지식과 발달에 적합한 유아교육 실제를 통합하여 교육과정을 개발하였다. 특수교육 분야는 20세기 초반에 공립학교에서 시작되었다(Sarason & Doris, 1959). 지난 40~50년간 유아에 대한 과학적인 지식과 미국 사회의 변화로 인해 다양한 학습자들의 요구(Ramsey, 2006; Ray, Bowman, & Robbins, 2006)에 부응하는 유아교육(보육시설, 유아원 등)에 대한 관심이 높아지고 있다. 특히, 1960년대에는 유아기에 급속하게 이루어지는 정상적인 인지, 언어, 정서, 신체 발달에 대한 과학적인 관심이 새롭게 부각되었다(Brown, 1973; Hunt, 1961; Piaget, 1963). 전통적인 여성의 역할에 도전장을 내밀고 직장에 뛰어든 여성의 수가 증가하였으며, 정부는 사회정책을 개발하였고, 여러 가지 사회적 이슈와 관습(시민권, 성 관념, 전쟁)에 대한 논의가 이루어졌다. 교육적으로 혜택을 받을 수 없었던 장애 유아의 부모들은 연합하여(예를 들어, 지체아를 위한 협회[Association for Retarded Children], 뇌성마비연합[United Cerebral Palsy]) 유아 프로그램을 시작했다. 부모들은 이러한 프로그램에 대한 연방정부와 주정부의 재정적인 지원을 요구했다. 연방정부 차원에서는 1964년의 헤드스타트(1972년에 장애 유아 통합을 의무화하도록 수정됨)와 장애아교육지원법(Handicapped Children's Education Assistance

Act: 공법 90-538)과 함께 장애 유아에 초점을 맞춘 조기 개입을 시작했다. 미국장애인법(Americans with Disabilities Act: ADA, 1992부터 발효)의 공공시설 부분(Public Accommodation Section, Title 3)에서 보육시설은 장애를 이유로 유아를 차별해서는 안 된다고 규정하고 있다. 장애인이 사용하기 힘든 물리적 장애물을 가능하다면 바로 없애야 하며, 만약 불가능하다면 서비스를 제공할 수 있도록 대안을 마련해야 한다. 새로 짓는 건축물은 장애를 가진 사람이 이용할 수 있도록 접근성 있게 지어야 한다.

3세에서 21세까지 장애아 교육을 위해 미국의 모든 공립학교가 지켜야 할 기준을 제시한 공법 94-142인 1975년의 장애아교육법(Education for All Handicapped Children Act: 1990년에 장애인교육법[Individuals with Disabilities Education Act]으로 바뀜)은 가장 중요한 교육법에 해당한다. 이 법은 특수교육의 가장 중요한 개념들을 포함하고 있다. 공법 94-142에 포함된 개념은 다음과 같다.

1. 모든 아동은 학교에 가야 한다.
2. 장애 아동은 각자의 개별적 요구에 적합한 교육을 받아야 한다(개별화교육계획: Individual Education Plan[IEP])
3. 교육은 아동에 대한 올바른 평가에 기초해야 한다.
4. 장애 아동은 일반 아동과 최대한 함께 교육받아야 한다('최소한으로 제약된 환경(least restrictive environment)' 에서).
5. 절차적 적법 절차 소명을 포함해서 부모는 자녀의 교육에 의미 있는 방법으로 적극적으로 참여할 기회를 가져야 한다(Turnbull & Turnbull, 1982).

후속 법률(공법 99-457)은 이러한 기본 원칙을 0에서 3세의 영아에게까지 확대시켰으며, 특히 모든 조기 개입 프로그램에서 중요한 부분인 가족에 초점을 맞추었다(Bailey, McWilliams, Buysse, & Wesley, 1998; Gallagher, Trohanis, & Clifford, 1989). 새로운 법은 장애인교육법(Individuals with Disabilities Education Act[IDEA])이며, 1997년과 2003년에 의회에서 재승인되었다. 장애인교육법(IDEA) 개정안은 초기 평가과정, 자격과 배치에 대한 결정, 개별화교육계획(IEP)을 개발하고 수정하는 데 있어서 부모의 참여를 특히 강조했다. 장애인교육법이 새로이 중점을 둔 것은 자연스러운 환경 안에서 서비스가 제공되도록 하는 것이었다. Part C는 심각한 발달 지체의 위험이 있는 3세 미만의 영아를 위한 조기 개입 서비스의 제공을 장려한다. 또한 지역사회 기관과의 협력을 통해서 영아와 걸음마기 유아들을 선별하고, 평가하고, 서비스를 제공하고 유아원 서비스로 잘 연계되도록 지원한다.

최소한으로 제약된 환경을 가리키는 용어는 지난 몇 년간 변화해 왔다. 초기에는 **주류화(mainstreaming)**가 일반 학급에 장애아를 배치하는 것을 일컫는 용어였으며,

뇌성마비 유아가 장난감 차를 색칠하는 것을 조기 개입 프로그램의 교사와 일반 유아가 돕고 있다. 장애가 없는 일반 유아가 참여하는 것은 통합교육의 장점 중 하나이다.

지원이 없는 경우가 많았고 보통 시간제(part-time)였다. **부분통합(integration)**은 유아들이 의미 있는 정도의 시간 동안 일시적으로, 사회적으로, 교육적으로 통합되는 것을 의미했으나, 여전히 주류 환경은 일반아를 위한 것이고 장애아는 거기에 맞추어야 한다는 것을 전제로 했다. **포괄적 통합학교(inclusive school)**는 다양한 학생들을 수용할 수 있도록 구조화된 것이다. 환경은 융통성 있고 모든 학생들의 독특한 요구에 부응하도록 조직되어 있다. 포괄적 통합학교에서는 각 개인의 교육에 대한 요구가 충족되는 동시에 모든 학생들이 공동체에 소속되어 있고, 공동체의 모든 구성원들에게 인정받으며, 지원하고 지원을 받는다(Biklen, 1991; Sapon-Shevin, 2000/2001; Stainback & Stainback, 1990). 특수교육협의회(The Council for Exceptional Children)의 유아교육 분과의 정책방침은 "유아의 다양한 능력에 관계없이 공동체의 자연스러운 환경에 참여하도록 모든 유아의 권리를 지원할 것"과 "유아와 그 가족은 가정생활과 공동체 생활에의 전적인 참여를 활성화시키는 보건, 사회복지, 교육 및 그 밖의 지원 서비스들을 받을 수 있어야 할 것"을 명시하고 있다. 이와 같은 완전한 통합은 Jowonio 학교의 사람들이 가지고 있는 미래에 대한 비전이며, 그들의 교육 실제를 통해 실현된다. 오늘날 포괄적 통합교육 모형들은 종종 **보편적 학습설계(universal design for learning: UDL)**라는 개념을 사용한다. 보편적 설계는 최대한 많은 사람들이 건축물을 사용할 수 있게 하는 접근성과 관련된 일련의 건축 원리이다. 포괄적 통합을 지향하는 많은 교육자들이 교육실제의 틀로 UDL을 사용한다(Rose & Meyer, 2002).

장애 유아가 최대한 참여하도록 장려하는 데 중요한 단계임에도 불구하고, IDEA에 명기된 '최소한으로 제한된 환경'이라는 개념이 포괄적 통합을 지향하는 교육자들에게는 문제가 있는 것으로 여겨지는데, 이는 이 개념이 더 제한적인 환경도 포함하는 서비스의 연속성을 내포하기 때문이다(Nisbet, 2004; Taylor, 1998). 표 5-1은 장애 유아와 일반 유아 간의 접촉면에서 다양한 프로그램 모형들을 보여준다. 이러한 환경은 장애아를 위한 서비스에서 모두 일반적으로 사용되고 있다. 그러나 포괄적 통합의 시각을 가진 교육자들은 대부분의 모형에 대해 비판적이며 도움이 더 많이 필요한 학생이 일반아들과 덜 접촉해야 된다고 생각하지 않는다. 포괄적 통합교육의 접근은 '통합'의 개념이 단지 지원요구가 계속 늘어가는 장애아를 위한 서비스의 한쪽 극단에 있는 또 하나의 프로그램이라는 생각에 반대한다. 심각한 장애나 그와 비슷한 특성을 가지고 기숙학교(표 5-1에 나와 있는 '제한이 가장 많은' 기관)에 다니던 학생들이 종종 Jowonio 학교로 온다. Jowonio 학교에서 이들은 일반아들과 같은 학급에 속하게 되며 공헌할 점이 많은 완전한 구성원으로 인정받는다.

또한 역주류화(reverse mainstreaming)를 제외하고 표 5-1에 제시되어 있는 모든 프로그램은 아동이 학령기가 되었을 때 적용된다. 어떤 장애 아동들은 포괄적 통합 교육환경에 완전한 구성원으로 참여한다. 어떤 아동들은 일반학급에 배치되어 상담 서비스를 받거나, 혹은 특수학급에서 주로 지내지만 일반 학급에서도 하루 중 일정 부분 시간을 보낸다. 학생들은 또한 자립형 특수 학급(공립학교나 특수 기관에 있는)에서 종일 지내거나, 가정에서 교육을 받거나(home-bound instruction), 기숙학교에 보내지기도 한다. (**포괄적 통합**이라는 용어는 매우 다양하게 사용되고 있는데, 종종 포괄적 통합교육에 대한 우리의 기준에 못 미치는 교육환경[유아교육과 학령기 수준 모두]을 묘사하는 데 사용되기도 한다. 때로 **포괄적 통합**은 **완전 통합**[full inclusion]과 구분되기도 한다.)

1. Jowonio 학교의 역사

1969년 뉴욕 주 Syracuse 지역 부모들이 공립학교에 대한 대안으로 시작한 Jowonio 학교는 1960년대 인본주의적 자유학교 운동(free-school movement)을 반영한다. 학교는 협력적으로 의사결정을 하는 공동체 프로그램으로 운영되었으며, 학문적 성취뿐 아니라 정서 · 사회 발달을 포함하는 전인발달을 위한 개별화된 교육과정을 강조하였다. 이러한 가치관, 초점, 구조 때문에 Jowonio 학교는 특수아들에게 항상 인기가 있었다. 1975년에 Jowonio 학교는 다양한 장애를 가진 아동들을 통합하여 잘 계획되고 양질의 교사진을 제공하는 프로그램을 개발하기 위해서 장애우들을 위한 지역

표 5-1 장애 유아를 위한 프로그램

환경	특성/가정
기숙학교	• 일반아들과 의미 있는 접촉이 없음 • 하루 일과가 기관에 의해 완전하게 통제됨
가정기반	• 교사나 치료사가 아동의 가정을 방문하여 개입 실시 • 부모 '훈련' 이나 공통적 요소에 대한 지원
가정 밖에서의 순회 서비스	• 지역사회를 자원으로 활용 • 지역사회의 일반아들과의 접촉이 어느 정도 가능함
유아 특수교육	• 특수 유아들만을 위해 설계된 유아학급 • 서비스를 효율적으로 제공하기 위해서 요구와 서비스들이 '군집화' 됨
역주류화	• 약간의 일반 유아를 포함하는 유아 특수교육 • 일반 유아들을 모집하기 위해서 장려금(예: 수업료 면제)이 제공될 수 있음
혼합일과(특수학급에서 일부를, 유아학급에서 일부 시간을 보내는 것)	• 장애 유아가 유아학급을 하루의 많은 부분 동안 '방문' 하고, 장애아만을 위한 특수학급에서도 시간을 보냄
상담 서비스가 제공되는 유아학급	• 전문가(특수교사나 치료사)가 일반 유아학급을 방문하여 교사를 지원하고 장애 유아를 위한 직접적인 서비스를 제공
포괄적 통합 유아교육	• 학급 환경이 모든 학생들의 요구에 부응하도록 고안된 것을 제외하면 위의 상담서비스가 제공되는 유아학급과 유사함 • 특수교사나 치료사와 같은 서비스 제공자가 모든 유아들을 위한 교육을 계획하는 전문가 팀에 통합됨

사회의 기관, 대학과 협력하였다. 그 해 가을에 Jowonio 학교에서는 1/3의 학생들이 특수아로 분류되었으며, 그 중 몇 명은 자폐(autism)로, 언어와 사회적 기술이 현저하게 지체되거나 특이성을 보였다(Kluth, 2003). 그때부터 이 학교는 포괄적 통합 프로그램의 기능을 했다. 2세부터 5세까지의 학생들이 장애 유아와 일반 유아가 함께 구성된 학급에 다녔다(Knoblock, 1982; Knoblock & Lehr, 1985). 시작 초기부터 몇 가지의 단순하지만 강력한 신념이 Jowonio 프로그램을 이끌어 왔으며, 이것은 다음 절에서 설명될 것이다.

2. Jowonio 학교의 철학적 기초

1) 모든 유아는 학습할 수 있다

Jowonio에서는 학교에 있는 다양한 학생들에 대해 그들이 성장하고 변화할 수 있으며, 그 원동력은 인간 본성에 내재되어 있다는 기대를 가지고 접근한다. 자신이 아는 것을 표현하고 환경에 효율적으로 참여할 수 있는 방법을 찾도록 성인이 도와준다면, 발달적으로 지체되었다고 분류된 유아들도 놀라운 잠재력을 보인다. 예를 들어, 말을 하지 못하는 많은 유아들이 성인의 도움을 받아 연령에 적절한 학습 능력을 보인다.

2) 참여 권리

시민권 운동이 미국인들에게 인종적 · 민족적 소수자들도 미국 사회의 일원이 될 권리가 있음을 보여주었듯이, 장애인들도 같은 권리를 가진다. 격리된 특수교육 서비스는 자신과 다르다고 인식되는 사람들에 대한 불편감과 편견뿐 아니라 특정한 의학 모형에서 시작되었다. 민주주의 사회에서는 모든 구성원이 주류에 접근할 수 있어야 할 뿐 아니라, 인종, 사회계층, 다양한 신체적 · 심리적 특성 등과 같은 아동의 특성이 다양한 환경에서 교사와 다른 전문가들의 특성과 어떻게 교차하는지에 대한 이해가 시급하게 이루어져야 한다(Ramsey, 2006; Ray, Bowman, & Robbins, 2006). 특수아들만 통합을 통해 혜택을 받는 것이 아니다. 일반 학생과 교사도 특수아와 접촉하고 상호작용하면서 성장한다(Odom & Diamond, 1998).

Jowonio에서는 특수아가 일반아처럼 될 준비가 되었을 때에야 주류에 포함시키는 준비도(readiness)라는 사회적 통념에 동의하지 않는다(Ladd, Herald, & Andrews, 2006). 이러한 그릇된 신념은 프로그램에 맞추기 위해서 유아들이 변해야 한다는 것을 전제로 한다. 그 반대로, 프로그램이 유아의 요구를 충족시켜야 한다. 학교 관계자가 자발적인 태도를 보여주고 유아와 성인이 적절한 지원을 받는다면 어떤 유아라도 성공적으로 통합될 수 있을 것이다.

3) 관계를 통한 학습

사람들은 타인과 신뢰할 수 있는 상황에 있을 때 학습에 대해 개방적이게 된다. 또한 안전하고 관심을 받고 있다고 느낄 때 새로운 환경 속으로 들어가 타인의 요구나 요청에 더 잘 반응할 수 있다(Collins, Maccoby, Steinberg, Hetherington, & Bornstein, 2000; Denham, 2006). 발달에 적합한 실제에 관한 전미유아교육협회(NAEYC)의 정책성명서(Bredekamp & Copple, 1997)는 "유아 발달의 모든 영역, 즉 신체, 사회, 정서, 인지 발달은 서로 밀접하게 관련되어 있다"는 원칙으로 시작한다. Greenspan과

Wieder(1998)도 정서가 학습의 기초라고 하였으며, 이를 발달장애 유아에 대한 자신들의 개입 접근 방식('Floortime' 이라는 개입 프로그램)의 토대로 삼았다. Greenspan과 Wieder(1998)는 먼저 의미 있는 성인과 상호작용하고 자신의 흥미에 관심을 가져주는 관계를 통해서 유아에게 참여하고 배우고자 하는 동기가 부여된다고 제안한다. 즐거운 시간을 함께 보내면서 성인은 4가지 목표에 초점을 맞춘다. 이 4가지 목표는 서로에게 관심을 갖고 친해지는 것을 격려하기, 집단 내 양방향 의사소통에 참여하기, 단어나 놀이를 통해 감정이나 생각을 표현하기, 세상을 논리적으로 이해하기 위해서(예: 분류, 인과관계) 생각들을 연결시키기이다.

유아는 교사로부터 배우는 것만큼 다른 유아로부터도 배운다(Guralnick, Connor, Hammond, Gottman, & Kinnish, 1996; Ladd et al., 2006). 유아는 또래가 어떻게 일과를 보내는지, 어떻게 지시를 따르는지, 타인과 어떻게 상호작용하는지를 보고 따라 한다. 종종 수용언어에 문제가 있어 교사의 언어적 지시를 이해하지 못하는 유아는 무엇을 해야 할지 이해하기 위해 다른 유아들을 모방하기도 한다. 언어와 적절한 사회적 기술을 발달시키는 데는 본보기와 연습 모두가 필요하다(Cavallaro & Haney, 1999; Grisham-Brown, Hemmeter, & Pretti-Frontczak, 2005; Guralnick, 1980; Jenkins, Odem, & Speltz, 1989). 특수아, 특히 언어에 관련된 문제가 있는 유아가 격리된 프로그램에 있고 또래들이 모두 같은 언어적 문제를 가진 유아들이라면, 어떻게 그들이 말하는 법, 상호작용 하는 법을 배울 수 있을 것인가? 격리된 인공적인 상황보다 일반적인 환경에서 기능을 배우는 것은 유아가 그 기능을 가정, 학교, 지역사회에서 더 잘 사용할 수 있게 된다는 것을 의미한다. 즉, 유아가 습득한 기술을 더 잘 일반화시킬 것이다. 질적으로 우수한 포괄적 통합 유아학급은 다양한 또래들과 놀이하고 의사소통할 기회를 많이 제공한다.

Jowonio에서는 경쟁적인 활동보다는 협동적인 활동에 중점을 둔다(Johnson & Johnson, 1999; Johnson, Johnson, & Holubec, 1990; Sapon-Shevin, 1999; Sapon-Shevin, 2007). 일반 유아들은 (장애가 있는) 또래에 관해 궁금한 점에 대해 알아야 하며 어른의 본보기를 통해 돌보는 행동을 해야 한다. 교사는 장애에 대한 편견이 유아가 교실에서 사용하는 언어와 행동에 어떠한 영향을 미치는지를 연구할 필요가 있다. 장애인과 일반인에 대한 비정형화된 이미지들을 교육과정에 통합시키는 것과 유아들이 개인차를 탐색하기 위한 활동들을 체계화하는 것은 통합적 분위기 조성을 촉진할 것이다(Barnes, Berrigan, & Biklen, 1978; Froschl, Colon, Rubin, & Sprung, 1984; Lieber et al., 1998).

4) 연령에 적합한 교육과정

Jowonio의 교사들은 전미유아교육협회(NAEYC)의 발달에 적절한 실제(Bredekamp & Copple, 1997)를 지침으로 사용한다. 교실에서 유아는 다양한 종류의 교구를 조작할 수 있는 기회를 많이 가진다. 또한 혼자 놀이하거나 다른 유아들과 함께 감각적, 구조적, 상징적 활동을 하고, 질문을 하며, 자신과 세계에 대한 개념을 발달시키며, 활발한 신체활동과 언어, 예술, 음악 등을 통해 자신을 표현한다. 적절한 자극이 있는 유아교육 환경에서는 어떠한 학생이라도 성공할 수 있다. 이를 위해 물리적 환경, 참여도와 교사의 지원에 대한 기대, 일과 중 집단의 크기와 특성, 하루일과, 활동 제시와 교구 사용 등의 측면에 대한 조정이 필요할 수 있다.

5) 의사소통을 기반으로 한 학급

사회적 관계가 학습의 기초인 것처럼 의사소통은 관계를 형성하고 유지하는 핵심이며, 유아가 주변세계를 이해하고, 이해한 것을 타인에게 표현하고 요구를 충족시키는 데 필수적이다. 언어는 소통하기 위한 것이며, 따라서 언어적, 비언어적 의사소통을 통해서 유아가 주변 환경에 영향을 줄 수 있는 능력을 강화시키기 위해 노력해야 한다. 어린 유아는 주로 놀이를 통해서 언어를 습득한다(Johnson, Christie, & Wardle, 2005; Musselwhite, 1986; Westby, 1980). 자극제이자 본보기로서 놀이와 의사소통을 잘 하는 또래가 있는 것이 중요하며, 언어를 자연스러운 상황에서 배우고 연습할 기회를 가지는 것 역시 중요하다.

의사소통은 하루 종일 일어난다. 말이 많지 않은 사람이라도 타인이 앞에 있으면 지속적으로 의사소통을 한다. 그러나 어떤 사람이 의도하는 것을 타인이 다르게 이해할 수도 있다. 교사는 유아의 행동이 의미하는 바를 이해하는 법을 배우고 유아가 그러한 의도를 적절한 방법으로 표현하는 방법을 발달시키도록 돕는 법을 배워야 한다. 같은 행동이라도 상황에 따라 의미가 달라질 수 있으며, 반면에 다른 행동이라도 같은 의미를 가질 수 있다(Donnellan, Mirenda, Mesaras, & Fassbender, 1984). 유아는 주변 환경에서 의미 있는 선택을 할 기회를 가져야 한다. 우리는 유아가 자신을 표현할 수 있는 여러 가지 대안적 방법을 갖고 있으며 여기에는 상징체계, 몸짓, 성인의 도움하에 타이핑하는 것 등이 해당된다.

6) 교사와 부모 간의 동반자적 관계

IDEA에서 부모가 특수교육의 과정에서 중요하다고 강조함에도 불구하고, 교사는 부모를 교육의 의사결정 과정에 상관이 없는 존재이거나, 최악의 경우 적대적 상대로 보는 경우도 있다. Jowonio에서 부모는 유아를 위해 최선의 프로그램을 만들고자 하는 노력을 함께하는 동반자다. 교사와 부모는 각자가 가진 전문성을 공유하고, 유아에 대한 대화에서 각자가 가지고 있는 중요한 견해를 나눈다. 교사는 부모에게 서비스, 권리, 절차와 지원체계에 대한 정보를 제공할 수 있다. 교사는 다양한 유아들을 경험해 왔으며, 유아가 학교 상황에서 어떠한지를 지켜보았기에 이를 토대로 특정 유아에 대한 관점을 제공한다. 교사는 가정, 학교, 관련된 서비스 제공자 간의 프로그램을 조정하고 유아에 대해서 다른 전문가들과 협의하는(예를 들어, 유아가 유아원에서 공립학교로 옮겨갈 때) 입장에 있다. 부모는 부모-교사 간의 대화에서 유아에 관련된 핵심 정보를 제공한다. 즉, 유아가 어떻게 발달해 왔는지에 대한 정보, 유아의 일상적인 행동, 요구, 새로 터득한 기술에 대한 정보, 어떤 개입이 성공적이었는지에 대한 정보 등을 제공한다. 부모는 일생동안 유아의 지원자일 것이며, 따라서 부모의 유아에 대한 이해는 효과적인 장기 프로그램에 필수적이다(Bailey et al., 1998; Biklen, 1992; Kluth, Biklen, English-Sand, & Smukler, 2007).

교사는 부모와의 관계에서 4가지 주요 역할을 한다.

1. 부모와의 접촉을 통해서 유아의 성장을 촉진한다.
2. 부모역할을 지원하고 힘을 실어준다.
3. 자원을 제공한다.
4. 부모와 유아가 수월하게 다음 환경으로 옮겨가도록 전이를 돕는다.

부모와의 접촉을 통해 유아의 성장을 촉진한다는 것은 부모가 가지고 있는 정보와 희망사항을 경청하고, 이를 학교뿐 아니라 가정과 지역사회에의 유아 참여를 반영하는 개별화교육계획(IEP) 목표에 반영시키는 것을 의미한다.

교사는 가정과 학교에서 유아에 대해 갖는 기대가 공유되고 조화될 수 있도록, 그리고 유아가 학교에서 어떻게 지내고 발전하고 있는지를 부모가 알 수 있도록 가정과 지속적인 의사소통을 해야 한다. Jowonio에서 이러한 의사소통은 각 가정에서 선호하는 방식과 자원에 따라 여러 가지 방법으로 일어날 수 있다. 부모가 교실을 관찰할 수도 있고, 다른 팀원들과 면담, 가정방문, 전화통화, 이메일, 매일 혹은 간헐적인 서신 교환, 학급의 친목모임(예를 들어, 각자 음식을 마련해 오는 저녁 모임, 상장 수여식, 조부모 모임, 생일파티) 등을 통해 직접적으로 의사소통할 수 있다. 교사는 부모의 말을 경청하고 효과적인 방법에 대해서는 힘을 북돋아주며, 유아의 발달에 초점을 맞추고, 부모가 현재의 유아에 대해 만족하도록 도움으로써 부모들이 유능감을 느낄 수 있도록 할 수 있다.

부모와 긍정적이고 신뢰하는 관계 구축은 유아에 대한 부모의 애정과 희망을 존중하고, 부모의 생각과 고민을 경청하고, 질문을 공유하는 데서 시작한다. 또한 시간과 여력(예를 들어, 서너 명의 자녀를 가진 한부모 가정의 부모에게 돈, 식사, 빨래가 가장 중요한 우선순위인 경우 배변훈련을 시키지 못할 수도 있음)을 고려했을 때 부모가 할 수 있는 것에 대한 현실적인 이해가 필요하다.

자원 제공은 가정의 강점과 요구에 대한 이해에서 시작하며 가정의 요구를 충족시키도록 돕는 자연스러운 방법이 필요하다(Bailey et al., 1998; Dunst, Trivette, & Deal, 1988). 이는 정보(예를 들어, 법적 권리, 자폐, 배변훈련 등에 관한 문헌이나 워크숍), 네트워크를 통한 문제해결, 그리고 필요한 경우 기관이나 지원 단체(예를 들어, 보조금 제도, 임시보호[respite care][1], 상담, 부모 혹은 형제자매 지원 집단)를 추천해주는 것을 포함한다.

공동체에 기반을 둔 Jowonio의 ENRICH 프로그램의 교사진은 출생에서 5세까지의 특수아들을 대상으로 하는 특수교육과 치료 서비스를 제공한다. 종합적인 평가 후에 가정이나 유아원, 보육시설, 가정 보육시설 등으로 찾아가는 순회서비스를 유아에게 제공한다. 유아뿐 아니라 부모와의 집중적인 접촉을 통해서 가족들이 정서적이고 도움이 되는 지원을 받을 수 있고 효과적인 교수 전략을 배울 수 있다. 진단을 받은 후 처음 몇 개월간 치료사, 교사, 부모 간의 접촉을 통해서 유아의 발달적이고 독특한 요구의 본질과 의미를 파악할 기회를 충분히 가지며, 유아의 발달을 지원하기 위한 방법들을 실행해 볼 수 있다. 부모를 포함해 여러 분야의 전문과들과 협동하는 초학문적 팀 접근은 유아의 요구에 대한 다양한 시각을 제공한다는 점에서 매우 중요하다. 지역사회의 보육시설 및 유아원과 협력하는 것은 특수아 개인을 지원할 뿐 아니라 그러한 기관에 있는 모든 유아들을 위한 임상적 프로그램의 질을 향상시킨다. 특수교육 교사진은 유아가 자연스러운 환경에서 성공적으로 수행해야 하는 기능 지도에 역점을 둔다.

교사가 부모에게 과정(예를 들어, 학교 선택과 IEP 절차)에 대한 정보를 제공할 수 있을 때 다음 환경으로의 전이가 훨신 수월해진다. 교사진은 부모가 자신들의 요구를 표현하고 새로운 학교에서도 그렇게 할 수 있도록 도우며, 부모와 새 학교 간의 의사소통의 방향을 확립하고, 유아에 대한 긍정적인 정보를 새 교사에게 이야기해 줄 수 있다(새 학교에 포트폴리오를 보냄). 유아교육기관은 부모가 유아의 인생에서 매우 중요한 신뢰할 만한 타인을 만나는 첫 장소이다. 그 곳에서 더 크고, 덜 인간적이며, 덜 호의적으로 보이는 환경으로 옮겨가는 일은 어려울 수 있다. 교사는 새로운 학교와의 긍정적인 관계를 촉진시킴으로써 이러한 전이를 도울 수 있다.

---

1) 역주: 가족 대신 노인 환자나 장애자를 일시적으로 보살피는 제도이다.

7) 팀 기술

양질의 교육은 팀으로 일함으로써 더욱 강화될 수 있다. 모든 사람들은 타인의 생각과 일을 하는 다양한 방식의 본보기를 통해서 배운다(Bailey, 1996; Thousand & Villa, 1990). 좋은 교육은 결코 각본대로 이루어지는 것이 아니다. 실험적인 태도와 새로운 방식을 시도하는 개방성이 필요하다. Jowonio의 프로그램에서는 3~4명의 전일제 교사진이 함께 팀을 이루고 그 외에도 언어, 직업, 물리 치료사를 포함하는 파트타임과 지원인력이 함께 일하도록 되어 있다. 매 주 일정 시간을 배정해 교사들이 함께 계획하고, 유아에 대한 임상적 면담을 실시하고, 교사연수 활동에 참여하며, 서로의 역할을 수행하면서 관계를 맺는다. 유아교육에 종사하는 대부분의 사람들은 팀으로 일하는 기술을 배운 적이 없다. 더구나 여러 명의 성인들이 함께 일해야 하기 때문에 이는 종종 프로그램에서 가장 복잡한 부분에 해당한다. 유아를 위한 프로그램에 관련된 문제를 해결하는 법을 배워가면서 교사들은 서로에 대한 문제를 해결하는 방법도 배우게 된다. 프로그램 안의 모든 교사들을 위한 동료 지원과 행정 지원 체계를 마련해 두었다.

어떻게 함께 일하는지에 대해 의식적으로 강조함으로써 유아를 위한 프로그램의 질을 향상시키는 성과를 가져왔을 뿐 아니라 교사의 직업 만족도에 있어서도 긍정적인 결과를 가져왔다. 덧붙여, 유아와 마찬가지로 성인도 발달적 관점으로 이해하고, 전문성 개발을 위해서 모든 교사진에게 성과급을 지급한다.

3. 다루기 힘든 행동의 지도

유아의 힘든 행동을 다루는 효과적인 방안 개발은 교사의 과업 중에서 가장 도전적인 일 중 하나다. 특수한 사회적, 행동적, 의사소통적 요구를 가진 유아들이 있는 교실에서는 다양한 종류의 행동이 발생할 수 있고, 그 대부분은 구체적으로 계획된 접근을 필요로 한다. 유아의 행동은 그들 주변에서 일어나고 있는 일과의 상호작용이거나 그에 대한 반응의 결과이다. 절대로 어떤 특정한 행동이 유아 단독적으로 발생했다고 볼 수 없다. 성인, 성인이 말하고 행하는 것, 공간과 감각적 환경, 또래집단, 현재 제시된 교재 및 과제의 특성 등이 항상 유아의 행동에 중요한 영향을 미친다. 일단 행동이 맥락 속에서 이해가 되면, 유아가 본인의 요구를 더 효과적으로 충족시킬 수 있도록 지원하는 다양한 접근을 시도해 볼 수 있다(Kaiser & Rasminsky, 2006). 그러한 접근에는 행동에 대한 기능 분석(functional analysis)[2], 예방적인 환경의 계획, 나누기, 순서

2) 역주: 조작적 조건형성 법칙의 적용 방법 중 하나로 행동 그 자체뿐만 아니라 행동의 원인과 결과를 분석함으로써 행동을 이해하고 수정해주는 방법이다.

지키기, 문제해결과 같은 일련의 특정한 사회적 기술에 대한 지원이 포함될 수 있다. 여러 접근을 함께 통합해서 실시한다면 협소한 시각 때문에 유아 행동의 핵심을 간과하는 것을 방지할 수 있다.

1) 의사소통으로서의 행동

유아의 행동은 의사소통을 위한 노력으로 보아야 한다. 유아가 특정한 행동(의사소통의 의도를 가진 행동)을 통해서 이야기하고자 하는 바를 이해하기 위해서는 그 맥락을 이해해야 한다. 어떤 행동은 다른 상황에서는 다른 의미를 가질 수 있다. 즉, 유아는 다쳤을 때, 실망했을 때, 흥분했을 때, 화가 났을 때, 어른의 관심을 끌고자 할 때 비명을 지를 수 있다. 여러 가지 다른 행동들이 같은 의미를 가질 수도 있다. 잡기, 웃기, 소리 지르기, 꼬집기 등은 모두 유아가 힘들다고 생각하는 과제를 피하려는 노력일 수 있다(Carr & Durand, 1985; Donnellan et al., 1984).

문제해결 과정을 이용해서 교사는 환경과 행동 간의 관계를 분석함으로써 행동으로 의사소통하고자 하는 내용을 알아내고자 한다. 행동 전과 후에 어떤 일이 일어났는가? 상황이 어떠했는가? 누가 그 자리에 있었는가? 그 일이 언제 일어났는가? 이런 과정은 우리가 잠재적으로 바꾸고자 하는 행동과 환경 요소들의 기능적인 관계를 밝히고자 하는 것이다(Dunlap, Kerm-Dunlap, Clark, & Robbins, 1991; O' Neill, Horner, Albin, Storey, & Sprague, 1990; Touchette, MacDonald, & Langer, 1985).

만약 그러한 분석을 통해 행동패턴을 예측할 수 있다면, 교사는 더 효과적으로 개입할 수 있을 것이다. 행동패턴이 명확하지 않을 때도 있지만 그럼에도 불구하고 모든 행동에는 이유가 있다고 본다. 존중적인 개입은 행동의 정서적, 신체적, 감각적 맥락을 고려한다. 개입은 모든 사람의 안녕을 위한 것이어야 하고, 유아의 관점을 고려해야 하며, 관심대상 유아의 사회적, 행동적 목록을 증가시키는(제한하는 것이 아니라) 것이어야 한다.

2) 긍정적인 프로그램

유아의 힘든 행동을 다루는 데 있어서 가장 중요한 접근방법은 적절한 행동을 가르칠 수 있도록 계획하는 것이다(Dunlap, Johnson, & Robbins, 1990; Evans & Meyer, 1985; Kaiser & Rasminsky, 2006; Meyer & Evans, 1989). 단지 무엇을 하지 말아야 할지를 말해주는 것보다 무엇을 할지를 가르칠 필요가 있다. 이는 의사소통을 위한 대안적인 방법을 가르치는 것을 의미할 수 있다(예를 들어, "내 관심을 원한다면, 내 어깨를 두드리면서 내 이름을 불러"). 또는 스트레스를 많이 받는 상황에서 대안적으로 행동하는 방법을 가르칠 수도 있다(예를 들어, "너무 시끄러우면 손을 흔들면서 울지 말고 헤드폰을 쓰렴."). 많은 경우, 역할놀이를 이용해 적절한 사회적 기술을 가르치거나 감정을 조절하는 법을 가르침으로써 문제 행동을 효과적으로 감소시킬 수 있다(Goldstein & McGinnis, 1990). 상황이야기(social stories)(Gray, 1996)를 사용하는 것도 명확하게 제시되지 않은 사회적 규범이나 관습에 대해 각기 다른 이해를 하고 있는 유아들에게 통찰력을 길러줌으로써 다루기 힘든 행동을 감소시키는 데 도움이 된다.

3) 긍정적인 행동의 강화

적절한 행동을 한 것에 대해 격려하거나 칭찬해주는 것은 적절하지 못한 행동에 대해 반응하는 것보다 항상 더 효과적이다. 이는 교사가 유아에게 긍정적인 행동을 할 기회를 제공하고, 긍정적인 행동이 일어났을 때 진심으로 강화하는 반응을 해 주어야 한다는 것을 의미한다.

4) 관계 안에서의 개입

다루기 힘든 행동에 대한 개입은 유아와의 긍정적인 관계라는 맥락 내에서 시행된다면 항상 더욱 효과적이다. 이는 교사가 즐거운 긍정적인 활동, 유아의 감정에 대한 관심, 유아와의 따뜻하고 일관성 있는 접촉(신체적, 사회적)을 위한 시간을 매일 계획할 필요가 있음을 의미한다. 교사와 유아 간에 강력한 유대관계가 존재한다면, 교사는 유아에게 의미 있는 방법으로 갈등과 제한이라는 문제를 다룰 수 있게 된다.

McGee와 동료들(McGee, Menolascino, Hobbs, & Menousek, 1987)은 문제행동에 대한 접근을 '부드러운 가르침(gentle teaching)' 이라고 묘사했는데, 이는 문제행동에 대한 여러 개념들에 대한 역개념이다. 이 관점은 적절하지 못한 방식으로 분노를 표출하는 유아를 타인과 긍정적인 관계('유대')를 발달시키지 못한 유아로 본다. 교사는 그런 유아에 대해서 무조건 긍정적으로 반응해야 한다. 문제행동은 예방되거나 무시('가치 없는 것' 으로 여김)되고, 유아는 상호간의 긍정적인 관계('상호의존성')를 발달시킬 수 있는 다른 과제로 방향을 돌리게 된다. 인간관계를 발달시키는 것이 목적이기 때문에 이러한 상호의존적인 관계를 강화시키기 위한 기술 훈련이나 활동이 사용된다. 애착관계의 형성에 방해가 될 수 있는 모든 일(예를 들어, 체벌)은 하지 않는다. 만약 교사와 학습자 모두가 즐거움을 느끼지 못한다면, 그 활동은 긍정적 관계를 형성하지 못하는 것이다.

5) 자연스러운 결과 이용하기

개입은 가능한 한 우리 모두가 활동하는 환경(예를 들어, 가정, 학교, 지역사회) 속에서 일반화될 수 있도록 자연스러워야 한다. 만약 한 유아가 바닥에 음식을 일부러 쏟았다면, 스스로 치워야 한다. 장기적으로 볼 때 일반적인 환경을 통해 문제행동에 대한 통제와 결과를 제공하는 것이 바람직하다. 특히 더욱 심각한 장애가 있는 유아들이 이를 달성하기 위해서는 '실제' 환경에 있어야 한다. 맥도날드에서 줄을 서서 기다리는 것을 교실에서 연습할 수는 있지만 어떠한 것도 실제 상황을 대신할 수는 없다.

6) 혐오 치료의 사용 금지

윤리적, 실용적 이유에서 격리, 체벌, 장기적인 신체적 제지 등의 혐오적(adversive) 개입을 사용하지 않는다. 예를 들어, 일시적 격리(타임아웃) 방법을 사용해 학생이 집단을 벗어나 마음을 진정시키도록 할 수는 있지만 절대로 집단에서 격리시키는 벌을 사용하지 않는다. 적절한 행동을 가르치거나 긍정적인 프로그램을 제공하는 것이 더 효과적이고 일반화가 가능하다(Donnellan, La Vigna, Negri-Shoultz, & Fassbender, 1988; Dunlap et al., 1990; Evans & Meyer, 1985; LaVigna & Donnellan, 1986; McGee et al., 1987; Meyer & Evans, 1989). 혐오적인 방법을 사용할 때 교사는 종종 균형을 잃게 되며, 벌은 모든 사람들을 불쾌하게 만든다. 긍정적인 경험에 초점을 맞추고, 긍정적인 관계를 형성하고 나쁜 행동을 강화하지(가치를 두지) 않는 것이 장기적으로는 더 효과적이다. 선행연구는 다양한 문화집단에서 엄격한 벌이 부정적인 결과를 초래했음을 지적한다(Gershoff, 2002; Lynch et al., 2006; McLoyd, Kaplan, Hardaway, & Wood, 2007).

7) 포괄적 통합 환경에서의 행동 개입

어느 학급에서나 교사는 개인과 집단의 요구 사이에서 균형을 잡아야 한다. 사람들은 종종 "다른 학생들의 권리"에 대해 이야기하며 통합에 반대한다. 실제적으로, 어느 집단에서건 교사는 개인과 집단의 요구 간의 균형을 맞추는 결정을 하며, 그러한 결정을 하는 데 장애뿐 아니라 모든 개개인의 요구를 고려해야 한다. 유아가 주의를 끌기 위해서 비명을 지른다면 무시하는 것이 적절한 방법일 것이다. 그러나 비명이 다른 유아들에게 너무 거슬린다면 교사가 직접적으로 개입해야 할 필요를 느낄 수도 있다. 다른 교사들과 이야기를 나누는 것은 교사가 이 문제나 유사한 딜레마들을 분석하고 긍정적인 반응의 전략을 더 풍부하게 개발하는 데 도움이 될 것이다.

8) 문제해결 팀 접근

훌륭한 교사는 문제를 해결하기 위해 필요한 도움을 가능한 한 많이 요청하는 교사이다. Jowonio에서는 언어치료사, 직업/물리치료사, 다른 교사, 보조교사, 부모, 심리학자, 대학원생, 그리고 그 밖에 학생을 알고 좋은 아이디어를 가지고 있는 사람들이 참여하는 회의를 갖는다. 참여자가 다양한 것이 중요하다. 다양한 부류의 창의적인 사람들과 함께 일하기 위해서는 어느 정도 방향과 초점이 있어야 하며, 교사는 사람들이 계속해서 협동할 수 있도록 돕는 기술을 갖출 필요가 있다.

Jowonio의 교사는 가능한 한 많은 사람들이 참여해 가능한 한 많은 아이디어를 창출하는 일반적인 문제해결 방법을 사용한다. 해결해야 할 문제는 교육적, 사회적, 정서적, 혹은 행동적 문제 등으로 다양하나, 해결책은 환경을 바꾸는 데서 찾게 된다. 유아는 절대로 문제가 아니다. 따라서 교사 혼자서는 절대로 모든 정답을 제시할 수 없다.

9) 개별화교육 프로그램의 실시

합리적이기도 하고 아울러 주와 연방정부의 규정으로 정해져 있기 때문에 각 특수아별로 IEP, 즉 개별화교육 프로그램에 대해 문서화된 계획이 있어야 한다. 개별화교육 계획(IEP)은 각 유아의 현재 능력 수준, 연간 장기 목적, 이러한 목적을 단기 행동목표로 나눈 것, 그리고 시간 계획과 목표 달성 여부나 정도에 대한 측정 방법에 대한 문구를 포함해야 한다.

특수아를 위한 세부적인 목표는 일반적인 유아교육과정과 그 주제/개념의 체계하에 제시된다. 교육과정의 범위와 순서는 다양한 성취수준과 학습방식을 고려해야 한다(Gardner & Hatch, 1989; Goodman, 1992; Ramsey, 2006; Ray et al., 2006). 수업계획안은 학습에 대한 보편적 계획에 부합하도록 다양한 목표와 다양한 교수방식을 통합한다(Rose & Meyer, 2002). 특수아를 위해서 여러 가지 방법으로 조정을 할 수 있다. 즉, 목표 기능이나 기능의 계열성, 공간, 집단구성, 기대하는 참여수준, 사용되는 교구의 종류, 단서의 특성과 필요한 도움 등에 대한 조정이 이루어질 수 있다(Janney & Snell, 2004; Udvari-Solner, 1996).

기술공학, 특히 컴퓨터의 사용을 통해 모든 유아는 독립심, 긍정적인 자긍심과 통제감을 강화하고 주의집중 시간과 문제해결 기술을 증대시키는 학습동기를 상당히 유발하는 활동에 참여한다. 학생들은 보통 초기와 중간 중간에 간헐적으로 성인의 도움을 받기는 하나 독립적으로 사용할 수 있는 개방적인 상호작용형 소프트웨어를 좋아한다. 컴퓨터를 사용해 함께 놀이할 수 있으므로 유아들 간에 차례 지키기, 협동, 사회적 상호작용이 일어날 기회가 풍부하다. 학생들은 또한 키보드와 점점 더 세련되어지는 음성출력 기기를 사용해 의사소통을 할 수 있다. 안정적으로 움직일 수 있는 사람은 누구라도 무수한 스위치를 통해 컴퓨터화된 의사소통 기구를 사용할 수 있고 학습의 기회를 강화할 수 있다. 말이 서투른 학생은 자신이 아는 것을 표현할 수 있고 또래들에게 본보기가 되기도 하고 가르쳐줄 수도 있다(Johnston, Beard, & Carpenter,

2006). 기술공학은 유아들을 미래에 준비시킬 뿐 아니라 교실에서의 학습과 사회적 친교의 기회를 유의미하게 강화할 수 있다.

4. 학교와 학급 구성

Jowonio 학교에는 2세부터 5세까지의 일반아와 특수아를 포함해 다양한 유아들이 재원하고 있다. 이들은 전문가로부터 언어장애, 정형외과상의 장애, 자폐, 그 밖의 건강장애와 복합적 장애를 가진 것으로 판정받은 유아를 포함한다. 각 학급은 한두 살의 연령차를 가진 유아들로 구성되어 있으며 일반/특수 유아가 균형을 이루도록 되어 있다. 예를 들면, 걸음마기 유아 학급에는 10명의 유아가 있는데 그 중 5명은 장애가 있는 유아이고, 나머지 5명은 정상적으로 발달하고 있는 유아이다. 3, 4, 5세 종일반 학급에는 보통 16명의 학생이 있는데 그 중 6명이 특수교육이 필요한 유아다. 학급집단의 분위기가 연령에 적합하고 각 집단에 사회적, 언어적 기술을 위한 좋은 본보기가 있는 것이 중요하다. 혼합연령 집단에서는 또래 간 상호작용과 우정 형성이 더 잘 일어날 수 있다.

10명의 걸음마기 유아가 있는 학급에는 세 명의 교사가 배치된다. 16명의 3세부터 5세 유아가 있는 학급에는 4명의 전일제 교사가 배치된다. 필요한 경우, 관련된 언어치료, 물리치료, 직업치료 등이 제공된다. 모든 학급에 유아교육과 특수교육을 모두 공부한 교사를 배치하려고 노력한다. 정상적인 유아를 다룬 경험이 있는 교사는 각 연

Frank Siteman

통합학급에서는 유아들이 개개인의 다양한 능력을 존중하도록 돕는다.

령별로 요구되는 기능과 발달과업의 일반적인 계열성을 이해할 수 있다. 예를 들어, 어떤 사람은 3세 유아의 행동을 장애를 나타내는 증상이라기보다는 정상적인 발달의 경계선 안에 있는 것으로 보는 관점을 가질 수도 있다.

5. 포괄적 통합을 달성하는 방법

학급의 다양한 유아들이 최대한 참여할 수 있도록 돕기 위해서 일과구성, 집단구성, 지원의 정도와 참여에 대한 기대 수준에서 융통성이 허용된다(Stainback & Stainback, 1992). 이와 더불어, 다양한 목적을 가진 교구, 활동, 여러 가지 방식의 교수법을 사용함으로써 다양한 수준의 학생들을 통합시킬 수 있다.

1) 일과구성의 융통성

하루 일과는 유아가 개방적 탐구, 자발적 행동, 선택을 하면서 독립심을 기를 수 있도록 예측 가능하게 구성된다. 성인은 놀이를 확장하고 학습의 범위를 넓히기 위해서 '가르치기에 적합한 순간' 을 사용한다. Jowonio에서는 전이의 횟수와 활동 간에 기다리는 시간을 최소화시키고자 노력한다. 반면, 정리하기와 옷 입기와 같이 자연스러운 상황에서 학습이 일어나는 활동에는 시간을 할애한다. 활동적인 대근육 활동과 앉아서 하는 활동을 항상 균형 있게 제시하며, 유아들은 유아원 건물과 그 주변에서 신체를 움직일 기회를 가져야 한다. 일반적인 일과구성은 다음과 같다.

8:45~9:45	개방적 놀이/학습영역을 선택하여 활동하기
9:45~10:00	모임 또는 대집단 활동
10:00~10:15	간식
10:15~10:30	책 읽기, 화장실 사용하기
10:30~11:30	특별 활동(율동, 음악, 기술훈련, 짝놀이, 놀이 선택, 집단 놀이, 극화, 후속 이야기 짓기, 요리)
11:30~12:00	점심
12:00~12:30	휴식과 책 읽기
12:30~1:00	실내 체육활동/실외활동
1:00~2:00	특별 활동(오전과 마찬가지) 또는 자유선택활동
2:00~2:30	귀가준비(음악, 마무리 활동)

유아들은 현장학습을 자주 나간다. 교사는 보통 그 주의 주제에 맞추어서 일정을 계획하고, 그 주제의 개념을 강화시키기 위한 활동을 고안하고, 책을 선택하고, 교실

안팎에서의 경험을 조직한다. 치료사들은 자주 교실에서 함께하면서 대상 유아들을 위한 개별적 목표를 충족시키기 위한 집단 활동의 계획을 책임진다. 교실에 기반을 둔 치료를 통해서 기술을 일반화시키고, 교사들에게 치료 기술을 시범 보이고, 치료가 학급과 가정에서 유아에게 유용하게 쓰일 가능성을 극대화시킬 수 있다. Janney와 Snell(2004)은 이러한 교육 실제를 일반적으로 사용되는 전문용어("push in"과 "pull out")를 변형시켜 "pull in" 치료라 칭하였다.

2) 집단구성의 융통성

유아를 집단으로 구성하는 데 있어서의 융통성도 통합을 촉진시킨다. Jowonio에서는 개별화와 독립심 간의 균형을 위해서, 그리고 효과적인 또래 모델링과 사회화를 위해서 다양한 집단 구성을 이용한다. 필요로 하는 지원의 수준, 계획의 복잡성, 진정한 통합의 정도에 따라 다양하게 집단을 구성한다. 교사와의 일대일 상황에서 학습자는 교사와의 관계에 집중한다. 일대일 시간은 평가, 새로운 기술 교수, 또는 집단참여를 촉진시키기 위해 수업내용을 예습하는 데 사용될 수도 있다. 2인 1조나 소집단은 교사가 구조화할 수 있는 사회적 상호작용의 기회를 제공한다. 유아원 연령 이후에 대집단 상황에 대처하는 것을 배우는 것은 유아에게도 좋으므로 대집단을 경험해볼 기회를 제공하는 것이 중요하다.

3) 교육과정 조정

특수유아가 성공적으로 참여할 수 있도록 하기 위해서는 일반적인 교육과정을 조정해야 한다. 이러한 조정을 위해 몇 가지 양식(modalities)을 사용하여, 여러 가지 목적을 가질 수 있도록 교실에서의 교수법의 속성을 변화시킬 수 있다. 더불어 Jowonio에서는 학습자의 현재 능력에 따라 기대치를 달리하면서 부분적인 참여를 허용한다(Baymgart et al., 1982). 조정은 교구와 단서, 계열성과 규칙, 지원 정도 등에서 이루어질 수 있다(Janney & Snell, 2004; Udvari-Solner, 1996).

(1) 교구와 단서

유아가 언어를 이해하기 위해서는 시각적 단서나 실물 단서가 필요하다. 유아는 또한 배우고 있는 내용과 관련된 물체를 직접 조작해 봄으로써 더 잘 학습한다. Jowonio에서는 모든 물건에 글자나 상징을 이용하여 이름표를 붙인다. 교실에 이름표를 붙이는 것은 모든 유아의 발현적 읽기 발달을 위해 중요한 방법이다(Anderson, Moffar, & Shapiro, 2006; Hill & Nichols, 2006; Neuman & Roskos, 1993, 1994; Schickedanz, 1986). 말이 서툰 유아들이 이 방법을 사용했을 때 비교적 높은 읽기/쓰기 기술을 보인다는 사실을 파악한 후, 이름표 붙이기는 Jowonio에서 특히 강조되었다(Kliewer & Biklen, 2001). 물론 한 가지 내용에 대해 의사소통하기 위해서 여러 단서들을 사용하는 것은 일반적인 유아교육 실제에서도 좋은 방법에 해당한다. 관찰이나 유아 및 부모와의 면담을 통해 알아낸 가장 좋아하는 주제와 교구에 대한 목록을 통해 유아가 어떤 교구를 사용했을 때 활동을 더 흥미롭게 할지 알 수 있다. 예를 들어, 유아가 자동차에 관심을 가진다면 교사는 자동차를 이용해서 손쉽게 서열화, 분류, 수세기 활동을 개발할 수 있을 것이다.

(2) 계열성과 규칙

모든 유아가 성공적으로 참여할 수 있도록 하기 위해서 활동의 단계를 줄이고 게임의 규칙을 변경해야 할 수도 있다. 더불어, 선택 가능한 활동의 수를 제한시키거나, 기다리는 시간을 줄이거나, 활동에 필요한 총시간을 줄일 수도 있다. 예를 들어, 대집단으로 앉아있는 것을 힘들어하는 유아에게 초기에는 5분동안만이라도 앉아 있게 하고(마지못해 하는 것일지라도!), 그 후 일어나서 교실의 다른 영역에서 조용히 다른 것을 하도록 허용해줄 수 있다. 추후에 유아가 일과에 익숙해지게 됨으로써 더 오랫동안 앉아 있도록 하는 것이 목적이다.

4) 지원 수준에 있어서의 융통성

성공적인 참여를 위해 중요한 방안은 교사나 또래가 궁극적으로는 점점 사라질 지원을 하면서 유아가 가능한 한 독립적으로 활동할 수 있도록 하는 것이다. 지원에는 신체적 도움, 몸짓, 개별화된 언어적 단서, 교사 근접성, 또래 단짝, 또래 모델링 등이 있다. 신체적 장애가 있는 학생은 교사로부터 신체적 도움을 필요로 할 수도 있으나 컴퓨터와 같은 기술공학적 도구의 도움을 받아 독립적이 될 수도 있다.

통합 활동을 계획하기 위해서 운동, 사회 · 정서적, 언어, 행동, 인지 기능 영역에서 교육 목적을 선정해야 한다. 일반적 목적의 경우 정상적으로 발달하는 학생을 위한 주제, 내용 영역, 기술의 수준에 기반할 수 있다. 그 후 특수아의 IEP에서 도출한 특정 유아를 위한 목적이 구체적 활동에 통합될 수 있다. 각 활동을 구조화하는 데 있어서 일반적인 활동의 계열성, 교구의 범위, 집단 구성이 계획되어야 한다. 또한 개별 유아들을 위해서 필요한 조정이 이루어져야 한다. 그리고 또래의 역할이 중요하게 고려되어야 한다.

아래에 제시된 개별화된 수업계획안(그림 5-1 참조)은 두 명의 특수아를 포함시킬 때 요리활동을 어떻게 조정하는지에 대한 예시이다. Brad는 운동능력과 인지능력이 심각하게 지체되었다. 자폐증상이 있다고 판단되는 James는 언어가 어느 정도 괜찮지

수업계획안

날짜: 4월 24일 주제: 봄 교사: Rae

활동: 요리: '메뚜기 쉐이크' Jowonio 요리책 12페이지

장기 목표: 언어적으로 지시하는 나눠쓰기 활동에 참여하기

준비물: 믹서기, 계량스푼, 계량컵, 아이스크림 주걱, 우유, 아이스크림, 바닐라, 계란, 식용색소

단기적 목표	방법/과정	준비물	평가
집단: 1. 또래에게 물건 건네주기 2. 수세기, 측정 개념: 전체와 반 3. 요리법 순서 따라 요리하기 4. 과제 완수하기 5. 읽기 시작하기	소집단 * 각 유아가 요리법에 나와 있는 순서대로 하기 * 물건에 이름표 붙이기		
개별화: Brad 1. 요리재료 탐색하기–몇 가지 맛보기 2. 도구 사용하기–떠 올릴 때는 숟가락 사용 물을 따를 때는 주전자 사용 믹서: 원인과 결과 3. 간단한 지시 따르기–넣어라, 쥐라 4. 또래의 말을 경청하기	* 필요한 경우 두 손으로 번갈아 잡기–그리고 도움주지 않기 * 손에 음식을 쥐어주고 입에 가져가게 해서 맛보기 격려하기	* 믹서 가까이 앉기 * 우유, 아이스크림, 계란, 믹서, 특수교육용 시각 자료	
개별화: James 1. 맥락 안에서 단어 사용하기 2. 또래의 말을 경청하고 요구에 응답하기 3. 또래에게 필요한 물건 요구하기 4. 활동에 대한 의견 말하기 5. 읽기 시작하기	* 활동 전에 표 읽고 * James에게 요구하도록 다른 유아들 격려 * 의견 이야기하는 것을 시범 보이기		
개별화: Jerry, Alicia+Mary –집단활동			
개별화:			
개별화:			

그림 5–1 수업계획안

만 단순히 기계적으로 암기해서 쓰는 경향이 있다.

6. 다음 환경으로의 전이

유아교사의 과업 중 중요한 측면 하나는 유아와 가정이 다음 단계의 교육 환경인 유치원으로 전이하도록 준비시키는 것이다(Donovan, 1987). 유아원 특수교육 학급과 정규 유치원 학급을 비교한 연구에 따르면 두 환경에서 기대하는 바가 매우 다르다(Vincent et al., 1980). 예를 들어, 유치원 교사들은 대집단으로 지시를 한 번 내리고 유아들이 그에 반응하기를 요구하는 반면, 유아원 특수학급의 교사들은 개별적인 지시를 학생들에게 소집단이나 일대일로 반복한다. 유아기의 발달과 교육을 연계해줄 필요성을 의식하면서(이 책의 8장 참조), 유아원 교사는 다음 환경에 대해 인식하고 유아들이 그 곳에서 성공할 수 있는 능력과 사회적 기술을 습득하도록 도울 책임을 갖고 있다.

유아교사의 두 번째 책임은 유아들의 유치원 배치에 긍정적인 영향을 주기 위해서 가족과 협력하는 것이다. 교사는 유아 개개인의 요구에 부합하는 통합교육 프로그램을 찾거나 만들기 위해 노력한다. Jowonio에 다니는 특수유아는 서너 개 지역의 교육청 관할지역에서 온다. 따라서 Jowonio 교사진이 '졸업생'들을 위해 학령기 특수교육 서비스로의 전이를 도와줄 때, 일관성 있는 통합교육 접근을 지원하기 위해서는 이 모든 교육청과 협력해야 한다. 이를 위해서 교사들은 중재자와 상담자로서의 기술이 있어야 하는데 이는 일반적으로 훈련받지 못했던 부분이다. 기존 통합교육 프로그램을 찾거나 새 프로그램(예를 들어, 유아를 전일제 도우미와 치료 서비스가 제공되는 일반 유치원 학급에 배정)의 개발을 지원하기 위해서는 모든 영역에 걸쳐 유아의 세부적인 요구들을 확인하는 것은 중요하다. 교육청 관계자들과의 긍정적인 관계 형성은 교육청 관할 학급을 관찰하고 그쪽 교사들과 행정가들을 초청해 우리 교실과 대상 유아를 관찰하게 하는 데서 시작될 수 있다.

전이과정에서 부모들의 희망이 결정적으로 중요하다. 자녀에게 가장 적합한 통합적 유치원 배정을 위해서 부모는 자신들의 법적인 권리를 알아야 하고, 자녀가 평가되고 교실에 배정되는 과정을 이해해야 하며, 자신들에게 중요한 프로그램의 구성요소에 대해 말할 수 있어야 하고, 교육청 관계자와 긍정적인 관계를 발전시켜야 한다. 유아원 교사와 행정가로서 우리는 자녀를 지원하는 데 필요한 정보와 도움을 제공하기 위해 부모들과 긴밀히 협력한다. 교사는 적극적인 계획과 확인을 통해 이러한 전이를 수월하게 만들 수 있다.

점차 많은 부모들이 장애를 가진 자녀가 버스를 타고 멀리 가는 것보다 가까운 학교에 다니는 것이 중요하다고 인식하고 있다. 그러나 가까운 학교의 경우 이와 비슷한 요구를 가진 장애 유아를 이전에 접하지 못했을 수도 있다. 가정과 학교는 유아를 위한 장기적인 사회적 관계 발달을 극대화시키고, 유아가 형제자매나 이웃 친구들과 함께 있을 수 있게 하며, 부모와 교사 간의 의사소통을 증가시키고, 유아가 자연스러운 환경에서 기술을 일반화하도록 돕는다(Brown et al., 1989 참조).

일단 유아가 유치원에 공식적으로 배정되면 유아원 교사는 그 유아에 대해서 직접 혹은 서류를 통해서 의견을 교환한다. Jowonio에서는 유치원 교사를 위해서 유아의 작품 견본, 평가서, 좋아하는 활동, 행동지도나 교수에 효과적인 접근법 등을 포함한 포트폴리오를 만든다. 이 모든 노력들은 성공을 보장하는 충분한 지원을 통해서 유아가 일반 유치원이나 초등 1학년으로 긍정적인 전이를 하도록 돕기 위한 것이다.

7. 교사교육에의 시사점

교사교육은 Jowonio 프로그램에서 핵심적인 부분이다. 교사들에게 기대되는 다양한 활동들을 두고 볼 때 초임 교사들은 우수한 통합교육 환경에서 실제적인 경험을 해야 한다. 유능한 교사는 계획하고, 프로그램을 구성하고, 학급을 관리하는 데 있어서 융통성이 있고 반성적이다. 교사는 유아들과 관계를 잘 맺을 수 있어야 할 뿐 아니라 다양한 성인들과 함께 일하고 상호작용할 수도 있어야 한다. 초임 교사는 통합 학급에 관련된 다양한 성인들을 다루는 것에 대해서 때때로 큰 부담을 느낀다. 교사는 학급에 대한 관점, 가치와 기술 등이 다를 수 있는 다른 교사, 치료사, 부모, 행정가, 보조교사, 교생들과 협력하여 일할 수 있어야 한다. 다른 성인과의 상호작용이 매우 어려울 수 있기 때문에 교사교육에는 다른 성인들과 협동하여 일하는 법에 대한 부분을 다루어야 한다. 문제해결 접근법을 개발하는 것은 필수적이다. 이러한 목적을 달성하기 위한 최선의 방법은 교사교육 프로그램에서 성인 동료들과의 다양한 협력적, 실제적, 문제해결의 경험을 가지도록 하는 것이다.

8. 통합을 위한 그 밖의 노력

Berrs와 Knoblock(1987), Biklen(1985), Cavallaro와 Haney(1999), Grisham-Brown 등(2005)은 유아를 위한 다양한 통합교육 모형을 제시하였다. 재정적 제한 때문에 언제나 효과적이지는 못했지만, 헤드스타트 프로그램은 초창기부터 장애아를 포함시키는 것을 의무사항 중 하나로 여겼다(Schwarts & Brand, 2001). Jowonio는 이러한 형태의 초창기 모형 중 하나로서, 통합교육 분야에서 특별한 관심을 끌 완성도 높은 프로그램을 대표했다. 그렇지만 Jowonio가 처음으로 체계적 유아 통합교육 접근을 시작했던 1975년 이래로 이러한 모형에 대한 관심이 증가하면서 비슷한 프로그램들이 많이 생겨났다. 그 결과, 장애학생이 일단 Jowonio를 떠난다면 다양한 종류의 프로그램에 다니겠지만, 현재 그 중 어느 것도 사실상 완전하게 격리된(자립형) 특수교육 프로그램은 아닐 것이다. 이는 그동안 Jowonio가 근처 지역사회에 통합교육 선택권을 많이 보급시켰기 때문이다. Jowonio에 재학했던 학생의 부모들은 통합교육의 강력한 옹호자이며, 몇몇 지역 프로그램의 교사진은 부분적으로 Jowonio에서 일하던 교사들로 구성되었다. 이러한 과정은 수년 동안 계속되고 있다. Knoblock과 Lehr(1985)는 다음과 같이 기술했다.

> Jowonio의 '졸업생' 들은 통합교육 기관에 계속해서 재학하는 경우가 많은데, 이는 부모가 그것이 자녀를 위해 적합한 환경이라고 확신하기 때문이다. (중략) 어떤 유아는 보조교사나 특수학급 교사의 도움을 받아 정규 학급에 통합된다. (중략) (Jowonio 교사진과의 협력을 통해 개발된 예비 프로그램의) 결과, Syracuse시에서는 중증 장애(sic) 유아들이 전일제로 통합되는 K-5 학급을 설계했다. (pp. 300-301)

Knoblock과 Lehr가 Jowonio의 우수한 유아원 통합교육 모형이 학령기 장애 아동을 위해서도 비슷한 노력이 이루어지도록 촉발시킬 수 있었음을 설명한 이래로 20여 년 동안 이용할 수 있는 통합 프로그램의 범위는 계속해서 확장되었다. 최근에는 21세까지의 Syracuse 지역 학생들을 위한 '완전 통합(full-inclusion)' 이라 불리는 모형이 생겼다(18세에서부터 21세까지의 중증 장애를 가진 Syracuse시의 학생들은 Syracuse 대학의 수업이나 대학 생활에 통합이 되기도 한다). 초등학교 수준에서는 다양한 지역 교육청에서 다양한 선택의 여지를 제공한다. 어떤 프로그램은 학생들이 학교에서 보내는 시간을 특수교육 학급과 일반 교육 학급으로 나눈다. 많은 프로그램에서 장애학생을 지원하는 데 있어서 준교육자(para educator)에게 지나치게 의존한다. 외래 특수교사가 일반 학급에 와서 서비스를 제공하는 것은 매우 흔한 일이 되었다. 이러한 다양한 프로그램 설계 중 많은 모형들이 Jowonio의 선례를 따라서 학급의 모든 측면에 통합교육 실제가 배여 있는 프로그램을 제공하는 것은 매우 흡족한 일이라 할 수 있다.

현재 통합교육 프로그램 모형은 매우 다양하다. 예를 들어, 이 장에 소개된 기관 중심의 프로그램에 덧붙여, Jowonio에서는 지역사회의 다양한 보육시설과 유아 프로그램과 긴밀한 관계를 맺고 있으며(예를 들어, 시라큐스 대학의 유아교육 프로그램), 특수아들을 소집단으로 지원할 특수교육 및 지원 인력팀을 파견한다. 그 모형이 어떤 것이든 간에 통합교육은 뛰어난 창의성, 열정, 헌신을 필요로 한다. 교사와 행정가들의 자발적 노력과 협력은 프로그램의 성공을 위한 핵심 요소이다. 또한 다양한 프로그램들은 서로로부터 배움으로써 상당한 도움을 받을 수 있다.

이 분야에서 이루어진 대부분의 연구는 부모와 교사의 태도(예를 들어, Blacker & Turnbull, 1982; Ostrosky, Laumann, & Hsieh, 2006), 사회적 상호작용의 양상(Strain, 1984, 1985), 발달 및 행동상의 결과 (Guralnick, 1980; Jenkins et al., 1989), 개입의 방법(Strain & Odom, 1986)뿐 아니라 통합적 유아교육이 일반아와 특수아 모두에게 미치는 영향에 초점을 맞춰 왔다.

Odom과 McEvoy(1988)는 통합에 대한 선행연구 고찰에서 "장애아들이 주류화된 유아프로그램에서 적절한 교육을 받을 수 있다는 증거" (p. 262)가 있다고 했으나, 단순한 주류화 그 자체가 아니라 교육의 질이 프로그램의 성공에 중요한 요인이라고 결론내렸다. 통합적 환경에서 일어날 수 있는 장애 아동과 일반 아동 간의 사회적 상호작용은 반드시 자발적으로 일어난다기보다는 직접적이고 계획된 개입을 필요로 한다. 통합의 효과는 다른 변인들로부터 분리해 내기는 힘들지만, 연구결과를 통해 "정상적으로 발달하는 유아들은 통합 학급으로부터 부정적인 영향을 받지 않는다. 사실 그들은 발달에 있어서 교육과정과 교수전략에서 혜택을 본다" (p. 259)는 점이 분명해진다. Odom과 Bailey(2001)는 통합 유아원 프로그램이 일반적으로 학생들에게 긍정적인 효과가 있다는 비슷한 결론을 내렸다. 그러나 그 결과는 체계적인 계획과 프로그램, 성인들의 협력에 대한 지원, 유아교사교육의 양상과 학력수준 등(Sansall, Hemmeter, Smith, & McLean, 2005), 일반적으로 훌륭한 유아교육 프로그램을 구성하는 다양한 요인들에 따라 달라질 수 있다.

연구 결과는 장애 유아를 위한 또래 간 상호작용이 격리된 학급보다 통합 학급에서 더 자주 일어나며(Guralnick et al., 1996; Odom & Bailey, 2001), 집중하지 않는 놀이나 적절하지 않거나 자학적인 행동이 통합 학급에서 덜 일어난다는 것을 보여준다(Erwin, 1993). 장애 아동과 일반 아동의 자연스러운 구성은 또래 간 상호작용에 긍정적인 영향을 준다(Hauser-Cram, Bronson, & Upshur, 1993). 예컨대, 통합 학급의 유아 대부분에게 최소한 한 명의 친구가 있다고 부모와 교사들은 보고한다(Buysse, 1993). 통합 학급의 일반 유아들은 통합되지 않은 유아교육 프로그램의 비교집단보다 장애 유아에 대한 사회수용도 점수가 더 높게 나타났다(Diamond & Hestenes, 1996). 또한 혼합연령의 통합 프로그램은 동일연령 집단보다 유아들 간의 사회적인 대화를 촉진하고 더욱 수준 높은 놀이를 가능하게 하였다(Blasco, Bailey, & Burchinal, 1993; Roberts, Burchinal, & Bailey, 1994).

신념체계를 정의하고 평가하는 것은 어려운 일이지만 통합에 대한 교사의 신념에 관한 자료들은 상당한 일관성을 나타내고 있다. 통합에 대한 교사의 긍정적인 태도는 장애가 있는 어린 유아들을 교육하는 능력과 관계가 있었다(Gemmell-Crosby & Hanzlik, 1994). 그러나 계획과 협동하기에 부족한 시간(Marchant, 1995), 장애아를 교육하는 것에 대한 지식 부족(Dinnebeil, McInerney, Roth, & Ramaswamy, 2001), 통합이 일어나는 맥락(Stoiber, Gettinger, & Goetz, 1998), 그리고 대상 유아의 능력수준에 대한 인식(Eiserman, Shisler, & Healey, 1995) 모두가 통합 환경에서 일하는 것에 대한 지역 교사들의 태도에 영향을 미친다.

근본적으로 통합교육적 접근을 하는 것은 가치에 기반한 결정이다. 물론 연구를 통해 특정한 통합 실제에 대한 증명이 이루어진다면 확실하다. 그러나 연구가 다소 불확실하더라도 모든 학생들이 학급 공동체에서 완전한 구성원으로 참여할 권리가 있다고 보는 입장은 윤리적이고 옹호할 만한 관점이다. Jowonio(혹은 어떠한 통합교육 프로그램이라도)를 성공적인 통합교육 프로그램으로 만드는 것은 이러한 가치에 대한 교사진과 가족의 깊은 믿음이다. Kluth와 동료들(2007)이 결론짓듯, 통합은 공간차원의 문제가 아니다. "대신, 통합은 유아들을 학급과 학교생활의 참여자로 진심으로 수용하는 태도, 일련의 실제, 정책이다" (p. 54).

9. 결론

일반적으로 인정되는 유아교육의 발달에 적합한 실제(Bredkamp & Copple, 1997 참조)와 일반적으로 인정되는 특수교육의 실제는 일치한다. 둘 다 개별 유아의 독특한 발달 양상을 강조한다. 또한 선정되는 교육과정은 유아의 현재 기능 수준과 흥미에 부합해야 한다. 효율적인 교육과정은 신체, 사회 · 정서, 언어, 인지능력 등 발달의 모든 영역 간의 통합을 요구한다고 보는 점도 동일하다. 유아들 간에 능력과 스타일의 차이가 있음을 예상하고 존중해야 한다. 둘 다 공동체의 각 구성원이 전체의 다양성에 의해 발달된다고 본다.

모든 유아들을 위한 통합적 유아 프로그램은 철학적 측면과 실제적 측면 모두에서 합리적이다. 이 장에서는 장애 유아와 일반 유아 모두가 학급 공동체에서 완전한 구성원으로 인정되는 '완전 통합' 유아교육 환경에 대해 설명했다. Jowonio 프로그램은 모든 유아가 존중받아야 한다는 믿음에 근거한다. 즉, 모든 유아는 양질의, 연령에 적합한 유아교육을 받을 권리가 있으며 이를 통해 혜택을 받을 수 있다. 학습은 모델링과 관계를 통해 일어난다. 또한 교사와 부모 간, 교사집단 내의 문제해결을 위한 동반자적 관계도 유아들을 위한 좋은 프로그램의 핵심이다. 통합 프로그램의 중심적인 활동은 모든 학생들의 성공적인 참여를 위해서 일반 교육과정을 조정하는 것이다. 그 목적은 모든 유아와 성인이 학습하고 존중받는다고 느낄 수 있는 통합 공동체를 만드는 것이다.

참고문헌

Anderson, J., Moffat, L., & Shapiro, J. (2006). Reconceptualizing language education in early childhood: Socio-cultural perspectives. In B. Spodek & O. Saracho (Eds.), *Handbook of research on the education of young children* (pp. 131-151). Mahwah, NJ: Erlbaum.

Bailey, D. (1996). An overview of interdisciplinary training. In D. Bricker & A. Widerstrom (Eds.), *Preparing personnel to work with infants and young children and their families: A team approach* (pp. 3-22). Baltimore, MD: Paul Brookes.

Bailey, D., McWilliam, R., Buysse, V., & Wesley, P. (1998). Inclusion in the context of competing values in early childhood education. *Early Childhood Research Quarterly, 13*, 27-47.

Barnes, E., Berrigan, C., & Biklen, D. (1978). *What's the difference: Teaching positive attitudes toward people with disabilities.* Syracuse, NY: Human Policy.

Berres, M., & Knoblock, P. (1987). *Program models for mainstreaming.* Rockville, MD: Aspen.

Biklen, D. (1985). *Achieving the complete school: Strategies for effective mainstreaming.* New York: Teachers College Press.

Biklen, D. (1992). *Schooling without labels.* Philadelphia: Temple University Press.

Blacker, J., & Turnbull, A. P. (1982). Teacher and parent perspectives on selected social aspects of preschool mainstreaming. *Exceptional Child, 29*, 191-199.

Blasco, P., Bailey, D., & Burchinal, M. (1993). Dimensions of mastery in same-age and mixedage integrated classrooms. *Early Childhood Research Quarterly, 8*, 193-206.

Bredekamp, S., & Copple, C. (1997). *Developmentally appropriate practice in early childhood programs* (Rev. ed.). Washington, DC: National Association for the Education of Young Children.

Brown, R. (1973). *A first language: The early stages.* Cambridge, MA: Harvard University Press.

Buysse, V. (1993). Friendships of preschoolers with disabilities in community-based childcare setting. *Journal of Early Intervention, 17*, 380-395.

Carr, E. G., & Durand, V. M. (1985). Reducing behavior problems through functional communication training. *Journal of Applied Behavior Analysis, 18*, 111-126.

Cavallaro, C. C., & Haney, M. (1999). *Preschool inclusion.* Baltimore, MD: Paul Brookes.

Collins, W. A., Maccoby, G. E., Steinberg, L., Hetherington, E. M., & Bornstein, M. H. (2000). Contemporary research on parenting: Nature versus nurture. *American Psychologist, 55*, 218-232.

Denham, S. (2006). The emotional basis of learning and development in early childhood education. In B. Spodek & O. Saracho (Eds.), *Handbook of research on the education of young children* (pp. 85-103). Mahwah, NJ: Erlbaum.

Diamond, K., & Hestenes, L. (1996). Preschool children's conceptions of disabilities: The salience of disability in children's ideas about others. *Topics in Early Childhood Special Education, 16*, 458-475.

Dinnebeil, L. A., McInerney, W. F., Roth, J. & Ramaswamy, V. (2001) Itinerant early childhood special education services: Service delivery in one state. *Journal of Early Intervention, 24*, 35-44.

Donnellan, A. M., LaVigna, G. W., Negri-Shoultz, N., & Fassbender, L. L. (1988). *Progress without punishment: Effective approaches for learners with severe behavior problems.* New York: Teachers College Press.

Donnellan, A. M., Mirenda, P. L., Mesaros, R. A., & Fassbender, L. L. (1984). Analyzing the communicative functions of aberrant behavior. *Journal of the Association for Persons with Severe Handicaps, 9*, 201-212.

Donovan, E. (1987). *Preschool to public school: A teacher's guide to successful transition for children with special needs.* Syracuse, NY: Jowonio School.

Dunlap, G., Johnson, L. F., & Robbins, F. R. (1990). Preventing serious behavior problems through skill development and early intervention. In A. C. Repp & N. N. Singh (Eds.), *Perspectives on the use of nonaversive and aversive interventions for persons with developmental disabilities* (pp. 273-286). Sycamore, IL: Sycamore.

Dunlap, G., Kern-Dunlap, L., Clarke, S., & Robbins, F. R. (1991). Functional assessment, curricular revision, and severe behavior problems. *Journal of Applied Behavior Analysis, 24*, 387-397.

Dunst, C., Trivette, C., & Deal, A. (1988). *Enabling and empowering families.* Cambridge, MA: Brookline.

Eiserman, W. D., Shisler, L., & Healey, S. (1995) A community assessment of preschool providers' attitudes toward inclusion. *Journal of Early Intervention, 19*, 149-167.

Erwin, E. J. (1993). Social participation of children with visual impairment in specialized and integrated environments. *Journal of Visual Impairments and Blindness, 87*, 138-142.

Evans, I. M., & Meyer, L. H. (1985). *An educative approach to behavior problems.* Baltimore, MD: Paul Brookes.

Froschl, M., Colon, L., Rubin, E., & Sprung, B. (1984). *Including all of us: An early childhood curriculum about disabilities.* New York: Educational Equity Concepts.

Gallagher, J. J., Trohanis, P. L., & Clifford, R. M. (Eds.). (1989). *Policy implementation and PL 99-457.* Baltimore, MD: Paul Brookes.

Gardner, H., & Hatch, T. (1989). Multiple intelligences go to school. *Educational Researcher, 18*, 4-10.

Gemmell-Crosby, S., & Hanzlik, J. R. (1994). Preschool teachers' perceptions of including children with disabilities. *Education and Training in Mental Retardation and Developmental Disabilities, 29*, 279-290.

Gershoff, E. T. (2002). Corporal punishment by parents and associated child behaviors and experiences: A meta-analytic and theoretical review. *Psychologi-*

cal Bulletin, 128, 539-579.

Goldstein, A., & McGinnis, E. (1990). *Skillstreaming the preschool child.* Champaign, IL: Research Press.

Goodman, J. F. (1992). *When slow is fast enough.* New York: Guilford Press.

Gray, C. (1996). Teaching children with autism to "read" social situations. In K. A. Quill (Ed.), *Teaching children with autism: Strategies to enhance communication and socialization* (pp. 219-242). New York: Delmar.

Greenspan, S., & Wieder, S. (1998). *The child with special needs: Encouraging intellectual and emotional growth.* Cambridge, MA: Perseus Publishing.

Grisham-Brown, J., Hemmeter, M. L., & Pretti-Frontczak, K. (2005). *Blended Practices.* Baltimore: Paul Brookes.

Guralnick, M. (1980). The social behavior of preschool children at different developmental levels: Effects of group composition. *Journal of Experimental Child Psychology, 31*, 115-130.

Guralnick, M., Connor, R. T., Hammond, M., Gottman, J., & Kinnish, K. (1996). Immediate effects of mainstreamed settings on the social interactions and integration of preschool children. *American Journal of Mental Retardation, 100*, 359-377.

Hauser-Cram, P., Bronson, M. B., & Upshur, C. C. (1993). The effects of the classroom environment on the social and mastery behavior of preschool children with disabilities. *Early Childhood Research Quarterly, 8*, 479-498.

Hill, S. E., & Nichols, S. (2006). Emergent literacy: Symbols at work. In B. Spodek & O. Saracho (Eds.), *Handbook of research on the education of young children* (pp. 153-165). Mahwah, NJ: Erlbaum.

Hunt, J. M. (1961). *Intelligence and experience.* New York: Roland.

Janney, R., & Snell, M. (2004). *Modifying Schoolwork* (2nd edition). Baltimore, MD: Paul Brookes.

Jenkins, J. R., Odom, S. L., & Speltz, M. L. (1989). Effects of social integration on preschool children with handicaps. *Exceptional Children, 55*, 420-428.

Johnson, D., Johnson, R., & Holubec, E. J. (1990). *Circles of learning.* Edina, MN: Interaction.

Johnson, D. W., & Johnson, R. T. (1999). Making cooperative learning work. *Theory into Practice, 38*, 67-73.

Johnson, J., Christie, J., & Wardle, F. (2005). *Play, development and early education.* Boston: Allyn & Bacon.

Johnston, L., Beard, L., & Carpenter, L. B. (2006). *Assistive technology: Access for all students.* Upper Saddle River, NJ: Pearson/Prentice Hall.

Kaiser, B., & Rasminsky, J. S. (2006). *Challenging behavior in young children: Understanding, preventing, and responding effectively.* Boston: Allyn & Bacon.

Kliewer, C., & Biklen, D. (2001). "School's not really a place for reading": A research synthesis of the literate lives of students with severe disabilities. *The Association for Persons with Severe Handicaps, 26*, 1-12.

Kluth, P. (2003). "You're going to love this kid!": Teaching students with autism in the inclusive classroom. Baltimore, MD: Paul Brookes.

Kluth, P., Biklen, D., English-Sand, P., & Smukler, D. (2007). Going away to school: Stories of families who move to seek inclusive educational experiences for their children with disabilities. *Journal of Disability Policy Studies, 18*, 43-56.

Knoblock, P. (Ed.). (1982). *Teaching and mainstreaming autistic children.* Denver, CO: Love.

Knoblock, P., & Lehr, R. (1985). A model for mainstreaming autistic children: The Jowonio School. In E. Schopler & G. Mesibov (Eds.), *Social behavior in autism* (pp. 285-303). New York: Plenum.

Ladd, G., Herald, S. L., & Andrews, R. K. (2006). Young children's peer relations and social competence. In B. Spodek & O. Saracho(Eds.), *Handbook of research on the education of young children* (pp. 23-54). Mahwah, NJ: Erlbaum.

LaVigna, G. W., & Donnellan, A. M. (1986). *Alternatives to punishment: Solving behavior problems with non-aversive strategies.* New York: Irvington.

Lieber, J., Capell, K., Sandall, S., Wolfberg, P., Horn, E., & Beckman, P. (1998). Inclusive preschool programs: Teachers' beliefs and practices. *Early Childhood Research Quarterly, 13*, 87-105.

Lynch, S. K., Turkheimer, E., D'Onofrio, B. M., Mandle, J., Emery, R. E., Slutske, W. S., et al. (2006). A genetically informed study of the association between harsh punishment and offspring behavioral problems. *Journal of Family Psychology, 20*, 190-198.

Marchant, C. (1995). Teachers' views of integrated preschools. *Journal of Early Intervention, 19*, 61-67.

McGee, J. J., Menolascino, F. J., Hobbs, D. C., & Menousek, P. E. (1987). *Gentle teaching.* New York: Human Science.

McLoyd, V. C., Kaplan, R., Hardaway, C. R., & Wood, D. (2007). Does endorsement of physical discipline matter? Assessing moderating influences on the maternal and child psychological correlates of physical discipline in African American Families. *Journal of Family Psychology, 21*, 165-175.

Meyer, L. H., & Evans, I. M. (1989). *Nonaversive intervention for behavior problems: A manual for home and community.* Baltimore, MD: Paul Brookes.

Musselwhite, C. R. (1986). *Adaptive play for special needs children.* San Diego, CA: College Hill.

Neuman, S., & Roskos, K. (1993). Access to print for children of poverty: Differential effects of adult mediation and literacy-enriched play settings on environmental and functional print tasks. *American Educational Research Journal, 30*, 95-122.

Neuman, S., & Roskos, K. (1994). Bridging home and school with a culturally responsive approach. *Childhood Education, 70*(4), 210-214.

Nisbet, J. (2004). Commentary: "Caught in the continuum." *Research & Practice for Persons with Severe Disabilities, 29*, 231-236.

Odom, S., & Diamond, K. (1998). Inclusion of young children with special needs in early childhood education: The research base. *Early Childhood Research Quarterly, 13*, 3-25.

Odom, S. L., & Bailey, D. (2001). Inclusive preschool programs. In M. J. Guralnick

(Ed.), *Early childhood inclusion: Focus on change.* Baltimore, MD: Paul Brookes.

Odom, S. L., & McEvoy, M. A. (1988). Integration of young children with handicaps and normally developing children. In S. L. Odom & M. B. Karnes (Eds.), *Early intervention for infants and children with handicaps* (pp. 241-267). Baltimore, MD: Paul Brookes.

O'Neill, R. E., Horner, R. H., Albin, R. W., Storey, K., & Sprague, J. R. (1990). *Functional analysis of problem behavior.* Sycamore, IL: Sycamore.

Ostrosky, M. M., Laumann, B. M., & Hsieh, W. Y. (2006). Early childhood teachers' beliefs and attitudes about inclusion: What does the research tell us? In B. Spodek & O. Saracho (Eds.), *Handbook of research on the education of young children* (pp. 411-422). Mahwah, NJ: Erlbaum.

Piaget, J. (1963). *The origins of intelligence in children.* New York: Norton.

Ramsey, P. (2006). Early childhood multicultural education. In B. Spodek & O. Saracho (Eds.), *Handbook of research on the education of young children* (pp. 279-301). Mahwah, NJ: Erlbaum.

Ray, A., Bowman, B., & Robbins, J. (2006). Preparing early childhood teachers to successfully educate all children: The contribution of four-year undergraduate teacher preparation programs. Report to the Foundation for Child Development, New York.

Roberts, J., Burchinal, M., & Bailey, D. (1994). Communication among preschoolers with and without disabilities in same-age and mixed-age classrooms. *American Journal of Mental Retardation, 99,* 231-249.

Rose, D. H., & Meyer, A. (2002). Teaching every student in the digital age: Universal design for learning. Alexandria, VA: Association for Supervision and Curriculum Development.

Sandall, S. R., Hemmeter, M. L., McLean, M. E., & Smith, B. J. (2005). *DEC recommended practices: A comprehensive guide for practical application in early intervention/early childhood special education.* Longmont, CO: Sophris West.

Sapon-Shevin, M. (1999). *Because we can change the world: A practical guide to building cooperative, inclusive classroom communities.* Needham Heights, MA: Allyn & Bacon.

Sapon-Shevin, M. (2000/2001). Schools fit for all. *Educational Leadership, 58,* 34-39.

Sapon-Shevin, M. (2007). *Widening the circle: The power of inclusive classrooms.* Boston: Beacon Press.

Sarason, S. B., & Doris, J. (1959). *Educational handicap, public policy and social history.* New York: Free Press.

Schickedanz, J. (1986). *More than the ABC's: The early stages of reading and writing.* Washington, DC: National Association for the Education of Young Children.

Schwartz, B., & Brand, M. E. (2001). Head Start and the inclusion of children with disabilities. In M. Guralnick (Ed.), *Early childhood inclusion: Focus on change.* Baltimore, MD: Paul Brookes.

Stainback, S., & Stainback, W. (1992). *Curriculum considerations in inclusive classrooms.* Baltimore, MD: Paul Brookes.

Stainback, W., & Stainback, S. (1990). *Support networks for inclusive schooling.* Baltimore, MD: Paul Brookes.

Stoiber, K. C., Gettinger, M., & Goetz, D. (1998). Exploring factors influencing parents' and early childhood practitioners' beliefs about inclusion. *Early Childhood Research Quarterly, 13,* 107-124.

Strain, P. S. (1984). Social behavior patterns of nonhandicapped and nonhandicapped-developmentally disabled friend pairs in mainstreamed preschoolers. *Analysis and Intervention in Development Disabilities, 4,* 15-58.

Strain, P. S. (1985). Social and nonsocial determinants of acceptability in handicapped preschool children. *Topics in Early Special Education, 4,* 47-58.

Strain, P. S., & Odom, S. L. (1986). Peer social initiations: Effective intervention for social skills development of exceptional children. *Exceptional Children, 43,* 526-530.

Taylor, S. J. (1998). Caught in the continuum: A critical analysis of the principle of the least restrictive environment. *Journal of the Association for Persons with Severe Disabilities, 13,* 41-53.

Thousand, J., & Villa, R. (1990). Sharing expertise and responsibilities through teaching teams. In W. Stainback & S. Stainback (Eds.), *Support networks in inclusive schooling* (pp. 201-218). Baltimore, MD: Paul Brookes.

Touchette, P. E., MacDonald, R. F., & Langer, S. N. (1985). A scatter plot for identifying stimulus control of problem behavior. *Journal of Applied Behavior Analysis, 18,* 343-351.

Turnbull, H. R., & Turnbull, A. P. (1982). Public policy and handicapped citizens. In N. G. Haring (Ed.), *Exceptional children and youth* (3rd ed.) (pp. 21-44). Upper Saddle River, NJ: Merrill/ Prentice Hall.

Udvari-Solner, A. (1996). Examining teacher thinking: Constructing a process to design curricular adaptations. *Remedial and Special Education, 17,* 245-254.

Vincent, L., Salisbury, C., Walter, G., Brown, P., Gruenewald, L., & Powers, M. (1980). Program evaluation and curriculum development in early childhood special education: Criteria for the next environment. In W. Saylor, B. Wilcox, & L. Brown (Eds.), *Instructional design for the severely handicapped* (pp. 130-182). Baltimore, MD: Paul Brookes.

Westby, C. E. (1980). Assessment of cognitive and language abilities through play. *Language, Speech, and Hearing Services in Schools, 11,* 154-168.

21세기의 '문화에 적합한 교육', '다문화 교육', '반편견 교육'을 위한 개념적 틀

Louise Derman-Sparks(Pacific Oaks College)
Patricia G. Ramsey(Mount Holyoke College)

미국은 수많은 사람들로 구성된 나라이다. 여러 인종, 문화, 종교, 사회계층, 생활양식, 언어, 역사가 공존한다. 또한 미국은 독립전쟁을 통해 얻고자 했던 '삶, 자유, 행복추구' 라는 '절대적 권리' 가 모든 사람에게 공평하지 않은 나라이기도 하다. 처음 미국 땅에 도착했을 때부터 계속해서 땅을 차지해 가면서 유럽 정착민들은 인종, 문화, 종교, 역사가 그들과는 확연히 다른 사람들을 만나게 되었다. 유럽인들은 권력을 강화해가면서 자신들을 위한 자유민주공화국을 건설하려는 의지와 다른 집단을 노예로 삼거나 복종시키려는 행동 간의 근본적인 모순을 구현시키는 기관과 법률을 만들었다. 아시아와 라틴아메리카에서 온 최근의 이민자들을 소외시키려는 현재의 법적 노력과 법외의 노력, 차별철폐 조처를 되돌리고자 하는 노력, 그리고 인종에 따른 경제적 불균형 증가 등의 예에서 나타난 바와 같이 이러한 이중성이 미국의 역사를 만들어왔다.

가치와 행위 모두에 나타나는 이러한 모순은 21세기의 첫 10년이 끝나갈 무렵에도 계속해서 모든 기관, 특히 학교에 막대한 도전장을 던지고 있다. 첫째, 미국의 인구는 점점 더 다양해지고 있다. Ray, Bowman, 그리고 Robbins(2006)에 의하면 1998년에 인구의 28%가 유색인종이었으며 2050년까지 그 비율은 47%로 증가할 것으로 예상된다. 이러한 증가추세는 특히 3세에서 9세 사이의 유아에게 더욱 확연하게 나타난다. 최근 25%의 유아들이 미국 외의 국가에서 출생한 부모에게서 태어났고 그 중 1/3은 유색인종이다. 둘째, 우리 사회에 내재된 모순은 교육 기회, 자원, 결과 등에 있어서

유아들에게 다양한 문화에 대해 교육하는 것은 그들을 21세기의 생활에 준비시키는 것이다.

부유한 유아들과 가난한 유아들을 분리하는 보편적이고 완고한 불평등을 통해 계속해서 나타나고 있다. 사회계층은 종종 인종과 이민 상태와 관련이 있기 때문에 다양성이 증가하는 것은 경제적인 불평등이 잠재적으로 많은 유아들에게 부정적인 영향을 미칠 것이라는 것을 의미한다.

이러한 모든 압력 속에서 많은 유아들이 인종차별과 그 외의 형태의 차별의 희생자로서 빈곤하게 사는 상황에서 교육자들은 어떻게 모든 유아들이 잠재력을 최대한 발현하고 민주사회의 일원으로서 효과적으로 그 역할을 하도록 돕고자 하는 의무를 수행하는가? 교육자들은 어떻게 화합된 나라를 건설하기 위한 공통된 기반을 마련하는 동시에 이 나라 구성원의 다양성에 반응해야 하는가?

이 질문들에 대한 응답은 미국 교육 역사의 각기 다른 시점에서 전개되어 왔으며, 그 핵심에는 유럽 출신 미국 백인들과 타 인종/민족 집단 간의 서로 다른 권력 구분을 포함하는 다양한 철학적, 정치적 입장이 존재한다. 이러한 대답들에 대해 논하기 전에 먼저 어떻게 유아가 자신이 속한 집단에 대한, 그리고 인종적, 문화적, 혹은 그 밖의 측면에서 자신과 다른 집단에 대한 정체성과 태도를 발달시키는지를 고찰하고자 한다. 이 연구는 다양성에 대한 각기 다른 접근들이 유아교육에 어떻게 적용될 수 있는지에 대한 중요한 시각을 제공한다.

1. 유아는 다양성을 어떻게 학습하는가?

유아는 유아교육 프로그램에 올 때 다양성이라는 주제에 대해서 아무것도 모르는 백

지상태로 오는 것은 아니다. 유아는 사람들의 특성에 대한 관찰, 이러한 주제에 대한 질문에 다양한 정도의 불편감을 보이는 어른들의 반응에 대한 경험, 특정 집단에 대한 공통된 편견에 대한 노출, 그리고 다양성의 원인과 시사점에 대한 각자의 이론을 포함하여 다양한 정보를 머리에 담고 온다(Derman-Sparks, 1992). 이 장의 첫 단락에서 묘사했듯이 유아는 모순이 가득한 세상에서 성장한다. 우리는 유아들에게 평등, 자유, 공평함에 대해 가르치지만 유아들은 매일 불평등과 차별을 목격한다. 다양성에 대한 유아들의 생각은 종종 이러한 모순과 혼란을 반영한다.

유아는 인종, 사회계층, 문화, 성별, 성적 지향(sexual orientation), 정상/장애 등을 포함하는 인간의 다양한 측면에 대한 고정관념과 가설을 받아들인다(유아가 어떻게 이 각각의 범주에 대한 생각과 느낌을 발달시키는지에 대한 연구의 고찰은 Derman-Sparks와 Ramsey, 2006; Ramsey, 2004; Ramsey, 2006; Ramsey와 Williams, 2003을 참조). 유아는 사람들 간의 차이점과 유사점을 인식하고 호기심을 가진다. 그러나 인지적인 한계 때문에 유아는 종종 특수한 현상을 잘못 이해한다(Pfeifer, Brown, & Juvonen, 2007). 유아는 삶의 경험뿐 아니라 자신의 일반적인 인지발달 수준에 적합한 질문을 하고, 정보를 조직하고, 다양성에 대한 이론을 구축한다. 이러한 과정에서 유아는 구체적인 정보에 의존하고 그것을 익숙한 인지적 도식에 동화시키는데, 종종 관련된 정보를 무시하거나 잘못 이해하기도 한다. 예를 들어, 유아는 생물학적인 가족 구성원들이 비슷한 피부색을 가진다는 사실을 때때로 무시하고, 개개인의 피부색이 다른 것은 햇볕에 그을렸거나 색을 칠했기 때문이라고 생각하기도 한다. 마찬가지로, 성차에 대한 유아의 설명은 종종 관찰 가능하지만 무관한 속성, 예를 들어 머리 길이나 옷차림과 같이 적절하지 않은 속성에 초점을 맞추기도 한다. 가난한 사람과 부유한 사람에 대해 이야기할 때, 유아들은 종종 부는 은행으로부터 돈을 받거나 가게 점원으로부터 거스름돈을 받는 것과 연관이 있다고 생각한다. 장애를 연령과 잘못 연관짓기도 한다(예를 들어, "그 아이는 아직 아기라서 걷는 법을 배우지 못했어요").

이러한 발달적인 배경과는 별도로 어떤 사람들은 다른 사람들보다 고정관념을 발달시키고 유지할 가능성이 높다. 예를 들어, 일반적으로 세상에 대해 엄격한 구분체계를 가지고 있는 유아는 유연한 사고체계를 가지고 있는 또래들보다 다른 집단에 대한 고정된 이미지를 더 빈번하게 형성하고 유지한다(Bigler, Jones, & Lobliner, 1997; Bigler & Liben, 1993).

유아가 세상을 이해하려고 노력할수록 낯선 언어, 겉모습, 행동을 경계하게 되고 편파적이고 극단적인 결론을 내리게 될 수도 있다. 동질적인 구성원들로 구성된 환경에서 자라나는 유아는 잘못된 정보나 공포를 수정할 직접적인 경험을 할 수 없기 때문에 낯선 집단에 대한 부정적인 태도를 발달시킬 위험이 특히 높다(McGlothlin &

Killen, 2005, 2006). 역으로, 한 연구에서는 이질적 구성원으로 구성된 환경에서 자라난 영국 백인 유아들이 백인이 많은 지역에서 자라난 또래들보다 자신이 속한 집단에 대해 편견을 덜 보이는 것을 밝혔다(Rutland, Cameron, Bennett, & Ferrell, 2005). 따라서 다양한 인종적 · 문화적 · 사회경제적 배경을 가진 유아들을 포함하는 프로그램을 만드는 것은 유아들이 편견을 덜 가지도록 교육시키는 데 가장 효과적인 방법일 것이다. 그러나 거주지역이 분리되어 있기 때문에 대부분의 학교나 지역사회는 인종적, 경제적으로 분리되어 있다.

유아는 자신과 어떤 점에서든 다른 사람을 만나게 될 때 종종 부정적으로 반응한다. 정서장애를 가지고 있는 유아를 "쟤는 언제나 나빠요!"라는 이유로 배척할 수 있다. 유아는 동성애 커플이나 생소한 옷차림을 한 사람들의 사진을 보고 웃음을 터트리거나 조롱할지도 모른다. 일상적으로 남아들과 여아들은 상대방을 놀리고 배척하는 방법을 찾는다. 이러한 정서는 거슬리기는 하지만 성인의 편견과 동일시되어서는 안 된다. 오히려 편견이 있는 환경에서 인간의 다양성을 이해하고 정체성을 발달시키려는 어린이다운 노력을 반영하는 것으로 보아야 한다. 유아는 가설을 받아들이고 따라하지만, 많은 경우 그것을 이해하지는 못한다. 더욱이 (기존의 생각에 대해) 의구심이 생기면, 그러한 노력조차도 거부하는 성인과는 달리 대부분의 유아는 자신이 가지고 있던 생각을 다시 고려하는 것에 대해 개방적이다. 그러나 아무런 도전을 받지 않는다면 유아의 사고가 완전한 편견으로 발전될 수 있으므로 이러한 반응은 진지하게 다루어야 한다. 이 장의 후반부에서 설명하는 것처럼 교사는 이러한 다양성에 대한 부정적 반응을 발견할 경우 유아의 생각과 감정을 알아내고 이를 극복할 활동을 개발하는 기회로 이용할 수 있다. 배척이나 수용에 대한 집단의 규준도 낯선 집단에 대한 유아의 태도에 영향을 준다(Nesdale, Griffith, Durkin, & Maass, 2005). 특히 감정이입을 잘하는 유아는 타 집단에 대한 긍정적인 태도를 강조하는 환경에 있을 때 수용적인 태도를 발달시킨다. 따라서 교사는 유아들의 부정적인 견해에 이의를 제기하기 위한 방법으로 수용과 포용이 규준인 환경을 만들기 위해 유아 및 가정과 협력할 수 있다.

사람들 간의 차이점과 유사점을 학습해 나감에 따라 어떤 유아들(특히 주류가 아닌 유아들)은 가정과 학교생활 간의 단절을 경험하기도 하며, 이는 거북하게 느껴질 수도 있다. 또한 유아들은 타 집단보다 더 힘 있는 집단에 대한 메시지를 흡수하고 종종 행하기도 한다. 그 결과, 학교에서 어떤 유아는 더욱 조용하고 수동적인 반면 어떤 유아는 지나치게 독단적으로 된다. 다음 단락에서는 인종, 사회계층, 성, 성적 지향, 문화, 능력에 대한 유아의 관점이 사회적인 태도와 힘의 차이에 대한 경험을 어떻게 반영하는지 간략하게 묘사하겠다.

인종에 대한 유아의 인식에 대해서 많은 성인들은 유아가 피부색으로 인종을 차별하지 않으며 인종 간의 차이를 알아차리지 못한다고 생각하고 싶어한다. 그러나 여러 연구에서 유아가 영아기 동안 인종에 대한 암시들을 인지하게 되며 3~4세 무렵 대부분의 유아가 인종에 대한 기본적인 개념을 가지게 된다는 것을 입증하였다(Katz, 1982; Katz & Kofkin, 1997; Van Ausdale & Feagin, 2001). 인종적으로 다양한 유아들이 다니는 유아원에서 1년 동안 유아들의 대화와 놀이를 관찰한 후, Van Ausdale과 Feagin은 다음과 같은 결론을 내렸다.

> 어린 유아들은 인종·민족적 정체성과 전체 사회의 역할 수행을 빨리 습득한다. (중략) 백인 유아들은 성장함에 따라 백인으로서의 정체성과 역할에 관련된 의미를 학습하고, 발전시키고, 수행하게 된다. 흑인이나 다른 유색인종 유아들은 종종 자신들에 대한 [백인 유아들의] 낮은 기대를 수용하거나 거부하면서 대처해야 한다 (p. 182).

Van Ausdale과 Feagin은 백인 유아들이 어린 시절의 정체성 형성에서 백인의 우월감을 받아들인다는 자신들의 결론을 뒷받침하기 위해 수많은 일화를 인용했다. 예를 들어, 자신이 다른 두 명의 백인 단짝들보다 피부색이 어둡다는 것을 인식한 한 4세 백인 유아가 걱정스럽게 물었다. "나는 더 이상 백인이 아니라는 뜻인가요?" 그리고 백인이 아닌 것처럼 보일 것을 고민하며 계속해서 자신이 여전히 백인이라는 사실을 확인했다(Van Ausdale & Feagin, 2001, p. 48).

사회계층은 종종 인종과 일치하며, 이는 유아의 자기 자신, 또래, 주변 환경에 대한 인식에 영향을 미친다. 인종적, 경제적으로 다양한 아동들이 모인 도시에 위치한 초등학교 2학년 학급에서 수행된 최근의 연구(Mednick & Ramsey, 2007)에서 아동들은 종종 성별, 인종, 사회계층에 따라 자신들을 구분하였고 그 구분에 따라 위계관계를 형성하였다. 특히 백인 중류층 여아들이 (대부분이 저소득층 출신인) 유색인종 아동에 대해서 사회적이고 학업적인 권위를 많이 행사하였다. 이는 다음의 관찰에서도 나타나 있다.

> 유아들이 아침식사를 마쳐가고 있었고 교사는 전체 학급에게 식사를 10분 안에 마무리하라고 알렸다. Liza(중류층, 백인 여아)는 옆에 앉아 있는 Ricki(저소득층, 흑인 남아)쪽으로 몸을 돌려 신경질적으로 "특별활동 시작하기 전에 아침식사는 다 버려야 해."라고 눈을 굴리며 말했다. Ricki는 조용한 목소리로 "나 거의 다 먹었어."라고 대답했다. 그러자 Liza는 가차 없는 목소리로 "그러는 게 좋을 걸. 안 그러면 교장선생님을 부를 거야." Ricki는 대답하지 않고 주위를 둘러보고는 일어나서 아직 시리얼이 남아있는 그릇을 버린다.

교사들은 이러한 힘의 불평등을 종종 무의식적으로 지속시킨다. 그들은 빈번하게 백인 중류층 유아에게 권위를 부여하고(예를 들어, 숙제를 나눠주거나 모으는 것), 유아들은 그러한 지위를 다른 급우들에게 질책하거나 명령하는 데 사용한다. 어떤 경우, 교사들은 백인 여아의 말만 듣고 유색인종 유아들을 벌하는 경우도 있었다.

> Megan(백인 중류층 여아)이 교사에게 다가가서 Rosa(저소득층 흑인 여아)가 떠든다고 이야기하자 교사는 즉시 Rosa를 꾸짖는다.

사회계층의 차이는 또한 교실 내의 유아들끼리 서로 편가르게도 하는데, 그 이유는 많은 관심사나 여가활용과 가족의 활동이 부의 수준과 관련이 되기 때문이다.

> Megan(중류층, 백인 여아)이 Amy(중류층, 백인 여아)에게 “이번 주말에 스키장 가니?”라고 높은 톤의 목소리로 물어봤다. Amy가 낮은 목소리로 “아니”라고 대답했다. Cody(저소득층 라틴계 남아)가 다가와서 얼굴에 미소를 띠고 느린 목소리로 “나 이번 주말에 스케이트 타러 간다.”고 말했다. Amy와 Megan은 계속해서 자기들끼리 깔깔거리며 스키에 대해서 이야기한다. 그들은 Cody에게 대꾸하지 않는다.

이 대화에서 Amy와 Megan은 스키(장비와 여행이 필요한 비싼 스포츠)라는 공통된 경험을 공유한다. Cody는 겨울 스포츠이기 때문에 스키와 공통점이 있다고 생각한 스케이트에 대한 이야기를 하며 대화에 끼어들려고 했다. 그러나 Amy와 Megan은 그를 무시하고 스키 이야기를 계속했다.

사회계층의 차이와 긴장은 우리의 소비문화에 대한 유아들의 반응으로 인해 악화된다. 유아는 종종 소유물의 매력이나 양, 그리고 외국으로 휴가를 가는 것과 같은 부에 대한 여타 척도를 가지고 서로를(그리고 자기 자신을) 판단한다. 교사들은 유아들이 새 신발, 비디오 게임, 디즈니월드에 여행갈 계획 등에 대해 얼마나 자주 열정적으로 이야기하면서 교실에 들어오는지에 대해서 유감스럽게 생각한다. 그렇게 공개적으로 이야기하는 것은 누가 어떤 옷이나 비디오 게임을 가지고 있는지 등에 대한 경쟁적인 토론을 불러일으킬 수 있으며 이는 때때로 덜 부유한 가정 출신 유아들을 대화에서 소외시키게 된다. 대중매체로 인해 유발된 새 장난감, 옷, 레슨, 경험에 대한 욕망으로 인해 유아들은 그것들을 사달라고 가족에게 압력을 가하는 법을 배우거나, 때로는 아주 갖고 싶은 상품을 얻기 위해서 불법적인 행위를 하기도 한다.

이러한 소비에 대한 열망은 유아가 자신을 창조자나 공헌자라기보다는 소비자 및 소유자로 간주하게 하고 그들에게 타인의 행복을 배려하도록 가르치는 것을 어렵게 만든다. 오늘날 미국에서 적당한 의식주를 누리고 있는 사람도 종종 “스스로 가난하다고” 느낀다. 이는 그들의 생활방식이 텔레비전 쇼나 광고에 나오는 과소비하는 사람들과 부합되지 않기 때문이다. 유아는 이미 그러한 메시지를 받아들이고 부유한 것이 가난한 것보다 낫고(Leahy, 1983) 부자가 가난한 사람보다 더 행복하고 호감이 간다고 믿는다(Naimark, 1983; Ramsey, 1991). 나이가 들수록 유아는 또한 가난한 것은 "게으르기" 때문이라고 묘사하며 가난을 가난한 사람들의 책임으로 돌리는 반면 부유한 사람들은 열심히 일하고 그러한 행운을 누릴 가치가 있다고 본다(Leahy, 1990).

남아들이 여아들을 위압하는 보통의 현상과는 대조적으로 조금 전 묘사한 교실에서는 백인 중류층 여아들이 가장 "권위"가 있다는 것이 흥미롭다. 이는 남아들보다 백인 중류층 여아들이 주류인 학급의 구성을 반영한다고 볼 수 있다. 대부분의 연구에서는 유아원 여아들이 더욱 빈번하게 남아들의 놀이 선호에 맞추어주며 혼성 간에 상호작용을 할 때에는 자신들의 요구를 양보한다는 것을 밝히고 있다(Fabes, Martin, & Hanish, 2003).

최근에 3, 4세 학급에서 이루어진 일련의 관찰에서는 한 여아가 어떻게 미술영역에서 다른 여아들과 함께 있을 때는 무지개와 꽃 그림을 그리다가 남아들과 함께 놀이할 때는 "파워레인저"가 되어서 빙글빙글 도는 것으로 옮겨가는지를 보여준다. 반면 남아들은 미술영역에 거의 접근하지 않았으며 만약 교사가 가라고 해서 그 곳에 간 경우, 무기나 싸움하는 그림을 요란스럽게 그리고 만다. 남아들의 거친 놀이는 종종 여아들 사이의 대화를 방해하는 경우가 많고, 그 경우 여아들은 저항하지는 않지만 종종 그 영역을 떠난다.

성별 분리는 3, 4세 때 시작되어(Ramsey, 1995) 초등학교 저학년 시기 동안 증가된다. 유아는 성별을 구분 짓기 위한 수많은 방법을 찾아낸다. 남아는 분홍이나 보라색과 같은 "여자" 색깔을 사용하지 않으려고 한다. 그리고 여아들은 남아들이 역할영역의 "아기 집"에 접근하는 것을 꿋꿋하게 거부한다. 사회계층의 분리와 마찬가지로 이러한 대립도 소비문화에 의해 더욱 심화된다. 어린 유아들을 대상으로 한 판매 전략은 여아들을 위한 극도로 여성화된 형상이나 장난감(예를 들어, 분홍과 보라색 동물이나 바비 인형)과 남아들을 위한 초남성적인 장난감(예를 들어, 근육질의 GI Joes, 총, 그 밖의 전쟁무기)과 같이 종종 과장된 성 고정관념을 이용해 접근한다. 유아원을 거쳐 초등학교에 입학하게 되면서 성별이 다른 친구를 가지고 있거나 그러한 놀이성향을 가진 유아들(예를 들어, 과학을 좋아하는 여아와 특히, 옷을 차려 입고 인형놀이를 즐기는 남아)은 점점 더 거부당하거나 어른과 또래 모두에게 놀림감이 된다(MacNaughton, 2000; Sadker & Sadker, 1995). 유아가 성별로 정형화된 활동에 시간을 많이 보냄에 따라 유아는 나름의 문화와 규칙을 가지고 있는 성별이 분리된 집단을 구성하게 되며 그 분리는 지속되고, 거의 극복하기 어렵다(Maccoby, 1998). 성별 분리를 해소하고 두 집단 간의 세력을 균등하게 하는 것은 힘든 일이며 적극적인 개입을 필요로 한다(MacNaughton, 2000). 교사가 성별 분리를 감소시키기 위한 전략을 실행한다고 하더라도 언제나 성공적인 것은 아니다. 유아들이 처음에는 보상이나 새로운 활동에 반응을 보여 다른 성별의 유아들과 함께 놀이할 수도 있다. 그러나 개입이 끝나면 동성집단으로 되돌아가는 것이 보통이다(Ramsey, 2004).

성 고정관념에 대해 배우는 것 외에 유아는 성적 선호도와 가족 구성에 대한 전제들도 흡수한다. 현재까지 성적 성향에 대한 유아의 관점을 다룬 공식적인 연구는 거의 없다. 그 이유는 학교와 가정이 그러한 주제를 다루는 연구에 참여하기를 꺼려 하기 때문이다. 그렇지만 유아들은 통용되는 사회적 메시지를 반영하는 가상의 역할을 꽤 자주 선정한다(예를 들어, "안 돼! 엄마가 두 명일 수는 없는 거야!"). 그러나 만약 유아들이 동성(single-sex)부모가 있는 가정에 대해서 존중하는 법을 배운다면 유아들의 생각은 더욱 융통성 있게 될 것이다. 최근 한 유아원 교사가 부모참여 수업 시에 두 레즈비언 가족이 자신들의 이야기를 유아들과 나누었던 것에 대해 이야기하였다. 그들은 레즈비언이라는 것을 명확하게 이야기하지는 않았지만 다른 유아들에게도 친숙한, 가족이 함께 놀이하고 있는 자신들의 가족사진을 보여주었다(예를 들어, 아이스크림을 먹으러 나갔던 것, 친척집 방문, 눈 오는 날 놀이). 그 교사는 동성부모의 유아원 방문과 토론을 통해 유아들이 가족 구성에 대한 걱정을 완화시키고, 그들의 '사고'가 훨씬 융통성 있게 되며 다른 친척 이외에 두 명의 엄마나 두 명의 아빠에 대해 더욱 수용할 수 있게 된 것 같다고 보고했다.

유아는 성역할 외의 문화적 가치나 기대도 가정이나 지역사회로부터 흡수한다. 문화는 우리 삶의 모든 측면에 깊은 영향을 미친다. "(문화는) 사람들이 역할을 수행할 수 있게 하는 과정이다"(Phillips, 1990, p. 2). 문화를 통해서 "유아는 정체감, 소속감, 인생에서 무엇이 중요한지, 무엇이 옳고 그른지, 어떻게 자기 자신과 타인을 돌볼 것인지, 무엇을 축하하고, 먹고 입을 것인지에 대한 개념을 얻게 된다(Cortez, 1996, p. ix). 유아는 환경에 대한 영향력과 세상에 대한 영향력을 획득한다(Phillips, 1988). 그래도 사람들의 문화적인 배경에만 기초해서 그들에 대한 포괄적인 추측을 할 수는 없다. 한 가지는, 문화는 고정된 것이 아니라는 것이다. 문화는 다른 집단과의 접촉과 새로운 기술의 도입을 통해서 계속적으로 발전한다. 또 한 가지는, 인종, 사회계층, 성별 집단 안의 개개인이 매우 다양하듯이, 문화집단 내에서의 개개인도 다양하기 때문이다.

대부분의 유아들이 문화 자체에 대해서 의식적으로 인식하는 것은 아니지만, 「검은 개미와 불교신자(Black Ants and Buddhist)」(Cowhey, 2006)의 서두에서 설명되었던 것처럼 자신들이 가지고 있는 문화적 기대에 어긋나는 것을 보거나 들으면 반응을 보인다. 교실에 검은 개미들이 출현해서 미국 유아들이 발을 구르고 개미를 죽이는 흥분상태가 되었다. 그러나 태국에서 온 불교신자인 한 유아가 강하게 반대했다. "안

돼! 개미를 죽이지 마! 살아있는 것이잖아!" (p. 2). 이러한 의견 차이는 유아들이 문화적으로 정의된 세계관을 가지고 있다는 것을 반영하며, 이 사례에 나타난 바와 같이 자연환경에 대한 인식에서 종종 불일치를 보인다. 인간이 세상을 지배하고 뜻대로 환경을 이용하고 혹사시키도록 태어났다는 관점은 유럽 정착민들이 도착했을 때부터 미국에서 우세한 관점이었지만 모든 집단에서 공유되는 관점은 아니다. 사실 지구 온난화 현상과 그 밖에 다른 환경문제에 대한 관심의 증가로 이 전제는 전면적인 공격을 받고 있다.

문화적인 차이는 미국, 혹은 낯선 지역에 새로 온 유아들에게 특히 당혹스럽고 어려운 것이다. 그들은 종종 새로운 행동 규범에 적응을 해야 하며, 이는 그들을 고립시키거나 불편하게 만들 수 있다. 한 유아원 교사는 최근에 이탈리아에서 미국으로 이민 온 가정의 유아에 대한 이야기를 들려주었다. 그 유아는 영어를 유창하게 했음에도 불구하고 다른 유아들과 유대관계를 형성하는 데 어려움이 있었다. 그 유아의 접근 전략은 효과적이지 않았고, 다른 유아들과 함께 어울릴 기회가 드물게 있을 때에도 상호작용은 금방 끝나버렸다. 그 유아는 화가 났고 혼란스러워 했으며 다른 유아들은 그 유아를 공공연하게 거부하기 시작했다. 교사는 유아의 어머니에게 딸을 도울 수 있는 계획을 세우는 것을 어머니가 도울 수 있는지를 알아보기 위해 교실상황을 관찰할 것을 권유했다. 유아의 어머니는 재빨리 문제를 파악했다. 자신의 고향에서는 유아들이 대집단으로 놀이하였고, 모든 유아가 함께했다. 그곳에는 "제일 친한 친구"나 배타적인 집단의 개념이 없었다. 따라서 그녀의 딸은 어떻게 집단에 "들어가는지", 각 놀이영역에 허용되는 유아의 수를 제한하는 학급 규칙(예를 들어, 한 번에 3명의 유아만 쌓기 영역에 들어갈 수 있음)에 의해서 때로는 더 악화될 수 있는 유아들의 배타적인 행동을 어떻게 다룰 것인지를 배우지 못한 것이다. 이 예에서 나타나듯이, 유아들이 자신의 가정 문화와 문화적으로 일치하지 않는 유아교육 프로그램에 다닐 때, 위험에 처하게 된다. Carol Brunson Phillips는 다음과 같이 설득력 있게 설명했다. "E. T.가 집을 너무 멀리 떠났을 때 무슨 일이 일어났었는지 기억하나요? 그는 세상에 대한 통제력을 잃었습니다. 유아들도 마찬가지여서 학교 환경이 가정과 매우 다를 때 그것은 그들에게는 이질적인 문화가 됩니다. 유아들은 또한 힘을 잃게 됩니다" (Phillips, 1988, p. 47).

이민자 가정의 활발한 유입으로 인해 우리는 특히 혼란과 문화적, 언어적 불일치의 영향에 대해 인식할 필요가 있다. 최근 이민자 가정의 자녀들은 익숙한 것을 떠나 완전히 새로운 언어와 학교 구조에 대처하는 과정에서 필연적으로 동반되는 불안감과 혼란으로 어려움을 겪고 있다. Igoa(1995)는 이민자 유아들이 초기에 느끼는 혼란, 피로, 공포와 그들이 새로운 환경에 익숙해져 감에 따라 거치는 단계들을 설명하였다.

한 유아는 다음과 같이 이야기했다. "내가 미국에서 처음으로 학교에 갔을 때, 울고 싶었어요. (중략) 너무나 혼란스러웠어요. 이해도 못했어요. (중략) 아는 사람이 아무도 없었어요"(p. 44).

이러한 격차와 불편감은 유아가 새로운 문화적 규범 외에 학교의 언어도 배워야 하는 상황에서 더욱 심해진다. 자녀를 영어만 사용하는 유아교육 프로그램에 보낸 언어적 소수자 1000가구(라틴, 아시아, 아랍, 유럽 이민자와 영어가 모국어가 아닌 미국 원주민들을 포함)를 대상으로 한 전국 규모의 연구에서 이러한 우려를 뒷받침하는 증거를 제공한다. 연구자들은 "유아가 학교에서 영어를 배우고 가정에서 사용하는 언어를 잊어버릴 때 심각한 가족 관계의 분열이 일어난다"는 증거를 발견했다(National Association for Bilingual Education, 1990, p. 1). 이 연구의 책임자인 Lily Wong-Fillmore(1990, p. 7)는 다음과 같은 결론을 내렸다.

> 언어적 소수자 유아들을 위한 유아교육 프로그램이 가정의 사회화역할 수행능력에 미칠 수 있는 영향력을 인식하는 것이 중요하다. 학교에서 가장 중요하게 여겨지는 말하고 학습하는 방식의 조기 언어 몰입교육을 통해 얻을 수 있는 긍정적인 효과는 확실히 있다. 유아들은 결국 학교로의 전이를 더욱 수월하게 느끼겠지만, 그것이 부모와 자녀의 관계를 파괴시키는 데 기여한다면 그러한 프로그램을 통해 성취하는 것이 별로 없을 것이다. 문제가 되는 것은 바로 자녀의 사회화에 대한 가정의 지속적인 역할에 관한 것이다.

반면 문화적, 언어적으로 민감하게 반응하는 프로그램은 유아에게 가정과 학교 사이에서 선택하도록 강요하기보다는 가정에서의 경험을 지지하고 경험을 넓혀가는 맥락에서 유아의 새로운 문화적 지식과 언어적 능력을 개발시키도록 도울 수 있다. 이탈리아 유아의 예에서도 알 수 있듯이 교사와 가정은 차이에 대한 상호이해를 발달시키고 유아가 그러한 격차를 극복할 수 있도록 가족구성원들을 돕는 전략을 개발하기 위해 협동할 수 있다.

유아가 두 언어와 문화를 모두 유지하도록 돕고 부모에게 학교가 더욱 친근해지도록 함으로써 많은 유아들이 이러한 전이를 수월하게 할 수 있도록 1970년대 초반부터 이중 언어교육 프로그램들을 이용할 수 있게 되었다. 그중 많은 프로그램이 매우 성공적이었으며, 어떤 경우는 부모들과 교사들이 양방향 이중 언어/문화 프로그램(예를 들어, Vasquez, Pease-Alvarez, & Shannon, 1994)을 만드는 데 협동하기도 했다. 유감스럽게도 이 장의 뒷부분에서 논의하듯이 이중 언어교육은 정치적인 반대자들로부터 많은 비판을 받았다. 그 결과, 많은 주에서 이중 언어 프로그램이 축소되거나 실질적으로 없어져서 많은 가정에 더 이상 혜택을 줄 수 없게 되었다. 따라서 유아가 새로운 언어 환경에서 적응을 수월하게 하도록 돕는 부담은 현재 정규 학급 교사와 부모들에게 더욱 무겁게 지워지게 되었다.

만약 한두 명의 유아가 특정한 언어를 사용한다면 그 유아는 학년 초에 특히 또래들로부터 소외당할 수 있다. 최근 한 교사는 파키스탄에서 최근에 이주해 온 가정의 4세 여자아이에 대한 이야기를 들려주었다. Farah는 활발하고, 또래와 놀이를 하고 싶어하고, 진행되고 있는 상상놀이에 참여하려고 적극적으로 노력했었다. 유아들은 처음에는 Farah를 제법 받아들였지만 Farah가 주제와 역할을 이해하지 못하고 따라하지 못하자 Farah를 점점 더 소외시켰다. 교사가 유아들 사이를 연결시켜 주는 것을 돕지 않는다면 유아들은 같은 언어를 쓰지 않는 어색함에 대한 반응으로 단순히 서로를 회피할 수 있다.

Wong-Fillmore(1990, p. 7)가 언급한 바와 같이 이민자 부모들 자신도 자녀들과 같은 전이를 경험하고 있고 지치고 혼란스러운 상황이기 때문에 자녀들을 지원하는 것을 종종 힘들어한다. 역설적으로 유아들은 보통 새로운 언어와 관습을 부모들보다 더 빨리 학습하기 때문에 부모들을 위한 통역자, 협상자, 교사로서의 역할을 종종 수행하느라 추가적인 스트레스를 받는다. 이러한 역할의 전도는 유아의 책임감을 기르고 영어능력을 더욱 발달시키게 하지만 동시에 부모의 권위에 대한 존중을 약화시킬 수 있다. 어떤 경우 유아는 자신의 가정에서 쓰는 언어를 거부하기 시작하고 또래들의 언어와 문화에 충실하게 될 수도 있다. 이러한 의사소통의 단절은 또한 부모들이 자녀에게 자신들의 가치, 믿음, 지혜를 가르칠 수 없다는 것을 의미하고, 그에 따라 가족 간의 친밀감은 점점 약해진다(Wong-Fillmore, 1991). 더욱이, 언어와 문화는 분리할 수 없이 서로 엮여 있기 때문에(Nieto, 2004), 언어의 손실은 자신의 문화에 대한 유아의 지식도 감소시킨다.

가정과 학교 간에 가치, 학습 목적, 사회적 기대가 다를 경우 부모와 조부모는 종종 위협을 느낀다. 이러한 차이들은 부모와 교사 간의 의사소통과 협력하는 관계를 약화시킬 수 있다. Vesquez와 동료들(1994)은 교사가 자신의 문화적인 관점에서 유아들에게 개인적인 성취와 권리가 가족에 대한 충성보다 더욱 중요하다고 이야기할 때 멕시코에서 미국으로 이민 온 부모의 사기가 저하됨을 묘사하였다. 어머니의 병원치료에 동행하기 위해 학교를 결석한 유아나 멕시코에서 열린 가족의 장례식에 참석하기 위해 2주 동안 결석한 유아는 교사로부터 비판을 받고 두 가지의 다른 기대 사이에서 중간에 낀 것 같다고 느낄 수도 있다(Valdes, 1996).

능력의 차이는 혼란과 고립을 초래할 수 있는 다양성의 또 다른 측면이다. 3세 정도 된 유아는 감각기관이나 외과상의 병을 인지하는데(Diamond & Innes, 2001), 이는 보통 흰 지팡이나 휠체어 같은 외견상으로 드러나는 보조기구 때문이다. 그러나 유아는 인지적 발달 지연이나 정서 장애에 대해서는 거의 알지 못하거나 잘못된 정보를 가지고 있다.

유감스럽게도, 통합 학급에서 장애를 가진 유아는 종종 사회적으로 고립되고 거부당하며, 어떤 경우 시간이 지날수록 점점 더 그렇게 된다. 이는 단순히 접촉을 한다는 것만으로는 "정상적인" 유아와 또래 간의 장벽을 허물지 못한다는 것을 나타낸다. 장애가 있는 또래를 수용하느냐 거부하느냐의 여부는 상황과 장애 유형의 영향을 받는다. 예를 들어, 유아들이 신체활동을 하고 있을 때에는 외과적인 제약이 있는 또래들을 회피하기 쉽다. 또한 유아들은 본인의 잘못이 아닌 것 같은 장애(예를 들어, 눈이 보이지 않는 것과 같은 특정한 신체장애)를 가진 또래를 본인의 장애에 책임이 있다고 인식되는 장애(예를 들어, 비만, 욕구조절 장애)를 가진 또래들보다 더 쉽게 받아들인다(Diamond & Innes, 2001). 인지적, 혹은 정서적 장애를 가진 유아가 특히 위험한데, 이는 다른 유아들이 그러한 장애를 가진 유아의 행동(예를 들어, 인지적으로 지연된 유아가 빠른 속도의 행동을 요하는 상상놀이를 따라오지 못한다거나, 감정적인 장애가 있는 유아의 분노가 폭발하는 상황)에 대해 혼란스러워 하고 심지어는 무서워할 수 있기 때문이다. 한 교사는 아스퍼거 증후군[1]이 있는 유아인 Eric이 다양한 잡기놀이를 하며 마당을 뛰어다니는 또래 유아들로부터 신체적으로, 감정적으로 격리된 채 보통 놀이터에 혼자 서 있는다고 묘사했다. 때때로 Eric은 다른 유아들을 따라 달리기 시작하지만 몇 발자국 못 가 멈춰 서곤 한다. 여러 분야(특히 기계)에 대한 Eric의 방대한 지식에도 불구하고, 그는 다른 유아들의 감정을 읽거나 게임에 참여할 정도로 그 게임의 목적을 이해하지 못했다. 교사가 의도적으로 Eric과 다른 유아와의 활동을 조율하지 않는다면 다른 유아들은 보통 그를 무시했다. 그러나 고립을 피할 수 없는 것은 아니다. 유아는 사회적 완충제가 되면서 가까이 지낼 수 있는 친구 한 명을 가지거나 학급에서 남의 시선을 끌면서 다른 유아들과 접촉할 수 있는 영역을 찾을 수도 있다. 하루는 Eric이 모래놀이영역에서 구멍을 파고 있을 때 다른 유아 몇 명이 합류해서 자신들이 도와줄 수 있느냐고 물었다고 Eric의 교사는 신나서 이야기했다. Eric은 조용히 고개를 끄덕였고 유아들은 모두 "세상에서 제일 큰 구멍" 파기를 시작했다. Eric을 주축으로 하여 이 프로젝트는 그 후 몇 주 동안 학급의 주제가 되었다. 아직 대부분의 시간동안 매우 과묵하지만, Eric은 이 놀이에서 자신의 역할을 즐기는 듯했고, 그동안은 훨씬 더 생기를 띠고 다른 유아들과 연결되어 있다.

---

1) 역주: 자폐 스펙트럼 장애의 하나로 사회적 상호작용에 어려움을 겪고 관심사와 활동에 상동증이 나타나는 것이 특징이다. 일반적으로 언어지체나 인지발달의 지연은 발생하지 않으며 정상적인 사회생활(예컨대 대학 진학, 취업 등)을 할 수 있다.

모든 측면의 다양성에 걸쳐 유아는 사회적 환경의 일부분인 이미지, 고정관념, 힘의 불균형을 받아들인다. 유아는 부모, 또래, 교사의 직간접적 가르침을 통해, 그리고 인쇄물과 전자 매체와의 접촉을 통해 학습한다. 어떤 메시지는 미묘하다. 유아는 다른 점이 있는 사람들이나 이웃에 대한 부모의 (아마도 무의식적인) 반응을 관찰할 수도 있다. 다양성 문제에 대한 부모나 교사 자신의 불편감으로 인해 그러한 주제에 대해 이야기하는 것을 피하게 될 수도 있다. 유아가 질문을 하면, 부모와 교사는 이러한 호기심이 편견의 초기 증상이라 우려하고 사람들의 정체성에 대한 유아의 궁금증을 "그런 질문은 예의바른 것이 아니야"나 "나중에 이야기해줄게" 혹은 "중요하지 않아" 등의 대답으로 간단하게 처리해 버린다. 이러한 회피는 유아에게 필요한 자기 자신에 대한 긍정적인 생각이나 타인의 다양성에 대해 긍정적 성향을 기르는 데 도움이 되지 않는다(Derman-Sparks & ABC Task Force, 1989).

다른 집단에 대한 부정적이고 부정확한 이미지를 받아들이는 것은 모든 유아의 발달에 해롭다. 50년도 더 전에 Kenneth Clark은 인종차별이 흑인과 백인 유아 모두에게 미치는 심각한 영향을 증명했다. (그의 연구는 1954년 대법원의 인종차별 폐지 결정의 결정적인 요인 중 하나였다.) "백인 유아와 인종 편견"이라는 제목의 장에서 Clark은 다음과 같이 기술했다.

> 미국 유아들의 인종적 편견 발달에 책임이 있는 사회적 영향은 동시에 이 유아들에게 심각한 도덕적 갈등, 죄책감, 불안감과 진실의 왜곡을 발달시킨다. 유아들에게 형제애와 만인의 평등이라는 민주적이고 종교적인 교훈을 가르치는 기관(교회나 학교 같은)이 또한 인종적 편견과 타인에 대한 비민주적인 태도를 통해서 이러한 개념들을 위반하는 것을 가르친다. (1955, p. 78)

자신들의 인종적, 경제적, 성적, 문화적 배경 때문에 노력 없이 얻은 특권의 수혜자인 유아들에게 불평등의 결과는 현실의 왜곡, 지적 기술과 오늘날의 세계를 살아나가는 데 필요한 정확한 정보의 결핍, 우월감에 기반을 둔 잘못된 정체감, 자신과는 다른 사람들에 대한 긴장과 공포, 이중적 도덕기준과 비민주적인 침묵 요구에 대한 순응 등을 포함한다(Clark, 1955; Dennis, 1981; Tatum, 1997).

편견의 대상이 되는 유아들이 받는 고통은 그들 삶의 모든 측면에 영향을 미친다. 적절한 의료, 영양, 교육, 주거를 누릴 기회가 더 적은 것과 더불어, 그들은 종종 자신의 집단에 대한 사회적 편견을 내면화시킨다. 이러한 믿음은 "자아개념, 행동, 포부, 자신감 등에 깊은 영향을 미치며 이들이 개인의 재능과 목표를 명확히 하는 것을 배우기 전에 그것을 제지한다. 이는 점점 자기충족적인 예언으로 발전한다. 자신이 잘 못할 것이라고 알고 있는 젊은이들은 통상적으로 실제 능력에 미치지 못하는 성적을 얻는다"(Dorris, 1978, p. 2). 따라서 편 가르기와 불평등을 거부하는 사려 깊고 효과적인 프로그램의 개발과 실행은 모든 유아들(차별에 의해 이득을 얻는 유아와 피해를 보는 유아 모두)을 위한 것이다.

2. 다양성에 대한 교육적 접근: 과거와 현재

이 절에서는 20세기 미국 사회에서 시작되어 현재까지 계속되고 있는 다양성과 사회적 불평등에 대한 다섯 가지 기본적인 교육적 접근에 대해서 논의한다. (이러한 다양한 움직임의 사회정치적인 맥락에 대한 더 자세한 논의는 Ramsey & Williams, 2003 참조) 각각의 접근에 대해서 기초가 되는 다양성과 사회에 대한 전제, 교육목적과 방법, 그리고 최근의 비판에 대해 논의한다. 처음 세 가지 접근은 역사적으로 미국 사회의 주류에서 소외되어 왔던 집단에 초점을 맞추어, 그들에게 유럽계 미국인의 지배문화에 동화되도록 압력을 가했던 노골적 혹은 암묵적 방법들도 다룬다. 나머지 두 접근은 모든 집단에 초점을 맞추어 그들 간의 더욱 평등한 사회적, 문화적, 경제적, 정치적 관계를 창조하기 위한 노력을 반영한다.

1) 문화적 다양성에 대한 억압

문화적 다양성에 대한 억압의 기초가 되는 전제는 국가적 화합을 위해서 모든 사람은 유럽계 미국인의 문화에 동화되어야 한다는 것이다. 이러한 관점에 대한 정당화는 유럽계 미국인의 문화가 타 문화보다 우월하고 "여기 먼저 있었다"는 인종차별적인 전제에 근거한다. 더 나아가 이 접근은 미국의 권리와 특권은 동화를 선택한 자들만을 위한 것이라는 것을 내포하므로 유럽계 미국인과 타 인종/민족 집단 간의 근본적으로 불평등한 힘의 관계를 확립한다.

이러한 관점을 반영하는 유아교육과정은 다양성에 대해 다루지 않고 유아와 가정이 자신들의 고유 언어와 문화적 실제를 교실로 가져오는 것을 단념시킨다. 이러한 관점을 지지하는 학교는 자신들의 교육과정, 물리적 환경, 교구 등에 유럽계 미국인의 이미지, 신념, 행동만을 반영한다. 그렇게 하는 교사는 유아들이 자신의 고유문화와 언어를 계속 사용하는 것을 완강하게 저지한다. 예를 들어, 1960년대까지 인디언 사무국(Bureau of Indian Affairs)에 의해 운영되던 학교들은 유아들을 그들의 가정이 있는 지역사회에서 떼어놓았고, 교사와 행정가들은 아메리카 원주민들의 문화와 언어를 말살하고 백인 중류사회의 언어, 가치, 습성으로 대체시키는 것을 모색했다. 다른 많은 학교에서도 유아들은 자신들의 모국어로 말한 것에 대해서 체벌을 받았고 부모들에게도 가정에서 영어만을 사용하도록 강요하였다(예를 들어, Rodriguez, 1981).

Nancy Sheehan Photography

가족구성원들은 유아기의 다문화 교육에 핵심적인 존재이다.

수년 전에 Theodore Roosevelt가 남긴 말은 이러한 태도를 잘 나타낸다. "우리는 오직 한 언어만을 수용할 수 있으며, 그것은 영어이다. 왜냐하면 우리는 모진 시련이 우리 국민들을 수개 국어가 통하는 기숙사 거주자가 아닌 미국 국적을 가진 미국인으로 만들기를 원하기 때문이다"(Marquez, 1991, p. 6에서 인용).

1960년대에 '문화적 결핍 이론(cultural deprivation theory)'과 '보상 교육(compensatory education)'이라는 명목하에 새로운 형태의 문화적 억압이 출현했다. 이 접근은 "문화적으로 다른 가정이 이 나라의 사회적 평등 기회로부터 이득을 얻을 능력이 없는 것과, 그에 따라 그들의 자녀가 학교 경험으로부터 이득을 얻을 수 없는 것은 부분적으로는(전적으로가 아니라면) 그들의 문화에 기인한다"(Phillips, 1988, p. 43)고 주장했다. 따라서 교육적인 해결책은 유아와 부모 모두를 위해 그들이 유럽계 미국의 지배문화에 동화되도록 가르치는 특별 프로그램을 실시하는 것이다. 이 프로그램은 유아가 모국어로 말했다고 해서 신체적 체벌을 가하는 프로그램보다는 더 배려하는 것처럼 보이지만 모든 유아들을 단일 문화의 틀에 맞게 만들려는 궁극적으로는 동일한 목적을 가지고 있다. 결과적으로 이러한 프로그램은 자신들이 도와야 하는 학생에 대하여 결핍된 것으로 보는 관점을 구체화한다(예를 들어, Baratz & Baratz, 1971).

문화적 결핍 관점은 우리가 좋은 유아교육실제라고 생각하는 것에 위배된다. 이는 어떻게 유아가 자신에 대해 학습하는지에 대한, 유능한 개인이 되어 가는지에 대한, 그리고 다양성에 대한 최신 이론이나 경험적 연구에 근거한 것이 아니다. 그리고 그것은 모든 유아들에게 상처가 된다(Tatum, 1997). 이 접근을 하는 학교는 유아에게 안전감, 안심감, 소속감을 줄 수 없다. 이러한 상황은 유아의 사회적, 감정적, 인지적 발달과 그들의 가족과의 관계를 손상시킨다. 유럽계 미국인 유아들에게는 스트레스가 덜한 상황일 수도 있지만, 이러한 접근은 그들을 미래에 대비시키기에는 부적절하다. 왜냐하면 점점 더 많은 백인 유아들이 다양한 공동체와 일터에서 살고 일하게 될 것이기 때문이다. 이러한 관점은 잠재적으로 편견을 눈감아주고 심지어는 부추기기 때문에, 유아가 주류집단 외의 집단에 대해 배우는 것을 방해한다(Derman-Sparks, 1992; Derman-Sparks & Ramsey, 2005, 2006).

2) 도가니(Melting pot)[2]

20세기 초반의 국가적인 미래상은 다양한 집단이 미국이라는 도가니에서 녹아 융화되어 보통의 미국인으로 탄생하는 것을 기대하였다. 다름을 말살함으로써 모든 미국인들은 미국 사회의 기회에 대한 동등한 접근성을 획득했다. 학교는 모든 사람들에게 똑같은 "용해된(melted)" 문화를 가르치도록 기대되었다. 이러한 이상은 모든 문화가 공통의 혼합에 기여한다는 기대를 형상화시키기는 하지만 사실은 "공통의 문화"는 유럽계 미국인들의 지배 문화 속에 녹아있는 북서유럽의 세계관을 의미한다. "도가니" 접근을 옹호하는 학교들마저도 실제로는 "백인들의 준거"를 강요했다(Ramsey & Williams, 2003; Vold, 1989). 이러한 한 방향 동화는 이민자들로 하여금 자신의 조상, 가치, 언어를 포기하게 했고 가능한 한 지배층인 앵글로색슨 집단과 비슷해지게 하였다.

"도가니" 입장을 옹호하는 교사들은 종종 피부색으로 인종차별을 하지 않는다고 주장하였다. 그들은 유아가 백색, 흑색, 보라색, 혹은 녹색인지 인지한다는 것을 부정하고, "우리는 모두 미국인이고 공통의 문화를 공유한다" 그리고 "모든 사람은 똑같다"는 입장을 고수할지도 모른다. 이러한 견해를 가진 교사는 차이를 최소화하고, 그렇게 함으로써 타 집단 사람들의 생활양식과 공헌뿐 아니라 힘의 차이와 부의 영향이 유아의 발달에 미치는 영향을 무시하게 된다.

이 접근은 거의 언제나 유럽계 미국인의 문화를 반영하는 교육실제, 환경, 교구를 만들어내고 다양성과 사회적 편견의 실제를 부정한다. 더욱이 이 접근은 다양성의 개념과 백인들의 준거의 개념을 구별하지 못하며, 그에 따라 유아가 일상적으로 하는 경험에 모순되며 사회적 세계를 이해하고자 하는 유아의 노력을 방해한다.

---

2) 역주: 인종의 용광로라고도 하며 미국의 초기 다민족 문화가 그 대표적인 예가 된다.

3) "추가적" 다문화주의

1960년대 인권운동의 결과로 문화적 억압 접근에 대한 비판이 시작되었다. 비판자들은 문화적 차이를 문제점이 아닌 강점으로 인식하는 것이 더욱 평등한 사회를 건설하는 데 필요하다고 주장하였다. 교육에 대한 다문화적인 접근은 미국은 많은 사람들로 이루어진 사회이며 모두가 자신과 서로를 존중하는 것을 배울 필요가 있다는 기본 전제하에 1960년대에 구체화되었다. 이러한 관점에서 학교는 유아가 자신과 타인을 존중하도록 가르치고 다양한 사람들과 잘 지내도록 가르치기 위해 모든 유아의 문화를 지원할 책임이 있다. 이 접근이 편견과 차별 또한 감소시키리라는 기대도 있었다.

다문화교육의 옹호자들은 이 접근이 교육 프로그램의 모든 측면에 포함되어야 한다고 주장했지만 불충분한 변형인, 비판적 용어로 **추가적 다문화주의(add-on multiculturalism)**가 가장 자주 실행되는 접근이 되었다. 다문화교육의 이러한 변형에서 기존의 학급 환경과 교육과정은 계속해서 지배적인 유럽계 미국인의 문화에 기반을 두는 반면, 다른 문화들(예를 들어, 소수민족 집단)은 특별활동을 통해서 때때로 교육과정에 소개된다. 따라서 학급에는 특별한 다문화 게시판이 있거나, 특별한 날이나 휴일 근처에 다양성에 대한 학습을 계획하거나, 특정 민족 집단에 대해 한 주간의 단위로 소개하지만, 그 후 초점은 정규 교육과정으로 돌아간다.

추가적 다문화주의는 구체적이고 부담되지 않는 활동(예를 들어, 음식, 휴일, 노래)으로 구성되기 때문에 많은 교사들은 이러한 피상적인 행위나 체면치레를 하는 것이 자신의 교육과정을 진정으로 변형시키는 것보다 쉽다고 느낀다. 많은 교사교육 강좌나 현직교사 연수는 추가적 접근의 영향을 지속적으로 받고 있다. 이 반응은 추가적 형태의 다문화 교육을 반영하는 (열심히 선전되는) 상업적 교육과정과 교육과정 지도서의 이용 가능성에 의해 선동된다.

이 형태의 다문화주의는 주류 유럽계 미국 문화와 다른 여러 문화들을 진부하게 하고, 평범화하며, 잘못 반영하는 수박 겉핥기식의 "관광객" 접근으로 강력하게 비판받고 있다. 이는 유럽계 미국 문화를 중심 혹은 규준으로 삼고 다른 문화들을 종속적이거나 때때로 방문하는 것으로 만듦으로써 인종 간의 불평등한 힘의 관계를 더욱 영속시킨다. 다양성에 대한 추가적이거나 관광객식의 접근은 다양성을 적절하게 다루지 못하며 유아의 건강한 정체성이나 타인에 대해 존중하는 태도 발달을 효율적으로 지원하지 못한다(Derman-Sparks et al., 1989).

4) 이중 언어/이중 문화주의

이중 언어/이중 문화적 접근(bilingual/bicultural approach)의 기본 전제는 유아가 자신의 고유 문화집단과 더 넓은 주류 사회 모두에서 효율적인 구성원이 되는 것을 배울 수 있고, 그렇게 해야 한다는 것이다. bi라는 접두어는 둘을 의미한다. 즉, 두 가지 언어와 두 가지 문화적 존재방식을 의미한다. 이중 문화주의는 모든 집단이 정당하고 공평한 기회를 가지는 진정으로 민주적인 사회의 창조는 다양한 민족, 인종, 종교적 집단이 공동 국가의 일원이 되는 것과 동시에, 자신들의 전통, 문화, 특별한 관심사에 자율적으로 참여하는 권리 또한 보호되어야 한다는 기본 전제에 근거하고 있다(Appleton, 1983; Banks, 1988). 예를 들어, 미국에서 이것은 사람들이 영어와 자신의 모국어, 혹은 "고유" 언어를 둘 다 사용하는 것을 의미한다(Krashen, Tse, & McQuillan, 1998). 이러한 전통을 반영하는 유아교육 프로그램은 유아가 자신의 모국어와 문화로 말하고 학습하는 능력과 주류문화의 언어와 문화적 행동 규준을 학습하는 것을 촉진시킨다.

이중 언어/이중 문화주의는 미국 교육에서 새로운 사상은 아니다. 고유 언어 프로그램은 북미의 역사에서 긴 역사를 가지고 있다(Krashen et al., 1998). 19세기 중반에 오하이오 주에 독일어-영어 학교들이 설립되었고(Grosjean, 1982), 다른 많은 지역에도 네덜란드어, 독일어, 스웨덴어, 유대어, 이태리어 등의 고유 언어를 사용하는 학교가 설립되었다(Dropkin, Tobier, & City University of New York, 1976; Fishman, 1966). 그러나 아메리카 원주민, 아프리카 노예, 정복당한 멕시코 사람들의 언어를 말살하기 위한 강력한 시도도 미국 역사에서 오랜 전통을 가지고 있다. 1923년에 34개 주에서 영어만 사용하는(English-only) 교육 정책을 실시했는데 이는 멕시코계나 많은 아메리카 원주민들의 언어뿐 아니라 유럽계 이민자들의 언어에도 영향을 미쳤다(Marquez, 1991).

1960년대의 자결권과 사회·정치권 운동은 교육이 모든 국민의 문화적 권리를 지원하고 비유럽계 학생들의 불균형적인 고등학교 중퇴에 기여한 문화, 정체성, 고유 언어의 손상을 되돌려야 한다는 요구를 재개시키는 데 원동력이 되었다. 1974년의 Lau 대 Nichols 판결[3]은 많은 학교들로 하여금 이중 언어 교육 프로그램을 실시하게 했다(Crawford, 1999).

유아교육은 이중 언어/이중 문화 교육에서 특히 현저하고 민감한 역할을 한다. 유

---

3) 역주: 중국계 미국인 학생들이 제한된 영어능력 때문에 학교로부터 교육적 차별을 받고 있다고 주장하며 제기한 소송에서 1974년에 미국 대법원은 학생들의 손을 들어 주었으며, 이는 미국 내의 제한된 영어능력을 가진 학생의 권리를 확대하는 계기가 되었다.

아원 시기가 모든 유아의 언어와 정체성 발달에 결정적이기 때문이다. 모국어가 영어가 아닌 유아들을 위해 언제부터 영어로 교육을 시작할지, 그리고 유아들이 영어를 배우는 동시에 모국어 발달이 지속될 수 있도록 가장 잘 지원할 수 있는 방법을 아는 것은 좋은 프로그램을 만드는 핵심이다. 전미유아교육협회(NAEYC)는 1997년의 「문화적 · 언어적 다양성(Cultural and Linguistic Diversity)」이라는 제목의 입장 표명서에서 이를 인식하며 다음과 같이 기술하고 있다.

> 우리나라가 언어적으로나 문화적으로나 더욱 다양해지고 이중 언어교육 문제가 더욱 정치적인 이슈가 됨에 따라 유아교육자들은 어떻게 최선의 (중략) 모든 유아를 위한 효과적인 프로그램을 제공할지를 (중략) 이해할 책임이 있다. 교육자들은 프로그램과 가정 간의 유대를 강화시키기 위해서 영어 습득을 촉진시키는 동시에 모국어 사용을 장려해야 한다. (p. 1)

어떤 교육자들(예를 들어, Porter, 1990)은 모국어를 보존하는 것이 영어 습득을 방해한다고 주장하는 반면, 많은 연구들(예를 들어, Krashen et al., 1998; Sandoval-Martinez, 1982)이 어린 유아들은 이중 언어 사용자가 될 수 있으며 그 과정에서 다른 방식으로도 이득을 얻을 수 있다는 것을 보여주고 있다. 모국어를 보존하는 것은 학습 능력을 더 일찍 발달시키는 것을 촉진시키며 궁극적으로는 영어에 더욱 숙달되게 하고(예를 들어, Crawford, 1991) 유아의 전반적인 인지, 정서 발달과 가족과 의사소통할 수 있는 능력을 지원한다(Cummins, 1981, 1986; Wong-Fillmore, 1991). Collier와 Thomas(1997)는 1982년부터 1996년까지 다양한 종류의 잘 실행된 이중 언어 프로그램을 사용하는 학교에서 70만 명 이상의 소수언어자 학생들로부터 자료를 수집하였다. 그들은 모국어를 가장 오래 사용하면서 효과적인 내용중심 영어를 제2언어로 학습한 학생들이 가장 학업적인 성취가 높다는 것을 발견했다. 학교생활 초기에 어떠한 모국어 교육도 받지 않고 영어로만 교육을 받은 학생들은 가장 낮은 학업성취를 보였다. 몇 명의 연구자들은 또한 모국어를 보존했던 유아들이 자신의 문화집단과의 지속적인 유대 때문에 더 긍정적인 자아정체감을 발달시킨다는 것을 발견했다. 덧붙여 긍정적인 자아, 집단 개념은 다른 민족과 문화집단에 대한 수용과 존중도 더욱 촉진시킨다(Tse, 1998).

그럼에도 불구하고, 이중 언어 교육은 "사회의 언어 선택에 대한 지속적인 논쟁의 중심이다. 이중 언어 교육에 반대하는 주장은 (중략) 사람들의 미국 사회에 대한 정치적, 사회적 기본 관점을 나타낸다"(Wong-Fillmore, 1991, p. 2). 가정에서는 자녀들이 이중 언어 교육을 계속해서 받을 것을 여전히 요구할 수 있지만, 최근에 몇 개 주에서 실질적으로 공립학교에서의 이중 언어 교육을 금지했다. 또한 공립학교 이외의 유아교육 프로그램에서는 이중 언어 교육을 제공하는 것이 허용되었다. 전형적으로, 반대자들은 이중 언어주의가 분열과 정치적 불안을 야기할 것을 우려한다. 그러나 국민들이 하나 이상의 언어를 사용하는 국가에서 이중 언어 사용이나 다문화주의가 정치적, 혹은 경제적 문제를 초래한다는 증거는 없다(Krashen et al., 1998). 국가의 화합과 분쟁은 하나의 언어를 사용하는 나라들과 많은 언어를 사용하는 나라들 모두에서 일어난다.

이중 언어 교육에 대한 정치적인 반대에도 불구하고 학교에는 이러한 서비스(ESL이나 개별지도 프로그램과 같이 다른 형식으로 제공되지만)가 필요한 유아가 점점 더 증가할 것이다. 이러한 노력을 지원하기 위해서 우리는 이중 언어/이중 문화적 접근을 다양한 맥락에서 그리고 다양한 발달 단계에서 실행할 수 있는 가장 효과적인 방법을 결정하기 위한 지속적인 연구를 할 필요가 있다. 특히, 여러 가지 다양한 언어가 사용되거나 혹은 한두 명의 유아들만이 영어 이외의 언어를 사용하는 프로그램에서 어떻게 이중 언어 교육을 실행할 것인가? 우리는 언제, 그리고 어떻게 제2언어로서의 영어 교육을 시작해야 할지, 그리고 어떻게 교사들을 영어가 아닌 다른 언어에 유창할 수 있도록 가장 잘 지원할지도 더 정확하게 이해할 필요가 있다.

현재까지의 연구에 기초해서, 우리는 이중 언어와 이중 문화가 상용되는 것이 유아의 기본 권리라는 유엔(UN)의 아동권리협약(Convention on the Rights of the Child)(1989)에 동의한다. 유아 이중 언어 발달의 선도적인 전문가인 Eugene Garcia (2005)는 "튼튼한 나무는 튼튼한 뿌리가 있다. 뿌리가 충분히 튼튼해지기 전에 어린 식물을 옮겨 심으면 그 식물은 성장하지 않는다. 종종 시들거나 죽게 된다"고 진술했다. 우리는 진정으로 이중 언어/이중 문화자가 되는 것이 모든 유아에게 이득이 된다고 믿는다. 이는 글로벌 사회에서 효과적으로 일하는 데 필수이다.

5) 반편견(antibias) 다문화교육

이 접근의 목적은 사회의 모든 측면에 있어서 개개인의 평등한 참여를 보장하고 사람들로 하여금 공동의 사회에서의 삶에 함께 참여함과 동시에 그들의 고유한 문화를 보존할 수 있도록 하는 것이다. 이 접근은 다문화교육의 초기 목적인 자신과 타인에 대한 존중을 포함하면서, 미국의 근본적인 모순에 대한 심오한 시인과 비판, 그리고 미국 학교와 사회의 불평등한 권력관계의 변화에 대한 책임을 반영한다. 반편견 다문화 접근은 실용적이고 이상적인 의도를 가지고 있다. 변화하는 인구의 현실은 증가하는 구성원들이 가진 재능을 낭비할 여유가 없다는 것을 의미하며 (곧 인구수적 측면에서 "소수"가 될) 백인 "다수" 유아들이 변화하고 있는 다양성의 사회에서 어떻게 효과적으로 살고 활동할지를 배울 필요가 있다는 것을 의미한다. 이 관점에서 학교는 학생들에게 자기 자신을 존중하고 다양한 사람들과 평등한 관계를 형성하도록 가르칠 뿐 아니라 학생들로 하여금 편견과 차별을 없애기 위해 어떻게 노력할지를 가르칠 책임이 있다.

반편견 다문화 교육운동은 몇몇 선구자와 근원이 있다. 하나는 1940년대 후반과 1950년대 초반의 사회 · 인종 · 민족 집단간 교육운동(intergroup education movement)이다(Taba, Brady, & Robinson, 1952). 이 기간 동안 유아의 인종 인식과 자신과 타인을 향한 태도에 대한 몇몇의 고전적인 연구가 수행되었다(예를 들어, Clark, 1955; Trager & Radke-Yarrow, 1952). 유감스럽게도 유아의 태도 발달에 대한 선구적 연구뿐 아니라, 집단간 교육운동의 업적에 대한 정보는 그 후 주류 유아발달과 유아학교 연구에서 무시되었다. 그러나 이는 초기 태도발달에 대한 최근의 연구에서 다시 나타났고 반편견 다문화교육은 집단간 교육운동의 목적에서 많은 부분을 구현한다. 또 다른 선구자는 다양한 집단의 유아들에게 자신들의 문화와 역사에 대한 정확한 정보를 제공하는 교육을 주장했던 1970년대의 민족연구운동(ethnic studies movement)이다. 세 번째는 편견과 차별을 없애야 할 책임인데 이는 1960년대 인권 운동의 원동력이 되었고 궁극적으로는 백인 유아와 가족들이 그들이 가진 인종차별주의를 인정하고 고쳐야 한다는 깨달음을 이끌어냈다.

1960년대 후반과 1970년대에 발전하기 시작한 다문화 교육은 초기에는 다양한 인종과 문화집단 내와 집단 간의 존중하는 마음을 갖게 하는 데 초점을 맞추었다. 1989년에 처음으로 문서화된 형식으로 나타난 반편견 접근(Derman-Sparks & ABC Task Force, 1989)은 성, 사회계층, 종교, 성적 선호, 장애와 같은 정체성의 다른 측면들 또한 유아의 긍정적인 정체성 발달과 타인에 대한 존중과 밀접한 관계가 있다고 주장했다. 1990년대까지 다문화주의 옹호자들과 반편견 교육 옹호자들은 모든 교육 프로그램이 과소표상(underrepresentation)의 광범위한 문제를 다루어야 하며 전통적인 교육과정에서 소외되어 왔던 모든 집단들이 반영되어야 한다는 것에 동의했다(예를 들어, Derman-Sparks et al., 1989; Nieto, 1996; Ramsey, 1998). 이 분야에 있는 사람들이 다른 용어를 사용하더라도, 우리는 이 관점을 설명하기 위해서 **반편견 다문화교육(antibias multicultural education)**이라는 용어를 사용하기로 했다.

1990년대에 반편견 다문화교육은 사회재건주의자(social reconstructionist) 관점을 더욱 명백하게 통합시켰다. 사회재건주의 관점은 정의로운 사회를 만들기 위해서는 모든 인종과 민족 집단의 평등한 참여를 방해하는 제도상의 구조, 정책, 행동의 근본적인 변화가 필요하다고 전제한다(Sleeter & Grant, 1987). Enid Lee(1991)는 다음과 같이 설명했다.

> 이는 모든 영역의 주제를 관통하는 관점이며 교육과정에서 소외되어 왔던 사람들의 역사와 경험 문제를 다룬다. 그 목적은 가정이 가지고 있는 모든 문화적, 인종적 차이를 공평하게 다룰 수 있도록 돕는 것이다. 이는 또한 권력관계와 평등 문제에 있어서 왜 현재와 같은 상태가 되었는지에 대한 설명에 도달할 수 있도록 하는 관점이다. (p. 6)

Derman-Sparks와 ABC Task Force(1989)는 반편견 교육을 다음과 같이 정의한다.

> 이는 편견, 고정관념, "주의(ism)" 들에 도전하는 적극적 접근이다. 제도상의 구조가 성차별, 인종차별, 장애인 차별을 만들고 유지하는 사회에서 편견이 없는(non-biased) 것으로는 충분하지 않으며 관측자가 되는 것도 충분하지 않다. 개개인이 적극적으로 개입해서 억압을 영속시키는 개인적 · 제도적 행동을 거부하고 반격해야 한다. (p. 3)

21세기에 미국과 전 세계 많은 다른 나라의 인구가 인종적으로 문화적으로, 언어적으로 점점 다양해지면서 유아교육과 보육에서 다문화, 반편견, 이중 언어/이중 문화 교육과정을 옹호하는 교육 운동이 미국뿐 아니라 호주, 벨기에, 캐나다, 덴마크, 독일, 네덜란드, 스웨덴, 남아프리카, 영국, 뉴질랜드 등의 국가에서 활발해지고 있다.

지난 20여 년 동안 미국에서는 반편견 다문화접근을 사용하기를 바라는 희망에서 교사들에게 자료를 제공하는 책이 많이 출판되었다(Alvarado, Derman-Sparks, & Ramsey, 1999; Bisson, 1997; Derman-Sparks & Ramsey, 2006; Kendall, 1996; Pelo & Davison, 2000; Ramsey, 2004; Ramsey & Williams, 2003; Tatum, 1997; Whitney, 1999; Wolpert, 1999; York, 1998). 최근의 자료들은 특수한 교재와 활동(Lee, Ramsey, Sweeney, 발간 중), 짧은 연극(Williams & Cooney, 2006), 유아 문학(Chafel, Flint, Hammel, & Pomeroy, 2007)을 이용해서 유아들과 다양성과 불평등에 대해 대화하는 상세한 방법에 초점을 맞추고 있다.

최근 어떤 반편견 다문화 연구자들은 특정 집단 사람들의 소외와 종속이 천연자원의 개발과 우리 사회의 경쟁적인 소비주의와 관계가 있음을 지적하고 있다(Cowhey, 2006; Ramsey, 2004). 이러한 최근의 주제는 문화적, 사회적 계층의 차이와 관련이 있는데, 그 이유는 개인이 어떻게 자연 세계와 소비를 보는가는 자신의 문화와 부의 수준의 영향을 받기 때문이다. 또한 사회 정의 문제를 반영하는데, 이는 환경의 붕괴는 가난한 공동체와 국가들에 집중되어 있기 때문이며(Fruchter, 1999), 지구 온난화는 이미 불균형적으로 극지방이나 홍수와 가뭄이 잘 일어나는 곳과 같이 더 취약한 곳에 사는 사람들에게 영향을 미치고 있기 때문이다.

백인 유아들과 성인과의 반편견 다문화의 본질에 대한 이야기 나누기는 최근의 또 다른 발전이다. "모든 아이들이 백인이라면 어떨까?"는 지난 30년간 백인 유아교사들이 가장 자주 해온 질문 중 하나였다. 이는 반편견 다문화 교육이 백인과 "다른" 사람들에만 관한 것이라는 잘못된 개념에 대한 반향이다. 다문화 교육의 초창기에 백인이 주류인 프로그램의 교사들은 종종 다양성에 대한 교육은 자신이 가르치는 유아들에게는 적절하지 않다고 생각했다. 그러나 더욱 최근 들어 백인 유아들을 가르치는 많은 교사들이 인종적 우월감에 대한 잘못된 생각이 백인 유아들을 고립시키고, 손상시키며, 다문화 사회에서 역할을 다할 수 있도록 준비시키지 못한다는 것을 인식하게 되었다. 또한 이러한 교사들은 인종차별이 없는 사회는 모든 사람들에게 이로우며, 모든 집단, 특히 권력을 가진 집단이 노력에 참여하지 않는다면 이룰 수 없다는 것을 인식했다. 따라서 오늘날 많은 교사들이 반편견 다문화 교육이 백인 유아들에게 적절하다고 믿는다. 그렇지만 그들은 비교적 동질적인 환경에서 교육을 할 때 유아들로 하여금 차이와 사회정의에 대해 학습하도록 하는 방법을 찾느라 어려워하고 있다. 최근 이 장의 저자들은「모든 아이들이 백인이라면 어떨까? (What if All the Kids Are White?)」(Derman-Sparks & Ramsey, 2006)라는 책을 출판했다. 이 책에서는 이 질문에 관련된 많은 쟁점과 가능한 전략들을 다룬다.

반편견 다문화 접근에 반대하는 비판자들은 몇 가지 반대의견을 제시한다. 하나는 사람들 간의 차이에 대해 학습하는 것이 오히려 유아들로 하여금 편견을 가지게 만들 것이라는 믿음이다. 이러한 생각은 유아기 태도발달에 대한 올바른 지식에 근거한 것이 아니라 잘못된 개념에 따른 것이다. 앞에서 제시했던 바와 같이 유아들은 고정관념을 흡수하지만, 이는 차이에 대한 제대로 된 정보를 학습하고 자신의 궁금증을 질문할 기회를 가지기 때문이 아니다. 오히려, 유아의 잘못된 개념이나 편견은 가족 구성원, 또래, 텔레비전, 영화, 책 등에서 표현된 것을 반영하며 아무런 도전을 받지 않은 채로 내버려 둔다면 점점 확고해진다. 두 번째 반대 의견은 교사들이 이미 과중한 업무를 수행하고 있어서 교육과정에 더 이상의 것을 추가할 수 없다는 것이다. 이 전제는 반편견 다문화 교육의 과정에 대한 잘못된 이해를 반영한다. 다양성과 정의에 대한 교육은 기존의 교육과정에 추가되는 것이 아니라 엮여지는 것이다. 따라서 새롭게 교육과정을 고치기보다는 관점을 변화시키는 것이다.

반편견 다문화교육에 대한 또 다른 비판은 다양성과 차별에 대한 학습이 더 중요한 학교교육의 목표로부터 시간을 빼앗아간다는 믿음에 근거한다. 우리는 이러한 비판이 교육의 목적에 대한 근시안적인 시각에서 비롯된 것이며, 그들 스스로 "어떠한 세상을 위해서 우리 아이들을 교육시키고 있는가?"라는 결정적인 질문에 답해보지 않은 결과라고 주장한다. 변화하는 인구와 특정 집단의 학업 실패와 중퇴율에 대한 통계는 다문화 교육이 사회의 건강과 성공을 위해 필수적이라는 것을 강력하게 뒷받침한다.

또 다른 반대는 반편견 다문화교육의 가치를 가르치는 것이 어떤 유아들에게는 편견에 동의하는 가정 혹은 체제에 반대하기보다는 조용히 사회에 동화되기를 원하는 가정의 가치와 충돌할 수도 있다는 것이다. 이러한 비판은 이 접근을 반영하는 교육과정을 계획하고 실행하는 과정에서 가족과 지역사회 구성원들을 참여시키는 것이 중요하다는 점을 주지시켜 준다. 마지막으로, 어떤 비판자들은 반편견 다문화교육이 특정 관점을 표명하기 때문에 너무 "정치적"이라고 공격한다. 우리는 모든 교육이 정치적이라고 주장한다. 이야기책이나 교과서에 어떤 것을 포함시키고 제외할지에 대한 결정, 학급에서의 주제나 활동을 선택하는 것, 유아나 가정과 협력하는 전략들 모두 우리가 우선순위를 두는 것과 가치를 반영한다. 따라서 유럽계 미국 문화에만 초점을 맞추고 동화와 현상유지를 지지하는 교재를 계속 사용하는 것은 반편견 다문화적 시각을 통합시키는 것만큼 정치적이다.

6) 21세기 유아들을 위한 목표

자신이 살고 있는 나라와 세계의 동시대 거주자들에 대해 시대적으로 뒤떨어지고 제한적인 생각에 심리적으로 얽매여 있다면, 21세기의 유아들은 효과적으로 역할을 수행할 수 없다. 이렇게 더욱 복잡한 세상에서 성장하기 위해서, 심지어는 생존하기 위해서 유아는 다양한 맥락에서 어떻게 역할을 수행할지를 배울 필요가 있고 다른 역사와 관점을 인식하고 존중할 필요가 있다. 더욱이 어떤 집단이 교육적 제도와 경제적 기회에서 제외되고 소외되는 한 세계뿐 아니라 미국의 생존은 불안정하다.

효과적인 반편견 다문화교육은 인지, 사회, 정서, 감각, 운동, 언어 양상과 기술을 포함하는 전인발달을 위한 여러 측면의 접근을 사용한다. 이 접근은 다양한 범위의 유아들에게 매력적일 뿐 아니라 이러한 모든 영역의 발달을 촉진한다. 최근의 다른 것들을 배제한 읽고 쓰기와 수학 기술을 강조하는 의무적 시험의 추세 속에서 이러한 총체적인 접근은 더욱 중요하다. 유아 발달과 교육 전문가로서, 교사도 편협하게 시험 가능한 기술에만 초점을 맞추는 정치적인 결정을 거부하는 도전을 하게 될 수 있다. 이러한 압력의 사회정치적인 맥락과 어떻게 다양한 집단의 유아들에게 영향을 미치는지 이해하는 것은 교사가 발달에 적합한, 문화적으로 민감한, 통합적 유아교육의 더욱 유능한 옹호자가 될 수 있게 도와준다.

질적으로 우수한 21세기 유아교육은 이중 언어/이중 문화, 다문화, 반편견 운동에서 발전된 목표, 지식, 방법을 통합할 것이다. 이러한 접근들은 상호적으로 지원한다. 반편견 다문화 교육과정은 이중 언어/이중 문화교육을 강화시킬 수 있는데, 이는 반편견 다문화 교육과정이 효과적 운영 기술과, 적절하다면 지배 사회의 구조와 구속을

적절한 행동을 했을 때 칭찬해주는 것은 적절하지 않은 행동에 반응하는 것보다 더 효과적이다.

거부하는 기술을 한층 더 추가하기 때문이다. 반대로, 유아의 가정 문화를 지원하는 환경을 만드는 것은 유아가 우리 사회의 변화에 있어서 적극적인 참여자가 될 수 있도록 자신감을 발달시킨다.

창의적인 해결법을 발달시키기 위해서 유아교육자들, 연구자들, 가족 구성원들이 서로 대화하고, 생각을 실행에 옮겨 보고, 결과를 평가하고, 그에 따른 수정을 해나갈 필요가 있다. 교사와 부모는 발달 단계와 각 집단 유아의 문화적, 경제적 맥락에 기초한 많은 목표들 중 우선순위를 결정하는 것을 협동적으로 할 수 있다. 예를 들어, 유럽계 미국인의 배경을 가진 유아라면 유럽계 미국 문화가 우월하고 모든 사람에게 바람직하다는 미묘한 메시지를 받고 있을 수 있다. 이런 경우, 우선순위는 다른 집단에 대한 정보와 지역적, 세계적 불평등에 대한 정보를 제공함으로써 기존의 생각을 재고해 보게 하는 것이 된다. 반면 유아의 가정이 교육과정이나 대중매체에서 과소 표상되었다면 이중 언어, 그리고 필요하다면 이중 문화 환경을 만드는 것이 최우선순위가 될 것이다. 유아가 더욱 편안해지고 지배적 사회집단에 대해 배워감에 따라 비판적 관점이 포함되게 될 것이다. 따라서 반편견 다문화교육의 실행은 집단에 따라 다양하다. 동시에, 전제되는 다음의 목적은 집단 간에 일관성이 있다. 목적 달성을 위해 가능한 전략의 범위를 설명하기 위해서 다음과 같이 각 목적별로 몇 가지 활동의 예를 제시한다.

- 모든 유아가 가족, 공동체와의 유대를 강화시키고 자신의 독특한 특성을 알며 진가를 인정할 수 있는 유아교육 프로그램을 만듦으로써 각 유아가 식견이 있고 자신감 있는 자아개념과 집단 정체성을 형성하도록 도와주기

  예: 프로그램에서 모든 유아들이 교육과정(교구, 노래, 책 포함)에 동등하게 표상되어야 한다. 많은 경우, 이는 주로 지배문화의 유아와 가정을 반영하는 교구를 판매하는 주요 회사들 외의 것들을 찾아보는 것을 의미한다. 모든 유아와 그들의 가족사진을 유아들이 쉽게 볼 수 있는 곳에 전시할 수 있다. 이야기, 노래, 그림 그리기, 쓰기를 하는 동안 유아들은 자신의 흥미, 공포, 기쁨, 꿈, 성취를 포함하여 자기 자신과 가정의 전통에 대한 정보를 나눌 수 있다. 그러나 한 가지 주의할 사항은 자긍심을 길러주기 위한 어떤 활동들은 "나는 특별해요" 나 "나에 대한 모든 것" 의 분위기를 띰으로써 이미 타인에 대한 우월감을 가지고 있는 유아들에게 특히 역효과를 낼 수 있다. 오히려 교사는 유아들이 가지고 있는 특성, 능력, 장애물이 다른 또래들과 비슷한지 다른지 알아볼 수 있도록 도울 수 있다(예를 들어, 머리카락색이나 가정의 생활습관에 대한 그래프 만들기). 교사는 또한 유아들이 집단이나 사회에 공헌할 수 있는 방법을 만듦으로써 유아들이 소속감을 갖도록 도와줄 수 있다(예를 들어, 모든 사람이 중요한 역할을 하는 협동 활동).

- 차이를 존중하고, 차이에 대해 효과적이고 편안하게 협상하고 적응하고, 모든 사람이 가지고 있는 공통적 인간 속성을 이해하는 데 필요한 인지적 인식, 감정적 기질, 행동적 기술을 장려함으로써 각 유아가 다양한 배경의 사람들과 편안하게 감정이입하면서 상호작용을 할 수 있도록 격려하기

  예: 교사는 유아로 하여금 자신이 찬성하고 반대하는 방식을 탐색해 보도록 격려할 수 있고 일상적으로 일어나는 갈등과 오해를 이용해 자신이 세상을 보는 방식이 유일하거나 "정답" 이 아니라는 것을 배우도록 도울 수 있다. 다양한 유아들이 있는 학급에서 교사는 가족들이 구체적인 방법으로 가정의 이야기, 전통, 좋아하는 음식 등에 대해 이야기하게 함으로써 자신들의 경험을 나눌 수 있도록 격려할 수 있다. 교사는 유아들이 다양한 경험에 대해 배우고 편안해질 수 있도록, 그리고 낯선 것에 대한 부정적인 반응을 극복할 수 있도록 책을 읽거나 사연 있는 인형 이야기(persona doll stories)를 개발할 수 있다(Whitney, 1999).

- 유아가 자신이나 타인을 향한 불공평하고 진실되지 않은 이미지(고정관념), 견

해(괴롭히는 것, 비난), 행동(차별)을 인지하고 그러한 편견이 주는 고통을 알도록 감정이입을 발달시키게 격려함으로써 편견에 대한 각 유아의 비판적 사고를 촉진시키기

예: 교사는 책, 사연 있는 인형 이야기, 역할놀이, 짧은 연극 등을 이용해 공정성에 대한 개념을 소개하고, 특정한 고정관념을 정확한 이미지 및 정보와 대비시키며, 고정관념이 어떻게 상처를 주는지를 탐색해볼 수 있다. 유아들이 점점 더 의식할수록 책에서 고정관념과 편견을 찾아낼 수 있다(누가 빠져있는지, 누가 잘못 표상되었는지). 학급에서 문제들이 발생할 때, 교사는 유아들이 편견을 내포한 언어와 행동을 인식하도록 도와줄 수 있다.

- 유아가 다음과 같은 다양한 상황에 대한 다양한 반응을 배우고 익힐 수 있게 도움으로써 편견에 대응해서 행동할 수 있는 능력을 길러주기: 즉, 또래가 자신이나 학급의 다른 유아에게 편견적인 행동을 보일 때, 성인이 편향된 행동을 할 때, 이웃이나 사회의 불의를 깨닫게 되었을 때 등이다(Pelo & Davidson, 2000). 비판적 사고와 감정이입은 자신 또는 타인을 위한 편견에 대응해 행동하기 위한 필수적인 요소이다.

예: 앞의 단락에서 설명한 것과 같은 활동을 이용해 교사는 유아가 어떻게 편견과 불공정함에 대응할 것인지에 대해 이야기 나누도록 할 수 있다. 교사는 또한 비뚤어진 방식으로 자신을 위협하는 또래나 성인들에게 도전하도록 "지도"함으로써 유아들을 도와줄 수 있다. 유아들이 지역이나 나라의 특정한 문제에 대해 관심을 가지게 되면 교사는 유아들이 사회의 편견적인 행위(예를 들어, 저소득층 가정을 위한 여름 프로그램의 폐쇄, 지역 공원을 적절하게 관리하지 않는 것)에 대응하도록 집단으로 편지쓰기 캠페인, 지역신문의 편집자에게 탄원서나 편지쓰기와 같은 프로젝트를 조직하도록 도와줄 수 있다.

7) 반편견 다문화적 관점에서 가르칠 준비하기

이러한 관점에서 가르치려면 본인의 세계관에 대한 세심한 검토, 다양한 유아와 가정에 대한 경험, 학급의 특정 유아들의 현재와 과거 경험에 대한 깊은 지식이 필요하다. 그러나 유감스럽게도 교사들은 이러한 집중적이고 광범위한 경험을 할 기회가 별로 없다. 최근에 이루어진 예비교사 교육 프로그램에 대한 한 대규모 연구(Ray et al., 2006)는 다양한 유아들과 함께하는 것에 대해서 교사들을 거의 준비시키지 않고 있다는 것을 밝혔다. 역설적으로, 대부분의 기관은 "유색인종 유아, 장애를 가진 유아, 저

소득층 유아, 이민자, 제2언어나 방언을 사용하는 사람들의 발달적이고 교육적인 요구를 인식하는 것이 유아교사들을 위해 타당하다고 인식하지만 (중략) (그러나) 유아교사들에게 다양한 유아들을 효과적으로 교육시키고 어떻게 그들의 가족과 지역사회와 협력할지를 가르치는 과목에 배당된 시간은 극히 적고, 그에 대한 실습도 미미하다" (pp. vii-viii). 이 연구자들은 새로운 교사 고용, 현직교사 재교육, 다양한 공동체에서의 현장실습 추가, 철학적 · 구조적으로 프로그램을 변화시키는 것을 포함한 몇 가지 개선안을 제안한다. 이러한 개선은 명백하게도 상당한 시간을 필요로 하고 그동안 교사들은 필요한 기술을 발달시킬 필요가 있다. 우리는 다음의 지침이 유용하기를 바라지만 예비교사 교육과 현직교사교육 프로그램의 더욱 근본적인 변화가 필요하다고 생각한다.

다음의 지침은 Derman-Sparks(1992)에서 수정한 것이며 각각의 범주에 관련된 특정 활동이나 토론 주제들은 Bisson(1997), Ramsey(2004), Williams와 DeGaetano(1985), York(1998)로부터 구성된 것이다.

1. 교사의 경력, 지식, 신념, 가치, 흥미는 교육과정과 교수 실제를 구성하는 데 영향을 미친다. 교사는 교육과정에 자신의 세계관과 유아와 사회에 대한 자신의 근본적인 목적을 반영하는 운영을 함께 구성한다. 가정과 지역사회의 어떠한 관심사를 인지하는지, 어떤 것을 추구하거나 무시하기로 선택할지에는 종종 그들의 검증되지 않은 태도, 불편감, 편견 등이 영향을 미친다. 따라서 반편견 다문화 교육과정을 만드는 데는 교사 자신의 정체성, 문화적 신념과 행동, 타인 정체성의 다양한 측면에 대한 태도 등에 대한 자기인식의 증진이 필수적인 요소이다 (Derman-Sparks & Phillips, 1997). Derman-Sparks와 ABC Task Force(1989), Ramsey(2004)는 고정관념에 빠져있는 전제들이 유아와 성인 간의 상호작용에 영향을 미치는 방법들에 대해 더욱 잘 의식할 수 있게 돕기 위한 질문들을 제안했다. 만약 교사가 다양성의 모든 측면들에 대해 진정으로 편하게 느끼고 반편견 다문화적 접근의 목적달성을 위한 환경 조성의 중요성을 믿는다면, 유아들은 교사가 말하고 행하는 모든 것으로부터 이러한 가치를 받아들일 것이다.

2. 유아의 요구, 경험, 흥미, 질문, 감정, 행동은 유아의 문화와 사회경제적 위치를 반영한다. 효과적이기 위해서는 유아의 정체성과 태도 형성에 대한 연구와 어떻게 유아가 이중 언어와 이중 문화를 발달시키는지에 대한 이론에 기초한 교육과정과 교수실제가 발달적 관점을 실현해야 한다. 학년 초와 그 후 일 년 동안, 교사는 다양성과 불의에 관한 유아들의 생각, 느낌, 기능을 살펴보고 그것이 어떻게 변화하는지를 추적할 수 있다. 교사는 유아들의 또래와의 상호작용을 관찰함

으로써, 그리고 유아들이 다양성과 불공평에 대한 다양한 메시지를 표현하는 인형, 책, 그림, 그 밖의 놀잇감들을 가지고 놀이할 때 그들의 생각이나 질문들을 적으면서 이러한 정보를 얻을 수 있다. 또 다른 가능성은 비형식적으로 유아들과 그들의 생각과 감정(Ramsey, 2004 참조)에 대해 면담하는 것이다. 특정 활동에 대한 반응으로 나타난 자녀의 생각과 질문에 대해 가족 구성원으로부터 얻은 일화도 평가의 소중한 기본 자료가 된다.

3. 자녀에 대한 가족의 신념, 걱정, 희망은 가정의 역사와 경험을 반영하고 유아와 학교와의 상호작용에 영향을 준다. 한 해 동안 수시로 교사가 가정에 다음과 같은 것들에 대해 이야기할 기회를 제공할 수 있다.

   - 부모와 자녀가 자신을 어떻게 인지하는지, 그리고 개인적·집단적 정체성이 어떻게 변하고 있는지
   - 가정이 이중 문화/이중 언어의 연속선상에서 어디에 위치하고 있는지
   - 자녀가 가정과 지역사회에서 다양성과 관련해서 어떤 경험을 했는지
   - 자녀가 어떠한 정보를 학습하기를 원하는지
   - 자녀가 어떤 가치를 추구하기를 바라는지, 그리고 이를 가르치기 위해 어떤 노력을 하는지
   - 자녀가 어떻게 자신이나 타인을 향한 편견에 대처하기를 원하는지
   - 반편견 다문화 교육과정 주제들에 대해서 어떠한 우려나 반대의견을 가지고 있는지 (Ramsey, 2004 참조)

   교사는 이런 정보를 가족 구성원이 유아를 데리고 오거나 데리고 갈 때 비형식적인 대화를 하거나 설문지를 편하게 생각하는 가정에는 설문지를 통해서 또는 개별 면담이나 모임에서의 토론과 같은 다양한 방식으로 수집할 수 있다.

4. 사회적 사건, 메시지, 기대는 유아들의 환경에 속속들이 배여 있다. 자기 자신과 타인에 대한 유아의 생각은 가정으로부터만 얻는 것이 아니다. 그렇게 생각하는 것은 많은 사람이 여전히 믿고 있는 잘못된 생각이다. 한 가지 중요한 요소는 유아의 지역사회 안에 있는 집단들이 서로를 어떻게 생각하는지, 전체 사회로부터 어떻게 인식되는지이다. 중요한 점을 놓치지 않기 위해서 교사는 유아들의 세계에 만연한 인간의 다양성에 대한 시각적, 언어적, 행동적 메시지들을 긍정적인 것과 부정적인 것 모두 면밀하게 관찰할 수 있다. 지역적 사건과 관점에서 눈을 떼지 않기 위해서 교사는 지역 신문을 읽고 때때로 지역사회 모임에 참석할 수도 있다. 주기적으로 유아 대상 텔레비전 쇼나 영화를 시청하고 비디오게임을

해보고 장난감 가게나 옷가게를 방문하는 것도 유아의 흥미와 놀이에 영향을 주는 유행과 주제를 이해하는 데 도움을 줄 수 있다.

8) 전략 계획하기

학급의 모든 측면에서 "이곳은 여러분들 개개인을 존중하는 곳이고, 다양성을 삶의 자연스럽고 핵심적인 요소로 인식하는 곳이며, 서로에 대한 공정함의 본보기를 보이는 곳이다."라는 메시지를 전달하는 것이 이상적이다. 몇 가지 전략을 계획하는 것은 교사가 이러한 목적을 달성하는 것을 도울 수 있다. 첫째, 우선순위를 정하고 압도당하지 않기 위해서 교사는 자신이 상대하는 특정 집단의 유아와 가정의 요구와 관련된 반편견 다문화와 이중 언어/이중 문화 교육의 다양한 목적을 비교 평가해 보아야 한다. 어떠한 목적에 우선순위를 둘지를 결정한 후, 교사는 그 이상의 어떠한 지식과 기술을 자신의 프로그램에서 실행할 필요가 있는지를 찾아볼 수 있고, 필요하다면 추후의 교사연수를 계획할 수 있다.

둘째, 교사는 되도록이면 가족 구성원들과 협동해서 물리적 환경을 평가할 수 있다. 교실에 있는 모든 교구, 책, 사진이나 그림, 기구들을 면밀히 검토해서 어떤 것을 버릴지, 어떤 것을 계속 사용할지, 어떤 것을 수정할지를 결정할 수 있다. 또한 교사는 어떤 추가적인 교구를 구입해야 할지 만들지를 결정할 수 있다(어떻게 이러한 변화를 만드는가에 대한 지침과 예를 위해서는 Derman-Sparks & ABC Task Force, 1989; Kendall, 1996; Ramsey, 2004 참조).

셋째, 이상적으로 반편견 다문화주의는 교사가 하는 모든 것의 자연스러운 부분이다(York, 1998 참조). 예를 들어, 많은 유아교사들이 병원에 관한 주제를 다룬다. 때때로 병원에 대한 주제는 유아의 몸에 대한 흥미나 병이나 다치는 것에 대한 걱정, 또는 유아나 가족 구성원의 입원, 또는 가족 구성원이 지역의 병원에 근무하는 것 등에 대한 반응으로 나타난다. 전형적으로 활동은 지역의 병원을 방문하는 것 또는 보건 의료 종사자들이 교실을 방문하는 것을 포함한다. 교사는 종종 교실에 "병원"을 만들어서 유아들 스스로 자신들이 이해한 건강 관련 문제에 대해 탐색하고 경험해 볼 수 있게 한다. 다양성과 사회정의에 관한 주제는 이 교육과정의 모든 측면에 함께 구성될 수 있다. 교사는 남자 의사와 여자 간호사에 대한 유아들의 기대에 반대되는 이야기나 사진을 제공하고 유아들로 하여금 다른 역할을 해 보도록 격려할 수 있다. 병원에 관련된 직업에 대한 유아들의 사고는 병원을 방문했을 때나 교실을 방문한 사람들의 명단에 의사나 간호사뿐 아니라 수위, 요리사, 기술자를 포함시키고 이러한 직종들을 포함하는 병원에 관련된 책을 제공함으로써 확장될 수 있다. 교사는 유아들이 교실에 있는 "병원"에서 이러한 역할을 해 보도록 격려할 수 있다. 병원에서 근무하는 다양한 직업을 존중하는 것은 유아들로 하여금 낭만적으로 생각되는 지위가 높은 의사라는 직업을 넘어서서 그 이상을 볼 수 있도록 도와주고 모든 직업에 종사하는 사람들의 공헌과 존엄성을 인식하고 존중하도록 도와준다. 누가 어떤 직업을 가질 수 있느냐에 관한 인종적, 성적 고정관념을 확장시키고 깨뜨리기 위해서 교사는 유아들이 병원에서 다양한 일을 수행하는 여러 인종, 성, 능력, 연령 집단을 만나게 해야 한다(혹은 최소한 사진을 보거나 책을 읽도록 해야 한다). 교사는 유아가 서양 의학을 더 넓은 시각에서 볼 수 있도록 돕기 위해 건강이나 치료에 대한 다른 문화적 관점을 소개할 수 있다. 또한 의료보험의 불공평한 분배에 관련된 주제를 제기하고 유아들로 하여금 주치의 대신 보건소와 응급실에 갔던 경험을 나누도록 격려할 수 있다. 유아들은 이러한 불공정에 저항하기로 결정할 수 있다(예를 들어, 중앙 · 지방 공무원, 병원이나 지역 신문에 편지쓰기).

넷째, 효과적인 반편견 다문화 교육은 성인과 유아 간의 지속적인 상호작용의 맥락에서 구성되는 것이다. 교사들이 생각을 모으고, 계획하고, 활동을 시작할 때, 유아들의 흥미와 요구를 반영할 수 있고 자신들의 생각에 대해서 가정과 의논할 수 있다. 유아의 사고나 행동에 대한 세심한 관심과 부모와 동료들로부터의 피드백은 교사가 자신의 계획을 효율적으로 수정할 수 있게 한다. 유아들의 요구와 흥미를 반영하고 다양성이 가치 있는 것이라는 분명한 메시지를 전달하는 물리적, 정서적 환경은 유아들로 하여금 문제를 제기하고 탐색하도록 격려한다. 교육과정과 환경의 모든 측면(물질적 환경, 물리적 배치, 일과, 교육과정 주제, 교원 인사 및 처우, 교사들 간의 관계, 교사와 가족 간의 관계, 그리고 물론 교사와 유아들 간의 관계)에 있어서 반편견 다문화 교육을 지지하는 주도적 의사결정을 내릴 수 있다(York, 1998).

9) 부모, 동료, 지역사회 구성원들과 협력하기

반편견 다문화교육은 복잡하고 잠재적으로 논쟁의 여지가 있다. 반편견 다문화교육은 진정한 경청과 협력을 요한다. 반편견 다문화교육의 사명과 요소는 매우 중요하기 때문에 동료 교사, 가족 구성원, 지역사회 사람들은 이 접근의 시사점에 대해서 관심을 갖고 결정과 지원체계에 참여할 필요가 있다.

이 일의 모든 측면에 가정을 참여시키는 것은 매우 중요하다. 부모들은 교육 활동의 계획, 실행, 평가에 참여할 수 있다. 부모들은 교사들과 함께 자문 혹은 계획위원회에 참여하고 가정의 생활양식과 신념에 대한 정보를 제공하고, 학급의 활동에 참여하고, 지역사회와의 연결을 담당할 수 있다. 빈번한 모임, 정기적인 소식지, 비형식적 대화를 통해 지속적인 계획과 학급의 활동을 공유하는 데 사용될 수 있으며 부모들의 조언과 그들이 가진 자원을 이끌어낼 수 있다. 자녀양육과 교육 문제에 대한 부모와의 면담에는 문화적으로 적절한 관점과 주제를 반영해야 하며, 가정의 가치와 자녀양육 방식을 존중하고 지원하는 방식으로 이루어져야 하며, 부모와 교사에게 서로에 대해 배울 수 있는 시간을 제공해야 한다. 요즘 많은 학교에서는 가정과 교직원들이 다양성을 주제로 책을 읽고 토론하는 독서모임을 지원하고 있다. 또 다른 방법으로, 모임에서 특정한 다양성이나 사회정의에 관련된 영화를 보고 토론할 수도 있다.

가족 구성원들이 구체적인 방법으로 참여할 때, 질문을 하고, 관심사를 표현하고, 교사와 다른 가정과의 토론에 참여할 수 있으며, 이는 반편견 다문화 주제와 이 일이 어떻게 모든 유아에게 잠재적으로 이득이 될지에 대한 깊은 이해를 도모한다. 또한 긍정적인 집단 정체성과 타인에 대한 태도를 촉진해야 하는 자신들의 책임을 더 잘 이해할 수 있다. 이상적으로 이러한 결정을 하는 데 있어서 가정참여는 가정으로 하여금 인정받고 있고 권한을 부여받았다고 느끼게 할 것이다(예를 들어, Neubert & Jones, 1998). 가족 구성원들이 교육과정의 측면에 대해 동의하지 않을 때 교사들은 처음에는 방어적으로 느낄 수 있다. 그러나 교사들이 가정의 배경과 철학에 대해 이해한다면 그러한 감정을 극복하고자 노력할 수 있고 불일치의 기반이 되는 문제를 조심스럽고 민감하게 경청할 수 있을 것이다. 가정이 우려하는 것의 근원을 인식하고 수용하는 것은 교사들로 하여금 개방적인 마음을 가지게 돕고 어떻게 반편견 다문화교육의 목적을 유지하면서 가정의 요구에 부응할 수 있을지에 대한 문제를 가정과 함께 해결하게 도와준다.

반편견 다문화 문제에 대해서 가정과 협력하는 기술은 일반적으로 다른 유아 발달과 교육 문제에 사용되는 것과 같다. 그러나 그 차이는 교사가 다른 성인들에게 그러한 주제에 대해서 언급하는 것을 편안하게 느끼는 수준에 있다. 다양성에 관한 감정, 신념, 행동을 탐색하기 위해서 다른 교사들과 함께 협력하는 것은 교사들로 하여금 이러한 대화에 대해 정서적으로 편안하게 느끼며 준비하도록 돕는다. 가족 구성원들에게 사용하는 전략들 중 많은 것들이 동료 교사, 행정가, 지역사회 사람들과의 토론에도 적용될 수 있다(더 구체적인 조언은 Derman-Sparks & ABC Task Force, 1989; Ramsey, 2004 참조).

10) 지원그룹과 네트워크 형성하기

반편견 다문화와 이중 언어/이중 문화에 관련된 직무는 감정적으로 벅찬 일이다. 더욱이 사람들이 자신의 인식을 바꾸고 위험을 감수함에 따라 종종 갈등과 고립이라는 사회적인 결과를 감당해야 한다. 이러한 이유로 지원체계를 마련하는 것은 이 일에 관련된 모든 사람들을 위해 필수적이다(Alvarado et al., 1999; Derman-Sparks, 1998).

반편견과 이중 문화 직무에 관련되어 있는 많은 교사들은 동료들과의 네트워크를 형성하고 있으며, 그러한 네트워크를 통해 매우 귀중한 감정적 지원과 자료에의 폭넓은 접근, 매일의 교육에 실제적인 조언을 얻고 있다. 또한 네트워크는 가정과 동료들에게 이러한 접근의 긍정적 측면에 대해 설득하는 것에 어려움을 느끼는 교사들에게 조언과 실례를 제공한다. 부모와 동료로부터 받는 지원은 변화가 신중한 검토를 바탕으로 하여 모든 이해당사자들의 참여로 이루어지고 있다는 확신을 필요로 하는 행정가들을 설득시킬 수 있다. 교사들은 협력하기, 자료 나누기, 장애물 극복을 위한 전략 수립하기, 격려하기를 통해서 이 일의 즐거움과 흥미를 유지할 수 있고 계속해서 교육과정을 수립하고 교육 실제를 개발하고 확장시킬 수 있다.

오늘날의 교사들은 뜻을 같이하는 동료들과 인터넷을 통해 연결될 수 있다. 최근의 웹사이트 몇 개를 소개하면 다음과 같다.

Applied Research Center: http://www.arc.org
Education for Social Responsibility: http://www.esrnational.org
National Women's History Project: http://www.nwhp.org
Rethinking Schools Online: http://www.rethinkingschools.org
Social Justice Resource Center: http://edpsychserver.ed.vt.edu/diversity
Teaching for Change: http://www.teachingforchange.org
Teaching Tolerance (Southern Poverty Law Center): http://www.tolerance.org
National Association for Multicultural Education: http://www.name.org

이러한 장거리 연결은 물리적 만남과 매일의 접촉과 전화로 연결된 집단처럼 친밀한 지원을 제공하지는 않지만, 유아들을 위해 더 공정한 학교를 만들고자 노력하는 전 세계의 사람들 간에 관점, 자료, 지원을 나눌 수 있게 한다. 더불어 이러한 웹사이트들은 사람들이 만나고, 최근의 동향에 대해 듣고, 연구하고, 이야기를 나눌 수 있는 학회에 관한 정보를 제공한다. 또한 이러한 네트워크는 국내와 국외의 진보적인 노력의 신속한 조직을 위한 광범위한 지원을 얻을 수 있는 훌륭한 도구이다.

3. 결론

이제는 모든 유아들을 위한 양질의 교육을 위해서는 이중 언어/이중 문화와 모든 측면에서의 반편견 다문화교육이 실행되어야 한다는 전제를 가지고 행동해야 할 때이다. 좋은 의도로부터 좋은 실천까지 우리는 더욱 활기차게, 그리고 조직적으로 움직여야 한다. 이론과 실제가 계속해서 발전하고 개선됨에 따라 우리 모두는 유아의 발달적인 요구를 만족시키는 가장 효과적인 방법에 대해 더 많이 배우게 될 것이다. 더욱 전진하기 위해서는, 이 일이 유아와 성인 모두에게 미치는 잠재적인 영향을 이해하기 위하여 교사가 직접 참여하여 문제를 정의하고 연구를 수행하는 새로운 형식의 실행연구를 이용할 필요가 있다.

모든 유아의 발달적, 교육적 요구에 부응하는 프로그램을 만들기 위해 유아교사와 다른 교사들이 함께 일하고 가정과 지역사회 구성원들이 협력함에 따라, 우리는 더 이상 **이중 언어/이중 문화**와 **반편견 다문화교육**과 같은 명시적 용어를 사용할 필요가 없게 될지도 모른다. 21세기에 우리는 **보육**과 **교육**이라는 용어가 자동적으로 언어적, 문화적으로 민감한 방식으로 발달을 촉진시키고 모든 유아에게 다양성과 어떻게 여러 형태의 편견을 직면하고 도전할 수 있는지 가르치는 것을 의미한다는 것을 이해하게 될 것이다. 그리고 유아교육자들은 Alice Walker의 "당신이 만들어가고 있는 현재를 늘 명심하시오. 그것은 당신이 원하는 미래가 될 것입니다."(Walker, 1989, p. 238)라는 외침을 진지하게 받아들이게 될 것이다.

참고문헌

Alvarado, C., Derman-Sparks, L., & Ramsey, P. G. (1999). *In our own way: How antibias work shapes our lives.* St. Paul, MN: Readleaf Press.

Appleton, N. (1983). *Cultural pluralism in education.* New York: Longman.

Banks, J. (1988). *Multiethnic education: Theory and practice.* Boston: Allyn & Bacon.

Baratz, S., & Baratz, J. (1971). Early childhood intervention: The social science base of institutional racism. In R. H. Anderson & H. G. Shane (Eds.), *As the twig is bent* (pp. 34-52). New York: Houghton Mifflin.

Bigler, R. S., Jones, L. C., & Lobliner, D. B. (1997). Social categorization and the formation of intergroup attitudes in children. *Child Development, 68*(3), 530-543.

Bigler, R. S., & Liben, L. S. (1993). A cognitivedevelopmental approach to racial stereotyping and reconstructive memory in Euro-American children. *Child Development, 64,* 1507-1518.

Bisson, J. (1997). *Celebrate! Antibias guide to enjoying holidays in early childhood programs.* St. Paul, MN: Readleaf Press.

Chafel, J. A., Flint, A. S., Hammel, J., & Pomeroy, K. H. (2007). Young children, social issues, and critical literacy: Stories of teachers and researchers. *Young Children,* (January), 73-81.

Clark, K. (1955). *Prejudice and your child.* Boston: Beacon.

Collier, V., & Thomas, W. (1997). *General pattern of K-12 language minority student achievement on standardized tests in English reading compared across six program models.* Washington, DC: National Clearinghouse of Bilingual Education.

Cortez, J. (1996). Introduction. In J. Cortez & C. Young-Holt (Eds.), *Infant/toddler caregiving: A guide to culturally sensitive care* (pp. x-xii). San Francisco: Far West Laboratory for Educational Research and Development.

Cowhey, M. (2006). *Black ants and Buddhists: Thinking critically and teaching differently in the primary grades.* Portland, ME: Stenhouse.

Crawford, J. (1991). *Bilingual education: History, politics, theory, and practice.* Trenton, NJ: Crane.

Crawford, J. (1999). *Bilingual education: History, politics, theory, and practice* (4th ed.). Los Angeles: Bilingual Education Service Inc.

Cummins, J. (1981). The role of primary language development in promoting educational success for language minority students. In California State Department of Education, *Schooling and language minority students: A theoretical framework* (pp. 3-49). Los Angeles: Evaluation Dissemination and Assessment Center, California State University.

Cummins, J. (1986). Empowering minority students: A framework for intervention. *Harvard Educational Review, 56*(1), 18-36.

Dennis, R. (1981). Socialization and racism: The white experience. In B. Bowser & R. Hunt (Eds.), *Impacts of racism on white Americans* (pp. 71-85). Beverly Hills, CA: Sage.

Derman-Sparks, L. (1992). Anti-bias, multicultural curriculum: What is developmentally appropriate? In S. Bredekamp & T. Rosegrant (Eds.), *Reaching potentials: Appropriate curriculum and assessment for young children* (pp. 114-127). Washington, DC: National Association for the Education of Young Children.

Derman-Sparks, L. (1998). *Future vision, present work: Learning from the culturally relevant antibias leadership project.* St. Paul, MN: Redleaf Press.

Derman-Sparks, L., & ABC Task Force. (1989). *Anti-bias curriculum: Tools for empowering young children.* Washington, DC: National Association for the Education of Young Children.

Derman-Sparks, L., & Phillips, C. B. (1997). *Teaching/learning anti-racism: A developmental approach.* New York: Teachers College Press.

Derman-Sparks, L., & Ramsey, P. (2005). What if all of the children in my class are white? Antibias/multicultural education with white children. *Young Children, 47*(6), 20-27.

Derman-Sparks, L., & Ramsey, P. (2006). *What if all the kids are white? Engaging white children and teachers in multicultural education.* New York: Teachers College Press.

Diamond, K. E., & Innes, F. K. (2001). The origins of young children's attitudes toward peers with disabilities. In M. J. Guralnick (Ed.), *Early childhood inclusion: Focus on change.* Baltimore, MD: Paul Brookes.

Dorris, M. (1978). Why I'm not thankful for Thanksgiving. *Bulletin, 9*(7), 2-9.

Dropkin, R., Tobier, A., & City University of New York, City College Workshop Center for Open Education. (1976). *Roots of open education in America: Reminiscences and reflections.* New York: City College Workshop Center.

Fabes, R. A., Martin, C. L., & Hanish, L. D. (2003). Young Children's Play Qualities in Same-, Other-, and Mixed-Sex Peer Groups, *Child Development, 74*(3), 921-932.

Fishman, J. (1966). *Language loyalty in the United States.* The Hague, The Netherlands: Mouton.

Fruchter, J. (1999). Linking social justice concerns with environmental issues. *ZPG Recorder* (Special Issue on Kid-Friendly Cities), *31*(4), 10-11.

Garcia, E. (2005). Teaching and learning in two languages. New York: Teacher College Press.

Grosjean, F. (1982). *Life with two languages: An introduction to bilingualism.* Cambridge, MA: Harvard University Press.

Igoa, C. (1995). *The inner world of the immigrant child.* New York: St. Martin's Press.

Katz, P. (1982). Development of children's racial awareness and intergroup attitudes. In L. G. Katz (Ed.), *Current topics in early childhood education* (pp. 17-54). Norwood, NJ: Ablex.

Katz, P. A., & Kofkin, J. A. (1997). Race, gender, and the young child. In S. Luthar, J. Burack, D. Cicchetti, & J. Weisz (Eds.), *Developmental perspectives on risk and pathology* (pp. 51-74). New York: Cambridge University Press.

Kendall, F. (1996). *Diversity in the classroom: A multicultural approach to the education of young children* (rev. ed.). New York: Teachers College Press.

Krashen, S. L., Tse, L., & McQuillan, J. (Eds.). (1998). *Heritage language development.* Culver City, CA: Language Education Associates.

Leahy, R. (1990). The development of concepts of economic and social inequality. *New Directions for Child Development, 46*, 107-120.

Leahy, R. L. (1983). The development of the conception of social class. In R. L. Leahy (Ed.), *The child's construction of inequality* (pp. 79-107). New York: Academic Press.

Lee, E. (1991). Taking multicultural, anti-racist education seriously. *Rethinking Schools, 6*(1), 6-7.

Lee, R., Ramsey, P. G., Sweeney, B. (in press). Engaging young children in conversations about race and social class. *Young Children.*

Maccoby, E. E. (1998). *The two sexes: Growing up apart: Coming together.* Cambridge, MA: Harvard University Press.

MacNaughton, G. (2000). *Rethinking gender in early childhood education.* London, England: Paul Chapman.

Marquez, N. (1991). *The language of learning: A framework for developing two languages in preschool education.* Unpublished manuscript, Administration for Children, Youth and Families, Washington, DC.

McGlothlin, H., & Killen, M. (2005). Children's perceptions of intergroup and intragroup similarity and the role of social experience. *Applied Developmental Psychology, 26*, 680-698.

McGlothlin, H., & Killen, M. (2006). Intergroup attitudes of European American children attending ethnically homogeneous schools. *Child Development, 77*(5),

1375-1386.

Mednick, L., & Ramsey, P. G. (2007, April). *Lessons in power and privilege: The effects of race and social class on peer relationships.* Annual meeting of the American Educational Research Association, Chicago.

Naimark, H. (1983). *Children's understanding of social class differences.* Paper presented at the biennial meeting of The Society for Research in Child Development, Detroit.

National Association for Bilingual Education. (1990, January). *The NABE No-Cost Study on Families* [press release]. Washington, DC.

National Association for the Education of Young Children. (1997). *Cultural and linguistic diversity* [brochure]. Washington, DC: National Association for the Education of Young Children.

Nesdale, D., Griffith, J., Durkin,K., & Maass, A. (2005). Empathy, group norms and children's ethnic attitudes. *Applied Developmental Psychology, 26*, 623-637.

Neubert, K., & Jones, E. (1998). Creating culturally relevant holiday curriculum: A negotiation. *Young Children, 53*(5), 14-19.

Nieto, S. (1996). *Affirming diversity: The sociopolitical context of multicultural education* (2nd ed.). White Plains, NY: Longman.

Nieto, S. (2004). *Affirming diversity: The sociopolitical context of multicultural education* (4th ed.). White Plains, NY: Longman.

Pelo A., & Davidson, F. (2000). *That's not fair! A teacher's guide to activism with young children.* St. Paul, MN: Redleaf.

Pfeifer, J. H., Brown, C. S., & Juvonen, J. (2007). Prejudice reduction in schools: Teaching tolerance in schools: Lessons learned since Brown v. Board of Education about the development and reduction of children's prejudice. *Social Policy Report, 21*(11). Washington, DC: Society for Research in Child Development.

Phillips, C. B. (1988). Nurturing diversity for today's children and tomorrow's leaders. *Young Children, 43*(2), 42-47.

Phillips, C. B. (1990). Culture: A process that empowers. In J. Cortez & C. Young-Holt (Eds.), I*nfant/toddler caregiving: A guide to culturally sensitive care* (pp. 2-9). San Francisco: Far West Laboratory for Educational Research and Development.

Porter, R. P. (1990). *Forked tongue: The politics of bilingual education.* New York: Basic.

Ramsey, P. G. (1991). Young children's awareness and understanding of social class differences. *Journal of Genetic Psychology, 152*, 71-82.

Ramsey, P. G. (1995). Changing social dynamics of early childhood classrooms. *Child Development, 66*, 764-773.

Ramsey, P. G. (1998). *Teaching and learning in a diverse world: Multicultural education for young children* (2nd ed.). New York: Teachers College Press.

Ramsey, P. G. (2004). *Teaching and learning in a diverse world: Multicultural education for young children* (3rd ed.). New York: Teachers College Press.

Ramsey, P. G. (2006). Early childhood multicultural education. In B. Spodek & O. Saracho (Eds.), *Handbook of Research on the Education of Young Children* (2nd ed.) (pp. 279-301). Mahwah, NJ: Erlbaum.

Ramsey, P. G., & Williams, L. R., with Vold, E. B. (2003). *Multicultural education: A source book* (2nd ed.). New York: Routledge Falmer.

Ray, A., Bowman, B., and Robbins, J. (2006). *Preparing early childhood teachers to successfully educate all children.* New York: Foundation for Child Development.

Rodriguez, R. (1981). *Hunger of memory: The education of Richard Rodriguez.* Boston: Godine.

Rutland, A., Cameron, L., Bennett, L., & Ferrell, J. (2005). Interracial contact and racial constancy: A multi-site study of racial intergroup bias in 3-5 year old Anglo-British children. *Applied Developmental Psychology, 26,* 600-713.

Sadker, M., & Sadker, D. (1995). *Failing at fairness: How our schools cheat girls.* New York: Simon & Schuster.

Sandoval-Martinez, S. (1982). Findings from the Head Start bilingual curriculum development and evaluation effort. *NABE Journal, 7,* 1-12.

Sleeter, C., & Grant, C. (1987). An analysis of multicultural education in the United States. *Harvard Educational Review, 57,* 421-444.

Taba, H., Brady, E. H., & Robinson, J. T. (1952). *Intergroup education in public schools.* Washington, DC: American Council on Education.

Tatum, B. D. (1997). *"Why are all the black kids sitting together in the cafeteria?" and other conversations about race.* New York: Basic Books.

Trager, H., & Radke-Yarrow, M. (1952). *They learn what they live.* New York: Harper & Brothers.

Tse, L. (1998). Affecting affect: The impact of heritage language programs on student attitudes. In S. L. Krashen, L. Tse, & J. McQuillan (Eds.), *Heritage language development.* Culver City, CA: Language Education. United Nations. (1989). Proceedings of the Convention on the Rights of the Child, New York: Author.

Valdés, G. (1996). *Con respeto: Bridging the distances between culturally diverse families and schools.* New York: Teachers College Press.

Van Ausdale, D., & Feagin, J. R. (2001). *The first R: How children learn race and racism.* Lanham, MD: Rowman & Littlefield.

Vasquez, O. A., Pease-Alvarez, L., & Shannon, S. M. (1994). *Pushing boundaries: Language and culture in a Mexican community.* Cambridge, England: Cambridge University Press.

Vold, E. B. (1989). The evolution of multicultural education: A socio-political perspective. In P. G. Ramsey, E. B. Vold, & L. R. Williams (Eds.), *Multicultural education: A source book* (pp. 3-42). New York: Garland.

Walker, A. (1989). *The temple of my familiar.* New York: Pocket Books.

Whitney, T. (1999). *Kids like us: Using persona dolls in the classroom.* St. Paul, MN: Redleaf.

Williams, K. C., & Cooney, M. H. (2006). Young children and social justice. *Young Children, vol. 61 (Spring),* 75-82.

Williams, L. R., & De Gaetano, Y. (1985). *ALERTA: A multicultural, bilingual approach to teaching young children.* Menlo Park, CA: Addison-Wesley.

Wolpert, E. (1999). *Start seeing diversity: The basic guide to anti-bias curriculum.* St. Paul, MN: Readleaf Press.

Wong-Fillmore, L. (1990). Latino families and the schools. In J. Cabello (Ed.), *California perspectives. Vol. I. An anthology from the immigrant students project* (pp. 1-8). San Francisco: California Tomorrow.

Wong-Fillmore, L. (1991). Language and cultural issues in early education. In S. L. Kagan (Ed.), *The care and education of America's young children: Obstacles and opportunities. The Ninetieth Yearbook of the National Society for the Study of Education* (pp. 30-49). Chicago: University of Chicago Press.

York, S. (1998). *The big as life: The everyday inclusion curriculum.* Vols. 1 & 2. St. Paul, MN: Readleaf Press.

조기 개입 프로그램

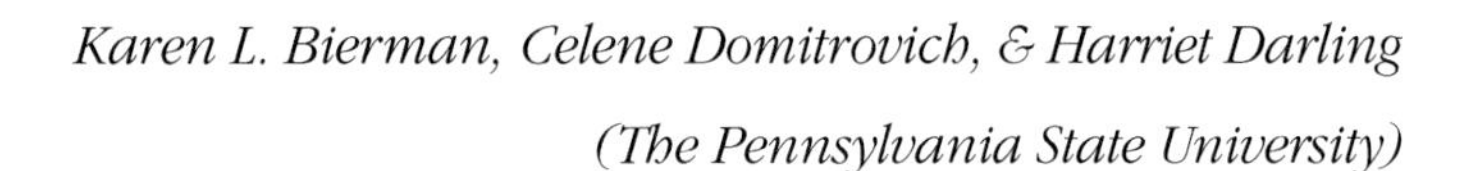
Karen L. Bierman, Celene Domitrovich, & Harriet Darling
(The Pennsylvania State University)

오랫동안 교육자들은 빈곤 가정의 유아는 인지 · 사회 · 정서 발달에서 뒤처진다고 생각해왔다(Lengua, 2002). 많은 유아가 시간이 흐름에 따라 초등학교에서 요구하는 학업적, 행동적 요구에 대해 준비를 하지 않은 채 학교에 입학하고 있으며, 이로 인하여 성취도 격차가 더욱 커지고 있다(Zill et al., 2003). 국가적 기준에 비교해 보았을 때, 심각한 학습문제를 보이는 비율, 학습부진, 학교 중도 퇴학자의 비율은 더 많은 혜택을 받은 또래들에 비해 사회경제적으로 혜택을 받지 못한 학생이나 소수민족 학생 사이에서 훨씬 더 높게 나타났다(Ryan, Fauth, & Brooks-Gunn, 2006). 지난 7년간 미국의 빈곤 유아 수가 11.3% 증가하여 약 1,300만 명까지, 즉 미국 유아 5명 중 1명 정도로 증가했기 때문에 위험에 처한 유아에 대한 학교준비도(school readiness)에 대한 장려가 국가의 우선사항이 되고 있다(Children' s Defense Fund, 2005).

헤드스타트는 유아교육 프로그램 중 정부의 지원을 받는 "최초"의 프로그램으로 간주되어 왔고 교육적 성취에서의 사회경제적 차이를 줄이기 위해 시행되었다(U. S. Department of Health and Human Services[USDHHS], 2001). 헤드스타트 프로그램에 대한 국가적 투자는 좋은 유아교육 프로그램이 학업 성취도 증진, 높은 고교 졸업률, 장기 고용 기회를 강화시키면서 불리한 조건에 처한 유아의 학교 적응과 삶을 충분히 향상시킬 수 있음을 보여주는 연구에 기초를 두었다(Barnett, 1995; Weikart & Schweinhart, 1997). 그러나 학교준비도에 있어서의 뒤처짐은 헤드스타트에 참여한 유아에게조차도 명백하게 남아 있다. 무선 설계에 따라 헤드스타트의 기회를 부여받은 유아와 헤드스타트 서비스를 받지 않은 비슷한 집단의 유아를 비교해본 최근의 헤드스타트 영향 연구는 특히, 인지적 기술면에서 헤드스타트 서비스를 받은 유아에게 놀랄 만한 혜택이 있음을 밝혔다(U.S. Department of Health and Human Service, 2005). 그러나, 구어 이해 기술, 음운 인식, 공격적 행동, 또는 사회적 기술을 포함한 몇몇의 중요한 학교준비도 측면에서는 아무런 효과도 밝혀지지 않았다.

사회경제적 불이익과 관련된 "성취도 격차"를 줄이기 위한 노력으로, 위험에 처한 유아의 학교준비도를 위하여 헤드스타트와 공립 유아원 프로그램의 영향을 강화시키기 위해 예방적 개입이 개발되고 있다. 이 장에서는 학교준비도에 대해 정의하고, 예방적 개입에 대한 접근을 설명하며, 사회경제적으로 불리한 조건에 처해 있는 유아의 학교준비도를 장려하는 효율적인 공립 유아원 프로그램의 구체적인 예를 제공하고자 한다. 특히, 학교에 대한 유아의 행동적 준비도를 향상시키기 위해 사회·정서적 발달을 도모하고자 하는 개입에 중점을 두고자 한다. 또한 언어발달과 읽고 쓰기 전의 기능을 증진시키기 위해 고안된 개입에 대해 간단하게 논의를 하고 이러한 것들이 사회·정서적 발달을 목표로 하는 개입과 어떻게 통합될 수 있는지 설명하고자 한다. 이 장에서는 학교 프로그램에 대한 시사점과 정책, 그리고 유아교육자와 공립 유아원 교사의 전문성 발달에 대한 논의와 함께 결론을 짓고자 한다.

1. 학교준비도 정의하기

예방적 개입은 발달 연구에 기초를 둘 때 가장 효과적이다(Coie et al., 1993). 우리는 **학교준비도**를 종단적 연구에 기초하여 학교에 대한 긍정적인 학문적 그리고 행동적 적응을 예측하는 공립 유아원 유아의 특성과 기능이라고 정의한다. 이러한 기능은 예방적 개입에서 목표로 하는 "예방적 요소"로 설명되는데, 왜냐하면 그러한 것들은 불리한 조건의 삶의 환경에 처했을 때 유아의 적응 회복력(resiliency)을 향상시키기 때문이다. 이 장의 주요 초점은 학교 학습을 위한 토대를 마련해주는 사회·정서적 기술과 자기 조절 기술로서, 교사나 또래와의 긍정적 관계를 확립하는 능력, 교실에서 협동하고 효율적으로 참여하는 능력, 공격적인 반응을 억제하는 능력을 포함한다.

1) 사회·정서적 기술과 자기 조절 기술

유치원으로 전이할 때, 유아원 유아는 자기 조절과 사회 통합에 있어 높아진 기대에 직면하게 된다. 유아는 교사와 또래 간의 긍정적인 관계를 시작하고 유지해야 하며, 기대사항에 대해 듣고 배우게 되며, 교실 내 규칙과 일상을 따라야 하고, 일반적으로 적절한 자기 조절, 독립심과 교실 내에서의 주도 능력을 보여주어야 한다(Rimm-

협동적 놀이에서 대인 기술이 필요하다.

Kaufman, Pianta, & Cox, 2000). 학교준비도는 (1) 친사회적 · 협동적 기술, (2) 정서적 이해와 정서 조절, (3) 자기 통제, (4) 사회적 문제해결이라는 네 가지의 상호 연관된 사회 · 정서적 기술에 의해 강화된다.

친사회적 · 협동적 기술은 우정을 지키는 사회적 기술(예를 들어, 다정하고 기쁜 마음으로 나누기, 도와주기)과 학교 학습 활동의 긍정적 참여를 지지하는 협동적 기술(예를 들어, 교사의 지시 따르기, 교실 규칙과 일상 존중하기, 집단 내에서 일 잘하기)을 포함한다. 더 높은 수준의 친사회적 · 협동적 기술을 가지고 초등학교에 입학하는 유아는 학교에서의 학습 속도가 빠르며 낮은 수준의 친사회적 기술을 가진 유아보다 높은 수준의 성취도를 보인다(Ladd, Buhs, & Seid, 2000). 또한 높은 수준의 친사회적 · 협동적 기술을 가진 유아는 교사와 또래 사이 모두에서 더 나은 관계를 형성하고 즐기며, 협동적인 또래 놀이 경험을 하게 된다(Denham &Burton, 2004; Eisenberg & Fabes, 1992). 반대로, 학교 입학 시 낮은 수준의 친사회적 기술을 가진 유아는 사회적 고립, 행동적 문제 그리고 이후 학령기 때의 또래 간 어려움을 경험할 것으로 예측할 수 있다(Bierman, 2004; Ladd & Profilet, 1996).

정서 이해는 정서에 대한 지식과, 다른 사람의 정서적 표현을 정확하게 파악하고 자신의 정서적 상태를 파악하여 특정하게 정서적으로 야기할 사건을 인식하는 능력을 포함한다. 높은 수준의 정서 이해력을 가진 유아는 다른 사람들에 대한 감정이입도 더 잘 하고 이타주의적으로 행동하는 경향을 보인다(Denham & Burton, 2004). 정서 이해는 유아기 동안 급속히 발달하고 사회적, 행동적 적응을 촉진한다. 한 연구에 따르면, 유아기 동안 측정된 정서 이해가 초등학교 3학년 때의 사회적 능력을 예견하였는데, 이는 정서적 인식 기술이 학교에서의 적응을 촉진함을 시사해준다(Izard et al., 2001). 정서 이해는 또한 효율적인 정서 조절을 위한 중요한 기초를 제공한다. 그 이유는 정서 이해가 유아가 정서 변화를 분석하고 다루기 위해 언어와 사고 기능을 사용할 수 있게끔 해 주기 때문이다. 유아원 놀이는 종종 어느 정도 좌절스러운 경험을 포함하기도 한다(예를 들어, 줄서서 기다리기, 상으로 받은 장난감을 다른 사람과 공유하기). 유치원에 가면 더더욱 힘들어지는데, 유아는 교실의 시간표와 교사의 지시에 따라 만족감을 지연시키면서 자신의 행동을 조직화시키도록 기대된다. 정서 조절이 힘든 유아보다 학교에서 경험하는 정서적 변화와 또래로부터의 요구를 견딜 수 있고 약간의 좌절과 실망에서 쉽게 회복할 수 있는 유아는 또래와 교사가 더 좋아하고 학교에서 행동적으로 더 잘 적응한다(Eisenberg & Fabes, 1992).

또한 자기 통제 기술은 유아원 시기동안 현저하게 발달한다. 훌륭한 유아원 교육은 유아가 적극적으로 환경을 탐색하고 조작하고 행동하려는 욕구를 반영하는 '경험적' 인 교육으로 묘사되곤 한다. 유아가 유아원에서 유치원으로 진학함에 따라, 유아가 학습에 접근하는 방식에서 발달적 변화가 기대된다. 활동을 억제할 수 있고, 충동을 통제하며, 주의산만의 요인을 견디고 듣고 보면서 요구에 따라 배우는 것 모두는 유치원에서 적응과 성취를 촉진한다(Hughes & Kwok, 2006; McClelland, Acock, & Morrison, 2006).

공격적 충동을 조절하는 방법을 배우는 것이 특히 중요하다. 일반적으로 공격적 행동은 유아가 처음 유아원을 입학해서(2~3세) 다른 유아와 놀이를 시도할 때 흔하게 나타난다. 그러나 표준적으로 유아의 언어적, 정서적, 사회적 기술이 발달하면서 그리고 처음의 충동을 억제하고, 사회적 규칙을 따르며, 불만을 표현하기 위해 "언어를 사용"하여 불일치를 해결하게 되면서 공격성의 비율은 유아원 시기 동안 급격하게 줄어든다(Denham & Burton, 2004). 유아원에서 높은 비율의 공격성을 계속적으로 보이고 초등학교까지 공격적 행동을 하는 유아는 학교에서의 학습과 적응을 위태롭게 하면서 교사와 또래와의 갈등을 상승시킬 가능성이 높다(Bierman & Erath, 2006).

유아가 문제를 확인하고 다른 해결책을 생각해내며 또래들과 협상하는 데 있어서 언어적 방법을 쓰게 해주는 사회적 문제해결 기술이 발달하면서 비공격적인 갈등 해결이 가능해진다(Dodge, Bates, & Pettit, 1990). 유아원에서의 유능한 사회적 문제해결 기술은 이후 초등학교에서의 긍정적인 사회적 적응을 예측한다. 예를 들어, Dodge와 동료들(1990)의 연구에서는 유아원 유아들에게 전형적인 갈등 상황에서 어떻게 할지 설명하도록 하였다(예를 들어, 한 유아가 이미 그네를 타고 있는데 다른 유아가 그네를 타고 싶은 경우). 그네를 순서대로 타는 방법에 대해 적절한 생각(예를 들어, 공격성 없이)을 몇 가지 해낼 수 있는 유아는 학교에 입학했을 때 또래들로부터 더 인정을 받았다. 반면 해결책을 생각하지 못하고 공격적 해결에 의존하는 유아는 높은 수준의 공격적 행동을 보이고, 초등학교에서도 또래 간 문제를 보이는 경향이 있다.

(1) 구어 기술과의 연결

구어 기술은 유아가 각 단어, 문법적으로 다양한 표현, 그리고 구술적 이야기를 이해하고 말하는 능력을 말한다. 구어 기술은 학교 적응에 있어 결정적이다. 이는 개인 간 이해에 대한 기초를 제공하고, 읽기 이해 능력을 심화시켜 준다. 효과적인 의사소통 기술은 또한 학교 입학 시 유아가 교실의 규칙을 잘 지키고, 교사의 지시를 따르며, 긍정적인 또래 관계를 수립할 수 있는 능력을 발달시켜 준다(Bierman & Erath, 2006; Dickinson & Brady, 2006). 사회·정서적 기술 발달과 언어 기술은 상호 영향을 주고, 학교준비도에도 함께 영향을 미친다.

학습은 습득된 지식에 대한 새로운 사고방식의 구성 또는 발달과 더불어 영역별로 특정한 내용을 습득하는 것으로 개념화되곤 한다(Edwards, 1999). 그러나 학교준비도 기술의 발달은 달라서, 별개의 기술들을 각기 따로 획득하는 식으로 볼 수는 없다(Blair, 2002). 오히려 사회·정서적 기술과 언어 기술은 발달적으로 서로 연관되어 있다. 언어 기술은 유아의 정서 조절 능력을 증대시키고, 효율적인 사회적 상호작용을 촉진시킨다(Greenberg, Kusche, & Speltz, 1991). 반대로, 사회·정서적 능력은 언어 학습과 인지적 발달에 대한 중요한 기회를 제공하고 동기를 부여해 주면서 긍정적인 성인 및 또래 관계를 발달시킨다(Bierman, Greenberg, & the Conduct Problems Prevention Group, 1996). 언어와 사회·정서적 능력은 함께 작용하며 유아로 하여금 교실 규칙을 따르는 능력을 발달시키면서 학교에서의 수행을 지지하고 학습에 적극적으로 대처하게 하며, 교사와 또래 간에도 효율적인 관계를 맺게 한다(McClelland et al., 2006).

학교준비도를 조성하도록 계획된 예방적 개입은 방금 기술한 네 가지 사회·정서적 기술 중 한 가지 또는 그 이상을 목표로 하는데, 친사회적·협력적 기술, 정서적 이해, 자아통제, 그리고 사회적 문제해결 기술이라는 "예방적 요소"를 강화시키고자 하는 것이다. 점차적으로, 언어와 읽고 쓰기 전 기술을 촉진하는 데 있어서의 초점 또한 사회·정서적 학습개입과 통합되고 있다.

2) 사회·정서적 학교준비도를 강화하기 위한 보편적인 예방적 개입

수많은 유아원에서의 개입이 사회·정서적 발달을 촉진하고 유아의 자기 조절 기술을 강화시키기 위해 개발되어 왔다. 많은 개입 프로그램에서 새로운 교육과정을 활용하는 것과 특별한 교수 전략에 대해 훈련받은 교사라는 두 가지 요소를 통해 학교준비도 기술을 촉진시키는 데 성공해 왔다. 사회·정서적 학습 프로그램의 "제1세대"는 독립형 프로그램으로 설계되었다. 그러나 최근에는 포괄적인 예방 프로그램이 개발되면서, 사회·정서 학습이라는 요소와 유아의 구어 및 읽고 쓰기 이전 기술(preliteracy skill)에 목적을 둔 개입 전략을 통합하고 있다. 다음 절에서는 유아원 시기 동안의 사회 · 정서적 발달과 행동적 학교준비도 촉진을 목표로 하는 예방적 개입의 전략에 대해 간략하게 논의하겠다. 그러고 나서 사회 · 정서적 학습과 언어와 발현적 읽고 쓰기 기술 발달을 촉진하는 요소를 통합하는 예방 프로그램에 대해 설명하겠다(Snow, 2007).

(1) 보편적 개입

급속도로 증가하고 있는 많은 연구들에서 유아원 기간 동안 사회적 유능감을 구성하는 기술(예를 들어, 협력적 놀이 기술, 정서적 이해, 자기 통제, 그리고 사회적 문제해결 기술)이 학교에서 적용되는 교수적 접근을 통해 촉진될 수 있음을 제안한다(Elias et al., 1997). 교수과정은 세 가지 중심 영역으로 구성된다(Ladd & Mize, 1983). 첫째, 수업에서 이야기, 손인형이나 사진을 이용하여 기술의 개념을 직접 예시하고 이를 설명, 시연, 논의한다. 둘째, 유아는 역할놀이, 게임 그리고 협력적인 활동 등에서 교사의 안내와 지원을 받으면서 그러한 기술을 연습할 수 있는 다양한 기회를 갖는다. 셋째, 교사는 유아의 기술 사용을 칭찬해주고, 문제행동에 대해 기술 활용을 제안하면서 재지도하며 기술 사용을 했을 때의 긍정적 결과에 대해 언급해 줌으로써 이러한 기술의 사용에 대하여 강화해준다. 교사는 또한 일과 동안 교실에서 일어나는 “실제생활” 상황에서 기술적인 전략을 사용하도록 단서를 제시하고 지원해줄 기회를 찾는다.

교사가 이끄는 교육과정에 기초한 프로그램은 교사가 학급의 모든 유아의 언어적 기술과 사회 · 정서적 유능성을 증대시키기 위해 활용할 때 ‘**보편적(universal)**’이라 불린다(Weissberg & Greenberg, 1998). 유아원 기간 동안에는, 교사가 이끄는 교실 예방 프로그램이 특히 효율적일 것이다. 교사-유아 관계와 상호작용은 사회 · 정서 발달과 학습에 대한 주된 맥락을 제공한다. 교사는 유아를 지원하고 사회화를 돕고 형식적 · 비형식적 방법을 통해 사회 · 정서적 학습에 영향을 준다(Pianta, 1999). 민감하고 따뜻하고 반응적인 교사는 유아가 학급에서 정서적 안정감을 갖도록 조장한다. 이러한 안정감은 물리적, 사회적 세상의 탐구에서 유아의 안정감을 촉진하고, 다른 유아와 편안하게 상호작용하며 학습과제에 집중할 수 있는 능력을 강화시킨다(Pianta, Rimm-Kaufman et al., 2002). 규칙을 명료하게 세우고, 적절한 교실 규칙을 만들고, 유아와 토의하면서 갈등을 조절하고 문제해결을 도와주는 교사는 자기 조절 기술을 발달시켜 주고 공격적 반응을 억제하는 능력을 촉진시킨다(Denham & Burton, 2004; Webster-Stratlon et al., 2001). 따뜻한 지원을 제공하고 효율적인 학급 경영을 하는 교사는 유아의 친사회적 행동과 감소된 공격성에 대해 긍정적 효과를 보여준다(Webster-Stratton, Reid, & Hammond, 2001).

또한 교사는 명확한 교육과정과 교수방법의 사용을 통해 유아의 사회 · 정서적 학습을 촉진할 수 있다. 점점 많아지는 연구에 따른 사회 · 정서적 기술 발달 또한 교실에서의 체계적 교수접근의 활용에 의해 강화될 수 있다고 제안한다(Consortium on the Social-Based Promotion of Social Competence, 1994; Elias et al., 1997).

(2) "나는 문제를 해결할 수 있다" (ICPS) 프로그램

유아원 유아를 위해 특별히 고안된 최초의 일반적인 사회 · 정서적 학습 프로그램 중 하나는 '나는 문제를 해결할 수 있다(I Can Problem Solve)' 또는 줄여서 ICPS 프로그램이었다(Shure, 1992; Shure & Spivack, 1982). 이 유아 교육과정은 정서 이해와 사회적 문제해결과 연관된 사회적 기술을 가르치기 위해 프레젠테이션 학습과 그림, 역할놀이, 손인형 그리고 집단 상호작용 등을 활용하는 연습활동을 포함한다. 처음 10에서 12차시 수업에서, 유아는 사회적 계열을 묘사하는 데 도움이 되는 단어 개념을 배운다(예를 들어, 부분과 전체, 만약/그렇다면, 같은/다른). 20회의 수업으로 구성된 두 번째 단원에서는 자신의 감정 파악과 다른 사람의 감정 인식에 초점을 둔다. 유아는 문제 상황에서 사람의 감정을 파악하는 것을 연습하고, 행동이 어떻게 다른 사람의 감정과 반응에 영향을 줄 수 있는지를 배우게 된다. 세 번째 단원의 15차시 수업에서는 사회적 문제해결 기술을 증진시키기 위해 교사가 역할놀이 게임과 대화를 활용한다. 교사가 유아원 환경에서 흔히 발생할 수 있는 가설적인 문제 상황을 소개하고 유아로 하여금 발현적 사고를 하고 역할극으로 옮겨보게 해주며, 유아가 다양한 선택에 따른 결과를 이해하도록 한다. 무작위로 선정되고 통제된 실험에 따르면 ICPS 프로그램이 유아의 사회적 문제해결 능력 습득과 분노 참기, 충동성 그리고 과제 수행에 대한 교사 평정 결과 향상된 것으로 나타났다(Shure, 1992; Shure & Spivack, 1982).

(3) Al의 친구들: 유아의 올바른 선택

유아원 유아를 위해 고안되고 세밀하게 평가된 일반적인 사회 · 정서적 학습 프로그램의 또 다른 예는 "Al의 친구들(Al' s Pals): 유아의 올바른 선택"이다. "Al의 친구들"은 유아원, 유치원 그리고 1학년을 위해 고안된 46차시로 구성되어 있다. Al이라 이름 지어진 손인형은 긍정적 역할 모델로, 그의 인형 친구인 케이샤와 타이와 함께, 손인형으로 구성된 역할극, 토의, 노래, 책에 있는 사회 · 정서적 기술을 보여준다. 20분 분량의 수업을 통해 기술 개념이 소개된다. 교사는 일과 동안 기회가 생길 때마다 기술을 사용하도록 이끌어내고 또 강화할 수 있도록 훈련을 받는다.

"Al의 친구들"에 관련된 한 연구에서는 유아원에서 2학년까지의 연령범위로 구성된 참여 유아를 무작위로 선정하여 프로그램을 받지 않은 통제학급의 유아와 비교했을 때 향상된 사회적 기술과 문제해결 능력을 보인다고 교사가 평정하였다(Dubas, Lynch, Gallano, Geller, & Hunt, 1998). 유사하게, 헤드스타트 교실에서 수행된 이 교육과정의 또 다른 무작위 실험에서도 교사 평정에 따른 문제행동과 독립적 기능에서 긍정적인 효과를 보여준다고 하였다(Lynch, Geller, & Schmidt, 2004).

(4) 유아원 PATHS

유아원 PATHS(Promoting Alternative Thinking Strategies: 대안적 사고 전략 촉진하기) 교육과정(Domitrovich, Greenberg, Cortes, & Kusche, 1999)은 유아원 사회·정서적 학습 프로그램의 세 번째 예로, 무작위로 실험 평가를 거친 프로그램들 중에서 더 포괄적 프로그램으로 활용 가능한 것 중 하나이다. PATHS 교육과정(Conduct Problems Prevention Research Group, 1999; Greenberg & Kusche, 1998; Kusche & Greenberg, 1995)은 원래 초등학생을 위해 개발되었다. 1990년에 개발자들이 초등 프로그램의 "하향 확장"으로 발달에 적합한 유아 판을 개발하기 위해 헤드스타트 프로그램과 함께 작업하면서 시작되었다(Domitrovich et al., 1999; Domitrovich, Cortes, & Greenberg, 2007).

유아원 PATHS는 다섯 가지 구체적인 영역에서의 기술을 목표로 하고 있다. (1) 협력적인 우정기술(도와주기, 공유하기, 순서 지키기, 놀이 친구와 재미있고 다정하게 지내기), (2) 정서적 인식과 의사소통(자신과 타인의 감정을 알아차리고 명명하기, 일상적인 사건과 행동이 감정에 미치는 영향 이해하기, 듣기 기술), (3) 자기 통제/감정 조절(화나거나 불쾌할 때 충동적 반응하지 않기, 감정 가라앉히기), (4) 자아존중감(자신과 타인을 칭찬하기), 그리고 (5) 사회적 문제해결(감정 가라앉히기에 필요한 과정 따르기, 문제 확인하기, 대안적 해결책 제시하기, 긍정적 해결책 선택하기). 각 단원은 이야기 나누기 시간 동안 교사에 의해 수행되는 33차시 수업으로 나누어진다. 이러한 수업에서 교사는 본보기가 되는 이야기와 이를 묘사하는 그림, 손인형 시연, 그리고 기술 개념을 설명하기 위한 역할놀이를 활용한다. 거북이 Twiggle과 고슴도치 Henrietta를 포함하는 손인형 등장인물들은 프로그램의 중심으로, 매일의 문제해결 기술을 사용하는 데 본보기가 된다.

예를 들어, 처음 사용하는 본보기 이야기에서 거북이 Twiggle은 매우 화가 나 있는데, 한 현명한 늙은 거북이가 화가 났을 때 행동으로 분노를 표출하지 않도록 가르친다. 현명한 거북이는 Twiggle에게 거북이 등 속으로 들어가서 먼저 마음을 가라앉힘으로써 문제를 이해하고, 자신의 감정을 설명하고, 친구들의 이야기를 듣고, 문제를 해결할 수 있는 방법을 찾는 법을 보여준다. Twiggle의 예를 들은 다음에, 유아들에게 자신이 매우 화가 났을 때 스스로에게 멈추라고 말하는 방법을 배우고 "거북이처럼" 두 팔을 가슴에 끼고 몇 초간 있음으로써 진정하는 방법을 배우게 한다. 일단 진정되면, 유아들에게 효율적인 자기 조절과 사회문제해결의 첫 단계로서 자신이 어떻게 느꼈고, 무엇이 자신을 괴롭혔는지 설명하게 한다.

Twiggle에게는 비슷한 역할놀이와 이야기에 포함되며 중요한 우정과 사회적 문제해결 기술에 대해 보여주는 몇몇의 손인형 친구들이 있다. 예를 들어, 고슴도치 Henrietta는 Twiggle의 친구이다. 우정의 기술을 가르치는 한 이야기에서 Henrietta는 친구인 Twiggle과 함께 있을 때 기분이 좋아짐을 배우게 되고, 친구가 웃는 것을 볼 때 행복을 느끼게 된다. PATHS 수업동안, Henrietta는 유아에게 "공유하기"에 대해 자신이 배운 것을 말해주고, 자신이 Twiggle과 공유했을 때 자신이나 친구에게 더 재미있게 되었음을 알려준다. "누군가와 공유할 때마다 네가 그 친구를 배려하고 있음을 보여주는 거야. 그러면 다른 사람이 행복하게 느끼게 되고, 너 또한 행복하게 돼."라고 말해준다. Henrietta는 유아로 하여금 자신의 공유 경험과 공유에 대한 아이디어를 생각하게끔 해 준다. 공유에 대하여 연계된 연습활동에서는 각 유아에게 스티커가 들어있는 작은 가방을 주고 그 스티커를 서로서로 나눌 때 자신 그리고 학급 친구가 어떻게 느끼는가에 대해 질문을 한다. 이러한 방법으로 PATHS 손인형은 자기 조절과 친사회적 기술을 북돋아주어 지지적인 또래 공동체를 형성하게 해주면서 유아원에서 본보기 그리고 지도자 역할을 한다.

각 수업은 교사가 교육과정의 주요 개념을 일반화하기 위해 하루 동안 사용할 수 있는 형식적 · 비형식적 확장 활동에 대한 내용을 포함한다. 교사는 적절할 때 스스로 자신의 감정에 대해 이야기하는 본보기 되기, 유아가 또래의 느낌을 알아차리도록 도와주기, 유아가 자신의 느낌을 묘사하도록 촉진하기와 같이 일과동안 정서 코칭(emotion coaching)을 하게 된다. 또한 교사가 또래 간 불일치 또는 갈등과 같이 자연스럽게 일어나는 "가르칠 수 있는 순간"을 찾도록 한다. 이러할 때, 교사는 유아에게 멈추고 진정하도록("거북이"를 사용하면서) 도와주고, 그러고 나서 문제와 자신의 감정을 정의하고, 친구의 감정에 귀 기울이고, 문제를 해결하는 방법에 대해 생각하기라는 문제해결 단계를 통해 이야기하도록 한다. 이는 유아 교실에서 흔히 듣게 되는 교수 방법인 "제발, 말로 해"라고 하는 것 이상의 성과를 올리게 되는데, 이는 유아에게 정서 조절, 자기 통제 그리고 효율적인 갈등 제어를 도와주기 위한 명확한 단계와 지침을 제공하기 때문이다.

무작위 실험을 통해 헤드스타트에서 "일반적 실제"를 보여주는 10개 학급의 유아들과 유아원 PATHS 프로그램을 사용한 10개 학급의 유아 발달을 비교하였다. 이 실험은 287명의 유아를 대상으로 1년 동안 계속되었다. 통제 교실에서의 유아와 비교했을 때 PATHS 프로그램을 받은 유아는 높은 수준의 정서 이해를 보였고 교사, 부모 모두에 의해 더 사회적으로 유능한 것으로 평가되었다.

3) 사회 · 정서적 개입과 언어발달 촉진을 위한 노력의 통합

ICPS, Al의 친구들, 그리고 PATHS 모두 유아교육의 맥락에서 사용할 수 있는 일반적인 사회 · 정서적 학습 프로그램으로 개발되었다. 모든 경우에, 개발자들은 이러한 프로그램이 사회경제적 불이익으로 인해 사회 · 정서적 발달에서 지체를 경험하고 있는 유아에게 특별히 도움이 된다고 느꼈다. 한편 이러한 예방적 개입의 발달과 병행해서, 사회경제적 불이익과 동반하는 언어, 읽고 쓰기 전 기술에서의 지체에 대한 예방적 개입에 초점을 두는 개발자들도 있었다.

특히, 언어발달은 유아기 동안 성인과의 상호작용에 의해 깊이 영향을 받으며, 빈곤상태에서 성장하는 유아에게서 흔히 지체가 나타난다(Dickinson & Smith, 1994). 예를 들어, 부모와 교사가 유아와 이야기할 때 풍부하고 다양한 단어를 사용하고 교사와 유아 간의 대화를 통한 의사 교환이 이루어지고 확대될 때 유아의 언어 발달을 자극한다. 환경 내에서 구체적으로 나타나지 않는 사건과 문제에 대해 이야기하기(즉, "탈맥락화된" 이야기), 예컨대 다른 시간에 일어났던 사건에 대해 이야기하기, 미래 계획하기, 또는 가상놀이 하기와 같은 것은 모두 언어를 더 융통성 있고 확장해서 사용할 수 있는 유아의 능력을 증대시킨다. 더욱이, 유아의 언어적 표현에 대해 확장해주고 새로운 문법적 형태를 모델로서 제시하는 성인의 반응은 어휘와 구문 기술을 쌓게 해준다. 예를 들어. 유아가 "강아지가 먹는다"라고 말하면, 성인은 "그래, 강아지가 과자를 먹었어"라고 확장해 줌으로써 유아의 진술을 확장하여 새로운 수용적, 표현적 기술을 조성해주는 본보기를 제공해주는 것이다. 사회경제적으로 불우한 배경에 있는 유아의 언어발달을 증진시키기 위해 교실 내에서의 이러한 유형의 언어 사용을 증가시키기 위한 예방적 개입이 개발되었다(Dickinson & Brady, 2006; Dickinson & Smith, 1994). 이러한 예방적 개입은 교실 내 교사의 수준 높은 언어 사용과 언어 확장을 길러주는 교사교육 활동을 활용하고, 또한 몇몇은 책 읽어주기 활동 동안의 교사 언어 사용에 초점을 둔다.

상호작용적 책 읽기(때로 '대화적 읽기[dialogic reading]' 라고 불림)에서는, 교사가 책을 읽어주면서 그 책에 대하여 유아들이 활발하게 토론하도록 한다. 이러한 토의는 교사가 주도를 하고 유아가 "예/아니오"로 단순하게 대답하는 질문을 훨씬 넘어선다. 교사는 유아들이 이야기 주인공들이 느낀 감정들에 대해 생각해보고 이야기의 순서와 원인과 결과 간의 관계를 고려하도록 하며, 주요 단어를 파악할 수 있도록 도와주기 위하여 질문을 한다. 이러한 책 읽기 방법은 어휘력, 내러티브 이해, 그리고 읽기 이해를 촉진시키기 위한 것이다. 연구들에 따르면, 교육과정 중심 상호작용적 책 읽기 수업과 학급에서 교사가 더 효율적으로 언어를 사용하도록 도와주는 일반적인 교사 교육 활동의 조합은 구어 기술을 실질적으로 증진시키는 데 효과적임이 증명되었다(예컨대, Dicknson & Sprague, 2001; Landay, Swank, Smith, Assel, & Guennewig, 2006; Wasik & Bond, 2001; Whitehurst, Arnold, et al., 1994; Whitehurst, Epstein, et al., 1994).

이를 잘 보여주는 좋은 예는 Wasik, Bond와 Hindman(2006)이 수행한 최근의 연구이다. 이 예방적 개입에서, 10개의 헤드스타트 교실에서 상호작용적 책 읽기 프로그램을 실시하였다. 책 읽기 시간동안, 교사들이 질문을 하고, 의미를 연계하고, 소품과 확장활동을 통해 목표 단어를 가르침으로써 단어를 늘려가도록 하였다. 교사들은 또한 유아의 발화를 확장하고, 대화를 확장해주며, 풍부한 언어의 본보기가 되기 위한 일반적 전략을 배웠다. 개입은 1년 넘는 기간 동안 실행되었고, 교사를 위해 매달 워크숍을 실시했으며 이와 함께 멘토 교사가 전략에 대하여 모델링을 하고 지도받는 교사가 이 전략을 사용하는 것을 관찰하여 피드백을 서면 및 구두로 제공하는 교실 내 코칭 시간을 가졌다. 개입은 교실 내에서 언어 사용의 수준을 높이는 데 성공적이었고, 개입이 이루어진 학급의 유아는 비교 학급의 유아를 훨씬 능가하는 어휘력 점수 상승을 보여주었다(Wasik et al., 2006).

언어 기술과 사회 · 정서 기술 발달 사이의 발달적 상호작용을 두고 볼 때, 이 두 가지 영역을 목표로 하는 통합된 예방적 개입이 서로를 촉진해주는 효과가 있는 것이다. 언어 기술과 사회 · 정서 기술 모두 사회경제적 불이익으로 인해 지체되는 발달영역을 대표한다. 두 가지 유형의 기술이 갖는 중요성을 인식하게 되면서, 사회 · 정서적 학습 프로그램이 진화하고 있는데 언어 그리고 관련된 읽고 쓰기 전 기술을 동시에 발달시키는 요소들을 통합하고 있는 것이다. 다음 영역에서 이러한 통합 프로그램 중 하나에 대해 더 자세히 살펴보겠다.

4) 예방적 개입에 대한 포괄적 접근: 헤드스타트 REDI

헤드스타트 REDI(Research-based, Developmentally Informed: 연구기초, 발달 정보에 기초) 프로그램은 하이스코프 또는 창의적 교육과정(Creative Curriculum)을 이용하는 헤드스타트 프로그램의 기존 체제로 통합할 수 있는 풍부한 개입을 제공하기 위해 설계되었다(Bierman, Domitrovich, et al., 2007). 그 목표는 예방적 개입에서 언어 발달과 읽고 쓰기 전 기술을 촉진시키도록 계획된 다른 교과과정 요소들과 사회 · 정서적 학습을 성공적으로 통합할 수 있음을 보여주는 것이었다. 구체적으로, REDI는 사회 · 정서적 학습과 언어/읽고 쓰기 전 기술 발달 모두를 지지하는 데 있어 연구에 토대한 실제를 활용하는 교사의 능력을 촉진시키도록 구성되었다. 개입은 교육과정

성인이 교사 지도를 지원하고 있다.

기반 수업, 흥미영역 중심 확장활동, 그리고 일반화된 기술 발달을 위해 일과동안 사용할 "코칭 전략"에 대한 교사 훈련을 포함한다.

(1) REDI에서의 사회 · 정서적 학습

REDI 프로그램에서 유아원 PATHS는 헤드스타트 교실 내에서 교사가 진행하는 일반적 사회 · 정서적 학습 프로그램을 제공한다(Domitrovch et al., 2007). 매주 교사는 PATHS 수업과 PATHS 확장활동을 각각 하나씩 실시한다. 뿐만 아니라 PATHS 주제들은 체계적으로 상호작용적 책 읽기 프로그램과 연계되어 있다. 매주 사용된 상호작용적 읽기 책 중 하나는 그 주의 PATHS 주제를 논의하는 데 사용되는데, 따라서 두 번째 PATHS 확장활동의 역할을 하면서 읽기와 사회 · 정서적 학습 프로그램을 통합하는 것이다. 또한 교사는 매일 PATHS 칭찬을 이용하고, 계속되는 정서 코칭과 함께 유아의 자기 통제("거북이") 기법과 사회적 문제해결 활용을 지원함으로써 일반화된 기술 발달을 돕는다.

(2) REDI에서의 언어와 읽고 쓰기 전 기술에 대한 초점

REDI는 상호작용적 책 읽기 프로그램, "소리 게임" 프로그램, 동시적으로 언어발달과 읽고 쓰기 전 기술을 지원하기 위한 쓰기영역 활동을 활용한다. 상호작용적 책 읽기 프로그램은 Wasik과 Bond(2001; Wasik et al., 2006)가 개발한 공유하여 책 읽기 프로그램에 기초를 두는데, 이는 대화적(dialogic) 책 읽기 프로그램을 수정한 것이다

(Whitehurst, Arnold, et al., 1994). REDI는 매주 두 권의 책을 포함한다(그 주의 PAHTS 주제에 초점을 둔 책). 매주의 첫째 날에는 상호작용적 질문이 자세히 제시되어 있는 책을 교사가 읽는다. 교사는 목표로 하는 어휘들을 설명하기 위해 소품들을 보여준다. 유아로 하여금 이야기에 대해 자기 생각을 말하고 토의하도록 한다. 둘째 날에는 교사가 이야기 속의 새로운 어휘를 설명하기 위해 제공된 소품을 설명하고 이름 붙이기를 한다. 교사는 또한 유아가 회상을 하고 이야기를 이해하도록 미리 마련된 질문을 이용하여 책을 "훑어나간다." 책과 관련된 확장활동이 이어지는데 이는 언어사용과 어휘 연습을 촉진시키기 위한 것이다. 셋째 날에는 소품과 어휘들을 복습하고, 새로운 책을 읽는데 역시 상호작용적 토의를 하도록 마련된 질문과 함께 그 주에 목표로 하는 어휘 몇 개를 포함하고 있는 책이다. 넷째 날에는 유아로 하여금 "소품책"에 삽화로 그려진 어휘를 찾게 함으로써 목표 어휘를 강화해주고, 또 다른 확장활동이 뒤따른다. 더욱이 교사는 수업 또는 소집단 시간뿐 아니라 식사시간과 같은 일상적인 정규일과 동안 교실에서 언어발달을 위한 일반적 비계설정을 제공하기 위해 확장과 문법적 교정과 같은 "언어 코칭" 전략의 사용에 대해 개별적 지도를 받게 된다(Dickinson & Smith, 1994).

또한 REDI 프로그램은 독서 학습과 관련된 초기 해독 기술을 발달시키는 음운론적 민감성과 관련된 읽고 쓰기 전 기술을 발달시키기 위한 "소리 게임(Sound Games)"을 포함한다(Adams, 1990). 음운론적 민감성은 음절과 음소와 같이 구어에서 작은 소리의 단위를 인식하고 적용하는 유아의 능력을 말한다(Lonigan, Burgess, & Anthony, 2000). 읽기가 아닌 듣기와 말하기를 통해 운율을 만들 줄 알고, 새로운 단어를 발음해 내기 위해 소리를 섞고 분리된 단어와 음절을 인식하고 말할 줄 아는 유아는 음운적 기술이 없는 유아보다 초기 읽기 기술을 빨리 획득한다(Lonigan et al., 2000). 많은 연구에서 분리된 기술을 목표로 한 학습 활동을 계열적으로 세심하게 유아에게 제공함으로써 음운론적 민감성을 가르칠 수 있음을 증명해 왔다(Ball & Blackman, 1991; Hatcher, Hulme, & Ellis, 1994).

REDI에서 교사에게 유아의 음운론적 민감성을 촉진시키기 위해 활용할 수 있는 일련의 "소리게임"을 제공한다. 이러한 소리 게임은 다른 프로그램들에 토대하여 Lundberg와 그의 동료들(Adams, Foorman, Lundberg, & Beeler, 1998)을 중심으로 개발된 것으로, 1년 동안 쉬운 것에서 더 어려운 기술로 옮겨가면서 여섯 개의 단원을 통해 진행된다(예를 들어, 듣기, 운율 만들기, 두운법, 단어와 문장, 음절과 음운). 교사는 한 주에 적어도 세 번은 소집단으로 소리게임 활동을 10~15분 정도 한다.

마지막으로, REDI는 유아의 문자인식 기술을 확대시키기 위해 구체적으로 계획된 쓰기영역 활동도 포함한다. 이러한 교수활동은 글자와 글자의 명칭에 대하여 집중적으로 다루는 명시적 교육과정과 교수 방법을 사용하지 않는다면 대부분의 유아가 헤드스타트 프로그램에서 글자를 배우지 못한다고 하는 연구결과에 기초를 두고 있다. 그런데 알파벳의 글자를 인식하고 확인하는 것을 학습하는 것은 읽기를 학습하고 문서화된 텍스트를 해석하는 과정에 있어 유아의 초기 성취에 대해 예측해주는 중요한 부분이다(Scarborough, 2001). 헤드스타트의 맥락에서 명시적이고 집중적으로 많은 글자의 명칭을 접하게 되면, 유아가 문자이름에 대해 학습하는 속도는 상당히 빨라질 수 있다(Ball & Blackman, 1991).

REDI에서는 교사에게 유아와 함께 언어영역에서 활용할 수 있는 발달에 맞게 계열화된 일련의 활동을 제공한다. 교사는 각 유아가 매주 여러 번 언어영역을 반드시 방문해야 하고 유아의 글자 명칭 습득 정도를 점검하는 데 필요한 자료를 제공받는다. 유아의 학습을 돕기 위해 제공되는 사물은 문자 스티커, 문자 바구니, "문자 벽"을 만들기 위한 재료, 그리고 문자 콜라주, 문자 탑, 문자 벽화와 같은 다양한 문자학습 활동을 위한 공예 재료이다. 이러한 활동을 하는 동안, 교사는 문자의 "소리"는 가르치지 않는다. 오히려 문자를 알아보고 그 이름을 말하게 하는 데 중점을 둔다. REDI 프로그램의 예방적 개입의 구성요소들은 잘 조화되고 포괄적인 유아원 교육과정에 통합되도록 고안된 것이다. 예를 들어, 표 7-1에서는 REDI가 헤드스타트에서 종종 사용하는 창의적 교육과정(Creative Curriculum: Dodge, Colker & Heroman, 2002)과 어떻게 통합되는가를 설명하고 있다.

(3) REDI 교사연수 모형

교사를 위한 REDI 교사연수 모형은 REDI 전문가에 의한 계속되는 상담과 지원뿐 아니라, 일과를 통해 REDI의 개념과 기술을 더 잘 통합시키기 위해 교육과정에서의 훈련을 포함한다. REDI 전문가는 교사에게 효율적인 교실 운영에 대한 여러 가지 제안을 한다(예를 들어, 분명하고 적절한 규칙과 방향 정하기, 적절한 행동에 대해 긍정적이고 정확한 피드백 제공하기, 문제행동을 줄이기 위한 반응 대가 절차[1] 적용하기, 유아 및 부모와 긍정적 관계 강화하기). 더욱이 REDI 전문가는 상호작용적 읽기 사용에 대하여 교사를 지도하고 일과 동안 유아의 언어 기술을 확대시킬 수 있는 대화 기술의 발달을 위한 제안을 제공하고 격려한다.

헤드스타트 REDI 프로그램에 대한 최근의 한 평가에서, 공립 유아원에 다니는 4

1) 역주: 반응 대가 절차(response cost procedures)란 행동주의 원리에 근거하여 부적절한 행동을 하면 정적 강화를 잃게 되는 절차로 종종 토큰 경제 프로그램과 함께 사용되며 '벌금' 으로 불리기도 한다.

표 7-1 전형적인 교실 일과표: 창의적 교육과정과 통합된 헤드스타트 REDI

	화요일	수요일	목요일	금요일
9:05~9:10	등원			
9:10~9:30	전체집단 "만나고 인사하기" (달력, 날씨, PATHS의 *"오늘의 주인공"과 칭찬; 이번주의 글자가 소개된다*)			
9:30~10:00	아침식사			
10:00~10:15	글자활동			
10:15~10:45 15분 후 소집단 교환활동	*PAHTS 수업* 수학	*소리게임* 저널 쓰기	*소리게임* *PATHS 확장활동*	*소리게임* 저널 쓰기
10:45~11:15	신체발달 (바깥놀이)			
11:15~11:25	손씻기/자유 독서시간			
11:25~12:00	점심식사			
12:00~12:30	음악과 율동			
12:30~12:50 10분 후 소집단 교차활동	*상호작용적* *읽기* 과학	*상호작용적* *읽기* *읽기 확장활동*	*상호작용적* *읽기* 수학	*상호작용적* *읽기* *읽기 확장활동*
12:50~1:50	흥미영역 시간 (*일주일에 한 번씩 각자 15분간 REDI 글자활동을 한다*)			
1:50~2:05	하원			

주: 이탤릭체는 특별한 REDI 교육과정 요소를 표시한다. REDI 교수 전략은 하루 일과 전반을 통해 조성된다.

세 유아 356명의 1년간의 진보상황을 조사하였다. 어떤 학급은 무작위로 선정되어 REDI 예방적 교육과정을 활용하고 어떤 학급에서는 "평소 교육 실제"가 계속되었다. REDI 예방적 프로그램은 교사의 수준 높은 언어 사용과 유아를 위한 사회·정서적 지원을 장려하였다(Domitrovich, Gest, et al., 2007). 유아는 학교준비도의 다양한 영역, 즉, 어휘, 발현적 문해, 정서적 이해, 사회적 문제해결, 사회적 행동 그리고 학습 참여에서 중요한 증진을 보였다(Bierman et al., 2007). 교수의 질을 향상시킨 것이 유아의 발달을 촉진시키는 데 결정적인 역할을 하였다(Domitrovich, Gest, et al., 2007).

5) 보편적인 교실 기반 예방 프로그램의 효과 강화하기

교실의 교육과정은 교실에 있는 모든 유아의 학교준비도 기술을 촉진시키므로 "보편적" 접근이라 불린다. 헤드스타트 REDI 프로그램에서 보여주는 것처럼, 구어, 발현적 문해력, 그리고 사회·정서적 기술을 증진시키기 위해 연구에 기초한 전략을 포괄적으로 통합하는 교실 기반 프로그램은 특히 낮은 사회경제적 배경의 유아에게 가치 있을 것이다. 몇 가지 추가적인 예방 전략이 교실 기반 "보편적" 예방 프로그램의 효과를 강화시키기 위해 종종 이용된다.

(1) 맞춤형 프로그램

어떤 유아는 학교 적응에 있어 어려움을 야기시키는 지체나 특별한 요구(예를 들어, 발달 지체, 언어 지체, 또는 주의력 결핍)를 갖고서 유아원에 입학하게 된다. 이러한 유아에게는 교실 기반 프로그램 외에 더 집중적인 교수적 지지, 안내를 통한 연습과 피드백을 제공하는 서비스가 종종 필요하다(Odom & Brown, 1993). 지체와 특별한 요구를 가진 유아를 위한 예방 프로그램은 "맞춤형(indicated)"이라 불린다.

예를 들어, 'Incredible Years의 공룡을 이용한 사회적 기술 및 문제해결 증진 교육과정(Incredible Years Dinosaur Social Skills and Problem Solving Curriculum)[2]'은 특별히 높은 수준의 공격적, 파괴적 행동 문제를 보이는 유아원과 초등학교 저학년생(4~7세)을 위해 특별히 개발되었다(Webster-Stratton & Hammond, 1997; Webster-Stratton, Reid, & Hammond, 2001). 'Incredible Years의 공룡을 이용한 사회적 기술 및 문제해결 증진 교육과정'은 긍정적 또래 상호작용과 우정 발달, 정서적 이해와 표현, 분노 조절, 대인간 문제해결과 적절한 교실행동을 위한 기술을 목표로 하고 있다. 프로그램은 약 21주간 주당 2시간씩 5~6명의 유아의 소집단으로 진행된다.

이와 비슷하게, 사회적 기술 코칭 프로그램은 위축되고 호감을 얻지 못하는 유아를 위해 개발되어 왔다(Guglielmo & Tyron, 2001; Mize & Ladd, 1990; Odom et al., 1999). 이 프로그램에서 "코치"는 참여와 놀이 기술, 의사소통 기술 그리고 갈등 조절 기술에 초점을 두고 소집단의 유아와 함께 활동을 한다. 본보기 이야기와 짧은 손인형 극놀이는 기술 개념 설명에 이용되고, 그러고 나서 성인 코치의 안내와 지도를 받으면서 유아가 놀이에서 그 기술을 연습할 기회를 갖게 된다. 이러한 재료와 기술 모델링은 또한 치료적 개입에서도 사용될 수 있다.

Odom과 그의 동료들이 실시한 무선적 실험(Odom et al., 1999)은 특별한 요구를 가진 유아를 위한 사회적 기술 지도의 좋은 예가 된다. 이 연구에서 사회적·행동적 적응상의 문제를 보일 위험에 처한 약한 정도에서 중간 정도의 발달적 지체를 보이는 유아(예를 들어, 정신 지체, 행동 장애, 의사소통 장애)에게 요구에 따른 개입을 제공했다. 유아중심 코칭 시간에, 소집단(3~4명)의 발달적으로 지체된 유아들이 25일 동

---

2) 역주: 예컨대 www.incredibleyears.com/literacy/items/sterngtheng-emotional-competence-child_1002.pdf 참조

안 매일 10~15분 정도 교사와 만났다. 이러한 수업 시간은 놀이의 시작, 공유하기, 동의하기, 게임 주도하기 그리고 새로운 방법 시도하기라는 놀이 기술을 목표로 하였다. 이러한 집단에서 교사는 사회적 기술 개념에 대해 소개하고 설명하고 논의하였고 그러고 나서 유아들이 사회적 기술을 역할극으로 옮기도록 하였다. 프로그램에 "정상적으로 발달하는" 또래 파트너들도 포함하였다. 교사가 정상적으로 발달하는 또래 파트너와 특별한 요구를 가진 유아 사이의 긍정적 놀이가 조장되도록 고무하고 칭찬하였다. 교사는 특히 사회적 관계 맺기를 시작하도록 정상적으로 발달하는 또래를 지도하였다. 교사는 또한 발달적으로 지체된 유아를 위해 정상적으로 발달하는 또래 파트너와의 또래 놀이를 할 기회를 증진시키기 위해 교실 내 환경에서 구조화된 활동과 지지를 제공하였다. Odom 등(1999)은 사회적 기술 코칭은 유아의 사회적 상호작용의 수준(관찰자 평정으로 평가)과 사회적 유능감(교사 평정으로 평가)을 향상시키는 중요한 효과를 가짐을 밝혀내었다.

적응 회복력 또래 치료(The Resilient Peer Treatment[RPT]) 프로그램(Fantuzzo, Manx, Atkins, & Meyers, 2005)은 학대를 당한 경험이 있는 사회적으로 위축된 유아의 사회적 기술과 사회적 적응을 돕기 위해 고안된 요구에 따른 프로그램의 또 다른 예이다. 높은 수준의 사회적 유능감을 보이는 학급 친구를 사회적으로 위축된 유아를 위한 "놀이친구(Play Buddies)"로 선택하고 가족 자원 봉사자는 교실 내에서 위축된 유아와 그들의 놀이친구를 위해 치료적 놀이 기회를 제공한다. 헤드스타트 교실 내에서 행해진 RPT 프로그램의 무선화 실험에서, 관찰자는 사회적으로 위축된 유아에게서 긍정적 놀이 상호작용이 뚜렷이 증가하고 혼자놀이가 감소한다는 것을 보여주었다. 교사는 또한 치료환경에서 높은 수준의 협력적 또래 놀이 상호작용이 나타났음을 보고하였고, 교사 평가에서 개입 후 두 달이 지난 후에도 자기 통제와 친사회적 행동에서 상당한 향상이 있었으며 문제 행동 수준이 감소하였음을 나타냈다.

(2) 조화로운 부모 집중 예방 요소

교실 기반 예방 프로그램의 효과는 조화로운 부모 훈련 프로그램을 포함함으로써 강화될 수 있다. 예를 들어, "Incredible Years" 프로그램의 한 실험에서, 조기에 시작된 행동 문제를 가진 97명의 유아의 가족을 무작위로 공룡 교육과정, 부모 훈련 프로그램, 공룡 교육과정과 부모 훈련 프로그램의 조합, 또는 대기자 통제 집단 프로그램을 받도록 하였다(Webster-Stratton & Hammond, 1997). 단독으로 또는 부모 훈련과 함께 공룡 교육과정을 받은 집단은 사회적 문제해결 기술(유아 면담으로 측정)과 갈등 조절 기술(가장 친한 친구와의 놀이 상호작용에 대한 관찰로 측정)에 있어 눈에 띄는 향상을 보였다. 부모 훈련(단독으로 또는 공룡 교육과정과 함께)은 가정에서의 문제

행동에 대해 더 큰 효과를 보였다. 공통 교육과정과 부모 훈련의 긍정적 효과는 1년 후의 종단연구에서도 유지되었다(Webster-Stratton & Hammond, 1997). 이 연구는 공격적 행동 문제와 동시에 사회·정서적 기술의 결핍을 보이는 유아를 위한 포괄적인 코칭 프로그램은 특히 부모가 유아의 사회·정서적 성장을 이해하고 지지하도록 도와주는 훈련과 함께 이루어질 때 유아의 사회적 유능감을 증대시킬 수 있다고 제안한다.

2. 결론

요약하면, 예방적 개입은 유아에게 미치는 긍정적 결과들과 관련되는 예방적인 요소들을 찾는 발달 연구를 활용한다. 예방적 개입은 예방적 요인들의 향상을 촉진시키고, 그리하여 유아 적응 회복력과 긍정적 결과를 촉진하도록 고안되었다. 비록 헤드스타트와 다른 수준 높은 유아원 프로그램들도 학교준비도를 향상시키는 데 효과를 보이지만(Barnett, 1995), 연구에 기초한 예방적 개입은 사회경제적 불이익으로 인해 위험에 처한 유아의 학교준비도에 도움을 주면서 효과를 강화할 수 있다. 경험적으로 학교준비도와 미래 학교 적응과 관련되는 비판적 기술이라는 영역은 사회·정서적 유능감(협력적 놀이 기술, 정서적 이해와 조절, 자기 통제, 그리고 사회적 문제해결 기술)과 언어 기술을 포함한다. 포괄적인 교실 기반 예방적 개입 프로그램은 특정 지식의 습득과 학습에 대한 성숙한 접근 모두를 촉진하면서, 이러한 두 가지 영역에 있어서의 기술에 초점을 두면서 통합한다. 보편적 개입은 교사가 행하는 것으로, 교실 내의 모든 유아의 유능성과 적응 회복력을 강화시킨다. 이것은 요구에 따른 개입과 통합되었고, 특별한 요구를 가진 또는 발달적 지체를 보이는 유아를 위한 집중적인 치료적 지지와 결합될 수 있다.

1) 교육에 대한 시사점

경험적 연구는 교육 정책과 실제에 대한 튼튼한 기초를 제공한다. 첫째로, 교사는 빈곤 속에서 성장하는 유아의 학교 적응과 관련된 위험 요소와 예방적인 요인을 확인하는 발달 연구와 그러한 유능감을 향상시키는 예방적 접근에 대한 훈련을 받아야 한다. 둘째, 이러한 훈련과 함께, 이러한 연구에 기초한 교육 전략을 일반적 유아 교육과정에 통합하도록 해주는 실증연구에 의해 증명된 발현적 읽고 쓰기와 사회·정서적 교육과정이 모든 유아 교사에게 제공되어야 한다. 교육과정에 대한 접근에 덧붙여, 전문성 발달을 위한 연수와 멘토링 기회가 필수적이다. 언어 사용, 정서 코칭, 행동 조절 전략 그리고 학습자의 자기 통제에 대한 일반화된 지지와 사회적 문제해결 기술을 포함하는 가르침의 실천은 유아의 사회 · 정서적 그리고 언어 기술을 증진시키는 데 필수적인 역할을 한다. 셋째로, 특별한 요구를 가진 유아(예를 들어, 발달적 지체, 학습적 어려움, 사회적 위축)를 위해 고안된 치료적 프로그램은 경험적으로 지지된 사회적 기술의 코칭 과정을 개입계획에 통합하고, 특히 공격성과 관련된 초기 문제를 치료하기 위해 조화로운 지원이 부모에게 제공되어야 한다.

평균적으로 미국 유아의 16%가 사회경제적 준비도 측면에서 매우 부족한 상태에서 학교에 입학하는 것으로 추정되는데, 이들 중 상당수가 사회경제적으로 불우한 유아들이다(Rimm-Kaufman, Pianta, & Cox, 2000). 연구에 기반을 둔 보편적이고 요구에 기초한 예방적 개입은 학교준비도를 높이며 특히 사회경제적 불이익과 관련된 준비도 "격차"를 줄이는 데 있어 효율적이라고 증명되어 왔다. 예방적 개입을 더욱 발달시키고 평가하여 광범위하게 보급하는 노력을 지속하는 것이 유아 교사의 교육에서 우선사항이 되어야 한다.

웹사이트

http://www.excellence-earlychildhood.ca/home.asp?lang=EN
Centre of Excellence for Early Childhood Development

http://www.vanderbilt.edu/csefel
Center on the Social and Emotional Foundations for Early Learning

http://challengingbehavior.fmhi.usf.edu/about.html
Center for Evidence-Based Practice: Young Children with Challenging Behavior

http://www.casel.org
Collaborative for Academic, Social, and Emotional Learning

참고문헌

Adams, M. J. (1990). *Beginning to read: Thinking and learning about print.* Cambridge, MA: MIT Press.

Adams, M. J., Foorman, B. R., Lundberg, I., & Beeler, T. (1998). *Phonological sensitivity in young children: A classroom curriculum.* Baltimore, MD: Brookes.

Ball, W. W., & Blachman, B. A. (1991). Does phoneme segmentation training in kindergarten make a difference in early word recognition and developmental spelling? *Reading Research Quarterly, 26,* 49-66.

Barnett, S. (1995). Long-term effects of early childhood programs on cognitive and school outcomes. *The Future of Children, 5,* 25-50.

Bierman, K. L. (2004). *Peer rejection: Developmental processes and intervention strategies.* New York: Guilford.

Bierman, K. L, Domitrovich, C. E., Nix, R. L., Gest, S. D., Welsh, J. A., Greenberg, M. T., et al. (2007). Promoting academic and socialemotional school readiness: The Head Start REDI Program. [Submitted for publication.]

Bierman, K. L., & Erath, S. A. (2006). Promoting social competence in early childhood: Classroom curricula and social skills coaching programs. In K. McCartney & D. Phillips (Eds.), *Blackwell handbook on early childhood development* (pp. 595-615). Malden, MA: Blackwell.

Bierman, K. L., Greenberg, M. T., & the Conduct Problems Prevention Research Group. (1996). Social skill training in the FAST Track program. In R. DeV. Peters & R. J. McMahon(Eds.), *Preventing childhood disorders, substance abuse, and delinquency* (pp. 65-89). Newbury Park, CA: Sage.

Blair, C. (2002). School readiness: Integrating cognition and emotion in a neurobiological conceptualization of child functioning at school entry. *American Psychologist, 57,* 111-127.

Children's Defense Fund (2005). *The state of America's children 2005.* Washington, DC: Author.

Coie, J. D., Watt, N. F., West, S. G., Hawkins, J. D., Asarnow, J. R., Markman, H. J., et al. (1993). The science of prevention: A conceptual framework and some directions for a national research program. *American Psychologist, 48,* 1013-1022.

Conduct Problems Prevention Research Group. (1999). Initial impact of the Fast Track prevention trial for conduct problems: II. Classroom effects. *Journal of Consulting and Clinical Psychology, 67,* 648-657.

Consortium on the School-Based Promotion of Social Competence (1994). The school-based promotion of social competence: Theory, research, practice, and policy. In R. J. Haggerty, L. R. Sherrod, N. Garmezy, & M. Rutter (Eds.), *Stress, risk, and resilience in children and adolescents: Processes, mechanisms, and interventions.* New York: Cambridge University Press, 268-316.

Denham, S. A., & Burton, R. (2004). *Social and emotional prevention and intervention programming for preschoolers.* New York: Kluwer Academic/Plenum Publishers.

Dickinson, D. K., & Brady, J. P. (2006). Toward effective support for language and literacy through professional development. In M. Zaslow & I. Martinez-Beck (Eds.), *Critical issues in early childhood professional development* (pp. 141-170). Baltimore, MD: Brookes.

Dickinson, D. K., & Smith, M. W. (1994). Longterm effects of preschool teachers' book readings on low-income children's vocabulary and story comprehension. *Reading Research Quarterly, 29,* 104-122.

Dickinson, D. K. & Sprague, K. (2001). The nature and impact of early childhood care environments on the language and early literacy development of children from low-income families. In S. Neuman & D. K. Dickinson (Eds.), *Handbook of early literacy* (pp. 263-292). New York: Guilford.

Dodge, D. T., Colker, L. J., & Heroman, C. (2002). *The Creative Curriculum for Preschool,* 4th ed. Washington, DC: Teaching Strategies, Inc.

Dodge, K. A., Bates, J. E., & Pettit, G. S. (1990). Mechanism in the cycle of violence. *Science, 250,* 1678-1683.

Domitrovich, C. E., Cortes, R., & Greenberg, M. T. (2007). Improving young children's social and emotional competence: A randomized trial of the preschool PATHS curriculum. *Journal of Primary Prevention, 28,* 67-91.

Domitrovich, C. E., Gest, S. D., Gill, S., Bierman, K. L., Welsh, J., & Jones, D. (2007). *Fostering high quality teaching in Head Start classrooms: Experimental evaluation of an integrated curriculum.* Manuscript submitted for publication.

Domitrovich, C. E., Greenberg, M. T., Cortes, R., & Kusche, C. (1999). *Manual for the Preschool PATHS Curriculum.* University Park: The Pennsylvania State University.

Dubas, J. S., Lynch, K. B., Gallano, J., Geller, S., & Hunt, D. (1998). Preliminary evaluation of a resiliency-based preschool substance abuse and violence prevention project. *Journal of Drug Education, 28,* 235-255.

Edwards, C. P. (1999). Development in the preschool years: The typical path. In E. V. Nuttall, I. Romero, & J. Kalesnik (Eds.), *Assessing and screening preschoolers: Psychological and educational dimensions,* 2nd ed. (pp. 9-24). Needham Heights, MA: Allyn & Bacon.

Eisenberg, N., & Fabes, R. A. (1992). Emotion, regulation, and the development of social competence. In M. S. Clark (Ed.), *Review of personality and social psychology. Vol. 14. Emotion and social behavior* (pp. 119-150). Newbury Park, CA: Sage.

Elias, M. J., Zins, J. E., Weissberg, R. P., Frey, K. S., Greenberg, M. T., Haynes, N. M., et al. (1997). *Promoting social and emotional learning: Guidelines for educators.* Alexandria, VA: Association for Supervision and Curriculum Development.

Fantuzzo, J., Manz, P., Atkins, M., & Meyers, R. (2005). Peer-mediated treatment of socially withdrawn maltreated preschool children: Cultivating natural community resources. *Journal of Clinical Child and Adolescent Psychology, 34,* 320-325.

Greenberg, M. T., & Kusche, C. A. (1998). Preventive intervention for school-aged deaf children: The PATHS Curriculum. *Journal of Deaf Studies and Deaf Education, 3,* 49-63.

Greenberg, M. T., Kusche, C. A., & Speltz, M. (1991). Emotional regulation, self control, and psychopathology: The role of relationships in early childhood. In D. Cicchetti & S. L. Toth (Eds.), *Internalizing and externalizing expressions of dysfunction: Rochester symposium on developmental psychopathology* (Vol. 2, pp. 21-66). Hillsdale, NJ: Erlbaum.

Guglielmo, H. M., & Tryon, G. S. (2001). Social skills training in an integrated preschool program. *School Psychology Quarterly, 16,* 158-175.

Hatcher, P. J., Hulme, C., & Ellis, A. W. (1994). Ameliorating early reading failure by integrating the teaching of reading and phonological skills: The phonological linkage hypothesis. *Child Development, 65,* 41-57.

Hughes, J. N., & Kwok, O. (2006). Classroom engagement mediates the effect of teacher-student support on elementary students' peer acceptance: A prospective analysis. *Journal of School Psychology, 43*, 465-480.

Izard, C. E., Fine, S., Schultz, D., Mostow, A., Ackerman, B., & Youngstrom, E. (2001). Emotion knowledge as a predictor of social behavior and academic competence in children at risk. *Psychological Science, 12*, 18-23.

Kusche, C. A., & Greenberg, M. T. (1995). *The PATHS Curriculum*. Seattle, WA: Developmental Research & Programs.

Ladd, G. W., Buhs, E. S., & Seid, M. (2000). Children's initial sentiments about kindergarten: Is school liking an antecedent of early childhood classroom participation and achievement? *Merrill-Palmer Quarterly, 46*, 255-279.

Ladd, G. W., & Mize, J. (1983). A cognitive-social learning model of social skill training. *Psychological Review, 90*, 127-157.

Ladd, G. W., & Profilet, S. M. (1996). The child behavior scale: A teacher measure of young children's aggressive, withdrawn, and prosocial behaviors. *Developmental Psychology, 32*(6), 1008-1024.

Landry, S. H., Swank, P. R., Smith, K. E., Assel, M. A., & Gunnewig, S. B. (2006). Enhancing early literacy skills for preschool children: Bringing a professional development model to scale. *Journal of Learning Disabilities, 39*, 306-324.

Lengua, L. J. (2002). The contribution of emotionality and self-regulation to the understanding of children's response to multiple risk. *Child Development, 73*, 144-161.

Lonigan, C. J., Burgess, S. R., & Anthony, J. L. (2000). Development of emergent literacy and early reading skills in preschool children: Evidence from a latent-variable longitudinal study. *Developmental Psychology, 36*, 596-613.

Lynch, K. B., Geller, S. R., & Schmidt, M. G. (2004). Multi-year evaluation of the effectiveness of a resilience-based prevention program for young children. *The Journal of Primary Prevention, 24*, 335-353.

McClelland, M. M., Acock, A. C., & Morrison, F. J. (2006). The impact of kindergarten learningrelated skills on academic trajectories at the end of elementary school. *Early Childhood Research Quarterly, 21*, 471-490.

Mize, J., & Ladd, G. W. (1990). Toward the development of successful social skills training for preschool children. In S. R. Asher & J. D. Coie (Eds.), *Peer rejection in childhood* (pp. 274-308). New York: Cambridge University Press.

Odom, S. L., & Brown, W. H. (1993). Social interaction skills interventions for young children with disabilities in integrated settings. In C. Peck, S. Odom, & D. Bricker (Eds.), *Integrating young children with disabilities into community programs* (pp. 39-64). Baltimore, MD: Brookes.

Odom, S. L., McConnell, S. R., McEvoy, M. A., Peterson, C., Ostrosky, M., Chandler, L., et al. (1999). Relative effects of interventions supporting the social competence of young children with disabilities. *Topics in Early Childhood Special Education, 19*, 75-91.

Pianta, R. C. (1999). *Enhancing relationships between children and teachers*. Washington, DC: American Psychological Association.

Rimm-Kaufman, S., Pianta, R. C., & Cox, M. (2000). Teachers' judgments of problems in the transition to school. *Early Childhood Research Quarterly, 15*, 147-166.

Rimm-Kaufman, S. E., Early, D. M., Cox, M. J., Saluja, G., Pianta, R. C., Bradley, R. H., et al. (2002). Early behavioral attributes and teachers' sensitivity as predictors of competent behavior in the kindergarten classroom. *Journal of Applied Developmental Psychology, 23*, 451-470.

Ryan, R. M., Fauth, R. C., & Brooks-Gunn, J. (2006). Childhood poverty: Implications for school readiness and early childhood education. In B. Spodek & O. N. Saracho (Eds.), *Handbook of research on the education of children* (2nd ed.) (pp. 323-346). Mahwah, NJ: Erlbaum.

Scarborough, H. (2001). Connecting early language and literacy to later reading (dis)abilities: Evidence, theory and practice. In S. Neuman & D. Dickinson (Eds.), *Handbook of emergent literacy research* (pp. 97-110). New York: Guilford Press.

Shure, M. B. (1992). *I Can Problem Solve: An interpersonal cognitive problem-solving program: Kindergarten and primary grades.* Champaign, IL: Research Press.

Shure, M. B., & Spivack, G. (1982). Interpersonal problem-solving in young children: A cognitive approach to prevention. *American Journal of Community Psychology, 10*(3), 341-355.

Snow, K. L. (2007). Integrative views of the domains of child function: Unifying school readiness. In R. C. Pianta, M. J. Cox, & K. L. Snow(Eds.), *School readiness and the transition to kindergarten in the era of accountability* (pp. 197-216). Baltimore, MD: Brookes.

U.S. Department of Health and Human Services. (2001). *Third progress report on the Head Start program performance measures.* Washington, DC: U.S. Department of Health and Human Services.

U.S. Department of Health & Human Services. (2005). Head Start Impact Study: First Year Findings. Washington, DC. http://www.acf.hhs.gov/programs/opre/hs/impact_study/reports/

Wasik, B. A., & Bond, M. A. (2001). Beyond the pages of a book: Interactive book reading and language development in preschool classrooms. *Journal of Educational Psychology, 93*, 243-250.

Wasik, B. A., Bond, M. A., & Hindman, A. (2006). The effects of a language and literacy intervention on Head Start children and teachers. *Journal of Educational Psychology, 98*, 63-74.

Webster-Stratton, C., & Hammond, M. (1997). Treating children with early onset conduct problems: A comparison of child and parenting interventions. *Journal of Consulting and Clinical Psychology, 65*, 93-101.

Webster-Stratton, C., Mihalic, S., Fagan, A., Arnold, D., Taylor, T., & Tingley, C. (2001). *Blueprints for violence prevention, book eleven: The incredible years: Parent, teacher and child training series.* Boulder, CO: Center for the Study and Prevention of Violence.

Webster-Stratton, C., Reid, J., & Hammond, M. (2001). Social skills and problem-solving training for children with early-onset conduct problems: Who benefits? *Journal of Child Psychology and Psychiatry and Allied Disciplines, 42*, 943-952.

Weikart, D. P., & Schweinhart, L. J. (1997). *High/Scope Perry Preschool Program.* In G. W. Albee & T. P. Gullota (Eds.), Primary prevention works: Issues in children's and families' lives. Vol. 6. Thousand Oaks, CA: Sage.

Weissberg, R. P., & Greenberg, M. T. (1998). School and community competence-enhancement and prevention programs. In I. Siegel & A. Renninger (Eds.), *Handbook for child psychology* (5th ed.), Vol. 4: *Child psychology in practice.* New York: Wiley.

Whitehurst, G. J., Arnold, D., Epstein, J. N., Angell, A. L., Smith, M., & Fischel, J. E. (1994). A picture book reading intervention in daycare and home for children from lowincome families. *Developmental Psychology, 30*, 679-689.

Whitehurst, G. J., Epstein, J. N., Angell, A. C., Payne, A. C., Crone, D. A., & Fischel, J. E. (1994). Outcomes of an emergent literacy intervention in Head Start. *Journal of Educational Psychology, 86*, 542-555.

Zill, N., Resnick, G., Kim, K., O'Donnell, K., Sorongon, A., McKey, R. H., et al. (2003). *Head Start FACES (2000): A whole child perspective on program performance?Fourth progress report.* Washington, DC: U.S. Department of Health and Human Services.

공립학교에서의 유아발달/교육(EDE) 프로그램

James E. Johnson & Jennifer L. Chestnut
(The Pennsylvania State University)

미국 공립학교의 유아발달/교육(EDE) 프로그램의 기원은 20세기 이전 미국의 유치원 운동(kindergarten movement)으로까지 거슬러 올라간다(International Kindergarten Union, 1919). 공립 유아발달/교육 프로그램은 사립 유아원이나 병원의 어린이 생활 프로그램(child life program)[1]과 같은 기존 프로그램과 더불어 발전해왔다. 지금까지 미국 공립 유아발달/교육 프로그램은 여러 가지 역할을 표방하고 담당해왔다.

예를 들어, 대공황 시기와 2차 세계대전 시기의 보육시설은 공립학교와 연계하여 경제적 회복과 사회적 안정을 돕는 역할을 했다. 공립학교 내에 설치된 많은 헤드스타트 프로그램은 1960년대에 시작되었다. 또한 이 시기에 연방정부의 주도하에 다음과 같은 공립학교 관련 프로그램들도 시도되었다: (1) 발달연속성 프로젝트(Project Developmental Continuity: 1966년에 시작되었으나 곧 중단됨), (2) 헤드스타트 초등 연계 프로젝트(Project Follow Through: 1968~1996), (3) 미국 초중등교육법의 Title 1 (1996년 시작, 2001년 아동낙오방지법으로 이어짐)(Reynolds, 2006). 또한 21세기 학교 운동(the School of the 21st Century: 21C)이 20세기 말에 시작되었다. 이 프로그램은 현재 최소한 20개 주에 걸쳐 1300개 이상의 학교에서 운영되고 있으며 21세기

1) 역주: 병원에 입원한 유아들을 위한 놀이 및 학습 경험 제공의 중요성을 인식한 Mary Brooks와 Emma Plank 등의 선구자적인 의사들의 노력으로 출발하여 현재 미국과 캐나다에 400개가 넘는 프로그램이 있다.

전미 네트워크도 구축되었다(Finn-Stevenson, 2006). 21세기의 기본생각은 공립학교 건물들은 어디에나 있기에, 0세에서 12세까지의 유아들과 가족들을 위한 다양한 유아발달/교육 프로그램을 제공하는 역할을 하는 데 있어서 지역사회의 중심축이 될 수 있다는 것이다.

이 장에서는 유아교육(Early Childhood Education: ECE)이라는 용어보다는 유아발달/교육(Early Development and Education: EDE)이라는 용어를 사용하고자 한다. 이는 공립 유아발달/교육 프로그램들이 유아와 그 가족의 다양한 발달적 · 교육적 요구를 만족시키는 데 중점을 두기 때문이다. 이러한 프로그램을 운영하기 위해서는 학교 교사뿐만 아니라 가족 지원, 유아 서비스, 그리고 기타 다른 분야의 전문가들을 통합한 종합적인 팀이 필요하다. 유아발달/교육 프로그램은 유아보육과 교육의 조화와 통합을 지향한다. 유아발달/교육이라는 표현은 유아 발달이 교육에 우선한다는 점과 유아 발달이 우수한 학교 관련 프로그램을 개발하고 운영하는 데 있어 기본바탕이 된다는 점을 함축하기에 유용한 용어이다.

공립학교의 유아발달/교육 프로그램은 계속 발전하여 현재 유아교육의 미래에 관한 정책 수립에서 주요한 부분을 차지하고 있다. 공립 교육을 개혁하고 발전시키는 데 있어서 우수한 유아발달/교육 프로그램은 필수불가결하다는 점에 대해서도 공감대가 널리 형성되었다. 공립 유아발달/교육 프로그램에서 유아들이 어떤 교육을 받아야 하는지와 어떠한 유형의 프로그램에 공적 지원을 해야 하는지의 두 중요한 질문에 대해서는 현재 활발한 논의가 진행되고 있다. 또 하나의 주요한 정책적 이슈는 교사 전문성 발달과 서비스 제공(service delivery)의 측면에서 유아발달/교육을 어떻게 조직화하고 통합해 나갈 것인가 하는 문제이다. 조기 개입, 헤드스타트, 기타 포괄적인 프로그램들과 같이 유아보육과 교육의 통합과 조화를 중시하는 현 추세에서 공교육이 어떤 역할을 담당할 것인가에 대하여 뜨거운 논의가 이루어지고 있다. 공립학교들이 유아교육을 어디까지 정의하도록 허용할 수 있는가? 유아보육/교육은 공급 혹은 접근성, 프로그램 질, 그리고 교사 보수라는 세 가지 문제에 항상 부딪치게 되는데, 공립 프로그램이 이러한 문제들을 해결해줄 수도 있는 반면에 초등과정의 학습 모델을 공립 유아원(Pre-Kindergarten: Pre-K 혹은 PK) 단계의 유아들에게 하향 적용시키게 되어 발달에 부적합한 결과를 가져올 수도 있음에 유념해야 한다. 여기서 preschool은 일반적인 유아보육/교육(Early Childhood Care and Education: ECCE) 프로그램을, Pre-K는 유아발달/교육(EDE) 프로그램과 유치원[2]에서 초등학교 3학년까지를 단순

2) 역주: 미국의 경우 유치원 운동 이래로 대부분의 유치원이 공립학교 건물 속으로 옮기면서 초등교육의 영향을 상당히 받게 되었으며 형식적 교육체제의 일부가 되었다. 따라서 우리나라의 유치원과는 개념, 구조, 내용, 사회적 인식 측면에서 다소 차이를 보인다.

연계시킨 것이 아니라 진정한 의미에서 통합시킨 프로그램을 의미한다.

최근 공공분야에서 유아교육이 많은 주목을 받고 있는 것은 당연하다. 신경과학 연구의 발달은 유아가 더 능동적이고 의식적인 학습자라는 사실을 잘 보여주고 있다(Nelson & Bloom, 1997). 페리 유아원 프로그램, 기초 프로젝트(Abecedarian Project), 시카고 유아-가족 센터(Chicago Child-Parent Centers)와 같은 종단 연구들은 교육정책 입안자들에게 유아교육이 훌륭한 투자라는 점을 인식시켰다(Reynolds & Temple, 2006). 지금도 유아의 학교준비도 측면에서의 사회적 불평등은 국가적, 세계적인 문제며, 이를 해결하려는 노력이 계속 요구되고 있다(Lee & Burkam, 2002; Malakoff, 2006). 그에 따라 공교육 체제에 늘 존재했던 유아발달/교육 프로그램은 그 수가 급격히 증가하여 미국과 다른 나라들의 21세기 공교육에 있어서 핵심적인 요소로 전면에 부상하고 있다.

이 장에서는 유아교육에서 점점 증가하는 공교육의 역할을 다음 순서로 알아볼 것이다. 첫째, 보편무상(universal) 공립 유아원과 종일제 유치원 프로그램을 통하여 공교육과 연계된 추세를 알아볼 것이다. 둘째, 공립 유아원에서 3학년까지의 공립학교 체제에 대한 전망을 살펴볼 것이다. 마지막으로 우수한 공립 유아발달/교육 프로그램을 개발하고 운영하는 데 있어서, 그리고 이를 유아교육 전반과 연계시킴에 있어서 교사, 교사교육자, 그리고 관련 전문가들 간의 연계·협조가 왜 중요한지를 알아볼 것이다.

1. 공립 유아원과 종일제 유치원

걸음마기 유아들이 유아기에 들어서는 것은 정규교육에 첫발을 들여놓는 단계로서, 온 가족들이 마음 졸이는 그리고 영원히 기억될 순간이다. 교육이라는 사회적 구조로 들어서는 이 단계는 유아를 지금까지 키워 온 가족들의 정서적 측면에도 영향을 미친다.

출생과 더불어 성장과 학습이 시작되며, 이러한 유아기는 이후 학습이 이루어지는 기본 바탕을 제공하는 핵심적 시기에 해당한다. 유아기에는 사회, 정서, 인지, 신체 분야에 걸쳐 놀라울 정도의 성장과 발달, 학습이 일어난다. 유아원 시기는 유아가 이후에 학교 과정을 성공적으로 따라가고, 정규교육에서 요구되는 학습을 원활하게 할 수 있도록 준비하는 역할을 해왔다.

양질의 유아교육이 가지는 효용성은 여러 권위 있는 연구를 통하여 밝혀진 것처럼 유아와 그 가족, 그리고 사회에 긍정적 영향을 미치게 된다. 예를 들어, 페리 유아원 프로그램(Perry Preschool Program)에 참여하였던 유아들은 그 영향이 유아원 시기와 이후 성인 시기에까지 지속적으로 계속되었다. 페리 유아원 프로그램을 거쳐간 유아들은 고등학교 졸업률, 십대 임신 감소, 대학 입학률, 고소득 직장 선택과 같은 점에서 상대적으로 좋은 결과를 보였고, 해당 프로그램의 유효성을 증명하였다. 이러한 연구들을 통하여 양질의 유아교육 프로그램을 경험한 대부분 유아들이 핵심적 발달 경험이 결여된 다른 유아들에 비해 상대적으로 더 많은 이점을 갖게 된다는 사실이 잘 알려지게 되었다.

미국의 공교육은 5세에 유치원 입학 연령이 되면서 시작된다. 이는 일반적이기는 하지만 주 정부에 따라 서로 다른 의무 취학 연령을 정하고 있다. 예를 들어 펜실베이니아 주는 8세를 의무 취학 연령으로 정하고 있다. 유아교육계의 이해와 협조를 증진시키기 위해 공립 유아원과 종일제 유치원의 중요성은 의무 취학 연령과의 관계 속에서 이해되어야 한다. 공립 유아원을 포함한 공립학교의 유아발달/교육 프로그램은 양질의 사립 프로그램을 이용할 수 없는 가족들에게 특히 중요한 의미를 가진다. 공립 유아원 프로그램이 제공되지 않고 의무 취학 연령이 높은 지역에서는 결과적으로 유아발달/교육 프로그램의 공백이 생길 수밖에 없다. 이러한 지역에 있는 가족들은 사립 프로그램을 이용할 수 있는 가족들에 비해 상대적으로 불이익을 보게 된다.

공립 유아원은 부분적으로 1960년대 연방 정부의 가난과의 전쟁(War on Poverty)에서 유래되었다. 헤드스타트 프로젝트는 저소득층 아이들도 사회경제적 계층에 상관없이 일반 아이들과 같은 수준에서 학교를 시작할 수 있도록 돕고자 하였다. 헤드스타트는 지금도 지속되고 있으며, 2천2백만 명 이상의 유아와 가족이 그 혜택을 받아왔다. 이 프로그램은 유아의 학교준비도를 향상시키고, 취학 후 학업 성취도 격차를 줄이는 효과를 가져왔다. 연방 의회는 2008년 회계연도에도 헤드스타트 예산으로 약 74억 달러를 통과시켰다(Goldfarb, 2007). 헤드스타트는 전인교육(whole child)에 중점을 두기에, 유아원 교육(preschool education)을 위한 본보기 역할을 할 수 있다. 또한 여러 교육청과 주 정부는 헤드스타트 프로그램을 본보기로 영아 프로그램, 특수교육, 통합 프로그램 등과 같은 유아발달/교육 프로그램을 공교육 시스템에 통합하려는 시도를 계속하고 있다.

3세와 4세를 대상으로 한 공교육은 계속 증가하고 있다. 2005년부터 2007년까지 주 정부의 공립 유아원 프로그램 예산은 24억 달러에서 42억 달러로 두 배 가까이 증가하였다. 그 어느 때보다도 지역 주민센터나 초등학교 건물 등의 공공 시설을 이용한 주립 유아발달/교육 프로그램의 이러한 급격한 증가는 전국적 현상이 되고 있다. 예를 들어, 뉴저지 주의 공립 유아원 프로그램은 주대법원의 판결(Abbot 대 Burke 사건)에 의해 시행되고 있으며, 플로리다 주에서는 4세 유아들을 대상으로 하는 플로리다 자율 유아원(Florida Voluntary Preschool) 프로그램이 투표로 통과되었다(Watt, 2007). 조지아 주에서는 모든 주민들에게 무료 유아원 교육의 혜택을 법제화시켰다

(Barnett & Hustedt, 2003). 이러한 공립 유아원 프로그램의 보편화는 다음과 같은 주들에서 대표적으로 나타난다: 아리조나, 일리노이, 아이오와, 켄터키, 메인, 메릴랜드, 뉴욕, 노스 케롤라이나, 사우스 캐롤라이나, 테네시, 텍사스, 오클라호마, 펜실베이니아, 버몬트, 버지니아(Association of Supervision and Curriculum Development, 2007).

유아발달/교육은 취학 후 학습과 성장에 중요한 영향을 미치고 일생 동안의 성취에 있어서 중요한 역할을 한다. 학업 성취도에 대한 요구와 기준이 높아질수록 유아들은 교육과정에 따른 부담에 더 얽매이게 된다. 유아들은 정규교육, 즉 공교육이 시작되기 이전에 학습을 시작한다. 많은 교육청들에서 공립 유아원 프로그램과 종일제 유치원이 유아의 읽기/쓰기 능력과 사회성 발달에 미치는 긍정적 영향의 중요성을 인지하고 있다. 연구에 따르면 유치원에서 더 많은 경험을 한 유아들이 읽기 능력이 향상되고 학습에 대한 자신감을 가지게 된다(Ogens, 1990). 이렇게 수량적으로 드러난 학업 성취도와는 별개로, 사회성 발달이나 단일한 구조적 환경의 유아와 가족 모두에게 혜택을 줄 수 있게 되는 것 또한 큰 장점이다(Elicker & Mather, 1997). 공립 유아원과 종일제 유치원은 유아의 미래 학습 능력을 위한 중요한 기반으로 작용한다.

2003년을 기준으로, 미국 유치원 유아들의 55%가 종일제 프로그램에 다니고 있다. 종일제 프로그램의 개념은 교육계에서 새로운 것은 아니다. 미국의 초기 유치원 프로그램들은 하루 종일 운영되었지만, 유치원 프로그램은 재정적 문제로 인해 결국 반일제로 변경되었다. 반일제로 운영할 경우 더 많은 유아들이 더 낮은 비용으로 프로그램에 참여할 수 있었다. 결국 교육적 요구나 발달적 관점은 고려하지 않고, 비용과 시설 사용 문제를 바탕으로 유아의 프로그램 참여시간을 줄여버리는 결과가 초래된 것이었다.

유치원의 발달은 1800년대 후반 Friedrich Froebel의 사상을 바탕으로 시작되었다. 이러한 프로그램들은 처음에는 도시 빈민 지역의 유아들을 대상으로 한 종일제 프로그램으로 운영되었다. 유치원은 빈민 지역의 가족과 유아들에게 긍정적인 영향을 미치고, 더 나은 미래를 가져올 수 있는 방법으로 받아들여졌다. 이는 "예방이 치료보다 낫다"는 격언을 반영한 것이다.

역사적으로 나타난 이러한 종일제 유치원과 공립 유아원 프로그램에 대한 믿음은 현재에도 여러 효과검증 연구에 의하여 증명되고 있다. 종일제 프로그램에 속한 유아들은 학습 평가에서 더 높은 점수를 나타내었고, 유급률이 낮았으며 학습태도에 있어서 문제를 덜 나타내었다(Clark & Kirk, 2000). 지나치게 교사 주도적이고 꽉 짜여진 프로그램, 특히 반일제 프로그램에 속한 유아들은 동기 부여에 문제를 보이고 스트레스에 많이 노출되는 것으로 나타났다. 유아는 이러한 교육 환경에서 덜 유순해지게 된다(Shonkoff & Phillips, 2000). 종일제 프로그램에서 보내는 시간을 통해 유아들은 자발적으로 배울 수 있는 기회를 더 많이 가지게 되고, 이를 통하여 더 높은 수준의 몰입도, 흥미, 지속성을 기르게 된다. 종일제 프로그램 교사는 유아들이 놀이와 활동을 이해하고 몰입할 수 있는 충분한 시간을 제공하며, 이러한 시간 운영으로 인해 다양한 배경의 유아들에게 개인적 · 발달적으로 적합한 활동이 가능해지기 때문에 스트레스와 압력을 덜 받는 것으로 보고되고 있다(Elicker & Mathur, 1997). 종일제 유치원은 2, 3학년 유아의 읽기 성적, 학업 평가 점수, 발달 평가와 유급을 줄이는 데 긍정적 영향을 미치는 것으로 나타났다(Emery, Piche, & Rokavec, 1997). 교육 분야에서 주요 연구기관의 하나인 WestEd는 7개의 연구결과를 종합하여 종일제 유치원을 반일제 유치원 프로그램과 비교한 결과 취학 후에 출석 · 학업 성취도와 언어 · 읽기/쓰기 능력에 있어서 더 좋은 성과를 거두었다고 보고하였다(WestEd, 2005).

공립 유아원 프로그램과 종일제 유치원 프로그램은 유아의 다른 발달 영역에도 긍정적인 영향을 미친다. 연구결과에 따르면, 종일제 프로그램은 유아의 자아 존중감, 독립심, 창의성을 증진시킨다(Emery et al., 1997). 종일제 프로그램은 반일제 프로그램과 비교했을 때, 상대적으로 여유 있는 구조를 지니고, 유아들은 더욱 여유 있는 분위기에서 자신이 선택한 활동에 몰입할 수 있었다. 유치원에서 더 오래 시간을 보낸 유아들은 공동체 의식과 소속감을 지니게 된다. 이들은 격려를 더 많이 받을 수 있는 환경에서 자라게 된다. 또한 이러한 유아들은 덜 의존적이고 부끄러움을 덜 타는 것으로 나타났다. 학부모들 또한 종일제 프로그램이 더 나은 학교 경험을 가져다준다고 믿으면서 더 많은 신뢰를 보낸다. 또한 연구에 따르면 종일제 프로그램이 유아의 스트레스와 피로를 유발하지 않는 것으로 나타났다(Emery et al., 1997). 오히려 종일제 프로그램의 유아들이 동일한 환경에서 지내는 것이 통학 시간 단축, 다른 유아 및 성인들과의 관계 지속 등으로 인해 스트레스 감소를 가져오는 효과도 있다.

연구에 의하면 공립 유아원 프로그램과 종일제 유치원 프로그램이 유아의 학습 성취도에도 상당한 효과를 가져온다. 이러한 프로그램들은 전국적으로 운영되며 미국 내에서 큰 관심의 대상이 되고 있다. 이 프로그램들의 과제 중 하나는 장기적으로 공립 유아원 및 유치원 프로그램과 초등학교 저학년 간의 학업 기준목표(academic standard), 교육과정, 평가 방법 등을 효과적으로 통합하여 프로그램에 참여하는 유아들이 지속적으로 더 큰 혜택을 받게 하는 것이다. 그리고 대학의 교사양성 프로그램도 유아발달과 유아교육을 이해하는 교사들(특히 공립 유아발달/교육과 PK-3 프로그램)을 양성하고 지원해야 할 것이다. 프로그램의 성공여부는 유아의 초기 성취도 평가뿐만 아니라 이들이 장기적으로 우수한 학생으로 성장하여 더 건강한 사회 구성원이 되는지로 판단될 것이다.

1) 시범 프로그램

종일제 프로그램은 학업 성취도를 통하여 그 가치를 증명하도록 요구받고 있다. 많은 교육청에서는 프로그램을 운영하는 동시에 교육 기준목표 영역에서 중시되는 평가 자료를 제공하고 있다. 이에 따라 공립 유아원과 유치원 프로그램들은 유아들에게 더 높은 수준의 교육과정을 제공하게 되었다. 그렇지만 이러한 프로그램들은 발달적, 개인적으로도 적합해야 한다. 따라서 교사들은 프로그램이 학업 성취도 모델이 아닌 발달에 기반한 모델을 반영하도록 노력해야 할 것이다(Armstrong, 2006).

메릴랜드 주에서는 2006년 종일제 유치원을 모든 유아들에게 의무화하기 이전에 워싱턴 D.C.의 Montgomery 지역 공립학교들을 대상으로 시범 운영하였다. 평가 결과 종일제 프로그램에 속한 유아들은 반일제 프로그램의 유아들에 비해 더 높은 학습 성취도를 보였으며, 특히 저소득층과 비영어권 유아 집단에서 큰 성과를 보여주었다. 1년 후 80% 이상의 유치원 유아들이 최소한 기초적 읽기 능력을 가지게 되었고, 69%는 책을 읽었고, 33%는 1학년 수준이나 그 이상의 읽기 능력을 보였다. 특히 무료 급식을 제공받는 저소득층 유아들이 Montgomery 지역 종일제 프로그램으로부터 가장 큰 혜택을 받은 것으로 나타났다. 유아들의 기초 읽기 능력이 학기 초의 5%에서 71%로 대폭 향상된 것이다. 반면 반일제 프로그램에 속한 저소득층 유아의 기초 읽기 능력은 54%에 머물렀다. 종일제 프로그램 중 언어 능력을 강조한 프로그램들이 특히 저소득층, 비영어권 유아들에게 높은 성과를 나타냈다(Montgomery County Public Schools, 2001).

펜실베이니아 주 Manheim 시교육청에서는 2001년에 종일제 프로그램에 대한 예비조사를 실시하였다. 종일제 프로그램과 반일제 프로그램을 비교하기 위해 다양한 자료를 수집하였다. 이렇게 여러 방법으로 평가한 결과를 학교 운영위원회에 보고하였는데 이에 따르면 학생들에게 상당히 긍정적인 변화가 있었다. 1년 후, 쓰기 능력 평가에서 종일제 프로그램 유아의 63%가 우수 판정을 받은 반면, 반일제 프로그램 유아들은 32%가 우수 판정을 받았다. 유아의 단어 인식 능력을 분석한 결과 종일제 프로그램 유아들은 89%가 우수한 수준인 반면, 반일제 프로그램 유아들은 52%가 우수한 수준이라는 차이를 보였다. 또한 직접 읽기 평가(Direct Reading Assessment: DRA)를 실시한 결과, 종일제 프로그램 유아들은 85%가 우수 등급에 포함되었으나 반일제 프로그램 유아들은 45%만이 같은 등급에 포함되었다. 이러한 데이터는 종일제 프로그램 유아들이 반일제 프로그램 유아들에 비해 여러 분야에서 더 우수한 성취도를 보임을 증명해준다.

펜실베이니아 주 Enola 시의 East Pennsboro 교육청에서 실시한 연구 또한 놀라울 정도로 유사한 결과를 보여준다. 이 교육청은 2004년에 각각 두 개의 초등학교 시설에서 종일제 프로그램을 운영하였다. Manheim 시에서 사용한 것과 동일한 쓰기 능력 평가를 실시한 결과, 종일제 프로그램 유아들은 학기 중간에 44%가 우수 평가를 받은 반면, 반일제 프로그램 유아들은 3%만이 동일한 평가를 받았다. 기초 읽기/쓰기 능력 역동적 지표(Dynamic Indicators of Basic Early Literacy Skills: DIBELS)를 사용한 결과, 종일제 프로그램 유아 중 42%는 음소 분절(phonemic segmentation) 분야에서 어려움을 겪지 않는 것으로 나타난 반면, 반일제 프로그램 유아 중 41%는 어려움을 경험하는 것으로 나타났다.

DIBELS 평가의 초성(initial sound) 읽기 능력을 중간 평가한 결과, 27%의 종일제 프로그램 유아들은 적정한 수준을 보였으나 반일제 프로그램 유아들은 13%만이 같은 수준을 보이는 것으로 나타났다. 이 자료는 예비조사 실시 중에 학교 운영위원회에 보고되었으며, 교사들이 개발한 우수 프로그램 및 교육 조직의 예도 함께 제시되었다. 또한 유아들과 학부모들도 참석하여 학교 운영위원들에게 종일제 프로그램에 대한 만족과 신뢰를 표현하였다. 회의가 진행됨에 따라 연구결과보다는 유아에 중점을 둔 토의가 이루어졌으며 East Pennsboro 학교 운영위원회는 9:1의 투표결과로 2005년부터 교육청 내의 모든 유아를 대상으로 종일제 프로그램을 실시하기로 결정하였다.

2) 교육철학

공립 유아원, 종일제 유치원, 공립 유아발달/교육 프로그램 등의 교육철학은 발달에 적합한 실제(Developmentally Appropriate Practice)와 합치되어야 한다. 즉, 사회, 정서, 신체, 인지와 같은 네 영역이 고루 발달해야 한다. 이 모든 영역은 서로 연관되어 있고 동일한 중요성을 가진다. 교사는 유아의 발달 수준과 개인적 요구에 따라 교육과정과 교수방법을 맞출 수 있도록 준비되어야 한다. 유아는 각각 고유한 발달적 요구와 학습 유형을 지니기 때문에, 개별화 수업이 유아교육 현장에서 핵심적인 역할을 한다.

유아는 자신에게 의미 있고 적합한 유아중심 활동에 적극적으로 참여할 때 가장 많이 배우게 된다. 따라서 교실은 탐구, 활동, 질문, 그리고 흥분이 가득 찬 곳이어야 하며, 유아들은 그림 그리기, 재배하기, 측정하기, 쓰기, 극놀이, 듣기, 말하기, 협동하기, 탐색하기, 노래하기, 춤추기, 움직이기, 휴식 취하기, 만들기와 같은 다양한 활동에 참여하면서 배울 수 있다. 이러한 활동들은 흥미를 자극하고, 개인의 능력과 관심 분야에 맞추어져야 하며, 사용언어, 문화적 배경, 특수교육 요구 등과 같은 개인차를 잘 반영하여야 한다.

3) 프로그램 설계와 실시

공립 유아원과 종일제 유치원 프로그램은 유아의 개인적, 발달적 요구와 흥미를 고려하여 설계되어야 한다. 발달에 적합한 실제와 각 주에서 현재 사용하고 있는 기준목표(standard)는 서로 영향을 주어 새로운 유아발달 모형을 만들어내었으며, 이는 학문적 토대에 기초하고 있다. 반면, 학업 중심의 상위 교육과정을 공립 유아원, 유치원, 초등학교 저학년에 단순히 하향 적용하는 것은 적절하지 않다.

발달에 적합한 실제를 기반으로 한 유치원 종일제 프로그램은 유아에게 많은 단기적, 장기적 효과를 가져다줄 수 있다(Fromberg, 1995; Herman, 1984; Naron, 1981). 교사는 유아들과 더 많은 시간을 함께 보내면서 유아의 학습 유형과 요구를 더 잘 이해할 수 있으며, 더 많은 시간을 활용하여 더 완성되고 다면적인 프로그램을 운영할 수 있다(Emery et al., 1997; Morrow, Strickland & Woo, 1998). 유아는 개념을 탐색하고, 배운 기술을 활용하여 이해도와 활용도를 더 확장시킬 수 있다. 또한 종일제 프로그램은 다양한 교육적 기회를 제공해준다.

공립 유아원과 종일제 유치원의 일과는 놀이 중심의 자유활동 시간을 일정 이상 포함하여야 하며, 이 자유활동 시간은 해당 주(state)의 기준목표와도 연결되어야 한다. 유아들은 더 많은 시간을 이용하여 다양한 활동을 주도적으로 이끌어갈 수 있는 기회가 늘어나고, 읽기/쓰기 활동에도 더 적극적으로 참여하게 된다(Morrow et al., 1998). 유아들에게 적절한 환경에서 보내는 시간을 더 많이 부여함으로써 가장 효과적이며 적절한 방법으로 더 많이 배우고 성장할 수 있도록 도울 수 있으며, 책무성의 시대에 요구되는 높은 교육적 기준을 만족시키기 위한 지식과 기능을 익힐 수 있게 해준다(Grant, 1998).

공립 유아원과 종일제 유치원 프로그램 일과는 유아가 다양한 활동을 선택할 수 있도록 구성된다. 다음에 설명되는 유치원 학급의 하루 일과는 저자 중 한 명(Jennifer Chestnut)의 학급에서 사용되는 것이다.

① 자리잡기/준비하기

등원하면 유아는 개인 물건을 자신의 자리에 정리하고 놀이 활동을 선택하는 시간을 통하여, 하루 일과를 자연스럽게 시작할 수 있는 시간을 가진다. 교사 또한 이러한 시간을 활용하여 유아의 상태를 점검하고, 학습의 기회와 사회・정서 발달에 필요한 상호작용을 하게 된다.

② 아침 모임/이야기 나누기

유아들이 함께 모여 교사와 다른 유아들과 만나고 인사를 나누며 하나의 공동체를 만들어간다. 교사는 노래, 언어활동, 이야기 시간 등을 통하여 읽기 · 쓰기 및 다른 기준 목표 등을 발달에 적합한 방식으로 통합시켜 나갈 수 있다.

③ 자유선택 활동

유아는 자유선택 활동에서 자신이 원하는 활동을 선택함으로써 선택권과 주도권을 가지게 된다. 다양한 놀이가 가능한 흥미영역 중심의 구조로 환경을 구성하여 유아들이 자유롭게 영역을 돌아다닐 수 있도록 한다. 간식 시간 또한 이때 이루어져 유아에게 충분한 영양과 활발한 활동을 할 수 있는 에너지를 공급해준다. 교사는 자유선택 활동을 통하여 모든 유아의 학습기회를 촉진해준다. 유아에게 흥미로우면서 유아교육과정의 기준목표에 맞는 활동들을 제공하고 유아의 선택을 도와준다.

④ 실외놀이

모든 유아는 실외에서 몸을 움직이고 놀이를 할 수 있는 시간을 필요로 한다. 교사는 이 시간을 통하여 유아를 관찰하고 다른 환경에서 새로운 학습 경험을 하도록 돕는다. 실외놀이는 교실 활동의 연장으로, 유아를 위해 놀이 경험과 기준목표를 조화시키는 데 중요한 역할을 하게 된다. 또한 실외놀이는 유아의 신체 및 운동 능력의 발달을 돕는다. 유아교육기관에서는 어린 연령의 유아들의 경우에도 신체 활동이나 영양과 관련된 건강 문제에 관심을 기울여야 한다.

⑤ 점심

이 활동은 유아발달의 모든 영역에 걸쳐 풍부하고 추가적인 학습의 기회를 제공한다. 공립 유아원이나 유치원 프로그램 교사들은 유아들과 함께 점심을 먹으며 새로운 학년을 시작해야 한다. 교사는 대화와 상징적 표현을 통하여 올바른 식습관과 사회적 상호작용, 인지적 발달을 촉진시킬 수 있다. 또한 유아는 자유로운 환경에서 다른 유아들이나 교사와 대화함으로써 언어를 사용하는 연습기회를 가지며 의사소통 기술을 익힐 수 있다.

⑥ 특기적성 활동

이 시간을 통하여 유아는 음악, 체육, 컴퓨터, 미술 과목 교사와 교실 외부 환경에서 활동을 할 수 있는 기회를 가진다.

⑦ 마무리하기

이 시간을 통하여 일과의 마지막에 하루를 되돌아보고 나누는 시간을 가지며 다음 활동을 생각하고 계획할 수 있다. 유아가 그 날의 경험을 이야기하거나 작업한 것을 설명하기도 한다. 이 시간은 유아들이 공동체 의식을 경험하고 존중감과 소속감을 느끼는 데 도움을 준다. 교사는 모든 유아가 참여할 수 있도록 하고, 관계 형성을 하고 유아들과 함께 다음 활동을 계획하게 된다.

4) 평가

교육자, 연구자, 정책 입안자들 간에 양질의 유아교육 경험의 유용성이 대두되면서 연구와 다양한 관점에 기반한 유아교육 프로그램에 대한 정보의 필요성이 강조되기 시작했다. 유아교육과 유아발달을 지지하는 사람들은 공립 유아원 프로그램과 공립 유아원−3학년(pre-K−3) 연계 모형이 유아의 학령기와 그 이후의 학습에 장기적으로 긍정적인 영향을 줄 수 있게 할 방법을 모색하고 있다. 페리 유아원 프로그램(Perry Preschool Program) 연구와 같은 대표적인 연구에서 보여준 유아교육의 긍정적 효과는 잘 알려져 있지만, 이러한 연구들의 성과에 대한 반론도 존재한다. 다른 연구들에서는 초등학교 이후에도 긍정적 영향이 장기적으로 지속되는가에 대하여 의문을 제기하고 있다. 예를 들어 유아교육을 1년 동안만 받은 유아는 그 시간적 한계로 인해 긍정적 영향이 초등학교 이후에 걸쳐서 지속적으로 나타나지 않는 경우가 많다. 최대의 효과를 위해서는 걸음마기나 유아기 초기에 최소 2년 정도 프로그램에 참여하여야 한다.

프로그램의 질 또한 매우 중요한 요소이다. 일반적인 공립 유아원과 종일제 유치원이 대규모 시범 연구에서 보여준 것과 같은 결과를 얻기 위해서는 동일한 수준의 프로그램을 운영하여야 한다. 유아교육 전문가로 구성된 교사진, 유아 대 교사의 비율, 가족과의 연계, 유아 주도적인 교육과정은 필수적이다. 특히 교실에서 실제로 어떠한 활동이 이루어지고 있는지 파악할 필요가 있다. 단순히 특정 수준의 학력이나 전공을 요구하는 것만으로는 불충분하다. 유·초학급의 학습기회 평가(Children's Learning Opportunities in Early Childhood and Elementary Classrooms: CLASS)는 이러한 현장의 교육, 조직, 풍토를 측정하는 도구로 현재 널리 사용되고 있다(Hamre & Pianta, 2006).

3학년과 4학년은 아동에게 중요한 변화가 일어나는 시기이다. 이후에 연계되는 학교과정에서의 성공여부가 이 시기에 달려있기 때문이다. 학습에 필요한 기술과 배움에 대한 관심이 이때까지 형성되지 않으면 이후 교육과정에서 실패하기 쉽다. 유아교육의 성과는 이 시기를 기점으로 유아의 학습 성취도를 통해 평가받게 된다. 예를 들어 3학년은 아동낙오방지법(NCLB) 체제하에서 처음으로 시험에 의한 평가가 이루어지는 단계이며, 교사들은 아동들을 이러한 표준화 검사에 준비시키는 데 있어서 큰 부담을 느끼고 있다. 일반 학교에서 시험과 기준목표를 저학년, 특히 공립 유아원와 유치원에까지 강조하게 된 것은 상당 부분 이러한 부담감으로 인한 것이다.

국립교육통계원(National Center for Education Statistics)과 북서지역 평가협회(Northwest Evaluation Association)에 따르면 대부분의 4학년 학생들이 수학과 읽기 능력 시험 평가에서 우수(proficiency) 등급에 미치지 못하고, 상당수가 기본(basic) 등급을 벗어나지 못하고 있다(Kingsbury, Olson, Cronin, Hauser, & Houser, 2003; National Center for Education Statics, 2007). 저소득층 히스패닉/흑인 4학년 아동들 중 15%만이 우수 등급에 속하는 읽기 능력을 가지고 있는 반면, 아시아와 백인 아동들의 경우 40%가 우수 등급에 속한다. 이러한 현실을 반영하여 공립 유아원에서 3학년까지의 유아를 대상으로 한 새로운 교육 모형이 관심을 받고 있다. 여기서 공립 유아원과 유치원의 학습 경험을 돕고, 이후 학교 과정에도 긍정적 영향을 미칠 수 있는 프로그램을 제시하고자 한다.

5) PK-3 운동

PK-3 운동(Pre-K to Third Grade Initiative)은 발달적 관점에 기반하며 인본주의적인 관점을 가진다. 이는 오늘날 미국 내에 팽배해있는 지나친 학교준비도 중심의 관점에 대해 반성하게 하는 역할도 할 수 있다. 외부적 측면을 살펴보면, 이 운동은 주 정부의 지원하에 3세와 4세 유아를 대상으로 하는 다양한 프로그램들(학교나 지역사회에 기반한 공립 유아원, 헤드스타트, 그리고 가정 보육시설), 종일제 유치원, 그리고 학생 수에 비해 교사 수가 많아진 초등학교 저학년 등을 보편화시키는 데에 중점을 둔다. 주말 프로그램이나 방학 중 프로그램, 평일의 wraparound식[3] 보육협력 프로그램, 혼합 학년/연령 학급, 개별화된 학습 프로그램 등은 PK-3 프로그램의 공통적인 요소이다. 유아의 학업 성취를 위하여 가정의 역할을 확대하는 것 또한 중요하며, 특히 소수 인종이나 이민자 집단에 있어서 이 점은 핵심적 역할을 한다. PK-3 운동은 1988년에 시작된 21세기 운동(21C movement)과 맥을 같이한다. 전국적이고 종합적이며 학교를 기반으로 하는 이 개혁 운동은 공립학교들이 유아원이나 특별활동에 활용될 수 있음을 잘 보여준다(Zigler, Gilliam, & Jones, 2006).

더 중요한 내부적 측면을 살펴보면, PK-3 프로그램은 학교준비도라는 개념을 쌍방적인 관점으로 이해한다. 즉 유아원에서 발달을 돕는 경험을 제공함으로써 유아들이 처음 경험하는 학교 기반 학습을 통해 최대한 많은 것을 얻고 학교 생활을 성공적으로 하도록 도울 뿐 아니라, 학교 역시 유아의 발달적 다양성을 반영하여야 한다는

---

3) 역주: wraparound 및 wrap-in 보육협력 모형에 대해서는 3장을 참조한다.

점을 강조한다. 교사는 유아들의 요구와 흥미에 따른 개인차를 인식하고 반영하여야 하며, 특히 유아의 발달 속도상의 개인차와 교육과정의 각 분야에 대한 지식을 잘 알고 있어야 한다(Graue, Kroeger, & Brown, 2003).

조화로운 유아발달/교육 프로그램을 만들기 위한 교육개혁 운동의 하나인 PK-3 프로그램의 또 다른 특징은 교육과정과 학습, 기준목표/교육목표, 평가가 수직적, 수평적, 시간적으로 잘 연계되는 것을 강조한다는 점이다(Kauerz, 2006). 기준목표, 교육과정, 평가를 하나의 단일 학년에서 연계하는 것이 수평적 관점이며, 여러 학년에 걸쳐 동일한 분야를 연계하는 것은 수직적 관점, 유아의 발달과 학습을 1년에 걸쳐(주말과 방학을 포함) 연계하는 것은 시간적 관점을 반영한다.

교육이 발달적 관점에서 바르게 이루어지기 위해서는 학습 경험이 계속적으로 연계되는 것이 중요하다. PK-3 운동은 유아와 가족들에게 핵심적인 형성기에 그러한 교육의 기회를 제공한다. PK-3은 기준목표, 교육과정, 평가, 교사교육 등을 잘 연계하는 데 목표를 둔다. 이러한 **교육학적(pedagogical)** 연계성은 **구조적(structural)**, **행동적(behavioral)**, **기능적(functional)** 관점에서 연계되는 것을 전제로 한다. 예비교육, 의사소통, 기록 교환과 같은 것들이 이에 포함된다(Kagan & Kauerz, 2007). 구조적인 연계성은 현재 교육학적인 연계성에 비해 더 많이 사용되고 나타나는 경향이 있다.

PK-3 운동은 교사, 교사교육자, 연구자들이 유아를 전인적이고 상황에 적절하게 이해하는 시각을 유지할 수 있도록 돕는다. 예를 들어, 유아 대상의 프로그램에 있어서 놀이/사회성 발달 목표가 중요한가 '아니면' 학습/학업 목표가 중요한가라고 질문하는 것은 큰 의미를 가지지 않으며 이는 많은 유아교육 전문가들의 생각과도 일치한다. 21세기의 유아발달/교육 프로그램은 더 이상 그러한 이분법적인 사고 방식을 따르는 것이 아니기 때문에, 놀이와 학습, 가정과 학교 모두 중요한 의미를 가진다. 놀이 형식의 학습이나 학습적 요소를 가진 놀이 모두 공립 유아원에서 3학년까지의 교육과정을 계획하고 운영하는 데 있어서 중요한 의미를 가진다. PK-3 접근법이 성공적으로 운영되기 위해서는 놀이는 유아가 하는 것, 학습은 초등학생이 하는 것이라고 보는 이분법적인 기존 시각에서 벗어나는 것이 중요하다. PK-3 연령을 대상으로 하여 발달에 적합하고 요구를 반영하며 흥미 있는 유아발달/학습 프로그램을 만들기 위해서는 놀이와 학습을 잘 조합시켜야 한다. PK-3 프로그램의 기본 가정은 학습이 정서, 인지, 사회, 신체, 태도 등과 같은 다양하고 상호작용하는 발달을 포함한 역동적인 체계 안에서 이루어진다는 것이다.

현재 미국의 PK-3 운동은 태동기에 있지만, 유아교육 전반과 공교육 기관에 있어서 매우 중요한 의미를 가진다. 잘 연계되고 조화된 PK-3 교육 체계에 기반한 학교 개혁은 유아교육과 유아발달 연구에 기반하였기 때문에 상당한 가능성을 갖고 있다

(Bogard & Takanishi, 2005; Kauerz, 2006; Maeroff, 2006). 아동발달재단(Foundation for Childhood Development)이 *Success by Third* 운동을 전개한 2001년 이후, PK-3 프로그램은 각 주 정부의 교육 부서에서 많은 주목을 받아왔다(Boots, 2006). 점차 많은 학교들이 단순히 정보를 문의하는 차원을 넘어서 PK-3를 실제로 운영하기 위한 방법을 모색하고 있다(Foundation for Childhood Development, 2006).

(1) 첫학교

'첫학교(First School)' 프로그램은 노스 케롤라이나 주에서 공교육에 대한 창의적인 아이디어로 출발하였으며, 현재는 실제로 적용 가능한 학교 프로그램으로 연구, 실행되고 있다. 이 프로그램은 'Success by Third'를 주창하는 아동발달재단의 지원하에 PK-3 교육개혁 운동을 구체화한 시범 프로그램이다. 많은 유아들이 공립 유아원에서 3학년에 걸쳐 적절한 교육을 경험하면 성공적인 학생으로 성장할 기회를 더 많이 가지게 된다. 첫학교 프로그램은 공교육 체제와 학교 구조를 재점검하려는 의도에서 나온 것이다. 이 프로그램은 공립학교들이 유아의 요구와 홍미에 더 부합할 수 있도록 도와준다. 공교육을 재정립하는 노력은 새로운 아이디어, 형식, 사고방식, 문제해결을 통하여 어린 유아를 공립학교 환경에서 어떻게 잘 도울 수 있는지 생각하도록 돕는다(Ritchie, Maxwell, & Clifford, 2007).

각 주 정부와 교육청이 유아기의 중요성에 주목하게 됨에 따라 많은 교육 지도자들과 정책입안자들은 공립 유아원과 유치원 프로그램을 고려하고 있다. 현재 40개 주에서 4세 연령 유아들에게 부분적, 혹은 포괄적으로 공립 유아원 프로그램을 지원하

공립학교들은 가족의 요구에 반응하고 요구를 충족시켜야 한다.

고 있다. 대부분은 저소득층 가정을 대상으로 하고 있으며, 전국적으로 약 10%의 유아들만이 이러한 프로그램의 혜택을 받고 있다(Zigler et al., 2006). 미국 내에서 보편 무상 유아원 프로그램에 대한 요구와 지지가 높아짐에 따라 이러한 프로그램들은 향후에도 지속적으로 성장할 것이다. 이를 통하여 공립 유아원 프로그램이 더 성장하여 더 많은 3, 4세 유아와 그 가족들에게 혜택을 줄 수 있도록 돕는 역할을 하게 될 것이다. 이러한 프로그램이 늘어남에 따라, 공립 유아원 프로그램이 기존 공교육에 단순히 포함되어야 하는지 아니면 유아교육과 공립 초등교육의 구조에 대하여 전면적인 재검토가 이루어져야 하는지에 대한 토의가 이루어져야 한다(Foundation for Child Development, 2003). 유아원을 넓은 범위의 정규 교육제도 안에 완전 통합해야 하는가 혹은 연계성만을 강화해야 하는가 하는 문제도 그 중의 하나이다.

첫학교 프로그램은 유아교육 전문가들과 전미유아교육협회(National Asosciation for the Education of Young Children), 미국교육위원회협회(National Association of State Boards of Education), 미국교육협회(National Education Association), 미국교육목표위원회(National Education Goals Panel) 등이 제시한 이론과 기준목표에 기반하고 있다.

> 첫학교는 3세에서 8세까지의 유아들의 발달과 교육에 핵심을 둔 학습공동체이다. 모든 유아는 성공적이고 흥미로우며 수준 높은 첫학교 프로그램을 경험함으로써 지적, 신체적, 정서적, 사회적 발달을 도모하고 학습과 성장을 이룰 권리가 있다. 첫학교 프로그램은 가족과 지역사회와의 협력을 통하여 유아가 학교 단계를 넘어서 평생교육을 해나갈 수 있도록 돕는 데 그 목적을 둔다. (First School, n.d.)

교육자들은 어린 유아들에게 질적으로 최고 수준의 학교 경험을 제공하여야 한다. 유아는 인지, 신체, 사회성, 정서 등 각 영역에서 고른 발달을 해야 하며, 학교 경험을 통하여 건강한 사회 구성원에게 필요한 지식, 기술, 태도, 행동을 배워야 한다. 유아는 자신감, 자아 존중감, 그리고 배움에 대한 긍정적인 태도를 키워 나갈 수 있는 학교 환경을 필요로 하고, 읽기/쓰기 능력과 문제해결 방법을 적절하면서도 자극이 주어지는 환경에서 배울 수 있어야 한다. 또한 모든 유아들은 창의력, 독립심, 경외심, 학교에 대한 애정 등을 이해하고 증진시키는 학교 환경에서 더욱 잘 배우며, 이러한 요소들은 유아가 평생에 걸쳐서 경험하게 되는 배움의 기반이 된다. 첫학교 프로그램은 이러한 학교의 본보기가 되기를 지향하며 21세기에 더 많은 유아들이 이러한 프로그램의 혜택을 받기를 희망하고 있다.

첫학교 프로그램의 개념모형은 현재도 개발 중이다. 이 프로그램의 개방적이고 진화적인 구조와 과정은 학교 계획과 운영에 있어서 필수적인 요소이다. 첫학교 프로그램 개발자들은 자신들의 독자적인 개념모형에만 의존하지 않고, 기존의 다른 모형들을 통합하여 포괄적인 이론적 구조를 세워 나가려고 한다. 이 창의적인 프로그램 모형은 다른 분야에서 일반적으로 받아들여지는 원칙들에 의거하여 구성되는데, 예컨대 시스템 변화 이론(Systems Change Literature), 발달 시스템 이론, 사회문화 이론과 인지 이론 등으로부터 중요한 원칙들을 받아들였다. 구성주의와 사회정의의 개념 또한 이 프로그램에서 나타난다(Ritchie et al., 2007).

첫학교 프로그램은 다음과 같은 기본적인 개념들을 바탕으로 하고 있다. 첫째는 긍정적 관계이다. 긍정적이고 의미 있는 관계를 형성하는 것은 학습과 삶에 있어서 핵심적인 요소이다. 프로그램을 계획, 운영, 평가해 나가는 데 있어서 긍정적인 관계 형성은 성공적인 결과를 위해 필수적이다. 둘째는 학습의 사회적인 맥락이다. 그에 따라 Vygotsky를 포함한 사회적 구성주의나 사회문화적 이론이 깊은 연관성을 가진다. 셋째는 친사회적인 관점의 중요성이다. 첫학교 프로그램은 상호 존중, 관계의 호혜성, 나누기, 협동, 서로 돕기와 같은 친사회적인 환경 요소들을 키워나가기 위하여 노력한다. 첫학교 프로그램은 프로그램 개발과 관련된 성인 및 유아들이 긍정적인 상호작용을 하도록 격려한다(Ritchie et al., 2007).

첫학교 프로그램은 대화의 중요성을 강조한다. 정해진 답이 없는 소크라테스식 탐구법은 유아의 발달과 성공적인 교육 경험에 필수적이다. 긍정적인 대인관계는 이러한 대화를 이루어가는 데 있어서도 중요한 역할을 한다. 다양한 집단들이 새로운 프로그램을 설계하고 운영해 나가면서 신뢰와 공통된 신념에 기초한 관계를 추구한다. 이러한 관계는 다양한 구성원들이 의사소통하고 첫학교 프로그램의 기반을 형성해 나가는 데 있어서 반드시 필요한 것이다. 지역사회, 대학, 교육청 등과 같은 다양한 집단을 대표하는 전문가와 일반인들이 모든 유아들을 위한 첫학교 프로그램을 현실화시켜 나가기 위하여 노력하고 있다. 첫학교 프로그램은 변화의 핵심적인 요소이며, 전 세계 유아들의 미래 자산으로 여겨지고 있다.

첫학교 프로그램은 교육개혁에 관한 이론과 실제로부터 나오는 창의적인 생각들을 결합시켜 나가기 위해 노력한다. 유아를 위한 학교 및 학급 운영방침과 최선의 교수법은 가족참여, 유아 발달, 사회과학, 교육학과 같은 연구에 기반하여 형성된다. 교육 정책과 교육 실제도 그 실행에 있어서 발달에 적합한 지침을 따른다. 첫학교 프로그램은 과학적 연구에 기반한 이론과 학교현장에서 일어나는 실제 사이의 간극을 좁혀 나가면서 사고방식의 전면적인 전환을 보여준다. 교사들은 교육 개혁을 위한 더 나은 교육적 실천을 안내해줄 수 있는 이론을 찾아서 평가, 해석하기 위하여 노력할 것이다.

형평성 또한 첫학교 프로그램의 기본 요소이다. 역사적으로 공교육의 형평성은 자주 격론의 대상이 되었다. 이는 또한 진정으로 유아들을 위한 진보를 이루어 나가기 위해서 학교가 반드시 갖추어야 할 다면적인 과정을 반영한다. 첫학교 프로그램의 계획 단계에서 다양한 사람들이 참여하고, 토의하고, 편견을 인식하며 의문을 제기하고, 모든 유아들이 학교에서 성공할 수 있도록 적절한 도움을 받을 것임을 확인하는 과정을 통해 형평성에 대한 개념이 명백하게 나타나게 된다. 첫학교 프로그램은 사회정의라는 관점에 기반하여 공교육에서 인종, 사회계층, 언어, 성별 등에 따른 차별이 있음을 인식한다. 따라서 프로그램의 계획과 실행에 있어서 민주주의 원칙에 의거하여 모든 유아, 가족, 학교, 지역사회, 전체 사회에 혜택을 가져다주고자 한다.

첫학교 프로그램의 또 하나의 특성은 환경(context)이 내용에 영향을 미친다는 것을 인식하는 것이다. 헌신적인 교육자들에 의하여 시작된 이 프로그램은 모든 유아들에게 영향을 미칠 수 있다. 첫학교 프로그램은 하나의 지역사회에 기반을 두고 있지만 그 영향은 작은 수준에서 전국적 규모의 교육에까지 이를 수 있기 때문이다. 첫학교 프로그램은 현재 계획 단계와 미래의 실행 단계에서 유동적인 개념 구조, 즉 다양한 지역사회 환경과 구체적인 상황들을 반영해 나갈 것이다. 첫학교 프로그램은 사회의 이득을 위한 교육 개혁을 이루어 나가는 과정에서 개인적 환경과 지역사회의 참여도 등에 따른 다양성을 반영해 나갈 것이다.

PK-3 연령과 첫학교 프로그램 간의 연결에 관한 아이디어는 점차 확대되어 기존에 운영되던 K-5 프로그램을 포함하게 되었다. 첫 단계로 교육과정을 수직적, 수평적으로 연결하고, 지역의 학교 체제에 유아와 가족들을 통합하게 되었다. 공립 유아원과 유치원 간의 환경과 교육 실제 측면에서의 연계는 모든 유아들이 자연스럽게 다음 단계로 전이할 수 있도록 주의해서 이루어져야 할 것이다. 현재 첫학교 프로그램은 그 사상을 실현하기 위하여 지역사회 공무원, 교육 지도자, 가정들과 연계하여 2010년을 목표로 현대적인 시설을 만들기 위한 노력을 하고 있다.

첫학교 프로그램은 여러 PK-3 시범 프로그램 중 하나에 불과하다. 다른 여러 프로그램들이 운영되고 있으며 PK-3 학교와 교육청들이 점차적으로 많이 참여하고 있다. 전미초등학교교장협회(National Association of Elementary School Principals)는 유아교육을 전반적인 교육 체계에 연계시키기 위해 노력하고 있다. 또한 PK-3는 현재의 추세이며 교육 개혁에 대한 오늘날의 열망을 반영하지만 이와 유사한 프로그램은 이전부터 존재해왔다. 예를 들어 캘리포니아 주 Los Angles에서 Valerio Primary Center는 1987년부터 어린 유아들을 대상으로 교육 서비스를 제공해왔다.

Valerio는 유아원, 유치원, 1학년, 2학년 학급을 운영하며, Los Angles 교육청에서 유아교육에 초점을 맞추고 있는 11개 학교 중의 하나이다. 이 학교는 시설이 잘 갖춰진 학교에서 유아를 위해, 가능한 한 가장 많은 혜택을 주는 모범사례가 된다. 교사 간의 의사소통이 각 단계에서 원활하게 이루어지며, 각 구성원들은 언어, 읽기, 수학, 표현, 문제해결 등의 분야에서 각 유아의 능력, 흥미, 요구, 발달에 관하여 잘 이해하고 있다. 소규모 공동체를 통하여 서로 '가족'과 같은 친밀감을 느끼게 되어 유아가 안정감과 존중받는 느낌을 갖게 된다. Valerio의 유아들은 다른 또래들에 비해 초등학교 단계에서도 더 많은 성취를 거두며 인정받고 있다. 이 학교의 교사들은 교사교육 프로그램에 적극적으로 참여하며 다른 교사들의 과업에 대해서도 배우는 자세로 깊은 관심을 기울인다. 교사들의 배움에 대한 헌신이 유아에게 적합한 교육 환경과 교수법을 개발하는 데 큰 영향을 미친다. 다시 강조하자면, 소규모 교육 공동체가 성공의 핵심이다. 여기서는 서로 친밀한 관계가 형성되기 때문에 교사가 다른 교사, 유아, 가족들, 그리고 교사 본인들이 무엇을 필요로 하는지 잘 이해할 수 있는 것이다(Maeroff, 2006).

더 오래된, 유사한 프로그램을 두 번째 예로 들어보자. 10년 전 뉴욕 주 Greece 시에서 PK-3 프로그램을 연결하는 아이디어가 제안되었다. 이는 유아교육의 실제에 대한 사고의 전환에 의해서 제안된 것이 아니라 단순히 '과밀학급'이라는 현실적인 문제를 해결하기 위한 것이었다. 가족들이 Greece 지역으로 이주하기 시작하였고, K-5와 K-6 학교 건물들은 이렇게 늘어난 학생들을 수용하지 못하게 되었다. 교육 담당자들은 학군을 재설정하는 동시에 K-2 대상의 학교를 만들었고, 이 학교는 현재도 운영되고 있다. 이 지역사회의 구성원들은 이러한 집중적인 학교 시스템이 어린 학생들에게 유용함을 깨닫게 되었다. 현재 더 조직적으로 연결된 프로그램이 운영되고 있다. 유아발달과 유아기 경험에 대한 초점이 학교의 성공에 영향을 미쳤으며, 이 프로그램은 유아에게 조화롭고 지속적인 교육 경험을 제공하고, 지역 내에서 작은 이웃 역할을 하는 공동체를 형성하게 하였다. 이는 가족들이 학교 행사와 유아의 발달/교육 활동에 적극적으로 참여하도록 돕는다. 각각의 K-2 학교들은 인근의 3~5학년 대상 학교들과 연계되어 있으며, 유아가 다음 단계의 학교에서 적응할 수 있도록 돕는다(Foundation for Child Development, 2007).

6) 권리 옹호: 연구, 정책, 실제

공립학교 유아발달/교육 프로그램은 (1) 서비스, (2) 교육과 지도, (3) 연구와 학문이라는 세 가지 기능을 하고 있다.

(1) 서비스

공립학교 유아발달/교육 프로그램의 개발은 공교육과 기타 교육에 포함된 모든 유아와 가족들에게 제공되는 기본적 서비스의 질을 향상시키는 역할을 해야 한다. 21세기에 들어서 미국은 더 종합적이고 잘 구성된 유아발달/교육 프로그램을 만들어가고 있다. 우수한 교사양성과 교사교육 프로그램은 한편으로는 유아의 학교준비도라는 측면, 또 다른 한편으로는 부모의 자녀양육 지원 측면에서 사회적, 개인적 요구에 대응하는 데 있어서 핵심적인 요소이다.

공립학교 유아발달/교육 프로그램은 기본적인 유아발달/교육 서비스를 제공하여 발달 측면과 학습 측면 간의 균형을 맞추도록 노력할 때 지금 사회나 가정에서 일어나는 요구에 잘 대응할 수 있다. 유아, 부모의 요구와 여러 단계와 상황에 있는 유아발달/교육 교사들의 요구를 조화롭게 처리하는 것이 중요하다. 그리고 공립학교 유아발달/교육 프로그램은 특수교육, 장애통합, 이중 언어 교육, 다문화 교육에도 관심을 쏟아야 한다.

우수한 공립학교 유아발달/교육 프로그램은 가족과 지역사회의 관심과 요구를 잘 반영한다. 이러한 프로그램들은 교육기관에서 운영되며, 수업 지원, 가족 서비스나 지역사회 연계 프로그램을 갖추고 있다(Reynolds, 2006). 원활한 의사 소통과 '전인교육' 관점을 바탕으로 상호간의 존경과 신뢰가 형성되어 간다. 유아가 환경과 조화를 이루며 통합된 전인적 존재로 인식되듯이, 다양한 서비스를 제공하는 학교 기반 프로그램들도 통합적인 관점에서 계획되고 운영되어야 한다(Pelletier & Corter, 2006; Perry, Kaufmann, & Knitzer, 2006). 드물기는 하지만, 최고 수준의 공립학교 유아발달/교육 프로그램들은 철학, 교육목표, 교육과정, 교사진, 관리, 규정, 재정 등의 분야를 조화롭게 통합시켜 나갈 수 있음을 보여준다. 공립이 아닌 일반적인 유아보육/교육(ECCE) 프로그램 또한 마찬가지다. 유아보육/교육 프로그램과 공립 유아발달/교육 프로그램 간의 연계와 유아의 전이 과정에 주의를 기울이는 것이 중요하다.

(2) 교육과 지도

공립학교 유아발달/교육 프로그램은 유아와 부모들에게 교육과정, 수업, 평가를 제공하여야 한다. 그리고 다양한 경력을 가진 유아발달/교육 프로그램의 교사들에게 수준별로 필요한 전문적인 도움을 주기 위하여 자원을 지원해야 한다. 유아발달/교육 분야에서는 공립학교와 기타 분야를 포함하여, 전문적이면서도 다양한 경력을 추구할 수 있는 광범위한 기회가 더 주어진다. 예컨대 공립학교 교사 자격이 없는 상태로 공립학교 유아발달/교육 프로그램에서 일을 시작하는 교사는 이후에 수업을 듣거나 추가 실습을 통하여 공립학교 교사 자격을 취득할 수도 있다. 또한 공립학교 유아발달/교육 프로그램에 종사하는 준전문가(paraprofessionals)는 유아교육 학사학위나 석사학위 취득과정에서 이러한 경력을 인정받을 수 있다. 유아보육/교육 프로그램에서 오랜 경력을 가지고 공립학교 유아발달/교육 프로그램으로 옮긴 교사들에게 학위 및 자격증 취득에 관한 명확한 정보를 제공하는 것 또한 중요하다. 그리고 더 많은 학교와 교육청에서 유아발달/교육 프로그램과 시스템을 계획하고 운영할 것으로 예상됨에 따라, 공립학교 유아발달/교육 프로그램에서 학교 관리자나 오랜 경력을 가진 교사들을 위해 자문 역할을 해주고 있다.

(3) 연구

많은 연구자들이 공립학교 유아발달/교육 프로그램에 대한 관심을 바탕으로 프로그램의 정책과 실제에 관한 연구를 실행하고 있다. 공립학교 유아발달/교육 프로그램에서는 이러한 연구자들에게 필요한 정보나 자원을 제공해 주거나 공동연구를 실시하게 한다. 공립학교 유아발달/교육 프로그램은 여러 분야에 걸친 간학문적(interdisciplinary) 성격을 가지고 있기 때문에 연구문제, 방법, 분석 도구, 개념, 이론 등에 관한 연구 기회가 풍부하게 주어진다. 연구자들과 교육 담당자들은 복잡한 사회적 · 교육적 문제를 해결하는 데 있어서 팀 접근법의 중요성에 대하여 더 잘 이해할 수 있게 된다. 공립학교 유아발달/교육 프로그램에는 여러 분야와 관련된 다양한 이론과 학문이 공존하며, 연구자들은 이를 활용하여 다면적이고 상호 보완적인 탐구와 분석을 해나갈 수 있다.

이러한 시도는 공통의 문제에 대한 다학문적인 대화와 연구 기회를 제공함으로써 연구와 학문의 발전에도 기여할 수 있다. 교사 전문성 발달은 이러한 협력과 다양한 분야 간의 공동 프로젝트에 의해 더 강화된다. 이러한 공동연구는 '현장기반 연구(practice embedded research)' 를 발전시키는 데 있어서 매우 유용하다. 현장기반 연구에는 현재 발달/예방 연구에서 일반적으로 쓰이는 현장중심 연구(practice driven)와 현장지향적인 연구(practice oriented) 모두가 포함되며, 교육과 교사 실행 연구에서 특히 많이 사용되는 현장에서 영감을 얻은 연구(practice inspired research)도 포함된다.

예를 들어, Selman과 Dray(2006)는 교육현장에 근거한 연구와 연구에 근거한 교육현장 간의 균형이 중요함을 주장하였다. 이들은 앞에서 사용한 세 가지 개념을 설명하였다. 현장중심 연구, 현장지향적인 연구, 현장에서 영감을 받은 연구 등의 세 개념은 기존의 "이론과 연구를 실제에 연결시켜라"는 통념적인 표현을 넘어선다. 이것이 실현되기 위해서는 연구자와 현장 실무자들 간에 상호 존중과 서로 다른 관점, 배경, 직업 환경과 범위에 대한 이해를 기반으로 한 협력 관계가 이루어져야 한다. 공립 유아발달/교육 프로그램은 교사와 연구자 간의 동반자적 관계 형성을 도울 수 있다. 이것은 또한 대학교 교사교육 프로그램들이 현장과의 연계의 중요성을 인식하고, 미래에 공립 유아발달/교육 프로그램에서 잘 가르칠 수 있도록 학생들을 준비시키고 돕는다.

공립학교 유아발달/교육 프로그램에서는 교사, 유아 관련 서비스 종사자, 기타 현장 실무자들이 연구에서 얻어지는 장점과 한계점에 대해 더 잘 이해하게 된다. 미래에는 교사가 연구의 질에 대하여 더 정확하게 판단하고, 연구의 오류를 파악하며, 연구 오용의 대상이 되지 않도록 될 수 있을 것이다. 수준이 다양한 지도교사들에게 배운 것과 비교하면서 연구를 활용함으로써 그 가치를 이해할 수도 있다. 반면 연구자는 교사들이 현장에서 경험하는 구체적인 상황들을 더 많이 이해하고, 이를 통하여 교사의 가치와 신념을 인식할 수 있다. 교육자와 연구자 간의 연계는 새로운 연구문제를 찾아내고, 더 유용하고 조화로운 탐구를 하는 데 공헌한다. 궁극적으로는 공립학교 유아발달/교육 프로그램과 일반 유아보육/교육 프로그램 모두를 발전시킬 수 있다.

발달/예방 연구와 교육에 대한 과학적 접근에 따라 이루어진 수많은 이론의 개발과 검증 연구는 PK-3와 여타 유아발달/교육 프로그램 설계와 내용의 기반으로 큰 역할을 한다. 유아발달/교육 프로그램의 질을 유지하기 위한 인력을 개발하기 위해서는 전문적인 교사교육과 연수가 필요하다. 공립 유아발달/교육 프로그램은 연구 및 이론과 실제 정책 및 실무 간의 차이를 좁히는 역할을 하고자 노력하고 있다.

7) 교사교육

유아발달/교육은 미국 교육개혁의 초석이며(Zigler et al., 2006), PK-3 운동은 그 핵심적인 내용이다. PK-3 운동이 성공적으로 이루어지기 위해서는 새로운 세대의 교사, 교육행정가, 유아 관련 서비스 종사자들의 힘이 필요하다. 그리고 PK-3에 필요한 우수한 인력을 확보하기 위해서는 유아교육과 유아발달의 영역에 전문적인 교사교육과 지속적인 연수가 이루어져야 한다(Bowman, Donovan, & Burns, 2009; Shonkoff & Phillips, 2000). 여기에는 유아발달/교육 프로그램과 유아보육/교육 프로그램 실무자들이 모든 다양한 집단의 유아들과 일할 수 있도록 준비시키는 것이 포함된다. 이는 일반 유아, 다양한 문화적 배경의 비영어권 유아, 특수교육을 요하는 유아를 포함한다.

성공적인 예비교사 교육과 교사 전문성 개발 프로그램은 교사들이 유아의 학교준비도와 학령기 성취도를 높이고 가족 지원 등을 원활하게 하는 데 목적이 있다. 교사와 실무 종사자들이 현재와 미래의 지역별로 다양한 PK-3 환경에서 일할 수 있도록 프로그램을 준비하여야 한다. 아울러 공립 시설이 아닌 일반 유아보육/교육 프로그램에서도 효과적으로 일할 수 있도록 지원하여야 한다.

발달 단계에 적절한 교육, 적절하고 흥미로운 교재, 교육 활동, 부모 참여와 같은 요소들은 유아발달/교육 프로그램이나 유아보육/교육 프로그램의 질에 결정적인 영향을 미친다. 교사의 질 또한 매우 중요하다. 우수한 교사는 유아가 광범위하고 지속적인 교육 환경의 문제점을 극복하는 데 큰 도움을 준다. 연구에 따르면 교사가 유아발달과 유아교육을 전공한 것이 유아발달/교육 프로그램의 질을 결정하는 데 큰 영향을 미치며 유아가 초등학교 시기 이후에도 지속적인 학습 성취도를 나타내는 데 큰 역할을 한다(Bowman et al., 2000; Shonkoff & Phillips, 2000).

한 나라에서의 성취도 차를 좁히기 위해서는 우수한 예비교사 교육을 통해 유아발달/교육이나 유아보육/교육 프로그램 교사를 양성하는 것이 중요하다. 미국의 경우 유아발달/교육 프로그램과 유아보육/교육 프로그램 예비교사 교육은 전미유아교육협회(NAEYC)와 미국교사교육인증협의회(National Council for Accreditation of Teacher Education)의 기준목표(Hyson, 2003), 국제유아교육협회(Association for Childhood Education International: ACEI, 2004)의 성명서, 미국사범대학협의회(Association of Colleges for Teacher Education: AACTE, 2004)의 백서 등을 반영하고 있다. 여기에서 제시된 기준목표와 권고안들은 질 높은 유아발달/교육과 유아보육/교육 프로그램에서 우수한 교사가 필요하다는 것을 강조하고 있으며, 이러한 교사들이 급변하는 사회 속에서 학생들 간의 성취도 차이를 줄이는 데 도움을 줄 수 있다고 본다. 또한 유아발달/교육 분야가 다양한 문화, 언어, 가족 구조, 지역, 가치 등에서 오는 도전에 직면하고 있다는 점을 설명하고 있다.

예비교사 교육 프로그램들은 예비교사들이 유아발달/교육 프로그램에서 가르치기 시작할 때 어떠한 지식, 기술, 태도를 가져야 하는지 고민하고 있다. 우수한 유아교사는 (1) 유아발달에 대한 지식, (2) 놀이의 중요성을 포함하는 발달에 적합한 실제와 평가에 대한 이해, (3) 읽기/쓰기, 수학, 과학, 사회, 미술, 음악 등에 대한 기본적 지식과 이해, 그리고 이를 함양시킬 수 있는 교수능력, (4) 대상 유아와 가족에 대한 이해 등을 가져야 한다(AACTE, 2004; Hyson, 2003).

예비교사 교육과 교사 전문성 개발 프로그램은 유아발달/교육과 유아보육/교육 프로그램의 교사들이 연구와 이론에 부합하는 교육철학과 교수학습법을 계속하여 발달시켜 갈 수 있도록 보조하여야 한다(ACEI, 2004). 교사는 현장에서 다양한 교육과정과 프로그램 모형 등을 경험하며 자신의 철학과 유아발달/교육이나 유아보육/교육 프로그램의 완성도를 높여야 한다. 교사와 현장 종사자들은 하이스코프, 뱅크스트리트, 몬테소리, 프로젝트 접근법 등과 같은 다양한 프로그램 모형들을 통하여 직업 정체성을 함양하게 된다. 이 책은 이러한 교사교육 목표를 달성하도록 돕기 위하여 작성되었다.

유아교육 졸업자들은 연구 프로젝트를 계획하고 수행하는 것에 대해서도 더 많이 알아야 한다. 때로 이러한 프로젝트의 경우 구체적인 교실상황을 기반으로 하는 실행

연구도 많은데 이 과정에서 연구 문제의 해결을 위해 독창적인 데이터를 만들어내게 된다. 많은 경우 문헌 연구를 통하여 주제를 조사하고, 현장에 어떤 의미를 가지는가 연구하게 된다. 이를 위하여 컴퓨터를 사용하는 기술이 필요하다.

연구 능력은 문헌을 면밀하게 읽고 이해, 비판, 판단하는 능력, 연구의 추론과 한계점을 바르게 인식하는 능력, 그리고 연구의 내·외적 타당도와 신뢰도를 파악하는 능력 등을 포함한다. 유아발달/교육과 유아보육/교육 예비교사 교육은 장래에 교사들이 이러한 능력을 기를 수 있도록 기반을 닦아야 한다.

유아발달/교육과 유아보육/교육 프로그램은 사회 공동체를 형성하는 각 구성원, 즉 유아, 가족, 학교, 지역사회 등이 조화롭게 협력할 수 있도록 해주는 지식, 기술, 태도를 길러나가야 한다. **사회적 공동체(social ecology)**는 정신 건강, 건강, 안전, 도덕성, 가족, 학제 연계, 비형식적 교육(종교기관, 미디어와 대중문화, 테크놀로지 등의 영향) 등과 같은 쟁점들을 포함한다. 그리고 도덕적인 판단이나 윤리 강령에 대한 인식은 전문성 확보에 있어서 필수적이다.

마지막으로, 전문성은 **정치 의식과 그에 수반되는 행위**를 포함한다. 프로그램 예산, 교사 연봉 및 수당, 빈곤, 공중 위생, 유아기의 상업화, 그리고 발달에 부적합한 교재나 시험의 사용을 부추기는 기업체의 영향 등에 대한 비판적 사고와 실천이 그 예가 될 수 있다.

2. 전이와 협력

가정, 보육시설, 유아원에서 정식 공립학교로의 전이는 유아와 그 가족들에게 중요한 의미를 갖는다. 이 단계는 유아의 지속적인 학습 성취도와 긍정적인 학교 경험에 영향을 미친다. 이러한 초기 경험은 유아가 행복한 학교 경험을 하고 적응하는 데 핵심적

Frank Siteman

테크놀로지는 유아교육의 효과를 증진시킬 수 있다.

이다(Belsky & MacKinnon, 1994; Pianta & McCoy, 1996). 이 시기에 유아의 성공적인 경험이 향후 유아의 학교에 대한 인식과 전반적 학교 경험에 영향을 미칠 수 있다.

불행하게도 보육시설이나 유아원과 공교육이 시작되는 첫 단계인 유치원 간의 전이 단계는 교육자들과 현장 종사자들에게 큰 관심을 받지 못하는 경우가 많다. 유아는 정식 공립학교로 전이하게 됨에 따라 자신이 시간을 보내던 건물, 교사, 하루일과, 전반적인 학교 경험에 걸쳐 많은 변화를 겪게 되지만 이러한 변화에 대한 설명이나 준비는 미흡하다. 교사와 부모 또한 유아가 큰 변화에 잘 적응할 수 있도록 돕는 과정에서 이러한 변화로부터 많은 영향을 받게 된다.

학교 정책의 변화는 유아, 교사, 부모, 교육 행정가 모두에게 영향을 미친다. 학력 요건 또한 학생과 부모들에게 생소한 것이고, 공립학교의 문화와 사회적 환경에 익숙하지 않기 때문에 어려움을 겪게 된다. 이러한 이유 때문에 공립학교로 전이하는 시기에 속하는 유아, 가족, 학교, 교사들에게 더 많은 관심과 노력을 기울여야 한다.

이것은 학교가 유아와 그 부모들에게 즐겁지 않다는 의미는 아니다. 보통 유치원의 첫날을 위해 유아는 부모와 함께 책가방, 새 옷, 학용품 등을 준비하며 보내게 된다. 유아는 그 과정에서 흥미를 느끼고, 부모들은 기대와 걱정이 뒤섞이게 된다. 이러한 경험 자체는 유아에게 있어서 긍정적이지만, 반면에 큰 학교라는 새롭고 익숙하지 않은 환경에 대한 두려움도 동반하게 된다. 유아와 학교는 이러한 전이과정을 잘 준비하여 이 과정이 유아에게 성공적이고 긍정적인 태도를 기를 수 있는 기회가 되도록 도와야 한다. 학교준비도와 그 전이과정은 많은 학교들에 있어서 중요한 과제이며, 여기에는 공립 유아발달/교육 프로그램과 일반 유아보육/교육 프로그램 사이의 연계 문제도 포함된다.

전이과정의 어려움은 간단한 의사소통에 의해서 많이 완화될 수 있다. 공립학교와 보육시설들은 유아가 유치원에 실제로 가기 훨씬 이전부터 대화와 연계를 하여야 한다. 유아원 시기와 유치원 시기의 주요 발달 과제들은 유아의 양육과 교육을 책임지는 교사에 의해 유아발달/교육 프로그램과 유아보육/교육 프로그램에서 계속적으로 이어지고 조화될 수 있다. 유아교육 전문가들과 실무자들은 유아발달/교육 프로그램과 유아보육/교육 프로그램 간의 협력을 통하여 유아, 프로그램, 기준목표, 모형, 교육과정과 교수법, 평가 등과 관련된 공통된 지식과 기술을 개발할 수 있다. 또한 교사들과 교육 행정가들은 전이과정에 대한 사전 계획을 고려해야 한다. 여기에는 학교 방문, 새 학기 가족 준비 프로그램, 학부모-교사 사전 모임 등이 포함되며 교사와 학부모들이 유아의 전이과정 적응과 능력, 흥미, 요구에 대하여 파악할 수 있게 된다. 하지만 이러한 기능적인 활동들을 넘어서, 궁극적으로는 성취도 목표, 교육과정, 평가에서 교육학적 연속성을 갖기 위한 노력이 이루어져야 한다.

전이 시기에는 유아가 최우선이 되어야 한다. 아울러 학교, 유아, 보육 프로그램, 가족 간의 관계 형성이 이 전체 과정에서 핵심이 된다(Pianta & Kraft-Sayre, 1999). 이러한 관계 형성은 기본적인 발달과 향후의 성취도에 있어서 중요한 역할을 한다. 유아교육 분야의 예비교사 교육과정은 기본적인 유아발달/교육과 유아보육/교육 프로그램의 성취도 목표, 교육과정, 평가 등과 연계되어 연속성을 가져야 한다.

3. 유아기 연구

유아기 연구는 유아기에 대한 사회학, 역사학, 정치학, 인류학 등의 관점을 포함한다. 이러한 유아기 연구 분야와 학문 영역들은 중요한 정보의 원천이 되는 동시에 유아발달/교육 프로그램에 대한 정보를 제공할 수 있다. 또한 공립 유아발달/교육 프로그램과 그에 속한 유아와 가족이 어떠한 영향을 받게 되는지 심층적으로 이해할 수 있다. 또한 사회적, 정치적, 경제적 현실에 대한 인식과 부모, 유아의 관점에서 문제를 파악할 수 있도록 돕는다. 발달 · 임상적 관점과 사회적 · 정치적 관점 모두 공립 유아발달/교육 프로그램 참여자들을 종합적으로 이해하고 돕는 데 필수적인 것이다. 하지만 유아발달을 바탕으로 한 관점이 공립학교 유아발달/교육 프로그램의 복잡한 현상을 이해하는 데 이해하도록 돕는 역할을 한다.

또한 **교수법**과 **교육내용**도 공립학교 유아발달/교육 프로그램을 이해하는 데 있어 개념적인 역할을 한다. 이 개념들은 사회과학이 아닌 교육학이라는 전문 분야에서 유래된 것이다. 교수법은 교수 · 학습, 의사소통, 수업 등을 포함하며 교육내용은 과학, 사회, 수학, 언어, 음악, 춤과 신체 활동, 미술 등 여러 학문적 분야를 의미한다. 교수와 교육 내용은 유아 발달과 유아 연구에 연계되어, 공립학교 유아발달/교육 프로그램의 구성요소를 설계, 실행, 평가하는 데 여러 가지 시사점을 줄 수 있다.

4. 결론

공립 교육에서의 유아교육을 유아발달/교육으로 대체하여 생각할 필요성이 대두되고 있다. 공립학교가 어린 유아와 그 가족에게 줄 수 있는 잠재적인 혜택은 매우 광범위하다. 유아보육/교육 프로그램과 다르게 유아발달/교육 프로그램은 발달적인 면을 최우선으로 설정한다. 영아를 대상으로 한 일부 유아보육/교육 프로그램을 제외하고는 기존의 보육 · 교육 간의 논쟁은 더 이상 중요하지 않다. 공립학교에서 유아발달/교육 프로그램이나 PK-3 프로그램을 받아들이기 위해서는 유아발달을 교육의 근간과 핵심으로 삼는 것이 적합하다. 공립학교 유아발달/교육 프로그램의 교사, 가정 지원 전문가, 유아 관련 서비스 종사자, 기타 전문가들은 유아 발달을 내면화하여야 한다. 여러 방식의 양육과 보육은 유아를 교육하고 지원하여 더 높은 수준의 발달과 성장을 위한 비계설정을 하는 데 있어 중요한 개념이 된다. 학업 성취 위주가 아닌 유아발달이 공교육을 선도해야 한다(Armstrong, 2006).

유아교육계(유아발달/교육과 공립 유아보육/교육)는 최근에 이르러 일반인들의 인식, 지원, 감시 등을 모두 더 많이 받게 되면서 역사적으로 중요한 순간에 서있다. 유아교육계의 리더십 아래 그 정체성, 목적, 책임을 명확하게 정의하고 설명해야 하는 동시에, 국가 기관이나 정부의 지속적이고 강력해지는 개입에 직면하여 정체성과 중심적 가치를 지켜나가야 한다(Goffin & Washington, 2007). 공립학교 유아발달/교육 프로그램은 필연적으로 상위 초등학교 과정의 성취도 목표, 교육과정, 평가 등의 실제와 정책에 영향을 받게 될 것이다. 하지만 유아교육 또한 공립학교 유아발달/교육 프로그램을 통하여 상위 초등학교 과정에 영향을 끼쳐야 한다. 즉, 초등학교 단계에서의 학습 성취도만이 아닌, '지금 여기에서' 유아의 행복을 추구하며 보육과 교육을 통합하여야 한다. 유아교육계의 리더십은 공공 책무성과 다양성이 강조되는 현재에 있어서 중요하다. 이는 단순히 학습 성취도 측면을 넘어서 발달적, 문화적 적합성과 가족과 공동체의 요구에 의한 것이다.

예비교사 교육 또한 현재 기로에 서있다. 공립학교 유아발달/교육 프로그램과 PK-3 프로그램에 필요한 교사를 교육시키기 위해서는 대학과 학과들의 전면적인 변화가 필요하다. 아동발달과 가정학과, 유아교육학과 간의 분리와 경쟁을 지양하고, 유아교육과 초등교육 간의 거리도 좁혀 나가야 한다. 여러 분야에 걸친 간학문적 의사 소통과 협력이 공립학교 유아발달/교육 프로그램과 그 외 다른 형태의 유아교육 프로그램의 바탕이 될 것이다. 또한 대학교에서는 현재의 예비교사 교육과정 및 교육실습 체계의 장점과 개선점을 연구하고, 미래에 다변화된 사회에서 유아와 가족들을 도울 수 있는 교사를 양성해 나가야 한다.

웹사이트

Build Initiative
www.buildinitiative.org

0~5세 유아들을 위한 프로그램, 정책, 서비스를 총괄하는 조직적인 시스템을 만들기 위한 여러 주에 걸친 협력체이다.

FirstSchool
www.fpg.unc.edu/~firstschool

PK-3 사상에 입각한 새로운 공립학교를 만들기 위한 대학과 지역사회 프로젝트로, 노스 캐롤라이나 Chapel Hill에 기반을 두고 있다.

Foundation for Child Development
www.fcd-us.org

유아발달과 복지를 목표로, 소외계층을 위한 종합적인 교육을 지향하는 사립 복지 재단이다. 현재 미국에서 PK-3 운동을 지원하는 주된 단체로 활동하고 있다.

Foundation for Child Development
Standardized Classroom Observations from Pre-K to Third Grade: A Mechanism for Improving Quality Classroom Experiences During the P-3 Years.
http://www.fcd-us.org/resources/resources_show.htm?doc_id=467485

이 보고서는 연구, 교사, 프로그램 개발을 위한 관찰도구인 Classroom Assessment Scoring System(CLASS)에 대한 정보를 제공한다.

교실 환경을 3가지로 분류하였다: 교수법적 관점, 사회문화적 관점, 교실조직적 관점.

National Association of elementary School Principals(NAESP)
www.naesp.org/ContentLoad.do?contentid=49

PK-3 학교와 PK-3 사례연구에 있어서의 교사 및 교장의 역할에 대한 정보를 웹페이지에 제공한다.

Pre[k]now
http://preknow.org

K-12 교육과 관련하여 유아교육을 위한 정보를 제공하고 알리는 단체. 각 지역에서 공교육이 어떻게 이루어지고 있는지에 대한 정보와 유아교육 프로그램에 대한 연구와 정보를 종합적으로 제공한다.

School of the 21st Century
www.yale.edu/21C/index2.html

Yale 대학교의 아동발달과 사회정책학과 Edward Zigler 센터에서 1988년에 시작되었다. 이 개혁 프로젝트는 가족, 지역사회, 학교를 망라하는 학교 프로그램을 개발, 연구, 네트워크, 지도한다.

Society for Research in Child Development (SRCD)
2005 Social Policy Report (July 2005)
http://srcd.org/documents/publications/SPR/spring19-3.pdf.

응용발달학자와 발달심리학자들로 구성된 전문조직이다. 이 보고서는 유아의 발달적 특성과 능력을 고려하는 PK-3 교육적 접근을 제안하였고, 유아기에 걸친 계속적인 교육경험을 제공할 수 있도록 주장하고 있다.

참고문헌

American Association of Colleges for Teacher Education (AACTE). (2004). *The early childhood challenge: Preparing high-quality teachers for a changing society.* A White Paper of the American Association of Colleges for Teacher Education Focus Council on Early Childhood Education, Washington, DC: AACTE.

Association for Childhood Education International (ACEI). (2004). *Preparation of early childhood teachers.* Position Paper. Olney, MD: Author.

Association of Supervision and Curriculum Development (ASCD). (2007, August). Pre-K, In Play. *Education Update 49*(8). Retrieved September 20, 2007, from http://www.ascd.org/authors/ed_update/eu200708_online.html

Armstrong, T. (2006). *The best schools.* Alexandria, VA: Association for Supervision and Curriculum Development.

Barnett, S., & Hustedt, J. (2003). Preschool: The most important grade. *Educational Leadership, 60*(7). Retrieved May 23, 2007, from http://www.ascd.org/authors/ed_lead/el200304_barnett.html

Belsky, J., & MacKinnon, C. (1994). Transition to school: Developmental trajectories and school experiences. *Early Education and Development, 5*(2), 106-119.

Bogard, K., & Takanishi, R. (2005). PK-3: An aligned and coordinated approach to education for children 3 to 8 years old. *Social Polic Report: Giving Child and Youth Development Knowledge Away, 19*(3), 1-23, Society for Research in Child Development.

Boots, S. (2006, January). *Preparing quality teachers for PK-3.* FCD Meeting Summary, Foundation for Child Development.

Bowman, B., Donovan, M., & Burns, M. (Eds.) (2000). *Eager to learn: Educating our preschoolers.* Washington, DC: National Academy Press.

Clark, P., & Kirk, E. (2000). All day kindergarten: Review of research. *Childhood Education, 76*(4), 228-231.

Elicker, J., & Mathur, S. (1997). What do they do all day? Comprehensive evaluation of a full day kindergarten. *Early Childhood Research Quarterly, 12*(4), 459-480.

Emery, J., Piche, C., & Rokavec, C. (1997). Full versus half day kindergarten programs: A brief history and research synopsis. Bethesda, MD: National Association of School Psychologists.

Finn-Stevenson, M. (2006). What the school of the 21st century can teach us about universal preschool. In E. Zigler, W. Gilliam, & S. Jones (Eds.), *A vision for universal preschool education* (pp. 194-215). New York: Cambridge University Press.

FirstSchool. (n.d.) Vision. Retrieved April 8, 2008, at http://www.fpg.unc.edu/~firstschool/newvision.cfm

Foundation for Child Development. (2003). First things first: Prekindergarten is the starting point for education reform. New York: Author.

Foundation for Child Development. (2006, October). Ready to teach? Providing children with the teachers they deserve. A Report from the Foundation for Child Development. New York: Foundation for Child Development.

Fromberg, D. (1995). *The full day kindergarten: Planning and practicing a dynamic themes curriculum.* New York: Teachers College, Columbia University.

Goldfarb, Z. (2007, May 22). Clinton goes to bat for pre-K. *The Washington Post,* p. 84.

Goffin, S., & Washington, V. (2007). *Ready or not: Leadership choices in early care and education.* New York: Teachers College Press.

Grant, J. (1998). *Developmental education in an era of high standards.* Rosemont, NJ: Modern Learning Press.

Graue, M., Kroeger, J., & Brown, C. (2003, Spring). The gift of time: Enactments of developmental thought in early childhood practice. *Early Childhood Research & Practice, 5*(1). Retrieved April 8, 2008, at http://ecrp.uiuc.edu/v5n1/graue.html

Hamre, B., & Pianta, R. (2006). Learning opportunities in preschool and early elementary classrooms. In R. Pianta, M. Cox, & K. Snow (Eds.), *School readiness and the transition to kindergarten in the era of accountability* (pp. 49-83). Baltimore, MD: Brookes.

Herman, B. (1984). The case for the all-day kindergarten. Bloomington, IN: *Phi Delta Kappa.*

Hyson, M. (Ed.). (2003). *Preparing early childhood professionals: NAEYC's standards for programs.* Washington, DC: National Association for the Education of Young Children. International Kindergarten Union (1919). The kindergarten curriculum. Washington, DC: Government Printing Office.

Jacobson, L. (2007, February). Community vs. school-based pre-K, *Education Reform.* Retrieved May 3, 2007, from www.ewa.org/library/site/prek%20reform.pdf

Kagan, S., & Kauerz, K. (2007). In R. Pianta., M. Cox., & K. Snow (Eds.), *School readiness and the transition to kindergarten in the era of accountability* (pp. 11-30). Baltimore, MD: Brookes.

Kauerz, K. (2006, January). Ladders of learning: Fighting fade-out by advancing PK-3 alignment. New America Foundation Early Education Initiative. Issue Brief #2.

Kingsbury, G., Olson, A., Cronin, J., Hauser, C., & Houser, R. (2003). *The state of state standards: Research investigating proficiency levels in fourteen states.* Portland, OR: Northwest Evaluation Association.

Lee, V., & Burkam, D. (2002). *Inequality at the starting gate: Social background differences as children begin school.* Washington, DC: Economic Policy Institute.

Maeroff, G. (2006). Building blocks: Making children successful in the early years of school. New York: Palgrave Macmillan.

Malakoff, M. (2006). The need for universal prekindergarten for children in poverty. In E. Zigler, W. Gilliam, & S. Jones (Eds.), *A vision for universal preschool education* (pp. 69-88). New York: Cambridge University Press.

Montgomery County Public Schools. (2001, September 10). *Study shows significant gains in literacy skills prior to first grade*. Retrieved April 17, 2008, at http://search.mcps.k12.md.us/cs.html?charset=utf?8?url?http%3A//

Morrow, L. M., Strickland, D. S., & Woo, D. G. (1998). *Literacy instruction in half and whole day kindergarten.* Chicago: International Reading Association.

Naron, N. K. (1981). The need for full day kindergarten. *Educational Leadership, 38*, 33-39.

National Center for Educational Statistics (NCES). (2007). *Mapping 2005 State Proficiency Standards onto the NAEP Scales.* Washington, DC: United States Department of Education, Institute for Educational Sciences, National Center for Educational Statistics, 2007-482.

Nelson, C., & Bloom, F. (1997). Child development and neuroscience. *Child Development, 68*(5), 970-987.

Ogens, E. M. (1990). Consider a full day kindergarten. *School Leader*, March/April.

Pelletier, J., & Corter, C. (2006). Integration, innovation, and evaluation in school-based early childhood services. In B. Spodek & O. N. Saracho (Eds.), *Handbook of research on the education of young children*, 2nd ed. (pp. 477-496). Mawhaw, NJ: Erlbaum.

Perry, D., Kaufmann, R., & Knitzer, J. (2006). Building bridges: Linking services, strategies, and systems for young children and their families. In D. Perry, R. Kaufmann, & J. Knitzer (Eds.), *Social and emotional health in early childhood: Building bridges between services and systems* (pp. 3-11). Baltimore, MD: Brookes.

Pianta, R. C., & McCoy, S. (1996). *High-risk children in schools: Creating sustaining relationships.* New York: Routledge & Kegan Paul.

Pianta, R. C., & Kraft-Sayre, M. E. (1999). Parents' observations about their children's transitions to kindergarten. *Young Children, 54*(3), 47-52.

Reynolds, A. (2006, January). *PK-3 education: Programs and practices that work in children's first decade* (Working Paper: Advancing PK-3 No. 6). New York: Foundation for Child Development.

Reynolds, A., & Temple, J. (2006). Economic returns of investments in preschool education. In E. Zigler, W. Gilliam, & S. Jones (Eds.), *A vision for universal preschool education* (pp. 37-68). New York: Cambridge University Press.

Ritchie, S., Maxwell, K., & Clifford, R. M. (2007). FirstSchool: A new vision for education. In R. Pianta, M. Cox, & K. Snow (Eds.), *School readiness and the transition to kindergarten in the era of accountability* (pp. 85-96). Baltimore, MD: Brookes. Selman, R., & Dray, A. (2006). Risk and prevention. In K. Renninger & I. Sigel (Eds.), *Handbook of child psychology: Vol. 4. Child psychology in practice* (6th ed., pp. 378-419). New York: Wiley.

Shonkoff, J. P, & Phillips, D. A. (Eds.). (2000). *From neurons to neighborhoods: The science of early childhood development.* Committee on Integrating the Science of Early Childhood Development. National Research Council and Institute of Medicine, Washington, DC: National Academy Press.

Wat, A. (2007, May). Dollars and sense: A review of economic analyses of pre-K. Retrieved April 7, 2008, from www.preknow.org/documents/Dollarsand-

Sense_May2007.pdf

WestEd. (2005, April). *Full-day kindergarten: Expanding lea rning opportunities.* San Francisco: WestEd.

Zigler, E., Gilliam, W., & Jones, S. (2006). *A vision for universal preschool education.* New York: Cambridge University Press.

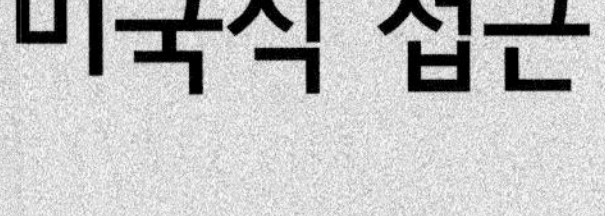

미국식 접근

9장

하이스코프 유아교육모형

David P. Weikart(작고)
Lawrence J. Schweinhart(High/Scope Educational Research Foundation)

하이스코프 유아교육모형은 교사에게 유아 발달에 기초한 개방적 교육적 사고와 실제를 제공해준다. David P. Weikart와 그의 동료들은 1960년대에 하이스코프 페리 유아원 프로그램에서 사용하기 위해 이 교육모형을 개발했다(Weikart, Rogers, Adcock, & McClelland, 1971). 하이스코프 교육연구재단은 오늘날까지도 계속해서 문해, 수학, 과학, 사회성 발달, 건강과 신체발달, 예술과 컴퓨터 사용 등에 관한 새로운 연구 결과들을 추가해 가며 이 교육모형을 발전, 적용시켜 오고 있으며 이를 새로운 환경과 유아들에게 적용하는 것을 돕고 있다(Epstein, 2007; Hohmann, 2002; Hohmann & Weikart, 2002). 오늘날 미국과 다른 여러 나라의 수많은 유아교육 프로그램에서 하이스코프 교육모형은 사용되고 있다(Epstein, 1993).

Jean Piaget(Piaget & Inhelder, 1969)와 Lev Vygotsky(1934/1962)의 유아 발달 이론과 John Dewey(1938/1973)의 진보주의 교육철학, 그리고 최근의 인지발달심리(예컨대, Clements, 2004; Gelman & Brenneman, 2004; National Research Council, 2005)와 뇌 연구(Bruer, 2004; Shore, 1997; Thompson & Nelson, 2001)에 기반한 하이스코프 교육모형은 유아가 스스로 계획하고 실행하고 평가하는 활동을 통해 가장 잘 학습하는 능동적인 학습자라고 여긴다. 교사는 복합적 언어를 적절하게 사용하여 유아의 놀이를 관찰하고, 지원하고, 확장시켜 준다. 교사는 유아의 학습을 위한 환경인 흥미영역을 제공해 주고, 유아가 활동을 계획하고, 실행하고, 평가할 수 있는 하루 일과를 구성해 주며, 유아의 활동에 참여하여 유아의 계획을 확장시키고 충분히 사고

할 수 있도록 대화한다. 교사는 유아가 선택을 하고, 문제를 해결하도록 격려하거나 인지, 사회, 신체 발달의 모든 영역을 포함하는 발달에 기여함으로써 유아의 학습을 돕는 교육과정 활동에 참여한다.

하이스코프 교육모형에서는 몬테소리 프로그램에 필요한 교구나 학습중심 교수프로그램에서 요구되는 교재처럼 특별한 교구를 구입하거나 사용할 필요가 없다. 유일하게 드는 비용은 보통 좋은 유아교육 프로그램에서처럼 환경구성을 위해 필요한 비용뿐이다. 개발도상국이나 자원이 부족한 상황에서는 자연물이나 재활용한 가정용품 등을 사용한다. 하이스코프 교육모형을 위한 교육방법은 처음에 배우기는 어렵지만 일단 숙달되면 유아, 다른 교사들, 부모, 행정가와 함께 더 수월하게 일할 수 있게 해준다. 발달이론과 유아교육의 실제에 확고하게 기초한 하이스코프 교육모형은 오랫동안 많은 성공적 유아교육 프로그램을 일컫는 유기적이고 융통적인 대명사가 되었다. 하이스코프 교육모형은 오늘날 유아교육 분야에서 흔히 문화적, 발달적으로 적절한 교육 실제라고 정의되는 프로그램의 한 예이며(예: Ramsey, 2006), 지난 40여 년간 종단연구들을 통해 그 효과가 확인되었다(Oden, Schweinhart, & Weikart, 2000; Schweinhart et al., 2005; Schweinhart & Weikart, 1997). 덧붙여 하이스코프 교육모형은 교사교육, 장학, 실행, 평가에 힘씀으로써 부모들과 행정가들로 하여금 유아가 양질의 검증된 교육을 받고 있다는 것을 확신하게 해준다. 유아교육 프로그램이 유아, 가족, 넓은 의미에서는 사회를 위한 대규모 서비스로 확산됨에 따라 양질의 프로그램 제공은 유아교육 분야에서 당면한 가장 큰 과제에 해당한다.

1. 역사

하이스코프 프로그램의 발전은 1962년 미시간 주의 Ypsilanti 시에 위치한 페리 초등학교에서 3~4세를 위해 운영되던 하이스코프 페리 유아원 프로그램과 함께 시작되었다. 이 프로그램은 1960년대에 빈곤이 교육에 미치는 부정적 영향을 극복하도록 돕기 위해 개발된 최초의 프로그램 중 하나로, 나중에 헤드스타트 프로그램에 영향을 미쳤다. 이는 실험설계를 갖춘 최초의 프로그램 중 하나로 유아들은 프로그램에 참여하는 집단과 참여하지 않는 집단으로 무선할당되었으며, 연구자들은 연구에 참여한 유아들의 삶을 통해 프로그램의 효과가 어떻게 나타나는지를 추적할 수 있었다. 이 연구에서 유아교육 프로그램에 참여했던 유아들에게 놀랍게도 다양한 장단기 효과가 있음이 입증되었다. 즉, 유아교육을 받았던 유아들은 학교생활을 할 준비가 더 잘 되어 있었고, 학교생활에서도 성공적이었으며, 성인이 되었을 때 범죄를 저질러 체포되는 비율이 낮았고, 고용률이 높았으며, 가난으로 인해 복지 혜택을 받는 비율이 낮았다. 유아교육 프로그램이 프로그램 참여자들과 납세자들에게 1달러 투자당 16.14달러의 경제적인 이득을 준다는 사실은 계속해서 여러 차례 입증된 바 있다(Schweinhart et al., 2005).

1950년대 말에 Ypsilanti 공립학교의 특수교육 책임자인 David Weikart는 특정 집단의 아동들이 유급을 하거나, 특수학급에 배치되거나, 학교를 그만두는 등 지속적으로 학교생활에서 실패하는 것에 관심을 가지게 되었다. 이러한 문제들을 개선하기 위한 변화를 모색하던 중 그는 교육 행정가들이 문제 해결을 위한 현실적 대안을 거의 가지고 있지 않음을 알고 크게 놀라게 되었다. 그는 아동들이 전형적인 실패의 길로 들어서기 전에 이러한 문제들을 해결할 수 있는 방법으로 유아기에 관심을 가지게 되었다.

임상심리학자와 교사로 구성된 Weikart의 유아교육 프로그램에서는 합리성을 추구하는 심리학자들과 유아를 다루는 데 있어서 직관적으로 접근하도록 교육받은 유아교사들 간에 긍정적인 긴장감이 조성되었다. 하이스코프 프로그램은 무엇을 어떻게 해야 하는지에 대해 명확한 생각을 가진 구성원들 간의 협동을 통해 발전되었지만 새로운 사고에 대해 개방적이었으며 이를 기존의 사고와 실제에 통합시켰다.

하이스코프 프로그램이 2년차에 접어들 때 연구진은 Jean Piaget의 아동발달 이론을 접하고 이를 받아들였다. Piaget는 유아교육모형이 만들어질 수 있는 개념적 틀을 제공했으며, 이는 유아교육기관의 활동을 위한 확실한 근거가 되었다. Piaget는 또한 유아가 능동적인 학습자라는 개념을 제공했는데, 이는 우리의 직관에 호소할 뿐 아니라 최소한 19세기의 Friedrich Froebel까지 거슬러 올라가는 유아교육의 전통에 기반을 두고 있었다. 그 후 심리학자이자 교육자인 Lev Vygotsky의 연구, 특히 성인이 유아의 비계설정을 도와주는 사회문화적 상황에서 발달이 일어난다는 개념이 하이스코프 교육모형의 기반이 되었다.

하이스코프 교육모형이 발전해감에 따라 유아교육을 향한 국가적 의지도 나타났다. 미연방정부는 빈곤계층의 유아들이 학업실패와 그에 따르는 안타까운 결과들을 피하도록 돕는 방법으로 유아교육에 적극적인 흥미를 보임으로써 이러한 의지를 발전시켜 나갔다. Lyndon Johnson 대통령의 가난에 대한 전쟁(War on Poverty)과 1964년의 경제기회균등법(Economic Opportunity Act)은 그때부터 계속해서 발전하고 있는 헤드스타트를 통해 유아교육에 대한 정부의 역할을 발의하였다.

하이스코프 재단은 몇몇의 프로젝트를 통해서 하이스코프 교육모형을 더욱 발전시켰으며 초등학교 시기까지 확대시켰다. 1968년에 미국 정부에서는 헤드스타트의 혜택을 받았던 유아들을 초등학교까지도 지원하는 팔로우스루(Follow Through)라는 프로젝트를 발의하였다(Weikart, Hohmann, & Rhine, 1981). 팔로우스루 프로젝트는

Scott Cunningham/Merrill

계획된 활동들은 또래와 함께 학습하는 것을 촉진시킨다.

유아교육 발전을 위해서 가장 많은 재원을 지원한 사례에 해당한다.

1970년대 후반에 연방정부의 지원으로 하이스코프 재단은 특수아동과 모국어가 스페인어인 유아들을 위한 프로그램도 개발하여 적용하였다. 오늘날 하이스코프 교육모형은 전 세계 여러 나라에서도 활발히 적용되고 있다. 2007년 현재 인증 받은 하이스코프 교육센터와 기관이 캐나다, 영국, 인도네시아, 한국, 멕시코, 싱가포르, 네덜란드, 남아프리카 공화국 등에서 운영되고 있다. 기본적인 교재와 평가도구는 아랍어, 중국어, 독일어, 핀란드어, 불어, 한국어, 노르웨이어, 포르투갈어, 스페인어, 터키어로 번역되었다. 이러한 작업은 운영 면에서 민주적이고, 각 지역의 문화와 언어에 적용이 가능하며, 의식 있는 교사에 의해 어디에서나 사용될 수 있는 교육모형을 전파하는 데 일조했다.

2. 유아에 의한 능동적 학습

하이스코프 교육모형을 사용하는 교사는 유아가 능동적으로 학습하고 스스로 지식을 구성할 수 있는 환경을 제공해야 한다. 유아는 지식의 대부분을 개념과 개인적으로 상호작용하거나, 실물과 사건을 직접 경험하거나, 이러한 경험에 논리적인 사고를 적용해 봄으로써 구성하게 된다. 교사의 역할은 크게 이러한 경험을 위한 환경을 제공해 주고, 유아가 논리적으로 생각할 수 있도록 돕고, 세밀한 관찰을 통해서 유아의 발달을 이해하고, 유아의 발달 단계와 흥미에 기초하여 비계를 설정해 주는 것이다. 성인의 관점에서 보았을 때, 유아는 언어와 수학의 기초를 학습하고, 가설 설정, 실험, 추론이라는 과학적인 방법을 적용하고, 세상과 관계를 맺는 데 있어서 주도성과 문제해결 기술을 발휘해야 한다.

3. 교사의 역할

하이스코프 교육모형에서는 유아뿐 아니라 교사도 능동적인 학습자이다. 교사는 하이스코프의 핵심 발달 지표를 이용한 일과 평가와 계획을 통해서 유아의 경험과 학급에서의 활동을 평가하고 각 유아의 독특한 능력과 흥미에 대해 새로운 통찰을 하고자 노력한다. 교사들은 서로의 수업을 관찰하고 상호 협력적인 방식으로 의사소통하면서 발전을 위해 노력한다.

하이스코프 교육모형의 중요한 측면은 유아들과 상호작용하는 교사의 역할이다. 유아의 발달을 이해하기 위해서 전반적인 발달 지표가 이용되지만 교사는 유아를 교육하기 위한 정확한 각본을 가지고 있는 것은 아니다. 대신에 유아가 계획한 것을 주의 깊게 듣고, 유아의 활동을 더욱 높은 수준으로 확장시키기 위해 적극적으로 돕는다. 성인의 질문 방식은 중요한 것이다. 교사는 유아에게서 정보를 얻음으로써 유아의 활동에 참여하기 위한 방법으로 질문을 사용한다. 색깔, 수, 크기 등의 시험문제와 같은 질문은 거의 사용하지 않는다. 대신 교사는 "무슨 일이 일어났어?" "어떻게 그것을 만들었니?" "나한테 좀 보여줄래?" "Taila를 좀 도와주겠니?"와 같은 질문을 한다. 대화가 특히 중요하다. 교사는 지식을 전달하는 사람이 아니라 참여자이다. "나비를 보았니?" "피자를 좀 만져볼까? 너무 뜨거울까?" 이런 질문과 대화 방식은 성인과 유아 간의 자유로운 상호작용을 가능하게 만들고 유아들 간 상호작용에서 언어를 사용하는 방식에 대한 본보기를 제공한다. 이러한 접근법은 교사와 유아가 전통적인 학교에서의 역할인 능동적인 교사와 수동적인 학습자의 관계가 아닌 사고하는 자와 실행하는 자로서의 상호작용을 가능하게 한다. 활동을 하는 동안 모두 함께 나누고 학습한다.

4. 능동적인 학습을 위한 하루 일과

유아가 능동적으로 학습할 수 있는 환경을 제공하기 위해서는 일관성 있게 하루 일과가 운영되어야 하며, 만약 그 다음날의 일과가 평소와 다르다면 유아들에게 그 사실에 대해 미리 알려주어야 한다. 야외학습이나 견학이나 행사는 갑작스럽게 일어나서는 안 된다. 일관성 있는 하루 일과는 유아로 하여금 책임감을 배우게 하고 독립적으로 활동하는 것을 즐기는 데 필요한 안정감과 통제력을 갖게 한다.

하이스코프 교육모형의 하루 일과는 **계획-실행-평가**의 과정으로 구성되며, 집단 활동과 몇 가지 추가적인 요소들로 이루어져 있다. 계획-실행-평가의 과정은 교사가 활동의 전 과정에 밀접하게 관련되어 있으면서 유아로 하여금 자신의 활동에 대해 그 의도를 표현할 기회를 제공하는, 하이스코프 교육모형의 중심적인 요소이다. 하루 일과의 구성요소를 설명하면 다음과 같다.

1) 계획시간: 계획 수립하기

유아는 늘 선택을 하고 결정을 하지만 대부분의 프로그램에서는 유아로 하여금 이러한 결정에 대해서 체계적으로 생각하게 하거나 여러 가지 가능성과 자신의 선택의 결과에 대해서 인식하도록 도와주지 않는다. 계획시간은 유아로 하여금 자신의 생각과 계획을 교사 앞에서 표현해 보고, 결정을 따르는 개인으로서 스스로를 볼 수 있게 하는 일관성 있고 예측 가능한 기회를 제공한다. 유아는 독립의 힘과 자신들에게 관심을 가져주는 교사, 또래들과 함께 놀이하는 즐거움을 경험하게 된다.

교사는 유아가 계획을 실행에 옮기기 전에 그 계획에 대해 유아들과 의논한다. 이는 유아로 하여금 자신의 생각을 머리속에 그려보고 어떻게 진행해야 할지에 대한 개념을 갖게 한다. 유아들과 함께 계획을 수립하는 것은 교사에게 유아의 생각을 격려하고 반응해 주고, 유아가 계획을 성공적으로 실행할 수 있도록 실제적인 방법을 제안하고, 유아의 발달 수준과 사고방식을 이해하는 기회를 제공한다. 그러나 교사는 유아가 결정한 계획과 그 한계를 수용해야 한다. 유아와 교사 모두 얻는 것이 있다. 즉, 유아는 용기를 얻고 자신의 계획을 실행할 준비가 되고, 교사는 무엇을 관찰할지, 유아가 어떠한 어려움이 있을지, 어느 부분에서 도움이 필요한지, 유아가 어느 정도의 발달 수준에 있는지에 대한 생각을 갖게 된다. 그러한 교실에서는 모두가 같은 비중으로 적절한 역할을 수행한다. 이 교육모형에서는 교사와 유아가 함께 주도권을 갖는 관계이다.

2) 활동시간: 계획 실행하기

계획-실행-평가 과정의 "실행" 부분은 유아가 계획하기를 끝낸 후에 갖는 활동시간이다. 활동시간은 하루 일과 중 가장 긴 시간을 차지하며, 유아와 교사 모두가 능동적으로 참여하는 시간이다. 교사는 놀이 활동을 주도하지는 않지만(활동시간에는 유아가 스스로 세운 계획을 실행함) 그렇다고 뒤로 물러나 수동적으로 방관하지도 않는다. 활동시간 중 교사의 역할은 먼저, 유아가 어떻게 정보를 수집하고, 또래와 상호작용하며, 문제를 해결하는지를 이해하기 위해 유아를 관찰하는 것이며, 그 다음으로 유아의 활동에 참여하여 격려하고 확장시켜 주고, 문제해결을 위한 상황을 조성해 주고 대화에 참여하면서 학습을 위한 비계를 설정해 주는 것이다. 유아교육기관의 교육 환경은 교사가 교실 안의 모든 흥미 영역들을 볼 수 있도록 고안되었기 때문에 교사는 유아의 다양한 개별/집단 활동을 관찰하고, 여러 영역을 돌아다니면서 도움을 줄 수 있다.

3) 정리시간

정리시간은 계획-실행-평가의 과정에서 실행 다음에 이어지는 시간이다. 이 시간동안 유아들은 교구를 표시된 제자리에 가져다 놓고, 원한다면 다 끝내지 못한 작업에 “미완성” 표시를 하여 보관한다. 이 과정을 통해서 교실을 재정리하고 유아들로 하여금 물체 분류하기나 서열화 같은 여러 기본적인 인지 기술을 배우고 사용한다. 중요한 것은 유아들의 교구 사용을 촉진시키기 위해서 어떻게 교실 환경을 조직할 것이냐 하는 것이다. 유아들이 사용 가능한 교실의 모든 교재 교구들은 유아들의 손이 닿는 위치의 개방된 선반에 놓아둔다. 흥미 영역을 나타내는 표시나 선반 위의 물건들에 정확하게 제자리를 표시(실제 물건이나 그림, 사진을 이용)하고 간단한 글자를 함께 제시하는 것도 필요하다. 이와 같이 잘 정리가 되어 있을 때 유아들은 모든 교구들을 적절한 장소에 정리할 수 있다. 이는 또한 유아들로 하여금 자신들이 필요한 물건이 어디 있는지 알게 함으로써 스스로의 주도성에 대해 자신감을 갖게 한다. 또한 글자로 된 표시를 보는 것은 유아들의 초기 문해 발달을 돕는다.

4) 회상시간: 실행에 대한 반성

회상하기 시간은 계획-실행-평가의 마지막 단계이다. 이 시간 동안 유아들은 자신들이 한 일과 경험한 것에 대해 돌이켜본다. 유아들은 자신들이 놀이 시간동안 경험한 것에 대해서 발달적으로 적합한 다양한 방법으로 표현한다. 유아들은 자신이 수립한 계획을 실행하는 데 있어서 함께 참여했던 유아들의 이름을 회상할 수도 있고, 자신들의 활동에 대한 이야기를 들려줄 수도 있으며, 자신들이 당면했던 문제들에 대해 자세히 이야기할 수도 있다. 회상을 위해 이용할 수 있는 다른 전략들은 유아들이 한 활동에 대해 그림이나 모형으로 표현하기, 자신들의 계획에 대해 평가해 보기, 그리고 과거의 일들에 대해 말로 표현해 보기 등이 있다. 회상하기 시간은 유아들의 계획하기와 놀이시간 활동들을 마무리해 준다. 즉, 회상하기 시간은 유아들로 하여금 자신들의 경험과 생각에 대해 표현할 기회를 제공하고 종종 다음날에 할 활동에 대한 생각과 계획을 이끌어낸다. 회상하기는 다른 사람들에게 표현하기 위해 언어와 표상을 이용할 기회를 제공한다. 교사는 유아들이 문제를 해결하는 과정에서 바뀐 것들을 포함해서 실제 놀이와 원래 계획을 연결시키도록 유아들을 돕는다. 교사가 복합적인 언어를 사용해서 토론하고 묘사하고 결과를 예견하는 것은 지원에서 필수적인 과정에 해당한다.

5) 소집단 활동시간

소집단 활동 상황은 유아교사들에게는 익숙하다. 즉, 교사는 유아들이 정해진 시간동안 참여할 수 있는 활동을 고안한다. 이러한 활동들은 유아들의 흥미, 문화적 배경, 과거의 견학 경험, 교실의 새로운 교구, 계절, 그리고 요리나 집단 미술활동과 같은 연령에 적합한 활동을 고려해 계획한다. 교사는 활동을 계획하고 활동을 위한 교구를 제공하지만 유아들로 하여금 자신의 생각을 표현하고, 활동을 하면서 발생하는 문제들을 스스로 해결하도록 격려한다. 활동들은 도입-전개-마무리의 과정으로 구성되지만 개별 유아의 요구, 능력, 흥미, 인지 수준 등을 고려하여 유동적이다. 모든 유아가 선택과 문제해결을 해 볼 기회를 가진 후에 교사는 유아들과 대화에 참여하고, 개방적 질문을 하고, 추가적인 문제해결의 상황을 도와주면서 유아들의 생각과 행동을 확장시킨다. 소집단 활동을 계획하고 실행하는 데 있어서 모든 유아들의 적극적인 참여는 매우 중요하다. 유아들은 신체를 움직이고, 교구를 사용하고, 선택을 하고, 문제를 해결한다. 활발하게 참여하는 소집단 활동을 통해 유아들은 교구와 교재를 탐색하고, 신체와 감각을 이용하고, 교사와 또래와 협력한다.

6) 대집단 활동시간

대집단 시간에는 전체 집단이 성인과 함께 모여 게임, 노래, 손유희, 기본적인 신체활동, 악기연주 등을 하거나 자신들이 읽었거나 상상한 이야기를 동극으로 표현하기도 하고 특별한 사건을 재현해 보기도 한다. 이 시간은 각 유아에게 대집단에 참여하여 생각을 나누고 표현하며, 다른 사람들의 생각을 모방하기도 하는 기회를 제공한다. 교사가 활동을 계획하기는 하지만 유아들도 리더십을 나타내거나 활동이 적절하다면 개별 선택할 수 있다. 대집단 시간은 신체를 이용해서 바닥을 가볍게 두드리기, 행진하기, 몸 흔들기, 양질의 기악곡을 들으며 박자감각을 발달시키기에 좋은 시간이다.

5. 핵심 발달지표

하이스코프 교육모형에서 유아의 발달은 연구결과들과 아동 발달 이론에 근거해 개발되고, 국가, 주, 지방의 유아교육 준거에 부합하도록 설계된 핵심 발달지표를 중심으로 조직된다. 하이스코프 교육모형의 핵심 요소가 하루 일과 중에 일관성 있게 이루어지는 계획-실행-평가의 과정임에 따라 이러한 핵심 발달지표는 교사가 교육과정의 내용을 실행하는 데 중요한 요소가 되었다. 발달지표는 유아들이 계획한 활동을 교사가 이해하고, 지원하고, 확장시킴으로써 발달에 적절한 경험과 성장이 유아들에게 지속

소집단 활동을 통해서 유아들은 사물과 교구를 탐색하고, 선택을 하고, 문제를 해결하게 된다.

적으로 일어나도록 돕는 방법이다. 발달지표는 교사가 대/소집단 활동을 계획하는 것을 도와준다. 발달지표는 교사가 활동지나 교육 범위와 계열을 나열해둔 교육계획안에 전적으로 의존하지 않는 교육과정에 대한 개념을 제공한다. 발달지표는 교사가 개별 유아를 관찰하고 계획을 세우는 데 사용할 수 있는 기본적인 틀을 제공한다.

핵심 발달지표는 국가나 문화에 상관없이 전 세계의 유아들이 합리적 사고를 발달시키는 데 있어서 중요하다. 이는 매우 단순하고 실용적이다. 유아기의 핵심 발달지표는 다음과 같은 영역에서 제시된 바 있으며 이는 전미교육목적패널(National Educational Goals Panel(Kagan, Moore, & Bredekamp, 1995))의 학습준비도의 측면들과 유사하다.

- 학습방법
- 언어, 문해, 의사소통
- 사회정서 발달
- 신체발달, 건강, 행복
- 수학
- 과학과 기술
- 사회과학
- 예술

위에 제시된 각각의 범주들은 특정한 유형의 경험으로 세분화되어 있다. 예를 들어, 다음은 언어, 문해, 의사소통의 핵심 발달지표이다.

- 개인적으로 의미 있었던 경험에 대해서 타인에게 이야기한다.
- 사물과, 사건과, 관계들을 묘사한다.
- 언어 사용을 즐긴다: 이야기와 시를 듣고, 이야기와 운율을 만든다.
- 다양한 방법으로 쓴다: 그리고, 낙서하고, 편지 양식이나 만들어낸 철자와 전통적 형식을 사용한다.
- 다양한 방법으로 읽는다: 이야기책, 간판, 상징, 자신이 쓴 글
- 이야기를 받아쓰기한다.

다음은 사회정서 발달의 핵심 발달지표이다.

- 스스로를 돌본다.
- 느낌을 언어로 표현한다.
- 또래, 성인과 관계를 형성한다.
- 협동놀이를 계획하고 경험한다.
- 사회적 갈등을 해결한다.

교실에서의 학습 경험들은 서로 배타적이지 않고 어떠한 활동이라도 몇 가지 유형의 핵심 발달지표가 연관되어 있다. 이러한 접근은 성인들에게 프로그램에 대한 개념과 유아관찰을 위한 명확한 시각을 제공한다. 덧붙여 핵심 발달지표는 하이스코프 교육모형의 유아 주도적인 개방성을 유지하면서 체계를 제공해준다. 따라서 새로운 교육과정을 개발하는 하이스코프의 연구진은 새로운 경험들을 포함하도록 교육과정을 확장시키는 매개체를 가지게 된다. 핵심 발달지표는 하이스코프 교육모형으로 하여금 유아들의 건강한 성장과 발달을 지원하는 효율적인 방법으로 계속해서 발전하게 만든다.

6. 하이스코프 유아관찰기록

하이스코프 유아관찰기록(Preschool Child Observation Record: COR)(하이스코프 교육연구재단, 2003)은 3세에서 5세 유아의 발달 상태를 측정하기 위한 것이다. 하이스코프 영아-걸음마기 유아관찰기록(하이스코프 교육연구재단, 2000)은 3세까지의 유아의 발달 상태를 측정한다. 하이스코프 교육모형의 결과를 평가하기 위해서 개발되었던 COR은 이후 하이스코프 교육모형의 사용여부에 관계없이 발달에 적합한 교육

실제를 제공하는 모든 유아교육기관에서 사용하도록 확대되었다.

하이스코프 유아관찰기록을 사용하기 위해서 교사는 수개월 동안 여섯 개의 발달 영역에 걸쳐 유아의 행동을 나타내는 일화들을 기록한 간략한 노트를 작성한다. 여섯 가지 발달 영역은 (1) 주도성, (2) 사회적 관계, (3) 창의적 표현, (4) 음악과 동작, (5) 언어와 문해, (6) 논리와 수학이다. 그런 다음 교사는 관찰노트를 이용해 유아의 행동을 각 발달 영역에서 5단계로 구성된 32개 문항으로 분류한다. 예를 들어, '선택하고 계획하기'는 최저부터 최고까지 다음의 다섯 단계가 있다.

1. 유아가 손가락으로 가리키기나 다른 행동을 통해 자신의 선택을 나타낸다.
2. 유아가 한두 단어로 자신의 선택을 표현한다.
3. 유아가 짧은 문장으로 자신의 선택을 표현한다.
4. 유아가 한두 가지 세부항목이 있는 계획을 세운다.
5. 유아가 서너 가지 세부항목이 있는 계획을 세운다.

유아관찰기록(하이스코프 교육연구재단, 2003)의 통계적 측면에 대해 헤드스타트 교사진이 2002년 봄에 160명의 유아, 2002년 가을에 233명의 유아로부터 수집한 자료를 통해 검증하였다. 유아들의 연령은 3세 0개월에서 5세 5개월까지였다. 평균 COR 총점은 가을 연구에서는 2.49, 봄 연구에서는 3.47로 나타났다. 32개의 COR 문항에 대한 내적 일치도를 나타내는 알파계수는 가을 연구에서 .94, 봄 연구에서 .91로 나타났으며 COR 범주의 알파계수 범위는 .75에서 .88이었다. 10쌍의 교사와 보조교사 간의 COR 점수는 총점에서 .73, 범주 점수에서 .69에서 .79의 상관을 보였다. 봄 연구의 자료에 대한 확인적 요인 분석 결과는 COR의 내적 타당도를 나타내며 COR 범주에 적절한 네 가지 요인을 발견했다. COR의 외적 타당도는 COR 총점과 인지기능평가척도(Cognitive Skills Assessment Battery)(.46에서 .62)(Boehm & Slater, 1981)와 유아의 연령(.31)과의 상관에 의해 지지되며, 성별과는 유의한 관계가 없는 것으로 나타났다.

7. 부모와 지역사회의 역할

부모참여는 하이스코프 교육모형이 개발되던 초창기부터 프로그램의 핵심 요소에 해당했다. 초창기인 1960년대에 교사들은 프로그램 참여 유아들과 어머니, 혹은 다른 가족들을 매 주 가정방문했다. 여성의 사회참여 추세를 반영하여 오늘날의 부모참여는 집단 면담이나 그 외의 다른 방법으로 이루어지는 경우가 많다. 하이스코프 교사교육의 한 요소는 부모들로 하여금 자녀의 초기 학습을 의미 있고, 발달적으로 적합하고, 가족에게 적합한 방식으로 지원하는 데 참여하도록 하는 방법을 가르치는 것이다.

효과적 부모참여 핵심은 유아에게 초점을 맞추어 양방향으로 정보가 교류되는 것이다. 학교와 교사가 가족에게 지식과 부모교육을 제공하지만, 동시에 부모로부터 유아, 가족의 문화, 가정에서 사용하는 언어와 교육목표 등에 대한 정보를 얻어야 한다. 다양한 환경에서 프로그램이 성공하기 위해서는 교사는 부모를 그들의 영역에서의 전문가로서 존중해야 한다.

8. 하이스코프 교육모형에서의 교사교육

하이스코프 교육모형의 효과적인 교사교육에는 몇 가지 핵심 요소들이 있다. 현장 중심적이고 교육모형에 초점을 맞춘 특성이 있으며 하이스코프 재단의 교사교육자들과의 면대면 접촉을 보충하기 위한 원거리 학습의 기회도 증가하고 있다. 물리적, 사회적으로 교사의 실제적 근무환경과, 프로그램에 참여한 유아 집단(예를 들어, 장애를 가진 유아들, 영어가 모국어가 아닌 유아들)에 적절하도록 조정되며, 유아들의 문화와 관련되며, 체계적인 부모참여를 가능하게 한다. 교육은 한 달에 한 번 정도 있는데 이는 교사들이 교재를 공부하며 교육 경험에 대해 생각해 보고 새로운 생각을 교육실제에 적용해 보고, 자신의 생각과 프로그램의 차이를 이해하고, 자신의 교육환경에 맞게 수정해 볼 시간을 주기 위해서이다. 관찰과 피드백을 통해 각각의 교사에게 일관성 있는 교육이 이루어진다.

하이스코프 교육모형은 여러 측면에서 융통성이 있다. 하이스코프 교육모형의 발달 원칙을 이해하는 모든 사람들에게 프로그램이 개방되어 있다. 교육에 대한 방법론적 체제를 처방해준 것이 아니다. 이 체제를 사용하는 교사와 부모들이 프로그램의 맥락과 일반적인 내용을 정하며, 유아가 그 내용을 어느 정도까지 더 구체화시킨다. 이러한 식으로 이 프로그램은 개발자가 아닌 사용자들이 발전시키는 것이다. 이 사실은 이 교육모형이 놀라울 정도의 융통성과 유용성을 가진, 유아교육자들에게 효과적인 체제라는 것을 의미한다.

하이스코프 교육연구재단은 미국과 세계 여러 나라의 유아교사와 교사교육자들을 교육시켰다. 재단에서는 캐나다, 멕시코, 영국, 아일랜드, 네덜란드, 남아프리카 공화국, 싱가포르, 인도네시아, 한국에 교사교육 기관과 센터를 가지고 있다. 하이스코프 교육 및 활용에 대한 새로운 시도는 다른 여러 나라에서도 일어나고 있다. 예를 들어, 하이스코프 재단은 캐리비아의 매우 성인 중심적이고 지시적인 교수법을 상호적인 것으로 바꾸기 위해 몇몇 기관들과 협력하고 있다. 이는 하이스코프 교육모형을 전적으로 받아들이는 것은 아니지만 사람들 간의 균형 잡힌 상호작용이라는 핵심 원칙을 도입하려는 노력이라 볼 수 있다. 하이스코프는 미국에서 출발했지만 세계 여러 나라에서 해석되고 적용되고 있는 것이다.

9. 하이스코프 교육모형을 지지하는 연구들

하이스코프 유아교육모형의 가치를 다양한 방식으로 증명하는 연구가 많이 이루어졌다. 하이스코프 페리 유아원 연구는 이 교육모형을 빈곤계층의 유아들에게 제공했을 때 놀라울 만한 장기적 효과가 있다는 사실을 발견했다. 하이스코프 유아교육과정 비교연구에서는 하이스코프 교육모형이 교사 지시적 교수법보다 유아의 사회성 발달 측면에 기여하는 바가 더 크다는 것을 밝혀냈다. 질적 수준 제고를 위한 교사교육연구(The Training for Quality Study)는 하이스코프 교육모형의 체계적 교사교육이 교사가 유아들의 발달을 더 효율적으로 촉진시키도록 돕는다는 것을 증명했다. 국제교육성취도평가협회(The International Association for the Evaluation of Educational Achievement)의 유아프로젝트(The Preprimary Project)는 세계 각국의 유아교육기관들이 대집단 활동보다 유아 스스로 활동을 선택하게 하는 경우 유아의 인지와 언어 발달에 더 크게 기여한다는 것을 밝혀냈다.

1) 하이스코프 페리 유아원 연구

경제적으로 빈곤한 유아들을 돕기 위해 Weikart와 Ypsilanti 공립학교의 하이스코프 페리 유아원 프로그램 교사들은 하이스코프 교육모형을 최초로 개발하고 적용하였다. 이 프로그램의 실험 설계(무선할당)와 장기간에 걸친 적용(1962년부터) 덕분에, 하이스코프 페리 유아원 프로그램은 현재까지 이루어진 프로그램 효과에 대한 연구 중 가장 신뢰도가 높다는 평가를 받고 있다. 기본적 연구 문제는 하이스코프 페리 유아원 프로그램이 참여 유아들의 삶에 영향을 미쳤느냐에 관한 것이다. 이 연구는 빈곤한 가정에 태어났고 교육에서의 실패 위험이 높은 123명의 흑인 유아들에게 초점을 맞추었다. 1960년대 초반에 3, 4세 유아들을 무선적으로 두 집단에 배정하여 한 집단은 양질의 유아교육을 받게 하고, 다른 집단은 유아교육을 받지 않게 하였다. 이 두 집단은 수년간 지속적으로 연구되었으며 누락된 자료는 모든 항목에서 평균 6% 정도밖에 되지 않았다. 프로그램 참여자가 40세가 되었을 때, 이들 중 91%를 면담했으며(면담하지 못한 사람 중 7명은 사망), 이들의 학교생활, 사회복지, 전과에 관한 추가 자료를 수집하였다(Schweinhart et al., 2005). 유아교육 프로그램 이후에 나타난 두 집단 간의 차이는 유아교육 프로그램의 효과를 의미한다. 다음에 제시된 연구 결과들은 통계적으로 유의미하다(양측검증, 유의수준 .05 이하).

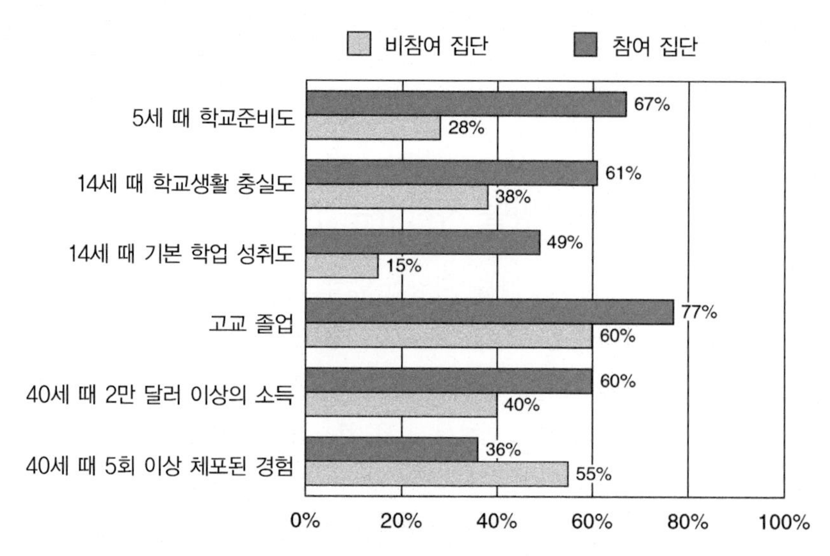

그림 9-1 프로그램 참여자가 40세가 되었을 때까지 하이스코프 페리 유아원 연구의 주요 결과

출처: *Lifetime Effects: The High/Scope Perry Preschool Study Through Age 40* (p. xv) by L. J. Schweinhart, J. Montie, Z. Xiang, W. S. Barnett, C. R. Belfield, & M. Nores, 2005. Ypsilanti, MI: High/Scope Press. Copyright 2005 by High/Scope Educational Research Foundation, Adapted with permission.

그림 9-1에 나타난 바와 같이 프로그램 참여 집단(77%)이 비참여 집단(60%)보다 고등학교를 졸업하거나 고교학력인정(GED)을 받은 경우가 더 많았다. 이 차이는 프로그램 참여 여성(88%)과 비참여 여성(46%) 간 고등학교 졸업률에서의 차이 42%에 기인한다. 초기에는 프로그램 참여 여성과 비참여 여성이 정신장애 치료를 받은 비율(8%와 36%)과 유급하는 비율(21%와 41%)에 차이가 있는 것으로 나타났다. 그러나 프로그램 참여 집단 전체가 유치원 시기부터 7세까지의 다양한 인지, 언어 검사에서 비참여 집단을 능가했다. 또한 7세에서 14세까지의 학업 성취도, 19세와 27세 때의 문해 검사에서 참여 집단의 점수가 높게 나타났다. 프로그램 참여 집단은 비참여 집단보다 청소년기에 학교에 대해 더 긍정적인 태도를 보였으며, 프로그램 참여 집단 부모들은 비참여 집단 부모들보다 청소년기 자녀의 교육에 대해 더 긍정적인 태도를 나타냈다. 유아교육 프로그램은 유아의 성별에 관계없이 성적과 태도에 영향을 미쳤으나 이러한 공통적인 효과로 인해 교사들이 남아들보다 여아들에게 더 주목하였다고 추정된다.

프로그램 참여 집단이 비참여 집단보다 취업률에서 27세(69%와 56%)와 40세(76%와 62%) 때 모두 높게 나타났다. 프로그램 참여 집단이 비참여 집단보다 27세(12,000달러와 10,000달러)와 40세(20,800달러와 15,300달러) 때 모두 연봉의 중간 값이 더 높게 나타났으며, 월급도 더 높은 것으로 나타났다. 프로그램 참여 집단이 비참여 집

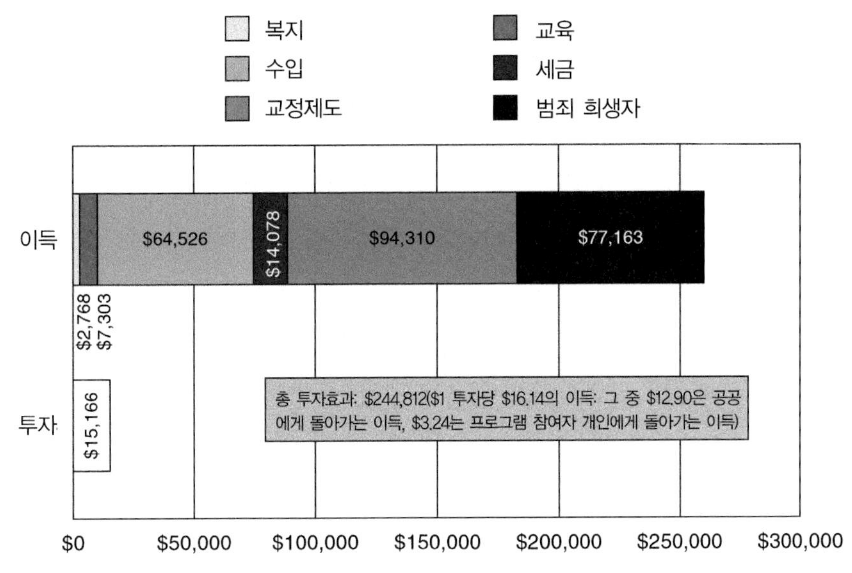

그림 9-2 투자효과 (매년 3달러씩 차감했을 때 2000년 기준 1인당 투자효과)

출처: *Lifetime Effects: The High/Scope Perry Preschool Study Through Age 40* (p. xvii) by L. J. Schweinhart, J. Montie, Z. Xiang, W. S. Barnett, C. R. Belfield, & M. Nores, 2005. Ypsilanti, MI: High/Scope Press. Copyright 2005 by High/Scope Educational Research Foundation, Adapted with permission.

단보다 27세(27%와 5%)와 40세(37%와 28%) 때 집을 소유한 비율이 더 높게 나타났다. 프로그램 참여 집단이 비참여 집단보다 차를 소유한 비율이 27세(73%와 59%)와 40세(82%와 60%) 때 모두 높게 나타났다. 프로그램 참여 집단의 남성이 비참여 집단 남성보다 자신의 자녀를 키우는 비율이 높았다(57%와 30%).

이들의 일생을 통틀어서 경찰에 5회 이상 연행되거나 폭력, 재산범죄, 마약과 같은 약물복용, 폭행 혹은 구타, 100달러 미만의 절도로 연행되는 경우는 프로그램 참여 집단이 비참여 집단보다 더 적게 나타났다(36%와 55%). 40세까지 프로그램 참여 집단이 비참여 집단보다 징역형을 선고받은 경우가 더 적었다(28%와 52%).

그림 9-2에 나타난 바와 같이 2000년의 달러 가치로 환산하였을 때, 프로그램이 사회에 가져다준 경제적 이득은 프로그램 참여자 한 명당 15,166달러를 투자하였을 때 244,812달러로, 이는 1달러당 16.14달러의 투자효과인 것으로 나타났다. 그 이득 중 80%는 공공의 이득(1달러 투자당 12.90달러의 이득)으로 돌아가고 20%는 참여자 개인에게 돌아간다. 공공에 돌아가는 이득 중에서 88%는 범죄의 감소에 기인한 것이고, 나머지는 교육, 복지, 그리고 고소득으로 인한 세금의 증가로 인한 것이다. 남성이 전체 공공에게 돌아가는 이득의 93%를 설명하고 있는데, 이는 프로그램이 남성의 범죄를 감소시키는 데 큰 효과가 있었기 때문이다. 남성에 대한 이러한 연구 결과는 프로그램이 참여 여성의 고등학교 졸업률에 영향을 미쳤다는 연구 결과와 대비되는 것이다.

2) 하이스코프 유아교육과정 비교연구

1967년에 두 번째 종단연구인 하이스코프 유아교육과정 비교연구(Schweinhart & Weikart, 1997)가 이루어졌으며, 이 연구는 몇 가지 대표적인 이론에 근거한 유아교육 프로그램들의 효과를 알아보기 위한 것이었다. 연구 문제는 하이스코프 페리 유아원 프로그램이 성공적이었던 것이 그 유치원에서 하이스코프 교육모형을 사용했기 때문인지, 아니면 다른 양질의 유아교육 프로그램을 사용했어도 성공적이었을지를 알아보는 것이었다. 이 연구에서는 빈곤 가정에 태어난 68명의 3, 4세 유아들을 세 집단에 무선 할당한 후 이들의 일생을 추적하였다. 각 집단은 서로 다른 경험을 하였다.

- 그 당시 널리 사용되던 **직접적 교수 교육모형**에서는 교사가 훈련과 연습으로 구성된 활동들을 주도하고, 교육 목표가 있는 각본을 따랐으며, 정답을 말하거나, 교사의 지시를 잘 따르는 유아를 칭찬했다.
- **하이스코프 교육모형**에서는 교사와 유아 모두 활동을 주도했다. 교사는 유아들이 스스로 활동을 계획하고 실행하고 평가하며 이 장에서 소개된 핵심 발달 지표들을 달성할 수 있도록 교실 환경과 하루 일과를 구성했다.
- **전통적인 유아학교 교육모형**에서 교사는 구조가 느슨하고 사회적으로 따뜻한 환경에서 유아 주도적인 놀이에 대해서 반응해 주고 프로젝트를 소개해 주었다.

유아들이 3, 4세일 때 세 집단에 각기 다른 교육모형을 이용한 프로그램을 실시하였는데, 프로그램은 일주일에 5일, 하루에 2시간 반씩 제공되었다. 또한 교사들은 2주에 한 번 각 유아의 가정을 한 시간 반 동안 방문하였다.

교육모형을 제외하고 세 프로그램의 모든 요소는 동일하였다. 세 집단의 배경 특성에는 유의미한 차이가 없었다. 여기 제시된 연구 결과들은 집단들의 성별 구성의 차이를 감안하여 조정된 것이다. 그림 9-3은 주요 연구 결과를 설명한다.

연구참여자들이 23세가 되었을 때 하이스코프 집단은 직접적 교수 집단보다 8가지에서 유의미한 긍정적 효과를 더 많이 나타냈다.

- 중범죄로 체포되는 경우가 적음
- 재산침해 관련 범죄로 체포되는 경우가 적음
- 정서장애와 불안을 치료하는 데 사용한 시간이 적음
- 타인에게 괴롭힘을 당했다고 보고한 경우가 적음
- 10대 비행이 더 적음
- 배우자와 동거하는 비율이 높음
- 자원봉사를 해 본 비율이 높음

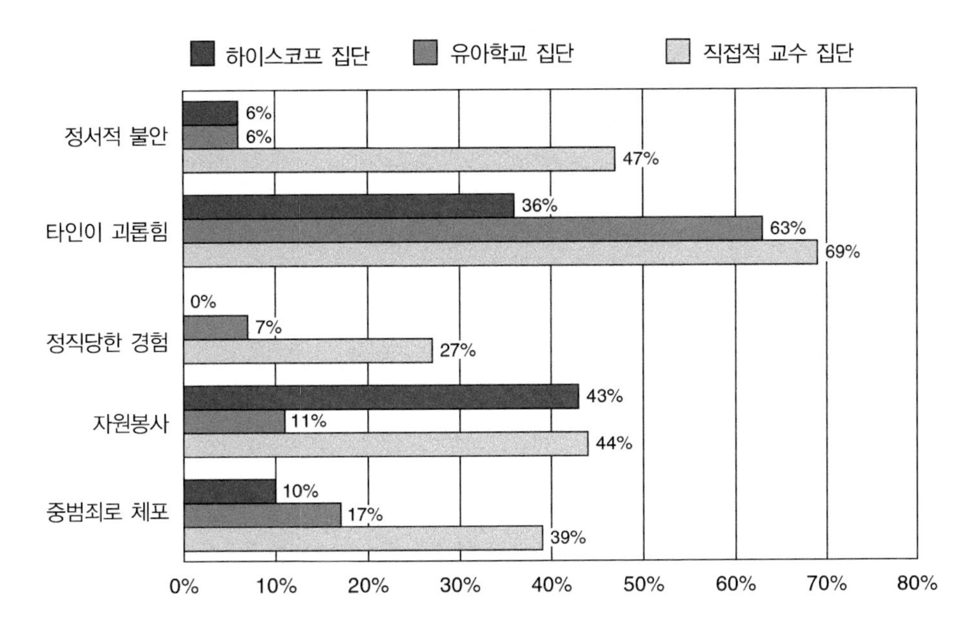

그림 9-3 연구참여자가 23세가 되었을 때까지 하이스코프 유아교육과정 비교연구의 주요 결과

출처: *Lasting Differences* (pp. 40, 48, and 51), by L. J. Schweinhart, & D. P. Weikart, 1997. Ypsilanti, MI: High/Scope Press. Copyright 1997 by High/Scope Educational Research Foundation. Adapted with permission.

- 대학 졸업을 계획한 비율이 높음

연구 참여자들이 23세가 되었을 때 유아학교 집단은 직접적 교수 집단보다 4가지에서 유의미한 긍정적 효과를 더 많이 보였다.

- 22세 때와 그 이후에 중범죄로 체포되는 경우가 적음
- 정서장애와 불안을 치료하는 데 사용한 시간이 적음
- 자원봉사를 해 본 비율이 높음
- 직장에서 정직당하는 경우가 적음(하이스코프 교육모형 집단과 공통적이지 않은 유일한 항목)

23세까지 직접적 교수 집단은 어느 변인에서도 유의미한 긍정적 효과를 나타내지 않았다. 23세까지 하이스코프 집단과 유아학교 집단은 어떤 변인에서도 서로 유의미하게 다른 결과를 나타내지 않았다.

이 연구의 주요 결과는 유아교육을 1년 받은 후 10세까지 세 집단의 전반적인 평균 IQ가 장애 경계선인 78점에서 정상 수준인 105로 27점 상승했으며, 그 후 역시 정상 수준인 95점에서 안정이 되었다는 것이다. 2년 간의 학업 훈련에도 불구하고 직접적 교수 집단은 15세까지 학업성취 측면에서 유의미한 차이를 보이지 않았다. 그 당

시의 결론은 잘 실행된 유아교육은 그 이론적인 기반과는 관계없이 유아의 지능과 학업성취에 비슷한 영향을 준다는 것이었다. 그러나 시간이 지날수록 다른 측면들이 더 밝혀졌다.

이 연구의 결론은 학교에서의 성공을 위한 가장 확실한 방법이라고 권장되던 교사주도적인 교육이 연구 참여자들을 23세까지 살펴보았을 때 학업 성취도를 약간 개선시키기는 했지만, 이는 이 시기에 중요한 사회적 행동의 장기적인 향상을 희생시키면서 이루어졌다는 것이다. 반면, 유아 주도적인 학습 활동은 유아들로 하여금 사회적인 책임감과 기술을 기르도록 도움으로써 청소년기가 되었을 때 정서장애나 불안 치료가 필요한 경우가 적고 중죄를 범해서 체포되는 경우도 적다는 것이 밝혀졌다.

하이스코프와 유아학교 집단이 23세까지는 어떤 결과변인에서도 유의미한 차이를 보이지 않았다. 그러나 유아학교 교육모형보다 하이스코프 교육모형이 다른 곳에서 실행하기가 더 수월한데, 이는 하이스코프 교육모형의 교육실제에 대한 광범위한 기록, 입증된 교사교육 프로그램, 잘 개발된 프로그램과 유아평가 시스템 덕분이다. 이 연구에서 사용된 유아학교 프로그램은 일반적인 아동발달을 중심으로 교육받은 교사들에 의한 독특한 프로그램이다. 이 연구 결과가 다른 형태의 유아학교 프로그램이나 교사에 의해 절충된 프로그램을 경험한 유아들에게도 적용될 수 있을지는 명확하지 않다.

이러한 결과들은 유아주도적인 학습활동이 교사주도적인 교수법보다 문제를 예방하는 데 더 효과적이라는 증거를 보여준다. 유아의 가정을 격주로 방문하는 것은 모든 프로그램의 일부로 포함되어 있었기 때문에 가정방문만으로는 이러한 차이를 설명할 수 없다. 이러한 결과는 유아교육의 목표가 학교교육을 위한 학습준비에 국한되어서는 안 되며, (하이스코프 교육모형의 교육목표인) 유아가 결정을 내리고 문제를 해결하고 타인과 잘 지내는 법을 배우게 하는 것도 포함되어야 한다는 것을 의미한다.

하이스코프 페리 유아원 연구(Schweinhart et al., 2005)와 하이스코프 유아교육과정 비교연구(Schweinhart & Weikart, 1997)는 하이스코프 유아교육 모형이 유의미하고 지속적인 효과가 있다는 것을 밝혔다. 이는 하이스코프 교육모형이 다음과 같은 점을 증진시키기 때문이다.

- 유아에게 주도권을 주고 활동을 실행하고 독립적으로 결정을 내리게 함으로써 유아에게 권한을 부여한다.
- 유아 발달을 지원하는 데 있어서 부모를 교사와 지속적인 동반자로 참여시킴으로써 부모에게 권한을 부여한다.
- 체계적이고 교육모형에 초점을 맞춘 현직연수와 장학을 지원하는 효과적인 교

육모형과, 유아 발달을 평가할 수 있는 관찰 도구를 제공함으로써 교사들에게 권한을 부여한다.

어떤 사람들은 이러한 교육모형들이 오래되고 시대에 뒤떨어졌다고 비판하거나 그러한 장기적인 효과를 낼 수 있는 상황에 있는 특정 프로그램에만 한정된 이야기라며 관심을 두지 않기도 한다. 그러나 이 프로그램들은 문서화가 잘 되어 있으며, 여기에는 서술적 설명뿐 아니라 전문가의 관찰과 훈련받은 관찰자들에 의한 체계적인 관찰도 포함되어 있다(Weikart, Epstein, Schweinhart, & Bond, 1978). 따라서 이 프로그램은 오늘날에도 완벽하게 재현될 수 있다. 또한 1960년대 초반에 발견된 교육모형과 유아 발달과의 관계가 오늘날과 다르다고 생각할 어떠한 이유도 없다. 다른 많은 연구들(Marcon, 1992; Nabuco & Sylva, 1997; Zill et al., 2003)에서 얻은 비슷한 결과들과 함께 이러한 자료들은 광범위한 시사점을 준다. 이들은 빈곤계층의 유아들을 위한 양질의 유아교육 프로그램이 그들의 인생에 긍정적인 장기 효과가 있다는 것을 나타낸다. 이들의 성공적인 유아교육은 추후의 성공적인 학교생활, 높은 고용률, 범죄나 복지제도에의 의존과 같은 사회문제의 감소로 연결된다. 유아교육이 개개인이 각자의 잠재력을 실현하도록 돕지만, 연구 결과들은 개인적인 차원의 긍정적 효과 이상의 것이 있다는 것을 나타낸다. 여러 연구에서 유아교육을 통해서 공동체의 질이 크게 향상될 수 있다는 것을 밝혔다. 효과적인 프로그램은 범죄를 감소시키고 프로그램 참여자가 취업할 가능성을 높인다. 더 나아가 더 나은 학력과 직업유지 능력이 향상되었기 때문에 이들은 더 나은 직업을 가질 수 있게 된다. 그러나 이러한 결과가 모든 유아교육 프로그램이 갖는 결과는 아니며, 유아의 사회성 발달과 개인의 주도성과 학업성취의 균형을 갖춘 프로그램들이 갖게 되는 결과라 할 수 있다.

3) 질적 수준 제고를 위한 교사교육연구

하이스코프의 질적 수준 제고를 위한 교사교육연구(Epstein, 1993)는 오늘날 미국 전역에서 사용되고 있는 하이스코프 유아교육 모형의 효과를 증명하고 있다. 여러 연구를 평가한 이 연구에서 연구자들은 40개의 교육 프로젝트에 참여했던 참가자들의 보고서를 분석하고, 자격증이 있는 203명의 하이스코프 교사교육자들을 상대로 설문조사를 했으며, 244개의 하이스코프 학급과 122개의 비교집단 학급을 체계적으로 관찰하고 설문조사를 실시하였다. 또한 하이스코프 학급에 있는 97명의 유아와 비교집단 학급의 103명 유아를 체계적으로 관찰하고 검사를 실시하였다.

하이스코프 교사교육자들은 최소한 6개월 이상 근무하고, 4회 이상의 하이스코프 워크숍에 참석한 바 있으며, 3회의 교실 참관을 받은 경험이 있는 미시간, 뉴욕, 캘리포니아 주의 244명을 선정하였다. 연구자들은 하이스코프 교사들과 비슷하게 기관 유형의 비율을 맞추려고 노력하면서 인가받은 보육시설의 명부와 교사나 교사교육자들이 추천한 기관을 통해서 122명의 비교집단 교사들을 선정하였다.

유아효과 검증연구(Child Outcomes Study)에 참여한 200명의 유아들은 미시간 주 남동부와 오하이오 주 북서쪽에 위치한 도시, 교외지역, 시골의 15개의 기관에 재원하고 있었다. 이들 중 46%는 헤드스타트에, 19%는 공립학교에, 35%는 비영리 유아교육기관에 재원하고 있었다. 유아의 연령대는 2세에서 6세까지로, 평균 연령은 4.3세였다. 47%의 유아들은 남아였으며, 53%는 여아였다. 43%는 백인, 32%는 흑인, 5%는 히스패닉계였으며, 나머지 20%는 그 밖의 인종이었다. 이 유아들의 부모들은 평균적으로 13.7년의 교육을 받았으며, 이는 평균적으로 보았을 때 비교적 교육을 많이 받은 편이라 볼 수 있다. 노동통계청(Bureau of Labor Statistics)의 분류에 의하면 이 두 유아 집단 아버지들의 평균적인 직업 수준은 노동자와 같은 수준이었으며, 어머니들의 직업수준은 서비스업 종사자 수준이었다. 실험집단들은 이러한 특성 중 어느 것에서도 유의미하게 큰 차이가 없었다.

교사교육자들을 대상으로 한 설문조사에서 하이스코프 교사교육 자격증이 있는 교사들의 절반이 헤드스타트에, 27%는 공립학교에, 20%는 사설 보육기관에 재직하는 것을 발견했다. 그 중 88%는 대학 졸업 이상의 학력이었고(37%는 대학원 학위도 있었음) 70%는 유아교육을 전공했다. 교사교육자들은 평균 15년의 유아교육 경력이 있었다. 그들 중 78%는 하이스코프 자격증을 받았을 때 재직하던 기관에 계속 근무하고 있는 것으로 나타났으며, 일주일에 교사교육을 위해 사용하는 시간은 비록 평균 8시간밖에 되지 않았지만 85%는 교사교육을 책임지고 담당하고 있었다. 보통 36명의 교사들을 위해서 매년 대집단 발표를 실시했으며, 매 달 15명의 교사들을 위한 워크숍과 학급관찰/평가를 실시하였으며, 매 주 비공식적인 학급관찰을 실시하였다. 평균적으로 교사들은 1회의 발표와 9회의 워크숍에 참석하였고, 한 달에 1회의 학급관찰/평가와 3회의 비공식적인 학급관찰의 대상이 되었다.

교육을 받은 모든 교사들은 하이스코프 교육모형의 교실환경 구성과 하루 일과를 충분히 시험해 보았다. 그 중 91%는 핵심 경험(key experiences)을 시도하였고, 63%는 유아관찰 기법을 시도하였다. 89%는 교실환경 구성에 대해서 만족스럽고 효과적이라고 생각하였다. 80%는 하루 일과에, 56%는 핵심 경험에, 37%는 유아관찰 기법에 대해 만족하였다. 교사교육자들은 교육을 받은 교사들 중 45%의 학급을 하이스코프 유아원 모형의 본보기로 공개할 수 있다고 하였으며, 이는 교사교육자당 평균 4학급의 비율이었다.

하이스코프 명부에는 지난 10년간 하이스코프의 7주짜리 교사교육자 자격 프로그램을 성공적으로 수료한 미국 34개 주와 다른 나라 10개국의 1,075명의 유아교육 지도자들이 등록되어 있다. 평균적으로 한 교사교육자가 15집단을 지도했으므로, 헤드스타트 교직원 전체의 29%를 포함하여 총 16,125개의 유아교사 집단이 교사교육자들로부터 하이스코프 모형에 대한 교육을 받았다고 추정할 수 있다. 교사교육자들이 이 학급들 중 45%를 하이스코프 모형의 본보기로 평가하였으므로, 미국과 세계의 7,256개의 유아학급이 하이스코프 교육모형의 본보기라 추정할 수 있다.

교사를 대상으로 한 설문조사에서는 하이스코프 학급과 비교학급이 모두 질적으로 우수한 것으로 나타났다. 두 집단 교사들은 모두 최소 10년 이상의 교육경력을 갖고 있었다. 두 집단 구성원 대부분은 학사 학위를 소지하였으며 유아교육 전공자였다. 두 집단 모두 매 년 40시간 이상의 현직 연수를 받고 있었다. 두 집단의 교사들의 연봉은 평균 20,000달러 정도였으며, 이는 보육시설 종사자들의 평균 연봉인 9,400달러보다 상당히 높은 것이었다(Whitebook, Phillips, & Howes, 1993). 두 집단 간 배경의 몇 가지 차이는 서로 보완적인 경향이 있다. 즉, 하이스코프 교사들은 비교집단의 교사들보다 교사경력이 유의미하게 많았지만(12년과 10년), 학사학위를 소지하고 있는 비율은 현저히 낮았다(63%와 79%). 하이스코프 교사들과 비교집단 교사들이 연간 받는 현직연수 시간에는 큰 차이가 없었지만 하이스코프 교사들이 교육과정과 교육실제에 관련된 연수(91%와 71%), 유아평가(75%와 48%), 직무의 제반 이슈들(48%와 34%)과 관련된 연수를 훨씬 더 많이 받는 것으로 나타났다. 하이스코프 교사들은 비교집단의 교사들보다 교실 환경구성, 유아의 자발적 활동 선택, 성인이 유아 놀이 참여, 지속적인 교사교육, 장학과 평가, 다문화에 대한 인식, 부모 참여 등의 주제들을 더욱 중요하게 생각했다.

하이스코프 프로그램 실시 프로파일(Program Implementation Profile(하이스코프 교육연구재단, 1989))을 일반적인 사용에 적합하도록 수정한 평가에 의하면 하이스코프 학급과 비교집단의 학급은 교실 환경과 일과, 교사와 유아 간의 상호작용, 전반적인 교육활동 등에서 유의미한 차이를 나타내었다. 교실 환경에 있어서 하이스코프의 장점은 교실을 활동 영역으로 분리하고 각 영역에 충분한 공간을 제공했으며, 교구를 배열하고 각각에 이름을 표시했으며, 각 영역별로 충분한 교구를 제공하는 것이었다. 더불어 실물자료들을 제공했으며 유아가 직접 교구들을 다룰 수 있는 환경과 문화적 차이에 대한 인식을 고양시킬 수 있는 교구들을 제시하였다. 하루 일과에 있어서 하이스코프의 장점은 하루 일과를 일관되게 운영하고, 유아가 활동을 계획하고 평가하도록 격려하고, 유아에게 활동 계획, 실행, 평가의 기회를 제공한다는 것이다. 교사와 유아 간의 상호작용에 있어서 하이스코프의 장점은 관찰과 질문법의 차이, 유아 놀이에의 참여, 그리고 유아와 성인 간의 대화의 균형에 있다. 비교집단의 학급들

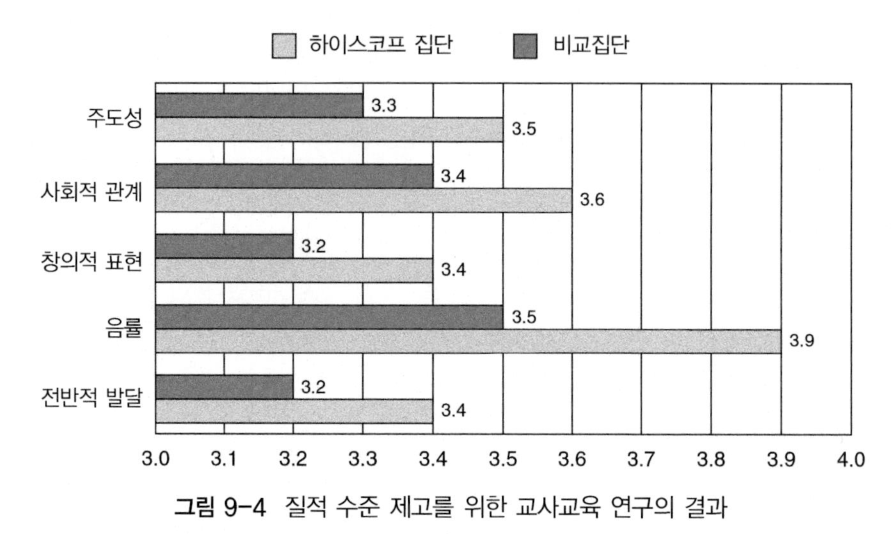

그림 9-4 질적 수준 제고를 위한 교사교육 연구의 결과

출처: *Training for Quality: Improving Early Childhood Programs Through Systemetic In-service Training* by A. S. Epstein, 1997. Ypsilanti, MI: High/Scope Press. Copyright 2003 by High/Scope Educational Research Foundation. Adapted with permission.

은 이러한 측면에서 하이스코프 학급보다 큰 장점은 없었다. 이러한 결과는 하이스코프 학급이 비교집단 학급들보다 하이스코프 유아교육과정을 훨씬 더 많이 실행하고 있다는 것을 나타낸다.

그림 9-4에 나타난 바와 같이 하이스코프 프로그램을 교육받은 유아들은 주도성, 사회적 관계, 음률과 전반적인 발달에 있어서 비교집단의 유아들을 능가했다. 주도성과 관련된 하이스코프의 장점은 일과 중의 복합적 놀이와 협동에 있었다. 사회적 관계와 관련된 하이스코프의 장점은 성인들과 관계를 맺는 것과 사회적 문제해결에 있었다. 음률에 있어서 하이스코프의 장점은 느린 박자에 맞추어 동작을 따라하는 것 등이 해당된다. 학급의 하루 일과(활동을 계획하고 실행하며 매일 자신들이 한 활동을 평가하는 기회를 측정)와 유아의 전반적인 발달 간에 정적 상관이 있었으며, 특히 창의적인 표현, 주도성, 음률능력, 언어와 문해력 측면에서 .39에서 .52의 유의미한 정적 상관이 있는 것으로 나타났다.

4) IEA 유아프로젝트(Preprimary Project)

IEA 유아프로젝트는 국제교육성취도평가협회의 지원을 받은 유아기 보육과 교육에 관한 국제 연구이다(Montie, Xiang, & Schweinhart, 2006; Olmsted & Montie, 2001; Weikart, Olmsted,& Montie, 2003). 하이스코프는 국가 간의 의견을 종합하는 역할을 수행하였다. 하이스코프 관계자들은 15개국의 연구자들과 함께 협동하면서 표본 추출, 도구 개발, 자료 분석을 수행하였고, 5편의 이미 발간된 보고서와 곧 발간될 1편의 보고서의 작성을 담당했다. 이 연구의 목적은 유아기에 경험한 지역사회 교육환경의 과정적, 구조적 특성들이 유아가 7세가 되었을 때의 언어 · 인지 발달에 어떠한 영향을 미치는지 알아보는 데 있다. 이 연구는 다양한 국가가 참여해서 공통적인 도구를 가지고 가정환경, 교사의 특성, 환경의 구조적 특성, 유아의 경험, 유아의 발달 상태를 측정했다는 측면에서 독특하다.

이 연구는 유아의 행동과 발달 상태가 유아의 교육 · 보육 기관에서의 실제적인 경험과 같은 직접적이고 근접적인 환경과 국가 정책과 같은 간접적인 환경 등 다층적인 환경의 영향을 받는다고 보는 인간 발달의 생태학적 체계 모형에 이론적 근원을 두고 있다. 이 연구의 결과는 가정과 문화의 영향을 통제한 상태에서 지역사회의 유아교육 · 보육 환경에서의 유아의 경험이 7세가 되었을 때 언어 · 인지 발달에 미친 영향에 초점을 맞추었다. 그러한 맥락 속에서 직 · 간접적인 환경 변인들이 모두 연구되었다.

연구대상 집단은 선별된 지역사회의 4세 반 정도 된 유아들이었다. 이 종단연구를 위한 자료는 핀란드, 그리스, 홍콩, 인도네시아, 아일랜드, 이탈리아, 폴란드, 스페인, 태국, 미국 등 10개국의 유아교육 · 보육 기관에서 수집되었다. 각 나라 연구팀은 지역사회 내의 많은 가정이 이용하거나 공공정책적 이유에서 중요한 표본기관들을 선정하였다. 전문가의 도움을 받아 각 나라 연구팀은 기관을 선택하기 위해서 확률적 비율과, 각 교실에서 4명씩의 유아들을 선택하기 위해 체계적인 표본 추출의 절차를 이용하는 표집 계획을 수립하였다. 4세 유아 표본에는 15개국의 1,800개의 기관에서 5,000명이 넘는 유아들이 선정되었다. 15개국 중 10개국은 언어 · 인지 발달의 결과자료를 수집하기 위해 이 유아들이 7세가 될 때까지 추적했다. 각 나라에 걸쳐 평균적으로 86%의 유아들이 계속해서 연구에 참여하였으며, 그 비율은 41%에서 99%의 범위에 있었다. 종단연구에 포함된 유아의 수는 1,300명에서 1,897명으로 분석의 종류에 따라 다양하였다.

이 연구에 사용된 연구도구들은 하이스코프 연구자들과 함께 국제연구팀의 구성원들이 협력해서 개발된 것이다. 4세 유아의 자료는 3가지 관찰 방식과 3가지의 설문지, 면담을 통해 수집되었다. 유아의 인지, 언어 발달은 4세와 7세 때 측정되었다. 관찰을 통해 어떻게 교사가 유아를 위한 일정을 계획하고 운영하는지, 유아들이 그 시간에 실제로 무엇을 하는지, 교사가 하는 행동과 교사가 유아들의 활동에 어떻게 관여하는지에 대한 시간 표본식 정보를 수집하였다.

가정환경에 대한 정보와 교사, 학부모가 유아 학습에서 중요하다고 생각하는 것이 무엇인지에 대한 정보는 면담을 통해 수집되었다. 유아교육기관의 구조적인 특성에 초점을 맞춘 설문지가 교사들과 보육교사들에게 배부되었다.

유아들은 각 나라에서 초등학교에 입학하는 연령인 7세까지 추적되었다. 이때 발달

상태를 측정하기 위하여 국제연구팀에서 개발한 인지언어 검사 도구가 사용되었다.

개개 유아들이 유아교육기관에 속해 있고, 각 기관들은 각 나라에 속해 있는 자료의 특성에 따라 자료 분석을 위해서 위계선형모델(hierarchical linear modeling) 접근이 사용되었다. 두 단계(기관과 나라)에서의 영향이 종종 서로 혼동될 수 있기 때문에 각기 다른 차원에 있는 변인들의 영향을 정확하게 추정하는 것이 이 연구에서는 특히 중요하였다. 기관 변인들과 유아의 추후 발달 간의 관계가 연구의 주된 관심사였지만 각 나라의 영향이 정확하게 평가되고 조정되지 않는다면 어떠한 연구 결과도 해석하기가 어려울 것이다. 3단계 접근은 유아 발달의 결과들을 기관 내 유아들 간의 편차, 각 나라 안의 기관들 간의 편차, 각 나라별 편차의 세 부분으로 분류하는 것을 가능하게 했다. 그 결과 기관 변인과 유아 발달 수준 간의 관계는 국가 수준의 변인으로부터 큰 영향을 받지 않게 되었다.

자료 분석에 포함된 모든 나라들에 걸쳐서 다음의 4가지와 같은 일관된 결과가 나타났다.

- 7세 때 유아의 언어 수행능력은 **교사가 제시하는 주된 유아 활동 유형이 개인/사회적 활동보다는 자유활동일** 때 높게 나타났다. 가장 영향을 많이 미친 활동부터 가장 적게 미친 활동까지 활동 종류를 순서대로 열거하면 다음과 같다.
  교사가 유아들로 하여금 선택하게 하는 자유 활동,
  신체/표현 활동(대 · 소근육 신체활동, 극화놀이, 예술, 공예, 음악),
  학업준비 활동(읽기, 쓰기, 수, 수학, 물리과학, 사회과학),
  개인/사회 활동(자조활동, 집단별 사회활동, 훈육)
- 7세 때 유아의 언어 수행능력은 **교사의 학력이** 증가함에 따라 높게 나타났다.
- 7세 때 유아의 인지 수행능력은 유아들이 **전체집단 활동**(교사가 학급의 모든 유아들에게 동일한 활동을 제시하는 것: 노래, 게임, 이야기 듣기, 조형활동 하기, 학업준비 활동 등)**에서 더 적은 시간을 보낼수록** 높게 나타났다.
- 7세 때 유아의 언어 수행능력은 유아교육기관에 **유아들이 사용할 수 있는 교구와 교재의 수와 종류가 많을수록** 높게 나타났다.

유아들이 교육받는 환경이 국가별로 다양한 것은 유아에게 양질의 교육 프로그램을 제공하고자 하는 모든 사람들에게 어려운 질문을 던져준다. 무엇이 최적의 유아 발달을 위한 필수적인 프로그램 구성요소인가? 어떻게 이러한 요소들이 다양한 지역에서 실행될 수 있을 것인가? 본 연구의 결과는 교육 실제가 중요하다는 것을 말해준다. 즉, 교사들이 어떻게 교실환경을 구성하는가와 어떠한 활동을 유아들에게 제시하는가가 차이를 만든다.

다양한 나라들에서 유아 주도적인 활동과 교사교육이 유아의 추후 언어 능력에 기여하는 것으로 나타났다. 또한 전체집단 활동을 최소화하고 다양하고 많은 교구를 유아교육기관에 비치하는 것이 유아의 추후 인지 능력에 기여하는 것으로 나타났다.

원인과 결과 관계를 규명하고 그에 관련된 학습 기제를 밝혀내기 위해서는 더 많은 연구가 다양한 국가들에서 이루어져야 하지만 유아교육자들과 정책입안자들은 지역의 정책이나 실제를 점검하고 변화가 필요한지를 고려해 보는 데 이 연구의 결과를 사용할 수 있다.

10. 연구와 하이스코프 모형 간의 관계

하이스코프 모형은 유아와 교사의 일상의 경험에서 프로그램의 효과를 가장 잘 설명하는 핵심적인 프로그램의 구성요소를 제시하고 있는데, 이는 계획-실행-평가와 계획과 관찰의 기초가 되는 핵심 발달지표이다. 또한 핵심적인 프로그램 구성요소 중에는 교사 대 유아 비율, 교사 계획과 발달, 유아들을 위한 수업 시간, 높은 수준의 부모 참여 등이 있다. 교사와 유아의 비율은 하이스코프 페리 유아원 프로그램에서 1 대 5 또는 6 으로 4명의 교사가 20에서 25명의 유아들을 담당했다. 하이스코프 교육과정 비교연구에서는 1 대 8로, 각 학급에 두 명의 교사와 16명의 유아가 있었다. 교사들은 팀으로 함께 일하며 매일의 활동을 계획하고, 실행하고, 평가하였다. 확실히, 연구자들과 조력자들과 함께 일하면서 교사들은 하이스코프 교육모형을 발전시키고 더욱 정교화했다. 유아원 프로그램에는 두 가지 구성요소가 있다. 이는 매일 이루어지는 두 시간 반짜리 수업시간과 매 주 이루어지는 한 시간 반의 가정방문으로 교사가 각 유아와 어머니 혹은 다른 양육자를 방문하는 것이었다. 이러한 프로그램 구성요소들은 어느 정도 융통성 있게 적용될 수 있다. 교사 구성은 한 학급에 숙련된 교사 두 명에 많게는 유아 20명까지 별 무리 없이 이루어질 수 있다. 교사들은 보다 바람직하게는 일과 계획, 평가, 팀워크를 통해서, 그리고 적극적인 행정적 지원과 현직 연수의 기회를 가지면서 이 모형에 대한 주인의식을 발전시켜야 한다. 직접적 교수법을 사용한 집단의 자료(Schweinhart & Weikart, 1997)에 나타난 바와 같이 가정방문은 프로그램의 효과에 있어서 핵심 요소는 아니다. 그러나 학부모와 교사는 유아의 교육에 있어서 진정한 동반자로서 함께 협력할 필요가 있으며 이는 유아의 발달 상태와 가정으로까지 교육과정을 확장시킬 수 있는 구체적인 전략에 관해서 정기적이고 의미 있는 의사소통이 일어나야 한다는 의미이다. 요약하면, 하이스코프 페리 유아원 프로그램 집단(Schweinhart et al., 2005)과 교육과정 비교연구의 하이스코프 집단(Schweinhart & Weikart, 1997)은 하이스코프 모형의 필수 요소들을 실행했고 모형이 효율적으로 운영되게 하는 프로그램의 방침을 일관성 있게 지속시켰기 때문에 성공적이었다.

요약하자면, 양질의 유아교육 프로그램은 다음과 같은 프로그램의 방침들을 준수한다.

- 교사는 정기적인 현직연수를 통해서 인증된 유아발달 지향적 교육모형을 활용하고 이에 대해 주인의식을 가진다.
- 교사는 매일의 활동을 계획, 실행, 평가하는 데 있어서 협동한다.
- 교사 대 유아 비율은 한 교사당 10명의 유아가 넘지 않도록 하며 학급의 크기는 20명을 넘지 않도록 한다.
- 부모는 유아의 교육에 있어서 교사의 동반자로서, 중요한 논의와 학습 주제를 가정으로 연결하는 것에 참여한다.
- 행정가는 모범적인 지도력, 관리 감독 및 도움을 제공한다.

현존하는 많은 유아교육 프로그램들의 질적 수준이 적절하지는 못하다. 이를 향상시키는 것은 보육관계자 및 교육자들에게 있어 가장 중요한 과업에 해당한다. 초·중등학교 프로그램과 같이 유아교육 프로그램도 기본적인 조건을 충족시켜야 한다. 이러한 요소들은 실행하기 쉽지도 않고 유지하는 데 비용도 많이 든다. 그러나 양질의 프로그램이 주는 장점은 프로그램을 실행하고 유지하는 그러한 노력과 비용을 훨씬 능가한다.

효과적인 프로그램을 경험함으로써 나타나는 유아의 발달은 어떠한가? 유아기는 유아발달의 몇 가지 측면에 있어서 매우 중요한 시기이다. 신체적으로 3세까지 유아는 대·소 운동신경의 협응을 모두 이룰 정도로 성숙하며, 원활하고 자유롭게 움직이는 것이 가능하게 된다. 정신적으로, 이들은 기본적인 언어 능력을 발달시키게 되고 스스로 선택한 목적을 위해 사물을 사용할 수 있게 된다. Jean Piaget의 용어를 빌리자면, 감각운동기의 기능에서 전조작기의 사고로 이동하는 것이다. 사회적으로, 유아들은 친숙한 성인과 사회적 맥락으로부터 익숙하지 않은 환경으로 옮겨갈 수 있게 된다. 더 어린 시절에 유아들이 공통적으로 가졌던 낯선 사람에 대한 공포심이 훨씬 감소하고, 새로운 또래나 성인들과의 관계를 환영하게 된다. 유아교육의 기본적인 성과 가운데 주목할 만한 사항은 유아들이 추가적으로 사회, 신체, 인지 능력을 발달시킨다는 것이다. 이러한 능력을 갖춘 유아들은 자신의 행동에 대해서 가족과는 매우 다르게 반응하는 새로운 성인들과 관계를 맺는 법을 배우게 된다. 요약하면, 유아들은 새로운 환경에서 능력을 발휘하는 것을 배우게 되고, 이러한 능력을 기꺼이 보여줄 수 있을 정도로 새로운 성인들과 또래들을 신뢰하는 것을 배우게 된다. 유아가 기꺼이 새로운 것을 시도하고 능력을 발달시켜 가는 것은 추후의 학교와 인생에서의 성공으로 옮겨

질 수 있는 씨앗이 된다. 어린 시절의 성공은 학년이 올라가면서 해마다 커져서 성인기의 성공으로 발전하게 된다. 이러한 단계들은 연구에 의해 밝혀졌다. "될 성싶은 나무는 떡잎부터 알아본다"는 오래된 격언이 이를 잘 표현해 준다.

11. 결론

하이스코프 유아교육모형은 상호작용에 따른 유아 발달에 기초한 발달 이론과 교육 실제의 개방적인 구조다. 이 모형은 현재 미국과 여러 나라들의 수많은 유아교육 프로그램에서 사용되고 있다. Piaget의 유아발달 이론(Piaget & Inhelder, 1969)과 Vygotsky(1934/1962)의 사회학습 이론에서 도출한 교육실제에 기반하여, 하이스코프 모형은 유아가 스스로 계획하고 실행하고 평가하는 활동을 통해 가장 잘 학습하는 능동적인 학습자라고 간주한다. 교사는 학습 환경에서 흥미영역을 구성하고, 유아가 스스로 활동을 계획하고 실행할 수 있도록 일과를 유지한다. 또한 유아의 활동에 참여하고 유아가 깊이 사고할 수 있도록 도우며, 대화와 관찰을 통해 의사소통한다. 교사는 유아들이 핵심 발달지표들을 성취할 수 있도록 격려하고 유아가 선택을 하고, 문제를 해결할 수 있도록 도우며, 인지, 사회, 신체 발달을 증진시키는 활동에 개입한다. 수십 년에 걸친 체계적인 경험연구들은 하이스코프 모형이 참여 유아들의 인생의 기회들을 유의미하게 향상시킨다는 것을 보여주고 있다.

하이스코프 교육연구재단(High/Scope Educational Research Foundation)
주소: 600 North Rive Street
Ypsilanti, Michigan 48198-2898
전화번호: (734)485-2000
팩스: (734)485-0704
웹사이트: www.highscope.org

덧붙여, 다른 나라에 있는 몇몇 하이스코프 기관들은 자체 웹사이트를 운영하고 있다. 이는 다음과 같다.

인도네시아 (www.highscope.or.id)
멕시코 (www.highscopemexico.org)
네덜란드 (www.kaleidoscoop.org)
영국 (www.high-scope.org.uk)

참고문헌

Boehm, A. E., & Slater, B. E. (1981). *Cognitive skills assessment battery* (2nd ed.). New York: Teachers College Press.

Bruer, J. T. (2004). The brain and child development: Time for some critical thinking. In E. Zigler & S. J. Styfco (Eds.), *The Head Start debates* (pp. 423-433). Baltimore, MD: Brookes.

Clements, D. H. (2004). Major themes and recommendations. In D. H. Clements, J. Samara, & A. M. DiBiase (Eds.), *Engaging young children in mathematics: Standards for early childhood mathematics education* (pp. 7-72). Mahwah, NJ: Erlbaum.

Dewey, J. (1938/1973). *Experience and education.* New York: Macmillan.

Epstein, A. S. (1993). *Training for quality: Improving early childhood programs through systematic inservice training.* Ypsilanti, MI: High/Scope Press.

Epstein, A. S. (2007). *Essentials of active learning in the preschool: Getting to know the High/Scope Curriculum.* Ypsilanti, MI: High/Scope Press.

Froebel, F. (1887). *The education of man* (W. N. Hailman, Trans.). New York: D. Appleton.

Gelman, R., & Brenneman, K. (2004). Science learning pathways for young children. *Early Childhood Research Quarterly, 19,* 150-158.

Hanes, M., Flores, L., Rosario, J., Weikart, D. P., & Sanchez, J. (1979). *Un marco abierto: A guide for teachers.* Ypsilanti, MI: High/Scope Press.

High/Scope Educational Research Foundation. (1989). *Program implementation profile.* Ypsilanti, MI: High/Scope Press.

High/Scope Educational Research Foundation. (2000). *The infant-toddler child observation record.* Ypsilanti, MI: High/Scope Press.

High/Scope Educational Research Foundation. (2003). *The preschool child observation record* (2nd ed.). Ypsilanti, MI: High/Scope Press.

Hohmann, M. (2002). *A study guide to educating young children: Exercises for adult learners* (2nd ed.). Ypsilanti, MI: High/Scope Press.

Hohmann, M., & Weikart, D. P. (2002). *Educating young children: Active learning practices for preschool and child care programs* (2nd ed.). Ypsilanti, MI: High/Scope Press. Kagan, S. L., Moore, E., & Bredekamp, S. (Eds.) (1995, June). Reconsidering children's early development and learning: Toward comment views and vocabulary. (Goals 1 Technical Planning Group Report 95-03). Washington, DC: National Education Goals Panel.

Marcon, R. A. (1992). Differential effects of three preschool models on inner city four-year olds. *Early Childhood Research Quarterly, 7,* 517-530.

Montie, J. E., Xiang, Z., & Schweinhart, L. J. (2006). Preschool experience in 10 countries: cognitive and language performance at age 7. *Early Childhood Research Quarterly, 21,* 313-331.

Nabuco, M., & Sylva, K. (1997, September). *A study on the quality of three early childhood curricula in Portugal.* Paper presented at 7th European Conference on the Quality of Early Childhood Education, Munich, Germany.

National Research Council. (2005). *Mathematical and scientific development in early childhood.* Washington, DC: National Academy Press.

Oden, S., Schweinhart, L. J., & Weikart, D. P., with Marcus, S., & Xie, Y. (2000). *Into adulthood: A study of the effects of Head Start.* Ypsilanti, MI: High/Scope Press.

Olmsted, P., & Montie, J. (Eds.). (2001). *What do early childhood settings look like? Structural characteristics of early childhood settings in 15 countries.* Ypsilanti, MI: High/Scope Press.

Piaget, J., & Inhelder, B. (1969). *The psychology of the child.* New York: Basic Books.

Ramsey, P. G. (2006). Early childhood multicultural education. In B. Spodek & O. N. Saracho (Eds.), *Handbook of research on the education of young children* (pp. 279-301). Mahwah, NJ: Erlbaum.

Schweinhart, L. J., Montie, J., Xiang, Z., Barnett, W. S., Belfield, C. R., & Nores, M. (2005). *Lifetime effects: The High/Scope Perry Preschool Study through age 40.* Ypsilanti, MI: High/Scope Press

Schweinhart, L. J., & Weikart, D. P. (1997). *Lasting differences: The High/Scope preschool model comparison study through age 23.* Ypsilanti, MI: High/Scope Press.

Shore, R. (1997). *Rethinking the brain: New insights into early development.* New York: Families and Work Institute.

Thompson, R. A., & Nelson, C. A. (2001). Developmental science and media: Early brain development. *American Psychologist, 56*(1), 5-15.

Vygotsky, L. (1934/1962). *Thought and language.* Cambridge, MA: MIT Press.

Weikart, D. P., Epstein A. S., Schweinhart, L. J., & Bond, J. T. (1978). *The Ypsilanti Preschool Curriculum Demonstration Project: Preschool years and longitudinal results.* Ypsilanti, MI: High/Scope Press.

Weikart, D. P., Hohmann, C. F., & Rhine, W. R. (1981). High/Scope cognitively oriented model. In W. R. Rhine (Ed.), *Making schools more effective: New directions from Follow Through* (pp. 201-247). New York: Academic Press.

Weikart, D. P., Olmsted, P. P., & Montie, J. (Eds.). (2003). *A world of preschool experience: Observations in 15 countries.* Ypsilanti, MI: High/Scope Press.

Weikart, D. P., Rogers, L., Adcock, C., & McClelland, D. (1971). *The cognitively oriented model: A framework for preschool teachers.* Urbana: University of Illinois Press.

Weikart, P. S. (Producer). (2003). *Rhythmically moving series, recordings 1-9* [CD; 2nd ed.]. Ypsilanti, MI: High/Scope Press.

Whitebook, M., Phillips, D., & Howes, C. (1993). *National Child Care Staffing Study revisited: Four years in the life of center-based child care.* Oakland, CA: Child Care Employee Project. Retrieved April 8, 2008, at http://www.ccw.org/pubs/nccssrevisit.pdf

Zill, N., Resnick, G., Kim, K., O'Donnell, K., Sorongon, A., McKey, R. H., Pai-Samant, S., Clark, C., O'Brien, R., & D'Elio, M. A. (2003, May). *Head Start*

FACES (2000): A whole child perspective on program performance-Fourth progress report. Prepared for the Administration for Children and Families, U.S. Department of Health and Human Services (DHHS) under contract HHS-105-96-1912, Head Start Quality Research Consortium's Performance Measures Center. Retrieved April 8, 2008, at http://www.acf.hhs.gov/programs/opre/hs/faces/reports/faces00_4thprogress/faces00_4thprogress.pdf

10장 정신의 도구: 유아교육에 대한 Vygotsky식 접근

Elena Bodrova(Mid-Continent Research for Education and Learning)
Deborah J. Leong(Metro State College)

1. Vygotsky식 접근의 이론적 기초

정신의 도구에 대한 개념적 토대는 Lev Vygotsky의 발달 이론에서 시작된다. 그 세 가지 중요한 개념은 발달에 대한 문화 · 역사적 관점, '도구', 그리고 고등 정신 과정과 하등 정신 과정이다.

1) 발달에 대한 문화 · 역사적 관점

Vygotsky 이론가들의 유아교육에 대한 관점을 이해하기 위해서는 교육의 목적을 먼저 이해해야 하고 그 근원이 되는 발달에 대한 문화 · 역사적 관점을 이해해야 한다. Vygotsky 이론가들은 근원이 되는 자신들의 이론을 문화 · 역사적 접근으로 묘사한다. 하지만 Vygotsky 이론가들은 **문화**와 **역사**에 대해 자신들만의 독특한 의미를 부여한다.

역사 부분은 인간의 독특한 심리적 과정을 진정으로 이해하기 위해서는 이러한 과정의 발달 역사에 대한 연구를 할 필요성이 있다는 Vygotsky의 사상을 보여준다. 역사는 구분되면서 상호 연관된 두 가지 측면을 결합한 것이다. 즉 개인적 역사를 나타내는 **개체 발생**(ontogeny)과 인류의 역사를 보여주는 **계통 발생**(phylogeny)으로 나뉜다. 완전하게 발달된 심리학적 과정을 Vygotsky 관점에 따라 연구하는 것은 힘들다. 왜냐하면 이는 종종 내면화된, '감추어진' 내부에 존재하거나 또는 Vygotsky의 용어로 '화석화된(fossilized)' 상태로 존재하여 대부분의 구성과정이 보이지 않는 형태로 존재한다. 반면에, 발달 중인 과정은 여전히 광범위한 외현적 요소를 가지기 때문에 관찰이 가능하며, 이는 연구자들에게 이 독특한 과정의 본질에 대한 통찰력을 줄 수 있다(Vygotsky, 1978). 예를 들어, 당신이 이 단락을 읽을 때 이루어지는 과정에 대해 생각해 보라. 능숙한 독자로서 당신은 아마도 대부분의 과정을 자동적으로 수행하고, 읽는 동안 당신의 마음에서 어떤 일이 일어나고 있는지 완전하게 묘사하지 못할 것이다. 만약 당신이 읽기 연구에서 연구대상이었다면, 연구자들은 이해도 검사나 뇌 스캐닝과 같은 읽기 과정에 대한 간접적 측정을 할 것이다. 왜냐하면 과정 그 자체는 관찰 또는 측정으로 이해할 수 없기 때문이다.

이제 이것을 읽기를 아직 자연스럽게 할 수 없는 유아의 행동과 비교해 보자. 단어를 가리키고, 글자 하나하나를 소리내 읽고, 스스로 수정하는 등 대부분의 행동은 읽기 연구자들이 관찰, 측정 또는 조작할 수 있는 외현적 행동들이다. 그러므로 Vygotsky 이론가들은 개인의 **역사적** 관점으로부터 읽기 연구를 하는 것은 이러한 과정, 내용 그리고 역동성에 대해 더 잘 이해하게 한다고 믿는다. 유사한 방법으로, 고대 잉카의 매듭 양식에서부터 알파벳 체제에서의 그림 문자에서 상형문자까지 인류에 있어 읽고 쓰기의 역사에 대한 연구는 문어의 기능과 숙달된 쓰기에 관련된 과정 사이의 관계를 보여준다.

문화·역사적 관점에서 **문화**에 대한 Vygotsky의 정의는 우리가 흔히 알고 있는 것보다 좁은 의미이다. Vygotsky는 문화의 한 요소인 **문화적 도구**(cultural tools)의 기능을 하는 다양한 신호와 상징과 그가 **고등 정신 기능**이라고 일컫는 독특한 인간의 정신과정 발달에서의 그 역할에 주로 초점을 두고 있다(Vygotsky, 1997). 문화·역사적 접근에서 또 다른 의미로 **문화**가 사용되는 것은 Vygotsky 이론가들이 특정한 문화적 도구와 문화적 특수한 실제가 개인 또는 특정한 집단에서 고등 정신 기능의 발달을 가르치고 배우는 데 어떻게 활용되는가를 보는 학습과 발달의 구체적인 **사회문화적** 맥락에 주목할 때이다.

2) 도구의 개념

Vygotsky는 인간이 도구를 사용하고, 새로운 도구를 만들고 다른 사람들에게 그 사용방법을 가르치는 것이 인간과 하등동물 사이의 차이점이라는 점에 대해 그의 동시대자들과 견해를 함께하였다. 이러한 도구들은 인간이 도구 없이 할 수 없던 것을 할 수 있게 해주면서 인간의 능력을 확장시켰다. 예를 들어, 우리는 맨손으로 가는 가지와 나뭇가지를 더 작게 부러뜨릴 수 있지만 도끼나 톱을 이용하면 큰 조각의 나무를 자를 수 있다. 어떤 의미에서, 이러한 물리적 도구들은 인간의 신체 활용을 확장한다. 즉 다른 동물들만큼 강한 신체를 가지지 못한 종이라는 사실을 보완하면서 더 강한 손을 가지는 대신 우리는 '손-도끼' 또는 '손-톱' 을 가지게 되었다.

Vygotsky는 인간이 '도구를 만드는 동물(tool-making animals)' 이라는 생각을 그의 동시대인들과는 다른 독특한 방식으로 적용하였고 그러한 사상을 새로운 종류의 도구인 **정신적 도구**(mental tools) 혹은 **정신의 도구**(Tools of the Mind)를 포함하는 것으로 확장시켰다. 인간의 신체적 능력을 확장시켜주는 물리적 도구와 유사하게 정신적 도구는 마음의 확장 역할을 함으로써 정신적 능력을 확장시킨다(Vygotsky, 1978). 예를 들어, 우리는 너무나 많은 것들을 기억해야 할 필요가 있는 상황에 있는 경우가 많다. 뛰어난 기억력을 가진 소수에게는 아무런 문제가 되지 않지만 제한된 기억력을 가진 대다수의 사람들에게는 기억을 확장시켜 주는 도구들이 크게 도움이 된다. 사실, 수세기를 걸쳐 인류는 '기억 확장' 에 도움을 주는 많은 도구들을 개발해 왔다. 손가락에 묶는 단순한 실[1]에서 쇼핑 목록, 그리고 PDA까지, 이러한 것들은 우리가 무언가 중요한 것을 잊지 않기 위해서 사용하는 도구들이다.

물리적 도구와 같이, 정신적 도구도 인간의 삶을 용이하게 해 주지만, 물리적 도구와는 달리 정신적 도구는 환경을 변화시키는 것을 돕는 것이 아니라 인간 자신이 변화하게끔 도와주는 역할을 한다. 도구가 없다면 우리는 우연적이든 그렇지 않든 갑자기 떠오르는 생각에 속수무책이 된다(예를 들어, 사고자 했던 것을 잊어버리고 당신의 시선을 사로잡은 것을 사서 식료품점을 나오고 있는 상황을 생각해 보라). 반면에, 쇼핑 목록과 같은 도구를 가지면, 우리가 무엇을 기억하기를 원하는지 그리고 언제 그 정보를 회상할 필요가 있을지를 결정하면서 행동을 하게 된다. 그러므로 우리의 행동들은 도구를 사용함으로써 '환경의 노예' 로부터 '행동에 대한 지배자' 로 변하게 된다.

물리적 도구와 정신적 도구 사이의 또 다른 유사성은 인간이 유아에게 그 두 가지 모두를 사용하는 방법을 가르친다는 것이다. 다시 말하면, 유아는 이미 존재하고 있는 도구 사용 방법이나 새로운 도구를 발명하는 방법을 모른 채 태어난다. 그러므로 Vygotsky에 있어 비형식적 교육뿐 아니라, 형식적 교육의 주된 목표 중의 하나는 유아로 하여금 자신의 문화에서 사용되는 도구를 획득할 수 있도록 도와주는 데 있다(Karpov, 1995). 정신적 도구를 사용하는 방법을 유아에게 가르치면 유아는 행동을 숙달하고, 독립심을 획득하고, 고등 발달 수준에 도달하게 된다. 유아가 점차 더 많은 다양한 정신적 도구를 배우고 연습함에 따라, 유아의 외현적 행동뿐 아니라, **고등 정신 기능**이라는 새로운 부류의 정신적 기능이 생겨나면서 정신이 변화하게 된다.

---

1) 역주: 미국문화에서는 기억해야 할 중요한 일이 있다는 사실을 잊어버리지 않도록 손가락에 실을 묶어두곤 한다.

3) 하등 정신 기능과 고등 정신 기능

Vygotsky는 많은 동시대 학자들과 마찬가지로, 정신과정을 하등 정신 기능과 고등 정신 기능으로 구분하였다. Vygotsky의 시대에는 하등 정신 기능을 쉽게 관찰하고 측정할 수 있는 반사, 지각, 운동 행동으로 보는 것이 일반적이었다(Pavlov의 개 실험을 떠올려 보자). 반면에, 고등 정신 기능은 객관적 연구 방법이 적용되지 않고 본인의 이야기를 통해서만 이해할 수 있는 더 복잡한 과정으로 생각되었다. 동시대 학자들과 달리 Vygotsky는 하등 정신 기능과 고등 정신 기능이 서로 완벽하게 독립적이지 않으며 이 두 가지 기능이 상호작용한다는 이론을 제안하였다(Vygotsky, 1997).

Vygotsky는 **하등 정신 기능(lower mental functions)**은 인간과 고등 동물에게 일반적이라고 묘사한다. 이러한 기능들은 선천적이며 그 발달은 주로 성숙에 의존한다. 이러한 하등 정신 기능은 감각, 무의식적 집중, 연상적 기억 및 감각운동적 지능을 포함한다.

감각(sensation)은 감각기관을 사용함을 의미하고 이는 특정 종이 갖는 감각체계의 해부학 및 생리학적 요소에 의해 결정된다. 예를 들어, 주행성 동물은 보통 색 시력을 가지는 반면, 야행성 동물은 종종 색맹이다. 반응적 집중(reactive attention)은 강한 환경 자극에 주의를 기울이는 것으로, 개가 차고 문을 여는 소리에 갑자기 반응하거나 아이가 천둥소리에 울기 시작하는 것은 반응적 집중에 의한 것이다. 연상적 기억은 어떤 두 가지 자극에 대한 동시적 반복 표상이 이뤄진 후 두 자극을 기억에서 연결하는 능력으로, 하나의 자극이 연계된 다른 자극의 기억을 불러일으킨다. 어떤 사람의 이름을 들었을 때 그 사람의 얼굴 또는 전화번호를 기억하는 것은 연상적 기억 사용의 예가 된다. 유사한 방법으로, 실험실 동물들은 미로를 수없이 달린 후에 먹이를 찾기 위한 지름길을 기억한다. Vygotsky 이론에서 감각운동적 지능은 신체 또는 근육 조작과 시행착오를 포함하는 환경에서의 문제해결을 의미한다.

인간이 가진 독특한 **고등 정신 기능(higher mental functions)**은 학습과 가르침을 통해 획득되는 인지과정이다. 하등 정신 기능과 고등 정신 기능의 주된 차이점은 후자가 정신적 도구의 사용을 포함한다는 것이다. 고등 정신 기능은 중재된 지각, 초점 있는 집중, 의도적 기억 및 논리적 사고를 포함한다. 우리가 각기 다른 색을 구분할 때 라임 녹색을 올리브 녹색과는 다른 부류로 분류하는 것은 **중재된 지각(mediated perception)**을 사용하는 것이다. **초점 있는 집중(focused attention)**은 어떠한 자극에 대해 그것이 눈에 띄거나 배경과 섞여지든 관계없이 그 자극에 집중하는 능력으로 묘사된다. 인쇄된 글로 가득 찬 페이지에서 특정한 단어를 찾는 것도 초점 있는 집중이라 지칭한다. **의도적 기억(deliberate memory)**은 무언가를 기억하기 위해 기억 전략을 사용하는 것을 의미한다. **논리적 사고(logical thinking)**는 논리와 그 밖에 다른 전략들을 이용하여 정신적으로 문제를 해결하는 능력을 말한다.

모든 고등 정신 기능은 문화적으로 독특한 방식으로 획득되며 그 방식은 특정 문화와 그 문화가 발달시켜 온 정신적 도구에 공통적으로 존재하는 실행체계를 통해 발전한다. 예를 들어, 중재된 지각은 모든 인간에게서 볼 수 있는 고등 정신 기능이지만 어떤 집단에서는 색, 냄새 또는 맛의 차이 변별력이 더 민감하게 발달한다.

Vygotsky는 고등 정신 기능을 의도적, 중재적, 내면화된 행동이라 묘사한다(Vygotsky, 1997). '**의도적(deliberate)**' 이라는 것은 고등 정신 기능이 환경에 의해 통제되는 것이 아니라 사람에 의해 조절되고, 그 사용이 사고와 선택에 기초를 두고 있음을 의미한다. 고등 정신 기능에 의한 행동들은 다른 자극을 무시하면서 생각, 직관, 이미지와 같은 환경의 특정 측면에 초점을 두거나 지향할 수 있다. 이렇게 의도된 행동들이 가능한 이유는 즉각적이며 직접적 방법으로 환경에 의존하지 않고 도구의 사용에 의해 **중재되기** 때문이다. 비의도적 행동은 외부 환경에 의존한다. 예를 들어, 어떤 학생들에게는 시험 문제에 대답을 할 수 있는지 없는지의 여부가 그것이 가장 최근에 읽거나 자주 들어온 것인가에 달려 있다. 반대로, 집중된 주의력과 의도적 기억을 사용하는 학생들은 도구를 사용하는 또 다른 단계를 거치게 된다. 예를 들어, 시험공부를 할 때 단어에 집중하기 위해 교과서의 특정 단어와 단락에 밑줄을 치거나 형광펜으로 강조를 한다. 고등 정신 기능이 완전히 발달하게 되면, 사용되는 대부분의 도구는 외재적인 것이 아니라 내재적인 것이며(기억술처럼) 도구를 사용하는 과정 또한 내적인 것이다. Vygotsky는 이러한 과정을 '**내면화(internalization)**' 라 했으며 외부적 행동이 '내면으로 들어가 성장할 때' 본래와 동일한 구조, 핵심, 기능을 유지한다는 것을 강조했다.

Vygotsky는 이러한 고등 정신 기능이 유아에게는 완전히 발달된 형태로 나타나지 않는다고 말한다. 대신에, 유아는 하등 정신 기능의 근본적인 재조직이 일어나는 과정에서 긴 발달 과정을 겪는다(Vygotsky, 1994). 이는 유아가 고등 정신 기능을 더 자주 사용하기 시작하면서, 하등 정신 기능은 완벽하게 사라지지는 않지만 덜 사용하게 됨을 의미한다. 예를 들어, 유아가 언어를 획득함에 따라, 연상적 기억은 계속 사용하지만, 자연적인 기억 능력에 덜 의존하면서 다양한 기억 전략의 사용에 더 의존하게 된다.

Vygotsky는 고등 정신 기능의 발달 기제를 둘 이상의 사람들과 유아에 의해 공유된 것에서부터 단지 한 유아에게만 속하는 어떠한 것으로 점진적으로 변형되어가는 것으로 묘사하였다. Vygotksy는 공유된 것에서부터 개인적인 것으로의 이러한 전이를 **문화적 발달의 일반적 법칙**으로 지칭하였고, 다음과 같이 강조하였다.

> 유아의 문화적 발달에 있어 모든 기능은 두 번 나타나게 되는데, 처음에는 사회적 수준에서, 그리고 그 이후에는 개인적 수준에서이다. 즉, 첫 번째는 사람들 사이(정신 간)에서 이루어진 후에 유아 내부(정신 내)에서 일어난다. 이것은 자발적 주의력, 논리적 기억력, 개념 형성에도 똑같이 적용된다.(Vygotsky, 1978, p. 57)

고등 정신 기능에 대한 이러한 견해는 인간의 개인적 발달에 있어 다른 사람들의 영향을 인정하지만 모든 정신적 과정을 개인적인 것으로 보는 다른 심리학 이론들과는 뚜렷하게 구별된다. 이와는 대조적으로 Vygotsky는 유아가 무엇을 아는가뿐 아니라, 유아가 어떻게 생각하고, 기억하고, 주의를 기울이는가는 부모, 교사, 그리고 또래들과의 이전 상호작용에 의해 형성된다고 본다. 따라서 Vygotsky 이론가들은 유아교육이 어린 유아가 '도구'의 획득을 시작하고 사람들로부터 배우게 되는 고등 정신 기능 발달이라는 긴 과정의 첫 단계라고 본다.

2. 학습과 가르침에 대한 Vygotsky의 관점

학습과 가르침에 대한 Vygotsky의 견해에 따르면 교사와 유아는 지식과 이해를 함께 구성하기 위한 활동과 놀이를 할 수 있다.

1) 학습은 발달을 주도한다

문화·역사적 접근에서 인간발달은 생물학적으로 결정되는 자연적 발달과정과 개인이 다른 사람이나 문화적 산물과 상호작용하는 과정에서 일어나는 문화적 발달과정 사이의 복잡한 상호작용이라 본다. 더 일반적인 용어로 말하자면, 비록 어떠한 학습은 발달적 선행조건이 준비될 때까지 일어나지 않지만(예를 들어 유아가 운동기술의 발달이 어느 수준에 도달할 때까지 글씨를 쓸 수 없는 것), 그 반대의 경우도 있다. 즉, 인지, 사회, 언어 영역의 어떤 발달은 단순히 성숙의 결과로만 이루어질 수 있는 것이 아니라 유아가 배우는 것에 달려있는 것이다. 다른 문화권에서 성장한 다양한연령의 유아를 대상으로 이뤄진 연구 결과를 기초로 Vygotsky는 예전에는 특정 연령에 보편적으로 나타난다고 보았던 어떤 발달들, 즉 추상적 추론을 사용하는 능력과 같은 것이 실제로 학교 교육과 전형적으로 연관된 매우 구체적인 종류의 학습 경험의 결과라고 결론지었다(Vygotsky, 1978). 형식적 학교 교육과정에서 교사는 학생의 인지 발달을 질적으로 다른 수준에 이르게 하는 정신적 도구의 특정한 체계를 가르치고 학생은 이를 배운다.

2) 근접발달영역

근접발달영역(zone of proximal development: ZPD)에 대한 Vygotsky의 생각은 학습과 발달 간의 복잡한 관계와 공유된 형태의 정신적 과정에서 개인적 형태로 전이가 갖는 역동성을 반영한다(그림 10-1 참조).

> 우리가 근접발달영역이라 지칭하는 것은 (중략) 개인적 문제 해결에 의해 결정되는 실제 발달 수준과 더 유능한 또래와의 협력 또는 지도 아래의 문제해결에 의해 결정되는 발달 수준 사이의 간격이다. (Vygotsky, 1978, p. 86)

영역이라는 용어는 Vygotsky가 유아의 발달은 저울의 눈금이 아니라, 각기 다른 수준의 완성도를 가지는 기술과 유능성의 연속선이라고 간주하기 때문에 사용된다. 근접이라는 용어는 가까운 미래에 발달될 기술과 능력의 영역이라는 의미이다. 근접은 결국에는 발현될 모든 기술이나 능력을 의미하는 것이 아니라 특정 시기에 곧 발현될 것들, 혹은 Vygotsky의 표현으로 '발현 직전'의 것들을 의미한다.

수행의 두 수준은 유아의 ZPD 범위를 나타낸다.

- 아래쪽 경계는 유아의 독립적 수행의 수준에 의해 결정된다. 독립적 수행(independent performance)은 유아가 다른 사람으로부터 어떤 도움도 받지 않고 홀로 할 수 있는 것을 말한다.

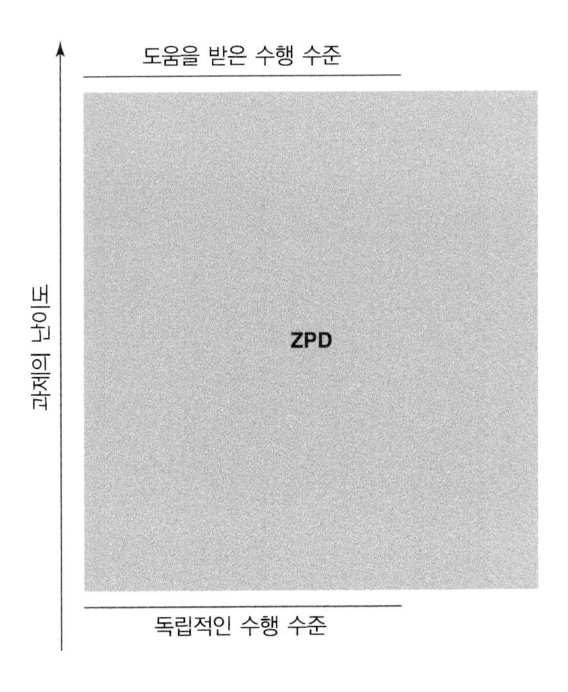

그림 10-1 근접발달영역

- 위쪽 경계는 교사와 같은 더 박식한 사람이 도움을 주었을 때 대부분의 유아가 할 수 있는 것을 의미한다. 도움을 받은 수행(assisted performance) 수준이다.

독립적인 수행과 도움을 받은 수행 사이에는 발현되기 위해서 다양한 정도의 도움을 요하는 기술과 능력이 존재한다. 즉, 낮은 경계에 가까이 있는 기술과 능력일수록 적은 도움을 요하고, 상위경계에 가까이 있는 기술과 능력일수록 큰 도움 없이 유아 혼자 능력을 발휘하기는 힘들다.

이러한 기술과 능력은 유아의 발달 수준을 결정하지 않지만, 유아 학습의 잠재력을 결정한다고 본다. 유능한 타인의 협력이나 지도 없이는 이러한 잠재력은 실현되지 않거나 결국 높은 발달 수준에 결코 이르지 못할 것이다.

유아의 ZPD는 유동적이며 유아가 학습함에 따라 변화한다. 유아가 오늘 도움을 받아 할 수 있는 것을 내일은 독립적으로 수행할 것이다. 그런 다음, 유아가 더 어려운 과제로 힘들어할 때, 새로운 수준의 도움을 받은 수행이 나타난다(그림 10-2 참조). 이러한 순환은 계속적으로 일어나서 유아는 점차 더욱 복잡한 기술과 능력을 획득하게 된다.

Vygotsky는 그의 시대에 유행하던 유아 평가 방법이 유아 발달에 대한 명확한 결과를 산출하지 못하는 이유를 설명하기 위해 ZPD를 사용하였다. 예를 들어, IQ 검사 경우, 검사자가 유아에게 어떠한 도움도 주지 않는 방법은 유아의 낮은 수준의 수행이

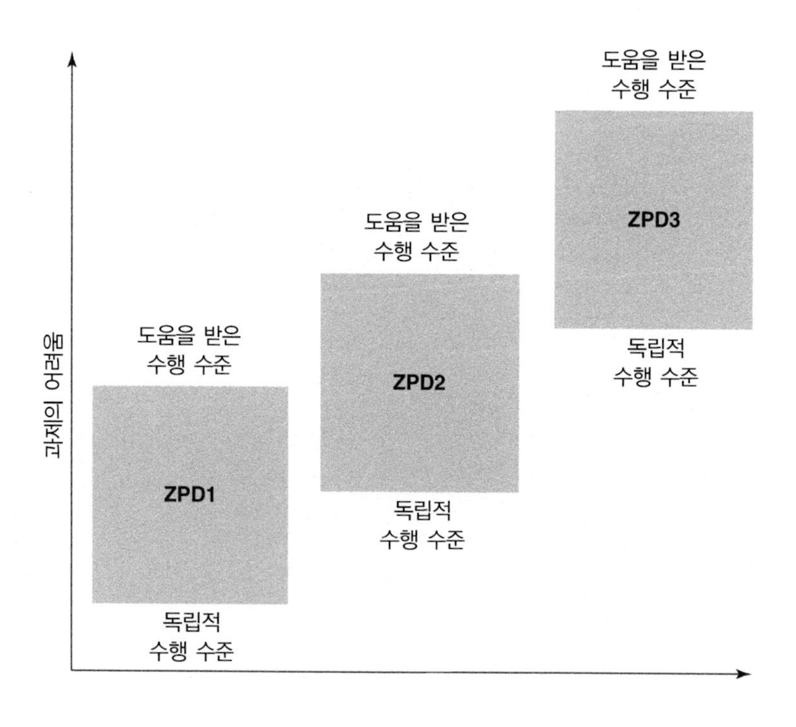

그림 10-2 시간의 흐름에 따른 유아의 ZPD의 변화

정신 지체 때문인지 교육적 결핍의 결과로 나타나는 것인지를 구분하지 못한다. Vygotksy는 평가의 과정에서 힌트, 신호, 또는 문제 명확히 표현해주기 등의 방법으로 협력적인 성인의 도움을 제안하였다. 이러한 변형은 유아가 이미 갖고 있는 기술과 능력 뿐 아니라, 적절하게 공유된 경험의 부족으로 아직 외현적으로는 나타나지는 못했지만 발달할 잠재력을 가진 것도 평가하게 한다(Vygotsky, 1956). Vygotsky의 통찰력은 이후에 임상 심리학과 특수교육과 같은 영역에서 현재 사용되는 '역동적 평가' [2]라 부르는 새로운 평가 방법의 출현을 선도하였다.

또한 Vygotsky는 ZPD를 교수를 위한 목표 영역으로 정의하였다. 그는 효율성을 극대화시키기 위해, 교육은 각 유아 개개인의 ZPD를 겨냥해야 한다고 지적하였다(Vygotsky, 1978). 유아의 ZPD 영역을 벗어난 기술과 능력은 유아가 이미 그것들을 완벽하게 통달했기 때문이거나 너무 어려워서 그 시점에 도움을 주어도 효과가 없기 때문에 교수활동에 의해 영향을 받을 수 없다.

3) 유아의 학습과 발달에서 교사의 역할

발달이 문화적으로 결정된다는 Vygotsky의 관점과 일관성 있게, 그는 교사의 역할은 사실과 기술을 가르치는 것 이상이라 믿었다. Vygotsky가 지적하였듯이, 교사는 그 문화의 정신적 도구를 유아가 습득하도록 도움으로써 실제로 유아의 발달을 형성할 수 있다. 이러한 관점은 Vygotsky식 교육의 세 가지 주요 원리에서 나타난다.

(1) 교사와 유아는 지식을 함께 구성한다

다른 구성주의자들과 마찬가지로 Vygotsky는 유아가 스스로 지식을 구성하며, 자신들에게 주어진 것을 수동적으로 재생산하지는 않는다고 믿었다. 그러나 Vygotsky는 유아의 구성과정은 항상 문화적 맥락에서 발생하고 다른 사람에 의해 직접적으로 또는 간접적으로 중재된다고 본다(Karpov, 2005). 교사는 교실에서 구체적 사물이나 구체적인 단어를 사용함으로써 유아의 관심을 집중시켜 유아의 지식 구성에 직접적으로 영향을 줄 수 있다. 또한 교사는 유아 간의 상호작용을 위한 맥락을 조율하거나 특정한 교수 자료를 제공하면서 간접적인 방법으로 유아의 지식 구성에 영향을 줄 수 있다.

---

2) 역주: 역동적 평가(dynamic assessment)는 학습의 결과보다 과정에 초점을 두며 평가와 교수를 통합하는 평가방법이다. 틀린 문항에 대해서는 계속 피드백이 이루어지기 때문에 평가받으면서 학습이 이루어진다. 인지능력은 변화될 수 있고 근접발달영역이 존재한다는 생각에 기반하는 역동적 평가는 근접발달영역을 측정하는 것이다.

(2) 비계설정은 유아가 도움을 받는 수행에서 독립적 수행으로 전이하게 한다

유아가 성인의 도움을 받아 훌륭하게 임무를 수행할 수 있는 새로운 기술과 능력을 발달시킨 후라 할지라도, 이것이 그 다음날 같은 임무를 독립적으로 수행할 준비가 되었다는 것을 의미하는 것은 아니다. 대부분의 유아들에게 도움을 받는 것으로부터 독립적 학습으로의 전이는 도움을 많이 받다가 결국에는 어떠한 도움도 필요 없을 때까지 천천히 이뤄지는 점진적 과정이다(Wood, Bruner, & Ross, 1976). 교사는 이러한 전이를 촉진시키기 위해서 처음 계획 후 후속 계획에서 적절한 시기에 적절한 양의 도움을 제공하거나 철회함으로써 학생의 학습을 **비계설정**할 필요가 있다는 것을 의미한다. 비계설정이라는 개념은 비록 Vygotksy 자신이 활용한 것은 아니지만 어떻게 유아의 ZPD 내에서 일어나는 교수활동이 유아의 학습과 발달을 촉진시킬 수 있는가를 이해하도록 도와준다.

(3) 교육은 유아 발달을 가속화하는 것이 아니라 확장시켜야 한다

유아의 ZPD에 조준한 효율적 교수에 대한 Vygotsky의 사상은 그의 제자였던 Alexander Zaporozhets가 유아교육에 적용시키면서 확대되었다. Zaporozhets는 유아의 ZPD 외부가 아닌 내부에서 기술과 능력을 가르칠 필요가 있음을 강조하면서 정상보다 빠르게 걸음마기 유아원의 유아가 유아원으로, 유아원의 유아가 1학년으로 가게 하는 **발달의 가속화(acceleration)**를 강력히 비난하였다(Zaporozhets, 1986). 불필요한 가속의 대안으로, 잠재력을 가진 모든 기술과 능력이 적절한 시기에 진정으로 발현되도록 함으로써 유아의 ZPD를 최대로 활용하는 것이 **발달의 확장(amplification)**이다.

3. 유아 발달에 대한 Vygotsky 이론가들의 견해

Vygotsky에 있어 학교준비도와 연결되는 초기의 유아 발달은 중요한 발달 과업을 성취하는 것을 중심으로 사회적 환경과 유아가 어떠한 상호작용을 했는지에 기인한다.

1) 발달의 주요 기제인 발달의 사회적 상황

Vygotsky는 유아 발달은 질적 변화와 양적 변화를 모두 포함한다고 믿었다. 질적 변화가 발생하면 정신적 기능의 전체 체계가 크게 재구성되며, 이는 새로운 인지적, 사회 · 정서적 형성 또는 발달적 성취를 유발한다. 마찬가지로, 어떠한 새로운 형성도 일어나지 않는 시기가 있지만, 그동안에도 유아는 이미 존재하는 능력을 계속 발달시킨다. 이러한 시기 동안의 성장은 양적인 변화로서 유아가 기억하고 처리할 수 있는 많은 부분에서 이루어진다. 비록 정확히 '단계이론' 은 아니지만, 유아 발달에 대한

Vygotsky의 관점은 '연령 시기(age periods)'의 개념을 포함한다. 즉, 이전 단계에 기초를 두고 각 시기가 독특한 발달적 성취를 나타내는 것으로 영아기, 걸음마기, 유아기와 유치원 연령, 초등학교 연령, 그리고 청소년기이다(Karpov, 2005). 유아의 한 단계에서 그 다음 단계로의 발달은 한편으로는 이미 존재하는 능력과 발현되는 능력 사이의 상호작용에 의해 결정되고 다른 한편으로는 발달의 사회적 상황에 의해 결정된다. **발달의 사회적 상황**은 특정 나이의 유아에게 사회가 기대하는 것이 무엇인지, 유아에게 어떠한 종류의 활동과 상호작용이 제공될 수 있는지, 그리고 유아가 획득할 수 있도록 성인이 도와주는 정신적 도구의 종류가 무엇인지로 구성된다. Vygotsky에게 있어 발달의 사회적 상황은 "어떤 기간 동안 발달에 관련되어 발생하는 모든 역동적인 변화의 초기의 순간을 나타내는 것이다. 발달의 사회적 상황은 유아가 새로운 개인적 특성을 습득하는 형태와 경로를 전체적으로 완벽하게 결정하며 그 발달의 기초적 자원인 사회적 실제로부터 사회적인 것이 개인적으로 되어가는 경로를 이끈다" (Vygotsky, 1998, p. 198). Vygotsky는 발달의 사회적 상황의 변화는 유아가 성장하는 능력을 계속 구체화시키는 새롭고 더 발전된 정신적 도구를 제공함으로써 발달을 가속화하는 기제라고 본다.

2) 발달적 성취와 주된 활동

Vygotsky 제자들의 연구를 통해 연령 시기에 대한 Vygotsky의 본래 관점이 더 명료화되었고, 잘 정의된 단계와 한 단계에서 그 다음 단계로의 전이를 위한 기제에 대한 설명을 포함하는 유아 발달의 이론으로 확대되었다(Karpov, 2005). 그의 유아 발달 이론에 대한 후기 Vygotsky 이론가들의 중요한 기여 중의 하나는 발달의 사회적 상황에 대한 Vygotsky의 본래 개념을 대체하는 주된 활동의 개념을 소개한 것이다. **주된 활동(leading activity)**은 유아가 삶의 한 시기 동안 발달적 성취를 하도록 하고 다음 시기로 준비할 수 있게 하는 유아와 사회적 환경과의 상호작용의 유형으로 정의되었다 (Leont' ev, 1981). **발달적 성취(developmental accomplishments)**는 특정 연령 시기에 새로운 능력과 기술뿐 아니라, 그 다음 단계의 주된 활동에 유아가 몰두하기 위해 필수적인 능력과 기술로 정의된다(Karpov). 예를 들어, 이미지를 생각하는 능력은 걸음마기 유아의 발달적 성취이다. 왜냐하면, 이러한 능력은 유아원 시기 연령에서의 주된 활동인 상상놀이의 발달에 있어 결정적이기 때문이다. 표 10-1에서는 Vygotsky식 전통에서 유아기의 발달적 특성을 요약하고 있다.

3) 학교준비도에 대한 Vygotsky의 접근

학교준비도에 대한 Vygotsky의 견해는 유아 발달을 촉진하는 주요한 힘인 발달의 사

표 10-1 유아기의 주된 활동과 발달적 성취

연령	주된 활동	발달적 성취
유아기	양육자와의 정서적 상호작용	애착 대상 지향적 감각운동 행동
걸음마기	성인과 함께 하는 대상 지향적 공동 활동	상징적 사고의 시작 자기 조절의 시작 언어 자아 개념
유아원/유치원 시기	상상놀이	내적 정신적 수준에서 행동하는 차원 상징적 사고 자기 조절 상상력 감정과 인지의 통합
초등학교 시기	학습활동	이론적 추론 고등 정신 기능 학습 동기

회적 상황에 대한 생각에서 유래되었다. 유아원에서 학교로의 전이는 유아가 참여하는 사회적 상황에서의 중요한 변화를 의미한다. 즉, 학교를 다니는 것과 관련된 상호작용의 본질과 '학생'의 역할과 관련된 기대에 변화가 일어난다. 유아들은 학생으로서의 역할과 관련된 사회적 기대를 인식하고 이러한 기대를 충족시키기 위한 능력을 발달시키기 위해 학교 활동에 실제로 참여해야만 하고 교사와 다른 학생과 특정한 사회적 상호작용을 해야 한다. 바꿔 말하면, Vygotsky에게 있어 학교준비도는 학교 입학 전이 아니라 학교 입학 후 첫 한 달 동안 형성된다. 그러나 유아원 연령 동안의 어떤 성취는 유아가 이러한 준비도를 발달시키는 것을 쉽게 만든다. 여기에는 정신적 도구의 숙달, 자기 조절의 발달 그리고 정서와 인지의 통합 등이 포함된다. 이러한 요건들이 준비되었다면, 유아원 연령의 유아는 '자신의 목표를 따르는' 것에서부터 '학교의 목표를 따르는' 학습으로의 필요한 전이를 할 수 있다(Vygotsky, 1956).

4. 유아 교실에서의 Vygotsky 이론 적용

Vygotsky 이론에 기초하여 유아를 가르치는 교육 철학은 다음과 같이 요약할 수 있다.

- 교사는 상상놀이와 같은 각 연령의 주된 활동에 유아를 참여시키면서 발달을 조성하고 촉진한다.
- 교사는 유아의 개별 기술과 개념을 학습시키는 데 초점을 두는 것이 아니라

고등 정신 기능의 발달을 장려하고 유아가 문화적 도구를 습득하는 데 초점을 둔다.

- 특별한 요구를 가진 유아에 대한 개입은 재-조정(re-mediation)이라는 생각에 기초를 두고 있다. 다시 말하면, 유아는 특정한 정신적 도구를 이용하는 고등 정신 기능을 발달시킴으로써 하등 정신 기능의 부족함을 보충하는 것을 배운다.

1) 유아를 주된 활동에 참여시키면서 발달 조성하기

상상놀이는 유아원과 유치원 시기 유아에게 주된 활동이기 때문에 Vygotksy에 기초한 유아 교실에서 놀이에 대한 지원은 매우 중요하다.

(1) 놀이에 대한 Vygotsky의 정의

Vygotsky는 놀이가 유아의 고등 정신 기능의 발현에 어떻게 영향을 주는가를 연구하면서 놀이를 "뚜렷한 형태의 활동이 아니라, 어떤 의미에서는 유아원 시기 동안 주된 발달의 원천이다"라고 결론지었다(1967, p. 6). 유아 발달의 주된 원천인 놀이에 대한 이러한 생각은 놀이는 유아원과 유치원 연령 유아에게 있어 '주된 활동' 이라 간주하던 Vygotsky의 동료 Alexei Leont' ev와 Daniel Elkonin에 의해 후에 구체화되었다(Elkonin, 1972; Leont' ev, 1981). 그러나 Vygotsky와 그의 동료들은 놀이를 유아와 초등학교 연령 아동의 극놀이 혹은 상상놀이에 제한하여 정의하였다. 놀이에 대한 Vygotsky의 정의에는 놀이 전 단계로 나타나는 사물 조작과 탐색, 그리고 놀이에서 발전된 게임과 스포츠와 같은 활동은 포함되지 않는다. Vygotsky에 의하면 '진정한' 놀이는 다음 세 가지 요소를 포함한다.

- 유아가 가상적인 상황을 창조한다.
- 유아가 역할을 맡아서 활동한다.
- 유아는 특정 역할에 의해 결정되는 일련의 규칙을 따른다.

놀이 분석에서 다른 연구자들이 상상놀이에서의 가상적 상황과 역할에 대해 주로 언급한 반면 Vygotsky는 놀이가 완전히 즉흥적인 것이 아니며 오히려 놀이 참여자들이 일련의 규칙을 지키는 것에 달려있다는 생각을 처음 소개하였다. 처음에는 놀이가 유아 행동을 가장 제약하는 맥락이라는 개념이 우리가 직관적으로 생각해오던 것과 완전히 어긋나는 것으로 들릴지도 모른다. 하지만 이러한 규칙에 근거한다는 속성은 유아의 상상놀이에 있어 필수적인 특성이라 주장하였다.

놀이에서 가상적 상황이 있을 때는 언제나 규칙이 존재한다. 이 규칙은 이전에 형

> 성되고 게임이 진행되는 동안 변화하는 것이 아니라 가상적 상황에서 유래하는 것이다. 그러므로 규칙 없이 가상적 상황에서 유아들이 행동할 수 있다고 상상하는 것은, 다시 말해 실제 상황에서 규칙 없이 행동하는 것과 같이 완전히 불가능한 것이다. 만약 유아가 어머니 역할로 놀이를 한다면, 그 유아는 어머니다운 행동 규칙을 따르게 된다. 유아가 놀이를 하는 역할과, 대상이 가지는 의미가 변화한 경우 유아와 대상과의 관계는 항상 규칙에서부터 나온다. 바꿔 말해, 가상적 상황은 항상 규칙을 포함한다. 놀이를 하는 동안 유아는 자유롭다. 그러나 이는 상상된(illusory) 자유이다. (Vygotsky, 1967, p. 10)

(2) 발달의 원천으로의 상상놀이

Vygotsky는 놀이를 유아의 ZPD를 창조하는 사회적 맥락 중의 하나로 자신의 이론에서 특별하게 다루었다.

> 놀이에서 유아는 항상 자신의 연령보다 성숙하게 행동하며, 일상적 행동 이상의 행위를 한다. 즉, 놀이를 하는 동안 유아는 자기 자신보다 월등한 존재가 된다. 놀이는 돋보기의 초점처럼 매우 집약된 형태로 모든 발달적 경향을 포함한다. 유아가 자신의 평소 수준 이상으로 높이 뛰기 위해 노력하는 것과 같다. 놀이와 발달의 관계는 가르침과 발달 사이의 관계와 비교될 것이다. (중략) 놀이는 발달의 원천이며 근접발달영역을 창조한다. (Vygotksy, 1978, p. 74)

ZPD의 원천으로서의 놀이에 대한 Vygotsky의 진술은 유아의 비놀이 맥락에서의 수행보다 놀이 맥락에서의 수행이 더 높다는 것을 의미한다. 이러한 생각은 Vygotsky의 제자들이 실시한 일련의 실험에서 확인되었다. 예를 들어, Manujlenko (Elkonin, 1978)와 Istomina(Istomina, 1977)는 Vygotsky가 ZPD의 상위 수준이라 칭한 것의 존재를 확인시키며 유아의 정신 기술은 다른 활동보다 놀이를 하는 동안 더 높은 수준으로 나타남을 발견하였다. 특히, Manujlenko는 비놀이 맥락에서보다는 놀이 맥락에서 유아가 신체적 행동에 대해 더 높은 수준의 자기 조절을 하는 것을 발견했다. 예를 들어, 실험자가 실험실 상황에서 유아에게 가만히 서 있으라고 할 때보다 망을 보는 사람이 되어 달라고 부탁을 했을 때 유아가 제자리에서 움직이지 않고 더 오랜 시간 동안 서 있었다.

또 다른 연구에서 Istomina는 유아가 가게놀이를 하는 동안 의도적으로 기억할 수 있는 단어의 수와 전형적인 실험실 실험에서 기억할 수 있는 단어의 수를 비교하였다. 두 가지 상황 모두에서 유아에게 기억해야 할 서로 연관 없는 단어의 목록을 주었다. 극놀이 상황에서는 가상의 식료품점에서 사용할 '장보기 목록' 의 물건들로 단어들을 제시했다. 반면, 실험실에서는 단어를 암기하라는 단순한 지시만을 주었다. Istomina는 상상놀이 조건에서 유아가 더 많은 항목을 기억하고, 연령이 높은 아동들이 전형적인 학교 숙제와 같은 비놀이 조건에서 수행할 수 있는 수준만큼 기능한다는 사실을 발견하였다. 이러한 발견은 다른 활동에서보다 놀이에서 더 일찍 새로운 발달적 성취가 나타난다는 Vygotksy의 놀이에 대한 관점을 나타내는 '돋보기의 초점' (앞의 인용문 참조) 비유를 지지한다.

Vygotsky는 유아원과 유치원 연령 유아의 학습기능 숙달은 이후의 학문적 능력을 잘 예견하지 못한다고 주장한다. 4세아의 놀이에서 우리는 다른 상황에서보다 더 높은 수준의 주의력, 상징화, 문제해결 능력을 발휘하는 것을 볼 수 있다.

(3) 유아교육자를 위한 Vygotsky 놀이 이론의 시사점

Vygotsky 이론은 유아의 학교 적응력 발달을 포함해서 유아 발달에 대한 상상놀이의 가치를 강조하고 있다. 첫째로, 놀이는 유아가 자신의 신체적, 사회적, 인지적 행동에서의 자기 조절력을 발달시키는 데 도움을 준다. 즉, 이러한 활동에 참여하는 것은 충동에 의해 행동하기보다는 외부적이거나 내면화된 규칙을 따라 행동하는 것을 의미한다. 놀이에 집중하지 못하거나 지시를 따르지 못하는 유아는 자신의 감정을 통제하지 못하는 유아처럼 학습 과제를 숙달하는 데도 어려움을 겪게 된다. 놀이라는 것이 유아가 자신이 하고 싶은 것을 마음대로 할 수 있는 자유의 시간이라고 보는 성인의 전형적인 견해와는 반대로, Vygotsky는 놀이를 유아의 행동에 있어 가장 제약이 많은 활동이고 그래서 다른 어떤 활동보다도 자주 유아가 자기 조절을 실행하게 한다고 보았다. 이러한 제약은 유아가 따라야 할 규칙의 형태로 나타난다. 유아가 '어머니' 가 아닌 '아기' 의 역할을 하기로 하거나(아기는 칼도 사용하지 않고 먹여줄 때까지 기다려야 한다) 종이접시를 파이를 담는 데 사용하지 않고 핸들로 사용하기로 하는 것(핸들은 베어먹을 수 없지만 파이는 베어먹을 수 있다)이 규칙의 예이다.

모든 놀이가 똑같이 자기 조절 발달에 도움이 되는 것은 아니다. 놀이와 자기 조절 사이의 관계에 대한 최근의 연구는 가장놀이가 특히 더 많이 충동적이고 '다루기 힘든' 유아들의 자기 조절력을 향상시킬 수 있다는 Vygotksy의 믿음을 뒷받침하였다 (Berk, Mann, & Ogan, 2006). 그러나 이는 유아들이 함께 가상적 상황을 창조하고, 다양한 가상적 역할을 맡고, 가상적 소품, 언어, 제스처를 사용할 수 있을 때만 일어나는 것이다.

상상놀이의 또 다른 중요한 결과물은 추상적 사고이다. 놀이에서 '실제의 물건' 을 나타내기 위해 다양한 소품을 이용하면서 유아는 사물 그 자체로부터 의미를 분리시키는 것을 배우게 된다. 유아가 마치 트럭인 양 카펫에서 블록을 '운전' 하는 척할 때,

그림 10-3 사실적 놀이 소품: 플라스틱 음식은 사실적 소품의 예가 된다.

이 유아는 트럭으로부터 '트럭' 이라는 의미를 분리시켜 이를 블록에 연결한다. 사물로부터 의미를 분리시키는 이러한 능력은 유아가 구체적 사물과 직접적 연계가 없는 생각을 구상해야 할 때 추상적 사고 발달의 기초가 된다.

> 유아는 의식적으로 자신의 행동을 인식하고 모든 사물에 의미가 있다는 것을 알게 된다. 발달적 관점에서 보면 가상적 상황을 창조한다는 사실은 추상적 사고 발달의 수단으로 간주될 수 있다. (Vygotsky, 1967, p. 17)

자기 조절과 마찬가지로 모든 상상놀이가 똑같이 추상적 사고의 발달을 촉진시키는 것은 아니다. 가장 좋은 놀이는 기능이 정해져 있고 사실적인 소품이 아니라 비구조적이며 다기능적인 소품을 사용하는 놀이이다. 사실적인 장난감은 실제 사물과 모양과 용도가 비슷하기 때문에 사물로부터 의미를 분리시킬 필요가 없다(그림 10-3 참조). 반면에 유아가 사실적이지 않은 소품을 사용할 때는 이러한 소품의 의미를 끊임없이 변화시켜야 할 뿐 아니라, 친구들에게 이러한 변화를 묘사하기 위해 다양한 어휘를 사용해야만 한다(그림 10-4 참조). 예를 들어, 마분지 상자를 처음에는 차고로, 다음에는 주유소로, 그러고 나서 식료품점으로 사용할 수 있다. 이 세 가지 건물 모두를 나타낼 때, 상자는 똑같이 생겼기 때문에 유아는 이를 각기 다르게 부르면서 그 기능 변화에 대한 의사소통을 할 필요가 있을 것이다. 그렇지 않으면, '카센터' 놀이를 하는 유아가 식료품점에서 타이어를 바꿔주게 될 것이다.

표 10-2에서는 전통적 유아 교실에서 지지하는 놀이와, 정신적 도구 교실과 같은 Vygotsky 접근을 이용하는 교실이 지지하는 놀이 사이의 차이를 보여준다.

2) 유아의 정신적 도구와 고등 정신 기능 획득 촉진하기

Vygotsky 이론가들에게 있어서 교육 목적, 특히 유아교육의 교육 목적은 유아에게 특정 기술이나 지식을 갖추게 하는 것 이상이다. 오히려 교육의 목적은 유아가 정신적

그림 10-4 비사실적 놀이 소품: 유아가 블록을 전화로 사용한다.

표 10-2 유아의 주된 활동으로의 놀이 지지하기

놀이의 요소	대부분의 유아교육 교실	정신적 도구 교실
유아의 가장놀이 참여	대부분 역할놀이 영역	모든 영역
놀이의 시간	한 해 동안 변하지 않고, 학급의 일과에서 자유선택 활동시간에 따라 달라짐	• 유아들이 행동통제를 잘함에 따라 증가 • 학기말에는 유아들이 50~60분까지 방해받지 않고 놀이
교사의 역할 놀이 시간	• 어려움을 겪는 유아를 데리고 나와 일대일 도움 제공 또는 • 내용 기술을 가르치기 위해 놀이 맥락 활용(예를 들어, 블록영역에서 수와 형태에 대해 가르치기)	• 유아의 놀이관련 어휘 사용 지원 • 유아의 비구조화되고 다기능적 소품의 가상적 활용 • 유아의 가상적 이야기 발달
놀이 주제	• 대부분 한 해동안 변하지 않음(예를 들어, "가족놀이") • 사물에 초점 두기 • 교사가 새로운 단원을 소개하면서(예를 들어, 사과 또는 곤충) 자주 변화가능(예를 들어, 매주/격주)	• 확장된 놀이에 필요한 배경지식을 쌓기 위해 4~5주간 지속 • 사람 그리고 역할에 초점(예를 들어, 사과에 관련된 내용은 농장 또는 가게 놀이에 포함)
놀이 소품	• 상점에서 산 장난감, 소품 또는 교사가 만든 것 • 매우 사실적인 사물의 모조품	• 다기능적, 비구조적 • 유아들 스스로가 만들거나 최소한의 교사 도움으로 제작
교사의 개입시기	유아들이 논쟁하거나 싸우는 경우	유아들이 놀이 시나리오를 창조하고, 참여하고, 지속하며, 확장하는 데 도움을 필요로 하는 경우

도구와 고등 정신 기능을 습득하는 데 도움을 주는 것이라고 보고 있다(Bodrova & Leong, 2007). 매우 어린 나이에 숙달하기 시작하는 문화적 도구의 예는 혼잣말 사용을 통한 외부적 행동에 대한 통제 기술 습득, 그리기와 쓰기의 사용을 통한 의도적 기억의 발달, 손가락으로 세기를 통한 수학적 계산능력의 수행을 포함한다. 이 모든 예에서, 도구는 유아가 아직 도달하지 못한 수준의 정신적 과정에서의 문제해결을 도와준다(예를 들어, 의도적 암기나 집중된 주의력을 요하는 과업). 전형적인 유아 교실에서 글자 소리와 글자 상징 사이의 연계성을 연상하기 위해 알파벳 차트를 사용하거나 알파벳에서 글자 순서를 기억하기 위해 ABC 노래를 부르는 것과 같이 유아 학습을 지원하기 위한 다양한 도구를 사용하는 경우를 많이 볼 수 있다. Vygotsky 이론가들의 견해에 따르면, 이러한 도구의 사용은 당장 유아의 과업을 도울 뿐 아니라 고등 정신 기능의 발달을 도우면서 실제로 유아의 마음을 재구조화한다.

(1) 정신적 도구로서의 혼잣말

Vygotsky에 따르면, 많은 정신적 도구는 언어에 기초를 두고 있으며, 언어 그 자체가 가장 강력한 정신적 도구이다. 고등 정신 기능의 발달과 관련이 있는 유아 마음의 변화는 유아가 처음에는 구어, 나중엔 문어적인 언어 사용을 얼마나 잘 숙달하는가에 달려 있다. Vygotsky에 따르면, 유아가 다른 사람과의 의사소통을 위해서뿐 아니라 자기 자신과의 의사소통을 위해 언어를 사용하기 시작하는 시기가 유아 시기이며 이때 새로운 형태의 언어인 혼잣말이 나타난다(Vygotsky, 1978). 유아가 혼잣말을 사용할 때 큰소리로 이야기하지만 그들 말은 타인에게 하는 것이 아니고 유아 자신 이외의 사람은 이해할 수도 없는 경우가 많다. 이러한 현상을 유아의 자기중심성과 연관시켜 그것이 미성숙된 사고의 표현이라 간주하는 Piaget와는 달리, Vygotsky는 혼잣말을 사회적 언어에서 내적 언어로, 그리고 궁극적으로는 언어적 사고로 이어지는 연속선상의 한 단계로 보았다(Vygotksy, 1987).[3] 이러한 관점에서 혼잣말은 미성숙을 나타내는 것이 아니라 인지적 과정의 발달을 나타내는 것이다.

Vygotsky는 유아기 동안의 혼잣말 사용에서 일어나는 두 가지 주요 변화를 묘사하였다. 먼저, 혼잣말의 기능은 변화한다. 혼잣말은 초기에는 단순히 유아의 실제적 행동과 수반해 사용되지만 결국에는 자신만을 위한 것으로 유아의 행동을 조직하는 기능으로 변화한다. 동시에, 혼잣말의 문법도 변화한다. 처음에는 전형적인 사회적 언어로서의 완벽한 문장에서 다른 사람들과의 의사소통에는 불충분하지만 자신과의 의사

3) Vygotsky는 '자아중심적 언어'라는 용어를 들을 수 있는 혼잣말을 묘사하기 위해 사용하였다. 그러나 서구의 문헌에서는 이러한 현상을 흔히 '혼잣말'로 언급했다(예를 들어, Berk & Winsler, 1995 참조).

소통에는 충분하게 간략화되거나 한 단어로 변화한다. 결국 혼잣말은 내부로 들어가고 언어적 사고로 발전한다. Vygotsky는 혼잣말에 대한 이러한 두 가지 변형을 문화적 도구 습득의 보편적 과정을 설명하기 위해 사용한다. 유아는 언어를 먼저 다른 사람들과의 상호작용을 위해서 외부적으로 사용하고 그 후 자신의 정신 기능을 숙달하기 위해 내면화한다. 혼잣말의 시작은 자기 조절력 발달의 중요한 신호가 된다. 유아는 실제적 행동을 조절하기 시작하면서 다양한 정신적 과정을 조절하기 위해 혼잣말의 사용을 확대시킨다.

유아에게 있어 필수적인 정신적 도구로서 혼잣말의 사용은 유아 교실에서 격려되어야 한다. Vygotsky는 유아들이 '말하는 대로 생각한다' 라고 하면서, 교사는 유아가 생각하고 문제를 해결할 때 조용히 하도록 시키지 않아야 한다고 한다. 최근 연구는 유아가 더 도전적인 과제 해결을 시도할수록 유아의 혼잣말 사용이 증가한다는 Vygotsky의 관찰을 지지한다. 성인에게는 말하기 전에 조용히 생각하는 것이 자연스러운 반면, 유아에게는 종종 실제적인 사고(thought)가 그것을 표현하는 과정에서 발생하므로 매우 조용한 유아가 가득한 유치원 교실은 사고가 활발하게 이뤄지지 않는 곳이라는 신호가 될 수도 있다!

(2) 정신적 도구로서의 문어

초기 쓰기에 대한 Vygotsky식 접근의 핵심은 유아가 자신의 정신 능력을 확장하기 위해 문어의 도구적 기능사용을 배운다는 것이다.

> 문어의 발달은 (중략) 문화적 발달에서 가장 명백한 것에 속한다. 왜냐하면 그것은 인류의 문화 발달의 과정에서 창조되고 발달된 외부적 의미 체계의 숙달과 연관되어 있기 때문이다. (Vygotsky, 1997, p. 133)

Vygotsky의 일반적 연구 프로그램과 관련해서 Vygotsky 동료인 Alexander Luria가 수행한 연구들은 매우 어린 유아도 기억을 돕기 위해 문어적 상징을 사용한다고 설명하였다(Luria, 1998). Luria의 연구 결과(3세아가 자신이 끄적거린 것에 대해 '읽고', '다시 읽는' 능력 등) 중 몇몇은 서구의 연구에 길을 터 주었고 연구자들에게 형식적 학교가 시작되기 전에 나타나는 초기 쓰기 형태에 대한 연구를 하도록 영감을 주었다(예를 들어, Ferreiro & Teberosky, 1982 참조). Vygotsky는 유아의 쓰기 근원을 초기 그림에서 찾으면서 이러한 그림들은 문어와 유사한 기능으로 사용된다고 결론지었다. 즉 그림과 문어 둘 다 사물의 핵심적이며 변함없는 특성을 전달한다. 이로써 Vygotsky는 유아의 그리기는 "독특한 그림 언어이며, 어떤 것에 대한 그림 이야기이며 (중략) 표상이기보다는 언어에 더 가깝다"라고 결론짓는다(Vygotksy, 1997, p. 138). 이는 쓰기 학습은 글자를 구성하는 것을 배우는 것에서부터 시작하는 것이 아니라, 오히려 메시지를 표현하기 위한 상징적 부호를 사용하는 것을 학습하는 것에서부터 시작된다는 것을 의미한다. 글자 학습은 유아가 '그리기 언어(drawing speech)'의 특이한 형태에서부터 문어로 기록하는 언어인 통례적인 방법으로 옮겨가는 데 마지막 요소로 제공된다(그림 10-5 참조).

Vygotsky는 쓰기를 가르치는 방법에 대한 논의에서 "읽기와 쓰기가 유아의 요구를 만족시킬 수 있도록 가르쳐야 한다"고 강조하며, 교수의 목적은 "철자를 쓰는 것이 아니라 문어를 가르치는 것"이어야 한다고 언급한다(Vygotksy, 1997). 놀이와 자기주도적 그림이 없는 상태에서 쓰기를 학습하는 유아는 단지 단어 구성의 기술만을 숙달할 뿐이다. 이러한 경우 유아는 다른 사람들과의 의사소통의 수단으로 문화에서 사용되기를 기대하는 방법으로 쓰기 언어를 사용하지 않게 된다. Vygotsky는 몬테소리 학교에 다니는 4세아들이 쓴 완벽한 글을 예로 들었다. 그 내용은 유아들이 자신의 생각과 감정을 표현하기 위해 쓰기를 하지 않았다는 것을 나타냈다. 유아들은 교사가 지시한 것을 쓰거나 교사의 메시지를 따라 썼던 것이다(우연하게도, 가장놀이는 전통적

그림 10-5 상상놀이 맥락에서의 5세 유아의 쓰기 예

4) 역주: 철자는 정확하지 않지만 "나는 잠자는 숲속의 공주가 되어 왕자님과 결혼할 거예요"라고 자신의 의사를 글쓰기로 표현한 것이다.

몬테소리 교육과정에서 결코 찾아볼 수 없었고 여전히 없다).

동시에 Vygotsky는 쓰기 교육을 일찍(3세나 4세 때) 시작할 것을 주장했다(Vygotsky, 1997). 좋은 가르침이라는 것은 발달을 주도해야지 발달을 따르는 것이 아니라는 자신의 믿음에 충실하게 Vygotsky는 쓰기 학습을 일찍 시작하는 것의 가치를 유아가 학교 교육을 준비하는 맥락에서가 아니라, 고등 정신 기능의 발달을 지원하는 문화적 도구를 사용하는 더 넓은 맥락에서 설명한다.

표 10-3에 전통적 유아 교실과 정신적 도구 교실과 같은 Vygotsky 이론에 기초를 둔 교실이 어떻게 정신적 도구의 활용을 지지하는가에 대한 차이를 요약하였다.

3) 특수 교육의 핵심 원리인 재조정하기

이상심리학과 특수교육은 Vygotsky가 열정을 기울인 분야이면서 동시에 그의 이론적

표 10-3 일과동안 유아의 "정신적 도구" 사용 지지하기

학급의 일과	대부분의 유아교육 교실	정신의 도구 교실
대집단	교사는 개별 유아에게 질문에 대답할 것을 요구한다.	질문에 대답할 때 유아들끼리 서로 이야기한다.
소집단	유아들은 개별로 프로젝트 또는 과제를 한다.	유아들은 둘씩 짝을 지어 파트너에게 역할을 상기시키기 위해 시각적 보조물을 활용한다(그림 10-6의 짝궁친구와 읽기 사진 참조).
동작 게임	유아들은 음악이나 교사의 지시에 따라 동작 게임을 한다.	유아들은 더 복잡한 규칙을 따르거나 규칙을 중간에 바꾸어야 하는 동작 게임을 한다. 이러한 게임을 하면서, 유아들 스스로 움직임을 통제하도록 격려한다(그림 10-7 패턴 동작 게임 참조).
자유선택 활동 이전	• 교사가 영역을 지정해 준다. 혹은 • 유아들이 영역을 선택하고 어느 영역에서 놀이하고 싶은지 교사에게 이야기한다.	유아들이 무엇을 하고 싶은지, 누구와 놀고 싶은지를 나타내는 '놀이 계획'을 세운다. 유아들은 말하기, 그리기, 쓰기 등의 방법으로 계획한다(그림 10-8 참조).
자유선택 활동	• 교사는 유아들이 선택이 영역에 있는지 확인한다. 혹은 • 유아들은 종종 다른 유아의 놀이를 방해하면서 영역을 옮겨다닌다.	유아들은 영역표시의 색과 일치하는 시각적 보조물(예를 들어, 색 옷핀 또는 목걸이)을 사용하여 스스로와 친구가 선택한 영역을 확인한다(그림 10-8).
정리정돈 시간	교사는 노래나 타이머를 이용하여 정리정돈 시간임을 알린다.	유아들은 정리정돈 시간이 끝날 때까지 시간이 얼마 남았는지 알려주는 전략으로 특별히 선택된 노래를 이용한다.

Penny Farster-Narlesky

그림 10-6 짝궁 친구와 읽기

통찰력의 주요 원천 중 하나이다. 장애에 대한 Vygotsky의 견해는 인간의 마음이 사회적으로 결정된다는 그의 주요 원리와 일관된다. Vygotsky는 장애를 생물학적인 것이 아닌 사회문화적이고 발달적인 현상으로 보았다.

(1) 장애의 사회문화적 본질

Vygotsky는 장애아는 정상적 발달을 하는 또래와는 다른 발달적 과정을 따르며 그들의 장애가 복합적이고 체계적인 방법으로 다른 발달 영역에도 영향을 주고 있다고 믿었다. Vygotsky는 이러한 복합적이고 체계적인 관계의 본질을 강조하기 위해 **비개체발생(disontogenesis)** 또는 **왜곡된 발달(distorted development)**이라는 용어를 썼다. 이는 발달의 왜곡이 정상적 발달과정과 마찬가지로 항상 문화적으로 특수하다는 것을 강조한다. 장애를 가진 유아의 발달과정을 결정짓는 주요 요소들은 기본적인 장애(예를 들어, 시각적 손상 또는 제한된 움직임)와 유아가 발달하는 사회적 맥락을 포함한다(Vygotsky, 1993). 이러한 사회적 맥락은 유아가 '장애아' 로 간주되는(그리고 스스로 간주하게 될) 범위를 결정한다. 예를 들어, 가까이 있는 사물에 초점을 맞출 때

Danielle Erickson

그림 10-7 패턴 동작

그림 10-8 중심에 대한 시각적 연상

눈의 움직임을 조정하는 데 비슷한 문제가 있는 두 유아를 비교해보자. 서구의 산업화된 나라에 사는 유아의 경우 이러한 문제는 유아가 읽을 때 철자를 구분하는 데 어려움을 겪게 할 것이다. 반면에 유목민 집단의 유아는 대부분의 일상적인 일이 멀리 있는 큰 물체를 바라보는 일이기 때문에 작은 사물을 구분할 필요도 없을 것이다. 명백하게도 같은 시각적 '결손'이 필수적인 과업을 수행하는 데 문어적 텍스트가 필요하지 않은 사회에서는 중요하게 인지되지 않지만, 다른 사회에 사는 유아의 경우에는 읽기장애의 위험이 있는 것으로 만들 수도 있으며, 때로는 사회정서적 합병증과 연관된 학업실패가 예상되기도 한다.

기본적 장애와 사회적 맥락 간 상호작용의 결과로, 이차적 장애도 발달될 수 있다. 유아의 기본적 장애가 주로 하등 정신 기능에 영향을 주는 반면, 이차적 장애는 고등 정신 기능을 왜곡시킨다. 이차적 장애가 발달하는 이유는 기본적 장애가 종종 유아로 하여금 사회적 상호작용에 참여하는 데 필수적인 문화적 도구를 숙달하는 것을 방해하기 때문이다. 또한 제한된 사회적 상호작용은 유아로 하여금 그 이상의 문화적 도구를 습득하는 것을 방해하고, 결국에는 유아의 정신 기능을 체계적으로 왜곡시킨다. 반면에, 만약 사회적 맥락이 이러한 유아에게 대안적인 문화적 도구를 학습할 수 있는 기회를 제공한다면, 유아는 보다 광범위한 사회적 상호작용에 참여할 수 있게 되고 그 결과 고등 정신 기능이 발달할 것이다.

(2) 특수교육에 대한 Vygotsky의 접근

장애가 있는 바로 그 기능만을 회복시키는 데 초점을 두는 특수교육에 대한 다른 접근들과는 달리, Vygotsky는 기본적 장애를 해결하기 위한 노력에 중점을 두지 않는다(Vygotsky, 1993). 일반적 견해와는 반대로 Vygotsky는 기본적 장애는 치료하기가 가장 쉬운 것이 아니라 가장 어려운 것이라고 주장한다. 왜냐하면, 기본적 장애는 하등 정신 기능에 영향을 주기 때문이다. 하등 정신 기능은 생물학적으로 결정되고(요즘 말로는 '하드웨어에 내장된' 것이라고 부른다), 생물학적 본질 때문에 청력을 향상시키기 위한 물질을 삽입하는 것과 같은 근본적인 의학적 개입 이외의 방법으로는 변화시킬 수 없다. 반면에, 고등 정신 기능은 문화적, 사회적으로 결정되기 때문에 특별히 고안된 교육적 개입 과정에서 성공적으로 치유될 수 있다. Vygotsky는 "고등 지식에 대한 발달적 제한은 기초적 과정에서 가능한 감각 운동적 훈련 이상이다. 사고는 시지각결손에 대한 가장 높은 수준의 보충이다"(Vygotsky, 1993, p. 204)라고 하면서, 치유에 있어 하등 정신 기능이 아닌 고등 정신 기능에 중점을 두어야 한다고 주장하였다.

Vygotsky와 그의 제자들은 하등 정신 기능의 손상에 대한 보충을 위해 고등 정신 기능에 개입하는 방법은 특별한 정신적 도구를 사용하는 것이라고 한다. 모든 정신적 도구는 중재자 역할을 하기 때문에, 장애 유아에게 효과가 없는 도구를 다른 도구로 대체함으로써 자신의 정신적 기능을 통제할 수 있도록 돕는 것을 **재-조정(re-mediation)**이라고 부를 수 있다. 재-조정의 가장 좋은 예로 알려진 것이 시각적으로 손상된 유아에게 일반 단어 대신 브라이유식 점자법 사용법을 가르치는 것이다. Vygotsky의 제자들은 이러한 접근을 다른 많은 장애로 확대하고자 각 장애에 대한 도구를 고안하고 이 도구를 가르칠 방안들을 설계하였으며, 그 결과 재-조정 사상에 기초한 특수교육 체계를 만들어냈다.

5. 결론

이 장에서는 Vygotsky 이론의 주요 원리와 실제 교실 상호작용에서의 적용방안을 요약하면서 유아교육에 대한 Vygotsky 접근에 대해 논의하였다. Vygotsky 접근은 결과보다는 과정을 강조하고 고등 정신 기능의 발달의 중요성을 강조하면서 학습과 가르침 과정에 있어 교사가 자신의 역할을 이해하게 하는 데 도움이 된다. 교실 적용 부분에서 이러한 이론적 관점은 상상놀이의 발달, 읽고 쓰기의 발달, 장애 유아와 함께하면서 활용될 수 있는 개입의 종류 등의 실제적 제안으로 연결된다.

웹사이트

Vygotsky에 대한 웹사이트 정보
http://en.wikipedia.org/wiki/Lev_Vygotsky

교실에서의 적용/교육과정
http://www.toolsofthemind.org

DVD 자료: http://www.davidsonfilmsstore.com

- *Vygotsky: An Introduction*, Davidson Films, 1994.
- *Play: The Vygotskian Approach*, Davidson Films, 1996.
- *Scaffolding Self-Regulated Learning in the Primary Grades*, Davidson Films, 1996.

Vygotsky 관련 서적

Kozulin, A. (1990). *Vygotsky's psychology: A biography of ideas.* Cambridge, MA: Harvard University Press.

Kozulin, A., Gindis, B., Ageyev, V. & Miller, S. (Eds.). (2003). *Vygotsky's educational theory in cultural context.* Cambridge, MA: Cambridge University Press.

Moll, L. C. (Ed.). (1990). *Vygotsky and education: Instructional implications and applications of sociohistorical psychology.* New York: Cambridge University Press.

Van der Veer, R., & Valsiner, J. (1991). *Understanding Vygotsky: A quest for synthesis.* Oxford, England: Basil Blackwell.

Vygotsky 저술 편찬서

Rieber, R., & Robinson, D. (Eds.). (2004). *The essential Vygotsky.* New York: Kluwer/Plenum.

Van der Veer, R., & Valsiner, J. (Eds.). (1994). *The Vygotsky reader.* Oxford, England: Blackwell.

참고문헌

Berk, L. E., & Winsler, A. (1995). *Scaffolding children's learning: Vygotsky and early childhood education.* Washington, DC: National Association for the Education of Young Children.

Berk, L. E., Mann, T. D., & Ogan, A. T. (2006). Make-believe play: Wellspring for development of self-regulation. In D. G. Singer, R. M. Golinkoff, & K. A. Hirsh-Pasek (Eds.), *Playlearning: How play motivates and enhances cognitive and social-emotional growth* (pp. 74-100). New York: Oxford University Press.

Bodrova, E., & Leong, D. J. (2007). *Tools of the mind* (2nd ed.). Upper Saddle River, NJ: Merrill/Pearson.

Elkonin, D. (1972). Toward the problem of stages in the mental development of the child. *Soviet Psychology, 10*, 225-251.

Elkonin, D. (1978). *Psychologija igry* [The psychology of play]. Moscow, Russia: Pedagogika.

Ferreiro, E., & Teberosky, A. (1982). *Literacy before schooling.* Exeter, NH: Heinemann.

Istomina, Z. M. (1977). The development of voluntary memory in preschool-age children. In M. Cole (Ed.), *Soviet developmental psychology.* New York: M. E. Sharpe.

Karpov, Y. V. (1995). L. S. Vygotsky as the founder of a new approach to instruction. *School Psychology International, 16*(2), 131-142.

Karpov, Y. V. (2005). The neo-Vygotskian approach to child development. New York: Cambridge University Press.

Leont'ev, A. N. (1981). Problems of the development of mind. Moscow, Russia,: Progress Publishers.

Luria, A. (1998). The development of writing in the child. In M. K. de Oliveira & J. Valsiner (Eds.), *Literacy in human development* (pp. 15-56). Norwood, NJ: Ablex. [Original work published 1929.]

Vygotsky, L. S. (1956). *Izbrannye psychologicheskije trudy [Selected psychological studies].* Moscow, Russia: RSFSR Academy of Pedagogical Sciences.

Vygotsky, L. S. (1967). Play and its role in the mental development of the child. *Soviet Psychology, 5,* 6-18. [Original work published in 1933.]

Vygotsky, L. (1978). *Mind in society: The development of higher mental processes.* Cambridge, MA: Harvard University Press.

Vygotsky, L. S. (1987). Thinking and speech. In R. W. Reiber & A. S. Carton (Eds.), *The collected works of L. S. Vygotsky: Vol. 1. Problems of general psychology* (N. Minick, Trans.) (pp. 39-285.) New York: Plenum Press. [Original work published 1934.]

Vygotsky, L. S. (1993). *The fundamentals of defectology (abnormal psychology and learning disabilities)* (Vol. 2) (J. E. Knox & C. B. Stevens, Trans.). New York: Plenum Press.

Vygotsky, L. (1994). The problem of the cultural development of the child. In R. v. d. Veer & J. Valsiner (Eds.), *The Vygotsky reader* (pp. 57-72). Cambridge, MA: Blackwell.

Vygotsky, L. (1997). *The history of the development of higher mental functions* (M. J. Hall, Trans.) (Vol. 4). New York: Plenum Press.

Vygotsky, L. S. (1998). *Child psychology* (Vol. 5). New York: Plenum Press.

Wood, D., Bruner, J. C., & Ross, G. (1976). The role of tutoring in problem solving. *Journal of Child Psychology and Psychiatry, 17,* 89-100.

Zaporozhets, A. (1986). *Izbrannye psychologicheskie trudy* [Selected works]. Moscow, Russia: Pedagogika.

스펙트럼에서 브릿징으로: 유아학급에서 교육과정 및 수업과 평가 통합하기

Jie-Qi Chen & Gillian McNamee(Erickson Institute)

유아교사는 유아가 배우고 자라도록 도와주는 일을 사랑하기에 가르치는 일을 즐긴다. 반면 효과적으로 가르치려면 사실 평가가 필수적인 요소인데도 불구하고, 유아를 평가하거나 검사하는 일을 좋아한다고 말할 유아교사는 거의 없다. University of California at Los Angeles(UCLA)의 교육심리학자인 James Popham은 "검사를 잘 할 수 있는 교사가 더 좋은 교사일 것이다"(2008, p. 1)라고 주장한다. 이는 교사가 주의 깊은 관찰자의 역할을 할 때 유아가 무엇을 이미 습득하였고 무엇을 학습하고 있는지를 알 수 있음을 뜻한다. 교육과정을 계획할 때 관찰을 통해 유아에 대해 알게 된 바가 유아의 학습을 지원하고 동기를 부여해주는 새로운 도전과제를 소개할 시기와 방법을 결정할할 수 있게 해주는 토대가 된다.

가르치기를 배우는 것은 복잡한 여정이다. 가장 어렵고도 중요한 과제 중 하나는 개별 유아를 정확하게 평가하고 그 결과를 학습활동 개발에 필요한 정보로 효과적으로 활용하는 법을 배우는 것이다. 평가는 교사로 하여금 유아의 장점과 요구를 파악하고 유아가 학습을 하면서 어떻게 발전하는지를 점검할 수 있도록 돕는다. 또한 교사는 특정 집단의 유아들을 위한 목적과 목표를 분명히 하고 교수실제의 효과를 알아보기 위해서도 평가를 사용한다(Popham, 2008; Stiggins, Arter, Chappuis, & Chappuis, 2004). NAEYC를 포함한 여러 유아교사 단체에서도 평가가 교수학습 과정에서 필수불가결한 부분이라는 데 뜻을 같이한다. 효과적으로 가르치려면 평가에 대하여 정확하게 이해하고 어떻게 적절하게 사용하는지를 아는 것은 필수적이다(National Association for the Education of Young Children & National Association of Early Childhood Specialists in State Departments of Education, 2003).

유아교사들은 평가와 검사에 대하여 다음의 내용을 포함하여 많은 우려를 제기하고 있다.

- 가르치는 시간이나 유아의 놀이를 위한 시간을 빼앗아 간다.
- 점수는 유아의 발달 전반에 대하여 말해주지 못한다.
- 유아는 표준화 검사의 제한적 상황하에서는 일관되게 잘 수행하지 못한다.
- 유아 발달은 산발성을 띠기 때문에 한 차례의 검사로는 유아의 학습을 정확하게 측정할 수 없다.
- 많은 검사도구들이 교육과정 개발이나 학급에서의 교수실제에 유용한 정보를 제공하지 못한다.

평가가 각 유아의 수행에 대하여 교사에게 정보를 제공해주기 때문에 학급에서의 학습을 향상시키려면 일 년에 두세 차례 이루어지는 부차적 과제로 되어서는 안 된다. 교실에서 매일 이루어지는 학습활동의 한 부분이 되어야 한다. 마찬가지로 검사결과 해석에 심리측정 전문가가 필요해서도 안 된다. 유용하게 사용되려면 평가결과는 명료해야 하며 교육과정 계획 및 교수에 직접적으로 관련되어야 한다.

이 장에서는 유아평가에 대한 두 가지 접근법을 제시하고자 한다. 두 접근법 모두 유아학급에서 교육과정 및 교수학습과 평가를 통합하고자 한다. 첫 번째 접근법은 **스펙트럼 유아평가(Spectrum Preschool Assessment**[이후 SPA로 칭함])로, 하버드 대학교의 프로젝트 제로(Project Zero)에서 실시한 연구 프로젝트 중 하나인 스펙트럼(Spectrum) 관계자들이 개발한 것이다. 1985년에서 1994년 사이에 프로젝트 스펙트럼에서는 폭넓은 영역에서 유아가 가진 장점과 재능을 평가하고 교육하는 데 혁신적인 접근법을 개발하고자 헌신적인 노력을 하였다(Chen, Krechevsky, & Viens, 1998).

Nancy Sheehan Photography

유아교사는 발달의 여러 차원을 다루는 학습을 촉진한다.

두 번째 접근법은 브릿징: 유아학급에서의 교수 · 학습을 위한 평가(이후 브릿징 평가로 칭함)로서, 브릿징 프로젝트(Bridging Project)로부터 나온 것이다. Erikson Institute에서 1999년 출범한 브릿징 프로젝트는 PK에서부터 3학년까지[1]의 교사가 학급 실제를 강화하고 유아가 학교에서 성공을 경험할 기회를 확대시켜 주는 평가 · 교수 · 학습의 끊임없는 과정을 이끌어 가도록 도와줄 수 있는 도구를 개발하는 데 중점을 둔 응용연구 프로그램이다(Chen & McNamee, 2007). 이 장의 저자 중 Chen은 스펙트럼 프로젝트가 끝날 때까지 이 프로젝트 활동의 핵심 멤버였으며, 두 저자 모두가 브릿징 프로젝트의 시작부터 함께 주도하였다. 이 장은 유아학급에서 교육과정과 수업에 평가를 통합하는 두 가지 접근법의 개발과정에 직접 참여한 내부자의 관점을 반영하고 있다. SPA는 표준화 검사보다 교실 상황에 더 적절하고 더 참다운 접근법을 요구하였던 대안평가 운동과 연계하여 소개하고자 한다. 이론적 토대, 특징, 평가와 교육과정 통합에 대한 기여 측면에서 SPA이 기술될 것이다. 다음으로 SPA 개발 이후 유아교육 현장의 경향과 이러한 변화가 유아평가에 대한 요구에 어떠한 영향을 미쳤는지에 대하여 논할 것이다. 이러한 요구를 염두에 두고 브릿징 프로젝트의 이론적 토대, 평가의 통합을 한층 심화시켜 주는 특징, 지금까지 이루어진 바에 대하여 소개할 것이다. 브릿징 평가 소개 다음에는 평가 통합과정을 유지하는 데 있어서 교사 역할의 중요성을 보여주는 두 실증연구가 제시될 것이다. 이 두 연구는 브릿징과 같은 평가도구가 교육과정 계획과 교실 실제에 있어서 교사를 변화시키는 데 어떻게 사용될 수 있는지도 보여준다. 교사의 요구에 민감하고 현장에서 부각되는 쟁점들에 반응할 수 있는 통합적 평가를 개발함에 있어 주요하게 고려해야 할 바에 대하여 논하는 것으로 이 장은 마무리될 것이다.

1. 유아평가 실제의 역사

유아의 학습과 발달 평가 실제는 1904년 프랑스 심리학자인 Alfred Binet로부터 시작되었다. 원래 평가는 검사(testing)로 지칭되었다. 검사에는 표준화된 절차가 사용되고 규준 데이터에 토대하여 점수를 해석할 수 있는 심리학자의 전문적 훈련이 요구된다. 이러한 검사는 진단의 목적을 위해 사용되곤 하였다. 가장 널리 알려진 검사는 IQ 검사로, 언어 능력과 수리 능력에 크게 중점을 두고 탈맥락화된 지식과 기술을 측정하는

---

1) 역주: 기존에는 유치원에서 초등학교 2학년까지(K-2)가 유아교육의 주요 대상이었으나 점차 유치원 이전의 Prekindergarten과 초등학교 3학년까지를 포함시킨 PK-3학년으로 확장되고 있다. Prekindergarten은 종전에 유아원(preschool)에서 제공하던 유아교육을 공립학교를 통해 무상으로 제공하는 새로운 학제라 할 수 있다.

것이다. 검사점수는 지능이 우수한 아동으로부터 평균 이하까지 순위를 정하는 데 사용될 수 있었다(Wasserman & Tulsky, 2005). 만약 부모의 요청으로 어떤 유아의 IQ를 검사하였다 해도 교사에게 그 결과를 반드시 알려주지는 않았다. 점수를 교사에게 알려 줄지라도 학급에서의 교수활동과는 거의 관련성이 없었다.

1950년대와 1960년대 동안 학급교사와 검사에 관여된 심리학자는 각기 다른 훈련을 받았으며 독립적으로 활동하고 유아를 서로 다른 관점에서 이해하였다(The Staff of Education Week, 2000). 교사의 임무는 학생에게 지식과 기술을 전달하는 수업을 제공하는 것이었다. 교수활동은 주로 대집단 수업과 책상에 앉아서 하는 공부로 특징지어졌다. 교사는 평가정보를 수집하거나 요청하지 않았다. 읽기 수업에서 능력별 집단구성을 활용하였지만 개별 학습자의 발달수준과 기존 지식에 맞춘 개별화 수업은 드물었다. 교사가 학생이 학교에서의 학습 측면에서 어떻게 진보하고 있는지를 판단하는 데는 숙제와 지필검사가 주된 수단으로 사용되었다. 학교는 학생의 요구에 반응하려는 생각을 하지 않았다. 교사는 가르칠 내용을 알고 가르칠 뿐이며 학교 교육과정이 요구하는 바를 달성하는 것은 학습자의 몫이었다(The Staff of Education Week, 2000).

학교 밖의 연구소나 검사 클리닉에서 심리학자의 주된 책임은 다양한 유형의 표준화 검사를 실시하고 유아의 학습 잠재력이나 문제점을 검토하며 규준 데이터에 기초하여 수행 점수를 부과하는 것이었다. 이러한 검사가 학급 수업에 적절한 정보를 거의 주지 못한다는 사실은 심리학자들의 관심사가 아니었다. 교사와 심리학자 간에 대화나 정보교환이 거의 없었다는 것은 놀라운 일이 아니다. 이러한 의사소통의 결핍은 학급 교수학습으로부터 평가를 격리시키는 현상을 더욱 가속화시켰다(Wortham, 1996).

이 장의 목적에 비추어봤을 때, 이러한 초기 검사 전통으로부터 탈피하게 된 데 있어서 가장 의미 있는 움직임은 1980년대에 이루어졌다고 할 수 있다. 교육자, 정치인, 학부모, 그리고 시민들이 '위험에 처한 국가' (National Commission on Excellence in Education, 1983)로서의 미국에 대하여 이야기하기 시작했다. 이러한 위험상황에 기여한 것으로 지목된 한 요소는 바로 검사였다. 더 구체적으로, 교사가 매일의 학습경험을 계획하는 데 있어서 유용한 정보를 제공해주는 평가가 없다는 것이 교육의 영향력이 줄어들고 있는 이유로 여겨졌다. 이러한 우려는 '대안평가 운동(alternative assessment movement)'을 일으켰다(Baker, O' Neil, & Linn, 1993; Hargreaves & Earl, 2002). 표준화 검사와는 거리가 먼 대안평가는 전형적으로 수행평가에 해당한다. 즉 평가에 사용되는 자료와 활동은 실제 교수학습 활동에 기초한다. 유아가 달성하고자 하는 목적이 포함된 의미 있는 활동을 하도록 한다. 대안평가 도구 중 학급관찰, 포트폴리오 구성, 활동표집이 가장 널리 활용되고 있다. 많은 유아교사는 이러한 평가기법 중 하나 혹은 그 이상의 방법을 사용할 수 있도록 훈련받았다.

교육자들은 대안평가 운동을 환영하였다. 이는 각 유아에 대하여 더욱 참된 정보를 제공하는 평가도구를 교사의 손에 쥐어주는 것이었다. 평가의 목적은 더 이상 진단하고 유아에게 꼬리표를 붙이거나 순위를 매기기 위한 것이 아니었다. 대안평가는 교사가 반성적으로 사고하여 학급에서 사용할 수 있는 유아에 관한 정보를 제공하였다. 이러한 평가도구는 교사가 개별적으로 혹은 집단 전체로 유아에게 적절하고 효과적인 교육과정과 수업을 계획하고 실시하는 데 평가결과를 활용하도록 보장하였다. 대안평가 운동은 평가와 교수 사이의 간격을 없애는 데 큰 진전을 이루어냈다(Bowman, Donovan, & Burns, 2001).

교사가 학급에서 이러한 평가도구를 사용하게 되면서 평가를 통합함에 있어서 새로운 어려움과 도전과제가 나타나게 되었다(Baker, O' Neil, & Linn, 1993; Supovitz & Brennan, 1997). 수행기반 평가는 때로 독립된 개별 행동에 초점을 맞춘다. 행동이 탈맥락화되면 학급에서의 교수활동에 대하여 가지는 의미를 알기 힘들어질 수 있다. 학급관찰의 경우 방대한 양의 풍부한 기술적(descriptive) 정보를 산출한다. 그 중 일부는 체계적이지 않을 수도 있고 일부는 포괄적이지 못할 수도 있다. 교사가 무엇을 관찰해야 할지 모를 수도 있고 관찰한 바가 다른 교육과정 영역에서의 수행과 어떻게 연관되는지를 알지 못할 수도 있다. 비슷한 이유로 인하여 유아 포트폴리오에 어떤 유형의 내용물을 수집해야 할지, 이를 평가하는 데 어떤 준거를 사용해야 할지 알기 쉽지 않다(Chen & McNamee, 2006). 유아교사가 활용할 수 있는 대안평가 도구들은 학급에서의 활용 면에서는 진보하였지만 학습과 교수 과정의 통합을 이루어내지는 못하였다. 프로젝트 스펙트럼은 대안평가 운동 시기에 유아교육 현장에서 등장하였다.

2. 유아평가에 대한 스펙트럼 접근법

1985년에 시작된 프로젝트 스펙트럼은 Harvard 교육 대학원의 프로젝트 제로에 기반을 두고 이루어진 10년 연구 프로젝트이다. 이 프로젝트 스펙트럼은 모든 유아교육기관과 초등학교 저학년 교실의 유아들이 가지고 있는 다양한 재능을 길러줄 수 있는 평가 및 교육과정 시스템 개발을 목적으로 하였다. 스펙트럼에서는 모든 유아가 독특한 인지능력 프로파일[2]을 보인다고 생각한다. 이러한 능력은 고정된 것이 아니며 학습과

2) 역주: 프로젝트 스펙트럼에서는 7가지 영역에서의 유아평가활동 및 관찰을 통해 각 유아가 영역별로 갖고 있는 인지능력을 역동적으로 제시해 주는 프로파일을 작성한다. 유아의 인지능력이 하나의 일반적 능력이 아니라 영역특정적(domain-specific) 능력으로 영역에 따라 발달양상이나 강점 및 약점이 다르다는 점을 반영하는 개념이다.

자기 표현을 지지해주는 자극물이 풍부한 환경과 같은 교육기회를 통해 향상될 수 있는 것으로 보았다(Chen, Krechevsky, & Viens, 1998). 프로젝트 스펙트럼의 출범은 인간 정신의 속성, 그 발달, 유아를 교육시키는 과정에 대한 전통적인 사고로부터 벗어나게 됨을 의미하였다.

1) 이론적 토대

프로젝트 스펙트럼은 두 가지 이론, 즉 Howard Gardner(1993, 1999)의 다중지능이론과 David Henry Feldman(1994, 1998)의 영역별(nonuniversal) 발달이론에 기초한다. 중요한 측면에서 구분이 되긴 하나 Feldman과 Gardner의 이론은 인간의 인지에 대한 개념화에 있어 공통점이 있는데, 프로젝트 스펙트럼의 이론적 토대를 제공한 것이 바로 이러한 공통분모에 있다. 첫째, 두 이론가 모두 인지능력은 가소성을 가진다고 주장한다. Feldman과 Gardner는 사람은 인지적 강점, 흥미, 약점 측면에서 다양하다고 인정하며, 이해하기와 행위하기에 있어서의 다양하고 구분되는 많은 측면을 인식하였다(Feldman, 1998; Gardner, 1999). Feldman과 Gardner의 공동 프로젝트 이름으로 '스펙트럼'을 선정한 것은 인지능력 프로파일의 이러한 다양성을 인식하였기 때문이다. 더 구체적으로, 평가에서든 교육과정 개발에서든 프로젝트 스펙트럼은 언어, 수학, 신체운동, 과학, 음악, 미술, 대인관계 이해를 포함한 다양한 영역을 포함한다. 이렇게 광범위한 영역 선정은 의도된 것이다. 유아가 이러한 다양한 영역에서의 학습 경험을 폭넓게 할 수 있도록 해줌으로써만이 유아의 다양한 인지능력을 완전히 보완해줄 수 있는 방법을 찾아 지원해주기 시작할 수 있기 때문이다(Adams & Feldman, 1993; Chen & Gardner, 2005).

인간의 지적 능력이 가진 가소성 개념과 밀접하게 연관된 것으로, 영역특정적(domain-specific) 인지능력에 대한 Feldman과 Gardner의 공통된 신념이 있다. 이들의 연구는 인지능력이란 전통적인 IQ 개념과 같이 하나의 일반적인 능력을 반영하는 것이 아니며, 특정한 영역에 구체적으로 맞출 때 더욱 정확하게 설명될 수 있음을 시사한다(Feldman, 1994; Gardner, 2006). 이러한 주장에 따라, 광범위한 영역을 평가한다면 사람들이 종종 균일하지 않은 인지능력 프로파일을 보일 것이라고 예측할 수 있다.

프로젝트 스펙트럼의 개념적 틀 형성에서 Feldman과 Gardner는 인지능력이 교육경험의 영향을 받고 다양한 문화에서 표현된다는 사실을 인식할 필요성을 주장하였다. 인간의 문화는 개인의 인지능력이 갖는 내용과 그 발달 과정 모두를 적극적으로 구성하며 의미 있는 영향을 미친다. 유아의 인지능력을 평가할 때 우리는 유아의 지적 경향, 그 영역에 관련된 사전 경험, 평가에 사용되는 자료와의 친숙성, 그 자료를 사용하여 연습할 기회, 평가자가 제공하는 비계설정 모두를 평가하는 것이다. 지적 능력에는 개별 유아뿐만 아니라 교육 실제, 환경적 요인, 문화적 가치 또한 반영된다(Feldman & Fowler, 1997a, 1997b; Gardner, 2000).

2) 특징

Feldman과 Gardner의 이론에 따라 프로젝트 스펙트럼 연구의 한가운데에는 스펙트럼 유아평가(SPA)의 개발 및 실시가 자리하였다. 3세에서 5세 유아의 수행기반 평가인 스펙트럼 유아평가에는 7가지 지식 영역(언어, 수학, 음악, 미술, 과학, 신체운동, 대인관계 이해)에서의 15가지 활동이 포함되어 있다(표 11-1 참조). 유아의 마음을 끄는 놀잇감과 교구를 평가도구로 활용하여 유의미하고 실제로 이루어지는 활동 가운데 평가가 속해 있다. 유아의 인지적 강점을 찾기 위하여 각 활동은 주요 능력을 강조하고 있다(Krechevsky, 1998).

이 평가 시스템의 첫 번째 특징은 스펙트럼 평가 활동의 경우 언어와 수학과 같이 제한된 학문영역에만 집중하기보다는 다양한 영역을 반영한다는 것이다. 스펙트럼 평가는 언어와 논리적 측면에서 우수한 유아와 다른 지능에서 인지적, 개인적 강점을 지닌 유아를 모두 인정해준다. 더 넓은 범위를 측정한다는 장점으로 인하여 스펙트럼 평가에서는 더 많은 학습자가, 심지어 모든 학습자가 서로 다른 방식으로 '똑똑한' 것으로 인정된다. 동시에 교사가 더 관심을 가지고 조기에 중재해 주어야 할 지적 영역에 주목하도록 해주기도 한다(Chen & Gardner, 2005).

표 11-1 스펙트럼 유아평가 활동

영역	평가 내용	평가 활동
신체운동	창조적 동작 운동 동작	2주에 한 차례 실시되는 동작 교육과정 장애물 경주
언어	창안하기 설명하기	스토리보드(storyboard) 활동 기자 활동
수학	수 세기/전략 셈하기/기호법	공룡 게임 버스 게임
대인관계 이해	사회관계 분석 사회적 역할	교실 모형 또래 상호작용 체크리스트
미술	미술작품 만들기	일 년간 수집한 유아의 미술작품
음악	음악 만들기 음악 지각	노래 부르기 활동 음높이 맞추기 게임과 노래 인지하기
과학	자연탐구 논리적 추론 가설 검증 기계 구조	탐구 영역 보물찾기 게임 물에 뜨는 것과 가라앉는 것에 대한 활동 조립 활동

둘째, 스펙트럼 평가 활동에서는 유아가 조작하고 싶은 마음이 드는 놀잇감이나 교구가 제공된다. 예컨대 유아의 수 개념에 대한 이해를 평가하기 위해서 스펙트럼은 3세에서 5세 사이의 유아가 공룡에 매혹되는 점을 활용한다. 보드 게임이 활동에 참여하고자 하는 동기를 부여하는 동시에, 유아가 공룡 게임 조각들을 조작하는 것을 보면 수세기 기술, 규칙준수 능력, 전략 활용 능력을 파악할 수 있다. 이와 유사하게 스펙트럼에서는 유아의 대인관계 이해를 평가하는 데 목재로 된 인물모형(figures)과 교실모형을 사용한다. 인물모형에 학급에 있는 각 유아와 교사의 사진을 붙인다. 인물모형들이 행동하거나 반응하도록 조작하는 과정 속에서 자신의 교실 환경에서 또래와 이루어지는 시나리오를 점검하고, 익숙한 사회적 사건과 경험을 관찰하고 반성적으로 사고하며 분석하는 능력을 평가한다. 스펙트럼 평가도구가 매력적이며 유아를 평가과정에 적극적으로 참여시키기 때문에 유아의 인지적 강점을 드러내고 학습에 동기를 부여할 가능성이 더 커진다(Chen, 2004).

셋째, 스펙트럼 활동은 특정 영역에 적합한 자료를 사용하며 교육기관에서 유아의 다양한 재능을 드러낼 수 있는 기회를 제공하기 때문에 지능 측정에 있어 더 공평하다. 교사가 영역특정적 평가를 실시하도록 돕기 위해 각 영역별로 일련의 주요 능력이 제시되어 있다(Chen, Isberg, & Krechevsky, 1998). 어떻게 주요 능력이 가시화되는지를 보여주기 위해 두 가지 스펙트럼 평가 활동을 생각해보자. 기계적 능력을 측정하기 위해 유아에게 믹서기, 펌프, 혹은 다른 일상적인 생활도구를 분해하고 조립하도록 한다. 이러한 사물을 분해하고 구성하는 과정 속에서 기계 구조 영역에서 유아가 가진 주요 능력을 관찰하고 기록한다. 이 경우의 주요 능력에는 부품 간의 인과적, 기능적 관계를 이해하는 것, 기계에 적합한 문제해결 방법을 사용하는 것, 그리고 소근육 기술이 포함된다. 음악 영역에서, 겉으로 보기에는 똑같아 보이지만 서로 다른 소리를 내는 몬테소리 종을 활용한 게임을 통해 유아의 음악 지각 능력을 평가한다. 하나의 음높이를 다른 음높이와 구분하기 위해서 유아는 눈을 사용해서는 안 되고 듣기 감각에만 완전히 의존해야 한다. 이러한 스펙트럼 평가 활동에서 영역특정적 인지능력은 영역특정적 문제를 해결하기 위해 영역특정적 매체를 사용하는 것을 통해 평가된다(Gardner, 1999).

스펙트럼 유아평가 과정의 결과물은 프로파일이다. 즉 15가지 평가활동에 대한 유아의 참여와 수행에서 나온 정보에 기초한 문장식 보고서다(Krechevsky, 1998; Ramos-Ford & Gardner, 1991). 이 보고서에서는 전문적이지 않은 용어를 사용하여 스펙트럼 평가를 통해 점검한 인지능력을 강조한다. 각 유아의 상대적 강점과 약점이 기술되며 이따금씩 또래와 비교되기도 한다. 강점과 약점은 각 영역별 주요 능력에 관련된 유아의 수행 측면에서 기술된다. 예컨대 유아가 서로 다른 종류의 음악에 보이는 특별한 민감성은 다양한 음악 작품을 듣는 도중, 그리고 들은 다음에 보인 얼굴 표정, 동작, 주의집중으로 기술될 수 있다. 프로파일의 종결부에는 확인된 강점을 지지해주고 약점 영역을 향상시킬 수 있는 방법에 대하여 부모와 교사에게 주는 특정한 권고사항이 대개 들어가게 된다(Adams & Feldman, 1993; Krechevsky, 1998). 특정한 시점의 유아 홍미, 능력, 경험을 반영하기에 시간이 경과하면서 학습 및 발달을 통해 프로파일은 바뀌게 된다.

3. 평가와 교육과정 통합에 있어서의 스펙트럼의 역할

프로젝트 스펙트럼은 학급 내에서 유아의 강점과 재능을 비춰줄 수 있는 방법을 창안함으로써 교육자가 유아의 학습 잠재력의 다양성을 이해할 수 있는 길을 열어주었다. 또한 스펙트럼은 교사가 교육과정에 관한 의사결정을 내릴 때 이러한 재능을 고려할 수 있도록 해주는 수단을 제공한다. 더 구체적으로, 스펙트럼은 유아의 덜 발달된 영역뿐만 아니라 강한 영역을 포함시켜 평가의 초점을 확장함으로써, 유아의 학습을 일련의 숫자로 된 점수로 환원하기보다는 능력 프로파일을 만듦으로써, 그리고 수업의 일부로서 지속적으로 이루어지는 평가가 가끔 이루어지는 형식적 평가보다 더 많은 정보를 제공해주며 의미도 더 많다고 주장함으로써 평가와 교수학습 간의 간격을 줄이는 데 기여하였다. 그 중요성과 가치를 강조하기 위하여 각각이 기여한 바에 대하여 간략하게 언급하고자 한다.

유아의 강점을 찾아주는 스펙트럼 평가는 기존의 검사가 주로 결점 찾기에 초점을 맞추던 전통을 깨뜨렸다. 유아가 자신의 강점을 알아내도록 돕고 그 강점에 토대하여 학습경험을 계획하는 등의 긍정적인 목적을 위하여 교사가 스펙트럼 유아평가(SPA)를 사용하도록 권장한다. 이 접근법에서는 읽기나 수학과 같은 제한된 수의 전통적 학문영역에서의 약점을 고치기보다는 다양한 범위의 영역에서 유아가 가진 강점을 확인하는 데서 수업이 시작된다. 스펙트럼은 특정 영역에서의 보정교육 서비스(remedial services)가 가지는 가치나 필요성을 무시하지는 않는다. 그보다는 어떤 학습자는 이러한 방법의 혜택을 얻겠지만 다른 학습자는 강점에 기초할 때 더 잘 반응한다고 주장하는 것이다(Chen, 2004). 학습 성공을 관찰하면서 교사는 유아의 지식과 이해에 대하여 새로운 정보를 수집하게 된다. 이에 따라 교사는 학문적 학습 상황에서 유아의 홍미와 호기심을 끄는 것을 더 확장하고 다듬어주게 된다(Gardner, 1999).

스펙트럼 프로파일 보고서에서는 유아의 강점과 덜 발달된 영역에 관한 정보를 보존하면서 유아의 광범위한 홍미와 능력을 일련의 점수나 평균으로 환원하는 것을 피한다. 유아의 구체적인 강점을 '평균 이상' 혹은 '평균 이하' 와 같은 일반적인 설명어로 바꾸어 의미를 잃게 하지 않는다. 유아가 '똑똑한' 혹은 '머리 나쁜' 것을 표시하는 점수로 인하여 유아의 수업에 대한 요구를 간과하지도 않는다. 광범위한 능력과 흥미를 평가함에 있어서 프로파일은 교사에게 이러한 정보를 체계적으로 수집하고 조직할 수 있는 도구를 제공한다. 스펙트럼 프로파일은 평가 과정의 종료보다는 교수학습의 새로운 시작을 표시한다. 이는 생성적이도록 설계된 것이다. 프로파일은 사용하지 않고 한쪽으로 제쳐두는 형식적인 수행 기록이 아니다. 새로운 지식과 기술을 발달시키기 위하여 유아가 성취한 바에 토대한 역동적인 청사진이라 할 수 있다.

평가를 교수학습과 별개의 것으로 볼 때는 학급 내에서 일 년에 그저 두세 차례만 평가가 이루어진다. 스펙트럼 평가는 이와 극명한 대조를 이루는데, 평가가 지속적으로 이루어질 때 가장 의미 있고 유용하다고 본다(Krechevsky, 1998). SPA 평가도구는 언제든지 유아가 사용할 수 있다. 평가도구를 가지고 놀이함으로써 유아는 이를 탐색하고 친숙해질 기회를 갖게 된다. 이러한 친숙성은 평가가 정확하게 이루어지도록 돕는데 왜냐하면 유아의 평가도구 활용이 영역의 주요 개념 및 기술에 대한 현재의 발달상태를 반영하기 때문이다. 평가도구를 항상 이용할 수 있기 때문에 교사는 이를 평가뿐만 아니라 수업에서도 활용할 수 있다. SPA는 교사 관찰이 영역별로 이루어질 수 있도록 해줌으로써 지속적인 평가를 지원한다. 스펙트럼 평가에서 영역별로 제시된 주요 능력을 통해 교사는 유아의 다양한 잠재성을 알아보고 관련된 교육과정을 계획하는 법을 배우게 된다.

지속적인 관찰을 보완하기 위하여 SPA는 교사가 유아가 창작한 미술작품이나 이야기 꾸미기와 같은 수행 증거를 수집할 것을 권고한다. 여기에는 유아의 집단으로서의 활동을 추적하는 것도 포함되며 학급 사진앨범, 그리고 종종 간단한 소품과 악기를 포함하여 좋아하는 이야기를 극화한 것을 찍은 비디오 목록이 포함된다. 기록할 것을 선정하는 데 유아가 적극적으로 참여한다. 교사는 유아의 지속적인 발달과 학습에 대한 자신의 인식을 또렷이 하기 위하여 이러한 정보를 정기적으로 검토한다. 또한 유아로 하여금 자신이 좋아하는 활동, 자신이 잘 한다고 생각하는 활동에 대하여 논평하도록 한다. 종종 이러한 대화를 통해 유아가 자신의 학습에 대하여 놀랄 만한 통찰력을 갖고 있음을 알게 된다. 스펙트럼은 교사가 지속적으로 학급내 평가를 할 수 있게 해주는 수단을 제공함으로써 평가, 교수, 학습을 통합하는 일이 가능함을 보여주었다.

4. 유아교육의 새로운 쟁점과 동향

1990년대 초반까지 유아교육에서 수많은 동향이 나타났으며 이는 유아평가에 대하여 다양한 접근법을 개발하도록 하면서 교육에서의 우선순위를 새로이 설정하고 있다

(Bowman, Donovan, & Burns, 2001; Bredekamp & Rosegrant, 1995). 이러한 동향이 유아평가에 어떻게 영향을 미치는지를 나타내기 위하여 저자들은 세 가지 동향을 지적하고 이러한 변화가 평가도구 설계에 요구하는 바에 대해 간략하게 적고자 한다. 이러한 동향은 (1) 유아학습기준(early learning standards)의 명시화, (2) 교과목에 대한 강조 증가, (3) 유아교육의 PK-3로의 확장이다. 이렇게 새로이 출현된 쟁점들이 평가 설계에 영향을 미치기 때문에 평가를 교육과정 계획과 교수 실제에 통합하는 과정도 변화시키고 있다.

유아학습기준은 형식적 교육을 처음 받기 시작한 몇 해 동안에 유아가 습득하기를 기대하는 기능과 지식이 무엇인지에 대해 규정하고 있다(Scott-Little, Kagan, & Frelow, 2005). 이러한 기준으로 인해 설정된 학습상의 우선순위는 유아학급에서 평가되는 것과 가르치는 것에 영향을 준다. 이러한 기준목표의 주된 목적은 교사 책무성의 토대를 제공한다. 즉 교사는 유아가 기준에 포함된 학습목표를 달성해가는 진보상황에 책무성을 가진다. 유아학습기준은 유아가 학교에서 성공하는 데 필요한 지식과 기술을 획득할 기회를 동등하게 가질 수 있도록 도와준다. 이제 평가가 교사에게 유용하기 위해서는 유아학습기준과 연계되어야 한다(National Association for the Education of Young Children & National Association of Early Childhood Specialists in State Departments of Education, 2003).

책무성에 대한 압박 역시 유아교육에서 교과목을 더욱 강조하게 만들었다. 점차 유아교육과정은 내용영역을 중심으로 조직되고 있다(Bowman, Donovan, & Burns, 2001). 이러한 변화에 따라 유아교사는 유아와의 상호작용에서 더 의도적이고 의식적으로 내용지식과 기술을 다루도록 요구받는다. 내용영역에 대하여 이렇게 강조하는 것이 학습이 수동적이고 기계적으로 되는 것을 의미하는 것은 아니다. 유아기의 학습은 각 내용영역의 발달에 기초가 되는 개념과 기술에 더 많은 관심을 기울이면서 유아가 능동적으로 지식을 구성하는 것을 통해 이루어져야 한다고 본다(Bredekamp & Rosegrant, 1992; Epstein, 2007). 교과목이 점차 강조되면서 교사는 대부분의 유아교실에서 볼 수 있는 내용영역에 따라 구성된 평가도구가 필요하게 되었다. 이러한 영역에는 예술, 과학, 문해, 수학이 포함된다.

세 번째 흐름은 유아교육을 유아원에서 초등학교 3학년(PK-3)으로 정의하는 동향이다. 이는 유아교육이 주로 3세부터 5세까지의 유아원(preschool) 시기로 정의하던 전통적인 관점과 차이가 있다. 실제적 측면과 발달상의 관점으로 인하여 이러한 새로운 동향이 이루어졌다. 실제적 측면에서 유치원과 현재의 공립 유아원 프로그램은 공립학교를 통해 제공되고 있다. 이는 어떤 유아들은 더 어린 나이에 형식적 학교 교육을 시작하게 됨을 의미한다. 발달상의 관점에서는 3세부터 8세까지의 유아에게 있어 다양한 내용영역에서 기술 수준, 경험, 학습 준비도 측면에 상당한 차이가 있다는 사실이 이제 확실해졌기 때문이다. 유아기를 3세에서 5세의 범위로 제한시키면 전체 유아 집단뿐만 아니라 개별 유아의 서로 다른 교육적 요구를 제대로 충족시켜 주지 못한다. 유아들은 서로 다른 연령에 학교생활을 시작하고 서로 엄청나게 다른 유아기 경험을 가지고 오며, 발달을 위한 이 새로운 장면에서 사회적으로, 정서적으로, 지적으로 적응할 시간을 필요로 한다.

PK-3 철학에서는 잘 하고 있는 유아는 학습을 더 심화시키는 반면 어떤 유아는 학습에 시동을 걸어주어야 하기에 유아교사가 이렇게 더 넓어진 연령대 전반에 걸쳐 이루어지는 개념과 기술의 발달을 잘 이해하고 있어야 함을 인지하고 있다. 오늘날의 교실에서는 유아들이 발달 연속체[3]의 각기 다른 지점에 위치하고 있다는 것이다. 교사의 지식과 전문성은 개별 유아뿐만 아니라 전체 집단에게도 도움이 된다. PK-3 교육과정은 모든 교과영역에서 튼튼하게 출발할 수 있도록 모든 유아를 여러 해에 걸쳐 도와주는 것을 목적으로 삼고 있다. 따라서 PK-3 교육과정 목적에 따라서 평가도 마찬가지로 이렇게 넓어진 연령대를 포괄하는 발달 및 학습 수준을 반영할 수 있는 방향으로 변해야 한다.

5. 유아교실에서의 평가에 대한 브릿징 접근법

브릿징 평가는 Erikson Institute에서 1999년에 시작한 응용 교육연구 프로그램인 브릿징 프로젝트의 결과물이다. 이는 유아평가, 교육과정 계획, 수업 실제를 이음새 없는 하나의 과정으로 통합하기 위한 이론적 틀과 방법론을 개발하는 데 목적을 두었다(McNamee & Chen, 2005a). 브릿징 평가의 특징과 설계 요소 각각은 유아교육 현장에서의 세 가지 동향, 즉 (1) 학습기준의 명시, (2) 내용에 대한 강조, (3) PK-3 시스템에 대한 관심에 부합하는 것이다. 프로젝트 스펙트럼 연구에 기초하여 브릿징은 오늘날의 학교에서 3세부터 8세까지의 교수학습 과정을 위한 청사진을 포함하여 학급기반 수행평가(classroom-based performance assessment)의 과정을 제공해준다.

---

3) 역주: developmental continuum은 어느 정도로는 예측 가능하나 엄격하게 고정되어 있지는 않은 발달 성취의 계열성을 말한다. 즉 기존에 엄격한 발달단계나 연령으로 발달을 고정되게 보던 데서 벗어나서 발달의 역동성과 다양성을 인정하는 개념이라 할 수 있다. 모든 유아가 발달 연속체를 따라 모든 성취의 계열을 다 거치는 것이 아니며 어떤 유아는 어떤 성취는 건너뛸 수도 있고 여러 가지 요인의 상호작용에 따라 어떤 유아는 훨씬 더 빠른 혹은 느린 속도로 발달할 수도 있음을 강조한다.

1) 이론적 토대

브릿징 평가는 두 가지 이론에 그 개념적 틀에 기반하는데 Gardner의 다중지능(MI)이론과 Leont' ev의 활동이론(activity theory)이 바로 그것이다. 프로젝트 스펙트럼과 유사하게 브릿징 평가 내용도 부분적으로는 다중지능이론에 기초하고 있다. Gardner는 인간은 일생 동안 최소한 여덟 가지로 구분되는, 비교적 자율적인 지능을 발달시키고 활용한다고 본다. 이 여덟 지능 각각은 개인이 인간으로서의 가능성을 이루고 사회에 기여할 수 있는 길을 열어준다는 측면에서 중요하고 타당한 것으로 여겨진다(Gardner, 2006).

브릿징 평가는 다중지능이론을 학급 환경에 맞게 재해석한다. 즉 언어 및 문학, 수학, 과학, 미술, 음악 및 동작 등의 다양한 교육과정 영역에서 다중지능을 인지할 기회에 초점을 맞춘다. 브릿징 평가의 내용은 다음을 포함한 여러 이유로 지능보다는 교육과정 영역에 따라 조직되어 있다.

1. 교육과정 영역은 우리 사회에서 가치 있게 생각하는 지적 능력을 반영한다.
2. 교육과정 영역은 유아가 문화적 활동을 추구함에 있어 출발 지점이 된다.
3. 평가 영역을 교육과정 영역과 맞춤으로써 교사가 브릿징 평가를 지속적인 교육과정 계획과 통합하도록 촉진할 수 있다.

브릿징 평가의 개념적 토대를 이룬 두 번째 근원은 러시아의 심리학자인 Alexei Leont' ev의 연구로부터 나왔다. L. S. Vygotsky의 제자로서 Leont' ev(1978, 1981)는 발달을 연구하는 전통적인 방식으로부터 작지만 근본적인 이탈을 제안하였는데, 즉 분석의 단위를 활동으로 보자는 것이다. 다시 말해, 관심의 초점을 개인에게 두지 않고 그 개인이 특정한 사회, 문화, 역사적 상황 속에서 하는 활동에 두었다. 개인의 활동에 초점을 둠으로써, 유아의 활동 선택, 열중하여 참여하는 정도, 생산성 수준, 결과물의 질적 수준과 같이 관찰할 수 있는 행동을 통해 정신 능력, 흥미, 성향과 같은 유아의 내적 세계를 연구하는 것이 가능해졌다. 또한 활동에는 가정, 학교, 더 큰 지역사회라는 다양한 상황 속에서 또래나 성인들이 유아에게 거는 기대와 지원을 분석하는 것도 포함된다. 이러한 맥락과 참여자 각각이 유아로 하여금 자신이 살아가는 문화에서 중요한 지식, 기술, 특정한 상징체계를 획득하도록 하는 기대와 기회를 가지고 있다.

Leont' ev의 활동이론에 근거하여 브릿징 평가에서는 유아평가를 지속적으로 이루어지는 정규 학급활동이라는 맥락 속에서 다룬다. 교사는 평가 과정에서 활동과 활동의 변수(parameters)에 초점을 둠으로써 더욱 상세하게 유아의 학습과 수행을 검토할 수 있게 된다. 교사는 그저 유아의 강점과 약점을 살펴보는 것을 넘어서서 유아가 보이는 다양한 수행수준의 원인이 되는 요소들을 찾아낼 수 있다. 예컨대 활동의 사회적 변수를 보면 어떤 유아는 소집단으로 활동하는 것을 더 좋아하는 반면 다른 유아는 독립적으로 활동하는 것을 선호함을 파악할 수 있다. 학습상의 어려움을 유아의 탓으로 돌리지 않고 교사가 다양한 학습 강점과 요구를 가진 유아에게 최적인 학습 환경을 만들어줄 수 있도록 학급의 활동 변수를 선정하는 데 그러한 평가결과가 활용된다.

2) 특징

이 장의 저자들과 브릿징 프로젝트 연구진이 개발한 브릿징 평가는 3세에서 8세 사이의 유아를 가르치는 교사가 활용할 수 있는 수업 평가다(Chen & McNamee, 2007). 브릿징 평가는 유아에게 친숙한 교육과정 활동을 사용하여 학급 맥락 내에서 개별 유아의 학습을 이해할 수 있는 체계적인 접근법을 교사에게 제공한다. 평가도구로서 브릿징 평가는 교사가 유아교육과정 영역에서 주요 개념과 기술의 발달연속체에 있어서 각 유아가 보이는 진보상황을 알 수 있도록 돕는다. 주요 개념과 기술은 특정한 내용지식을 완전히 습득하는 데 중요한 것으로 여겨지는 것이다. 교사는 개별 유아가 경험, 지도, 연습을 필요로 하는 영역을 표적으로 삼으면서도 유아의 다양한 강점을 길러줄 수 있도록 교육과정을 계획하는 데 브릿징 평가결과를 활용한다(McNamee & Chen, 2005b).

브릿징 평가는 프로젝트 스펙트럼의 기존 연구결과에 토대를 두기에 SPA와 일부분에서 동일한 특징을 가지는데 여기에는 폭넓은 학습영역을 다루는 것, 유아의 다양한 인지적 강점을 찾아내는 것, 열중할 수 있는 활동을 사용하는 것, 지침에 근거한 관찰과 세심한 기록작업에 초점을 두는 것이 해당된다. 또한 브릿징 평가는 스펙트럼 평가에 토대하여 평가와 학교학습의 통합을 한층 더 강화시킨다. 아래에 기술할 브릿징 평가의 특징으로는 친숙한 활동과 접하기 쉬운 자료를 사용하는 것, 교육과정 영역에서 주요 개념과 기술을 파악하는 것, 유아평가에서 활동을 분석의 단위로 삼는 것, 평가결과에 맞게 교육과정 아이디어를 제공하는 것을 들 수 있다(Chen & McNamee, 2006, 2007).

(1) 친숙한 활동과 접하기 쉬운 자료의 사용

브릿징 평가는 언어 및 문학, 수학, 과학, 음악 및 동작, 미술이라는 5가지 교육과정 영역 각각에서 3개씩 하여 모두 15개의 활동으로 이루어져 있다(표 11-2 참조). 브릿징 평가 활동은 유아의 책 읽기, 이야기 구술하기, 재활용품으로 자동차 모형 만들기, 크레용을 사용하여 디자인 만들기, 패턴 블록을 사용하여 수학 문제 해결하기 등 대부분의 유아교사에게 친숙한 교육과정 활동에 기초하고 있다. 평가라는 목적을 위해 일

표 11-2 브릿징 평가의 영역 및 활동

영역	평가 활동
언어 및 문학	1. 책 읽기(유아의 선택과 교사의 선택) 2. 이야기 꾸미기 3. 꾸민 이야기를 극화하기
미술	4. 크레용 기법 실험하기 5. 자화상 그리기 6. 패턴 블록으로 표상하기
수학	7. 패턴 블록으로 방사형 대칭모형 만들기 8. 패턴 블록으로 퍼즐 맞추기 9. 수 개념 이해하기
과학	10. 그림자와 빛 탐색하기 11. 수집한 자연물 분류하기 12. 재활용품으로 자동차 모형 만들기
음악 및 동작	13. 음악에 맞춰 동작 표현하기 14. 리듬악기 연주하기 15. 노래 부르기

반적인 학급 활동을 사용하는 것은 우연도 아니고 편의상의 이유도 아니다. 이러한 활동의 사용은 평가와 교육과정이 동전의 양면이라는 신념, 그리고 지속적인 교수학습 과정으로 통합될 때 그 각각이 더욱 효과적이라는 신념을 반영하고 있다. 게다가 브릿징 평가 과정에서 사용되는 자료는 교실에서 일반적으로 접하기 쉬운 것으로, 그림책, 패턴 블록, 오디오테이프, 그리고 여타 가정이나 자연환경으로부터 쉽게 구할 수 있는 사물 같은 것이다. 이러한 특징으로 인하여 브릿징 평가 과정은 교사에게 더욱더 실제적인 것으로 다가간다. 또한 교수학습과 평가를 통합하는 데에도 기여하는데 이는 이 모든 과정에서 동일한 자료를 사용하기 때문이다.

(2) 교육과정 영역에서의 주요 개념과 기술 파악

5개의 교육과정 영역 각각 안에서 브릿징 평가 활동은 국가에서 규정한 유아교육기준에 포함되어 있는 주요 개념과 기술을 다룬다. 주요 개념과 기술에 대한 발달 분석에 따라 활동별로 10수준으로 이루어진 준거참조 루브릭(criterion-referenced rubric)[4]이 개발되었다. 이 루브릭에서는 각 영역의 발달연속체와 관련되게 내용영역별로 유아

---

4) 역주: 루브릭(rubric)은 유아의 수행 수준을 판단할 수 있는 명확한 준거, 지침을 제시해주는 평가의 틀이라 할 수 있다. 즉 막연히, 혹은 상대적으로 비교하여 1점, 2점 등을 제시하는 것이 아니라 수행의 특징과 수준을 구분하여 줌으로써 수행평가에 적합한 평가방법이다.

의 학습 및 완전 습득에 대한 행동지표를 상세하게 제시하고 있다. 발달연속체는 3세부터 8세까지의 유아기 전체를 포괄하고 있다. 교사는 이러한 수행 루브릭을 사용하여 각 교육과정 영역에서 유아가 현재 갖고 있는 기능과 발달 과정 중인 기능을 정확하게 짚어낼 수 있다. 이 평가과정을 통하여 특정한 내용영역에서 현재 변화가 이루어지고 있는 기능과 지식으로 구성된 유아의 근접발달영역이 드러난다(Vygotsky, 1978). 주요 개념과 기능을 강조함으로써 브릿징 평가는 각 과목 영역에서의 유아의 지식 발달 과정으로 교사의 주의를 집중시킨다. 교사는 주요 개념과 기능을 심도 있게 이해함으로써 이를 활용하여 학습경험을 계획하는 데 점점 더 자신감을 갖게 된다.

(3) 유아평가에서 활동을 분석단위로 삼기

브릿징 평가의 세 번째 특징은 평가과정에서 사용되는 분석단위다. 브릿징 평가에서는 대부분의 평가도구에서 주된 초점이 되곤 하는 고립된 개별 유아에 초점을 두기보다는 '활동에 열중하고 있는 유아' 를 학습과 발달에 대한 분석단위로 본다. 브릿징 평가에서는 활동이라는 맥락 안에서 유아의 발달을 이해하기 위하여 어떻게 서로 다른 활동 변수가 유아의 수행에 영향을 주는지를 검토한다. 이러한 변수에는 평가에 사용된 자료, 활동 실시상의 사회적 역동성(예컨대 개별, 소집단, 혹은 대집단 구성), 유아가 활동의 목적을 이해했는지의 여부, 활동의 속성(예컨대 개방적 대 구조적) 등이 포함된다. 교사는 유아의 행동을 관찰하고 활동 변수와 연관 지어서 유아의 수행을 기록한다. 교사는 평가활동을 특정한 방식으로 수정하여 유아에게서 최적의 수행 수준을 끌어낼 수 있는 교육과정 활동이 되게 한다. 그렇게 함으로써 자연적으로 평가 과정이 세밀하게 계획, 배치된 교수활동을 통한 교육중재가 된다.

(4) 평가결과에 맞추어 교육과정에 대한 아이디어 제공

명칭이 말해주듯이 브릿징 평가는 유아평가로 시작하여 평가과정에서 얻은 지식을 바탕으로 해서 교수활동으로 이어진다. 평가에서 교수로의 연계를 이끌어주는 것은 브릿징 교육과정의 두 가지 요소인데 바로 반성적 사고와 계획이다. 반성적 사고 과정은 교사로 하여금 유아의 수행에 영향을 줄 수 있는 활동변수뿐만 아니라 평가결과를 신중하게 검토하도록 요구한다. 계획 부분은 교사가 고려해야 할 일련의 교육과정 아이디어를 제공하면서 평가결과를 학습경험으로 풀어낸다. 이러한 아이디어는 교사로 하여금 유아가 현재 갖고 있는 개념과 기술에 기초하여 교과영역 개념과 기술에 대한 탐색과 이해를 심화시키도록 돕는다. 그러나 특정 방식으로 가르칠 것을 엄격하게 규정하지는 않는다. 그보다는 제안한다고 할 수 있는데, 교사 스스로의 발견을 위한 지침, 교사의 혁신을 위한 발판의 역할을 한다. 계획의 목적은 분명하다. 즉 브릿징 평가에서는 유아의 발달 상태를 아는 것으로 끝나서는 안 된다는 것이다. 이러한 지식을 사용하여 유아가 알고 있는 것, 학습할 준비가 되어 있는 것을 바탕으로 앞으로 더 나아갈 수 있도록 교육과정과 수업을 계획하여야 한다.

6. 평가와 교육과정의 통합에 있어서의 브릿징 평가의 역할

브릿징 평가는 유아 교실에서 평가가 가지는 위치와 본질을 근본적으로 변화시켰다. 전통적인 평가에서는 교사가 지시에 따라 과제를 실시하고 점수를 계산한 다음 점수의 의미를 해석하기 위해 검사 지침을 읽을 뿐이다. 상황과 절차는 표준화되며, 따라서 평가 프로토콜을 실시하는 데 있어 융통성이 발휘될 수 없다. 사실상 전통적 평가의 목적은 표준화를 위해 실시상의 차이를 최소화하는 데 있다. 브릿징 평가는 완전히 다른 종류의 도구이자 과정이다. 브릿징 평가에는 엄격하게 정해진 절차가 없다. 브릿징 평가를 사용하는 데 있어 수많은 '올바른 방법' 이 있다. 이러한 설계상의 융통성 덕분에 교사가 특정한 유아와 학급 집단을 이해하고 앞으로 올 수일, 수주에 있어서의 학습을 계획하기 위하여 정보를 수집하는 데 가장 적합한 사용방법을 결정할 수 있다. 브릿징 평가는 교수학습과 평가의 통합을 진일보시키는 데 구체적인 기여를 하였다. 여기에는 평가과정에 있어 교사에게 적극적이고 핵심적인 역할 부여, 교사에게 현재, 과거, 미래의 학습을 추적할 수 있는 평가도구 제시, PK-3 교육의 지원 등이 포함된다.

브릿징 평가에서는 교사가 평가에 대한 의사결정을 내리는 데 적극적인 역할을 하며 모든 실시 단계에서 전문성을 발휘한다. 교사가 교실의 어느 영역에서 평가활동을 실시할지, 이 활동과 일상적인 학급일과를 어떻게 통합할지를 결정한다. 그러고 나서 활동 장면에서의 유아 수행을 관찰하고 또한 평가결과의 의미도 해석한다. 교사는 각 활동이 대표하는 내용지식이 무엇이며 유아의 현재 발달수준에 비추어 점수가 의미하는 바를 이해한다. 평가결과를 교육과정에 끊임없이 반영하여 실천하면서, 교사는 유아의 학습이 지속적으로 진전되는 과정 속에서 어떻게 지도하고 코칭해줄 것인지에 세심한 관심을 기울이며 앞으로의 교육과정 활동을 계획하기 위해 평가결과를 해석하고 적용한다. 따라서 브릿징 평가는 유아의 호기심과 흥미를 학교에서의 지적 요구와 연계시키는 데 있어서, 아울러 교육과정 영역 내에서 그리고 그 사이에서 앞으로 이루어질 발달과 유아의 현재 발달 수준을 연계시키는 데 있어서 교사에게 하나의 지침 역할을 한다.

브릿징 평가에서 유아의 활동 점수는 현재 수행 수준, 그리고 해당 활동에 대한 발달연속체상의 위치로 기술된다. 각 유아의 발달상황을 확인하는 데 있어서, 브릿징 평가는 유아가 무엇을 학습하고 있는지를 조명하며 교사로 하여금 유아가 그 다음 발달 수준에 이르기 위하여 노력해야 할 지식과 기술이 무엇인지를 알아낼 수 있도록 돕는다. 브릿징 평가는 유아가 현재 무엇을 학습하고 있고 무엇을 배울 준비가 되어 있는지를 나타내 줌으로써 교사가 더 장기적인 발달의 맥락 내에서 단기적인 학습목표를 설정하도록 도와준다. 발달연속체상에서 유아가 위치한 바를 확인해주는 것에 더하여, 브릿징 평가는 교사가 유아의 수행과 진보상황을 이끌어내고 장려, 중재하는 다양한 사회적 상호작용을 검토하도록 도움으로써 근접발달영역을 찾아내는 것을 돕는다(McNamee & Chen, 2005b). 대부분의 경우 교사가 활동을 소집단으로 실시할지, 2명씩 쌍으로 하여 실시할지, 혹은 유아와의 일대일 상호작용을 통해 실시할지 선택할 수 있다. 어떤 활동은 대집단으로 실시될 수도 있다. 이는 평가가 시작되기 전에 유아를 고립시키는 전형적인 평가방법과는 다른 것이다. 브릿징 평가는 다양한 방식으로 구성된 사회집단 속에서 평가를 실시함으로써 유아가 독립적으로 할 수 있는 것, 교사의 지원을 받아 할 수 있는 것, 또래와의 상호작용을 통해 할 수 있는 것에 대하여 교사가 더 철저하게 이해할 수 있는 기회를 제공한다.

브릿징 평가가 세 번째로 평가의 통합에 기여한 점은 하나의 평가도구가 PK-3 교육 모두에 사용될 수 있음을 보여준 것이다. 앞에서 언급한 바와 같이 유아교육을 PK-3으로 규정하는 것이 유아교육계의 최근 동향이다. 성공적인 PK-3 교육을 위해 교사는 특정 연령의 유아를 대상으로 사용하도록 된 여러 도구에 의존하기보다는 전 연령에 맞게 설계된 평가도구를 필요로 한다. 전체 평가활동을 보완하는 브릿징 평가는 PK-3 교사가 학교 교육을 처음으로 받는 초기 몇 년간의 유아의 독특한 특징과 요구, 모든 내용영역에서의 발달과 학습이 진전하는 상황, 이 연령에서 학습이 지니는 적극적인 사회적 속성에 맞추어 유아의 마음을 사로잡을 수 있는 교수방법을 이해하도록 돕는다. 전통적으로 유아교육에서는 발달에 초점을 맞추고 초등학교 저학년에서는 가르치는 내용을 강조해왔다. 발달과 내용이라는 쟁점이 통합되어 PK-3 시기 전반에 걸쳐 연속성 있는 교수학습 활동이 이루어질 때 유아가 가장 효과적인 교육경험을 하게 되리라는 사실을 유아발달 전문가와 유아교육 전문가 모두가 점점 더 확신하게 되었다. 저자들은 두 전문가 집단 모두에 속하며 이러한 동향을 지지한다.

7. 교사의 전문성 발달: 평가와 교육과정 통합을 위한 열쇠

효과적인 도구를 교사의 손에 쥐어주는 것은 의심할 여지없이 평가와 교육과정 통합에 있어서 필수적인 단계다. 그러나 효과적인 도구가 반드시 통합을 실현시킬 수 있는 것은 아니다. 통합이 확실하게 이루어지기 위해서는 교사의 전문성 발달이 적극적으로 이루어져야 한다. 비유하자면, 컴퓨터 테크놀로지는 학습을 위한 훌륭한 도구이지만 교사가 그 가능성을 이해하고서 사고와 이해를 촉진하기 위해 컴퓨터 테크놀로지를 교과영역과 통합하는 방법을 알 때에만 훌륭한 도구가 될 수 있다. 마찬가지로 평가도구도 아무리 잘 만들어졌다고 하더라도 교사의 지식과 준비 없이는 결코 약속된 결과를 얻을 수 없다. 따라서 교사교육 및 연수가 도구개발만큼 중요하다.

교사가 교수학습 과정을 위하여 평가를 효과적으로 사용하기 위해서는 어떤 유형의 지식을 갖추어야 하는가? 이러한 유형의 지식은 특정한 평가도구를 실시하는 방법을 배우면서 얻을 수 있는가? 첫 번째 질문에 대한 우리의 대답은 한 개념적 틀에 기초한다. 두 번째 질문에 대한 우리의 대답은 두 가지 실증연구의 결과로부터 도출된다.

첫 번째 질문에 답하기 위하여 우리는 교육학적 내용지식(Pedagogical content knowledge: PCK)이라는 개념적 틀을 사용한다. 1985년에 카네기재단의 회장, Lee Shulman이 처음 소개했던 용어인 PCK는 효과적인 교수를 위해서는 세 범주의 지식, 즉 무엇을, 누구에게, 어떻게 가르칠지에 대한 지식이 서로 융합되는 것이 중요함을 나타낸다. '무엇을(what)' 은 특정한 내용영역에서의 주요 개념이나 아이디어를 이해하는 것을 의미하고, '누구에게(who)' 는 학습자와 그들의 배경지식에 대하여 아는 것을 의미하며, '어떻게(how)' 는 특정 연령의 학습자에게 특정한 종류의 내용을 표상하고 제시해주는 데 적합한 일련의 방법을 나타낸다(Shulman, 2004).

PCK 개념은 교수효과를 나타내는 데 주로 사용되기는 하지만 교육과정과 수업에 평가를 통합하기 위해 교사가 개발해야 할 지식 유형도 마찬가지로 효과적으로 나타내준다. PCK는 교사가 교육과정 내용지식을 고려할 때 유아의 사전지식과 현재 발달상의 특징에 맞출 것을 요구한다. PCK는 특정 교과영역 지식에 주의를 기울이면서 발달 계열에 대하여 말해준다. PCK 이론을 참조하면 교수방법은 일련의 일반적인 그저 그런 수업전략이 아니게 된다. 그보다는 특정 집단의 유아들이 지식을 구성하도록 도

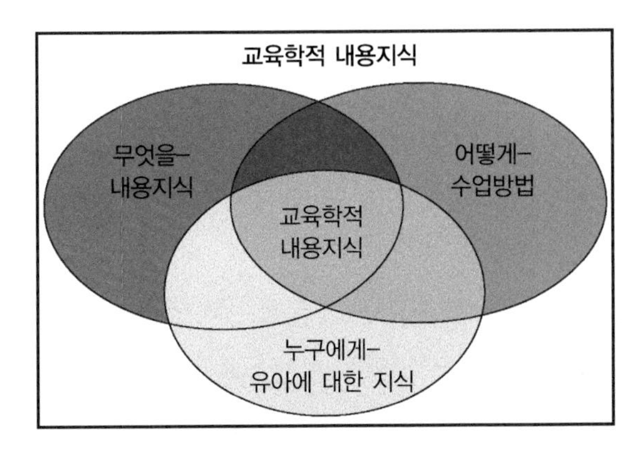

그림 11-1

와주는 최적의 방법이라 할 것이다(그림 11-1 참조). 이 과정에서 교사는 학급에서의 학습 과정에서 유아가 보이는 발달과정을 관찰하고 귀 기울이고 점검한다. 세 가지 PCK의 구성요소를 획득하고 통합하는 과정은 교사가 교육과정 계획과 수업실제에 도움이 되도록 평가결과를 사용하는 과정과 비슷하다.

어떤 평가도구를 사용하는 법을 학습하는 과정에서 PCK가 획득될 수 있는가라는 두 번째 질문에 대한 우리의 답은 직접 실시했던 두 연구에 기초하여 볼 때 그렇다는 것이다. 인간발달에 대해 잘 알고 있는 교사교육자로서 우리는 교수-평가 통합과정에서 교사의 전문성 발달이 결정적인 요소라는 사실을 깊이 인식하고서 브릿징 연구를 시작했었다. 브릿징 평가활동을 개발하면서 예비교사와 현직교사 모두와 함께 작업하였다. 우리는 이들이 브릿징 평가를 배우고 자신의 교실에서 이를 실시하는 과정을 기록하였으며, 교육과정 및 계획과 평가를 통합하는 것과 관련지어 이들의 PCK 지식 발달에 대해 연구하였다.

예비교사의 발달을 알아보기 위해 1년간의 교생실습 기간 동안에 브릿징 평가를 실시했던 Erikson Institute의 예비교사 총 75명을 연구하였다(이 연구에 대한 상세한 설명은 Chen & McNamee, 2006을 참조할 것). 세 가지 연구문제가 중심이 되었는데 (1) 브릿징 평가의 사용이 어떻게 교육실습생이 다양한 학습자로서의 개별 유아에 대하여 더 많이 알게 되도록 촉진하는가 (2) 브릿징 평가가 교육실습생으로 하여금 다양한 교과영역에서의 내용지식을 더 깊이 있게 이해하도록 어떻게 도와주는가 (3) 브릿징 평가의 사용이 교육과정 계획과 교수를 위한 정보를 얻는 데 평가결과를 사용하는 능력을 어떻게 강화해주는가이다. 이 세 가지 연구문제는 PCK의 세 구성요소를 반영하는 것이다.

연구 데이터의 주된 출처는 학급관찰, 그리고 교육실습생들이 실습 기간 종료시점에 작성한 반성적 보고서이다. 모든 세 가지 연구문제에 대하여 긍정적인 결과를 얻었다. 첫째, 대체로 교육실습생이 브릿징 평가를 사용한 결과 개별 유아에 대하여 새로운 이해를 얻게 된 것으로 나타났다. 이러한 새로운 지식에는 각 유아의 학업수행 수준 범위 내에서의 변산에 대한 이해, 유아의 수행에 영향을 주는 맥락 요인의 식별이 포함된다. 또한 이들 예비교사는 교육실습 종료시점에 교육과정 영역 전반에서 내용지식이 향상된 것으로 나타났다. 상당수가 이러한 향상이 브릿징 활동의 수행 루브릭을 세밀하게 검토하고 공부한 덕택이었다고 보았다. 이 루브릭을 적용하는 과정을 통해 교육과정 영역의 주요 개념과 기술을 더 깊게 이해할 수 있게 된 것이었다. 평가를 교육과정과 수업에 연계시키는 측면에서 교육실습생들은 브릿징 평가 덕분에 특정 내용영역에서의 개별 유아 활동을 관찰, 기록, 분석하면서 교육과정에 대하여 생각하게 되었다고 보고하였다. 루브릭은 각 교육과정 영역의 핵심을 이해하고 학습경험을 조직, 계열화하도록 해주었다. 이러한 토대를 갖추게 됨에 따라 자신이 가르치는 특정 집단의 유아에게 적합하도록 학습경험을 창안하기 시작하였다.

현직교사의 경우 시카고에 소재한 유아원과 유치원 학급교사 53명을 면담하였다(이 연구에 대한 상세한 설명은 Melendez, 2007을 참조할 것). 53명의 교사 중 29명은 자신의 교실에서 브릿징 평가 시스템 사용법을 안내하는 1년간의 현직연수 세미나에 참여하였으며 따라서 실험집단 혹은 중재집단이 되었다. 나머지 24명은 이 브릿징 현직연수 세미나에 참여하고자 하는 대기자 명단에 있는 유아교사였다. 이들은 비교집단 혹은 통제집단이 되었다. 두 집단의 교사들은 교직 경력과 교육 수준에서 유사하였다.

훈련된 연구자들이 두 집단의 교사를 두 차례, 즉 학년 초와 학년 말에 면담하였다. 면담분석은 PCK의 개념 틀에 따라 이루어졌다. 분석결과, 학년 초에는 두 집단의 교사들이 세 가지 PCK 범주 각각의 평균점수에서 유의한 차이를 보이지 않았으며 세 범주의 점수 패턴도 다르지 않았다. 구체적으로 중재집단과 통제집단 모두에 속한 교사들이 내용영역의 지식이나 개별 유아를 이해하는 데 있어서, 그리고 학습자의 요구를 충족시키는 데 유용한 교수방법을 고려하는 데 있어서 보통 정도의 수준을 보였다.

학년 말에 PCK 세 영역의 평균점수는 두 집단 모두에서 증가하였다. 중재집단의 교사가 통제집단의 교사보다 세 범주 모두에서 평균점수가 더 높았지만 두 집단 간의 차이는 통계적으로 의미가 없었다. 그렇지만 우리는 중재집단 교사의 경우 특별히 흥미로운 결과에 주목했는데 바로 세 영역의 점수 간의 관계가 변하였던 것이다. 중재집단 교사의 경우 PCK 세 영역의 점수 간에 유의미한 상관관계가 나타났다. 통제집단에는 이러한 상관관계가 발견되지 않았다. 이 결과는 교사의 발달에 대한 연구에서 종종 간과되곤 하는 한 가지 사실을 지적해준다. 교사의 발달에는 지식의 양적 증가 이상의 것이 필요하다는 것이다. 여기에는 PCK 핵심 요소 간의 역동적인 상호작용도 포함된다. 이러한 결과는 PCK의 세 구성요소가 서로 밀접하게 연계될수록 이 요소들이 함께 작용하여 교육과정과 수업에 평가를 통합시키는 것을 더 잘 도와줄 수 있음을 시사한다. 앞으로 이 가설을 증명하기 위한 실증연구가 필요하다.

두 연구에서 나타난 바와 같이 브릿징에서의 평가와 교육과정 개발 간의 통합은 양방향적(bi-directional)이다. 평가가 교육과정 개발을 위한 지침이 된다. 평가가 제공해주는 정보가 교육과정 실시를 지지해 줌으로써 교사가 자신의 일을 더 효과적으로 할 수 있도록 돕는다. 우리는 평가가 교육과정에 개념적으로 연계되지 않는다면 교사의 교수활동을 도와주지 못한다고 확신한다. 반면에 정확한 평가정보가 없이 실시되는 교육과정은 특정 집단의 유아에게 적절할 수도 있고 적절하지 못할 수도 있다. 브릿징에서 개발한 통합과정에서는 더 이상 평가가 반드시 교육과정 개발보다 선행되는 직선형 패턴에 머물지 않는다. 오히려 연속적인 과정 속에서 하나가 다른 하나와 상호작용하면서 정보를 제공하는 나선형 패턴을 가진다.

8. 결론

1985년 프로젝트 스펙트럼이 시작된 이래로 이십 년 이상이 흘렀다. 지난 이십 년 동안 유아교육 현장에는 상당한 변화가 이루어졌다. 오늘날 모든 수준의 교육 시스템에서는 책무성(accountability)이 가장 중요한 쟁점이다. 유아의 복잡하고 다양한 발달적 요구로 있어서 책무성이 유아교육에 주는 도전과제는 더욱 크다. 개별화교육에 있어서 유아의 지식과 기술을 정확하게 평가하는 것은 여전히 가장 어렵지만 가장 중요한 과제다. 그렇게 하기 위하여 교사는 학습자의 강점과 부가적인 연습과 지도가 필요한 영역을 찾아서 진보상황을 점검하고 수업실제에 있어 적절한 다음 단계를 결정하도록 도와줄 수 있는 신뢰할 만한 평가시스템을 필요로 한다(Popham, 2008). 평가를 이해하고 이를 적절하게 사용하는 방법을 아는 것이 효과적으로 가르치는 데 결정적으로 중요하다(Shepard et al., 2005).

프로젝트 스펙트럼으로부터 브릿징 개발로의 여정은 유아교육계에서 복잡한 속성을 가진 유아의 잠재성을 잘 파악해줄 수 있는 효과적인 평가도구를 교사의 손에 쥐어주기 위하여 협력하고 노력하는 모습을 보여준다. 요즘 많은 평가도구들이 학습자가 목적과 기준목표 측면에서 얼마나 잘하고 있는지에 대한 광범위한 정보를 부모, 교사, 정부인사, 대중에게 제공해주고 있다. 스펙트럼 유아평가(SPA)와 브릿징은 이러한 평가도구들 중에서 특히 두드러지는데 바로 튼튼한 이론적 토대를 갖고 있기 때문이다. 스펙트럼 유아평가와 브릿징은 유아교육계에 '방법론적 도구(how-to tool)' 뿐만 아니라 유아의 학습과 발달을 이해할 수 있는 개념적 틀을 제공해준다. 인간발달에 대한 새로운 개념에 뿌리를 둔 스펙트럼 유아평가와 브릿징은 교사가 다가올 수주, 수개월의 교수학습을 계획하기 위하여 먼저 유아가 현재 어떤 위치에 있는지를 파악하도록 교사의 주의를 집중시켜 준다. 평가에 대한 접근법으로서 스펙트럼 유아평가와 브릿징은 유아뿐만 아니라 교사 자신의 발달에도 도움이 된다.

교육과정과 수업에 영향을 주지 않는다면 그 평가는 원래 가야 할 길의 절반만을 간 셈이다. 프로젝트 스펙트럼은 평가를 통합시키고자 노력하였다. 프로젝트 스펙트럼의 연구에 기초하여 발전된 브릿징은 한층 더 나아가, 유아에 대한 정보를 제공하되 바로 교사에게 유아의 학습 기회를 향상시킬 수 있도록 자신의 교육과정과 수업을 조정하는 능력을 향상시켜 주는 맥락과 형식을 제공한다. 학습을 향상시키는 것이 책무성을 위한 모든 노력들의 목적이라고들 한다. 브릿징은 유아교사가 그 목적에 도달하는 데 필요한 지식과 도구를 확보해 주고자 한다.

참고문헌

Adams, M., & Feldman, D. H. (1993). Project Spectrum: A theory-based approach to early education. In R. Pasnak & M. L. Howe (Eds.), *Emerging themes in cognitive development: Vol. II. Competencies* (pp. 53-76). New York: Springer-Verlag.

Baker, E. L., O'Neil, H. F., & Linn, R. L. (1993). Policy and validity prospects for performancebased assessment. *American Psychologist, 48*, 1210-1218.

Bowman, B. T., Donovan, M. S., & Burns, M. S. (Eds.). (2001). *Eager to learn: Educating our preschoolers.* Washington, DC: National Academy Press.

Bredekamp, S., & Rosegrant, T. (Eds). (1995). *Reaching potentials. Vol. 2: Transforming early childhood curriculum and assessment.* Washington, DC: National Association for the Education of Young Children.

Chen, J. Q. (2004). The Project Spectrum approach to early education. In J. Johnson & J. Roopnarine (Eds.), *Approaches to early childhood education* (4th ed., 251-279). Upper Saddle River, NJ: Merill/Pearson.

Chen, J. Q., & Gardner, H. (2005). Assessment based on multiple intelligences theory. In D. P. Flanagan, J. L. Genshaft, & P. L. Harrison (Eds.), *Beyond traditional intellectual assessment: Contemporary and emerging theories, tests, and issues* (2nd ed., 77-102). New York: Guilford.

Chen, J. Q., Isberg, E., & Krechevsky, M. (Eds.). (1998). *Project Spectrum: Early learning activities.* New York: Teachers College Press.

Chen, J. Q., Krechevsky, M., & Viens, J. (1998). *Building on children's strengths: The experience of Project Spectrum.* New York: Teachers College Press.

Chen, J. Q., & McNamee, G. (2006). Strengthening early childhood teacher preparation: Integrating assessment, curriculum development, and instructional practice in student teaching. *Journal of Early Childhood Teacher Education, 27*(2), 109-127.

Chen, J. Q., & McNamee, G. (2007). *Bridging: Assessment for teaching and learning in early childhood classrooms.* Thousand Oaks, CA: Corwin Press.

Epstein, A. S. (2007). *The intentional teacher: Choosing the best strategies for young children's learning.* Washington, DC: National Association for the Education of Young Children.

Feldman, D. H. (1994). *Beyond universals in cognitive development* (2nd ed.). Norwood, NJ: Ablex.

Feldman, D. H. (1998). How Spectrum began. In J. Q. Chen, M. Krechevsky, & J. Veins, *Building on children's strengths: The experience of Project Spectrum* (pp. 1-17). New York: Teachers College Press.

Feldman, D. H., & Fowler, R. C. (1997a). The nature(s) of developmental change: Piaget, Vygotsky, and the transition process. *New Ideas in Psychology, 15*(3), 195-210.

Feldman, D. H., & Fowler, R. C. (1997b). Second thoughts: A response to the commentaries. *New Ideas in Psychology, 15*(3), 235-245.

Gardner, H. (1993). *Frames of mind: The theory of multiple intelligences* (10th anniversary ed.). New York: Basic Books.

Gardner, H (1999). *Intelligence reframed: Multiple intelligences for the 21st century.* New York: Basic Books.

Gardner, H. (2000). *The disciplined mind: Beyond facts and standardized tests, the K-12 education that every child deserves.* New York: Penguin Books.

Gardner, H. (2006). *Multiple intelligences: New horizons.* New York: Basic Books.

Hargreaves, A., & Earl, L. (2002). Perspectives on alternative assessment reform. *American Educational Research Journal, 39*(1), 69-95.

Krechevsky, M. (1998). *Project Spectrum preschool assessment handbook.* New York: Teachers College Press.

Leont'ev, A. N. (1978). *Activity, consciousness, and personality.* Upper Saddle River, NJ: Prentice Hall.

Leont'ev, A. N. (1981). The problem of activity in psychology. In J. W. Wertsch (Ed.), *The concept of activity in Soviet Psychology* (pp. 37-71). Armonk, NY: Sharpe.

McNamee, G., & Chen, J. Q. (2005a, December). *Assessment for teaching and learning in early childhood classrooms: Content, process, and learning profiles.* Paper presented at the annual conference of National Association for the Education of Young Children, Washington, DC.

McNamee, G., & Chen, J. Q. (2005b). Dissolving the line between assessment and teaching. *Educational Leadership, 63*(3), 72-77.

Melendez, L. (2007) *Pedagogical content knowledge in early childhood: A study of teachers knowledge.* Unpublished doctoral dissertation, Erikson Institute/Loyola University, Chicago.

National Association for the Education of Young Children & National Association of Early Childhood Specialists in State Departments of Education. (2003, November). *Joint position statement. Early childhood curriculum, assessment, and program evaluation: Building an effective, accountable system in programs for children birth through age 8.* Retrieved April 10, 2008 at http://www.naeyc.org/about/positions/pdf/pscape.pdf

National Commission on Excellence in Education. (1983). *A nation at risk: The imperative for educational reform.* Washington, DC: U.S. Government Printing Office.

Popham, W. J. (2008). *Classroom assessment: What teachers need to know* (5th ed.). Boston: Allyn & Bacon.

Ramos-Ford, V., & Gardner, H. (1991). Giftedness from a multiple intelligences perspective. In N. Colangelo & G. A. Davis (Eds.), *Handbook of gifted education* (pp. 55-64). Boston, Allyn & Bacon.

Scott-Little, C., Kagan, S. L., & Frelow, V. S. (2005, March). I*nside the content: The breadth and depth of early learning standards.* Greensboro University of North Carolina: SERVE (South Eastern Regional Vision for Education).

Shepard. L., Hammerness, K., Darling-Hammond, L., Rust, F., with Snowden, J. B., Gordon, E., Gutierez, C., & Pacheco, A. (2005). Assessment. In L. Darling-Hammond & J. Bransford, (Eds.), *Preparing teachers for a changing world: What teachers should learn and be able to do* (pp. 275-326). San Francisco, CA: Jossey-Bass.

Shulman, L. S. (2004). *The wisdom of practice: Essays on teaching, learning, and learning to teach.* San Francisco, CA: Jossey-Bass. The Staff of Education Week. (2000). Lessons of a century: A nation's schools come of age. Bethesda, MD: Editorial Projects in Education.

Stiggins, R. J., Arter, J. A., Chappuis, J., & Chappuis, S. (2004). *Classroom assessment for student learning.* Portland, OR: Assessment Training Institute.

Shulman, L. S. (2004). *The wisdom of practice: Essays on teaching, learning, and learning to teach.* San Francisco, CA: Jossey-Bass.

Supovitz, J. A., & Brennan, R. T. (1997). Mirror, mirror on the wall, which is the fairest test of all? An examination of the equitability of portfolio assessment relative to standardized tests. *Harvard Educational Review, 5*(3), 472-506.

Vygotsky, L. (1978). *Mind in society.* Cambridge, MA: Harvard University.

Wasserman, J. D., & Tulsky, D. S. (2005). A history of intelligence assessment. In D. P. Flanagan, J. L. Genshaft, & P. L. Harrison (Eds.), *Beyond traditional intellectual assessment: Contemporary and emerging theories, tests, and issues* (2nd ed., 3-22). New York: Guilford.

Wortham, S. C. (1996). *The integrated classroom: The assessment-curriculum link in early childhood education.* Upper Saddle River, NJ: Merill/Pearson Education.

12장

뱅크 스트리트 교육대학의 발달적 상호작용 접근법

Harriet K. Cuffaro & Nancy Nager(Bank Streert College of Education)

어떤 이들은 우리의 유아교육방법을 **뱅크 스트리트 접근법**이라고 부르지만 많은 교사나 지지자들은 **발달적 상호작용 접근법**(developmental-interaction approach)이라는 용어를 선호한다. 이렇게 부르는 게 다소 불편하다는 것은 우리도 인정하지만, 발달적 상호작용이라는 용어가 이 접근법의 주요한 특징을 구체화해주며 그 출원지인 뱅크 스트리트 교육대학[1]이라는 지리적 한계로부터도 해방시켜 주기 때문이다. 뱅크 스트리트 교육대학에서 가장 오랫동안 교육에 대하여 일관되게 이런 방식으로 생각하고 실천해왔기는 하지만, 개별 교사들을 비롯하여 많은 유아교육기관과 초등학교에서 자신들이 이 접근법의 정수를 보여주고 있다고 생각하고 있다.

발달적 상호작용이라는 용어는 발달이라는 개념이 갖는 구심성에 즉각적으로 주목하게 해준다. 즉 유아(그리고 성인)가 삶을 연속적으로 경험하면서 그 결과로써 세상을 감지하고 이해하며 반응하는 양식이 변화, 성장하는 방식에 주목하게 한다. **상호작용**이라는 용어는 사고와 정서가 서로 연관되어 있으며 서로 상호작용하는 발달 영역

1) 역주: Bank Street College of Education은 국내에서 일반적으로 뱅크 스트리트 교육대학으로 번역되고 있기에 본서에서도 그대로 부르기로 한다. 그러나 뱅크 스트리트는 학부과정이 아닌 대학원 과정임을 명심할 필요가 있다. 매년 천여 명의 교사를 양성하며 현장중심 연구를 강조하는 특성을 갖고 있다. 뱅크 스트리트는 대학원 중심의 교사교육 외에 3세에서 13세 사이의 아동을 위한 교육기관과 가족센터, 평생교육원, 편집부 등으로 이루어졌다. 다른 장소에 위치하다가 1930년에 Bank Street 69번가로 옮겼으며 뱅크 스트리트라는 명칭은 그 주소를 딴 것이다.

이라고 보는 신념을 반영하며, 또한 인적 환경과 물리적 환경에 직접 참여하는 것이 중요함을 강조한다. 이 용어가 1971년 이후로 사용되어 왔지만(예컨대 Biber, Shapiro, & Wickens, 1997; Goffin, 1994; Nager & Shapiro, 2000; Shapiro & Biber, 1972; Shapiro & Weber, 1981 등을 참조), 그 기본 아이디어는 이보다 역사가 훨씬 더 길다. 그러한 원칙과 실제의 기원에 대해 소개하는 것으로 이 장을 시작하고자 하는데, 몇 가지 핵심적 교육 아이디어의 선구자들에 대한 소개와 아울러 흔히들 생각하는 것보다 유아교육 프로그램이 훨씬 더 깊이 있는 역사를 가지고 있음을 보여주기 위해서다.

1. 역사와 발전

오늘날 진보주의 시대로 알려진 20세기 초반에서 주목할 만한 변화 중 하나는 많은 여성들이 여성의 삶을 제한하는 인습에 저항하였다는 것이다. 사회개혁가들은 사회적 불평등을 드러내 주고 더 민주적이고 인류 평등주의적인 사회를 향해 나아갈 길을 제시하기 위해 노력하였다. 예컨대 Jane Addams와 Lillian Wald는 선구자적인 사회운동가였으며 Susan B. Anthony, Lucretia Mott, Elizabeth Cady Stanton은 여성이 투표권을 가질 수 있도록 투쟁하였다. New York 시에서만도, 이후에 시티 앤 컨츄리 학교(City and Country School)로 알려지게 된 놀이학교(Play School)를 설립한 Caroline Pratt, 리틀레드 학교(Little Red School House)를 창설한 Elisabeth Irwin, 그리고 월든 학교(Walden School)를 시작한 Margaret Naumberg와 같은 혁신적인 교육자들이 있었다.

새로운 교수법과 새로운 사회구성의 모델이 되고자 고안된 소규모의 독자적 교육사업 가운데 교육실험국(Bureau of Educational Experiments)이 있었다. 교육실험국은 1916년에 Lucy Sprague Mitchell에 의해 창립되었다가 이후 뱅크 스트리트 교육대학이 되었다. Mitchell은 John Dewey로부터 상당한 영향을 받았는데 Dewey는 철학자이자 심리학자, 그리고 교육학자이자 왕성한 집필가였으며, 오늘날까지도 교육에 대한 우리의 생각에 영향을 미치고 있는 여러 아이디어를 제시했다. Dewey는 민주사회로 발전하는 데 있어서 교육이 갖는 중요성에 대하여 매우 확고한 신념을 가졌다. 또한 학교에서의 학습이 유아의 삶과 의미 있는 방식으로 연계되어야만 한다는 생각도 핵심을 이루었다. Dewey는 1896년 시카고 대학교(University of Chicago)에 한 실험학교를 설립하였는데, 이는 인간발달에 대한 연구와 교육과정 구성에 대한 연구를 종합한 것이었다. 이 실험학교는 더 협동하는 삶을 살며 민주주의 이상을 실천할 수 있는 방향으로 유아의 발달을 이끌 수 있을지를 실험하였다(예컨대 Cahan, 1992;

Dewey, 1991a, 1991b; Tanner, 1997 등을 참조).

Mitchell 여사는 연구기관으로서 교육실험국을 창설하였으며, 공립교육협회(Public Education Association)에서 일하던 Harriet Johnson이 1919년 교육실험국 유아학교의 초대 원장이 되었다. 이 학교는 유아를 연구하고 성장발달을 촉진해줄 수 있는 교수실제를 고안하기 위한 현장이 되도록 설계되었다. 교육실험국의 직원들(교사 및 연구자)이 발달이나 학교교육에 대하여 이야기할 때는 인지적 향상에 대해서만 말하는 것이 아니었다. 이들은 유아의 성장을 신체적, 사회적, 정서적, 미학적, 지적 영역이 모두 포함된 것으로 보았다. '전인(whole child)' 이라는 개념이 교육에 대한 발달적 상호작용 접근법의 두드러진 특징을 잘 나타내준다(Biber, 1972를 참조). 교육실험국은 진보주의 교육에 대한 신념과 탐구정신을 공유하는 여러 실험학교로 구성된 비공식적 네트워크의 일부였다(이 실험학교들에서 작성한 게시물 모음을 보려면 Winsor, 1973을 참조).

Mitchell 여사는 가정을 열심히 돌보면서 동시에 전면적인 사회생활을 하였는데, 그녀의 전기 작가인 Joyce Antler(1981, 1987)가 '삶의 과정으로서의 페미니즘' 이라고 명명한 분야의 선구자였다고 할 수 있다. Dewey와 마찬가지로 Mitchell 여사는 그 당시로는 놀라운 생각들에 대하여 확고한 신념을 가졌었는데, 즉 아동의 발달을 증진시키고 지원하려면 학교가 아동이 어떻게 학습하는지, 어떻게 이들의 흥미에 토대를 두고 가르칠지, 어떻게 아동이 이해할 수 있는 방식으로 개념과 지식을 소개할지에 대한 지식에 기초하여야 한다는 생각을 갖고 있었다. 자신의 자서전과 남편이자 경제학자인 Wesley Clair Mitchell의 전기를 결합한 「두 가지 삶(Two Lives)」이라는 책에서 그녀는 "지금까지 내가 봤던 모든 활동을 통해 얻은 지식이 (중략) 아동연구에 적절한 것 같으며, 누구든 아동의 발달에 적합한 학교를 계획하려면 아동을 이해해야만 한다는 사실은 분명하다." (Mitchell, 1953, p. 273)고 하였다.

시간이 흐르면서 이러한 유형의 교육을 더 많은 유아들이 접할 수 있고 아울러 초등학교 시기로까지 확장시키는 데에 대한 관심이 커졌다. 1930년에는 교사가 이러한 새로운 교육방식으로 가르칠 준비가 되도록, 그리고 교사도 유아처럼 능동적인 실험을 통해 배울 수 있도록 돕기 위하여 Cooperative School for Teachers[2]를 세웠다. 능동적 실험을 통해 배우게 하는 이러한 접근법은 오늘날 **구성주의**로 알려진 것과 공통

---

2) 역주: 교육실험국이 뱅크 스트리트 69번가로 옮기면서 장소가 넓어짐에 따라 교사교육을 위한 Cooperative School for Teachers를 운영할 공간이 생겼다고 한다. 교육실험국과 여덟 곳의 실험학교가 협력하여 운영되었으며 교육실습생들이 월요일부터 목요일까지는 다양한 학교에서 실습하고 목요일 오후부터 토요일 정오까지 뱅크 스트리트에 와서 수업, 세미나, 협의회 등을 가졌다고 한다.

성을 가진다.

계속해서 Mitchell 여사와 교육실험국(이후 뱅크 스트리트 교육대학) 연구자들은 공립학교와 협력하였는데, 즉 공립학교 교사들이 이러한 교육과정 아이디어와 자료를 받아들이고 자기 교실에서 이러한 교수기법을 시연해보겠다고 자원하였던 것이다. 공립학교 워크숍(Public School Workshops)이라고 불리는 연수기회가 New York 시와 주변 지역에서 수년간 제공되었다. 교육실험국 연구자들은 기본적으로 전통주의적 교수법을 따르고 있던 많은 학교에 진보주의적인 교육사상을 소개하였다. 이에 대한 보답으로 연구자들은 더 다양한 학생들이나 교사들과 함께 일할 수 있는 기회를 가졌다. 이러한 점에서, 공립학교 워크숍이 헤드스타트나 팔로우스루(Follow Through)[3] 같은 전국적 교육 프로그램에서 뱅크 스트리트가 주도적인 역할을 하고 참여하게 되는 초석이 되었다고 할 수 있다(Shapiro, 2003). 최근 뱅크 스트리트에서는 매우 성공적으로 뉴저지 주 Newark 시의 공립학교들과 협력하여 유아교육을 재구조화하고 있다(Silin & Lippman, 2003).

발달적 상호작용 접근법을 구체화하고 확장하는 데 중요한 기여를 한 헌신적인 동료들이 Mitchell 여사와 함께하였다. 많은 이들이 기여했지만, 특히 Barbara Biber가 두드러진다. 상당한 양의 연구물을 통해 50년간 그녀가 심리학과 교육학의 융합에 사려 깊은 관심을 기울여왔음을 알 수 있다(Biber, 1984; Zimiles, 1997을 참조). Biber는 심리학적 깊이, 유아발달에 대한 날카로운 이해, 민주주의 이상을 실천하는 맥락을 제공할 잠재성이 있는 학교교육의 힘에 대한 신념을 보여준다.

폭넓은 개념 두 가지가 발달적 상호작용 접근법의 진화에 중추적인 역할을 하는데, 바로 진보주의와 정신건강이다. 정신건강(mental health)이라는 용어가 요즘에는 잘 사용되지 않기는 하나, 그 의미는 건전한 발달을 도와주는 학교교육의 잠재성이라는 일반적으로 인정되는 관점 속에 통합되어 녹아 있다. 학교가 창의적이고 만족스러운 활동을 할 기회를 제공함으로써 경쟁보다는 협동을 장려함으로써, 단순 암기나 분절적 학습보다는 의미 있고 정신을 자극해주는 활동을 제공함으로써, 개인성을 키워줌으로써, 그리고 사회 민주주의의 가치를 한층 더 심화시켜 줌으로써 정신건강을 촉진하는 수단이 된다고 본다. 발달적 상호작용 접근법은 Freire(1970)가 '은행식 모형(banking model)' 이라고 부른 것, 즉 전문가인 교사가 수동적인 아동의 머리속에 지식을 예금하듯 넣어주는 교육모형과는 분명한 차이가 나타난다.

---

3) 역주: 팔로우스루는 지금까지 미국 정부에서 재정을 지원한 실험 중에 가장 규모가 크고 비용이 많이 소모된 교육 프로젝트다. 헤드스타트의 효과가 초등학교 3학년경에 거의 없어진다는 연구에 따라 초등학교에서 제공하는 서비스에 한계가 있음을 깨닫고 헤드스타트 서비스를 초등학교 시절까지 계속 받을 수 있도록 고안된 것이었다.

뱅크 스트리트 접근법의 유용성은 공립학교 체제 속에서도 확인되었다.

2. 기본 원칙

앞에서 언급한 바와 같이 발달적 상호작용 접근법의 뿌리는 두 영역에서 찾아볼 수 있는데, 하나는 John Dewey와 그 외 Lucy Sprague Mitchell, Harriet Johnson, Caroline Pratt, Susan Isaacs와 같은 초기 진보주의 교육의 선구자들이며, 다른 하나는 발달이론가들, 특히 Anna Freud(1974), Erik Erikson(1963), Heinz Werner(1961), Jean Piaget(1952), Kurt Lewin(1935)과 같이 발달을 역동적인 측면에서 그리고 사회적인 맥락 속에서 보았던 이들이다.

발달적 상호작용 접근법을 이해하려면 기본적으로 발달과 유아의 사회적 · 물리적 환경과의 상호작용에 대한 몇 가지 일반적인 원칙을 알 필요가 있다. 그 근본 기조는 앞에서 정의를 통해 소개하기는 했지만 발달적 상호작용 접근법의 두드러진 특징이기에 여기서 다시 반복할 만한 가치가 있다. 즉 "인지기능의 성장은 (중략) 대인간(interpersonal) 과정의 성장과 별개로 나누어 생각할 수 없다."(Shapiro & Biber, 1972, p. 61)는 것이다. 이 지침이 발달적 상호작용 접근법의 이론과 실제를 통괄한다. 발달이라는 개념은 역동적이다. 단순히 성숙기제에 따르는 것이 아니며, 그보다는 개개인이 경험을 조직하고 반응하는 방식에서의 전환을 포함한다. 이 접근법에서는 구성주의 패러다임에 충실하게, 유아가 능동적으로 의미를 만드는 존재이며 학교는 진정한 문제해결을 위한 기회를 제공해야 한다고 본다.

또 다른 기본 원칙은 환경에 능동적으로 참여하고자 하는 것이 인간의 내재적 동기라는 것이다. 더 나아가 유아가 자라면서 점점 더 복잡한 방식으로 세상에 대한 의미를 구성해간다고 본다. 일반적으로 성장의 방향은 단순한 것에서 더 복잡하고 통합된 모드로 옮겨간다.

발달 계열성에 대하여 생각할 때 사람이 결코 직선상의 고정된 한 점 위에 있는 게 아니라 일련의 가능한 범위 안에서 움직인다는 사실을 명심해야 한다. 경험을 조직하는 초기 방식이 완전히 사라지는 것은 아니나 더 진보된 시스템 속으로 통합된다. 과거에는 발달의 순차적인 조직패턴을 설명하기 위해 단계 개념을 사용하였지만, 최근 연구에서는 단계 개념의 불변성(invariance)과 보편성(universality)에 대해 심각한 의문이 제기되고 있다.

여타 접근법들과도 공통되는 핵심 아이디어는 독특하고 독립적인 존재로서의 자아 인식을 발달시키는 것이 중요하다는 것이다. 발달적 상호작용에서 가정하는 자아 개념은 George Herbert Mead의 사상에서 영향을 받았다.

> 자아는 이미지이자 도구다. 사물과 다른 사람들에 대한 구별이 점진적으로 더 정교해지고, 환경을 정복하는 과정에서 자신의 힘에 대한 반복적 인식과 평가를 통해 자아에 대한 지식이 쌓여가는 성숙 과정의 결과로 나타난다. 자아의 형태와 질적 수준은 성장하는 유아의 삶에 영향을 주는 중요 인물들이 갖고 있는 이미지를 반영한다. (Biber & Franklin, 1967, pp. 13-14; Mead, 1934)

성장과 성숙에는 갈등이 포함된다. 때로는 자아 내에서의 갈등, 때로는 타인과의 갈등이 발달에 필수적이다. 유아의 삶 속에서 유의미한 인물들과 가지는 상호작용의 속성, 그리고 문화에서 요구하는 바가 갈등해결 방식을 결정할 것이다.

최근 수년간 우리의 상호작용에 대한 개념화에는 러시아의 심리학자이자 교육자인 Lev Vygotsky가 주요한 영향을 미쳤다. 관련되는 그의 저술들이 1978년까지는 영어로 번역되지 않았기 때문에 그의 생각이 이전의 우리 생각에 영향을 미쳤다고 말할 수는 없다. 그렇지만 현재 Vygotsky와 그를 따르는 학자들에 의해 이루어진 연구들이 중요한 관점을 제공해주고 있는데, 여기서 유아의 학습과 발달에 대한 사회적 맥락이 부각되고 상호작용적인 학습의 속성이 강조되고 있다(예컨대 Moll, 1990; Rogoff, 1990; Vygotsky, 1978; Wertsch, 1985).

이러한 발달 및 상호작용의 일반적 원리로부터 학습자나 미래 시민에 대한 구체적 그림이 그려지게 된다. 학교는 유아가 모든 삶의 영역에서 유능감을 발달시키도록 촉진해주며 자율성, 개인 정체성과 집단 정체성을 획득하도록 도와주는 장소가 되어야 한다. 사회적 유대감(social relatedness) 발달도 마찬가지로 강조된다.[4] 학교는 유아가 자신의 환경에 효과적으로 대처할 수 있도록 유아에게 힘을 부여해준다. 수업을 위한 고립된 장소가 아니라 학교가 속해 있는 사회 세계에 연결되어 있는 능동적인 하나의 공동체이다. 이는 학교가 유아의 가족이나 지역사회의 기관들과 책임을 공유한다는 뜻이다. 책임의 공유는 힘의 공유, 그리고 적극적 참여를 의미한다. 이민자가 증가하고 학교 구성원의 다양성이 더 커지고 있는 시대에 이러한 관점은 더 큰 의미를 갖는다.

3. 교육과정

교육에 대한 이론이나 철학에는 항상 학습자에 대한 관점, 학습과 교수와의 관계, 가치로운 지식에 대한 생각이 명시적으로건 암묵적으로건 들어있다. 이 책 전반에서 나타나듯이 유아교육에 대한 여러 접근법들은 이론 혹은 철학과 교육실제 간의 관계에 대해 요구하는 정확성이나 구체성에서 차이가 난다. 어떤 교육 프로그램에서는 이론을 상당히 명시적인 목적과 방법으로 풀어내고, 교사의 역할을 전달하고자 하는 교육과정을 숙련되게 실시하는 것으로 여긴다. 이와 대조적으로 발달적 상호작용 같은 프로그램에서는 내재된 철학으로부터 교육 실제를 구체적으로 규정하기보다는 전반적으로 지침이 되는 원칙을 도출한다. 그러한 프로그램에서는 가치 있는 목적과 신념에 대하여 진술해놓은 틀 안에서 교사가 직접 교육과정의 내용과 실제를 개발할 것을 기대한다(Schoonmaker & Ryan, 1996). 뱅크 스트리트의 역사, 철학, 발달 이론으로부터 교육적 기대나 아이디어가 실제에서 어떤 모습으로 옮겨지며, 그 정신이 구현되는가? 뱅크 스트리트 접근법은 교육과정의 무엇을, 어떻게, 언제, 어디서, 왜라는 근본적인 질문에 어떻게 응답하는가? 가르칠 지식에 대하여 어떤 선택을 하는가? 교사와 학습자의 상은 어떻게 그려지는가?

---

4) Nager와 Shapiro(2000)는 뱅크 스트리트 접근법이 어떻게 진화해 왔는지를 분석하면서 초기에는 자율적이고 독립적인 자아인식의 발달이 목적이었다고 지적한다. 비교적 최근까지도 개인성(individuality)이라는 개념이 발달심리학에 너무도 깊게 자리하여 그 기본 가정을 파악하거나 문제를 제기하는 일이 거의 이루어지지 않았다. 그러나 오늘날 우리는 공동체나 전체성의 반대 개념인 독립성에 부여하는 가치가 문화집단에 따라 서로 상당히 다르다는 사실을 점차 인식하고 있다. 문화가 성장 및 발달에 주는 형성적인 영향의 깊이와 폭에 대하여 더 민감하다. 학습은 교실장면을 넘어서서 다른 지식의 근원으로 확장된다.

1) 학습자

태어날 때부터 유아는 자신을 둘러싼 사회적 · 물리적 환경과 적극적으로 상호작용하며, 감각적 탐색과 실험을 통하여 자신이 살고 있는 세상을 이해하고자 부단히 노력하는 호기심 많은 존재로 간주된다. 각각의 유아는 가족, 지역사회, 문화라는 사회적 힘에 의해 형성되고 영향을 받는 세상 속에서 경험한 내용으로 이루어진 역사를 갖고 있다. 사회적 · 물리적 환경과의 만남 속에서 유아는 자아 전체(wholeness of self)로 반응한다. Lucy Sprague Mitchell(1951)은 다음과 같이 적고 있다.

> 유아를 각각 따로 훈련시키거나 발달시켜야 할 특정 능력(faculties)의 총합으로 간주해서는 안 된다. [유아는] 전체로 경험에 반응하는 사람, 하나의 유기체로 간주되어야 한다. (중략) 논의를 위해서는 유아를 물리적 신체, 특정한 능력과 한계를 보이는 지능, 성인이나 또래와 같은 타인에게 반응하는 사회적 존재, 일정한 사회적 반응을 할 수 있는 존재 등으로 나눌 수 있을 것이다. 그렇지만 지금까지 그 누구도 그렇게 구분되어 나뉘어져 있는 유아를 한 명도 만난 적이 없다. (p. 189)

발달적 상호작용 접근법에서는 민주사회라는 개념이 학습자의 발달과 교육에 대한 지침 역할을 하여, 내용이나 실제, 사회 · 물리적 환경에 대한 교육과정상의 의사결정에 영향을 미친다. 모든 부분에 스며들어 있는 민주사회 개념은 뱅크 스트리트가 진보주의 교육운동에 역사적 뿌리를 두고 있다는 사실, 그리고 학교와 사회, 민주주의와 교육이 본질적으로 연계되어 있다고 보는 Dewey의 교육철학이 영향을 미쳤다는 사실을 반영한다. 민주사회의 본질이라 할 수 있는 소통, 참여, 서로 연관된 삶이 학급 공동체에서 경험해야 할 삶의 방식으로 되었다(Cuffaro, 1995; Dewey, 1991b). "민주주의가 어떤 것인지를 진정으로 알고자 한다면 이를 직접 겪어봐야 한다. 즉, 우리가 민주적으로 살아야만 한다는 것이다. 이는 교사와 유아 모두에게 적용된다." (Mitchell, 1942, p. 1). 3세반, 5세반, 혹은 8세반에 있어서 민주주의는 어떠한 모습이어야 하는가?

2) 지식과 경험

뱅크 스트리트 접근법에서는 사회교육이 교육과정의 중핵 혹은 중심에 해당한다. 사회교육은 사람과 환경, 우리가 살고 있는 세상과 그 세상 속의 우리 위치 사이의 관계에 대한 것이다. 사회교육은 가까운 곳과 먼 곳, 과거와 현재를 모두 다룬다. 뱅크 스트리트 접근법에서는 학교가 민주적 삶을 경험할 기회를 유아에게 지속적으로 제공해 주어야 한다는 것을 근본원리로 한다.

> 사회교육 프로그램에는 사람이 자신의 환경을 활용하고 있다는 것, 그러한 환경 개발에 있어서 테크놀로지의 역할, 사회의 의미와 구조에 대한 이해, 그리고 미를 향한 인간의 노력, 목적 달성을 위한 노력에 대하여 유아가 인식할 수 있도록 할 책임이 있다. (Winsor, 1957, p. 397)

학습의 **내용**(what)과 **방법**(how)이 서로 연계되어야만 한다. 우리가 세상에 대하여 학습하는 **내용**은 그 지식을 어떻게 획득하고 활용하는가 하는 **방법**과 별개의 문제가 아니다. 이러한 출발점으로부터 뱅크 스트리트 접근법의 근본원리인 경험으로부터의 학습이라는 개념이 나온다.

'경험으로부터 학습하기'란 우리가 어떤 대상에게 하는 행동, 그리고 그 행동의 결과로써 그 대상을 즐기거나 혹은 그로 인해 고통을 받게 되는 것 간의 관계를 알아가는 것이다. 이러한 조건하에서 행위는 세상이 어떠한지를 알아내는 실험, 시도가 되며, 그 과정이 수업, 즉 대상물들 간의 관계 발견이 된다(Dewey, 1966, p. 140).

경험으로부터 배우려면 유아는 사회적 · 물리적 환경에 직접적이고 능동적으로 참여하여야 하며 자신의 세상을 보고 듣고 만지고 냄새 맡고 맛볼 수 있는 다양한 기회를 가져야 한다. 생각하고 감각하고 느끼는 것을 통해 유아는 연관 짓고 관계를 발견한다. 유아가 학습하고 발견한 것을 자기 것으로 만들기 위해서는 자신이 만들고 있는 연관관계에 형태를 부여하고 표현할 수 있는 기회도 필요로 한다. Mitchell(1951)은 이 과정을 **유입**(intake)과 **유출**(outgo)이라고 명명하였는데, 즉 유아가 예술, 글쓰기, 블록 쌓기와 이야기 나누기를 통해 그들이 창의적으로 만들어가는 세상에 대한 자신의 관점을 표현하면서 세상을 '안으로 받아들이는' 경험, 그리고 '밖으로 내보내는' 필수적인 과정을 말한다.

또한 경험이 교육적이려면 반드시 연속성이 있어야 하는데, "모든 경험은 그 앞에 있었던 것으로부터 무엇인가를 취하며 또한 그 다음에 올 것의 질적 수준을 어떤 식으로든 수정하게 된다"(Dewey, 1963, p. 35)는 의미다. **경험**, **공동체**, **소통**, **연관**, **관계**, **실험**, **연속성**, 그리고 **문제해결**이 발달적 상호작용 접근법의 핵심 용어다.

3) 교사

교실은 하나의 학습 상황으로, 그 속에서 교사가 유아의 흥미와 경험으로 구성된 개인적인 세계와 객관적이며 질서정연한 학문분야라는 세계 사이를 잇는 연결고리가 된다(Dewey, 1959). 가르친다는 것은 지식, 기술, 성향을 요구하는 복잡하고 힘든 일이다. 교사의 과업은 발달 지식에 단단한 토대를 두면서 동시에 각 유아의 개별성을 이해하고 또한 교육과정 내용에 대한 깊은 지식을 가지고서, 매일 이루어지는 교실 생활에서 무엇을, 어떻게, 언제, 어디서 가르칠 것인가라는 문제를 고민하고 분석하며 의미 있게 통합하는 것이다. 교사는 사회교과의 내용을 잘 알고 있어야 하는데, 이는 유아에게 정보를 제공하기 위해서가 아니라 의미 있는 질문을 하고 경험할 수 있는 기회(견학, 책, 활동)를 계획하며 가능한 자원을 파악하고 학습 진보상황을 평가하는 데 지침을 제공하기 위해서다. 학문적 기능과 실용적 기능이 교육과정 전반에 스며들어 있다. 이렇게 많은 요소들을 고려할 때 교사들에게 지침이 되는 것은 교육의 목적, 즉 민주적 공동체라는 원칙이다. 따라서 교실에서 함께 협력할 수 있는 공동의 목적을 격려하고 지원할 뿐만 아니라 토론과 다양한 관점의 공존을 환영하는 사회적 풍토를 만드는 데 주목하게 된다.

4) 학습 환경

발달적 상호작용 교실은 어떤 모습인가? 적극적 참여, 협동과 독립심, 표현과 소통의 다양성을 환영하는 역동적 환경이다. 단위블록과 속이 빈 블록, 찰흙, 물감, 물, 모래, 종이, 크레용, 나무조각 등과 같이 활동, 실험, 상상, 변형을 불러일으키는 비구조적인 학습재료가 있다. 또한 퍼즐, 조작물, 퀴즈네어 색막대(Cuisenaire rods)[5], 딘즈 블록(Dienes blocks)[6], 교사제작 교구, 종이와 연필 같은 필기도구, 다양한 범위의 책 등과 같이 더 구조적인 학습재료도 있다. 초등학교의 경우에는 요리하기, 화초 심기, 직물이나 바구니 짜기, 컴퓨터의 활용 같은 활동도 포함된다. 탐색, 발견, 심화학습을 어느 정도까지 풍부히 제공해 주는가를 토대로 하여 학습재료나 활동의 포함 여부가 결정된다. 공간 구성에 있어서는 혼자서 활동하거나 소집단으로 활동할 수 있는 공간뿐만 아니라 극놀이, 블록 쌓기, 대집단 이야기나누기 활동을 위한 넓은 공간이 제공된다. 하루일과에 융통성을 둠으로써 유아들이 학습재료의 가능성을 적극적으로 탐색하기, 현장학습 가기, 아이디어와 흥미의 확장에 몰입하기, 함께 협력하기 등을 할 수 있는 시간을 확대해준다. 간식, 점심, 책 읽기, 휴식, 특별행사와 실외놀이 시간이라는 익숙한 맥락 속에서 융통성이 존재한다.

교실 일상생활에서 일관되는 부분은 말하기와 듣기, 대화와 토론, 이야기 듣기와 짓기, 읽기, 노래하기, 동시 짓기를 위한 다양하고 많은 기회를 통해 읽기/쓰기(literacy) 능력을 자극해주는 환경을 조성하는 것이다. 인류학, 사회이론, 언어학 분야의 새로운 이론들이 우리가 읽기/쓰기를 이해하는 데 영향을 주었고 점점 발전하고 있는

---

5) 역주: 수의 구조를 교육하기 위한 학습교재로 직경 1㎝에 길이 1~10㎝로 된 10개의 색막대로 구성되어 있다.

6) 역주: 수학교육자 Zoltan Dienes가 고안한 십진블록으로, 자릿값 개념이나 사칙연산 등의 지도에 사용할 수 있는 구체물이다.

테크놀로지 역시 읽기/쓰기에 대한 우리 생각에 영향을 미치고 있다. 이제 우리는 말하기, 듣기, 읽기, 쓰기에다 유아들이 늘 하고 있는 보기(viewing)를 첨가하는데, 이는 유아의 삶 속에서 점점 큰 위치를 차지하고 있는 컴퓨터, 비디오, 텔레비전에 반응하고 상호작용하는 것이다. 이제 글자에 움직임, 행위, 소리, 그리고 이미지가 포함된다. 읽기/쓰기에 대한 우리의 이해를 확장하고 통합함에 따라 유아의 개별성에 부합하는 다양한 방법이 필요해지는데, 여기에는 발음중심 접근법뿐만 아니라 총체적 언어교육 접근법이나 조기언어경험 접근법(earlier language experience approach)에서 소개되는 방법들도 들어있다.

문자 형태로든 구어로든, 단어로는 유아가 복잡한 질문이나 관심사를 소통하는 데 충분하지 않기에 예술 재료를 통해서도 다양한 의사소통의 기회를 제공한다. 유아가 자신의 생각과 감정을 구체화하고 표현할 수 있는 다양한 기회를 가지는 것은 물감, 찰흙, 크레용, 종이, 나무조각 등을 통해서다. '빗방울' 을 표현하기 위해 종이 위에 다채로운 색의 크레용 자국을 내는 것에서부터 어떤 이야기를 들려주는 그림까지, 혹은 현장학습과 사회교육을 통해 모은 정보를 통합하는 벽화나 모형까지 유아는 다양한 방식으로 자신이 세상에 대해 이해한 바를 구성하고 소통하게 된다(Gwarthmey & Mott, 2000; Levinger & Mott, 1992).

5) 지식의 경험과 통합

사회교육에서는 사람들 삶의 역사와 이야기(분투, 포부, 성취, 희망)를 다양한 학문의 관점으로 바라본다. 사회교육에서 사회성(the social)이 구심점이 되기에 질문이나 아이디어는 사람에게로 되돌아간다. Dewey가 사회교육의 여러 학문영역 중 하나인 지리에 대한 논의에서 지적한 바와 같이 "호수, 강, 산, 그리고 평야의 궁극적인 중요성은 물리적인 것이 아니라 사회적인 데 있는데, 즉 인간의 관계를 수정하고 지시하는 데 있어서의 역할에 대한 부분이다." (Dewey, 1975, pp. 34-35). Lucy Sprague Mitchell(1934)은 '인문지리학(human geography)' 이라는 논의를 통해 이러한 관점에다 더 상세한 설명을 보태고 있다.

> 인문지리학은 인류의 요구와 이러한 요구를 충족시키는 데 영향을 주는 외부 환경 간의 상호관계를 다룬다. 인문지리학에서 절반은 인간이 지구 표면을 어떻게 바꾸는가에 대한 것이고 나머지 절반은 지구 표면의 여러 현상이 인간사와 관련된 활동에 어떤 영향을 주는가에 대한 것이다. (p. 100)

사회교육에서는 우리와 상호작용하는 사회적 · 물리적 환경에 대하여 질문하고, 문제를 해결하고, 의미를 이해할 기회가 많이 제공된다. 그러한 교육에서는 자신과 세상에 대한 학습 및 이해가 나선형으로 점차 확대된다. 예컨대 3세아는 자신과 가족에 대해 흥미를 가지고 탐색하는 반면, 5세아는 지역사회에서 제공되는 서비스와 직업에 대하여, 그리고 8세아는 자신이 살고 있는 지역에 원래 살았던 사람들의 역사에 대해 조사해볼 수 있을 것이다.

6) 가족

교사는 학급 유아들의 가족 구성의 다양성을 인식하고 있어야 하며, 아울러 이러한 가족 구성방식이나 가치관에 대하여 고정관념을 갖지 않아야 한다. 모든 가족들이 자녀를 위해 최상의 것을 원한다고 가정하는 것은 좋지만 각 가정에 있어 최상이 무엇을 의미하는지는 알 수 없을 것이다. 많은 경우에 가족의 가치관은 학교나 더 큰 문화권이 갖고 있는 가치관과 충돌할 수 있다(예컨대 Delpit, 2006; Ramsey, 2004; Wasow, 2000 참조).

자신과 가족은 유아에게 가장 흥미를 끄는 주제이며 더 큰 세상으로 뻗어나가기 위한 친숙한 출발점이기도 하다. 3세반 가족에 대한 조사는 유아의 눈높이에 맞춰 붙여둔 가족사진에서 확연히 드러날 것이다. 유아들이 사진을 보며 비교하고 공통점과 차이점을 발견해내면서 자기들끼리 여러 이야기를 나누게 된다. 대집단 이야기 나누기 시간에 가족 구성의 다양성에 대하여 토론하고, 가족을 구성하는 다양한 방식을 담고 있는 책이나 이야기(전통적 가족, 확대가족, 게이나 레즈비언이 가장인 가족, 편모나 편부 등에 대한 내용)를 통해 아이디어와 대화가 확장된다(Casper, Cuffaro, Schultz, Silin, & Witckens, 1996; Casper & Shultz, 1999 참조). 학급 유아의 가족들로부터 노래와 이야기를 듣고, 제일 대표적인 음식을 직접 맛보며, 명절이나 전통을 알아볼 수 있다. 학교 내 혹은 가까운 이웃 지역으로 현장학습을 감으로써 유아의 세계가 확장되기 시작한다. 그리고 극놀이를 통해 유아가 자신의 경험을 재구성하고 주변 세계에 대하여 점점 커지는 지식을 실험해볼 수 있다. 이렇게 자신과 가족의 관심사나 이야기를 많이 공유함으로써 공동체 의식이 성장하기 시작한다.

7) 지역사회

가족을 벗어난 외부 세계에 대한 유아의 흥미가 점차 넓어진다. 이제 세상을 이해하는 데는 고도로 기술적이고 복잡한 세상의 신비를 파헤치는 일이 포함되는데, 이러한 것은 종종 그 기원을 바로 알기 어렵다. "그건 어떻게 해서 그렇게 되는 거예요?" "누가 제일 높은 사람이에요?" "왜요?" 등이 5세 유아들이 묻곤 하는 질문이다. 교사가 "이웃이란 뭘까?"와 같이 간단한 질문을 더해준다면, 유아의 호기심과 흥미에 초점을 맞춰 조직하여 방향을 잡을 토대가 마련되며, 공동체 생활에 대한 학습을 시작할 기초가 마련되는 것이다. 뒤이은 토론과 대화를 통하여 유아는 자신이 갖고 있는 생각, 알고 있는 올바른 정보나 잘못된 정보에 대하여 생각해보고 표현할 기회를 갖게 된다. 최초의 질문들이 갖는 범위를 확대해주기 위하여 "가족들은 무엇을 필요로 하지?"라는 새로운 질문을 던질 수 있다. 이 질문에 따라 서로 다른 유형의 음식과 집, 지역사회에서 제공하는 서비스, 이웃에 있는 다양한 가게들, 주변에서 이용할 수 있는 교통수단, 사람들이 하는 일 등을 조사하는 활동이 이어질 수 있다. 인터뷰와 관찰을 통해 이렇게 다양한 질문을 조사하고 탐색하면서 유아는 사람들의 삶과 일, 살고 있는 세상에 대하여 자세하게 알게 된다.

현장견학과 토론을 통해 하나의 질문이 또 다른 질문으로 이어져서 학습의 폭과 깊이가 동시에 커진다. 유아는 사실과 정보만을 찾는 것이 아니라 관계에 대해 이해하고자 한다. 주변 동네로 수차례 다녀온 현장학습을 통해 지식을 구성해 나가면서 현장학습 기록지, 그래프, 도표, 차트, 직접 쓴 이야기와 그림, 그리고 벽화로 기록한다. 모든 연령을 대상으로 하는 역동적인 사회교육 프로그램을 개발하는 데 있어서 견학과 토론은 필수적이다. 매일의 대집단 이야기 나누기 시간을 통해, 그리고 이웃이라는 사회적 · 물리적 세계를 블록으로 상징화하는 유아들의 상상 극놀이를 통해 연계가 확대되고 강화된다. 극놀이에서의 상호작용을 통해 유아는 자신들이 수집한 데이터를 사용하여 가설을 검증하며, 또한 이러한 과정 속에서 자신의 지식을 경험하고 재구성한다. 교실에서 이루어지는 활동에서 과학자이자 예술가의 관점을 동시에 갖도록 격려한다. 그리고 유아들이 놀이를 통해 구성한 세계라는 실재 속에서 새로운 질문들이 생기고 상호관계를 발견하며 더 깊은 정보를 알고자 하는 요구가 뚜렷해진다.

예컨대 어느 월요일 아침, 5세반의 이야기 나누기 시간에 유아들이 블록으로 무엇을 만들지 정한다. 교실 바닥에는 강을 상징하는 두 줄의 파란 선이 페인트로 칠해져 있으며 이는 블록 구성물 사이로 굽이쳐 흐르는 것처럼 보이게 될 것이다. 유아들이 선택한 구성물은 병원, 피자가게, 학교, 소방서, 집, 동물원, 버스회사, 진료소다. 아침 토론에서 '버스 운전자들'은 자신들이 마을의 양쪽을 오갈 수 있도록 다리를 만들 것이라고 말한다. 그러자 다른 유아들이 버스 정류소를 어디어디 만들 것인지 묻게 된다. 다음과 같은 질문과 함께 열띤 토론이 이어진다. 모든 건물 앞에서 설 거야? 소방서 앞에 버스 정류소가 있어야 할까? 만약 소방차가 급하게 나가야 하는데 거기 버스가 서 있으면 어떻게 될까? 소방서는 병원 바로 옆에 있어야 할까(환자들이 잠도 자고 휴식을 취해야 하는데 사이렌 소리가 방해가 되지 않을까 해서)? 병원에 불이 난다면 환자들은 어떻게 밖으로 탈출할까?

그 주의 중반부에 이르면 많은 활동이 이루어진다. 학교 '선생님' 역할을 하는 유아는 동물원에 견학 가기 위해서 나무블록 학생들을 모아놓고 "모두 화장실에 갔다

왔어요?"라고 묻는다. 최근에 소방서로 견학 가서 알게 된 정보를 활용하여 '소방관들' 은 병원이 안전한지 점검하기 위하여 살펴보고 있다. 피자가게에는 "맏조은 피쟈 $5 담베 피지마새요."라고 유아들이 직접 적은 표지판이 걸려있다. 블록으로 만든 집 옆에서는 한 유아가 블록 소품인형을 들고서 초조하게 버스를 기다리고 있다. 그러다가 너무도 화가 난 모습으로 선생님에게 "버스가 안 와요! 계속 기다리고 또 기다렸는데. 회의가 필요해요! 이건 불공평해요."라고 말한다. 진료소에서도 논쟁이 일어나고 있다. "아냐, 아니라니까." "아냐, 그렇다니까." "선생님한테 가서 물어볼 거야." 진료소를 함께 만들었던 유아 두 명이 교사에게 가서 "의사선생님이 주사를 놓거나 사탕을 줘요?"라고 묻는다. 근처에 있던 한 유아가 "우리 의사선생님은 나한테 주사도 놓고 그리고 사탕도 줘."라면서 자기 생각을 말한다.

상호작용이 계속되고 점점 증가한다. 교사는 개별 유아와 전체 집단의 역동성을 관찰하면서 견학 가볼 만한 곳, 다음 이야기 나누기 시간에 던질 질문 등에 대하여 기록한다.

견학의 유형은 유아의 연령에 따라 다르지만, 세상으로 나가면서 종종 예기치 못하게 사회문제나 논쟁거리와 마주칠 수 있다. 예를 들어 교통수단에 대하여 배우고 있는 6세반 유아들이 지역의 기차역으로 견학을 갔을 때 기찻길과 기차역 근로자, 기차 시간표와 대합실에 대한 정보를 얻는 것 외에도, 벤치에 앉아있는 노숙자 몇몇을 우연히 볼 수 있다. 예상치 못했던 노숙자 문제가 교육과정의 일부가 되어야 할까? 교육과정 개발에 있어서 유아와 교사가 함께 협력하는 경우 이러한 문제에 대해 어떻게 할까? 교사는 유아들의 토론에서 노숙자 문제가 포함되는지, 혹은 유아들이 블록 구성물에 기차역을 포함시키면서 어떤 일이 일어날지 지켜봐야 할까? 유아의 대화나 구성물에 노숙자 문제가 나타나지 않는다면 교사가 이 주제를 도입해야 할까?

이러한 질문은 교육과정 계획에 있어 근본적인 것이며 알 가치가 있는 내용을 알아야 할 이유에 본질적으로 관련된다. 그러한 질문은 특정 견학에서 일어난 일을 넘어서는데, 왜냐하면 그 모든 복잡성과 문제점이 포함된 세계가 교실 속에도 항상 존재하기 때문이다. 유아는 세상 속에 있으며 바로 그 일부이다. 어른들이 하는 말을 듣고, 텔레비전을 통해서도 본다. 어른들이 느끼는 긴장과 불안을 유아도 느낀다. 이해하지 못하는 말들을 듣게 되며 질문거리를 가지게 된다. 유아는 직접적으로든 간접적으로든 사회문제나 이에 대한 사람들의 태도에 맞닥뜨리게 되며 그 영향을 받는다.

유아가 세상에 대하여 진정으로 이해하기 위해서는 유아가 자신의 생각과 감정을 표현할 수 있는 기회를 만들어줄 수 있는 교실의 사회적 풍토가 마련되어야 한다. 민주적 공동체는 질문과 토론을 못하도록 침묵시키는 것이 아니라 장려한다. 교사가 선택하여 묻거나 혹은 묻지 않기로 한 질문들이 유아의 세계관을 확장시키거나 좁게 만

학습은 교실 환경을 넘어서서 지역사회 같은 다른 지식 출처로 확대된다.

든다. 때로 성인들은 자신이 세상의 불순한 측면으로부터 유아를 보호해야만 한다고 생각할 수 있을 것이다. 이렇게 보호하는 태도로 양육할 때, 우리가 유아에게 제시하는 바가 그들의 세계에 대한 비전과 그 속에서의 입장에 영향을 준다는 사실을 간과할 수 있다. Dewey가 지적한 바와 같이 "결정적인 문제는 사회교육의 내용을 어느 정도로 (중략) 단순히 현재의 사회에 대한 정보로서 가르쳐야 할 것인가, 아니면 이미 이루어졌던 일들, 앞으로 이루어져야 할 일, 그리고 어떻게 그렇게 해야 할지와 관련지어서 가르쳐야 할 것인가이다"(1991a, p. 185). 교사가 질문을 던짐으로써 유아가 자신의 경험에 대하여 되돌아보고 사고를 확장할 수 있는 다양한 기회가 제공된다. 유아가 놀이, 그림과 페인팅, 이야기와 대화 등을 통해 자신의 사고, 감정, 호기심을 드러냄에 따라, 성인은 우려하는 바와 그에 대한 감정을 명백하게 인식하고 지원하며 공유할 기회를 가지게 된다. 그리고 유아가 가치 있는 일, 우리가 달성하고자 노력하는 공동체 경험은 바로 관련된 삶을 통해서, 학급 생활에서의 일상적인 상호작용과 활동을 통해서 가능하다.

8) 과거의 지역사회

초등학교에서는 아동의 호기심이 점차로 지금 여기에 대한 흥미로부터 과거 사람들의 삶으로 옮겨간다. 교사는 아동이 적절하고 의미를 가지도록 역사적 시간에 대한 아동의 이해가 이제 발현되기 시작하는 발달단계임을 명심하면서 이주나 지역사회의 초기 개척자들을 학습주제로 선택할 수 있다.

"사람들이 무엇을 필요로 할까?"가 여전히 주된 질문이지만, 아동이 시간이 흐르면서 이루어지는 물리적 환경의 변화를 상상하면서 조사해야 함에 따라 이제는 다른 관점에서 바라보게 된다. 아동들이 지역사회로 견학을 가서 한 지역의 성장 가능성과 성장 방향에 영향을 준 물리적 변화와 지리학적 특징에 주목하게 됨에 따라 인문지리학이 뚜렷하게 전면에 떠오르게 된다. Mitchell(1934)이 지적한 바와 같이 "모든 곳에서 사람들은 자신을 둘러싼 지구의 힘에 영향을 받아왔으며, 또한 정도의 차이는 있겠지만 모든 곳에서 자신이 살고 있는 지구를 변화시켜 왔다"(pp. 14-15). "계속 지속되는 인류의 문제를 해결하기 위해서 사람들은 어떻게 서로 협력해 왔는가?"라는 질문이 전면으로 떠오르게 되며 변화와 상호의존성이라는 개념도 마찬가지로 주요해진다. 지역사회로의 견학은 도서관 조사활동이나 아동들이 과거 유물을 조사할 수 있는 박물관 견학으로 보완된다. 또한 아동이 조사한 바를 기록하는 데 필수적인 기술인 읽기, 쓰기, 셈하기에 필요한 기술을 점점 더 복잡한 수준에서 학습하고 연습할 수 있는 시간을 정기적으로 계획한다.

늘어나는 지식과 조사결과를 통합하고 소통하기 위하여 아동은 자신의 수학기술 및 지도 그리기 기술을 향상시키는 데 매우 깊게 열중한다. 또한 척도를 사용하는 방법을 학습한다. 학습한 지식을 표현하고 더 확고하게 하기 위하여 입체지도(relief maps)와 모형을 제작하기도 한다. 아동이 이민과 관련된 가족 이야기 등과 같이 조사하여 알아낸 정보에 대하여 보고서를 쓰거나 과거에 자기 동네에 살았던 아동의 입장에서 상상하여 재구성해봄에 따라 쓰기는 점점 더 주요한 도구가 된다. 과학 실험을 통해 아동들은 과거에는 음식을 어떻게 보관하고 보존하였는지, 약초와 식물을 사용하여 어떻게 간단한 치료약을 만들었는지를 이해하게 된다. 놀이가 다시 나타나는데, 이번에는 아동들이 몇 달간의 학습을 통해 배운 바를 종합하여 놀이를 창조하게 됨으로써 더 조직적이고 계획된 방식으로 놀이가 나타난다. 전체 이야기와 구체적인 대화, 간단한 배경, 소품을 만든다. 사회교육은 아동들이 자신의 활동결과물(벽화, 과학 실험, 책, 지도, 디오라마, 도표 등)을 스스로 게시해보는 전시회를 통해 정점에 이를 수 있다. 마무리 활동을 통해 어떤 형태로든 다른 아동들이나 학부모들과 공유하게 된다.

다양한 기능과 여러 교과목이 사회교육의 내용을 조직하고 이해하는 수단이나 도구로 활용되면서 교육과정이 통합되어 하나의 전체로 된다. 동시에 미술, 과학, 수학, 음악, 동작, 언어는 모두 세상을 알아가는 방식을 나타낸다. 교실에서의 삶 속에서 며칠 혹은 몇 주에 걸쳐 자신의 속도에 맞추어 이러한 앎과 표현의 방식을 탐색한다. 더 나아가 사회교육과는 별도로 동물을 관찰하고 보살피거나 요리의 과정과 변화를 살펴보거나 혹은 물리학의 기본법칙을 예시해주는 간단한 기계를 만들게 된다. 이러한 활동들은 모두 관찰, 조사, 가설 세우기, 실험을 요하는 과학적 태도를 발달시킨다.

교사는 아동의 잠재성과 능력을 실현시키고 확장해줄 수 있는 다양한 기회를 제공하는 역동적인 학습 환경을 만들어주는 것을 목적으로 한다. 발달적 상호작용 접근법의 철학적 원칙을 따르면서 교사가 선택하는 내용을 통해 질문하기, 반성적으로 사고하기, 책임감, 함께 공유하며 일하기, 공동체 정신을 북돋우면서 아동의 세계에 대한 관점과 그 속에서의 위치를 확대하고 심화시켜줄 것이다. 이러한 태도와 활동은 민주적 삶을 경험하는 데 필수적이다.

9) 평가

다양한 교육과정 통합(curriculum-embedded) 평가는 참평가(authentic assessment) 혹은 학습자중심 접근법(Cenedella, 1992; McCombs & Whisler, 1997; Meier, 2000; Perrone, 1991)과 일치하는 것으로, 교사가 끊임없는 역동적 순환과정을 통해 유아가 어떻게 학습하고 성장하는지를 이해하고 이에 따라 교육과정 결정을 내릴 때 지침으로 활용할 수 있게 해주는 필수적 수단을 제공한다. 뱅크 스트리트는 오랫동안 평가에 대한 광범위한 접근법을 옹호해왔는데 이는 성장하는 유아가 자신의 세계를 어떻게 파악하는지를 이해하고 유아에게 그러한 이해를 표상할 기회를 다양하게 제공하는 것을 기반으로 하는 평가방법이다. 기초기능에서의 유능성, 분석능력의 발달, 광범위한 교과영역 지식은 유아의 학교에서의 학습을 위한 토대가 된다. 학습자가 물리적·사회적 환경과 상호작용하는 태도와 특성 역시 마찬가지로 중요한데, 여기에는 혼자 독립적으로 또는 협동하여 일하고, 주도성을 발휘하고, 효과적으로 의사소통하며, 사회적으로 책임 있는 지역사회 구성원이 되는 데 필요한 이러한 상호연관된 능력들이 포함된다. 학습의 사회적 차원과 정서적 차원을 강조하는 것은 미국인들이 공교육의 가장 중요한 목적을 하나 꼽으라고 하면 유아 및 청소년이 책임 있는 시민이 되도록 준비시키는 것이라고 했다는 전미 설문조사 결과(Cohen, 2006)와 맥을 같이한다.

이와는 대조적으로, 현재 미국 정부의 정책에서는 학습자의 바람직한 성취결과를 주로 시험점수, 특히 읽기/쓰기와 수학 능력이라는 측면으로만 제한하여 규정하고 있으며, 이는 학교개혁 운동에서 더 높은 수준의 학업성취를 얻기 위해 교육개혁의 선두에 평가를 배치시키는 식으로 몰아가고 있다. 많은 학교에서 복합적인 교육과정을 희생시키면서 시험에 잘 나오는 것에 맞춰 가르치는 방식으로 이러한 정책에 응하고 있다. 우리는 이러한 현상이 교수와 학습을 지나치게 단순화되고 편협하게 바라보는 관점을 나타낸다고 본다. 또한 학년 유급이나 진급, 학습 프로그램의 졸업 여부와 같은 결정적으로 중요한 의사결정에 이러한 시험점수를 사용하는 것은 근본적으로 아동교육에 대한 비민주적인 접근법을 반영하는 것이다(Cuffaro, 2000; Perrone, 1989).

시험이 주도하는 교육환경에서는 발달적 상호작용 접근법에서 강조하는 사회, 정서, 인지 영역에서의 바람직한 성취결과들이 종종 이차적인 것으로 지위가 강등된다.

이는 이십여 년 전 Zimiles(1987)가 지적한 바와 같이 손쉽게 실시하여 학습자의 속성을 적절하게 측정할 수 있는 평가도구가 없다는 사실을 두고 볼 때 더욱 심각하다. 학급 교사들은 이러한 현실을 인식하고서 두 가지 주요 방식으로 유아의 권익을 옹호해야 하는데, 첫째 평가도구의 질적 수준을 점검하고 실시에 대해 적절한 질문을 제기함으로써, 둘째 학문적, 사회적, 정서적, 신체적 학습기회를 풍부하게 가진 교육과정을 희생하지 않고 아동들이 시험을 칠 수 있도록 준비시킴으로써 그렇게 할 수 있다.

발달적 상호작용 접근법은 오랫동안 유아의 학습과 발달에 대한 엄격하고 체계적인 평가를 강조해왔다. 중심적인 평가도구는 시간이 경과함에 따라 유아의 행동을 반성적으로 관찰하고 기록하는 것이다(Cohen, Stern, & Balaban, 1997 참조). Haberman(2000)은 한 교육실습생이 교재 활용, 교육과정 목적, 개념 발달의 범위에 대하여 어떻게 관찰하고 자신의 관찰을 분석하며 중요한 통찰을 얻게 되는지에 대해 생생한 예를 제공하고 있다.

> 대부분의 다른 유치원생들도 이 문제를 어려워했다. 나는 이 문제가 유치원생들에게 제공하기에는 너무 많은 내용이 포함되어 있다고 확신한다. (중략) 이 문제가 Molly에게 너무 복잡한 것은 꼭 아니었다. 내 생각에 Molly는 기본이 되는 개념, 즉 모든 빨강, 노랑, 파랑, 초록색 타일의 수를 각각 합한 다음 이 모두를 함께 더하면 전체 타일 수를 구할 수 있다는 것을 이해하고 있었다. 그렇지만 타일의 수가 너무 많았다고 생각한다. 수가 그렇게 많아지면 중간에서 놓쳐서 혼동하게 되기 쉽다. (중략) 타일의 수를 더 적게 제공했더라면 기본 개념을 더 의식적으로 지각했을 것이다. 그럴 수 있었는데, 기계적으로 정신없이 수세기를 하면서 개념을 놓쳐버렸던 것이다. (p. 211)

이 교육실습생의 주의 깊은 관찰과 분석은 유아의 학습에 대한 자신의 이해를 심화시켰다. 교사는 튼튼한 교과지식과 교과교육학 이론을 바탕으로 유아 반응을 분석하여 각 유아의 특징적인 장점과 요구, 유아가 알 필요가 있는 것뿐만 아니라 아는 것과 할 수 있는 것을 이해하게 된다. 교사가 자신이 통찰한 바를 공유하고 질문을 던져서 유아가 자기평가를 하고 자신의 학습을 이끌어가는 법을 배우도록 돕는 것도 마찬가지로 중요하다. 이러한 분석을 위한 데이터에는 전 범위의 일상적인 교실 활동, 상호작용, 활동 결과물(예컨대 놀이, 읽기, 수학적 문제해결, 학습자료 활동, 다른 사람과의 상호작용)이 포함된다. 부가적으로 시간 경과에 따른 유아의 활동 결과물로 이루어진 포트폴리오를 면밀하게 점검하고 평가함으로써 예술활동, 쓰기, 셈하기, 구성하기를 통해 성장이 어떻게 이루어지고 있는지에 대한 중요한 이야기를 들을 수 있다. 나이가 더 든 아동의 경우 학습자의 학습수준을 점검하기 위해 교사가 고안하는 평가

기법으로 읽기 및 쓰기 일지, 실험보고서, 목록, 학습단원 종료 시점의 마무리 프로젝트 활동 등을 택할 수 있다.

평가에 대한 이러한 접근법은 뱅크 스트리트에 흐르는 실험적 접근법뿐만 아니라 Dewey(1963)의 과학적 방법을 보여준다. 교육실험국(뱅크 스트리트의 원래 명칭) 교사교육의 목적을 분명히 하면서 Mitchell(1931)은 "우리의 목적은 자신의 일과 삶에 대한 태도가 과학적인 교사를 양성하는 것이다. 우리에게 있어 이는 열정적인 태도, 기민한 관찰, 낡은 절차에 대해 새로이 관찰한 바에 비추어 끊임없이 의문을 제기하는 것, 자원으로서 책뿐만 아니라 세상을 활용하는 것, 실험적인 개방성, 상황이 허락한다면 과거에 대한 정확한 지식에 근거하여 미래를 계획할 수 있도록 신뢰할 수 있는 기록을 지속적으로 하고자 하는 노력을 의미한다" (p. 251)라고 기술하였다.

평가와 수업은 구성주의적이고 역동적인 방식으로 상호 정보를 제공한다(평가 패러다임에 대한 논의는 Shepard, 2000 참조). 또한 평가 자료는 학부모와 교사가 유아에 대해 서로 다른 지식을 공유할 수 있는 부모-교사 협의회에서 의미 있는 기초자료가 된다. 이러한 방식으로 평가, 학습, 교육과정이 통합되며 이는 진보주의 교육의 실험적 태도의 기본 전제이기도 하다.

4. 교사교육에 대한 함의

뱅크 스트리트 교수에 대한 개념화가 그 이론적 토대나 실질적 적용에 있어서 유아에 관련된 부분이 더 풍부하게 발전하기는 하였지만 이는 유아교육과 성인(교사)교육에도 동일하게 적용된다. Nager와 Shapiro(2007)는 교사교육에 대한 내용이 부족함을 인식하고 뱅크 스트리트의 역사와 실제로부터 교사교육의 5가지 상호연관되는 원칙을 찾아낸 바 있다.

1. 교육은 사회정의를 구현하고 촉진하며 민주적인 과정에의 참여를 격려하는 수단이다.
2. 교사는 교과영역에 대하여 깊이 있는 지식을 가지며 형식적 학습, 직접적 관찰, 참여를 통한 학습에 적극적으로 참여한다.
3. 유아의 학습 및 발달을 가족, 지역사회, 문화라는 맥락 속에서 이해하는 것이 가르치는 일에 필요하다.
4. 교사는 개인으로서, 전문인으로서 지속적으로 성장한다.
5. 가르치는 일은 그 모든 요소를 지원해주는 교육철학, 즉 학습과 학습자, 지식과 앎에 대한 관점을 요한다.

이러한 원칙을 실현하는 것은 시대 변화와 그에 따른 요구 변화에 따라 다를 수 있고 또 달라야 하겠지만, 이 원칙들은 새로운 실제를 평가하고 채택할 때 필요한 통일성 있는 개념적 틀을 제공하며 따라서 공명성, 타당성, 정통성을 부여한다. 이 원칙들은 서로 연관되고 중첩되며, 각각 같은 비중의 중요성을 갖고 있다. 따라서 예를 들어 사회정의를 심화하기 위해 고안된 교육과정은 학습과 학습자에 대한 관점, 교과에 대한 깊은 지식, 유아·가족·학교의 사회문화적 맥락에 토대하여야 한다. 각 원칙은 다른 원칙들과의 필수적인 연계를 통해 풍부해진다. 이러한 측면에서 이 원칙들은 각 부분의 총합보다 더 큰, 통합적인 전체를 이룬다.

이 원칙들은 교사교육에 있어서도 좋은 교수법에 대한 비전을 제공하며, 가르치는 법을 배우고 있는 성인 학습자로 이루어진 교실에서뿐만 아니라 유아교육기관에서 구현되게 된다. 성인과 유아의 학습 과정은 근본적으로 비슷하다는 Lucy Sprague Mitchell의 신념에 따라 교사교육 프로그램에서는 "모든 분야에서 '책을 통한 학습'을 보완하기 위해 직접적인 경험(스튜디오, 실험실, 교육현장 활동에서)을 제공하고자" (Mitchell, 1953, p. 471) 한다. 교사발달에 있어서 유능한 교사가 되는 것은 단순히 정보뿐만 아니라 교사가 자신의 증가하는 지식과 의미 창출자로서의 자아인식을 경험하고 내면화하며 구성하는 방식과도 밀접하게 관계된다고 가정한다. 이는 교사가 자신의 목소리, 자아와 정신을 가치 있게 생각하게 되는 인식론적 발달 과정이며, 교사로 하여금 유아들도 비슷하게 발견과 창안과정을 경험할 수 있는 기회를 만들게 해준다(Nager, 1987). 현실의 문제를 해결하는 데 적극적으로 참여하는 것은 유아와 성인의 학습 모두에서 기초가 된다. 따라서 임장지도와 함께 이루어지는 현장실습(fieldwork)이라는 일련의 교수학습 기회가 교사의 개인적 발달과 전문인으로서의 발달에 절대적으로 필요하다.

원생지도 시스템이 뱅크 스트리트의 전체적인 대학원 교육 프로그램에 적용되면서 통합적인 역할을 한다. 원생지도에는 현장실습, 소집단 협의회, 수업이 포함된다. 대학원 교수진의 한 명이 **지도교수(advisor)**가 되어 학습자에게 필요한 조언을 하며 안내한다. **감독교수(supervisor)**가 아닌 지도교수라는 명칭을 사용한다는 것에 주목할 필요가 있는데 이 명칭은 학습과 사고를 이끌어주며 의사소통과 대인관계 기술의 역할모델이 되어주는 과정을 나타낸다. 대학원생은 지도교수와 2주마다 한 번씩 만나 개별적인 협의회를 갖는다. 이러한 협의회 중 한 번은 대학원생이 수업하는 모습을 관찰하는 것으로 이어지며 그 수업에 대해 반성적 사고를 공유하는 것이 포함된다. 또한 모든 원생은 일 년 내내 일주일에 한 번씩 지도교수를 비롯하여 같은 지도교수로부터 지도를 받고 있는 다른 학생들과 함께 만나는 소집단 협의회에 참여한다. 이 소집단은 민주적인 문화 구축이라는 더 넓고 깊은 프로젝트에 참여할 기회뿐만 아니라 동료 학습과 상호 지지의 기회를 제공한다(Pignatelli, 2000).

소집단 토론의 내용은 개방적이다. 학생들이 개인적으로나 전문인로서 중요성을 가지는 문제를 소집단에 들고 와서, 지도교수와 동료들과의 상호작용을 통해 배우고 지지를 받게 된다. 교수진이 이러한 교육방법을 받아들이고 실천하는 데는 상당한 개인적 성숙이 요구된다(Shapiro, 1991). 지도교수는 각 개인의 학습 요구에 주목하면서 교사가 유아에게 제공하도록 기대하는 것과 같은 방식으로 양육적이며 격려하는 환경을 제공하여야 한다. 다시 말해 유아의 인지적 발달과 정의적 발달 간의 복잡한 상호관계에 주목하는 것과 비슷한 과정이 대학원생 지도에서도 뚜렷하게 나타나는 것이다.

"원생지도의 이미지는 (중략) 개인의 목적을 설정하고, 구체적인 문제를 해결하며, 상호 통찰력을 구하고, 접근방법과 결과를 평가하며, 가치를 규정하고 정제하는 것이다. 이는 예술가, 철학자, 과학자의 접근방식들을 결합하는 것이다."(Bloomfield, 1991, p. 86). 지식은 탐구, 반성적 사고, 구성의 과정으로서, 가치롭게 여겨진다. 교사가 인지적 유능감과 정의적 유능감을 모두 획득할 수 있도록 돕는다.

발달에 대한 지식이 교사교육 교육과정의 핵심적인 토대를 이룬다는 사실은 놀라운 것이 아니다. 교사는 유아의 발달적 요구와 특징, 유아의 지식과 학습에 대한 접근방법, 유아의 가족과 문화에서 강조하는 가치라는 측면에서 교육에 대하여 생각하는 법을 배운다. 유아발달에 대한 학문적인 학습과 더불어, 유아를 이해하고 교육과정을 계획하는 데 결정적인 도구로서 유아의 행동을 관찰하고 기록하는 방법을 배운다(앞 절에 소개된 '평가' 참조).

교사교육을 받는 예비교사들은 교육과정의 모든 영역에서 원칙과 이론에 몰두하며, 이를 실제적으로 경험할 기회를 충분히 갖게 된다. 교육과정과 관련된 수업에서 학생들은 내용에 대한 질문(무엇이 알 만한 가치가 있는가)을 탐색하고, 이러한 내용 선택에 내재되어 있는 생각들을 교실 배치, 일과 구성, 교육과정의 선택 등을 통해서 실현할 방법에 대하여 생각해본다. 성인 학습자로서 사회교육과 연관된 견학[7]을 하고, 블록놀이 워크숍에도 참여한다. 또한 그림 그리고 조각하고 창작할 기회를 가지며, 다양한 교육철학이 교육현장에서는 어떤 모습으로 나타나는지를 관찰하기 위해 학교들을 방문하며, 수와 수학적 문제해결에 대한 이해를 재구성하기 위하여 수 조작물을 가지고 활동한다. 포트폴리오 제작뿐만 아니라 일지와 연구 에세이 작성을 통해

7) 역주: 뱅크 스트리트의 교사교육의 특징 중 하나는 '긴 견학(the long trip)'이라 불리는 것인데, 광산이라든가 먼 곳으로 현장견학을 가서 교사들이 시간이 흐르면서 갖게 될 수 있는 단조로운 사고나 고정관념을 없애고 도전적으로 될 수 있게 하는 것이다.

점점 증가하는 지식을 이용하여 자신, 유아, 그리고 교육과정에 대하여 반성적으로 생각할 기회를 갖는다.

5. 결론

이 장에서는 오랫동안 뱅크 스트리트 교육대학과 연계되어 온 발달적 상호작용 접근법에 대하여 간략하게 요약하였다. 그 뿌리는 진보주의 시대, 그리고 John Dewey와 뱅크 스트리트의 창립자인 Lucy Sprague Mitchell의 교육철학에 있다. Erik Erikson, Anna Freud, 그리고 최근에는 Lev Vygotsky의 역동적 심리학 이론에서 발견되는 개념들이 교수학습을 발달적으로 이해하는 데 기여하였다.

이 접근법의 원칙들은 교육내용, 교육방법, 교실의 물리적·사회적 환경을 선택할 때 교사의 의사결정을 위한 맥락의 역할을 한다. 발달적 상호작용 접근법은 조목조목 문서화된 일련의 절차가 아니다. 교사는 그보다 교육과정과 유아의 성장을 계획, 실시, 평가하는 데 지침이 되는 가치와 원칙을 활용하는 복합적인 과제를 갖는다.

동일한 원칙이 교사교육에도 적용된다. 직접적인 경험을 통해 유아와 성인은 환경에 적극적으로 참여하고 지식의 토대를 확장하며 유능감과 숙달감을 강화한다. 뱅크 스트리트에서 교육받은 교사는 유아의 학습과 발달상의 요구에 대하여 폭넓게 이해하고, 배려하면서도 지적 도전을 제공하는 민주적인 교실을 창출하는 능력을 갖출 것으로 기대된다.

웹사이트

http://www.bankstreet.edu

http://streetcat.bankstreet.edu/essays/main.html

참고문헌

Antler, J. (1981). Feminism as life process: The life and career of Lucy Sprague Mitchell. *Feminist Studies, 7*, 134-157.

Antler, J. (1987). *Lucy Sprague Mitchell: The making of a modern woman.* New Haven, CT: Yale University Press.

Biber, B. (1972). The "whole child," individuality and values in education. In J. R. Squire (Ed.), A new look at progressive education. *ASCD Yearbook* (pp. 44-87). Washington, DC: Association for Supervision and Curriculum Development.

Biber, B. (1984). *Early education and psychological development.* New Haven, CT: Yale University Press.

Biber, B., & Franklin, M. (1967). The relevance of developmental and psychodynamic concepts to the education of the preschool child. *Journal of the American Academy of Child Psychiatry, 6,* 5-24.

Biber, B., Shapiro, E., & Wickens, D. (1971). *Promoting cognitive growth: A developmentalinteraction point of view.* Washington, DC: National Association for the Education of Young Children.

Bloomfield, D. (1991). A theoretical framework for advisement. *Thought and Practice, 3,* 85-93.

Cahan, E. D. (1992). John Dewey and human development. *Developmental Psychology, 28,* 205-214.

Casper, V., Cuffaro, H. K., Schultz, S., Silin, J. G., & Wickens, E. (1996). Toward a most thorough understanding of the world: Sexual orientation and early childhood education. *Harvard Educational Review, 66,* 271-293.

Casper, V. & Schultz, S. (1999). *Gay parents, straight schools: Building communication and trust.* New York: Teachers College Press.

Cenedella, J. (1992). Assessment through the curriculum. In A. Mitchell & J. David (Eds.), *Explorations with young children: A curriculum guide from The Bank Street College of Education* (pp. 273-282). Mount Rainier, MD: Gryphon House.

Cohen, D., Stern, V., & Balaban, N. (1997). *Observing and recording the behavior of young children* (4th ed.). New York: Teachers College Press.

Cohen, J. (2006). Social, emotional, ethical, and academic education: Creating a climate for learning, participation in democracy, and wellbeing. *Harvard Educational Review, 76,* 201-239.

Cuffaro, H. K. (1995). *Experimenting with the world: John Dewey and the early childhood classroom.* New York: Teachers College Press.

Cuffaro, H. K. (2000). *Educational standards in a democracy: Questioning process and consequences.* Occasional Paper #4, Child Development Institute, Sarah Lawrence College.

Delpit, L. (2006). *Other people's children: Cultural conflict in the classroom* (2nd ed). New York: The New Press.

Dewey, J. (1959). The child and the curriculum. In M. S. Dworkin (Ed.), *Dewey on education* (pp. 91-111). New York: Teachers College Press. [Original work published 1902]

Dewey, J. (1963). *Experience and education.* New York: Collier Books. [Original work published 1938]

Dewey, J. (1966). *Democracy and education.* New York: Free Press. [Original work published 1916]

Dewey, J. (1975). *Moral principles in education.* Carbondale: Southern Illinois University Press. [Original work published 1909]

Dewey, J. (1991a). The challenge of democracy to education. In J. A. Boydston (Ed.), *The later works of John Dewey, 1935-1937* (Vol. 11, pp. 181-190). Carbondale, IL: Southern Illinois University Press. [Original work published 1937]

Dewey, J. (1991b). The Dewey School: The theory of the Chicago experiment. In J. A. Boydston (Ed.), *The later works of John Dewey, 1925-1953* (Vol. 11, pp. 202-216). Carbondale, IL: Southern Illinois University Press. [Original work published 1936]

Erikson, E. (1963). *Childhood and society.* New York: Norton.

Freire, P. (1970). *Pedagogy of the oppressed.* New York: Seabury.

Freud, A. (1974). *The writings of Anna Freud* (5 Vol.). New York: International Universities Press.

Goffin, S. G. (1994). *Curriculum models and early childhood education: Appraising the relationship.* Upper Saddle River, NJ: Merrill/Prentice Hall.

Gwathmey, E., & Mott, A. M. (2000). Visualizing experience. In N. Nager & E. Shapiro (Eds.), *Revisiting progressive pedagogy: The developmental interaction approach.* Albany, NY: SUNY Press.

Haberman, E. (2000). Learning to look closely at children: A necessary tool for teachers. In N. Nager & E. Shapiro (Eds.), *Revisiting progressive pedagogy: The developmental interaction approach.* Albany, NY: SUNY Press.

Levinger, L., & Mott, A. M. (1992). Art in early childhood. In A. Mitchell & J. David (Eds.), *Explorations with young children: A curriculum guide from the Bank Street College of Education* (pp. 199-214). Mount Rainier, MD: Gryphon House.

Lewin, K. (1935). *A dynamic theory of personality.* New York: McGraw-Hill.

Mead, G. H. (1934). *Mind, self, and society: From the standpoint of a social behaviorist.* Chicago: University of Chicago Press.

McCombs, B., & Whisler, J. (1997). *The learnercentered classroom and school.* San Francisco: Jossey-Bass.

Meier, D. (2000). Educating a democracy. In J. Cohen, & J. Rogers (Eds.), *Will standards save public education?* Boston: Beacon Press.

Mitchell, L. S. (1931). A cooperative school for student teachers. *Progressive Education, 8,* 251-255.

Mitchell, L. S. (1934). Social studies and geography. *Progressive Education, 11,* 97-105.

Mitchell, L. S., with Johanna Boetz and others (1942). *The people of the U.S.A.: Their place in the school curriculum.* New York: Progressive Education Association.

Mitchell, L. S. (1951). *Our children and our schools.* New York: Simon & Schuster.

Mitchell, L. S. (1953). *Two lives: The story of Wesley Clair Mitchell and myself.* New York: Simon & Schuster.

Mitchell, L. S. (1934/1991). *Young geographers: How they explore the world and how they map the world.* New York: Bank Street College of Education.

Moll, L. C. (Ed.). (1990). *Vygotsky and education: Instructional implications and applications of socio-historical psychology.* New York: Cambridge University Press.

Nager, N. (1987). Becoming a teacher: The development of thinking about knowledge, learning, and the self. *Thought and Practice, 1,* 27-32.

Nager, N,. & Shapiro, E. (Eds.). (2000). *Revisiting a progressive pedagogy: The developmental interaction approach.* Albany, NY: SUNY Press.

Nager, N., & Shapiro, E. (2007). *Some principles for teacher education. Occasional Paper #18.* New York: Bank Street College of Education.

Perrone, V. (1989). *Working papers: Reflections on teachers, schools, and communities.* New York: Teachers College Press.

Perrone, V. (1991). *A letter to teachers: Reflections on schooling and the art of teaching.* San Francisco: Jossey-Bass.

Piaget, J. (1952). *The origins of intelligence in children.* New York: International Universities Press.

Pignatelli, F. (2000). Furthering a progressive educational agenda: Advisement and the development of educators. In N. Nager & E. Shapiro (Eds.), *Revisiting a progressive pedagogy: The developmental interaction approach.* Albany, NY: SUNY Press.

Ramsey, P. G. (2004). *Teaching and learning in a diverse world: Multicultural education for young children* (3rd ed.). New York: Teachers College Press.

Rogoff, B. (1990). *Apprenticeship in thinking: Cognitive development in social context.* New York: Oxford University Press.

Schoonmaker, F., & Ryan, S. (1996). Does theory lead to practice? Teachers' constructs about teaching: Top-down perspectives. In S. Reifel & J. A. Chafel (Eds.), *Advances in early education and day care* (Vol. 8, 117-152). Greenwich, CT: JAI Press.

Shapiro, E. K. (2003). Precedents and precautions. In J. Silin & C. Lippman (Eds.), *Putting the children first: The changing face of Newark's public schools.* New York: Teachers College Press.

Shapiro, E. (1991). Teacher: Being and becoming. *Thought and Practice, 3,* 5-24.

Shapiro, E., & Biber, B. (1972). The education of young children: A developmental-interaction point of view. *Teachers College Record, 74,* 55-79.

Shapiro, E., & Weber, E. (Eds.). (1981). *Cognitive and affective growth: Developmental-interaction.* Hillsdale, NJ: Lawrence Erlbaum.

Shepard, L. (2000). The role of assessment in a learning culture. *Educational Researcher, 29,* 4-14.

Silin, J., & Lippman, C. (Eds.). (2003). *Putting the children first: The changing face of Newark's public schools.* New York: Teachers College Press.

Tanner, L. N. (1997). *Dewey's laboratory school: Lessons for today.* New York: Teachers College Press.

Vygotsky, L. (1978). *Mind in society: The development of higher psychological processes* (M. Cole, V. John-Steiner, S. Scribner, & E. Souberman, Eds.). Cambridge, MA: Harvard University Press. [Original work published 1922.1935]

Wasow, E. (2000). Families and schools: New lenses, new landscapes. In N. Nager & E. Shapiro (Eds.), *Revisiting a progressive pedagogy: The developmental-interaction approach.* Albany, NY: SUNY Press.

Werner, H. (1961). *Comparative psychology of mental development.* New York: Science Editions.

Wertsch, J. V. (1985). *Vygotsky and the social formation of mind.* Cambridge, MA: Harvard University Press.

Winsor, C. B. (1957). *What are we doing in social studies?* Forty-fifth Annual School Men's Week proceedings. Philadelphia: University of Pennsylvania Press. Reprinted by Bank Street College.

Winsor, C. B. (Ed.). (1973). *Experimental schools revisited: Bulletins of the Bureau of Educational Experiments.* New York: Agathon Press.

Zimiles, H. (1987). Progressive education: On the limits of evaluation and the development of empowerment. *Teachers College Record, 89*, 201-217.

Zimiles, H. (1997). Viewing education through a psychological lens: The contributions of Barbara Biber. *Child Psychiatry and Human Development, 28*, 23-31.

감사의 글

명민한 지혜와 온화한 정신력으로 이 장의 저술에 지속적인 감화를 주었던 우리의 친구이자 동료, Edna K. Shapiro를 추모하며 이 장을 바친다.

또한 본서의 제5판 이전에 '뱅크 스트리트 접근법' 부분을 집필하였던 Herbert Zimiles와 편집자에게 종전 자료를 사용할 수 있도록 허락해준 데 대하여 감사를 표한다.

프로젝트 접근법: 개요

Lilian G. Katz(University of Illinois)
Sylvia C. Chard(University of Alberta)

심층 탐구활동이 유아 및 초등학교 교육과정에 포함된 지 꽤 오랜 세월이 흘렀다. 심층 탐구활동은 진보주의 시대 John Dewey의 아이디어에서 처음 착안되었으며, 그 후 "프로젝트법[1]"으로 명명한 Kilpatrick에 의해 활성화되었다. 20세기가 시작될 무렵 프로젝트법은 시카고 대학교의 듀이 실험학교에서 사용되기도 하였다(Tanner, 1997).

소위 "플라우덴 해(Plowden Years)"라 불린 1960년대와 1970년대에 프로젝트법은 영국에서 유아교육과 초등교육의 중추적 역할을 하였으며, 이로 인해 **열린 교육**이란 이름으로 실행되고 있던 프로젝트법을 많은 미국 교육자들이 받아들이게 되었다(Smith, 1997 참조). 매우 창의적으로 변모한 프로젝트법은 현재 이탈리아 북부 작은 도시 레지오 에밀리아시의 유아학교 교육과정에서 만나볼 수 있다(Edwards, Gandini, & Forman, 1998). 초기 실행을 확장시키고 정교화시킨 현대판 프로젝트법은 오늘날에는 프로젝트 접근법으로 불리고 있으며, 북미 여러 지역을 비롯하여 다른 많은 나라에서도 널리 사용되고 있다(Katz & Chard, 2000 참조). 현재 한국, 중국, 폴란드, 필리핀, 코스타리카, 멕시코를 비롯하여 많은 나라 교사들이 협력하고 있다. 북미에서 일반적이듯이 이들 나라의 교사들도 프로젝트 접근법을 유아교육과정의 중요한 한 부분으로 다루고 있다.

---

1) 역주: Kilpatrick의 "project method"는 우리나라에서 주로 구안법으로 불리지만 여기서는 프로젝트법으로 번역하였다.

방법이나 모델이란 말보다 프로젝트 접근법이란 명칭이 사용되는데, 이는 유아의 탐구가 유아 및 초등 교육과정의 여러 핵심 요소 중 하나라는 점을 나타내기 위해서이다. 3세부터 8세까지 유아교육과정의 한 부분인 프로젝트 활동은 교육과정 모델이나 하나의 완전한 교육방법이 아니라 다른 교육과정을 보완해 주는 역할을 한다. 따라서 유아 발달과 학습을 위한 다른 교육과정 요소를 포기하지 않아도 된다.

프로젝트를 정의하는 것으로 이 글의 개요를 시작하고자 하며, 이어서 교육과정에 프로젝트를 포함시킬 때 필요한 이론적 원리를 요약할 것이다(좀 더 자세한 논의는 Helm & Katz, 2001; Katz, 1991; Katz & Chard, 2000 참조). 아울러 프로젝트 주제 선택에 관한 몇 가지 지침을 제시한 후 프로젝트 단계에 관한 설명이 이어지겠다. 끝으로 프로젝트 접근법이 유치원 수준에서 어떻게 적용되는지를 간략하게 언급할 것이다.

1. 프로젝트란 무엇인가?

프로젝트는 이상적으로 유아의 관심, 시간, 에너지가 투자될 가치가 있는 한 주제에 대해 장기간 심도 있게 탐구하는 것이다. 프로젝트는 보통 한 학급 전체 혹은 학급 내 소집단, 때때로 개별 유아에 의해 진행이 된다. 한 학급 전체로 프로젝트가 진행되더라도 유아들은 보통 소집단별로 활동을 하게 되며, 때때로 탐구 대주제와 관련된 소주제를 개별적으로 탐구하기도 한다. 유아는 교사와 토론을 하면서 주제의 구체적 측면에 관해 질문을 갖게 되며 이는 탐구를 통해 해결된다.

프로젝트에서 수행되는 탐구는 지식과 기술을 비롯하여, 지적 성향과 사회적 성향이 다양하게 발휘되도록 구성되어 있다. 원칙적으로 활동은 유아가 할 수 있는 기능 범위 내에 있는 일들로서 다음과 같은 항목들로 이루어져 있다.

Shirley Zeiberg/PH College

유아들이 자신들이 계획한 미술 프로젝트를 실시하고 있다.

- 첫단계에서 주제와 관련된 이전 경험과 지식을 나누고 토론하기
- 새로운 데이터를 수집하고 기록하기
- 스케치하고 그리기
- 물감 칠하기, 모형 만들기, 이야기 꾸미기, 극놀이 활동 계획하고 참여하기
- 주제에 정통한 전문가 면담하기
- 읽기, 쓰기, 측정하기, 설문지와 질문지 개발 및 분배하기
- 도서관과 인터넷에서 조사하기

프로젝트는 이상적으로 여겨지는 다양한 학문, 예를 들어 과학, 사회, 언어, 미술, 문학, 그리고 순수 예술 전반에 들어 있는 가치 있는 지식과 개념 습득을 포괄하고 있다. 이와 더불어 모든 연령대에서 직접 관찰을 통한 정보 수집, 관심 있는 소주제와 관련된 실험, 관련된 자료 수집, 결과의 시각적, 언어적 표상 보고 등의 활동이 프로젝트 작업에서 진행된다.

더 나아가 프로젝트 활동을 할 때 유아는 특히 관심이 가는 소주제를 찾아 전체 프로젝트에 도움이 될 만한 내용을 책임지고 진행하도록 격려받는다. 새로운 지식과 이해를 획득하고 기술을 적용해보는 것은 가치 있는 일이다. 그러나 유아가 지속적으로 노력한 결과 하나의 주제를 통달했을 때 느끼는 기분은 가치로운 주제를 깊이 이해하려고 할 때 이를 지속적으로 탐구하려는 성향을 평생토록 갖게 해주는 밑바탕이 된다.

새로운 지식을 소개하는 데 있어서 전통적 교사중심 방법과 구별되는 프로젝트 활동의 특징은 다음과 같다.

- 자신이 탐구하여 해결할 문제를 도출함에 있어서 유아의 역할
- 프로젝트가 진행될 때 탐구 방향이 변경될 수 있는 개방성
- 성취할 활동과 준비, 기록, 보고할 성과물의 표상 유형에 대한 유아의 결정권

2. 프로젝트 활동과 그 외 영역의 교육과정

프로젝트 접근법에서는 초등학년 경우 프로젝트 활동이 교육과정에서 비공식적 위치를 차지한다. 기초적 읽기/쓰기나 셈하기와 같은 체계적 수업을 지원・보충해주는 역할을 한다. 체계적 학습(systematic learning)이란 개별 유아나 소집단의 유아들(좀 더 나이가 많은 유아의 경우 대집단)이 받는 형식적 수업을 말한다. 이 시기 유아는 읽기/쓰기/셈하기를 완전히 숙달할 때까지 필요한 기술이나 하위 기술을 학습할 때 성인의 도움을 필요로 한다. 그러나 자발적 놀이, 비형식적 활동, 음악, 이야기 읽기 등이 더 적절하며 전형적인 활동인 유아의 경우 프로젝트 활동은 교육과정에서 좀 더 공식

적 위치를 차지한다. 저학년은 프로젝트 활동과 형식적 수업이 여러 면에서 상호 보완적이다.

1. 형식적 수업은 유아가 기초 기능을 익히는 데 도움이 되는 반면, 프로젝트 활동은 의미 있는 맥락에서 기초 기능을 적용해보는 기회를 제공한다.
2. 형식적 수업은 교사로 하여금 유아의 부족한 부분에 중점을 두게 하는 반면 프로젝트 활동은 유아에게 적용할 기회를 제공하고 장점을 강화시킨다.
3. 형식적 수업에서는 교사가 각기 다른 학습특성을 지닌 유아에게 가장 잘 맞는 학습방법에 대한 전문 지식에 근거하여 수업순서를 정하고 활동을 조직한다. 반면에 프로젝트 활동에서는 유아 스스로가 각자에게 가장 적합한 과제와 난이도를 정하게 된다.
4. 체계적 학습에서 교사가 제공하는 정보와 수업을 받을 때 학습자는 수동적 혹은 수용적 태도를 취하게 된다. 반면에 프로젝트 활동에서 유아는 스스로 탐구를 계획하고 실행하며, 지식과 기술을 적용하고, 활동 전반에서 의사결정을 하고 선택하도록 적극적으로 격려를 받는다.
5. 프로젝트 활동은 유아의 내적 동기로 이루어지는 반면, 체계적 학습에서는 교사가 교사를 기쁘게 하거나 교사의 기대에 부응하려는 유아의 동기를 이용하게 된다. 프로젝트 활동에서 기초 읽기/쓰기와 수세기의 유용성, 관계성 및 목적은 일반적인 설명이 필요 없을 만큼 자명하다고 할 수 있다. 유아는 무엇인가를 관계 지어본 경험이 동기가 되어 기초 기능을 더 잘 학습하게 되고, 체계적 수업에서는 기초 기능을 통달할 수 있게 교사가 도와줄 때 더 잘 수용하게 된다.

프로젝트 활동에서 교사는 수업자보다 상담자에 더 가깝다. 교사는 유아의 프로젝트 진행상황을 모니터링하고 안내하면서 활동의 진행을 촉진시킨다. 교사는 프로젝트를 진행하는 동안 유아를 관찰하게 되는데, 이는 개개 유아가 필요로 하는 교수활동에 관한 실마리를 찾거나 새로운 지식이나 기능을 소개할 때 개별 유아나 집단의 준비상황을 살피기 위해서이다.

유아교사는 상담자이자 안내자 역할을 수행한다. 즉, 프로젝트 과정을 조직할 수 있게 도와주고, 토론에서 제기된 문제를 해결할 수 있게 확장된 깊이 있는 관심을 유발시킨다. 교사는 프로젝트가 진행될 수 있도록 일정을 조정한다. 아울러 유아가 자기 결과물의 표상 방법을 고민할 때 조언도 해준다. 유아와 초등학생 수준 모두에서 교사는 작업의 진행에 따라 유아 경험을 기록하는 중요한 일을 행한다(Helm, Beneke & Steinheimer, 2007; Katz & Chard, 1996).

요약하자면, 어린 유아의 발달과 학습은 가치 있는 주제의 탐구기회가 자주 주어질 때 가장 잘 이루어진다. 특히, 형식적 수업을 통한 교사의 도움 없이는 기초 기능의 숙련이 어려운 초등학년의 경우, 교사의 형식적 도움이 주어질 때 더 잘 이루어진다.

아울러, 유아는 프로젝트 활동에서 컴퓨터를 능숙하게 사용하는 방법도 점차 익히게 된다. 유아는 연령과 경험이 증가하면서 쓰기, 그래프 그리기, 포스터 편집하기, 영상 수필 만들기, 간단한 게임 디자인하기뿐만 아니라, 여타 표상 양식을 컴퓨터로 작업할 수 있게 된다. 유아가 탐구의 핵심이 담겨 있는 문제를 해결할 때, 엄선된 인터넷 사이트를 통해 다양하고 방대한 정보도 접하게 된다.

3. 프로젝트 접근법의 이론적 원리

우리가 갖고 있는 교육목표에 근거하여, 그리고 그 목표실행에 대한 발달적 접근을 근거로 유아교육과정에 프로젝트 활동은 포함되어야 한다고 본다. 프로젝트 활동의 가치는 유아의 동기와 상호작용 능력에 관한 최신 연구논문에 의해서도 밝혀졌다. Schidt, Burts, Durham, Charlesworth, 그리고 Hart(2007)는 유아의 사회능력 발달에서 발달에 적합한 교수와 발달에 적합하지 않은 교수를 비교 연구하였는데, 결과에 따르면 발달에 적합한 교수 실제가 프로젝트 활동의 중추 요소인 유아의 협동과 조절에 필요한 기능을 발달시키는 데 필요한 좋은 환경을 제공하는 것으로 나타났다. 먼저 목표를 정의하고 이어서 그 목표와 유아의 발달 및 학습에 대한 실제 원리를 설명하도록 하겠다. 이에 대한 심화된 논의는 Katz와 Chard(2000)의 글에서 찾아볼 수 있다.

1) 학습목표의 네 가지 형태

교육단계를 불문하고 학습목표는 네 가지 형태인 지식, 기술, 성향, 감정으로 나와 있다. 유아교육 단계에서 이 네 가지는 다음과 같이 광범위하게 정의되고 있다.

1. 지식: 유아와 초등학교 저학년 시기의 지식과 이해는 생각, 개념, 도식, 사실, 정보, 이야기, 신화, 전설, 노래와 그 외 다른 마음에 관한 내용으로 구성된다. 프로젝트에 유아를 참여시켜 보면, 유아가 갖고 있는 경험을 더 심화시키고 정확하게 이해할 수 있도록 돕는다는 것이 얼마나 중요한지를 깨닫게 된다.

2) 지식습득 원리

유아발달 연구에 따르면 유아의 나이가 어릴수록 능동적/상호작용적 과정이 수동적, 수용적, 반응적 과정보다 유아로 하여금 훨씬 더 많은 지식을 구성하고 습득하게 해준다고 한다. 연령이 증가함에 따라 유아는 수동적 수업을 통해서도 도움을 잘 받는다고 한다. 이에 따르면, 유치원생이나 초등 저학년은 현실 문제에서 직접적으로 경험하고 지식의 원 자료와 상호작용을 하게 될 때 지식과 이해를 가장 잘 구성하고 습득한다고 한다.

지식과 이해가 구성되고 습득되도록 하는 상호작용 경험은 반드시 유아에게 의미 있는 내용이 포함되어야 한다. 원칙적으로 상호작용 내용은 참여한 유아 모두에게 현재 또는 장래 관심거리가 될 수 있는 것이어야 한다. 그러나 모든 유아의 관심이 똑같이 지속되지 않고 또 성인이 새로운 관심을 유아에게 유발시킬 수 있기 때문에, 교사는 가장 주목받기 좋은 몇 가지 주제를 선택해야 한다. 유아를 둘러싼 환경과 자기 경험을 이해할 수 있도록 확장 · 심화 · 향상시켜 줄 수 있는 내용이 유아의 발달을 불러일으키는 최고로 가치 있는 관심거리이다(Dresden & Lee, 2007).

아울러 나이가 어릴수록 교육과정은 원칙적으로 더 통합되어야 한다. 반대로 연령과 경험이 증가할수록 주제 혹은 학문중심 학습에서 도움을 받을 수 있는 유아의 능력은 발달하게 된다. 유아는 자기 생각과 개념, 관심사를 과학, 언어, 수학과 같은 범주로 구분하지 못한다. 유아는 과학, 언어, 수학, 및 기타 학문이 서로 관련된 개념을 적용시킬 수 있는 주제를 탐구할 때에 지식을 더 잘 습득하고 이해한다.

2. 기술: 세분화된 비교적 간단한 행동으로서 쉽고 분명히 관찰되고 행동으로부터 추론이 가능한 것이다(예를 들어, 자르기, 그리기, 물체 수 세기, 동료와 활동 조율하기, 정교하고 큰 운동 기술).
3. 성향: 비교적 지속된 마음의 습관이거나 상황에 따른 경험에 반응하는 특징적 방법을 일컫는다(예를 들어, 과제 지속성, 호기심, 관용이나 탐욕, 책 읽는 성향, 사물을 찾아보려는 성향 혹은 문제를 해결하려는 성향 등). 예를 들어, 호기심은 성향이나 마음의 습관을 가장 잘 정의해준다. 지식이나 기술과 달리, 성향은 한 번 익히면 영원히 지속되는 종착상태가 아니다. 행동의 지속적 경향이고 패턴이며, 그것을 가지려면 적절한 상황 속에서 계속 점진적으로 반복 실행되어 확고히 다져질 때 가능하다.

교육목표에 들어있는 가장 중요한 성향 몇 가지는 타고난다. 모든 유아는 배우고, 관찰하고, 탐구하고, 경험하고, 놀고, 타인에게 애착을 증진시키는 성향을 갖고 태어난다. 인정하건대, 이들 성향 중 일부는 특정 유아에게는 강하게 나타나고 다른 유아에게는 약하게 나타날 수 있다. 따라서 이 타고난 성향을 도와주고 강화시켜 줄 수 있는 경험이 유아에게 반드시 제공되어야 한다. 그러나 그 외 성향은 바람직하든 그렇지 않든 간에 그것을 지니고 있는 어른이 주변에 있거나 혹은 함께 상호작용하거나 그런 성향을 가진 어른의 행동을 유아가 자주 관찰할 수 있게 되면 쉽게 배울 수 있는 것이다.

협력하여 서로 연관된 교육과정 활동을 하는 것을 흔히 볼 수 있다.

(1) 바람직한 성향 다지기

학부모, 교사, 학교 관계자는 기대하는 교육 효과로 항상 많은 성향을 희망하곤 한다. 학습하기, 협동하기, 창조적이기, 적극적으로 임하기와 문제해결하기 등이 이에 해당한다. 지식, 이해, 기술을 통달하려면 이를 사용할 강력한 성향이 동반되어야 한다는 기본 전제를 담고 있다.

4. 감정: 주관적 정서 혹은 감정의 상태이며 소속감, 자긍심, 자신감, 적절함과 부적절함, 능력과 무능함, 분노 등이 이에 해당한다. 중요한 현상에 대한 감정은 순간적인 것에서 지속적인 것으로, 강력함에서 약함으로 혹은 애매모호함 등으로 매우 다양하게 나타난다.

학교 교육과 관련된 감정은 수업이나 훈계보다 경험의 부산물로서 학습된다. 성향이나 감정 모두 지식과 이해가 구성되고 습득되는 과정에서, 그리고 기술이 학습되는 과정에서 더불어 일어나기 때문에 부수적 학습으로 여겨질 수 있다. 감정을 부수적으로 규정짓는다고 해서 이것이 감정을 얕잡아본다거나 감정 발달에서 교사나 교육과정의 역할을 가치 저하하는 것은 아니다. 그보다, 감정은 직접 가르칠 수 없다는 점을 강조하는 것이다. 어떠한 감정을 가질지, 가지지 않을지를 유아에게 가르칠 수는 없다!

(2) 학교 경험과 관련된 감정

성향과 더불어 감정은 직접 가르칠 수 없다. 감정은 그것을 떠오르게 하는 상호작용이나 활동의 맥락 속에서 느껴지고, 강해지고 또 사라진다. 교육과정이 연습이나 학습지 혹은 발음중심 학습처럼 지식이라는 좁은 범위로 한정되게 되면, 상당히 많은 학습자가 효과적으로 학습하지 못하게 되고 그 결과 감정능력이 발달되지 못한다(Marchand & Skinner, 2007). 더욱이 배경, 능력, 발달을 비롯하여 여러 방면에서 다양함을 나타내는 유아들에게 한 가지 방법으로만 수업할 경우, 일부 유아는 배제된 느낌을 받게 되고 자신이 무능하거나 부족하다고 느끼게 된다(Slavin, et al., 1996). 프로젝트 활동을 하면 실제로 할 수 있는 과제의 종류가 다양할 뿐만 아니라 난이도 수준도 다양하다. 결과적으로, 교실의 모든 구성원이 의미 있는 일을 찾게 되고, 이는 구성원으로 하여금 유능감과 소속감, 그리고 집단노력에 공헌한다는 느낌을 키워준다.

3) 실제를 위한 제언

4가지 목표인 지식/이해, 기술, 성향, 느낌은 서로 다른 방법으로 육성된다. 지식과 기술의 경우 능동적 연구, 관찰, 다양한 유형의 자료 수집, 적절한 가르침과 그 외 다른 많은 과정을 통해 학습이 이뤄진다. 그러나 성향과 느낌은 연구나 직접적 교수 혹은 체계적 교수를 통해서 학습될 수 있는 것이 아니다. 따라서 성향이 자리 잡기 위해서는 반드시 실제로 행해보아야 하며, 그 행함은 일련의 만족감을 동반해야 한다.

앞에서 언급했듯이, 성향은 직접 가르칠 수 있는 것이 아니다. 추천컨대, 성향을 육성하기 위해서는 성향을 발휘할 기회를 많이 주어야 한다. 예를 들어, 문제해결 성향은 유아가 일상 활동과정에서 의미 있는 실전 문제를 자주 풀어볼 수 있을 때 다져질 수 있는 것이다. 마찬가지로, 책임감 성향은 유아가 적절한 책임감을 가질 때만이 길러질 수 있다. 이 분야 연구에 따르면, 난관에 봉착했을 때 끝까지 해 보려고 하고 또, 실제로 그렇게 노력하게 되는 성향은 유아 주도의 의미 있는 학습 과제를 강조하는 교육과정에서 그 육성 가능성이 높아진다고 한다. 바람직한 교육결과와 목표목록에 언급되어 있는 그 외 많은 교육과정도 일반적으로 마찬가지인 것으로 나타났다.

요약컨대, 학습목표의 네 가지 범주 모두 교사가 계속된 관심과 배려를 기울일 가치가 있다. 교육과정에 프로젝트 활동을 포함하게 되면, 가치 있는 지식 습득과 기능의 숙달이 이들을 이용하는 성향의 강화와 함께 이루어진다(Katz, 1994). 가정하건대, 지식, 이해, 기능은 이들을 적용할 풍부한 기회와 더불어 의미 있는 맥락에서 습득되었을 때 심화되며, 또 그렇게 하는 과정에서 기능을 이용하고자 하는 성향이 얻어지고 다져진다. 반대로, 그렇게 의미 있게 적용이 되지 못하면, 지식과 기능을 사용할 성향은 키워지지 않고 오히려 약화된다. 아울러 경험에 비추어볼 때, 유아가 프로젝트 활동에 참여하게 되면 자긍심, 참여, 열정 그리고 활동하는 동안 마주치게 되는 좌절을 극복하면서 느끼게 되는 만족감과 더불어 성취했을 때 오는 기쁨과 만족을 자주 경험하게 된다.

따라서 원리적으로 프로젝트 활동을 교육과정에 넣게 되면 네 가지 학습 목표 모두가 동시에 다루어질 수 있게 된다.

4) 사회적 유능감의 발달

유아의 사회성 발달에 대한 최근 연구들은 출생 후 첫 6~7년간이 사회적 유능감 발달에 매우 중요한 시기라는 점과 유아기 때 그렇게 하지 못하게 되면 장기적으로 심각한 결과를 초래한다는 점을 강하게 언급하고 있다(Flook, Repetti, & Ullman, 2005; Katz & McClellan, 1997). 유아 간에 논쟁을 해결하고, 서로 협력하고 협동하며 조화롭게 노력한 것이 좋은 결과를 낳고, 유아들이 만족스러워하는 경우, 그러한 경험과 활동이 자주 제공된다면, 이는 유아를 위한 최고의 교육과정이라 할 수 있다. 프로젝트 활동은 유아가 폭넓은 사회적 지식, 사회적 기술, 사회적 성향과 대인간 관계를 발달시키는 데 도움이 되는 수많은 실질적 맥락을 제공해준다. 학급 전체가 참여하여 한 주제에 대해 탐구할 때, 보통 더 확장된 성과를 가져올 하위주제를 조별로 탐구하는 것이 하나의 특징이다. 그런 맥락에서, 각 조는 학급동료에게 제안을 부탁할 수 있으며 다른 조에게 제안을 할 수도 있고, 다른 조에게 줄 결과보고서를 준비할 수도 있다. 그리고 여타 많은 방법을 통해 보고서에 대한 반응이나 관심 그리고 느낌을 예측하게 만드는 실제 상황에 참여할 수 있다. 또래나 학부모 그리고 결과를 공유하게 될 다른 사람의 반응에 대해 예상해보는 것은 중요한 사회적 유능감의 한 요소이다.

요약컨대, 유아 및 초등 교육과정에 프로젝트 활동을 넣게 되면 학습 목표의 네 가지 중요한 범주를 모두 다루게 되는 것이며, 최신 유아발달과 학습이론의 주요관점에서 나온 실제 원리를 적용할 수 있게 되는 것이다.

4. 프로젝트 접근법의 적용

프로젝트 활동의 장점은 탐구되는 주제와 관련된다. 탐구 가능한 주제의 수가 너무 많으므로 주제 선택 시 몇 가지 조언이 필요하다. 주제가 유아의 시간과 에너지 그리고 유치원과 학교 재정을 쏟아 부을 가치가 있는 것인지 결정하는 것은 궁극적으로 교사의 책임이다. 더불어 교사는 좋은 프로젝트 활동을 지원하기 위해서 수시로 폭넓게 준비하고 연구하고 탐구해야 한다. 그러므로 교사나 교육과정 담당자는 신중히 고려해야 한다(Chard, 1998a, 1998b, http://www.projectapproach.org 참조).

1) 프로젝트 주제 결정

주제의 적절성 여부를 결정하는 요인은 수없이 많다. 유아의 특징이나 주제와 관련한 교사의 지식과 경험, 그리고 그 주제에 대한 교사의 관심, 자원의 지역적 유용성, 더 나아가 학교와 지역사회 상황, 그리고 이 모든 요소의 다양한 얽힘 등 많은 것들이 달려있다. 아울러 중요하다고 여겨지는 많은 주제가 실제로는 프로젝트에 부적합하다는 점을 염두해 둘 필요가 있다. 한 집단의 유아에게 잘 맞는 주제를 예상하는 작업은 어려울 수 있다.

2) 유아의 관심 반영

교사는 유아가 관심 있다고 밝힌 것, 또는 관심 있을 것으로 예상되는 것을 바탕으로 주제를 선택한곤 한다. 그러나 개인별, 소집단별, 학급별로 보이는 관심사는 주제 선정에 있어 여러 가지 잠재적 함정을 드러내고 있다. 어떤 경우, 유아 25명이 있는 학급에서 나올 수 있는 관심사의 개수는 아마도 한 해 동안 다루어질 수 없을 정도로 많을 수 있다. 따라서 교사는 다룰 만한 가치가 있는 관심사를 결정할 기준이 필요하다. 아울러, 유아가 한 주제에 관심을 보일 때 이것이 무엇을 의미하는지가 분명하지 않을 수 있다. 유아의 전체 학습에 비추어보아 그 관심사가 대체로 가치가 적은 것일 수 있다(예를 들어, 해적에 대한 관심이나 영화를 본 후 자극된 타이타닉호에 대한 관심이다). 어떤 관심은 그저 스쳐가는 생각이거나 환상일 수 있고, 한때 지나가는 관심이나, 공포증, 맹목적 애호 혹은 교사를 기쁘게 하기 위해 유아가 내놓은 주제일 수도 있다.

이와 더불어, 개별 유아나 소집단이 어떤 주제에 대해 관심을 보인다고 해서 교사가 반드시 그것에 관심(예를 들어, 공룡)을 보이거나 그 관심을 지원해 줄 필요는 없다. 예를 들어, 디즈니 영화에 나오는 해적에 대해 유아가 열렬히 반응한다고 해서 그 주제가 프로젝트에 적합한 것은 아니다. 교사의 동의하에 유아는 해적이 포함된 자발적 극놀이 정도의 활동 기회는 가질 수 있다. 유아들이 영화에 대한 반응이나 그 함의점 등을 토론할 수 있게 격려할 수는 있다. 그러나 그러한 관심이 해적 주제에 대한 심층적 탐구가 유아를 위한 최상의 발달적, 교육적, 심지어 도덕적 관심사라는 것을 의미하는 것은 아니다. 유아에게 관심 있는 주제에 대한 유아 주도의 자발적 놀이의 기회를 제공해주는 것과 심층적 탐구를 하기 위해 요구되는 노력과 에너지를 쏟아부을 가치가 없어 보이는 것을 구분하는 것이 유용하다. 교사와 학교로 하여금 유아의 지적 능력을 진지하게 받아들이고, 충분히 이해할 가치가 있는 현상을 조사하는 어린 탐구자로 유아를 여기도록 하는 데 있어 프로젝트 주제가 상당 부분 역할을 해야만 한다.

제안컨대, 성인은 유아 관심사를 교육시키고 유아가 주의를 기울이고 이해할 가치가 있는 주변 사건과 현상에 대해 민감하게 반응하도록 교육시키는 중대한 책임을 져야 한다. 이것은 유아가 직접 제안한 관심사를 교사가 무시하고 경멸하라는 것은 아니다. 그러나 어떤 주제에 대해 교사가 진짜로 깊은 관심이 있음을 유아가 알게 되면, 교사를 존경하는 유아는 그 주제에 대해 어느 정도 관심을 보일 것이다. 이런 방법으로 성인은 유아의 관심사를 교육시키는 책임을 지게 된다.

때로 이국적이고 멋진 주제를 교사가 선택하기도 하는데, 이는 집단에 참여하지 않거나 꺼리는 유아의 관심을 유발하기 위해서이다. 예를 들어, 미국 중부 지역 유치원에서 열대우림에 관한 프로젝트를 진행한 적이 있는데, 이는 유아로 하여금 참여를 유도하기 위함이고 아무런 해를 주지 않는다. 그러나 전 세계 수많은 교사와 일해 본 경험에 비추어볼 때, 유아는 직접 관찰하거나, 옥수수 밭, 사과 과수원, 근처 자전거 가게든 간에, 자신을 둘러싼 자연 환경에 마음을 빼기고 호기심이 발동되는 것으로 나타났다. 주제가 이국적이고 따라서 거리감이 느껴지게 되면, 유아는 프로젝트 탐구의 방향을 잡고 디자인하기가 힘들어지게 된다. 주제와 관련하여 유아가 직접적인 경험을 적게 하면 할수록, 유아는 훌륭한 프로젝트의 핵심인 생각, 정보, 질문, 가설 등을 교사의 것에 의존하게 된다. 유아는 자신의 삶의 많은 부분을 성인에게 의지하고 있다. 그러나 프로젝트 활동은 해결할 문제와 학업의 방향을 설정하는 데 있어 유아가 주도하도록 격려하는 교육과정이다. 또한 프로젝트 활동에서는 유아가 정보 수집의 책임을 지고 성취할 일을 결정한다.

유사한 맥락에서, 주제가 유아를 기쁘고 즐겁게 해줄 것으로 여겨지기 때문에 선정되기도 한다. 그런 주제는 교사가 유아의 상상력을 자극하기 위해서이다(예를 들어, 인어공주와 테디 베어). 그러나 이런 주제는 상상적이기보다 환상적인 것이다. 훌륭한 프로젝트에서 유아는 현지견학을 나가기 전에 예상을 하거나, 초청 전문가가 대답해 줄 문제의 답을 예측해보거나, 탐구 중 현상과 관련하여 가능한 원인과 결과를 서로 논쟁해 보거나 할 때, 상상력을 사용하고 키우는 기회를 많이 가지게 된다. 프로젝트 활동은 또한 다른 많은 방법으로 유아의 상상력을 자극하고 키운다. 예를 들어, 프로젝트 초반에 유아를 격려하여 주제와 관련된 실제 경험이나 기억을 말하게 할 뿐 아니라 그와 관련한 자기만의 이야기를 구성하게 하기도 한다(예를 들어, 실제로 세발 자전거를 탄 경험과 자전거 타기에 대한 상상 혹은 환상 이야기하기).

(1) 경험의 다양성

학생들의 경험이 너무 다양한 학급의 경우, 학년 초에 교사는 모든 유아에게 친숙한 주제를 선택하는 것이 좋다. 학년 초에는 모든 유아가 주제에 대해 인식하고, 경험을 나누고, 자신감을 갖고 토론에 참여할 수 있도록 주제에 관련된 경험을 충분하게 하도록 하는 것이 최선이다. 학년이 진행되고 유아가 프로젝트에 익숙해지게 되면, 급우들이 다른 관심사를 갖고 있으며 다른 하위 주제에 대해 탐구하고 싶어한다는 것을 좀 더 쉽게 이해할 수 있을 것이다. 이런 방법을 통해 유아들은 또래들이 가진 경험, 흥미, 능력의 다양성에 대해 더 깊이 이해할 수 있게 된다.

(2) 문화와 배경의 다양성

프로젝트 접근법은 대상 유아집단 내의 다양한 문화와 배경에 대해 아주 민감하게 대응한다. 다양하게 구성된 집단을 대상으로 주제를 선정할 때 고려해야 할 점은, 특정 주제는 여타 문화와는 달리 특정 문화에서 아주 민감하게 받아들일 수 있다는 것이다. 게다가, 어떤 주제는 특정 배경 출신의 유아를 당혹스럽게 만들 수도 있다. 그러나 경험상으로 유아의 문화와 유산은 구분을 짓는 것이 유용하다. **문화**는 유아의 환경과 현재 일상 경험을 뜻한다. 반면 **유산**(heritage)은 기원과 관련된 역사적인 조상의 특징과 과거 경험을 말한다. 발달관점에서 보건대, 유아는 좋은 프로젝트 활동을 통해 자신의 문화를 더 심화시켜 이해하게 된다. 특히 유아의 연령이 증가함에 따라 교육과정의 다른 부분을 통해 자신의 유산에 대한 지식을 더 적절하게 심화시킨다.

3) 민주사회 참여 준비

프로젝트 주제 선정에서 신중히 고려해야 할 점은 유아가 궁극적으로 민주사회에 참여할 수 있는 능력을 키우는 데 도움이 되는가이다. 이 목표를 달성하기 좋은 주제는 모두의 안녕을 위해 사람들이 공헌한다는 점을 유아가 진심으로 이해하고, 알고, 인정하게 만들 수 있는 것이다. 뿐만 아니라 훌륭한 프로젝트 활동의 많은 잠재적 이익 중 하나는 민주적 절차에 따라 참여하는 다양한 경험이 프로젝트 활동 교실에서 제공된다는 점이다. 다양한 경험에는 협력, 타인의 생각을 경청하고 대답하기, 하위그룹이나 학급 전체 구성원의 다양한 책임과 노력을 조정하기, 불일치시 의견 절충하기, 문제를 해결하고 과제를 성취하는 방법에 대해 합의하기 등이 있다. 이런 모든 과정이 민주적 삶을 살 수 있는 기초를 다지는 데 도움이 된다.

아울러 민주주의 참여를 위한 준비라는 목표를 위해 다음과 같이 질문할 수 있다. "이 주제를 탐구하게 되면 실제 생활과 그 생활의 복잡성을 면밀히 검토하는 성향이 짙어지고 강해지는가?" 따라서 사소하고 진부하고 별 것 없는 결과를 가져올 주제는 피할 것을 권한다. 대신에, 유아로 하여금 친숙함을 깨도록 하고, 현상 이면에 있는 것을 더 이해하게 하고, 다양한 사람들이 일상 공동생활에 노력하고 있다는 것을 깊게 이해시켜 줄 그런 주제를 선택하라. 이런 주제는 유아로 하여금 사람들이 민주사회의 기본인 자신들의 안녕을 위해 다양한 방법으로 노력을 기울인다는 점을 점진적으로 이해하도록 하는 데 도움이 된다.

4) 주제 선정 기준

앞의 논의에 근거해서 다음과 같이 주제 선정 기준을 제시한다. 아래의 기준에 부합한다면 좋은 주제이다.

- 유아 주변 환경에서 직접 관찰할 수 있는 현상
- 유아 경험 내에 존재하는 것
- 직접적 탐구가 가능한 것(잠재적 위험이 없을 것)
- 편리하고 접근 가능한 주변에 위치한 자원
- 다양한 표상 매체가 가능한 것(극놀이, 구성물, 다면적 표상, 도표 조직 등)
- 학부모 참여나 공헌이 가능한 것으로 학부모가 별 어려움 없이 탐구에 참여할 수 있는 것
- 일반적으로 문화적으로 적합할 뿐만 아니라 지역 문화에도 민감한 것
- 많은 유아에게 흥미로울 가능성이 높거나 성인이 유아 발달에 가치롭다고 여기는 관심사인 것
- 학교와 지역의 교육과정 목표에 부합한 것
- 연령에 적합한 기초적 기술을 적용할 기회가 많은 것
- 최적의 구체적인 주제로 너무 넓지도 좁지도 않는 것(예를 들어, 교사 자신의 애완강아지에 대한 연구나 "음악" 에 대한 주제)

5. 프로젝트 단계

교사와 유아가 합의하에 프로젝트 주제를 정하게 되면, 탐구할 주제의 방향을 확인하고, 탐구문제를 설정하고, 결과와 보고서의 표상 방법을 정하는 과정에 유아가 참여하게 된다는 점이 프로젝트 활동의 핵심적 특징이다. 즉, 프로젝트 탐구는 과학적 탐구 시도처럼 동일한 종류의 내러티브 혹은 순차적 특징을 가지고 있다고 볼 수 있다. 탐구자는 일련의 질문을 설정하고 가장 유용한 답을 얻을 곳을 예측하고, 답이 나올 데이터를 수집하고, 결과를 분석, 요약하고 이것에 관심을 보일 사람들에게 보고한다. 프로젝트는 대체로 계열적으로 3단계에 따라 계획되고 실행된다.

1) 1단계: 프로젝트 시작

프로젝트 1단계에서 교사는 극놀이, 그림 그리기, 경험을 말하고 쓰기 등의 표상력과

표 13-1 질문지

질문	예상	결과	출처
하루에 몇 켤레의 신발이 판매되는가?	1. 100 2. 50 3. 10		
돈은 어디에 쓸 것인가?	1. 상자에 넣기 2. 집에 가져가기		

표현력을 통해 주제와 관련된 개인 경험을 유아들이 서로 공유하고 회상하게 하고 주제에 대한 지식을 다시 살피게 한다. 교사는 이런 초기 활동을 하면서 개개 유아와 학부모의 관심사를 알 수 있다. 또한 이런 공유는 프로젝트에 참여하는 전체 집단을 이해하는 기본을 마련해준다. 학부모는 다양한 방법으로 프로젝트를 도울 수 있다. 예를 들어, 방문할 장소 정하기, 전시할 물건 빌려주기, 유아의 인터뷰에 응하기와 정보 수집 도와주기 등이 있다.

프로젝트 1단계에서 주제에 관한 현재의 이해를 검토하는 과정에서 유아는 그 주제에 대한 질문을 내놓는다. 그 질문은 가끔씩 지식에 대한 이해의 차이나 심지어는 잘못된 이해를 나타내 주는데 그것은 프로젝트 2단계에 대한 계획 수립에 기초가 된다. 상담자의 역할인 교사는 1단계에서 나타나는 잘못된 개념을 너무 빨리 수정하지 않는다. 잘못된 개념은 유아가 탐구를 해나가고 가설과 이론을 검증할 때 학습을 위한 최고의 자산이 될 수 있다(표 13-1 참고).

제안컨대, 예측을 하는 유아에게 "왜 그렇게 생각하니?" 같은 질문을 (아주 긍정적이고 격려하는 목소리로) 던지는 것이 질문 목록 개발 때 중요하다. 교사는 종종 그런 질문을 함으로써 유아에게 일생동안 도움이 될 예측하고 생각하고 의견을 내고 가설을 세우는 성향이 키워질 수 있도록 도와야 한다. 질문 목록은 프로젝트 전 과정 내내 전시된다. 그리고 집단 토론을 하는 동안 더 많은 질문과 새로운 결과가 그 출처 표시와 함께 목록에 더해질 수 있다.

2) 2단계: 프로젝트의 전개

2단계 핵심은 체험을 통해 직접 실제 경험하여 새로운 정보를 얻는 것이다. 사용된 정보의 출처는 참여한 유아의 연령에 따라 1차 자료(primary sources)가 될 수 있을 뿐만 아니라 2차 자료도 될 수 있다.

1차 자료에는 실제 공사현장을 관찰하거나 기계를 작동해 보거나 혹은 슈퍼마켓의 상품진열 장소와 같은 실제 장소와 사건을 방문해보는 현장 조사 등이 포함된다. 주제와 관련된 직접 경험을 겪은 사람을 인터뷰하는 것 또한 체험 정보를 제공한다. 인터뷰는 신중하게 준비되어야 하는데, 이는 유아가 그 활동의 유용성을 이해하고 시간을 능률적으로 사용하기 위해서이다. 조사와 질문목록을 개발하고 배부하는 것 역시 모든 연령대에서 가능한 정보 수집 방법에 속한다. 책, 관련 교육영화, 비디오, 안내서, 팜플렛 같은 이차 2차 자료 정보 또한 이 단계에서 검토될 수 있다.

(1) 현장 조사

2단계에서, 현장 방문은 유아와 교사가 함께 계획할 수 있다. 현장 방문은 먼 거리까지 큰 돈을 들여서 갈 필요는 없다. 다양한 건물이나 창문 그리고 문의 형태 등을 기록하기 위해 학교에서 가까운 장소, 예를 들어 가게, 마을 회관, 백화점, 공원, 공사 현장, 이웃 산책길을 가볼 수도 있다. 교사나 자원봉사 학부모와 함께 유아는 관찰하고 있는 것에 대해 어른과 함께 이야기하는 기회를 즐기면서 소집단으로 이런 장소를 방문할 수 있다.

현장 조사 준비는 해결할 질문을 확인하고 주제나 하위 주제에 관해 좋은 정보원이 될 대화를 나눌 사람을 결정하는 것이다. 유아들은 관찰한 것을 기록하기 좋게 간단한 필기판을 가져갈 수 있고 교실로 돌아오는 길에 검토할 특정 관심사에 대해 쓰거나 스케치할 수 있다. 방문하는 동안 유아는 수를 세고, 모양이나 색깔을 적고, 특별한 단어를 배우고, 일의 진행 방법을 이해하고, 모든 감각을 사용하여 탐구하는 현상에 대한 지식이 심화되도록 격려한다. 유아가 관찰한 것을 스케치함으로써 프로젝트가 풍부해진다. 이런 경험의 핵심은 미술적 요소에 있는 것이 아니라 관찰된 것을 얼마나 잘 표상하여 그렸으며. 교실로 돌아온 후 이어질 조사에 얼마나 유용하도록 하느냐에 있다.

유아는 현장 조사와 현장 방문 후에 교실에서 여러 세부적인 것을 회상할 수 있고 또 인터뷰에서 얻은 정보를 검토해볼 수 있다. 유아는 주제에 관해 더 배워 나가면서 점진적으로 정교한 방법으로 결과를 표상해볼 수 있다. 이 경우, 유아는 말하기, 그리기, 극놀이, 쓰기, 간단한 수학 기호 만들기, 측정하기, 도표나 막대그래프, 사건의 순서를 도표로 나타내기 등의 기술을 적용해볼 수 있다. 현장이 학교 인근의 공사현장처럼 근처일 경우, 여러 번의 방문이 이루어질 수 있고 첫 방문 때 관찰한 것과 이어서 방문해서 관찰한 것을 비교할 수 있다.

유아의 작업은 개인 프로젝트 폴더, 게시판 및 다른 아이들과 공유할 그룹 기록 책에 모을 수 있다. 유아들은 무엇을 전시할 것인지에 대해서 토론하고 계획하는 과정에 모두 참여할 수 있다. 다양한 2차 자료, 책, 도표, 광고전단, 지도, 팜플렛, 사진 등으로 프로젝트 작업은 자극을 받고 풍부해질 수 있다.

2단계에서의 작업이 진행되면서, 유아는 주제의 사실성과 논리에 대해 강한 관심을 가지게 되며, 실물을 그리는 것에 점차 몰두하게 된다. 관찰한 것 그리기에서, 유아는 식물과 동물을 가까이서 관찰할 수 있고, 자전거의 부분들이 전체와 어떻게 연결되어 있는지 볼 것이며, 혹은 다른 방식으로 잘린 당근 속의 패턴이 물길을 나타내는 것을 알게 되고 다른 영양분이 그 성장을 돕는다는 것을 알 수 있게 된다. 프로젝트 전개에 대해 자주 인식하고 검토하고 토론하는 것이 유아들의 흥미를 자극한다.

3) 3단계: 프로젝트의 마무리

프로젝트 마지막 단계인 3단계는 개인과 집단 활동을 완성하며 지금까지 배운 것에 대한 요약과 검토가 이루어진다. 연령이 많은 아이들은 이 마지막 단계에서 프로젝트 이야기를 기록하고 결과의 공유를 준비한다. 유아들은 프로젝트 만들기에서 극놀이 정도로 끝낼 수 있다. 따라서 가게나 병원을 지었다면 그것과 관계된 역할놀이를 할 것이다.

이 마지막 단계를 시작할 때 연령과 상관없이 교사는 프로젝트에서 학부모에게 가장 흥미 있을 것이라고 생각하는 것과 더불어 다른 사람들과 반드시 공유해야 된다고 생각되는 것이 프로젝트의 어느 부분인지에 대해 모든 연령의 유아들에게 토론하도록 한다. 이 과정은 주제에 대한 관심이 사그러들기 전에 시작되어야 한다. 프로젝트는 아주 오래 진행될 수 있지만 어떤 주제든 흥미가 떨어지기 마련이다.

프로젝트 3단계에서 활동 결과를 보러올 방문객을 초대할 수 있으며, 작품 전시를 볼 수 있게 다른 학급을 초대할 수 있다. 원장이나 그 외 관심 있는 교사들과 생각을 나누는 것은 유아들에게 즐거운 일이다. 이것은 상당한 노력을 투자한 후에 얻는 좋은 발표 경험이 될 수 있다. 이를 위한 준비는 완성된 작업에 대한 검토가 목적이다. 이런 경우 유아는 자신의 작업을 평가받고, 1단계에 자신이 내놓은 질문과 발견한 결과를 비교해보게 된다. 이 단계에서 유아는 표 13-1에 나타난 완성된 질문 목록에 무엇이 포함되어야 하는지 토론할 수 있다. 유아와 교사는 학습한 것과 주제에 대해 새로 이해할 것, 그리고 앞으로 배우고 싶은 주제에 대해 합의를 볼 수 있다.

(1) 프로젝트 평가

프로젝트 접근법에서 체계적인 형식적 평가가 이루어졌다는 기록은 없다. 그러나 교사가 프로젝트 접근법을 하면서 평가에 사용한 기준은 몇 가지 있을 것이다. 탐구 중인 주제의 적절성이나 3단계에서 각 단계 성취결과의 적절성이 이에 해당한다. 프로젝트 평가에 있어 핵심적 기준 중 하나는 유아가 본질적인 일을 어느 정도 하였는가이다. 유아의 경험과 활동을 나타내는 정성들여서 만든 기록물이나 전시품은 성취결과의 강점과 약점을 평가하는 데 도움이 된다.

다음은 신발 주제를 갖고 한 학급 전체가 어떻게 프로젝트를 진행시켰는가에 대해 간략하게 기술한 것이다.

6. 유치원에서 이루어진 신발 프로젝트

다음은 유치원에서 진행된 신발 프로젝트에 대한 설명이다. 몇몇 유아가 학기 초에 새 신발을 신고 온 것에 촉발이 되어, 교사는 유아와 함께 신발에 대해 토론을 벌였다. 신발은 재미난 특징을 많이 갖고 있다. 발광하는 신발, 소리가 나는 신발, 다른 패턴과 색깔 끈을 가진 신발 등이 있다. 교사는 유아가 신발을 탐구할 때 나타날 몇 가지 탐구 노선을 생각해 보았다. 교사는 생각을 브레인스토밍하고 주제 망에 그것을 나타내었다.

1) 프로젝트 시작(1단계)

유아들은 자기 신발과 그 신발 구입 경험에 대해 이야기를 나누었다. 신발에 대해 궁금해하면서 질문을 하였다. 교사는 유아가 질문 목록을 만드는 것을 도와주고 프로젝트 첫 주 동안 목록에 이를 덧붙였다. 유아는 신발과 신발 구입 경험을 그림으로 그리고 색깔을 칠하였다. 탐구에 필요한 신발을 수집해야 했기 때문에, 유아들은 학부모, 친구, 이웃들에게 신발을 부탁하느라고 정신이 없었다. 교사는 16살 된 자기 딸의 옷장에서 몇 켤레의 신발을 가지고 와서 극놀이 영역에 배치하였다. 탐구 주제는 학부모들에게 공지되었고, 유아와 함께 신발에 관해 토론을 하도록 권장하였다. 더불어 신발 종류에 관해 남다른 지식을 갖고 있는 학부모들에게 학급 유아들과 공유하도록 권하였다. 첫 주가 끝나갈 쯤, 교사는 학급의 한 유아에게 어린 동생의 신발을 가져오게 해서 급우들에게 아기의 첫 걸음마 신발을 보여주게 하였다.

2) 프로젝트 전개(2단계)

신발과 관련된 질문을 해결하기 위해 할 수 있는 일이 무엇인지에 대해 교사와 유아들은 대화를 하였다. 질문은 다음과 같은 것들이다. "신발은 무엇으로 만드나요?" "어디서 신발을 만드나요?" "얼마 하나요?" "자기 신발 사이즈를 어떻게 알아요?"

돈에 관한 대화를 시작하면서, 유아들은 신발을 사고 사람들이 지불한 돈을 가게 주인이 어떻게 하는지에 대해 이야기를 나눴다. 판매자가 가난한 사람에게 줄 거라고 생각하는 유아도 있었고, 주인이 다 가진다고 생각하는 유아도 있었다. 유아들은 질문의 답에 관해 다양한 예측을 하였고, 이로 인해 궁금증이 발동하여 신발 가게에서 무슨 일이 일어나는지 더 알고 싶어했다. 교사는 시내에 있는 신발가게를 들릴 현장 방문을 준비하였다. 유아들은 현장 방문 준비를 위해 일주일 전부를 다 보냈다. 가게의 어디를 조사할지, 가게를 누가 책임지고 그릴지, 매니저와 판매자에게 누가 질문을 할지 등이다. 그 후에 교실로 돌아와 만들 가게를 좀 더 정교하게 만드는 데 필요한 정보를 얻기 위해 현장 조사가 계획되었다.

각기 다른 관심사별로 다섯 조가 구성되었다. 이들은 다음에 관심을 두었다.

- 계산원, 일일 신발 판매량과 일일 수입
- 가게, 신발 상자 정리 방법(예를 들어, 남자/여자/유아 사이즈, 드레스용/스포츠용 등)
- 신발판매자의 책무와 활동
- 신발의 여러 종류와 판매 중인 사이즈, 색깔, 신발 수
- 신발 제작 원산지, 신발 배달 경로, 배달 횟수

알고 싶어하는 질문과 가게 사람들로부터 듣고 싶은 내용에 관해 교사는 각 조와 토론하였다. 현장에서 수집되는 정보를 어떻게 기록할 것인지 교사는 유아들에게 생각해보도록 하였다.

방문에 앞서 신발가게 담당자에게 준비할 것을 부탁하기 위해 교사는 연락을 취하였다. 교사는 이번 현장 방문에서 예상되는 일을 설명하였다. 유아가 알고 싶은 질문에 관해 간단히 설명하고, 대략의 계획을 기술하고, 유아가 판매자에게서 관찰하고 싶은 것과 더불어 가게에서 좀 더 세밀하게 조사하고 싶어하는 목록에 대해 기술했다.

그날이 되었을 때, 세 명의 신발가게 담당자가 각각의 조원들과 몇 분 동안 함께 시간을 보냈다. 방문 후 유아들은 생각할 것이 많아졌다. 교사는 학급 전체 토론과 소집단 토론을 이끌면서 현장 방문에서 일어난 일에 관해 보고하게 하였다.

학급 내 개개 소집단은 자신이 얻은 경험과 정보에 관해 서로 이야기를 나누었다. 그런 후에, 교실에서 신발가게 만들기를 시작하였다. 그 후 3주 동안, 교사는 개개 조와 진행 상황을 이야기하였고, 유아들은 서로의 생각을 경청하거나 제안하였다.

일부 유아들은 가게에 갈 때 탔던 차를 만들었다. 또 다른 유아들은 가게에서 보았던 것과 같은 새장 속의 새와 그곳에서 보았던 것과 닮은 텔레비전을 만들었다. 자기 신발가게용 카탈로그를 만들었다. 수집한 신발 종류와 가격을 알려주는 표시를 신발 상자에 찍었다. 교사가 준 금전출납기용 돈을 만들었다. 신참 가게 점원에게 판매 요령을 알려주는 책자도 만들었다. 판매원의 도움을 받을 동안 앉아 기다리는 나무 의자를 만들었다. 경우에 따라 이것들은 서너 종류로 만들어졌는데, 이는 유아들이 가게에 개별적으로 도움을 주고 싶어했기 때문이다. 예를 들어, 여러 개의 신발 카탈로그가 만들어졌다.

신발가게에 넣고 싶은 여러 목록들을 탐구하고 표상하는 가운데, 교사는 서너 명의 초빙인사를 교실로 불러들였다. 학교 무용선생이 와서 탭 댄스 신발과 특이한 무용 신발을 보여주었다. 중국 출신 학부모는 중국에서 온 두 명의 유아가 중국용 신발 카탈로그를 만들고 또 만다린어로 광고지와 표지판을 만드는 것을 도와주었다. 경찰인 한 아버지는 범죄자를 찾을 때 범죄 장소에서 발견된 신발자국이 증거로서 가지는 중요성을 유아들에게 이해시켜 주었다. 또 다른 학부모는 자전거 레이싱할 때 신는 특별한 신발을 보여주었다. 한 유아의 할아버지는 신발 수리를 하였는데, 신발 만드는 방법과 재료를 유아들에게 이야기해주실 수 있었다. 이 할아버지가 알려주신 정보 덕에, 유아들은 신발 만들 때 사용되는 가죽, 실, 시침, 풀과 같은 재료를 조사할 수 있었다. 여러 가지 다양한 운동화도 언니와 오빠들이 보여주었고 색다른 특징들에 대해 토론하였다. 빙상스케이트, 인라인스케이트, 스키부츠, 낚시방수 신발, 징이 있는 축구화와 징이 없는 축구화, 네덜란드의 나막신, 발레슈즈와 목동부츠와 등산용 아이젠이 포함되엇다.

유아들은 현장 조사 동안 손님들에게 신발 파는 과정을 지켜보았다. 판매자와 소비자의 관점에서 각 단계를 기록해가면서 신발구매와 판매를 지켜보았다. 자기들이 만든 가게에서 신발 구입과 판매를 극화하는데 4단계를 택하였다. 첫째, 구입자들이 원하는 신발 종류, 색깔, 지불하고 싶은 가격에 대해 구입예정자에게 물어보기, 둘째, 손님의 발 측정하기, 셋째, 손님에게 여러 벌의 신발을 자부심을 가지고 보여주기, 넷째, 판매가 끝나면 판매를 마무리 짓고 안 팔린 신발을 박스에 집어 넣고 신발 보관대에 올려 놓기. 금전 출납기용 돈을 만들었던 유아들은 가게에서 신발을 구입할 때 사용될 돈을 위해 은행을 열었다. 유아가 쓰고 싶은 적정한 돈의 양을 세게 해주려고 원하는 유아에게 1달러가 주어졌다.

3) 프로젝트 마무리(3단계)

유아가 만든 신발가게를 방문하고, 신발가게 만들기와 신발가게 놀이를 해나가면서 교사는 학부모들에게 유아가 배운 내용을 보러 학교를 방문하는 기회를 마련해주었다. 학부모들은 가게에 들러 신발을 사고 유아들에게 대접받는 기회를 가졌다.

몇 주가 흐른 후에, 유아들은 새로운 종류의 놀이에 관심을 보였다. 신발 프로젝트를 하는 동안 손님들이 신발을 사기 위해 지역 연계 교통을 이용해 시내에 나올 때 탄 버스관광을 유아들이 탐구하고 싶어하였다. 한편, 학부모들은 유아가 그리고 색깔 칠한 그림을 볼 수 있었다. 또한 프로젝트 기록도 읽어볼 수 있었다. 학습의 다양한 측면과 프로젝트 전반에 걸쳐 촬영된 중대한 시점을 기록한 사진과 교사와 유아가 쓴 표상 작품에 적혀있는 사인과 제목을 읽을 수 있었다. 유아들이 사용한 기술 가운데에는 세기와 측정하기, 기술 단어 사용, 색깔 · 모양 · 크기 인식의 발달, 면담, 협동, 그 외 사회적 기술도 있었다. 학부모들은 다양한 신발을 디자인하고, 만들고, 파는 과정에 관계되어 유아가 얻은 지식과, 여러 파트를 만드는 데 사용된 다양한 재료에 관한 정보를 알 수 있었다. 아울러 신발가게가 어떻게 돌아가는지 그리고 신발처럼 기본적인 것을 사람들이 사용하게 되는 데 있어 여러 사람들이 관련된다는 것을 시연해 보였다. 유아들의 마지막 활동인 전시회에 참여한 학부모들은 8주간의 프로젝트 동안 다양하고 가치 있는 심층 학습이 일어났다는 사실에 대해 추호도 의심하지 않았다.

(1) 논평

이 프로젝트는 유치원 교실의 유아들에게는 아주 전형적인 것이다. 그러나 교사나 유아들이 행하는 프로젝트의 많은 활동들이, 직접적 탐구를 할 때 지역자원의 유용성이나 혹은 참여자의 관심 여부에 달려있기 때문에, 프로젝트를 일반적이라고 설명하기는 힘들다.

적극적인 도움을 주려는 학부모 전문가를 이용한 것이 질 높은 성과를 유아가 올릴 수 있게 하는 데 한 몫을 하였다. 학부모들은 집 짓기, 자전거 타기와 정비하기, 음식 서비스, 농사짓기, 건강 서비스 등을 할 때, 많은 사람들을 끌어모을 수 있다. 교사는 학부모 중에서 전문가를 찾아낼 수도 있고 그 학부모가 갖고 있는 전문 지식과 더불어 프로젝트 활동을 진행시켜서 유아들의 경험이 풍부해지게 만들 수 있다. 2개 국어를 사용하는 학부모는 똑같은 대상과 과정을 설명하기 위해 다른 문화에서 사용되는 단어에 유아들이 민감하게 반응하도록 해줄 수 있다. 이는 교실이나 조에 속한 모든 유아가 탐구에 참여한다는 것을 뜻하며 다른 언어의 인식이 생애 초기에 시작될 수 있다는 점을 확인시켜 준다.

유아들의 연령은 유아들이 어느 정도의 프로젝트 활동까지 장시간 동안 참여할 수 있는지에 영향을 미친다. 어린 유아는 복잡한 극놀이에서 별 도움을 얻지 못할 것이며 아마도 몇 주 동안 계속해서 프로젝트가 진행되지는 못할 것이다. 반면에, 나이가 있는 유아들은 신발공장 DVD를 보고 교실 한 켠에 조립라인도 만들고 신발 디자인과 생산 과정을 이해하는 데 집중하고, 신발가게 근무에 대해 탐구하고 평균 사이즈, 가격, 급우들이 신발 선호도를 비롯한 다양한 수학공부를 하게 될 것이다.

7. 결론

유아교육과정에 프로젝트를 포함시키는 것은 모든 교육이 추구하는 네 가지 학습목표를 다루는 것이라 할 수 있다. 가치로운 지식의 구성과 습득, 기초 학력, 지적, 운동,

사회 기술과 같은 다양한 영역의 발달, 학습자로서 또 그룹 작업의 참여자로서 자아에 대한 긍정적 감정 갖기 등이 이에 포함된다. 프로젝트 활동이 체계적 수업에 보충적이기 때문에 유아들은 의미 있는 주제를 공부하는 과정에서 기초 기술을 적용하는 기회를 가진다. 이런 방식으로, 학교 경험은 유아에게뿐 아니라 교사에게도 흥미로운 것이 된다.

참고문헌

Bransford, J. D., Brown, A. L., & Cocking, R. R. (Eds.). (1999). *How people learn. Brain, mind, experience, and school.* Washington, DC: National Academy Press.

Brown, J. S., Collins, A., & Duguid, P. (1989). Situated cognition and the culture of learning. *Educational Researcher, 18*, 32-42.

Chard, S. C. (1998a). *The project approach. Practical guide 1. Developing the basic framework.* New York: Scholastic.

Chard, S. C. (1998b). *The project approach. Practical guide 2. Developing curriculum with children.* New York: Scholastic.

Dresden, J., & Lee, K. (2007). The effects of project work in a first grade classroom. A little goes a long way. *Early Childhood Research & Practice.* http://www.ecrp/uiuc/edi/ v9n1/dresden.html

Edwards, C., Gandini, L., & Forman, G. (Eds.). (1998). *The hundred languages of children: The Reggio Emilia approach to early childhood education* (2nd ed.). Norwood, NJ: Ablex.

Flook, L., Repetti, R. L., & Ullman, J. B. (2005). Classroom social experiences as predictors of academic performance. *Developmental Psychology, 41*(2), 319-327.

Helm, J. H., Beneke, S., & Steinheimer, K. (2007). *Windows on learning. Documenting young children's work*, 2nd ed. New York: Teachers College Press.

Helm, J. H., & Katz, L. G. (2001). *Young investigators: The Project Approach in the early years.* New York: Teachers College Press.

Katz, L. G. (1991). Pedagogical issues in early childhood education. In S. L. Kagan (Ed.), *The care and education of America's young children: Obstacles and opportunities. Ninetieth Yearbook of the National Society for the Study of Education.* Chicago: University of Chicago Press.

Katz, L. G. (1994). *The project approach. ERIC Digest.* Champaign, IL: ERIC Clearinghouse on Elementary and Early Childhood Education.

Katz, L. G., & Chard, S. C. (1996). *The contribution of documentation to the quality of early childhood education.* Champaign, IL: ERIC Clearinghouse on Elementary and Early Childhood Education.

Katz, L. G., & Chard, S. C. (2000). *Engaging children's minds: The project approach* (2nd ed.). Stamford, CT: Ablex.

Katz, L. G., & McClellan, D. (1997). *Fostering social competence: The teacher's role.* Washington, DC: National Association for the Education of Young Children.

Marchand, G., & Skinner, E. (2007). Motivational dynamics of children's academic help-seeking and concealment. *Journal of Educational Psychology, 99*(1), 65-82.

Schidt, H., Burts, D. C., Durham, S., Charlesworth, R., & Hart, C. (2007, Spring). Impact of developmental appropriateness of teacher guidance strategies on kindergarten children's interpersonal relations. *Journal of Research on Childhood Education, (21)*3, 290-301.

Slavin, R. E., Madden, N. A., Dolan, L. J., & Wasik, B. A. (1996). *Every child, every school: Success for all.* Thousand Oaks, CA: Corwin.

Smith, L. S. (1997). Open education revisited. *Teachers College Record, 99*(2), 371-415.

Tanner, L. N. (1997). *Dewey's laboratory school: Lessons for today.* New York: Teachers College Press.

유럽식 접근

유아 보육 및 교육에서의 레지오 에밀리아 접근법: 토론을 위한 맥락 창출하기

Rebecca S. New(University of North Carolina, Chapel Hill)
Rebecca Kantor(The Ohio State University)

이탈리아의 레지오 에밀리아 시에 있는 영유아센터(nidi)나 유아학교(scuole del' infanzia)를 방문하여 받게 되는 첫인상은 어린 유아를 위해 디자인된 환경이 한마디로 아름답다는 것이다. 시장에 진열된 빨간 노란 고추, 젤라토(Gelato) 아이스크림 콘의 무지개 빛깔, 산허리에 기품 있게 늘어선 사이프러스 나무에서 볼 수 있는 강렬하고 화려한 이탈리아의 아름다움은 레지오 에밀리아 교실의 선반 위에 있는 장난감 다리미와 욕실 창문에 늘어선 각양각색 물병들의 의미 있는 배열과 가지런히 정돈된 미술도구의 정성 들인 다채로운 배열에서 뚜렷이 드러난다. 빛 투과성이 좋은 재료로 만든 모빌, 단순하게 나열된 깨지기 쉬운 조개들, 바닥에 있는 웅덩이 모양 거울, 공간 분리대로 이용되는 넓은 잎 모양 창살, 크고 알록달록한 쿠션, 이런 특징은 외관에 대한 관심과 함께 유아와 그 가족에 대한 존중과 가능성을 담은 환영의 메시지를 전달한다. 레지오 에밀리아 유아교육 환경은 또한 매우 개별적이고 의도적이다. 대량 생산된 이미지나 가구는 교실에서는 거의 찾아볼 수 없다. 오히려 학교를 구성하는 유아들과 그 부모들에 대한 이미지가 있을 뿐이다. 수 도표나 다른 형태의 교육 보조도구가 교실에 조금이라도 있다면 그것은 유아들이 만든 것들이다. 부모들에게 전달될 메시지는 유아 작품 등을 정성 들여 배치한 게시판에 게시된다. 유아들이 집, 학교 및 지역사회에서 경험한 것이 공예품으로 만들어져 전시된다. 상품 카탈로그에서 주문된 것이라곤 하나도 없다. 각각의 영유아 센터나 유아학교는 Lella Gandini(1984)가 말한 것처럼 '어디서나 볼 수 있는 센터가 아니다.' 오히려, 교사와 부모는 이 센터를 유아의 초기학습을 지원하고 돌보는 '특별한' 장소로 만들기 위해 부단히 노력해왔다(Gandini, 1998).

조금 더 주의 깊게 살펴보면, 방문객들은 레지오 에밀리아 시 학교의 유아교육 환경이 단지 시각적으로 아름답기만 하거나 큰 지역 문화를 개인적으로 관련시킨 것만이 아니라는 것을 알게 된다. 더 나아가 교육환경이 사회 활동을 촉진하고, 호기심과 탐색을 불러일으키며, 학교 지역사회의 역사에 대한 인식을 촉진시키도록 의도적으로 설계된 것이다. 이러한 목적은 메시지, 전시 및 초대장에 나타난다. 입구 통로에는 프로젝트에 열중하는 아이들과 협의회에서 토론에 몰두하는 부모들, 그리고 재미있는 포즈를 한 교사와 교직원의 사진들로 가득 차 있다. 여기저기에 정성스럽게 기른 화분과 성인용 가구가 정감있게 배열되어 있고, 이보다 더 많은 유아의 작품이 진열되어 있다. 그리고 작년 작품도 몇 점 걸려있다. 중앙에 위치한 피아자(piazza)에는 항상 자연광이 든다. 부모가 유아들을 위해 디자인하여 만든 매력적인 놀이 기구가 몇 종류 있으며, 이는 현재 센터 역사의 한 부분으로 자리 잡고 있다. 때로는 부서지기 쉽고 깨지기 쉬운 질 높은 자료의 전시를 통해 유아들이 신중하고 환경을 소중히 여기는 능력을 가지고 있음을 나타낸다.

1988년에 열린 전미유아교육협회(NAEYC)의 정기학술대회 중, 24명의 참석자들이 이탈리아의 유아 보육 및 교육에 대한 작은 토론 회의에 참석했다. 그 회의에서 Lella Gandini와 Baji Rankin은 생애 첫 해를 시작하는 영아에서부터 유치원 아이들에 이르기까지 가장 어린 시민에게 초기 보육과 교육 서비스를 제공하는 자신들의 특별한 접근법을 발전시킨 이탈리아 북부 작은 도시에 대한 슬라이드와 이야기를 참석자들과 함께 공유하였다. 동일 시기에 이탈리아의 같은 도시로부터 온 순회 전시회가 뉴잉글랜드에서 열리고 있었다. 이 전시는 이미 뉴욕과 매사추세츠에서도 몇 차례 열렸었다. 2년이 지난 후, 「*Young Children*」 표지(New, 1990)에 레지오 에밀리아 도시가 대서특필되었다. 몇 달 후 워싱턴 D.C.에서 열린 1990년 전미유아교육협회(학술대회)에서는 유아에 대한 새로운 방식의 흥미로운 생각과 가르침을 공유했던 이탈리아 교육자들(예, Filippini, 1990)에게서 더 많은 것을 보고 들으려는 인파로 복도가 넘쳐났다. 오늘날 레지오 에밀리아 시의 유아 보육과 교육 프로그램은 미국과 전 세계 유아교육자에게 중요한 참고사항이 되었다.[1)]

---

1) 현재 전 세계 레지오 어린이 관련 네트워크는 캐나다, 그린란드, 멕시코, 코스타리카, 과테말라, 쿠바, 푸에르토리코, 트리니다드 섬, 브라질, 볼리비아, 파라과이, 칠레, 노르웨이, 스웨덴, 덴마크, 핀란드, 아이슬란드, 스페인, 영국, 네덜란드, 독일, 벨기에, 이스라엘, 스위스, 프랑스, 포르투갈, 탄자니아, 세네갈, 인도, 네팔, 중국, 한국, 일본, 대만, 홍콩, 태국, 말레이시아, 필리핀, 싱가포르, 호주, 뉴질랜드, 미국을 포함한다.

이 장에서는 레지오 에밀리아 시의 유아 보육과 교육에 대한 관점을 기술하고자 한다. 특히 그 기원과 최근 20년간 미국 유아교육에 미친 영향에 대해 중점적으로 다루고자 한다. 이런 배경 논의는 도시 이름과 동의어가 되어 버린 레지오 에밀리아 자치 시의 유아 프로그램의 중요한 특징을 부각시켜 줄 것이다. 즉, '레지오 에밀리아 접근법(REA)'[2)]으로 불리는 특징들이다. 어린이를 위한 레지오 에밀리아 시의 이러한 프로그램은 물리적 환경, 확장된 프로젝트 혹은 프로제따지오네(progettazione)로서의 교육과정, 연구자로서의 교사, 협력적 탐구를 위한 도구로서의 기록 작업, 유아 조기교육에서 핵심 파트너로서의 부모에 대한 해석 등을 포함한다. 그런 다음 미국 유아교육현장에서 이러한 원리들을 미국 교육자들이 자신들의 교육에 어떻게 적용하였는지, 그리고 어떤 도전에 부딪치게 되었는지를 기술할 것이다. 특히 오하이오 주의 정책입안자, 교사, 대학 교육자들의 연구는 레지오 에밀리아 교육에서의 배움의 가능성과 복잡성에 대하여 알아보고 그 과정에서 우리 자신에 대해 알아가는 사례연구로 제공될 것이다. 우선 레지오 에밀리아는 무엇이고, 어디에 있으며, 왜 그렇게 특별한지에 대해서 알아보도록 하자.

1. 레지오 에밀리아 역사 이해하기: 미국 유아교육에서 레지오 에밀리아 역할을 이해하기 위한 핵심

현대 문화 현상을 이해하는 데 있어서 역사의 역할을 부인하는 사람은 아무도 없을 것이다. 레지오 에밀리아의 경우가 이러한 전제를 적절하게 증명해준다. 이탈리아 본국과 미국이라는 서로 다른 문화 환경의 레지오 에밀리아를 조사해 봄으로써 우리는 레지오 에밀리아의 문화적 기초가 무엇인지와 미국과 전 세계에서의 레지오 에밀리아의 현황이 어떠한지를 이해할 수 있을 것이다. 레지오 에밀리아가 어떻게 유아교육에서 그런 영향력을 가지게 되었는지를 이해하는 데 있어 가장 핵심적 요소는 물론 이탈리아 문화 내에 존재하는 특별한 이야기에 들어 있다.

1) 레지오 에밀리아, 이탈리아: 문화적 가치와 전통에 대한 특별한 반응

레지오 에밀리아는 이탈리아 북부에 위치한 인구 15만 명의 작은 도시이다. 일찍이 많은 추종자들은 질 높은 유아 보육과 교육서비스의 의미에 있어서, 이 도시가 모든 이탈리아의 다른 도시들과 비슷하거나 혹은 다른 도시들과 전혀 다를 것이라고 생각했다. 사실 레지오 에밀리아는 두 가지 모두 해당된다. 동시대 다른 이탈리아의 크고

---

2) REA는 종종 레지오 에밀리아 접근법(Reggio Emilia Approach)을 지칭하는 두문자어(頭文字語)이다.

작은 도시들과 마찬가지로 레지오 에밀리아 시민들은 방대한 이탈리아 문화의 특징적 문화적 가치를 상당수 공유하고 있다. 지역 공동체 생활에서 가족의 중요성, 공유된 사회적 책임으로서의 아동에 대한 생각, 지방 방언이나 와인, 치즈나 유아교육 서비스 등의 질에 관한 해석에 있어서 예리한 감식력을 갖는 것 등이 이에 해당한다(New, 1933b)

레지오 에밀리아는 이탈리아 문화 공유를 넘어서서 지역적 특성과 관련된 나름의 정체성을 갖고 있다.[3] 작고, 부유하며, 진보적인 성향의 Emilia Romagna 지역 도시들 중 하나인 레지오 에밀리아는 이웃인 Parma와 Modena와 많은 공통점을 지녔다. 여기에는 공동으로 생산하는 세계적으로 유명한 치즈(Parmigiano Reggiano)와 지역 생산 와인인 Lambrusco가 포함된다. 또한 레지오 에밀리아는 문화와 정치적 역사를 그 지역과 공유하는데, 여기에는 예술과 산업 혁신에의 참여, 협력과 시민 연대성에 대한 전통 및 제2차 세계 대전 당시 저항 운동의 지도적인 역할을 했던 것 등이 해당된다. 이와 마찬가지로 중요한 것은 Emilia Romagna 지역 내에서뿐만 아니라 이탈리아 북부와 중부 대부분이 어린 아이들과 가족을 위해 정부로부터 충분한 재정이 지원된 공적 유아기 서비스를 받아왔다는 공통된 역사를 갖고 있다는 사실이다.

대부분 이탈리아 지역사회[4]와 마찬가지로, 레지오 에밀리아에는 어린이를 위한 세 가지 형태의 유아기 서비스가 있다. 보통은 가톨릭교회에 의해 제공되는 사립(*scuola materna*) 서비스, 정부 지원(state-funded)[5]의 유아학교, 그리고 이 장에서 초점을 맞추고 있는 자치도시 프로그램이 있다. 레지오 에밀리아 유아 서비스(예를 들어, 교실 구성원인 유아와 교사가 그 다음해에도 함께 가는 것)의 대부분은 우수한 다른 이탈리아 유아교육 프로그램에서도 흔히 볼 수 있는 것이다. 레지오 에밀리아가 유명해진 것은 유아 보육과 교육 서비스를 재개념화하기 위해 자체적으로 지속적인 노력을 하고 그러한 발견을 세계와 공유하려고 노력한 덕분이다.

어떤 이탈리아인들은 레지오 에밀리아는 지역 쇄신과 자체 표준이 우세한 문화권에서는 '최고'로 간주될 수 없다고 주장하지만, 다음 세 가지의 잠재성을 탐구하는 레지오 에밀리아의 지도적 역할에 동의하지 않는 사람은 거의 없을 것이다. (1) 배움에 있어 유아의 다양한 상징 언어에 대한 가능성, (2) 활동적인 교실 연구자로서 교사의

---

3) 실제 그 도시의 공식이름인 Reggio nel Emilia는 이탈리아에 있는 또 다른 레지오 시, Reggio nel Calabria와 구분된다.

4) 이탈리아의 현대 유아 보육과 교육 서비스 및 그 역사에 대해서 관심 있는 독자는 다른 광범위한 자료를 보기를 권한다. 예: Corsaro & Emiliani, 1992; Mantovani & Musatti, 1996; New, 1993b; 최근 OECD(2001), *Starting Strong*.

5) 이탈리아 정부를 의미한다.

잠재성, (3) 유아 보육과 교육서비스를 설계하고 평가하는 데 있어 자발적이고 유능한 파트너로서 부모의 잠재성이 바로 그것이다. 이런 특징은 현실 저항, 모든 시민의 공동체 생활에의 적극적 참여를 제한하는 규준에 대한 저항을 비롯한 이 도시의 정치적 역사에 뿌리를 둔다.

몇 개의 역사적 사건들은 레지오 에밀리아의 유아기(infanzia) 서비스[6]의 초기 역사를 묘사하는 데 통상적으로 부각된다. 현재의 도시 전역에 걸친 프로그램이 제2차 세계대전 후 소수 집단의 부모들에 의해 시작되었다는 사실과 철학자이자 저널리스트인 Loris Malaguzzi가 합류했다는 사실이 바로 그러하다(Malaguzzi, 1998). 레지오 에밀리아 부모들은 자녀를 위해 기존과는 다른 종류의 유아 보육을 원했다. 가톨릭 교회에 의해 발전되어 온 보호만 하는 모델이 아니라, 자유롭고 민주적인 사회에서 살아가고 공헌하는 법을 유아들이 배우는, 그리고 교육 환경에서 부모의 적극적인 역할을 허용하는 보육을 원했다. 유아교육을 위한 이런 새로운 목표는 Malaguzzi의 지도아래 전통적 언어와 읽고 쓰기 발달에 관련된 것뿐 아니라 유아의 다양한 상징 언어 발달의 촉진으로 확장되었다. 따라서 그 도시의 첫 번째 아뜰리에리스타(aterlierista)로 아동발달이 아닌 예술 전문가인 Vea Vecchi가 채용되었다. 초기 보고서에서도 레지오 에밀리아의 리더십을 교사의 전문성 발달과 연관지어 지적한다. 예비교사교육[7]에 대한 이탈리아의 규정이 부족했던 것에 반하여, 아주 초기부터 레지오 에밀리아 유아교육 프로그램은 어린 유아뿐 아니라 교사를 위한 학습 환경으로서 개념화되었다. 이러한 초기 시작은 곧 "레지오 에밀리아 접근법"의 특징으로 나타났다. 유아기의 학습 가능성과 이 과정에서 성인의 역할에 대한 전통적인 이탈리아 사람들의 관점에 저항하는 사고방식은 지역적으로나 전국적으로 그 후 몇 십 년이 흐르도록 레지오 에밀리아의 특징으로 강조되어 왔다.

1960년대와 1970년대를 거쳐 레지오 에밀리아 시가 어린이를 위한 서비스를 계속 발전시켜감에 따라, 자치 시의 프로그램 지도자들은 어린이, 가족, 및 더 큰 사회를 위한 유아교육 서비스가 갖는 이점에 대한 관심을 끌기 위해 전국 캠페인 시리즈에 참가하였다. 레지오 에밀리아 자치 시에 의해 지원된 유아교육서비스는 모든 이탈리아 어린이의 권리를 유아학교까지 확대해 선언한 1968년 국가법보다 몇 년이나 앞섰다. 정

---

6) 어린이의 백 가지 언어(*The hundred languages of children*: Edwards, Gandini, & Forman, 1993; 1998) 제1판 및 제2판과 레지오 에밀리아 영유아센터와 유아학교의 이야기가 담긴 비디오(*Not Just Anywhere*, Washington, DC: Reggio Children, 2002) 참조.

7) 1998년 이탈리아에서는 새로 고용되는 유아 교사와 초등 교사를 위해 대학 교육을 의무화하는 법을 통과시켰다. 그 이전에는 직업 고등학교 이수증과 아동발달에 관한 과목 수강만이 유아 및 초등교육의 교사가 되기 위한 필수조건이었다.

부가 운영하는 서비스가 수많은 자치 시의 적소에 생기자마자 레지오 에밀리아는 다른 도시 지도자들과 연대를 맺어 지역혁신과 실험이 계속 이어지도록 지원하였다(New, 2001). 1971년 영유아 보육에 더 많은 지원을 받는 데 더 적절한 법이 마침내 통과되었다. 1970년대 후반까지 도시 지도자들은 이탈리아 안팎의 다른 도시들과 구분되는 레지오 에밀리아만의 또 다른 특징을 보여주었다. 이는 국제 수준에서 공유하고자 한 '아동기의 새로운 문화'에 대한 관점이었다. 역시 Loris Malaguzzi의 카리스마 넘치는 리더십 아래 도시 지도자들은 순회 전시회를 통해서 아동의 학습 관찰에서 나타난 새로운 지식을 모으고, 배열하고, 전시하였다. 이러한 순회전시회는 곧 스웨덴과 독일, 포르투갈과 덴마크같이 다양한 국가의 교육자들의 적극적 관심을 불러일으켰다. 그리고 10년 후인 1987년 미국에 영어판이 출판되었다.

미국인들이 그 전시회에서 본 것은 환상적인 구성물(공룡, 알, 구름)뿐 아니라 아름답게 정돈된 그래픽 전시, 유아들이 그린 그림과 유아들이 만든 구성물과 함께 있는 유아의 사진들, 자연세계(비구름, 그림자, 반사)에 대한 유아들의 대화와 가설 및 탐색에 대한 번역, 그리고 타인과의 관계에서 받은 자신에 대한 느낌(손과 목소리로 표현된 감정)이었다. 전시는 그 규모, 복합성, 아름다움과 전달 메시지에서 관객들을 압도하였다. 그 메시지는 어린이들은 사회적이며 지적이고 창조적 가능성을 지니고 있으며 훨씬 더 잘할 수 있고 어른들도 그러해야 한다는 것이다. 이는 전통적 유아 보육과 교육 프로그램에서는 충분히 실현되지 못했던 것들이다. 심지어 놀이중심 교육과정에서도 완전히 실현되지 못했던 것이다.

2) 미국 내 레지오 에밀리아의 초기 역사

전시회로 레지오 에밀리아가 미국에서 소개된 시점은 미국 유아교육과 초등교육자들 사이에 조기 교육을 위한 '직접 교수'와 '유아 주도적 놀이 중심 접근'의 "발달적 적합성" 논쟁이 증폭되던 시기였다. 이런 관점 차이를 다룬 문헌이 처음 널리 배포된 것은 NAEYC의 「0에서 8세까지의 어린이를 위한 유아교육 프로그램에서 발달에 적합한 실제」(Bredeckamp, 1987)로서, 아동발달연구에 기초한 증거를 통해 자신이 선호하는 유아교육의 실제를 옹호하려던 유아교육자들에게 분수령으로 받아들여졌다. 같은 시기에 유아교육 분야에서는 교육과정 결정에 있어서 유아 발달의 한계에 초점을 맞춘 발달단계 중심 교육실제와는 대조적인 레지오 에밀리아의 사례가 보여주는 장기간의 유아 프로젝트가 가진 장점에 대한 활발한 논의가 시작되었다. 1991년 레지오 에밀리아의 유아학교 중에서 한 곳이 *Newsweek* 잡지(1991)에 '세계 최고'의 프로그램으로 지명되었다. 이탈리아의 도시에 대한 뉴스가 퍼지면서 부모, 정책 입안자 및 교육계가 주목하기 시작했다. 레지오 에밀리아가 미국 교육자들에게 고무되고 환영

받게 되면서(Cohen, 1992)[8], 전미유아교육협회(NAEYC)의 '발달에 적합한 실제(DAP)' 지침에 대한 새로운 우려가 제기되었다.

DAP 지침, 특히 "부적절한" 것으로 분류된 실제에 대해 유아들이 기초적 수개념과 읽고 쓰기 기술과 이해력를 습득하고 초등학교에 들어가기를 원하는 일부 부모들뿐 아니라 초등교육자들의 저항이 계속되었다. 다른 비판은 재개념주의 운동에 관계한 이들로부터 이루어졌다(Kessler, 1991). 장애 유아 옹호자(Mallory, 1992)와 문화적 · 언어적으로 다양한 가족들(New, 1993a)로부터도 계속 다른 비판이 일고 있다. 이와 함께 시대에 뒤진 이론적 전제, 매우 개인주의적인 특성, 그리고 DAP 지침이 미국 중류가정의 가치에 초점을 맞추고 있다는 것이 비판을 받았다(Mallory & New, 1994). 결국 레지오 에밀리아는 다른 사람의 '지식기반'의 수령자로서 교사를 자리매김하는 것뿐 아니라 교사 주도 대 유아 주도의 학습에 대한 잘못된 이분법을 포함한 수많은 비판을 지지해주는 예시가 되었다(New, 1994).

1990년대를 거치면서 미국 유아교육자들은 계속 레지오 에밀리아를 연구하고 방문하였으며, 점점 더 많은 전국 지도자들이 유아의 학습 잠재성에 대한 그 도시의 노력과 이해에 대해 존경심을 나타냈다(Bredekamp, 1993; Katz & Cesarone, 1994). 이러한 지지 견해를 표방하는 방대한 양의 문헌들이 출판되었으며, 여기에는 이탈리아 교육자들이 투고한 장대하게 편집된 책 두 권도 포함된다(Edwards et al., 1993; Edwards et al., 1998). 이 문헌들은 미국 유아교육자들에게 지역적으로 전국적으로 강력한 영향력을 미쳤으며, 여기에는 국가 기관도 포함되어 있다(예: CDA, NAEYC). 따라서 전미유아교육협회(NAEYC)가 발달에 적합한 교육의 실제에 대해 개정된 해석을 내놓고 이를 설명하는 데 있어서, 한때 반대 예로 사용하던 레지오 에밀리아를 활용한 점은 크게 놀라운 일이 아니다(Bredkamp & Copple, 1997). 20세기 말까지 레지오 에밀리아 접근법은 미국 교실의 교사, 프로그램 지도자, 유아교육 교사교육자, 지방과 주 정부의 정책입안자들 및 유아 보육과 교육에 관한 국가기관의 회원들 사이에서 벌어진 토론의 주요 주제가 되었다. 그러면 무엇이 레지오 에밀리아에 그토록 많은 관심을 갖게 하였는가?

2. 레지오 에밀리아 접근법의 원리와 실제: 옛것과 새것의 결합

레지오 에밀리아 자치 시 프로그램의 교육 철학은 이탈리아 교육자들에 의해 다양하

---

8) 전시회의 다른 버전들이 최근 아시아와 남아메리카를 순회하는 동안 전시회의 두 가지 버전(원래 버전을 새로 업데이트한 것을 포함하여)이 미국 도시의 순회를 지속하였다.

게 묘사되어 왔으며(1993년과 1998년 Edwards, Gandini 및 Forman의 편저에서 Malaguzzi가 쓴 장을 참조), 몇 가지의 핵심원리를 중심으로 언급된다.

- 유아는 수많은 창의적, 지적, 소통적 잠재력을 지니며, 이러한 잠재력을 존중받고 육성될 기본권을 가진다. 유아와 성인의 상호작용은 강력할 수도, 무력할 수도 있는 "유아에 대한 이미지"를 반영한다.
- 학교는 관계의 체제이며, 유아의 행복은 교사와 가족의 행복에 달려있다.
- 교사가 유아를 가르치려고 할 때는 유아에 대해 배워야 하며, 불확실성은 협력적 탐구 과정에서 핵심에 해당한다.
- 유아교육기관이 유아, 교사, 가족 간 교류와 관계 형성의 중심으로 인식되는 것과 마찬가지로 교육 공간은 이를 이용하는 모든 사람들의 요구를 충족시켜 줘야 한다.

이런 원리들이 미국 유아교육자들에게 특별히 새롭거나 문제가 있는 것으로 여겨지지는 않겠지만, 레지오 에밀리아를 배우려는 "사람들"이 이탈리아 교실의 실제와 원리를 더 자세하고 깊게 탐구함에 따라 그들은 많은 미국 유아교실에서 볼 수 있는 신념과 실제를 분명히 뒤흔들어 줄 원리를 발견하였다. 이러한 논의는 그 도시 자치의 영유아센터(*asila nido*)와 유아학교(*scuola del' infanzia*)의 공통된 교육 실제와 특징을 나타냄으로써, 레지오 에밀리아의 철학적 기초에 대해 설명하고 있다. 이는 다음과 같다.

- 배움과 관계를 촉진하는 환경 이용
- 어린이들의 탐구와 "수많은 언어"에 기초한 프로젝트 교육과정
- 관찰, 연구, 지지의 의미로서의 기록작업
- 현재의 부모교육의 개념을 넘어선 부모와의 협력 관계

1) 환영하고, 양육하며, 지지하는 환경

레지오 에밀리아 자치 시 프로그램을 관찰한 사람들에게 가장 눈에 띄는 특징은 그 도시의 영유아센터와 유아학교에서 일하는 사람들에게도 중요하게 여겨진다. 이는 인류학자들이 '발달의 적소(developmental niche)' (Super & Harkness, 1986)라 부르는 기능을 하는 레지오 에밀리아 학교는 더 큰 공동체의 가치와 목표를 반영하고 촉진하는 학교 문화를 창조하기 위해 디자인된 많은 환경적 특징으로 설명된다. 예를 들면, 모든 이탈리아 시와 읍에 있는 중앙 광장(피아자)에서 유지되는 공동체 윤리는 어린이, 부모, 교사가 학교를 돌아다닐 때 반드시 가로질러야 하는 큰 중심 공간에 반영되

어 있다.

유아의 또 다른 '교사' 인 학교공간의 잠재성은 특히 교실에 들어설 때 분명해진다. 각각의 교실은 레지오 에밀리아 교육자들이 '메시지와 가능성' (Filippini, 1990)으로 묘사한 것들로 가득 차 있다. 기대하는 것처럼, 교실은 집단 모임, 극놀이, 크고 작은 구성 활동을 위한 공간으로 나누어진다. 소집단과 교사 주도 활동을 할 때는 교실 도처에 흩어진 유아에게 맞는 크기의 테이블을 이용할 수 있다. 교사와 유아가 방해받지 않고 장기간 프로젝트를 할 수 있는 교실에 인접한 미니 아뜰리에나 작은 작업공간을 비롯한 여타 특징들은 레지오 에밀리아에서만 볼 수 있는 독특한 것들이다. 타인과의 관계에서 갖는 자아감의 중요성에 대한 이탈리아 사람들의 신념을 반영하는 거울과, 그 외 표면에 반사되는 다른 물건들이 화장실과 복도 그리고 교실 곳곳에 위치하고 있다. 빛의 즐거움과 가능성은 빛상자와 조명 테이블을 자주 사용하는 것에서 분명히 드러나는데, 이 빛상자와 조명 테이블은 낙엽을 모아 전시하거나 그 외 발견한 물건 혹은 재료로 쓰일 얇은 종이를 배열할 때 사용된다. 대부분 교실에 있는 큰 창문은 주변에서 나는 소리뿐만 아니라 그림자와 햇빛이 교실에 들어오도록 열려져 있다.

환경은 또한 유아와 성인 간의 관계 형성에 중요한 원천이기에 성인과 유아들이 함께할 수 있도록 가구를 배치하고 정리한다. 유아들이 교실 반대편으로부터 다른 곳까지 부르고, 말하고, 몸짓으로 신호를 보내는 것을 가능하게 하는 '이야기 관' 과 투명한 통로를 통해, 교실 내부에 있는 유아들과 외부의 유아들이 서로 연결된다. 심지어 역할놀이 의상들도 새로운 관계형성을 끌어내는 방식으로 준비되고, 교실 밖에서 중심적 위치에 제공되기도 한다. 유아들은 가끔 다른 교실들을 방문하고 자기들의 프로젝트 작업을 교실 문을 넘어서 넓고 개방된 공간으로 펼쳐내 보인다. 눈에 보이는 모든 장소는 유아, 공간, 관계 사이에 대화를 가능하게 해주는 배려의 증거이다(Ceppi & Zini, 1998). 성인과의 관계도 중요하게 여겨지는데, 성인, 교사 및 유아의 관계는 특별한 이유 없이 시간을 보내기 위해 방문한 부모나 할머니들이 머무를 흔들의자와 같이 성인을 위한 가구를 중앙 공간과 교실 안에 조심스럽게 배열해 놓음으로써 촉진된다.

성인들을 배려한 이런 환경에서 교사는 부모들 간의 관계를 의도적으로 촉진시키는 기회를 만든다. 대부분의 이탈리아 유아교육 프로그램과 마찬가지로, 유아들의 초기 적응기간 동안 부모들은 기관에 머물도록 초대받는다.[9] 레지오에서 이는 새로운 환경에 대한 유아의 적응을 도와줄 뿐 아니라 부모들 간 성인의 친목 형성을 돕기 위

9) 이탈리아에서는 가정-학교의 초기 전이시기를 상당한 주의와 관심을 가지고 다룬다. 많은 공동체는 유아, 가족, 부모가 서로를 이해하기에 충분한 기회를 갖도록 독특한 방법들을 고안해왔다. 과도기에 대한 이탈리아적 접근에 대한 더 자세한 논의를 위해서는 Bove(1999)와 New(1999)를 참고한다.

심지어 화장실도 놀이와 사색을 위한 공간이 된다. 유아가 수도꼭지를 틀었을 때 색깔이 있는 물이 흐르는 이 튜브의 배열을 부모와 교사가 디자인하였다.

해서이다. 따라서 부모들은 교실에 인접한 작은 방에서 함께 커피를 마시고 또한 이 장소에서는 교실에서 이용될 교재가 만들어지기도 한다. 이러한 환경은 학교를 다니는 동안 부모와 교사 간의 관계뿐 아니라 여러 성인 간의 관계의 지원을 지속시킨다. 특히 유리 칸막이나 열린 유리창으로 둘러싸인 부엌은 요리사가 정오에 있을 점심 메뉴를 살짝 선보이는 등원시간에 유아와 부모가 종종 모이는 장소가 된다. 부모들의 저녁 모임을 때론 부엌에서 갖기도 하며 요리법을 서로 나누거나 유아에게 제공되는 음식을 시식할 수 있다. 교사와 직원 사이 관계는 매일 식사시간 동안 형성되는데, 이때 교사들은 교대로 식사를 준비해준 요리사와 함께 여유 있는 점심을 즐긴다. 교사가 일하는 공간 또한 편하고, 매혹적이며, 마음을 사로잡는 환경으로 디자인되어서 교사들이 유아가 낮잠을 자는 동안이나 귀가 후 함께 일하는 시간을 즐기도록 해준다. 이러한 관계 형성은 책임자인 원장이나 주임교사가 부재하여서 집단 의사결정이 요구되는 상황에서는 단지 가치로운 것일 뿐만 아니라 핵심적인 것이기도 하다.

레지오 에밀리아 유아교육 환경은 상업화된 만화, 비슷비슷한 가구와 원색으로 채워진 환경에 익숙한 방문객들에게 매혹적이지만 그것이 함축하는 의미는 분명하고 강렬하다. 즉, 목적을 지니면서 창조적으로 계획된 교실은 유아뿐 아니라 성인의 마음을 끌고, 격려하고, 매우 개별적인 장소가 될 수 있다. 이러한 환경적 특징의 결합은 학교가 관계의 체제라는 철학적 전제를 지지하고, 유아들과 그 가족을 위해 프로그램이나 서비스와 같은 용어로 설명될 수 없는 공간적 의미를 창조한다(Bruner, 1998). 공간에 대한 의미는 또한 레지오 에밀리아 자치 시 프로그램을 매우 강렬하게 만드는 또 다른 특징들을 만들어내는데, 유아교육과정에 대한 개념이 이에 해당한다.

2) 상징적 표상을 통한 협력적 탐구로서의 교육과정

대부분의 관찰자와 방문객에게 가장 중요하면서도 혼란을 주는 레지오 에밀리아 교육과정은 프로제따지오네(progettazione)라고 알려진 장기간의 프로젝트로, 순회 전시회에서 많이 전시되었다.[10)]

몇 달까지는 아니지만 때로는 수주간 걸쳐 진행되는 프로젝트의 복잡성, 그림이나 그 외 표상양식에 나타나는 유아들의 생각, 디자인과 이해 그리고 구성놀이에서 나타나는 광범위하고 협력적인 특성, 이 모두가 레지오 에밀리아 유아들이 특별한 재능이 있거나 잘 교육받았음을 말해준다. 그러나 레지오 유아들에게 도전이 되고 격려되는 이런 예들은 레지오 에밀리아 교실 일과의 일부에 불과하다. 이러한 것들은 의도적으로 조심스럽게 설계된 유아기학습 기회의 결과, 즉 다른 말로 유아교육과정을 나타낸다.

그러나 레지오 에밀리아 교육자들은 미국 교육자에게 익숙한 용어인 교육과정에 대해서는 좀처럼 이야기하지 않는다. 이는 곧 유아들이 소근육 기술을 발달시키거나 시간의 순서에 따라 이야기를 배열하는 법을 배우는 것과 같은 특별한 발달 혹은 학습의 가능성과 관련되는 구체적 목표나 목적이 없다는 것을 의미한다. 오히려 목표는 (1) 관계를 형성하고 (2) 협력하는 법을 배우고 (3) 생각과 표현의 다양성을 인정하는 것과 같이 문화적으로 가치 있는 것들이다. 이러한 목적은 아동 그리고(혹은) 성인의 관심을 끄는 개념에 대해 탐구함으로써 달성된다. 그림자는 어디에서 오는가, 적이 친구가 될 수 있을까, 비는 어떻게 만들어지는가와 같은 것들이 그 예가 될 수 있다. 이와 같이 레지오 에밀리아에서의 교육과정은 유아, 교사, 가족의 공유된 경험으로부터 발현된다(Rinaldi, 1993).

---

10) Loris Malaguzzi의 지도아래 레지오 에밀리아 교육자들은 자신들의 교육에 관한 두 개의 순회 전시회를 정교하게 개최하였다. '시야가 벽을 뛰어넘었을 때(L' Occchio se Salta il Muro)'는 1981년 유럽에서 처음 열렸으며 계속해서 전 세계를 순회하여 가장 최근에는 라틴 아메리카에서 열렸다. 또 다른 전시회는 일본을 위해 기획되었지만 전시의 3분의 1이 최근 호주에서 순회 전시되고 있다. 이 전시회는 1987년 이래로 미국을 순회하고 있었던 영어판(어린이의 수백 가지 언어)에 추가되었다. 전시회 스케줄에 대한 정보는 오하이오의 Dayton Art Institute의 큐레이터인 Pam Houk에게 연락하면 알 수 있다.

레지오 에밀리아 교사는 유아들의 매체에 대한 탐색을 촉진시키고 다양한 소통의 방법을 실험하고, 가설을 검증하고 유아들의 다양한 관점을 논하며 협상하기 위해 유아들의 질문과 호기심을 활용한다. 프로제따지오네로 묘사되는 교육과정에 포함된 이러한 탐색에서, 레지오 에밀리아 교사들은 유아가 그들을 둘러싼 세계에 참여하기 위한 노력을 지원할 여건을 만들며, 그날의 사건을 이해하고 자신의 해석을 추가할 수 있는 여건을 조성한다. 시장 견학은 어린이들이 이전에 잘 모르던 사잇길, 건물, 상인들을 발견함으로써 지도 만들기와 새로운 관계의 발달을 이끌면서 그 도시 지역에 대한 장기적 탐구의 첫 단계가 될 수 있다. 교사는 유아가 호기심과 흥미를 전해주길 반드시 기다려야 하는 것은 아니다. 오히려 그들을 주의 깊게 관찰하고, 유아들의 대화 내용에 주의를 기울이면서 놀이하는 유아들을 기록한다. 그 다음엔 소집단(4~5명) 혹은 반 전체의 유아들과 두 명의 교사 중 한 명이 같이 하여 그 다음날로 이어질 학습을 위해 어떻게 최선으로 준비할지에 대한 결정의 일부로서 다른 반의 교사들과 학부모들과 이야기한다. 이러한 수많은 프로제따지오네는 수리적 지식과 수학적 기능 활용을 수반하는데, 이것은 우연히 이루어지는 것이 아니다. 보통 이러한 것들은 유아 협력활동의 목적이라기보다는 수단으로 여겨진다.[11)]

이런 문제중심 교육과정의 출발점을 알아차리는 것이 힘들기는 하지만 항상 우선적으로 유아들이 자신의 궁금증을 해결하고자 하는 방향을 이해하는 것이 목적이다. 그 다음으로는 새로운 아이디어와 가능성을 구체화한 초기 가설에 대한 반응으로서 진행 중인 탐구와 문제해결을 위한 유아들의 노력을 도와주는 것이다. 이 교육과정 실제는 "유아들이 자신이 가진 기능과 능력을 활용할 수 있게 해야 한다" (Rinaldi, 2003, p. 1)는 교육과정에 대한 레지오 에밀리아의 기본적인 원리를 반영하고 있다. 이러한 교육과정 해석은 유아에 대한 근본적 이미지에 대한 레지오 에밀리아 접근법의 기본 원리에 대한 직접적인 반응이다. 어린이들이 독특하며, 힘 있고, 가능성으로 가득한, 자신의 이야기 속에 주인공이 될 권리를 가지고 태어난 존재로 여겨지는 맥락에서 유아들을 돌보는 성인은 아이들과 함께 작업하는 출발점으로서 이들의 자질을 활용한다. 이런 교육은 최근 레지오 에밀리아 교육자들에 의해 '귀 기울임의 교육' 으로 묘사되어 왔다. 만약 유아에 대한 이미지를 유아의 주의 집중은 제한적이며, 유아는 초등학교 준비를 위해 유아학교를 다닌다거나 유아는 성인들에 의해 채워지는 빈 병으로 본다면 성인이 출발선 상에서 유아에게 귀 기울이고 관찰할 가능성은 낮다.

---

11) 교실에서 가장 소중한 탁자를 다시 만들려는 시도에서 이루어진 유아들의 수학적 탐색에 관한 프로젝트를 예로 들 수 있다. 이 프로젝트는 주의 깊게 기록되고 결국에는 '신발과 미터(Scarpe e metro)' 라는 이름으로 Reggio Children에 의해 출판되었다. 이 작은 출판물과 다른 프로젝트에 관한 출판물은 Reggio Children(Washington, DC 20005-3105)을 통해 구입할 수 있다.

레지오 에밀리아의 프로제따지오네의 가장 명확한 특징 중 하나는 유아들의 협력 작업과 관련된 창의적 탐색과 상징적 표상의 수준이다. 어린이들의 사회 관계를 촉진하는 집단 학습의 강조를 넘어서, 레지오 에밀리아 교육자들은 유아가 자신들이 이해한 것을 나눌 필요성을 느끼도록 의도적으로 환경을 조성한다. 따라서 교사들은 유아에게 그리기를 통해 자기 생각을 설명하도록 요청하고, 다른 사람들이 문제 해결의 중요한 단계를 마음으로 그릴 수 있도록 도와주기 위해 모형이나 설계를 만들어 눈에 보이는 가설을 만들도록 요구한다. 유아는 자신이 이해한 것을 다른 사람들과 나눔으로써 종종 자기 아이디어를 다시 생각하거나 수정하도록 자극받는다. 유아들이 지식을 구성하는 데 중심이 되는 이러한 표상과 탐색의 순서는 출판물(Forman & Fyfe, 1998 참조)과 비디오 테이프에 기술되어 있다.[12)]

'천만에요. 백 가지가 있어요.(No way, Hundred is there)'

어린이는 백 가지로 이루어져 있습니다.
어린이는
백 가지의 언어
백 가지의 손
백 가지의 생각
백 가지의 생각하는 방법
놀이하고, 말하는 방법으로
백 가지의
항상 백 가지의 귀 기울여 듣는 방법
감탄하고 사랑하는 방법
노래하고 이해하는 것에 대한
백 가지의 기쁨
발견해 나갈
백 가지의 세상
고안해 낼
백가지의 세계
꿈꿀
백 가지의 세상을

12) 레지오 에밀리아 프로제따지오네에 대한 비디오 목록은 Reggio Children(2460 16th St. NW., Washington, DC 20005-3105)에서 구할 수 있다.

어린이는 백 가지의 언어를 가지고 있습니다.
(그리고 수백 가지 수백 가지 수백 가지 더 많이)
그렇지만 사람들은 아흔아홉 가지를 훔쳐가 버립니다.
학교와 문화는
몸과 머리를 따로 떼어 놓습니다.
사람들은 어린이에게 말합니다.
손을 쓰지 말고 생각해라
머리를 쓰지 말고 행하라
듣기만 하고 말은 하지 말라
기쁨은 느끼지 말고 이해하라
부활절이나 성탄절에만
사랑하고 감탄하라고.
사람들은 어린이에게 말합니다.
이미 만들어져 있는 세상을 발견하라.
그리고 백 가지 세상 중에서
아흔아홉 가지는 훔쳐가 버립니다.
사람들은 어린이에게 말합니다.
작업과 놀이
실제와 환상
과학과 상상
하늘과 땅
논리와 꿈
이런 것들은
서로 섞일 수 없는 것들이라고.
그러고 나서 사람들은 어린이에게
백 가지가 있는 것이 아니라고 말합니다.
어린이는 말합니다:
천만에요. 백 가지가 있어요.

Loris Malaguzzi[13)]

---

13) 역주: L. Malaguzzi의 "천만에요. 백 가지가 있어요."는 C. Edwards, L. Gandini와 G. Forman(1998)에 의해 편저된 「어린이들의 수많은 언어: 레지오 에밀리아의 유아교육」에 수록되어 있다.

교사들은 유아 스스로 탐구하고 공유하고, 또 이해한 바를 반성하는 데 있어 다양한 수단을 제공하는 이성적 근거로서 Malaguzzi의 '어린이들의 수백 가지 언어'를 자주 인용한다. 따라서 둘씩 한 조로 하여 유아들이 바람에 흔들리는 나무에 대한 이해를 한 명은 찰흙으로 다른 한 명은 끝이 뾰족한 펜으로 나타낼 수도 있다. 유아들이 다양한 재료로 나타낸 세부를 비교하듯이, 유아들은 서로의 경험과 이해를 비교할 수 있다. 그리고 결국에는 각 유아가 배운 최상의 것을 드러내는 각양각색의 표상을 통해서 유아들은 새로운 지식을 같이 구성한다. 어떤 관찰자는 이러한 유아들의 프로젝트 작업을 미술 활동이라고 생각하는 데 반하여, Malaguzzi는 창의성이란 분리된 정신 능력이 아니라 오히려 '생각하고, 알아가고, 의사 결정하는 독특한 방법'이라고 굳게 믿었다. 이처럼, 그는 유아의 창의적 잠재력 발달을 다른 교육과정의 목적 및 활동과 분리될 수 없는 것으로 여겼다. 창의성과 지능의 관계에 대한 그의 이론은 교사와 가깝게 함께 일하면서 유아의 상징 언어 발달을 발견하고 촉진하며, 찰흙 만들기, 그리기, 물감 칠하기, 그림자 놀이하기 및 크고 작은 구성 활동하기를 통해 다양한 유형의 매체를 탐색할 기회를 매일 제공하는 아뜰리에리스타(예술 교육자)의 고용에서 찾아볼 수 있다. 여기서 구성활동은 미국의 유아교육 기관에서 흔히 볼 수 있는 전형적인 짧은 시간의 블록놀이 이상의 것이다. 이런 활동에서 유아는 아뜰리에리스타의 도움을 받으며, 긴 시간 동안 소집단으로 공동 프로젝트 작업을 할 수 있는 분리된 아뜰리에 혹은 스튜디오 공간을 활용하면서 더 도움을 받고 있다(Gandini, Hill, Cadwell, & Schwall, 2005).

(1) 현실에 기반한 교육과정 위험 감수하기

레지오 에밀리아 프로제따지오네의 또 다른 특징은 현실세계로부터 아이들을 보호하는 성인의 역할에 대한 문화적 차이와 관련있다. 예를 들면, 미국 중류계층의 가치와 달리 일반적으로 이탈리아 문화에서 유아는 성인의 활동이나 대화에 자주 참여하며, 벌거벗고 있는 것에 대해 크게 제재받지 않고, 성적인 표현과 정보를 비교적 쉽게 접하며, 닭고기를 저녁으로 먹기 전에 누군가 닭을 잡아야 한다는 사실을 잘 알고 있다. 그렇다면 레지오 에밀리아 학교에서 볼 수 있는 많은 프로제따지오네는 물리적, 사회적 세계(그림자의 본질은 무엇인가? 왜 그렇게 많은 군중이 거기 있는 걸까?)나 실제적 가정(왜 새들을 위한 놀이공원을 짓지 않을까? 운동회를 하자!)에 관한 유아들의 호기심에 바탕을 두고 있는데 이는 미국 유아교실에서도 할 수 있는 것인 반면에, 그 외 주제들은 미국 유아교사가 실행할 가능성이 낮다. 레지오 에밀리아 교실에서 볼 수 있는 이런 주제들은 유아 자신을 둘러싼 세계에 대한 두려움이나 통찰력뿐 아니라 철학적 딜레마도 들어있다(적이 친구가 될 수 있을까? 사랑은 무엇인가? 신은 누구인가?). 여기에는 성에 대한 관점, 아동 권리에 대한 자신들의 생각, 중동의 지속적 분쟁 동안의 자기 자신과 군인에 대한 두려움이 해당된다. 이러한 프로젝트는 미국에서는 좀처럼 드물지만, 이탈리아에서는 흔히 이루어지는 것이며, 협력적 탐구에 참여하는 유아와 교사들은 너무 바빠서 지루할 틈이 없다.[14)]

프로제따지오네에 대한 이러한 설명은 레지오 에밀리아 교실에서 유아들이 물리학이나 철학에 대한 장기간의 협력적 탐구에 몰두하는 데 대부분의 시간을 보내고 있다는 것을 나타내지는 않는다. 사실 유아들은 기관에서 하루 대부분을 대소근육 활동뿐 아니라 사회적 역할놀이나 구성 놀이 등 여러 가지 활동을 하며 보낸다. 교실은 인형, 소꿉놀이 소품 및 양질의 유아교육 환경에서 주로 볼 수 있는 여러 놀잇감뿐만 아니라 다양한 크기의 블록, 퍼즐, 점토와 그 밖의 조작 교구들로 가득 차 있다. 이런 재료 활용의 차이는 유아가 참여하는 방법에 있지 않다. 그보다 교사가 유아의 대화와 활동을 관찰, 경청, 기록하는 시간을 활용하는 방법과 이어서 이런 결과로 얻은 통찰을 장기 프로젝트를 계획하는 데 쓰는 방법에 그 차이가 있다. 교사의 이런 역할은 어린이에게 중점을 둘 뿐 아니라 어린 유아들과 함께하는 레지오 에밀리아의 작업에 대한 세 번째 특징으로 연결된다.

3) 연구, 반성 및 관계를 위한 도구로서 기록작업

레지오 에밀리아 관련자들은 그들의 작업을 이해하는 결정적 요소는 기록작업 과정이라고 이야기하곤 한다. Malaguzzi의 지도하에 레지오 에밀리아 교사는 Dewey의 접근법을 의식적으로 채택하여 과학적 조사 방법과 유아의 사회적, 지적 능력에 대한 가설 설정, 이러한 가설을 검증하기 위한 실험 조건의 조성 및 유아의 활동물과 유아와 성인의 대화 전사본에 대한 체계적 수집을 받아들였다. 때로는 부모나 다른 학교의 교사와, 때로는 아뜰리에리스타와 함께 교사는 자료를 분석하고 새로운 가설을 세운다. 가설은 프로제따지오네가 진행됨에 따라 유아의 학습을 특징짓는 것과 놀랄 만큼 유사하게 변해간다. 프로젝트와 연결된 유아들의 숙고된 소통을 위한 노력은 상징 언어의 항목에 들어있고, 교사는 이런 과정을 기록하여 촉진한다.

(1) 교사 연구 지원으로서 기록작업

레지오 에밀리아의 운영가, 교사, 부모는 과거 35년 동안 협력적 실행연구(collabora-

---

14) 교육과정 내용을 둘러싼 사회문화적 맥락을 이용하는 데 있어 레지오 에밀리아가 유일한 것은 아니다. Naples 유아학교의 와인 만들기 프로젝트에서는 부모와 조부모들이 교사와 함께 작업하며 유아들이 그 지역의 전통에 친숙해지도록 했다(New, 1999).

tive action research)에 참여해 왔다. 이는 자신의 교실과 공동체 내에서 이루어진 연구이다. 이러한 연구의 기본 목적은 다양한 형태의 소통과 인지 발달을 촉진하기 위한 학습 경험과 환경을 설계하기 위하여 유아를 더 잘 이해하는 것이다. 이러한 맥락에서 레지오 에밀리아 교사는 사회적 · 신체적 영역 모두에서 유아 행동과 이해를 주의 깊게 관찰하고 기록함으로써 예술과 과학을 조율한다. 유아들이 능동적 상호작용과, 장기 및 단기 프로젝트를 통해 학습함에 따라 교사는 독립된 존재로서, 그리고 집단의 구성원으로서의 유아에 대해 배운다. 교사는 일상적으로 이러한 관찰의 중요성에 대해 토론하고, 유아의 의미 생성과 관련된 과정뿐 아니라 유아들의 현재 이해에 대한 질문과 가설을 만들어 나간다. 앞서 설명한 것처럼, 프로제따지오네와 관계된 많은 질문 혹은 계획이 유아의 활동으로부터 나온다. 교사는 또한 자신이 유아에게 제안한 계획에 기초하여 탐구를 시작하게 할 수도 있다. 교사의 이러한 촉진자로서의 역할은 교실과 공동체에서 일어나고 있는(혹은 일어나고 있지 않는) 일을 관찰하고 기록하는 것을 기반으로 한다(New, 1990). 이러한 기록 활용은 교사나 부모가 유아의 발달과 학습에 대해 가질 수 있는 질문을 하도록 만든다. 레지오 에밀리아 교육과정 프로젝트에 대해 이전에 언급된 유형(실제적 아이디어, 세상에 대한 질문, 철학적 탐구)은 한편으로 유아를 둘러싼 세계에 관해 유아들이 키워가는 생각에 관한 성인의 가설에 근거하기도 한다. 따라서 기록작업은 교사가 배움을 얻는 "교육과정 투사해 보기"에 필요한 핵심적 도구이다.

(2) 유아를 위한 반성의 한 형태로서의 기록작업

교사의 지속적 기록작업 노력으로 혜택을 보는 것은 교사뿐만이 아니다. 레지오 에밀리아 교실 벽은 유아들이 학교에서 한 경험, 특히 장기 프로젝트 참여 과정과 양질의 결과물이 그 증거로 채워진다. 아이들이 완성한 결과물과 대화의 예는 작업 중에 있는 유아들의 사진 속 이미지와 함께 자주 활용되며, 이에 대해서는 앞부분에서 설명하였다. 이러한 전시는 유아가 한층 더 정교하고 세련되어진 기술과 지식을 발달시킴에 따라 이전 능력과 이해력을 반성해보는 기회를 제공해준다. 전시는 또는 진행중이거나 최근 완성된 활동뿐 아니라 지난해의 것도 있어서, 특정한 사건이나 유아에 대한 질문을 끌어내기도 한다. 이런 방식으로 기록작업은 작년 작품과 유아, 교사, 가족의 이미지를 통해서 새로 올 학생들의 학교 역사 자체에 대한 관심을 나타내고 촉진시킨다. 또한 환경 이곳저곳에 걸쳐 전시된 기록작업 결과물에는 교사와 유아에 의해 완성된 작품에 대한 지지와 이러한 경험에 대해 알고 참여할 부모의 권리에 대한 옹호가 내재되어 있다.

(3) 가족과 공동체를 연결하고 어린 유아를 지지하기 위한 수단으로서의 기록작업

Pistoia 시와 San Miniato 시의 교사와 마찬가지로 레지오 에밀리아 유아교육자는 일반적으로 유아교육에서 공동체 사이의 더 나은 이해와 더 많은 관심을 촉진하는 것뿐 아니라 부모 관계를 촉진하는 수단으로서 기록작업의 가능성을 탐색하는 데 수십 년을 보냈다. 어디를 가든 아이들의 작업과 이에 대한 교사의 존중을 보여주는 증거가 있다. 사진, 대화 전사본, 다양한 장단기 프로젝트의 목적과 결과에 대한 교사의 설명은 유아들의 협력 활동의 결과물을 더욱 돋보이게 한다. 이런 환경적 특징은 종합적으로 이런 학습 환경을 특징짓는 활동에 대해 더 많이 배울 수 있도록 초대할 뿐 아니라 환영의 메시지를 전달한다. 기록작업은 또한 유아들의 역량의 질과 발달을 지원하고 영감을 불어넣는 맥락에 관심을 가지게 한다. 유아들의 지식 구성 과정에 관련된 교사의 설명을 읽고 유아 활동에 대한 수많은 시각적 이미지를 봄으로써, 부모와 지역사회 지도자들은 학교 환경이 지원하는 것처럼 유아 발달에 대하여 배울 수 있다. 이러한 의미에서 기록작업은 유아와 프로그램을 지원하는 역할을 한다. 유아가 도시 곳곳을 탐색하는 최근 프로젝트 Reggio Tutta는 유아가 자기가 살고 있는 도시와 연결되게 도와주고 도시가 유아를 중점적으로 고려하도록 해주는 데 있어 기록작업의 역할을 보여준다(Bruner, 2002). 이러한 교육적 기록작업은 세심하고 의도된 계획과 의사결정을 지원하는 것으로서 형성적(프로젝트 진행중)임과 동시에 프로젝트에 대한 이야기를 전시하고 프로젝트에 함께 관여한 유아와 교사가 무엇을 배웠는가를 눈으로 볼 수 있게 하기 위한 의사소통의 도구로서 총괄적(프로젝트의 마지막)이다(Ranaldi, 2006).

기록작업은 또한 개별 유아의 학습과 발달과정에 대한 부모의 이해를 도와준다. 미국의 많은 전형적 유아교육 프로그램들이 평가 결과를 제공한다면, 레지오 에밀리아나 비슷한 생각을 가진 다른 공동체에서는 부모들이 '자녀에 대한 일상생활과 과정에 대한 광범위하며 서술적으로 묘사된 정보를 제공받고 최종 결과물과 공연을 함께 나눈다' (Carolyn Edwards, 개인면담, April 2002). 기록작업은 '포트폴리오나 그 외에 사용되는 유아 개인 활동과 집단 활동의 결과물' 과 더불어 이러한 서술적 묘사에 사용되는 자료들을 제공한다. '포트폴리오와 결과물 일부가 전시되고 그 외는 방학기간이나 다른 학년으로의 전환하는 기간(시기)에 집으로 보내진다.' (Edwards, 2002). 이탈리아의 수많은 다른 자치 시 프로그램의 교사와 마찬가지로(Gandisni & Edwards, 2001), 교사는 영유아센터와 유아학교에서의 유아 경험으로부터 나온 예와 이야기로 *diario*(Memory book)를 준비한다. 부모와 교사 간에 공유된 이해를 촉진시키기 위한 기록의 활용은 레지오 에밀리아 프로그램의 성공을 이끈 핵심적 구성요소 중 하나이다. 이 도시의 유아교육 서비스를 설계하고 지속시키는 핵심은 *parte-*

cipazione (참여, 혹은 시민 참여)의 개념이다.

4) 부모 교육이 아닌 부모 참여

부모 참여는 유아와 가족이 함께하는 레지오 에밀리아의 작업에 관한 요소 중 아마도 외부인들에게는 가장 적게 눈에 띌 개념일 테지만, 그 철학과 실제 그리고 30년의 성공 이야기의 가장 중심에 자리하고 있다. 레지오 에밀리아는 성인 협력을 중시하는 문화적 가치에 기반을 두고, 높은 수준의 시민참여(partecrpazione)로 유명한 지역적 특성과 조화를 이루어 유아교육기관에서의 부모 참여와 지역 공동체 참여를 지원하는 국가적 가이드와 구현 실제를 확립하는 데 주도적 역할을 수행하고 있다.

본래 노동 시장을 위해 개발되었던 *gestione sociale*(사회 운영) 개념은 지역의 보육시설 운영에 직접 참여할 수 있는 부모의 핵심적 권리를 전제로 한다. 자치 시 유아교육 프로그램이 있는 대부분의 이탈리아 도시에서 사회 운영에 대한 개념은 다양한 형태의 부모-교사-시민 자문 협의회로 나타난다(New & Mallory, 2005). 레지오 에밀리아는 유아교육 서비스에 가족의 협력적 참여를 촉진시키는 구체적인 방법을 고안하기 위해 자문협의회의 일반적 원리를 한층 더 세분화시켰다(New, Mallory, & Mantovani, 2000).

가족 참여의 중요성은 학교는 '관계의 체제' 라는 철학적 전제와 직접 연결된다. 하지만 레지오 에밀리아에서의 부모참여는 부모가 환영받도록 느끼게 하고 학교환경의 일부로 포함되는 것을 보장하는 것보다 훨씬 더 많은 것을 의미한다. 레지오 에밀리아에서의 참여는 부모와 시민이 교육의 과정과 목적에 아주 밀접하게 참여하는 것을 의미한다. 이는 교육 서비스 실행에 시민들(부모 대부분)이 적극적으로 공헌하도록 하는 가능성" 을 제공하려는 의도이며, 부모들은 자신들의 잠재력과 책임을 전가하지 않게 된다(Spaggiari, 1991, p. 112 [이탈리아어로부터 번역됨]).

참여의 개념은 이상적인 것보다 더 큰 의미이며, 부모와 신뢰적이고 호혜적인 관계를 쌓는 것을 목적으로 하는 다양한 실제적 의미를 가진다. 공식적 자문회의(시민과 부모 대표자를 포함)에 덧붙여 부모와 시민이 이탈리아 사람들이 말하는 '공동 지도자' 로서 역할할 기회를 갖도록 하기 위해 다양한 방법이 고안되어 왔다(Spaggiari, 1998). 예를 들어, 각 학급은 그 집단의 특정한 행사와 관련된 정기적 개별 및 반 전체 모임을 가지며, 특정 관심 주제에 대해 논의하기 위해 부모와 교사 간 소집단 모임을 가진다. 부모와 조부모 집단은 가끔 요리사와 함께하는 저녁 요리교실에 초대받기도 하고, 학교를 위해 무언가를 만들기 위해 주말에 초대받기도 한다. 학교 전체 모임은 교육적 이슈(예: 과학기술의 역할)나 아동 발달에 대한 주제(예: 조부모의 변화하는 역할), 혹은 예산 문제와 관련된 이슈에 초점이 맞춰지기도 한다. 이러한 모임 대부분이 의제를 알리기 위해 교사가 자료를 나누어주는 반면에, 그 외 모임에서는 초청 강연자를 불러오기도 한다. 부모와 더 큰 규모의 지역공동체 모임은 그 중요성을 입증하기 위해서 그리고 참여하지 못한 사람들이 일어난 내용을 알 수 있도록 기록을 한다.

부모, 교사, 다른 시민들이 어린이의 학습을 위한 이해와 책임에 대해 논의하는 회의와 더불어, 유아들의 장기 프로젝트 작업은 종결 행사들로 막을 내린다. 모든 프로젝트가 다 그런 것은 아니지만 모든 레지오 에밀리아 학교에서는 가족과 지역주민들을 초대하여 그 해 동안 유아들이 만든 작품에 대해 이야기를 나누고 축하하는 특별행사를 가진다. 이렇게 다양한 방법들은 가정-학교의 호혜적인 관계 발달과 지역사회 참여 촉진을 위해 마련되었다. 이러한 방법이 성공적이라는 것은 이러한 행사의 특징인 높은 수준의 참여에서 드러난다. 성공은 지난 40년 이상 성공적으로 운영되어 온 레지오 에밀리아의 유아교육서비스의 질과 지속성에서도 나타난다.

유아뿐 아니라 성인과의 관계를 구축하는 학교 환경 조성, 교사와 유아의 협력 탐구을 위한 촉매로서의 교육과정에 대한 해석, 가족 및 공동체 구성원과 지속적인 의사소통과 교류을 보장하는 참여는 레지오 에밀리아가 단순한 유아교육의 접근법 이상이라는 것을 의미한다. 오히려 이러한 원리와 관련된 교육 실제의 집합은 민주적 공동체에서 살며 공헌하는 것이 무엇을 의미하는가에 대한 정치적, 철학적, 문화적 관점과 태도를 반영한다(New, 1998). 레지오 에밀리아의 역사, 문화 및 정책에 관한 특수성은 미국 유아교육자들이 에밀리아 자치 시의 프로그램의 다양한 측면들을 자신들의 상황에 통합시킬 수 있다고 경솔하게 가정하는 것이 위험하다는 것을 보여준다. 그러나 미국의 수많은 교사와 교사교육자는 이미 그렇게 해 왔다. 다음에 이어지는 논의는 미국의 레지오 에밀리아 접근법이 고유한 맥락에서 나름대로의 방식으로 이어지고 있음을 의미한다.

3. 레지오 에밀리아가 미국 유아교육에 미친 영향: 오하이오 사례연구

미국에서 일어나고 있는 REA에 영감을 받은 담론과 협력이 현재와 미래에 미치는 잠재적 영향에 대해 정확히 설명하는 것은 쉬운 일이 아니다. 한때는 이탈리아를 여행할 만큼 운이 좋았던 사람들에게 이국적인 참고자료로 간주되었던 레지오 에밀리아는 본 저서에 포함된 것, 그리고 미국 및 세계[14]의 최신 유아교육 문헌에 많은 관련 문헌이 인용되는 것이 증명하듯이, 현재 전문 서적에서 주요한 교육과정 접근법으로 평가되고 있다. 레지오 에밀리아는 NAEYC의 학술대회 시에 자체 분과가 있으며, 다양한 이메일 토론시스템과 연구 모임, 정기 회보와 매 해의 대표파견 및 수십 개의 인터넷 참고 사이트를 가지고 있다. 이렇게 널리 보급된 결과로 현재 수많은 교사와 교사교육자들은 REA를 이해하고, 미국 교육에 적용시키기 위해 힘쓰고 있다. 여기에는 드물기는 하지만 초등학교(New, 2003)와 중학교(Hill, 2002)도 포함된다. 50개 주 중에서 37개 주가 레지오 에밀리아 작업에 대한 전제를 탐구하는 데 관심이 있는 사람들과 교사들을 연결해주는 연결망을 가지고 있다. Chicago, St. Paul, Boulder, St. Louis, Columbus, Santa Monica, Miami, Atlanta, San Francisco에 있는 유아교사들은 워싱턴 DC에 있는 세계은행 아동센터(World Bank Children' s Center)처럼, 현재 레지오 에밀리아 교육자와 직접 협력하고 있다(New, 2002). 거대한 수준의 관심과 열정을 일으킨 것 이외에 레지오 에밀리아는 미국 유아교육에 어떤 영향을 미쳤는가? 미국 환경에서 이러한 교육 원리를 해석하고 활용하면서 어떤 복잡성과 어려움을 경험했는가?

레지오 에밀리아에서 미국 방문객이 본 것은 경이로움 이상의 것으로서, 많은 사람들은 그 교육을 어떻게 이해해야만 하는가를 고민하는 데서 시작했다. 어떤 사람들은 자신의 환경에서 이를 그대로 충실하게 따라할 수 있도록 충분히 깊이 있게 레지오 에밀리아 교육을 이해하기 위한 탐구로 발전시켰다. 이러한 프로그램들은 미국에서 '준거점' 이 되었고, 레지오 에밀리아 사람들로부터 국내 자문을 받았으며, 이를 레지오 프로그램으로 선전하는 '축복' 도 받았다(예: 오하이오 주의 Columbus 시의 Columbus School for Girls와 미주리 주의 St. Louis 시의 St. Michael' s School). 또 다른 교육자들은 직접 모방하는 것을 의식적으로 피하였고, 대신 '레지오에서 영감을 얻은(Reggio-inspired)' 교육이라는 용어를 선택하였다. 이들은 원칙을 탐구하고, 자신들의 지역 상황에 맞는 방법으로 이를 적용시켰다(예: Virginia Tech University, Ohio State University). 미국 유아 교사교육자는 다양한 미국 대학에서 REA 원리를 어떻게 교사교육 작업에 적용할 것인가에 대해 서로 이야기하기 시작하였다. 사실, 대학의 교사교육자 교육의 한 집단(University of Vermont)은 '레지오에 영감을 얻은 교사교육자들(RITE: Reggio Inspired Teacher Educators)' 이라는 이름으로 함께 협력하고 있다.

14) 영국에서 커지고 있는 레지오 에밀리아의 영향력에 대한 논의는 Abbott & Nutbrown, 2001을 참고.

1) 친근한 공간의 교수 잠재성

초창기에 레지오 에밀리아 교실에 연구 견학(study tour)을 다녀온 직후에 미국 방문객들은 종종 이탈리아에서 그들이 본 것과 비슷하게 물리적 환경을 재디자인하려고 하였다. 그러나, 이탈리아 교육자들이 빠르게 지적하기를, 레지오 에밀리아의 교실 각각은 비슷한 원리, 예를 들자면 투명함, 친근함, 조명을 염두에 두고 탐구가 일어나도록 디자인되는 반면에, 각 교실은 기관에 따라 거기에 살고 있는 사람들과 건물의 지역적 맥락을 반영하여 독특한 디자인과 정체성을 갖는다는 것이다. 예를 들어, 전원 환경의 학교는 넓게 열린 초록 공간을 반영하는 반면에 도시의 중심에 있는 학교는 분주함과 도시 환경을 반영하게 된다. 레지오 에밀리아 환경을 배우고자 하는 미국인들은 실제로 테이블을 옮기거나 새로운 것을 구입하기 전에 자신의 정체성 반영과 더불어 어떻게 교실 디자인에 이를 반영하기를 원하는지 고려하게 한다. 교실에 올리브 오일 병이나 테라코타 접시가 있을 필요는 없지만 그 곳에 사는 사람들의 진정한 문화적 유산은 포함될 필요가 있다. 이탈리아 교육자는 항상 "왜 이 테이블로 하지?" "왜 여기에 놓았지?" 와 같은 질문들로 시작한다.

2) 유아의 사고와 학습 드러내기

서론에 요약된 것처럼, 레지오 에밀리아는 유아의 역량에 대한 미국적 관점을 확장시키는 데 중요한 역할을 하였고, 그 결과 발달에 적합한 실제 개념도 확장시켰다. 이러한 영향의 많은 부분은 유아가 성인이 기대하는 것 이상으로 자신의 생각을 이론화하고, 의미를 만들고, 기초적 도구를 사용한다는 것을 보여준 전시회의 성공으로 인해서 이루어졌으며, 이는 유아의 학습과 발달에 대한 현대이론에 도전하는 것이었다. 이미 Piaget 이론에 너무 지나치게 의존하는 것에 대한 비판과 활동중심 및 유아중심 유아교육과정의 해석에 대한 비판이 이루어지고 있었으며, 유아교사 교육자와 NAEYC 지도자들 중 상당수가 유아 학습에 대해 더 발전된 개념적 이해를 보여주는 레지오 에밀리아를 환영했다. 유아가 어떻게 학습하는지에 대한 레지오 에밀리아의 수많은 원리가 근접발달영역(ZPD)의 이론적 구성과 연결되는데, 이는 사회문화적 이론의 중심을 이루는 Vygotsky의 이론으로, 우리가 어떻게 교육적 변화를 개념화하고 경험할지에 대해 주요한 제언을 하고 있다(New, 1998). 예를 들어, 레지오 에밀리아의 프로제따지오네는 사회적 과정과 인지적 과정 사이의 상호작용에 대한 수많은 주목할 만한 실례를 제공한다. 유아 학습에 대한 이론적 해석에서 패러다임의 변화를 경험한 것은 학자만이 아니다. 레지오 에밀리아 교육 방식에 대해 보고 학습한 결과로, 교사들도 유아들이 어떻게 배우는가에 대한 질문에 매혹되어 갔다.

레지오 에밀리아의 실제 예들은, 'Piaget 이론이 모든 것을 설명하지는 않는다는 것을 이 분야에 이해시키는 데 기여했다' (John Nimmo, 개인면담, 2002)고 풀이된다. 특히, 3~4세처럼 어린 이탈리아 유아들이 몇 주에서 몇 달이 넘는 기간 동안 교사와 공동 구성하는 프로젝트에 전념하는 정도는 유아교육자들이 교사 주도와 유아 주도적 학습 사이의 이분법적인 구분에 대해 다시 생각하게 하는 강력한 자극이 되었다. 엄격한 학문적 용어보다는 매혹적인 사진과 삽화로 설명되기 때문에 이러한 이론적 식견은 많은 교사와 교사교육자가 교육 실제를 안내하고 개선시킬 수 있는 현대의 Vygotsky 이론과 Neo-Vygotsky 이론(예: Rogoff, 1990)을 더 주의 깊게 보게 한다. 레지오 에밀리아 교사들이 유아의 질문에 주의 깊게 귀 기울이고 함께 생각해볼 높은 수준의 새로운 문제를 발견해 나가는 것에 대해 보고 읽는 것은 미국 교육자들이 준비도를 새로운 용어인 "zoped"나 근접발달영역의 관점으로 다시 생각해 보도록 돕는다 (Brown & Ferrera, 1985). 이것은 아는 것과 알고자 하는 것 사이의 역동적 긴장상태로 특징지어진다. 수많은 출판물들이 이론을 실제로 연결 짓는 예로서, 레지오 에밀리아와 구성주의 및 사회적 구성주의를 연결시켰고(New, 1998) 장애유아와 일반유아 모두에게 적용시켰다(Mallory & New, 1994).

레지오 에밀리아가 이론에 미친 영향은 인지발달의 관점에만 국한되지 않는다. 레지오 에밀리아 프로젝트에의 성공적 참여를 위한 필수요소로서 "유아의 평안과 안전에 대한 요구에도 관심을 갖는다" (Carolyn Edwards, 개인면담, 2002). 유아의 정서적 안녕과 인지 발달 사이의 관계는 '새로운 뇌 연구와 더불어 애착에 대해 우리가 아는 바와 부합한다' (Carolyn Edwards, 개인면담, April 2002). 그리고 유아의 학습과정에 대한 이론적 관념 이상으로 레지오 에밀리아는 유아 학습의 내용과 결과에 대한 우리의 이해와 기대에도 이의를 제기한다. 유아들의 대화와 구성물에 대한 기록에도 나타났듯이, 레지오 에밀리아 교육자는 우리의 이론적 이해에서의 한계가 유아교육 환경에서 유아가 가질 수 있는 잠재력에 대해 엄청난 과소평가를 하게 해온 점은 의심할 여지가 없다는 것을 증명해 보였다(Katz, 1998). 미국에서 REA를 배우려는 이들은 이탈리아 교육자들이 유아가 풍부하고 확장된 프로젝트 작업에 몰두하도록 해주는 상호작용적, 물리적 매개체를 밝히려고 애쓰고 있다. 실제로 이탈리아 교육자들은 미국 교육자들에게 자신들의 의사결정을 정확히 설명하려고 노력해왔다. 최근 하버드대학교의 Project Zero 연구팀과의 협력은 [가르치는 것과] 배우는 것을 가시화하기 하기' 위한 노력이다(Project Zero, 2003; Project Zero and Reggio Children, 2001).

3) 전통적인 가르침에서 의도적이고 협력적인 가르침으로 나아가기

다른 나라의 교육을 경험하는 것이 제공해 주는 것 중 하나는 유아의 학습과정과 잠재성에 대한 새로운 방식의 이해, 이론화 및 계획이다. 그런데 이러한 추상개념과 연결되도록 매일의 교육 실제를 변화시키는 것은 전혀 다른 차원의 문제이다. 어떤 교사에게는 실제의 변화가 먼저 일어났다. 물리적 환경에 대해 관심을 갖는 것에서 시작해서 (색물이 들어 있는 병이 미국 전역의 화장실에 나타나기 시작한 것과 같이), 교사는 용기를 얻어 유아와 함께하는 자기 교실에 대해 더 비판적으로 생각하게 되었다. 늘어나고 있는 연구 모임과 레지오 에밀리아 전용 이메일 토론시스템을 활용함으로써, 교사는 더 의도적이며 개방적 학습을 계획할 때 자신들이 유아에 대해 알아가는 것을 활용하는 방법을 더 적극적으로 모색하기 시작하였다. 교사의 이러한 탐구는 고립된 상황에서 일어나기도 하고, 새로운 맥락에서 레지오 에밀리아의 관련 원리와 실제를 재창조하기 위한 방법들을 프로그램 전체가 전념하여 함께 탐색하기도 하였다. 여기서 언급하는 두 가지 예인 St. Louis 학교(세 개의 사립 유아학교 환경)와 Chicago Commons 프로젝트(저소득 가정을 위해 정부, 주, 지역에서 지원하는 유아교육과 부모-유아 센터)는 여기서 언급될 만큼 가치 있는 학교이다. 각각 과거 십여 년 동안 레지오 에밀리아로부터의 시사점을 탐구해온 이 두 지역 공동체의 프로그램 운영자가 설명하듯이, 그들의 과제는 레지오 에밀리아로부터 무엇을 어떻게 "자신의 기관으로 가져오느냐"를 알아내는 데 있었다(Cadwell, 1997). 각기 서로 다른 기관의 교사들은 서서히 그리고 신중한 과정을 거쳐 유아를 위한 서비스를 적합하게 개선하려고 레지오 에밀리아의 원리에 대한 연구와 논쟁에 착수하였다. 따라서 예를 들면, St. Louis 교사는 유아와 함께하는 교사의 작업을 안내하는 탐구의 틀을 마련하기 위해 교육적 기록작업에 주안점을 두었다(Cadwell, 2002). Chicago에서는 최근에 헤드스타트 교사 역할을 맡은 아프리카계 미국인 부모들이 레지오 에밀리아를 방문한 후 유아 학습에 부모 참여의 진정한 의미가 무엇인지에 대하여 전체 학교 논의를 시작하게 되었다. 이 기관들은 유아교사가 개별적, 혹은 함께 유아와 가족과 함께 하는 일에 대해 지속적 반성을 촉진시키기 위해 레지오 에밀리아로부터 얻은 경험과 지식을 계속 활용하는 수많은 유아교육기관들 중에서 단지 두 곳일 뿐이다(예를 들면, 미국의 다른 세 학교의 운영가와의 토론이 담긴 2002년에 발간된 「Innovations」 참조). 레지오 에밀리아 교육자는 많은 교사들, 프로그램 운영가와 긴밀하게 협력했으며, 국제적 협력에서 오는 이익은 그 자체가 목적이라는 것을 보여줬다.

4) 부모-교사 관계의 새로운 형태와 기능

REA는 어떻게 부모와 관계하고 협력하는지에 관한 교사들의 사고에 영향을 미쳐왔으나 이러한 아이디어를 실제 행동으로 옮기는 것은 비교적 덜 일반적이다. 전문적 책임에 대한 전통적 해석은 종종 부모를 교육자와 함께하는 동반자의 역할보다는 소비자로 본다. 바쁜 현대 가족 생활패턴으로 인하여 대부분의 미국 상황에서 3시간 수업을 하는 것은 매우 드문 희귀한 경우가 되었다. 미국과 같은 다원주의 사회에서는 부모들의 관점도 다양하여 교사로 하여금 부모가 실제로 자신의 자녀에게 무엇을 원하는지에 대한 질문을 하는 것조차도 주저하도록 만든다. 그럼에도 불구하고 미국의 일부 교사들은 교사가 부모보다 우위에 있는 계층구조를 최소화하고 더 활발하고 상호호혜적인 관계를 구축하기 위한 창의적 방법을 찾았다. 따라서 두 유치원 교사는 부모들을 초대하여 문제해결을 도울 것을 부탁하였다. 그 문제는 이 행사를 위해 만들어 낸 것이 아니라 실제적 문제로, 학급에 존재하는 다양한 문화적 · 종교적 관점을 인정하고 존중하는 '생일 방침' 의 필요성에 대한 것이었다. 그 결정 이후에 부모가 자신의 자녀에게 가지고 있는 희망과 선호가 다른 이들의 자녀교육의 목표와 항상 일치하지는 않는다는 것을 이해함에 따라 부모들의 관계에서 더디지만 중요한 변화가 일어났다. 비슷한 맥락에서, 레지오 에밀리아와 다른 이탈리아 유아교육 프로그램의 원리에 대한 몇 년간의 탐구 후에, 한 조기 헤드스타트(Early Head Start) 교사는 십대 부모들을 초대하여 유아 학습의 기록작업을 하는 역할을 맡겼다. 비디오카메라를 활용해 촬영하고, 게시판에 전시하는 이미지를 선택하고, 배열하고, 설명을 달도록 하였다. 이 부모들은 유아의 학습과 발달을 이해하고 촉진시키기 위해 교사를 돕는 자신들의 역할에 점점 많은 가치를 부여하였다. 이러한 각 예는 레지오 에밀리아 원리가 미국적 맥락에서 적용된 것을 보여준다.

5) 전문성 발달을 위한 도구로서의 기록작업

미국 유아교육 실제에 레지오 에밀리아가 끼친 영향 중 가장 눈에 띄는 결과는 기록의 활용이 증가했다는 것인데 단지 유아를 관찰하고 평가하는 수단뿐 아니라, 교사 발달을 위한 수단으로서이다. 공유와 반성을 위한 기록의 잠재력이라는 관점에서, 교사는 함께 작업하는 유아들을 세심하게 관찰하고 경청하는 것의 중요성을 자세하게 기록하게 되면서, 이런 통찰력은 계속해서 이루어지는 교육과정 결정에 도움을 줄 수 있다(예: Oken-Wright, 2001). 미국 교육자들도 점점 더 많이 기록작업을 사용하는데, 집단 유아뿐 아니라 개별 유아의 사고, 이론 및 지식이 발달되어 가는 과정을 체계적으로 추적하고 연구하는 수단으로서 기록을 활용한다(Project Zero & Reggio children, 2001; Turner & Krechevsky, 2003). 최근의 기록 옹호자들은 학습과정뿐 아니라 가르치는 과정을 나타내는 데 기록이 유용하다는 것을 강조하였다(Project Zero, 2003). 또 다른 사람들은 자기 반성을 위한 가능성과 스스로의 가르침의 목표와 실제에 대한 통찰력을 얻는 수단으로서 기록작업을 강조한다(Fleet, Robertson, & Patterson, 2006). 기록작업의 이러한 가능성은 유아 발달을 관찰하고, 기록하고, 이해하는 법을 배우는

레지오 에밀리아에서 참여의 본질과 초점에 대한 예로서 부모, 교사, 조부모 및 시민들은 오늘날의 교육문제를 다루는 일련의 회의에 참석한다.

예비 교사를 돕고자 하는 유아교육 교사교육자 등에게도 효과가 있었다(Goldhaber, Smith, & Sortino, 1997; Moran & Tegano, 2005). 미국인들이 처음 레지오를 도입했을 때 가장 흔히 이루어진 총괄적 이야기 판넬(story panels)은 최근 유아들과 함께하는 교사의 작업을 안내하고 지원하는 교사의 연구와, 교사의 연구를 안내하고 지원하는 기록작업을 이용한 목적 있는 탐구로 대체되었다.

현재 레지오 에밀리아의 영향을 받은 교사교육 프로그램들은 협력적 기록작업을 통한 교사 연구를 대학에서 이루어지는 교사 전문성 발달 프로그램에 포함시키고 있다(Gandini & Goldhaber, 2001; Moran, Desrochers, & Cavicchi, 2007). 다른 레지오 에밀리아 원리와 더불어 기록작업은 증가하고 있는 대학의 실험학교(Stremmel, Hill, & Fu, in press)와 유아교사교육 프로그램(Fu, Stremmel, & Hill, 2002)의 패러다임 변화를 유발하고 지속시키는 데 도움을 주었다.

6) 오하이오 사례연구

오하이오 주는 다양한 전문적 관점을 가진 주와 지방 대표자들이 미국 유아교육에 시사점을 주는 레지오 에밀리아의 원리를 탐구하기 위해 협력한 대표적인 곳이다. 레지오 에밀리아를 포함하여 많은 기관에서도 그러했었지만, 적절한 시기와 특정인의 지도력이 한데 모여 이루어졌다. 오하이오에서는 Sandy Miller가 주 정부에서 자신의 새로운 지위를 통해 주 전역의 유아교육 공동체에 영향을 주었다. 1993년 그녀는 레지오 에밀리아에서부터 오하이오로의 순회 전시회를 후원했다. 교사와 유아의 활동에 대한 기록작업을 훌륭하게 전시함으로써 많은 관심과 호기심을 자극시켰다. Miller는 한 사립재단의 자금을 활용하여 소집단의 교육자들로 구성된 연구 모임을 만들고 지원하였다. 이는 레지오 에밀리아 교육 원리를 탐구하고, 교실에서 함께 실험하고, 서로간의 비평과 호의적 지원을 제공할 목적을 가진 소규모 토론 집단이다. 또한 그녀는 주 전체에서 온종일 하는 교사교육 연수들을 개최하였는데, 새로운 정보와 모형으로 사람들에게 영감을 고취시킬 강연자를 포함시켰다. Miller가 이러한 지원 시스템을 창시했을 때, 8개 집단의 150명의 참여자가 있었다. 오늘날에는 주 전체에 걸쳐 사립과 공립 유아교육기관과 초등학교 프로그램으로부터 42개 집단의 500명이 넘는 참여자가 있다. 연구 모임은 재정 지원이 끝난 후에도 오랫동안 번창하고 유지되어 왔다. 사실 몇 개의 모임은 12년이 넘도록 지속되고 있다. 이러한 모임에 근본적인 패러다임 전환이 일어났지만 시계를 되돌리기 힘든 것처럼 그들에게 레지오가 소개되기 전에는 어떤 모습이었으며 현재는 어떠한지 윤곽을 그리기는 힘들다. 그들은 더 이상 레지오 에밀리아 그 자체에 대해서 이야기하지 않지만 예를 들어, 유아의 학습을 장려하는 데 부모와 어떻게 효율적으로 협력할 수 있는지에 대한 토론에 반영된 레지오의 영향을 확실히 볼 수 있다. 이러한 교수 학습 가능성에 대한 이해의 변화와 동등하게 중요한 것은 연구 모임 참여자들이 자신의 일을 '공개하는 것' 과 자신들의 가르침에 대한 비평과 논의를 주고받는 것을 배웠다는 것이다. 미국 교사가 일반적으로 그러하듯이, 전통적으로 가르치는 데 있어 매우 개인주의적 입장에 길들여졌던 오하이오 교사에게 이것은 새로운 경험이다.

최근에 이러한 교육적 신념을 가진 오하이오 교사들은 미국의 책무성 운동과 관련된 표준화된 교육의 도전을 받고 있다. 수년간 연구 모임에서 유아들과 일하는 것에 대해 새로운 방식의 사고를 받아들였던 교사들은 개방적인 REA 탐색 작업을 규율적인 기준의 구조적인 방식과 병행시키기 위해 또다시 고심하고 있다. 레지오 에밀리아에 의해 영향을 받은 교사가 자신의 작업과 유아들의 학습에 대한 수행중심 평가에 어떻게 반응할 것인가는 앞으로 두고보아야 한다.

4. 결론

레지오 에밀리아의 이야기는 개혁뿐 아니라 문화적 전통에 대한 존중을 강조하는

(Mantovani, 2001) 현대 이탈리아의 여러 이야기들 중 하나일 뿐이다(Gandini & Edwards, 2001; Mantovani & Musatti, 1996). 이러한 논의의 목적 중 하나는 특정한 이탈리아 도시의 교실에서 무슨 일이 일어났으며, 미국에서 레지오 에밀리아 접근법으로 알려진 것은 무엇인가를 구분하는 것에 있다. 여기서의 요점은 모든 교육 개혁은 다른 사람이 그것을 이해하고 활용하려 할 때 변형이 된다는 것이다. 어떤 변형은 의도하지 않은 것이거나 피할 수 없는 것이다. 미국에서는 레지오 에밀리아를 실행하는 어려움을 초월하여 해석하는 데 있어 실제적이고 정책에 관련된 수많은 도전이 있다. 이러한 도전은 레지오 에밀리아의 원리와 실제를 하찮게 보는 관점, 복잡한 교육 문제를 간단히 고치려는 미국적 경향, 지방과 주정부 수준에서 교사 협력을 지원하는 하부구조의 결여, 낮은 봉급에 교사를 계속 유지하는 어려움, 유아교육서비스 규정에 대한 국가적 지원의 결여는 말할 필요도 없이 포함된다. 그렇다고 레지오 에밀리아가 미국 유아교육에 아무것도 기여할 수 없다고는 말할 수 없다. 앞에서 레지오 에밀리아가 미국 교육자가 유아와 가족에 대해 생각하고 함께 일하는 방법에 대해서 변화시킨 몇 가지 측면에 대해 강조하였다.

이러한 논의의 두 번째 목적은 교사와 교육에 종사하는 다른 사람들이 외국의 사례를 단순히 모방하려는 것이 아니라 그로부터 배우려고 노력할 때 풍부한 가능성이 존재함을 드러내는 것에 있다. 그러한 가능성은 Sergio Spaggiari의 진실된 메시지를 통해 전달된다. "우리처럼 되기를 원하면, 우리를 따라하지 말라. 우리는 어느 누구도 따라하지 않았다. 우리처럼 되기를 원한다면, 독창적이 되어라"(Cadwell, 2002, p. 163에서 인용). 따라서 수많은 미국 교육자들은 이탈리아 도시 자체의 특별한 상황과 환경을 염두에 두고(Fu, 2002; Strong-Wilson, 2007) 레지오 에밀리아의 가능성을 '재창조' 하려고 하고 있다. Peter Moss(2001)는 이탈리아 도시의 이러한 특수성을 레지오 에밀리아의 '타자성(otherness)' 으로 언급하면서 문화와 교육 사이 불가분의 관계에서 선두를 유지하는 수단이라 보았다(Bruner, 1996).

레지오 에밀리아에서 가장 성공적이었던 것은 어린 유아를 대신하여 힘든 작업에 대한 몰두와 협력적 탐구의 예를 보여준 것이다. 레지오 에밀리아에서 가장 색다른 것은 벽에 있는 아름다운 이미지나 유아들의 생각과 이해로 주의 깊게 그려진 그림이 아니다. 미국 교육자들로 하여금 유아, 부모, 교사 자신의 전문적 정체성에 대한 이미지를 협력적으로 오랜 시간 동안 다시 생각하도록 영감을 불어넣은 것은 레지오 에밀리아라는 실제였다(New, 2002). 미국의 어떤 도시도 다른 곳에서 무슨 일이 일어나든 간에 30년 이상 연간 예산의 10%를 유아의 보육과 교육에 사용하고, 가족을 참여시키고, 교사를 몰두시키고, 유아의 기능과 이해를 상상할 수 있는 수준을 초월하여 촉진하는 방식으로 그렇게 하기는 힘들다. 실제로, 미국은 유아 보육과 교육에 관련된 어떤 종류의 조직체계나 국가기관을 발달시키는 데 있어 대부분의 다른 산업화된 국가들보다 훨씬 뒤처져 있다(Organization for Economic Cooperation and Development, 2001). 레지오 에밀리아가 이러한 것을 해왔고, 자체의 도전에 정면으로 마주하면서 성공한 것은(Puccini, Gambetti, 2002에서 인용) 세계 곳곳의 교육자들에게 메시지를 준다. 이 메시지는 그들 자신의 환경에서도 변화가 일어날 수 있다는 것이다. 레지오 에밀리아가 지속적인 감명을 주지 못한다 하더라도 부모, 교사, 시민이 현재의 상황을 받아들이기를 거부하고 유아를 보육하고 교육하는 대안적 방법을 함께 꿈꾸며 만들어갈 때 어떤 일이 일어날지를 그 도시와 시민들이 행동으로 보여준 것만은 분명하다.

참고문헌

Abbott, L., & Nutbrown, C. (Eds.). (2001). *Experiencing Reggio Emilia: Implications for pre-school provision.* Buckingham, England: Open University Press.

Bove, C. (1999). *L'inserimento del bambino al nido* [Welcoming the child into child care]: Perspectives from Italy. *Young Children, 54*(2), 32-34.

Bredekamp, S. (1987). *Developmentally appropriate practice in early childhood programs serving children from birth through age eight.* Washington, DC: National Association for the Education of Young Children.

Bredekamp, S. (1993). Reflections on Reggio Emilia. *Young Children, 49*(1), 13-17.

Bredekamp, S. (2002, Winter). Developmentally appropriate practice meets Reggio Emilia: A story of collaboration in all its meanings. *Innovations, 9*(1), 11-15.

Bredekamp, S., & Copple, C. (Eds.) (1997). *Developmentally appropriate practice for early childhood programs serving children from birth through age eight* (Rev. ed.). Washington, DC: National Association for the Education of Young Children.

Brown, A., & Ferrara, R. (1985). Diagnosing zones of proximal development. In J. V. Wertsch (Ed.), *Culture, communication, and cognition: Vygotskian perspectives* (pp. 273-305). New York: Cambridge University Press.

Bruner, J. (1996). *The culture of education.* Cambridge, MA: Harvard University Press.

Bruner, J. (1998). Some specifications for a space to house a Reggio pre-school. In G. Ceppi and M. Zini (Eds.), *Children, space, and relations-A metaproject for an environment for young children.* Reggio Emilia, Italy: Reggio Children; and Modena, Italy: Domus Academy Research Center.

Bruner, J. (2002). Commentary. In *Reggio Tutta: A guide to the city by the children.* Reggio Emilia, Italy: Reggio Children.

Cadwell, L. B. (1997). *Bringing Reggio Emilia home.* New York: Teachers College Press.

Cadwell, L. B. (2002). *Bringing learning to life: The Reggio approach to early childhood education.* New York: Teachers College Press.

Ceppi, G., & Zini, M. (Eds.). (1998). *Children, spaces, relations: Metaproject for an environment for young children.* Modena, Italy: Reggio Children and Domus Academy Research Center.

Cohen, D. L. (1992, November 20). Preschools in Italian town inspiration to U.S. educators. *Education Week, 12*, 12-13.

Corsaro, W., & Emiliani, F. (1992). Child care, early education, and children's peer culture in Italy. In M. E. Lamb, K. J. Sternberg, C. P. Hwang, & A. G. Broberg (Eds.), *Child care in context* (pp. 81-115). Hillsdale, NJ: Erlbaum.

Edwards, C. (2002). Three approaches from Europe: Waldorf, Montessori, and Reggio Emilia. *Early Childhood Research and Practice, 4*(1). Retrieved April 11, 2008, at http://ecrp.uiuc.edu/V4n1/edwards.html

Edwards, C., Gandini, L., & Forman, G. (Eds.). (1993). *The hundred languages of children: The Reggio Emilia approach.* Norwood, NJ: Ablex.

Edwards, C., Gandini, L., & Forman, G. (Eds.). (1998). *The hundred languages of children: The Reggio Emilia approach—Advanced reflections* (2nd ed.). Greenwich, CT: Ablex.

Filippini, T. (1990, November). *Introduction to the Reggio approach.* Paper presented at the annual conference of the National Association for the Education of Young Children, Washington, DC.

Fleet, A., Robertson, J., & Patterson, C. (Eds.). (2006). *Insights.* Sydney, Australia: Castle Hill, New South Wales: Pademelon Press.

Forman, G., & Fyfe, B. (1998). Negotiated learning through design, documentation, and discourse. In C. Edwards, L. Gandini, & G. Forman (Eds.), *The hundred languages of children: The Reggio Emilia approach-Advanced reflections* (2nd ed., pp. 239-260). Greenwich, CT: Ablex.

Fu, V. R. (2002). The challenge to reinvent the Reggio Emilia Approach: A pedagogy of hope and possibilities. In V. Fu, A. Stremmel, & L. Hill (Eds.), *Teaching and learning: Collaborative exploration of the Reggio Emilia approach* (pp. 23-35). Upper Saddle River, NJ: Merrill/Prentice Hall.

Fu, V. R., Stremmel, A. J., & Hill, L. T. (2002). An invitation to join in a growing community for learning and change. In V. Fu, A. Stremmel, & L. Hill (Eds.), *Teaching and learning: Collaborative exploration of the Reggio Emilia approach* (pp. 5-11). Upper Saddle River, NJ: Merrill/Prentice Hall.

Gambetti, A. (2002). The evolution of the municipality of Reggio Emilia: An interview with Sandra Piccini. *Innovations in Early Education: The International Reggio Exchange, 9*(3), 1-3.

Gandini, L. (1984). Not just anywhere: Making child care centers into "particular" places. *Beginnings, 1*, 17-20.

Gandini, L. (1998). Educational and caring spaces. In C. Edwards, L. Gandini, & G. Forman (Eds.), *The hundred languages of children: The Reggio Emilia approach: Advanced reflections* (2nd ed., pp. 161-178). Greenwich, CT: Ablex.

Gandini, L., & Edwards, C. (Eds.). (2001). *Bambini: The Italian approach to infant/toddler care.* New York: Teachers College Press.

Gandini, L., & Goldhaber, J. (2001). Two reflections about documentation. In L. Gandini & C. Edwards (Eds.), *Bambini: The Italian approach to infant/toddler care* (pp. 124-145). New York: Teachers College Press.

Gandini, L., Hill, L., Cadwell, L., & Schwall, C. (2005). *In the spirit of the studio: Learning from the atelier of Reggio Emilia.* New York: Teachers College Press.

Goldhaber, J., Smith, D., & Sortino, S. (1997). Observing, recording and understanding: The role of documentation in early childhood teacher education. In J. Hendrick (Ed.), *First steps in teaching the Reggio way.* Upper Saddle River, NJ: Merrill/Prentice Hall.

Hill, L. T. (2002). A journey to recast the Reggio Emilia approach for a middle school: A pedagogy of relationships and hope. In V. Fu, A. Stremmel, & L. Hill (Eds.), *Teaching and learning: A collaborative exploration of the Reggio Emilia approach.* Upper Saddle River, NJ: Merrill/Prentice Hall.

Jones, E., & Nimmo, J. (1994). *Emergent curriculum.* Washington, DC: NAEYC.

Katz, L. (1998). What can we learn from Reggio Emilia? In C. Edwards, L. Gandini, & G. Forman (Eds.), *The hundred languages of children: The Reggio Emilia approach—Advanced reflections* (2nd ed., pp. 27-45). Greenwich, CT: Ablex.

Katz, L., & Cesarone, B. (Eds.). (1994). *Reflections on the Reggio Emilia Approach.* ERIC/EECE, University of Illinois, Urbana and Edizioni Junior, Bergamo, Italy. (Available from Reggio Children USA and ERIC/ECE.)

Kessler, S. (1991). Alternative perspectives on early childhood education. *Early Childhood Research Quarterly, 6,* 183-197.

Malaguzzi, L. (1998). History, ideas, and basic philosophy: An interview with Lella Gandini. In C. Edwards, L. Gandini, & G. Forman (Eds.), *The hundred languages of children: The Reggio Emilia approach—Advanced reflections* (2nd ed., pp. 49-97). Greenwich, CT: Ablex.

Mallory, B. (1992). Is it always appropriate to be developmental? Convergent models for early intervention practice. *Topics in Early Childhood Special Education, 11*(4), 1-12.

Mallory, B., & New, R. (1994). *Diversity and developmentally appropriate practices: Challenges for early childhood education.* New York: Teachers College Press.

Mantovani, S. (2001). Infant-toddler centers in Italy today: Tradition and innovation. In L. Gandini & C. P. Edwards (Eds.), *Bambini: The Italian approach to infant/toddler care* (pp. 23-37). New York: Teachers College Press.

Mantovani, S., & Musatti, T. (1996). New educational provisions for young children in Italy. *European Journal of Educational Psychology, XI*(2), 119-128.

Moran, M. J., & Tegano, D. W. (2005, June). Moving toward visual literacy: Photography as a language of teacher inquiry. *Journal of Early Childhood Research and Practice, 7*(1).

Moran, M. J., Desrochers, L., & Cavicchi, N. (2007). *Progettazione* and documentation as sociocultural activities: Changing communities of practice. *The Journal of Theory into Practice, 46*(1), 81-90.

Moss, P. (2001). The otherness of Reggio. In L. Abbott & C. Nutbrown (Eds.), *Expe-*

riencing Reggio Emilia: Implications for pre-school provision. Buckingham, England: Open University Press.

New, R. (1990). Excellent early education: A city in Italy has it! *Young Children, 45*(6), 4-6.

New, R. (1993a). Cultural variations on developmentally appropriate practice: Challenges to theory and practice. In C. Edwards, L. Gandini, & G. Forman (Eds.), *The hundred languages of children: The Reggio Emilia approach to early childhood education* (pp. 215-231). Norwood, NJ: Ablex.

New, R. (1993b). Italy. In M. Cochran (Ed.), *International handbook on child care policies and programs* (pp. 291-311). Westport, CT: Greenwood Press.

New, R. (1994). Reggio Emilia: Its vision and its challenges for educators in the United States. In L. G. Katz, & B. Cesarone (Eds.), *Reflections on the Reggio Emilia approach.* Urbana, IL: ERIC/EECE Monograph Series, No. 6.

New, R. (1998). Theory and praxis in Reggio Emilia: They know what they are doing, and why. In C. Edwards, L. Gandini, & G. Forman (Eds.), *The hundred languages of children: The Reggio Emilia approach—Advanced reflections* (2nd ed., pp. 261-284). Greenwich, CT: Ablex.

New, R. (1999). What should children learn? *Early Childhood Research & Practice, 1*(2), 1-19.

New, R. (2001). Reggio Emilia: Catalyst for change and conversation. Washington, DC: Office of Educational Research and Improvement. (ERIC Document Reproduction Service No. ED4748081.)

New, R. (2002). *The impact of the Reggio Emilia model on early childhood education in the U.S.* Unpublished paper, commissioned by the Board of International Comparative Studies in Education's Committee on a Framework and Long-term Research Agenda for International Comparative Education Studies, Washington, DC.

New, R. (2003). Reggio Emilia: New ways to think about schooling. *Educational Leadership, 60*(7), 30-37.

New, R. (2007). Reggio Emilia as cultural activity theory in practice. *Theory into Practice, 46*(1), 5-13.

New, R., & Mallory, B. (2005). Children as catalysts for adult relations: New perspectives from Italian early childhood education. In O. Saracho & B. Spodek (Eds.), *Contemporary perspective on families and communities and schools in early childhood education* (pp. 163-179). Greenwich, CT: Information Age Publisher.

New, R., Mallory, B., & Mantovani, S. (2000). Cultural images of children, parents, and teachers: Italian interpretations of home-school relations. *Early Education and Development, 11*(5), 597-616.

Newsweek. (1991, December 2). The 10 best schools in the world and what we can learn from them. *Newsweek,* 50-59.

Oken-Wright, P. (2001). Documentation: Both mirror and light. *Innovations in Early Education: The International Reggio Exchange, 10*(2), 1-4.

Organization for Economic Cooperation and Development. (2001). *Starting strong, early childhood education and care.* Paris: Organization for Economic Cooperation and Development.

Project Zero. (2003). *Making teaching visible: Documenting group learning as professional development.* Cambridge, MA: Project Zero.

Project Zero & Reggio Children. (2001). *Making learning visible: Children as individual and group learners.* Reggio Emilia, Italy: Reggio Children.

Putnam, R. (1993). *Making democracy work: Civic traditions in modern Italy.* Princeton, NJ: Princeton University Press.

Rinaldi, C. (1993). The emergent curriculum and social constructivism. In C. Edwards, L. Gandini, & G. Forman (Eds.), *The hundred languages of children: The Reggio Emilia approach* (pp. 101-111). Norwood, NJ: Ablex.

Rinaldi, C. (1998). Projected curriculum constructed through documentation? Progettazione: An interview with Lella Gandini. In C. Edwards, L. Gandini, & G. Forman (Eds.), *The hundred languages of children: The Reggio Emilia approach—Advanced reflections* (2nd ed., pp. 113-125). Greenwich, CT: Ablex.

Rinaldi, C. (2003). The teacher as researcher. *Innovations in early education: The International Reggio Exchange, 10*(2), 1-4.

Rinaldi, C. (2006). *In dialogue with Reggio Emilia: Listening, researching, and learning (Contesting Early Childhood Series).* New York: Routledge.

Rogoff, B. (1990). *Apprenticeship in thinking: Cognitive development in social context.* New York: Oxford University Press.

Spaggiari, S. (1991). *Considerazioni critiche ed esperienze di gestione sociale. [Critical considerations and experiences of social management].* In A. Bondidi & S. Mantovani (Eds.), *Manuale critico dell'asilo nido [Critical manual of day care]* (pp. 111-134). Milan, Italy: Franco Angeli.

Spaggiari, S. (1998). The community-teacher partnership in the governance of the schools: An interview with Lella Gandini. In C. Edwards, L. Gandini, & G. Forman (Eds.), *The hundred languages of children: The Reggio Emilia approach—Advanced reflections* (2nd. ed., pp. 99-112). Greenwich, CT: Ablex.

Stremmel, A. J., Hill, L. T., & Fu, V. R. (2003). An inside perspective of paradigm shifts in child development laboratory programs: Bridging theory and professional preparation. In S. Reifel (Series ed.), *Advances in Early Education and Day Care, 12,* 89-111.

Strong-Wilson, T. (Ed.). (2007). Reggio Emilia [Special issue]. *Theory into Practice, 46*(1).

Super, C., & Harkness, S. (1986). The developmental niche. A conceptualization at the interface of child and culture. *International Journal of Behavioral Development, 9,* 545-569.

Turner, T., & Krechevsky, M. (2003). Who are the teachers? Who are the learners? *Educational Leadership, 60*(7), 40-43.

유아교육에 대한 발도르프의 접근법

Christy L. Williams(Fairbrook First Steps Christian Preschool)
James E. Johnson(The Pennsylvania State University)

오늘날 점점 더 많은 교사와 학부모들이 발도르프 교육에 관심을 기울이고 있다. 몬테소리나 레지오처럼 발도르프 역시 근원을 유럽에 두고 세계로 확산되어 왔다. 이 접근법이 전통적 교육에 대한 하나의 대안이며 교육을 개선하는 데 유용한 방안이라는 이유로 많은 사람들이 이 방법에 매력을 느끼고 있다. 발도르프 교육모델은 유아교육에 적합한데, 이 모델이 건전하고, 신중하며, 발달에 적절한 학습 환경을 유아에게 제공하려 노력하기 때문이다. 발도르프 유아교육은 가정중심 및 기관중심 보육시설, 부모와 아동 집단, 부모 지원 프로그램, 그리고 유치원과 3세에서 7세까지의 유아를 위한 혼합연령 프로그램을 포함한 다양한 형태의 서비스 제공 환경에서 적용되어 왔다(Oldfield, 2001). 미국에서는 덜 알려졌지만, Rudolf Steiner(1861~1925)가 창시한 이 접근법은 독일에서 처음 시행되었다.

1. Rudolf Steiner와 인지학

Steiner의 철학적 신념을 개관하려면 인지학(anthroposophy: 그리스어원 *anthropo*=man+*sophia*=wisdom)에서부터 출발하여야 할 것이다. 가장 간단하게 설명한다면, 인지학은 종교적인 것과 더불어 인간다움을 탐색하는 것이다. 인지학의 목적은 배타적인 특정한 교의나 교조와 결부되지 않은 진리 또는 새로운 지식을 추구하는 것이다. 이 탐구의 중심에는 영적인 것에 대한 진실에 귀를 기울이는 것이다(Wilkinson,

1996).

인지학은 기독교에 뿌리를 둔 영적 · 과학 운동이다. Steiner에 의해 시작된 후, 점차 널리 알려지게 되었고, 전 세계에 걸쳐 추종자들이 있다. 인지학의 두 가지 주요 요소는 세계와 하나 됨(oneness with the world)과 자아에 대한 탐색(search for self)이다. 세계와 하나 됨은 달과 지구를 포함한 행성들의 순환에서부터 사계절의 순환, 인간의 삶과 죽음의 순환까지, 모든 것은 서로 연관되어 있다는 생각을 포함하고 있다. 우리가 어떤 선택을 하면 그 선택은 우리가 예견하지 못하는 방법으로 다른 것들에 영향을 미치게 될 것이다.

머리속에 떠오르는 한 예는 지구의 강우림과 관련된 현재의 상태이다. 강우림을 이루는 나무를 계속해서 파괴해 나간다면, 그곳에 있는 식물과 동물의 삶을 파괴할 뿐만 아니라 이러한 행위는 많은 장기적 결과를 초래하게 될 것이다. 나무는 이산화탄소를 사용하고 산소를 뿜어내면서 공기를 정화하기 때문에, 이전에는 적어도 광활한 숲에 의해 부분적으로나마 공기가 정화되었는데 앞으로 상당한 공기오염과 맞닥뜨리게 될 것이다. 또한 지구 대기 중의 엄청난 양의 일산화탄소 때문에 부분적으로 야기된 지구온난화라는 결과도 직면하게 될 것이다. 머지않아 식물과 동물 중 희귀종들이 멸종되는 것 역시 먹이 사슬의 파괴를 가져오고 결국 그 멸종된 식물과 동물에 의존하던 다른 종에게도 영향을 미치게 된다. 강우림을 경작하기로 했을 때 전혀 생각하지도 못했던 이러한 결과들은 우리 세계의 모든 면이 상호 연관되어 있음을 보여주는 것이다. 인지학은 그러한 연관성을 인식하는 것의 가치를 알고, 그 연관성을 인식하며 그에 따라 행동할 때 삶이 더 풍요롭고 의미 있을 수 있다는 것을 보여주고 있다.

인지학의 두 번째 주요 요소는 자아에 대한 탐색이다. Steiner는 각 개인이 '총체성(wholeness)'을 획득하기 위해 다양한 영역에서의 자기 고유 능력을 개발할 것을 강조하였다. 지적 주제에 대한 연구와 탐색, 예술 활동, 수공과 숙련 노동, 영적 명상을 통하여, 사람은 자신의 정신과 자아에 대한 인식을 강건하게 할 수 있다. "인간은 세속적 경험으로부터 벗어날 수 없지만(실제로 벗어나려고 해서도 안 된다), 그것을 분간해내고 그것에 의해 지배받지 않는 곳에 자리매김하여야 한다" (Wilkinson, 1996, p. 53). Steiner는 인지학의 철학을 통하여, 지속적인 학습과 성장을 하는 삶을 위해 몸, 마음, 그리고 정신을 준비시키는 것의 가치가 실현될 수 있다고 느꼈다.

1) Steiner의 아동발달이론

인지학적 신념과 일관되게, Steiner는 자신만의 고유한 아동발달이론을 창조하였다. 그는 육체적 발달과 정신적 발달 모두를 통합시킨 7년 주기를 제안하였다. Steiner는 태어난 후 처음 7년 동안 아동발달은 신체에 초점을 두어야 한다고 말했다. 유아는 세상을 배우기 위해 자기 주위에 있는 성인들을 모방한다. 유아는 놀이와 만들기를 통하여 "실제" 작업을 연습한다. 동시에, 정신적 발달 또한 일어난다. Steiner의 '의지(will)' 개념 역시 모방적 놀이를 통해 길러진다. 이 시기에 중요한 것은 환상과 상상을 탐색하는 것이다. 이 단계에서, Steiner는 형식적인 학문적 교수는 부적절하다고 가르쳤다.

그 다음 7년 주기는 7세부터 14세까지인데, 영구치가 자라는 시기이다. 이 발달단계의 유아는 주변 세계를 더 잘 인식하게 되고 그로 인해 학문적 수업을 시작할 준비를 갖추게 된다. 정신적 개념인 '느낌(feeling)'이 이 시기에 실현되고, 유아는 정서를 유발하는 심상이나 그림 자극에 호기심을 보인다. 또한 이 단계에서는 대인관계가 중요하다.

세 번째 7년 주기는 14세부터 21세까지인데, 사춘기의 출현과 동시에 시작된다. 젊은 사람들은 더 추상적인 생각과 응용을 하는 데 자신의 지성을 결합시킬 수 있는 준비가 되어 있고, 그 결과 '사고(thinking)'라는 정신적 발달을 이루게 된다. 이 단계에는 독립성이 그 뿌리를 내리게 되고, 독립성은 학습자가 개별적으로 적절하게 탐색하고 연관성을 찾도록 해준다. Steiner는 85세까지의 생애에 7년 단위의 주기를 설정하고 그에 상응하는 특징들을 설명한다(Wilkinson, 1996).

Steiner의 발달이론과 매우 밀접하게 연관된 것은 그의 교육에 대한 신념이다. Steiner는 유아의 신체, 마음, 정신 모두를 아우르는 전인적 발달에 학교 활동이 무게를 두어야 한다고 보았다. 유아의 능력을 개발하는 것이 교과교육보다 더 중요하기 때문에 '전인적' 유아를 교육해내는 데 초점을 두어야 한다. 이는 유아에게 사실과 책 속의 지식을 가르치는 것보다 혼자 힘으로 학습하고 생각할 수 있도록 가르치는 것이 더 중요한 것이라는 것을 의미한다고 해석할 수 있다. Steiner는 또한 특정한 형태의 학습이 기본적으로 특정 연령이나 단계에 적절하다고 믿었다. 이러한 기본 신념들은 후에 Steiner가 자신의 생각을 실천에 옮기기 위해 독일에 학교를 열 기회가 주어졌을 때 지침으로 사용되었다.

2) 발도르프 교육의 맥락

어떤 발도르프 학교는 유치원 교육만 제공하지만, 다른 학교는 유치원에서 12학년 또는 13학년(고등학교)까지 이르기도 한다.

(1) 발도르프 유치원

발도르프 학교의 유치원은 우리에게 친숙한 전형적인 다른 유치원들과 다르기도 할 뿐만 아니라 다른 수준의 발도르프 학교와도 매우 다르다. 발도르프 유치원은 3세부터 6세까지의 유아를 교육하는데, 이는 Steiner 발달이론의 첫 번째 7년 주기에 상응한다. 교육과정은 상상놀이, 동화, 우화, 설화, 모방, 예술 활동, 뜨개질이나 빵 굽기 같은 "실제" 작업, 악기 연주, 무용, 연극, 자연 인식, 주기와 계절로 구성된다. 이러한 교육과정은 이 단계의 유아에 대한 Steiner의 생각에 근거하고 있다. Steiner는 어린 유아는 육체적 몸과 의지를 발달시키고 있다고 보았기 때문에, 활동들은 본질적으로 학문적인 것이 아니라 실천 위주이다. Steiner가 의지 발달을 고양시키는 특성이 있다고 믿은 창의성과 상상력을 기르기 위한 기회가 많이 포함된다. 학교에 있는 놀잇감은 상상력 있게 사용되도록 단순하며 개방적이다. 교실에는 호리병박, 솔방울, 나뭇가지, 돌멩이와 같은 자연물이 많이 있다. 이러한 것들은 자연과의 연관을 돕기 위한 것이며, '세계와 하나 되기' 라는 개념과 관련된다.

이러한 유형의 교실 환경에 들어가는 것은 "19세기로 돌아가는" 듯한 느낌에 비유되기도 한다. 놀잇감들이 단순하고 자연적이고, 교사들은 옷을 수선하거나 빵을 굽는 데 바쁘고, 유아들은 상상놀이나 모방 과업에 적극적으로 몰두하기 때문이다. 발도르프 유치원은 가정의 연장처럼 설계된다. 교실에서는 형식적 학문 수업과 관련된 것이 아무것도 없고, 교구나 책조차도 찾아보기 어렵다. 이것은 이 첫 번째 발달단계에서 학문적 수업은 부적절하다는 Steiner의 이론에 직접적인 근거를 두고 있다. 이야기, 시, 노래를 통해 언어와 문자해독 경험을 제공하는 교사와 풍부하고 자극을 주는 환경이 제공되어야 한다. 요리와 상상놀이를 통해 수학적 경험을 하게 된다. 이처럼 미술, 음악, 연극, 과학 경험도 하게 되지만 전형적인 공립학교 환경에서 만연하고 있는 공공연한 방법으로 이루어지지는 않는다.

발도르프 유치원에서 어린이들은 무엇보다도 먼저 "어린이"가 될 것을 기대한다. 교사는 유아 발달단계를 잘 이해하고 평가하고 있다. 이런 점에서 발도르프는 가장 최고가 되고 가장 똑똑하게 되도록 아동기를 재촉하고 몰아붙여서 결국은 불행하게도 많은 유아들이 그야말로 유아기에 머물며 자신의 권리인 유아기를 경험할 기회를 박탈당하는 오늘날의 현실과 비교가 된다.

발도르프 교육은 유아가 거치는 단계들을 총체적으로 고려하여 유아를 바라보며, 모든 것에는 적절한 때가 있다고 믿는다. 예를 들어, 읽기에 대한 발도르프식 접근방법을 보자. 발도르프 학생이 전형적인 공립학교 학생들보다 훨씬 늦은 초등학교 3학년 또는 4학년에 읽기를 시작하는 것은 이례적인 일이 아니다. 발도르프식 준비방법은 비록 시간은 더 걸리더라도 학생이 읽기를 할 시점에 도달했을 때 읽기를 더 잘 할 수 있도록 준비시켜 준다. 본질적인 문제는 얼마나 빨리 읽기를 할 수 있느냐가 아니다. 단기적인 결과는 그렇게 중요한 것이 아니다. 중요한 것은 장기적으로 행복하고, 건강하며, 전인적이고 유능한 아동으로 만들 수 있는 굳건한 발달의 토대를 구축해주는 것이다.

(2) 발도르프 초등학교

7세가 되면 아동은 2학년에서 8학년에 해당하는 다음 단계의 발달과 학교 활동을 시작한다. 이 시기에 아동은 전 기간 동안 계속 같은 교사와 급우들과 함께 지낸다. 이렇게 하는 것은 (두 번째 7년 주기의 핵심 요소인) 긴밀한 관계를 지속시키도록 하기 위한 것이고 아동의 학교 활동을 더 일관되게 하기 위한 것이다. 이는 또한 교사가 7년 동안 학생과 함께 성장하여야 하기 때문에 교사도 머무르지 않고 지속적으로 성장하도록 돕기 위한 것이다.

Steiner의 이론에 따르면, 이 두 번째 단계에서 아동은 이제 학문적 주제들을 학습할 준비가 되어 있다. 아동은 적절한 유치원 경험을 통해 확고한 기초를 다졌고, 이를 토대로 삼을 수 있다. 외부 세계에 대한 아동의 인식은 지속적으로 성장하고 있다. 또한 '느낌' 에 대한 정신적 감각이 발달하고 있으며, 그래서 정서를 유발하는 주제, 이미지, 그림이 매우 효과적인 학습도구가 된다. 이 시점에서 다루어지는 주요 학문 영역은 전형적으로 읽기, 쓰기, 언어 기술, 수학, 지리, 역사, 과학이다. 학생들이 내용을 가능한 최대한으로 탐색하고 터득하게 하도록 학습자료를 제시하는 것이 교사의 도전적 과제가 된다.

전형적인 발도르프 초등학교 1학년부터 8학년까지의 전형적인 일과는 다음과 같다. 매일 아침, 교사는 학생이 학교에 도착하면 학생의 기분과 상태를 통해 학생에게 무엇이 필요한지를 민감하게 파악하면서 개별적으로 인사를 나눈다. 그러고 나서 아침의 글을 암송하기 위해 학급 전체가 모인다. 이 글은 보통 1년 내내 학급에서 사용하도록 채택한 영감을 주는 문구이다. 그 다음, 본격적인 수업이 시작되고 2시간 동안 지속된다. 이렇게 2시간으로 배정된 시간은 다양한 방법으로 주제에 접근하도록 하기 위한 것이다. 즉 강의뿐만 아니라 주제와 관련된 다양한 활동이 이루어질 수 있다. 보통 같은 주제가 3~4주에 걸쳐 탐색되며, 그 후 새로운 주제가 선택된다. 그 다음 보통 각 45분으로 구성된 두 차시의 수업이 그 뒤를 따르고 그 사이에 점심을 먹기도 한다. 오후가 되면 만들기나 기술 과제가 포함되기도 하는 미술, 음악, 실과와 같은 덜 지적인 주제들이 다루어진다. 수업시간과 활동은 학급의 발달 수준에 따라 조정된다.

(3) 발도르프 교사교육

발도르프 철학이 잘 조직되고 서로 맞물린 구성요소들을 매우 많이 포함하고 있기 때문에, 발도르프 교사는 철학과 이론이 담고 있는 이상을 적절한 방법으로 교실활동으로 구체화시키는 방법뿐만 아니라 자신의 교수법 배후에 있는 철학과 이론에 대해 훈련받아야 한다. 현재 전 세계에 50개가 넘는 교사교육 학교가 있으며, 최소한 8개가 미국에 있다. 캘리포니아 주에 있는 Rudolf Steiner College가 그 중 하나이다. 이 대학은 교사, 교사교육자, 인지학 운동 추종자, 그리고 Steiner와 Steiner 이론의 적용에 관심을 가진 사람들을 교육시키는 다양한 프로그램과 수업을 제공한다. 프로그램은 전일제로, 시간제로, 여름에, 혹은 주말 세미나를 통해 이수할 수 있다. 발도르프 교육에서의 교사교육은 Rudolf Steiner의 강연과 저서에 초점을 둔다. 그의 아동발달이론에 대한 굳건한 이해가 유아교육 실제를 안내하도록 하기 위해 요구된다. Steiner의 아동발달이론을 철저히 이해하는 것에 기초하여, 교사는 아동 개개인의 요구를 더 잘 인식할 수 있다.

(4) 다양성

발도르프 교육은 독일에서 창시되었고 세계의 다양한 문화에 맞추어 수정, 적용되었다. 미국에서는 몇 가지 형태로 적용되었다. 공립학교에서 교회 분리와 주 정부의 규정에 상응하기 위해, 발도르프는 종교적이고 영적인 탐색을 모두 버렸다. 그러한 심대한 변화에도 불구하고, 발도르프 프로그램은 매우 성공적이었다. 특히 도시 내 공립학교에서 유럽 중심적인 문학이나 역사 대신 미국 문학과 역사, 그리고 다양한 관점을 포함하여 크게 성공하였다. 여기에 더해 다문화 관점과 관심이 추가되었다. 반면 사립학교는 고스란히 영적인 측면을 간직하면서 미국과 다문화 관점을 더하였다. 전반적으로, Steiner 교육철학의 기본적 신조들이 미국 발도르프 교육의 중심에 남아 있으며 특히 사립학교에서 그러하다.

발도르프 교육은 유럽, 아프리카, 중동, 일본 및 호주와 같은 수많은 다른 문화에도 성공적으로 적용되었다. 이 문화들에서 발도르프 학교는 처음에는 똑같이 독일 초창기의 근본 사상, 개념, 철학을 그대로 추구하였다. 교육과정은 각 개별 국가의 문학과 문화를 포함시켜 수정되었지만, 교과 내용과 학습 자료는 비슷하였다. 발도르프 교육이 학생들에게 특정 신앙을 요구하지는 않지만, 종교와 관련된 인지학적 경향 때문에 대부분 기독교적 신앙을 받아들이는 나라에서 발도르프 교육을 찾아볼 수 있다. 각 학교의 교육과정과 운영은 고정되어 있지 않고, 혁신을 위한 여지를 남겨 두기 때문에 각 학교마다 다르다. 발도르프 교육과정은 기본 철학을 바꾸지 않으면서 다문화적 관점을 수용할 수 있게 쉽게 조정될 수 있다.

많은 사람들이 간결함 때문에 발도르프의 이상을 쉽게 터득하고 받아들인다. 과학기술, 바쁜 하루일과, 경쟁 및 패스트 푸드의 시대에 소외감과 상실감은 증가한다. 발도르프 교육은 가장 중요한 것에 집중하도록 도우며 성급함을 제거하고, 우리가 어디서 왔고 삶이란 무엇인지 상기시킨다. 발도르프는 유아에게 자연이 어떻게 우리를 도와주며 우리가 어떻게 자연을 도와야 할지를 가르치며, 자연의 리듬과 순환을 깨닫고 세상과 하나 되는 법을 가르친다. 발도르프 교육은 우리가 한 개체로서 누구인지에 대해 배우는 것이며, 무엇을 할 수 있고 무엇을 아는지에 대해서 깨닫는 것이며, "우리 자신을 찾는 것"이고, 그래서 우리 내면의 영혼을 인식하는 것이다. 이는 "장미의 향기를 맡는 것"처럼, 여유를 가지고 삶의 근원을 음미하며, 지역 문화적 경계를 초월하는 이상을 인식하는 것이다.

2. 프로그램 특징

1) 학습자를 위한 돌봄 공동체 형성하기

유아교육에의 발도르프 접근은 특정한 공동체 요소를 통합하여 설계된다. 물리적 환경, 연령집단 구성, 계획된 활동, 하루일과, 사회적 관계의 중요성이 Rudolf Steiner에 의해 매우 상세하게 기술되었으며, 각 요소는 발도르프 유치원에 없어서는 안 되는 부분이다.

(1) 환경에 대한 유아의 민감성

Steiner는 바깥 공간뿐 아니라 교실 배치와 구성을 포함하는 환경에서부터 시작한다. 미래 학습을 위한 무대가 되기에 환경은 중요한 출발점이다. 교실의 미학은 학습 공간에 대한 전체적인 인상을 주는 데 매우 중요한 역할을 하고, 그 자체로 발달적 요구에 맞추고 유아의 흥미를 채운다. 발도르프 유아교육 환경은 아름다움과 질서(order)에

James E. Johnson

면이나 실크를 늘어뜨린 나무 칸막이는 아동중심 상상놀이를 끌어낸다.

대한 감각을 키운다(Trostli, 1998).

Steiner는 유아가 환경에 매우 민감하며, 오감을 통해 정보를 획득하고, 신체를 통해 환경을 경험한다고 생각하였다. 이러한 이유로 Steiner는 특히 벽의 페인트 색깔, 교구 및 가구 등과 같은 문제를 언급하였다. Steiner는 유아교실 벽은 "벽지 문양이 없이 단순하고 은은한 색깔"이어야 한다고 제안하였다(Grunelius, 1991). 색상은 매우 중요한 역할을 한다. 예를 들어, 화려하며 눈부신 색은 지나치게 자극적일 수 있고, 회색이나 갈색은 음울하게 만들 수 있고, 단순하고 은은한 색은 벚꽃이나 봄 꽃잎을 연상시키는 밝고 경쾌한 느낌이 들게 한다. 이러한 미적인 아름다움은 유아의 상상력을 자극하고, 동시에 차분히 가라앉힌다. 교실의 단순미는 밀랍을 바른 견고한 목재가구, 천연 섬유에 식물 염색을 하여 만든 커튼, 자연물로 수제로 만든 놀잇감 등의 자연물을 추가하면서 이뤄질 수 있다.

발도르프 유아교실은 설계나 기능에서 가정의 연장선으로 보인다. 일반적 환경은 매일 집안일이 가정과 공동체 삶의 리듬을 가져다주는 전통적 가정과 같다. 생활 속도가 가공식품, 합성제품, 상업화된 오락, 한때는 가사일의 상당부분을 맡아줘서 만족감을 제공했던 기계와 장치에 의해 지배되는 바쁜 시대에 발도르프는 유아에게 안식처를 제공해 준다.

(2) 모방과 놀이의 중요성

Steiner는 유아가 공동체 의식을 발달시킬 수 있는 두 가지 유용한 방법을 강조하였다. 하나는 모방이며, 다른 하나는 놀이이다. 유아는 성인들의 일에 본질적으로 호기심이 강하며, 자신의 지식을 심화시키기 위해 보이는 것을 본능적으로 모방한다. 발도르프 교사는 유아에게 모방할 가치 있는 것을 제공하는 것이 매우 중요하다고 느낀다. 따라서 교사는 교실 자료를 고치고, 간식을 준비하고, 테이블을 닦고, 바닥을 닦고, 창틀을 장식하며, 식물을 돌보는 일과 같은 가사·학급 일에 몰두한다. 이런 각 임무는 의미 있고 일상에 필요한 것에 뿌리를 둔다. 교사는 같이 일하도록 유아를 강요하지 않으며 유아가 스스로 교사의 행동을 모방하기를 선택했을 때 항상 환영한다. 이러한 자기 주도적 모방을 통해 유아는 학급 공동체를 위한 자신의 역할을 배울 뿐 아니라 다른 사람에게 의존한다는 것 또한 배운다.

놀이는 유아가 공동체 의식을 발달시키는 또 다른 중대한 방법이다. 놀이는 사회적 상호작용을 연습할 "안전한" 기회를 제공한다. 유아는 놀이의 가장(pretence) 요소를 통해 다른 역할을 시도할 수 있고, 갈등을 해결해 나아갈 수 있으며, 의사소통의 다양한 방법을 시도할 수 있다. 사회 발달 측면에서 놀이는 유아가 사회적 기술을 연습하고 집단 안에서 활동하는 법을 배우는 기회이다. 발도르프 교실에서 진정한 상상놀이를 위해 계획된 긴 시간은 위압적이지 않은 방식으로 정서적 성숙을 발달시키는 동시에 유아가 공동체를 경험하도록 한다.

(3) 혼합연령집단의 이점

학습자를 위한 발도르프 돌봄 공동체(caring community)에 공헌하는 또 다른 요인은 혼합연령집단 조성이다. 발도르프 유치원의 유아들은 3세부터 6세까지로, 이는 유아가 다른 유아들 및 교사와 3년 동안 밀접한 관계를 지속적으로 맺는다는 것을 의미한다. 이러한 환경에서 연령의 계층화는 교실에서 유아에게 형제와 같은 경험을 준다는 점에서 가족적인 분위기를 제공한다. 연령 계층화는 모든 유아가 같은 나이인 학급보다 훨씬 더 자연스럽다. 연령의 다양성 속에서 어린 유아들은 존경하며 본보기로 배울 수 있는 나이 든 유아를 역할 모델로 삼게 된다. 가장 어린 유아의 학습은 나이 든 유아로부터 제공되는 따뜻한 돌봄에 의해 비계설정된다. 나이가 더 많은 유아 역시 이러한 집단 구성으로부터 이득을 얻는다. 나이 든 유아는 돌봄과 책임감 있는 태도를 획득하며 사회적 인지 기술을 향상시킨다. 나이 든 유아 행동을 모방하려고 시도하는 가장 어린 유아에서 출발하여 어린 유아를 주의하여 돌보고 보살피는 가장 나이 많은 유아가 되기까지 3년에 걸쳐 발달하는 유아를 지켜보는 것은 가슴벅찬 즐거움이다.

(4) 리듬과 규칙적인 일과 형성하기

발도르프 유치원에서 절대적으로 필요한 부분인 리듬과 규칙적인 일과는 공동체 의식을 촉진시키는 데 도움이 된다. 교사는 매일, 매주, 매 계절, 매년 반복되는 일과를 구성할 임무를 맡는다. 날마다 "숨을 들이쉬고" "숨을 내쉬며" 보내는 시간의 균형을 포함하는 리듬이 있다. 유아는 이러한 시간 속에 자기 표현과 공유의 순간을 모두 경험한다. 매주 리듬이 있어서, 월요일은 "빵 굽는 날"로, 화요일은 "야채 수프의 날"로, 그 외 다른 날은 유아가 인식하고 기대하는 고유의 날로 지정된다. 이러한 예측은 유아가 두려움을 없애고 사회적 관계 속에서 신뢰를 형성하며 교사를 신임하도록 한다. 유아는 교실 공동체 속에서 안전과 안정감을 느낀다. 즉 유아는 교실 공동체에서 경험하게 될 것을 신뢰할 수 있음을 알게 된다.

2) 발달과 학습을 증진시키는 가르침

발도르프 교육의 모든 전제에 기초를 이루는 것은 유아기에 대한 깊은 존중이다. 발도르프 유치원의 선임 교사인 Sally Jenkinson은 Steiner의 신념을 다음과 같이 훌륭히 표현하였다. "(발도르프 교육에서) 불변으로 남아있는 것은, 유아기가 중요하다는 것과 초기 몇 년은 서둘러 급히 지나야 할 인생의 한 단계가 아니라 자신의 권리로서 충분히 경험해야 할 대단히 중요한 단계라 굳게 믿고 있는 신념이다"(Oldfield, 2001, p. xvii). 발도르프 교사들이 지지하는 유아교육에서의 세 가지 정서가 있는데 이는 존경, 열정, 보호이다. 이 세 단어는 발도르프 교사가 매일 함께 작업하는 유아를 얼마나 존중하고 가치를 두는지를 보여준다.

(1) 존경, 열정, 보호

존경(reverence)은 유아를 향한 교사의 태도로 묘사될 수 있다. Steiner는 유아의 삶에서 첫 7년을 결정적인 시기라고 말한다. 유아는 매우 감수성이 예민하고 모든 감각을 통해 환경으로부터 자극을 흡수하며 온몸으로 환경을 경험하기에, 교사가 유익한 자극을 제공해주는 것이 더욱 중요하다. 교사가 존경심으로 유아를 대할 때, 주의해야 할 점은 유아가 혼동하지 않도록 분명하게 말해주고 모범을 보이고, 발달에서 속도가 아니라 질이 중요하다는 것을 인식하면서 유아가 자신의 속도로 나아갈 수 있도록 허용해야 한다는 것이다.

가르침의 예술에는 많은 도전이 존재한다는 것을 인식한 Steiner는 가르침에 부름을 받은 사람은 열정(enthusiasm)을 가지고 자신의 역할을 받아들여야 한다고 주장한다. 모든 사람이 교사가 될 수 있는 본성을 갖고 있는 것은 아니며, 직업을 선택한 사람은 진실로 헌신적이며 자신이 맡고 있는 책임에 대해 열정적이다. 교사의 열정을 느끼며 그 열정에 함께 빠져드는 유아에게 그러한 열정이 전달될 것이다. 유아기의 진정한 정신은 경이감, 탐구심, 순진함이며, 이 정신을 통해 유아는 열정과 경외심으로 세계를 탐구하는 능력을 갖게 된다.

교사의 세 번째 의무는 자신이 신체적, 정서적, 사회적, 정신적으로 돌보는 모든 아래 모든 유아를 보호(protection)하는 것이다. 발도르프 유아교실은 유아의 건강한 발달을 저해하는 모든 환경으로부터의 신성한 안식처이다. 교사는 유아가 자신의 미래 학습을 지원할 초석을 세우는 데 충분한 시간을 갖도록 허락하여 서두르지 않는 차분한 속도로 스트레스 없는 환경을 제공한다. 유아는 기준목표, 시험, 읽기 필요성에 대한 압력을 느끼지 않을 뿐 아니라 상상력을 불러일으켜 꼬마 요정과 난장이의 동화나라로 데려가 주는 풍부한 읽기 · 쓰기 경험을 즐긴다. 유아는 빠른 속도의 과도한 자극과 폭력적 이미지를 주는 텔레비전이나 컴퓨터 게임으로부터 보호받는다. 그 대신, 사과 꽃이 만개한 향기로운 나무 아래서 땅을 파고 지렁이의 느리고 느긋한 움직임 속에서 그 목적을 발견한다. 또한 발도르프 유치원에서 유아들이 먹는 음식은 화학처리되지 않으며, 살충제나 농약, 유전자 조작으로부터 안전하다. 음식은 자연적이고 순수하여 아이들의 건강한 신체 발달을 조성한다.

(2) 매력적이고 민감한 환경의 제공

발달과 학습을 조성하는 가르침을 위해 교사는 매력적이고 민감한 환경을 창조해야 한다. 발도르프 교실에서 이러한 가르침은 많은 형태를 가진다. 이전에 논의된 예술적 아름다움과 따스하게 환영하는 분위기는 중요한 요소의 하나이다. 또 다른 것은 교사가 유아에게 제공하는 놀잇감과 재료이다. 발도르프 유치원은 만지고, 조작하고, 창조하고, 상상하고자 하는 유아의 손과 마음을 이끄는 재료들로 가득하다. 나뭇가지, 조개껍데기, 이끼와 같은 자연물이 담긴 바구니들이 유아가 놀이에 통합시킬 수 있는 장소 곳곳에 배치되어 있다. 이동식 나무 탁자는 면이나 실크 같은 자연 섬유로 만든 천으로 장식될 것이다. 탁자는 유아가 집, 상점, 우주선, 무대 등을 만들 때 다양한 형태로 배치될 수 있다. 놀잇감은 나무로 만든 다양한 형태의 수제품이며, 유아를 위해 오늘날 마트에서 파는 상업적 장난감과는 달리 창의성을 불어넣는다. 상업적 장난감은 단 한 가지 목적만을 가지며 매우 현실적이라서 유아에게 경험을 추가하는 것 외에는 남는 것이 없다. 이러한 상업적 장난감은 발도르프 교실에서는 찾을 수 없을 것이다. 그 대신, 어떤 나무 놀잇감이 어느 날은 유아에게 전화기가 되기도 하고, 그때의 바람이나 필요에 따라 다른 날에는 비행기로 변신하기도 할 것이다. 놀잇감에 대한 이러한 관점은 유아에게 개방적 사고의 기쁨을 제공해준다. 어떤 일을 하는 데는 꼭 한 가지 방법만 있다고 배우기보다 가능성은 끝이 없다는 것을 배우게 된다.

(3) 유아의 감각 경험과의 연계

교실 환경의 또 다른 양상은 유아는 본질적으로 자신의 감각 경험과 연계되어 있다는 것을 의미하는 "총체적인 감각기관(wholly sense organ)" 이라는 Steiner의 신념과 관련이 있다. 유아는 "감각으로 통합되기에 감각이 전달하는 것에 의해 깊이 영향 받는다. 유아의 심리적 발달은 가까운 주변 환경의 영향을 받는다" (Oldfield, 2001, pp. 101-102). 밝게 색칠된 벽, 부드러운 놀이 헝겊, 풍부한 수채물감, 빵 굽는 냄새, 원형 시간(ring time)에 치는 손뼉 리듬 등의 발도르프 교실의 자연물은 감각적으로 지나친 부담을 주지 않으면서 감각적 자극을 제공한다. 환경과 그 안에서 일어나는 모든 것에 대한 유아의 취약성 때문에, 발도르프 교육자들은 가치 있는 감각 경험을 제공하는 데 중대한 책임감을 가진다.

또한 유아가 매일 만나는 감각 경험의 양을 고려하는 것도 중요하다. 발도르프는 빠른 속도로 스릴을 찾는 사회에서 제공되는 이미지, 냄새, 소리, 맛, 감촉의 홍수로부터 유아를 보호하려고 한다. 유아는 과도하게 자극될 수 있다. 유아는 환경 요소에 의해 과도하게 자극될 수 있으며 그러면 신체는 이를 차단하는 반응을 보인다. 유아는 위축되어 자극에 병적으로 집작하거나 허공을 멍하니 바라보는 등 무기력한 사람처럼 넋을 잃게 된다(Healy, 1999). 유아는 또한 자기 조절력을 잃고 사회적으로 허용되지 않는 방식으로 행동하는 반응을 하기도 한다. 차분한 자연적 환경을 가진 발도르프 교육은 유아들이 너무 쉽게 내면화시키는 흥분성에 대한 해독제인 셈이다.

(4) 또래와의 협력

발도르프 교사는 또래와의 협력을 건강한 발달과 학습에 중요한 부분으로 인식하여 유치원에서 장려한다. 교사는 유아들이 함께 작업하고 놀이할 수 있는 기회를 많이 제공한다. 아침 빵을 굽기 위해 밀가루 반죽하기와 같은 교사의 일을 모방하려고 할 때, 유아들은 단합된 목적을 갖고 친구들과 함께한다. 가장 나이 어린 유아부터 유아들은 공통 활동의 안락함을 즐기면서 나란히 앉아 자신의 빵조각을 반죽한다. 나이 든 유아들은 순서를 기다리거나 "임무"를 정하는 것과 같이 함께 일하는 데 필요한 주고받는 법을 배우게 된다. 이러한 사건과 기회는 유아의 사회적 · 정서적 경험을 폭넓고 깊게 하며 그로 인해 발달이 풍부해진다.

(5) 행하면서 배우기

발도르프 교사는 유치원 교실에서 가르치는 방법으로써 직접 교수를 채택하지 않는데, 이러한 형태로 유아가 학습하기를 요구하는 것이 비생산적이라고 보기 때문이다. 대신에 발도르프 교사는 유아의 자기 발견을 조장한다. 유아가 모방이나 놀이에 몰입할 때, 유아는 전력을 다할 것이고, 강제로 할 때보다 훨씬 더 많은 것을 얻을 것이다. Steiner는 유아는 행함으로써 배우며, 유아가 정확하게 하든 틀리게 하든 여전히 가치

발도르프의 초록 공간과 정원은 민감성, 자유로운 사고, 창의적인 반응을 키운다.

James E. Johnson

자연 환경과 자연물은 발도르프 프로그램에서 높이 평가된다.

있는 정보를 얻을 것이라는 생각을 지지한다. 교사의 역할은 하루 종일 유아가 행할 수 있는 기회가 풍부한지 확실히 해두는 것이다.

(6) 책임감과 자기 조절력

발도르프 유아교육과정에 가장 우선시되는 목표 중의 하나는 유아가 책임감과 자기 조절력을 발달시키도록 돕는 것이다. Steiner는 강연과 집필에서 이 주제에 대해 큰 관심을 가졌다. 다시 이것은 왜 유아가 어떤 활동이든 참여하기를 강요당해서는 안 되는 이유일 뿐 아니라 자신의 활동을 선택하는 자유가 주어져야 하는 이유이다. 유아는 선택권을 가짐으로써 스스로 자기 통제를 연습하기 시작할 수 있다.

발도르프 접근법에서 중요한 부분은 책임감과 자기 조절력의 발달을 하나의 과정으로 인식하는 것이다. 그러려면, 유아는 충분한 시간과 장소, 그리고 선택권을 연습할 기회를 필요로 하며 성인의 주의 깊은 감독과 지도아래 독립심과 상호의존을 발휘할 기회를 필요로 한다. 유아는 제한된 자기 통제력을 갖기 때문에 교사가 발달수준에 적당한 목표를 설정하고, 이 목표에 점점 근접해가도록 한다. 더욱이 발도르프 교사는 가치 있는 교수 방법인 모방으로써 유아를 점차적으로 안내하여 이러한 변화를 가져올 수 있다. 집단 조절(group-regulation)처럼 자기 조절력도 움직임에서 자기 통제의 발달을 필요로 한다. 예를 들어, 움직이지 않을 때를 알고 부적절한 행동을 보류하는 것과 같은 것을 의미한다(oldfield, 2001, p. 56). Lynne Oldfield는 이러한 개념을 예증하는 훌륭한 일화를 제공한다.

어느 날 아침 간식시간에 혼합연령집단(3~6세) 유아들이 테이블 주변에 모여 있었다. 테이블 한쪽에는 3세와 4세 유아들이 앉았다. 한 남자아이가 우연히 자신의 의자에서 떨어졌고, 그 다음 "바보 같은, 바보 같은 의자!"하면서 자신의 의자를 때리기 시작하였다. 그 즉시 다른 모든 3, 4세 유아들이 바닥으로 자기의 몸을 던져 일부러 떨어진 다음 계속 웃으면서 자기 의자를 탕탕 치기 시작했다. 테이블 건너편에는 두 여아가 교사 옆에 앉아 있다(6세가 된 이후 가장 좋아하는 자리이다). 한 유아가 말하기를 "나도 의자에서 떨어지고 싶지만, 난 안 그럴거야." 그리고 그 친구는 대답했다. "나도 그래. 나 역시 안 그럴거야!" (2001, p. 57)

3) 적절한 교육과정 구성하기

발도르프 유아교육과정은 전인적 유아를 가르치기 위해 설계되었다. "머리, 가슴, 손" (Easton, 1997)은 각 개별 유아의 사회적, 정서적, 영적, 도덕적, 신체적, 인지적 양상의 발달을 말한다. 이것은 하나의 교육과정을 통해 인간의 중요한 요소들을 기르는 것을 의미하며, 교육과정은 표면상으로는 매우 간단한 것처럼 보이지만 실제로는 놀랍도록 복잡하다.

(1) 전인적 유아 기르기: "머리, 가슴, 손"

교육과정은 단지 몇 개의 활동으로 설명될 수 있지만, 그 깊이는 긴 설명을 필요로 한다. 전형적 유치원의 하루는 "숨 내쉬기(자기 표현의 시간)"와 "숨 들이쉬기(더 조용한, 교사가 지도하는 반성의 시간)"가 엇갈리는 친숙한 활동의 리듬이 특징이다.

한 시간 동안 자신의 활동을 자유롭게 선택할 수 있는, 방해받지 않는 시간으로 아침을 시작한다. 유아들이 간식을 준비하는 교사를 모방하면서 예술적 노력에 열중하는 것을 볼 수 있다. 혹은 자신의 상상력 한계 안에서 가슴 뛰는 즐거운 경험을 한다. 이 시간은 모든 방식의 발달적 성장을 고려하는데, 예를 들면, "음식점"에서 필요한 사회적 기술을 연습하는 것부터 블록으로 현수교를 만들면서 기본적 토목기술을 배우는 것까지도 포함한다. 반면 놀이에서의 자유는 성취에 대한 어떠한 압박감도 경감시키며, 유아에게 자기 주도성의 날개를 달아준다. 그리고 교사는 이 활동에서 동그랗게 모이는 원형 시간인 다음 활동으로의 전이(transition)를 신호해 주기 위해 조용히 친숙한 노래나 시를 들려준다.

전이 자체도 교육과정에 있어 중요한 부분이다. 예컨대 교사가 조심스럽고 신중하게 미술 준비물을 제자리에 배치하고 간식준비에 사용한 그릇과 숟가락을 닦을 때 유아들은 사물에 대한 존중을 느낄 수 있으며 교사의 의도성을 모방할 수 있다. 교실이 질서를 되찾으면 모두가 함께 둥글게 원형으로 모인다.

유아들이 교사가 주도하는 활동에 대집단으로 참여할 때 모이는 원형 시간은 매일 일과의 한 부분이다. 이 시간은 제일 어린 유아도 언어와 리듬을 습득할 수 있도록 반복되는 아침 시 낭송으로 주로 시작한다. 원형 시간은 율동, 노래, 시 또는 손유희를 수반하며, 유아가 집단에 참여함으로써 얻게 되는 공동체 의식을 즐기면서 자신의 학습을 내면적으로 주도할 수 있는 역동적이지만 예측가능한 아침시간이다.

다음에 교사는 유아가 자연 세계를 자유롭게 탐색할 수 있는 바깥으로 안내한다. 유아는 변화하는 계절을 한껏 즐기며 각 계절이 주는 기쁨으로 편안함을 만끽한다. 바깥에서 색이 변하는 가을 잎사귀, 금방 깎은 잔디의 냄새, 발가락 사이 진흙의 느낌, 혀에서 느끼는 달콤한 눈송이의 맛 등은 유아의 감각에 자극을 준다. 다시 유아는 분주하게 놀이를 하며 모방을 할 것이다.

교실로 돌아와 유아들은 씻고 나서 간식을 먹기 위해 작은 책상과 의자에 자리를 잡는다. 교사는 촛불에 불을 붙이고 감사의 시를 함께 낭송한다. 유아들이 준비를 도왔던 간식이 제공되면 자기 몸에 자양분을 주듯 서로간의 교제를 즐길 것이다. 유아들은 함께 아침시간을 마무리하기 위해 간식에서 다시 원형으로 전이한다. 이 시간에 유아는 교사가 자신에게 들려주는 이야기를 마음속에 상상하면서 최대한 정신력을 몰입시킨다. 교사는 책을 읽어주는 것이 아니라 상상력이 풍부한 어휘를 신중하게 포함시키며 유아들이 마음속에 그림을 그릴 수 있도록 이야기를 들려준다. 이야기가 끝났을 때, 유아는 자신의 소지품을 챙겨서 마음속에 생생히 살아숨쉬는 동화 속 인물들을 간직한 채로 유치원을 떠날 것이다. 겉보기에 단순해 보이는 이 교육과정은 많은 내용

James E. Johnson

유아들은 학교 관현악단과 음악수업에서 자신이 연주하는 플룻을 넣을 긴 양말을 짠다.

을 통합하고 있다.

(2) 전인 발달 조장하기

발도르프는 전인적 유아의 발달을 추구하는데 이는 단순히 인지적 능력뿐 아니라 모든 정신능력의 균형을 의미한다.

사회적 발달은 상상놀이를 통해 자극되고 연습된다. 유아는 갈등이 일어나면 이를 겪으며 해결책을 찾아야 한다. 간식시간에도 유아는 다른 사람과 대화를 하면서 사회적 대화를 주고받는 것을 배운다.

정서적 발달은 각 유아가 교사나 또래와 형성하는 우정을 통해서 발전하는 친밀한 개인 관계 속에서 지지된다. 유아는 발달하면서 안전하고 안정되며 스트레스가 없는 환경에서 감정이 일어날 때 감정에 대해 통제하는 법을 더 잘 배운다. 유아는 감정에 맞는 적절한 행동을 내면화하면서, 상황에 맞게 행동하고 역할에 따라 다양한 감정을 표현한다. 유아는 예술을 통해 감정에 대한 지식을 익혀간다. 발도르프 유아교육과정 전체에 예술적 요소가 스며들어 있다. 교실 설계와 장식에서부터 제공되는 예술 경험까지를 통해 유아는 색과 모양을 느끼는 것을 배운다. 유아는 예술이 내면에 있는 것을 표현하는 한 형태임을 배운다.

영적 발달은 유아기, 자연, 교실에 있는 사물, 간식으로 먹는 음식 모두에 대해 교사가 갖는 경외심을 유아가 모방하는 데서 촉진된다. 일상에 스며들어 있는 감사의 마음을 배울 수 있다. "실제로, 감사한 마음 표시를 위한 몸짓이나 언어를 모방할 수 있는 유아는 운이 좋다고 할 수 있는데, 유아기부터 자기 자신이 원하는 것에 집중하기보다는 인생의 많고 다양한 고마운 것에 관심을 쏟도록 배우기 때문이다" (Pusch, 1993, p. 28). Steiner는 유아의 영적 본성에 대해 자주 썼으며, 성인이 유아의 발달에서 영적 요소를 존중하고 양육해야만 하는 책임감에 대해서도 언급하였다. 영적 발달은 사회적 책임과 세계에 대한 관심을 나타내는 것으로, 이 두 개념 형성을 위한 토대가 발도르프 유치원 교실의 공동체에 있다.

자기 조절의 중요성은 앞서 논의되었다. 유아는 자기 행동을 통제하는 방법과 적절한 선택을 하는 방법을 배워야 한다. 발도르프 교육은 **도덕적 발달**을 위한 기초를 다지도록 설계된다. "목표가 책임감, 내면의 자제심, 자신의 몫을 다하려는 의지, 결국 자신의 삶에 방향과 목적을 갖는 능력이라면, 이러한 발달의 토양은 생의 초기에 준비되어야만 할 것이다" (Pusch, 1993, p. 27).

신체적 발달은 움직임을 통해 길러진다. 발도르프 교사는 유아가 움직임을 통해 공간관계를 배울 수 있다는 것을 인식하며, 유아가 만지고 움직이는 것이 무엇이든 간에 그 본질을 내면화한다는 것을 안다. 유아는 매우 활동적이며, 발도르프 교사는 이러한 움직임이 많은 활동을 오전 내내 지원한다. 많은 예술적 프로젝트는 소근육 기능의 발달을 촉진하는 반면에, 바깥에서 보내는 상당히 많은 양의 시간은 대근육 운동 및 발달을 조장한다.

인지적 발달은 직접 교수로부터가 아니라 자기 조절된 발견과 모방을 통해서 이루어진다. 유아는 삶에서 지식을 구하는 것을 지속하고 고무시킬 배움에 대한 애정을 형성해야만 한다. 교사는 유아 자신의 속도를 존중해주고 이후의 발달과 교육 단계에 대한 기대 속에서 풍부하고 자극적인 환경을 제공하는데, 이러한 환경은 유아가 강건한 초석을 세우도록 많은 기회를 제공한다.

(3) 폭넓고 다양한 학문영역 통합하기

놀이, 모방, 예술 및 이야기로 구성된 발도르프 교육과정을 통해 유아는 폭넓고 다양한 학문영역 경험을 갖는다. 오늘날 많은 학교가 통합 교육과정을 개발하기 위해 고심하고 있다. 종종 교사들은 자신의 학문영역과 동일시된다. 반면, 발도르프 교사는 항상 수학, 과학, 문학, 예술 등을 조직된 전체의 일부로 가르친다. 예를 들어, 읽고 쓰기와 수리적 사고능력의 기초는 손인형극을 보여주고 간식시간에 책상에 간식준비를 하는 것과 같이 매일의 경험에 달려 있다. 과학과 관련된 개념은 잘게 썰고, 측정하고, 쏟아 붓고, 무게를 재는 일과 같은 요리하기를 포함하는 많은 활동에 내재한다. 문제해결 기술과 발산적 사고는 많은 상상력을 발휘하게 해주는 단순한 개방형 구조의 놀잇감 활용을 통해 학습된다.

(4) 인지적 진솔성 유지하기

Steiner는 교육과정의 주 요소로 인지적 진솔성을 매주 중요하게 여겼다. 어린 유아들은 자기 주변 사람들의 행동을 모방하기 때문에 교사는 모방할 가치가 있는 행동을 제공해야 한다. 교사는 매일 학교와 가정을 보살피는 데 필요한 일상의 임무에 대한 모델역할을 하는데, 이는 고치는 일과 청소하기, 요리하고 빨래하기를 포함한다. 이 모든 일은 모방할 가치가 있는 의미 있고 유목적적인 과제이다. 가족 농장의 쇠퇴와 도시 생활의 경향으로, 유아는 모방할 만한 양질의 모범적 행동을 거의 보지 못하고 있다. 유아가 잘 수행된 과제에 대한 만족감을 고무시키려면 실제 삶 속에서의 경험과 활동을 할 필요가 있다.

(5) 다양성 포용하기

발도르프 교육은 함께하는 유아와 공동체의 문화 및 전통에 쉽게 조화되기 때문에 하나의 다문화 프로그램 모델로 간주될 수 있다. 발도르프에 친숙하지 않은 사람은 종종 이를 이해하는 데 어려움을 겪는데, 특히 발도르프 교육과 그 기독교적 근원을 혼동할 때 그러하다. 사실, 발도르프 교육을 이끄는 인지학의 세계관이나 철학은 전혀 하나의 종교가 아니다. 인지학은 한 종교의 교의를 의도적으로 피하면서, 모든 인간은 영적 핵심을 가지며, 그 핵심은 세계의 여러 종교나 철학과 조화를 이룬다는 아이디어를 고무시킨다. 인지학 자체는 발도르프 교육에서 가르치지 않지만, 그 영향은 교육과정과 축제에서 볼 수 있다. 축제의 대부분은 종교적 축제일을 중심으로 이뤄지지만 단지 기독교적인 것만은 아니다. 발도르프 교사는 "가능한 한 깊은 존경과 깊이를 가지고 다양한 세계 문화를 조심스럽게 탐구한다" (Ward, 2001, p. 3). 발드르프 교육의 목적은 '자유를 향한 교육' 을 유아에게 제공하는 것인데, 이는 유아의 강한 독립적 판단을 발달시키도록 돕는 데 그 교육 목적이 있기 때문이다. Rudolf Steiner는 이를 성취하는 가장 좋은 방법은 유아 자신이 신봉하는 세계의 다양한 종교, 가치, 전통을 접하게 하는 것이라고 믿는다. 따라서 "발도르프 교육이 기독교적이냐?" 는 질문의 대답은 "아니요" 이다. 이 질문의 답은 유아에게 구약과 신약 성서 모든 이야기를 소개하고, 어떤 놀이나 축제에서 성서에서 나온 사건이 중심을 이룰지라도, 이러한 경험은 단지 세계 문화와 종교적인 전통에 대한 탐구에서 일부일 뿐이라는 이해에 기초하고 있다.

> 더 적절하고 의미 있는 접근은 다음과 같이 질문하는 것이다. 발도르프 학교에서는 하나의 모델과 영감을 유아에게 주기 위해 어떤 이미지의 인간을 추구하는가? 이에 대한 답변은 분명하다. 애정 있고 인정 많고 겸손하며 공손하며 몰두하며 관대하며 평화적이며 기뻐하며 인내심이 있고 낙관적이고 정직하며 사려 깊고 안정되고 우주, 자연, 인류와 조화로운 인간의 이미지이다. 종교와 윤리적 규약의 부재는 이러한 기본적이고 보편적 가치를 침해하는 것일 수 있다. (Ward, 2001, p. 3)

수많은 발도르프 학교가 전 세계 여러 나라에 있다. 각 학교는 문화, 언어, 사상에서 독특하지만, 모두 Steiner의 이상을 지지한다. 인도 슐로카(Sloka)[1]를 지지하는 암스테르담의 한 교사인 Tina Bruinsma는 다음과 같이 적고 있다.

> 발도르프 교육과정은 교육에 의미를 가져다준다. 인도의 맥락에서 발도르프 교육과정은 교육과정이 영국식으로 되지 않을 수 있게 하며 노동의 존엄성을 장려한다. 교사와 유아는 각기 다른 13가지 언어와 7가지 종교를 가진 채 학교에 오지만,

1) 역주: 힌두교에서는 인도에서 가장 오래된 신화적 제식문학(祭式文學)의 집대성이자 우주의 원리와 종교적 신앙을 설명하는 철학 및 종교 문헌인 베다를 읽을 때 호흡을 맞추기 위해 음의 고저를 넣어 노래로 읽는데, 이를 산스크리트어로 슐로카(Sloka)라고 한다. 슐로카를 일상에서 암송하는 것은 삶의 목적을 깨닫게 한다고 믿는다.

> 발도르프 형태의 교육은 이러한 다양성을 포용할 수 있다. 교육이 단지 성취, 기억, 경쟁의 경계선을 긋는 시험을 의미해온 나라에서 발도르프 학교는 교육 이면에 있는 더 깊은 의미를 가져다준다. (Oldfield, 2001, p. 28)

남아프리카 Cape 시의 창의성 교육 센터의 교사교육자인 Ann Sharfmann은 다음과 같이 적고 있다.

> 우리의 과제는 발도르프 교육이 남아프리카의 옛 인종차별 정책에 따른 흑인 거주 지역 환경과 같이 덜 부유한 환경에서도 이뤄질 수 있다는 것을 증명하는 것이다. 발도르프 교육은 실행되고 있고, 효과적으로 되고 있다. 절대로 유럽의 발도르프 유치원 모델처럼은 아니며, 절대로 아직 우리가 바라는 만큼도 아니다. 하지만 우리는 우리 자신의 소박한 방법으로 차이를 만들어내고 있으며, 이로 인해 주목받고 있다. (Oldfield, 2001, p. 21)

점진적으로 인형, 손인형, 블록 및 다른 놀잇감을 소개해주는 것은 유아가 다양한 놀이세계에 들어가 새로운 방식으로 자신의 아동기를 경험하도록 한다. Ann Sharfmann은 다음과 같이 언급하였다.

> 유아들이 매일 동그랗게 모이는 원형 시간과 동화를 듣거나 손인형을 가지고 놀이하는 시간을 갖고, 그림을 그리고, 모형을 만들고, 색칠을 하는 기회를 갖는 몇몇 교실에서 그 차이는 놀랄 만한 것이었다. (Oldfield, 2001, p. 21)

발도르프 교육과정은 본질적으로 다양성을 포용하며, 돌봄의 공동체를 창조한다.

3. 유아 학습의 평가

발도르프 유아교육과정의 목적은 기초 수학능력과 시험 치르는 기술을 가르치려는 것도 아니며, 학생들을 정부가 제시한 다양한 연령, 단계 또는 학년에 맞는 '기준목표' 에 맞추려고 하는 것도 아니다. 사실상, 표준화 검사는 어느 학년의 발도르프 교육에도 포함되지 않는다. 그러나 많은 발도르프 졸업생들이 대학교육을 받으려고 하고, 학업적성시험(SAT)에서 충분히 높은 점수를 받고, 하버드나 예일과 같이 높이 인정받는 대학에 입학허가를 받는다는 것은 주목할 만큼 흥미 있는 일이다(Oppenheimer, 1999). 사실, 발도르프 교육연구소가 발표한, 미국과 캐나다에 있는 550개 발도르프 고등학교 졸업생들에 대한 최근의 설문조사 결과에 따르면, "설문에 참여한 졸업생의 94%는 대학에 다니고 있다" (Gerwin & Mitchell, 2007).

학생들이 교육과정 목표를 성취하고 있는지 확인하기 위해 유치원에서조차 평가는 필수적이다. 발도르프 교사들은 자신들이 가르치는 학생 개개인의 발달 정도를 매우 잘 알고 있다. 그렇다면 교사들은 전통적인 평가 방법을 사용하지 않으면서, 어떻게, 왜 그렇게 할 수 있을까? 답은 다음과 같다.

발도르프 교육의 목적은 유아를 개별성, 자존감, 전인성의 맥락에서 양육하는 것이다. 모든 측면에서의 성장과 학습 즉, 사회적, 정서적, 영적, 심리적, 신체적, 그리고 인지적 발달을 위한 풍부한 기회를 매일 제공한다. 유아는 미술, 음악, 체육, 탐구, 경험을 통해 학습하고 리듬과 반복되는 일과와 감사의 마음과 아름다움을 통해 학습한다. 유아는 서로를 존중하는 것을 배우고, 경쟁이 아닌 공동체 안에서 자신의 힘을 발견한다. 전통적 평가 방법은 한 유아를 다른 유아와 경쟁시키고, 스트레스를 주며, 자기 부정의 감정을 만들어내게 된다. Steiner는 모든 개별 유아는 잠재성이 충만하기 때문에 각자가 가진 고유의 속도로 펼쳐낼 수 있도록 하려면 그저 양육적인 환경과 자유를 주기만 하면 된다고 기술한다. 이것이 바로 유아에 대한 존중을 의미하는 것이다. 발도르프 교사는 장기적 관점에서 교육을 보며 정원사와 같은 인내심을 가진다. 학습의 씨앗이 기름진 토양에 심어지고 새싹이 돋아나면, 오랜 성장의 계절을 보내고 난 후, 모두에게서 과실이 열리게 되고 풍성한 수확이 있을 것이라고 믿는다(Petrash, 2002).

수많은 유아교육 프로그램에서 이 과정을 인정하지 않고 유아들을 아직 준비도 안 된 학습으로 재촉한다. Steiner는 이를 다음과 같이 경고하고 있다.

> 비록 현대 문명의 사람들이 성인이 된 후에는 완전히 깨어 있어야 하거나 '빈틈없어야' 한다고 할지라도, 유아가 성년기로 천천히 성장해나갈 수 있도록 가능한 한 완만하게 꿈 같은 경험을 가질 수 있도록 할 필요가 있다. 유아는 가능한 한 오랫동안 지적 편중 없이 자신의 상상과 회화적 능력 안에 머물러 있을 필요가 있다. 이것에 대한 전제는 지적 편중 없이 유아의 힘을 키워주면, 유아가 이후에 적절한 방법으로 지적으로 성장하게 될 것이라는 것이다. 만약 그렇게 하지 않는다면, 당신은 한 사람의 남은 삶의 영혼을 망치는 것이다. (Trostli, 1998)

발도르프 교육은 유아가 준비되면 하게 될 필연적 학업 기능을 개발하기 위해 사전에 반드시 갖춰야 할 튼튼한 기초와 학습에 대한 애정을 유아가 가질 수 있도록 하는 것이 중요하다는 인식에 기초한다.

이러한 관점에 비추어, 발도르프 교사는 유아 평가에 대해 매우 다르게 접근한다. 교사는 학생들을 미리 정해진 학습 기준에 맞추도록 압력을 가하기보다는 Steiner의 아동발달이론을 지침으로 삼아 교육과정과 교수방법을 개별 유아의 속도에 맞추어 조절한다. 교사는 유아가 학습하는 것을 사랑하는 잘 균형 잡힌 인간으로 발달하도록 도울 목적으로 유아의 총체성과 개별적 강점 및 약점에 초점을 맞춘다. 학습에 대한 사랑은 삶 전체에 걸쳐 동기부여를 하고 안내하는 역할을 하게 될 것이다. 발도르프 유치원 교사들은 개별 학생의 발달과 학습에 대한 정보를 수집하지만, 유아에게 압력이 되지 않도록 신중하게 한다. 교사는 어쩌면 가장 가치 있는 정보원이라 할 수 있는 부모로부터 시작한다. 부모는 유아의 가정에서의 삶과 경험들에 대해 통찰할 수 있도록 도와주게 되며, 교사는 유치원이 개학하기 전에 가정을 방문하여 유아를 만난다.

교실 관찰이 유아의 성장을 지속적으로 추적하는 데에 가장 빈번하게 쓰이는 도구일 것이다. 유아교사는 특히 모든 영역의 발달에 관심을 가지는데, 상상놀이를 하는 유아를 관찰하는 것으로만도 유아에 대해 많은 것을 알 수 있다. 다른 유아들과의 상호작용 관찰을 통해 사회적 발달을 명백히 파악할 수도 있다. 놀이는 지적 발달과 사회 · 정서적 행복에 대한 정보를 제공한다. 사실, 실제 상상놀이는 유아의 발달 상태와 행복을 들여다볼 수 있는 창이라고 불리기도 한다.

다양한 자연 상황들로부터 정보가 모아지면, 교사는 **평가 자료**를 학생 등급을 매기거나 비교하려고 하는 것이 아니라 단순히 교실 내에서 발달과 학습을 가장 잘 조성하기 위한 목적으로 유아를 더 깊이 이해하려는 데 이용한다. 상급 학년에서조차도 대부분의 발도르프 학교는 가능한 한 수우미양가 식의 등급을 매기는 것을 막는다. 교사들은 더 전체적이고 형성적이며 대인관계적인 평가 방법을 택한다. 평가 방법의 한 부분으로 일 년에 적어도 한 차례씩 자신의 학생 각각에 대해 시를 쓰고 그림을 그리는 한 교사가 있었다. 이 방법은 그 교사가 자기 학생에게서 관찰된 특징을 창조적으로 표현하고, 학생의 다른 인성 발달을 고무하는 데 사용되었다. 이런 형식의 평가는 교사와 학생 사이의 개인적 친밀감을 높이는 동시에 중요한 교육 정보를 의미 있는 방법으로 제공하게 된다(Uhrmacher, 2007).

4. 가족과의 관계 형성

발도르프 교육과 가족은 매우 필연적으로 연계되어 있어 이 둘은 분리될 수 없다. 발도르프 교육자들은 유아의 삶에 있어서 부모 역할에 매우 중요한 가치를 둔다. 부모 참여와 지원은 유아의 성공에 중요한 영향을 미치며, 학교에서 이러한 원동력을 촉진해준다면 그 가능성은 무궁무진하다. 교사는 부모를 지원할 필요가 있으며, 부모는 교사를 지원할 필요가 있다. 교육은 공동 협력으로 간주되며 양쪽 모두 유아의 자연적, 전인적 발달 촉진을 위해 함께 협력한다.

공동체 의식 발달은 발도르프 교육에서 중요한 목표이다. 이러한 이유로 발도르프 학교는 예비부모를 위한 설명회를 제공한다. 발도르프 학교에서 어떻게 교육에 접근하는지 부모가 숙지하도록 고무한다. 부모들은 기본원리를 배우고, 지원서를 받고, 그런 다음 질문할 기회를 갖는다. 이는 교사와 부모 간의 상호 존중 관계의 출발점이 되곤 한다.

발도르프 교육에서 교사들은 부모 역할에 깊은 경외심을 가지며, 당연히 부모와의 연계를 촉진하고, 개별 유아의 학습 목표를 설정하기 위해 협력하고, 유아의 성장과 발달을 위한 책임을 공유하고, 가정과 학교 환경 간에 일관성을 갖도록 모든 최선의 노력을 다한다. 이 모든 것은 부모와 교사 간의 지속적 의사소통을 통해서만 진정으로 성취될 수 있는 것이며, 이러한 의사소통은 부모를 환영하는 발도르프 유치원의 특징으로 촉진된다. 부모와 교사가 관계를 형성하고 발도르프 학교 공동체에서 아이디어와 정보를 나누기 위한 풍부한 기회를 가질 수 있도록 자주 주기적 축제, 부모교육및 다양한 행사를 연다(Oldfield, 2001).

유아가 하는 학습의 상당량이 가정의 맥락에서 일어나기에 발도르프 교육에서는 부모를 위한 기준을 높게 설정한다. 하루 중 일부만을 유치원에서 보낼 뿐이며, 부모가 발달의 중요한 양상이 가정에서 이루어지도록 할 책임이 있다. 발도르프 교사는 자녀를 위한 부모의 목표와 선택을 주의 깊게 인식하면서 동시에 발도르프 목표에 대해서도 부모를 교육시켜야 한다. 이 주제에 잘 부합되는 예가 바로 텔레비전 문제이다. 아동발달의 첫 단계인 출생 후 7세까지 유아는 행함으로써 가장 잘 배운다. 그래서 유아는 뛰고, 달리고, 흙 놀이하고, 오르고, 탐색하면서 움직이는 데 충분한 시간을 필요로 한다. 잠재적 위험이 있는 환경적 영향으로부터의 보호 역시 중요하다. 이러한 이유로 발도르프 교사는 부모가 건강한 발달을 촉진할 수 있는 더 나은 적합한 활동을 위해 텔레비전 앞에서 유아가 시간 보내는 것을 제한시키도록 부모에게 권장한다. 교사는 가정에서 부모와 유아를 관찰하는 것 역시 매우 유용하다는 것을 알고 이를 계획할 수 있다.

정책적으로 발도르프 교사는 학교 입학 전에 가정방문을 한다. 이는 영아기, 걸음마기, 유아기에 유아에게 제공되는 환경에 대한 감각을 얻고, 유아에게 가능했던 모방자원이 무엇이었나를 알기 위해서이다. 가정방문은 또한 아동 발달에 대한 많은 관점을 제공할 수 있다. 가정에서의 유아 생활에 대해 아는 것은 교실에서 유아가 무엇을 하는지에 대해 인지하는 것만큼이나 가르치는 데 중요한 것으로 여긴다(Trostli, 1998).

5. 발도르프와 다른 접근법

유아교육에 대한 발도르프 접근은 특별한 매력을 가진 듯 보이며, 잘 알려진 다른 교육 모형과 비교하더라도 상당히 우수하다. 확실히 발도르프는 NAEYC에서 주창하는 발달에 적합한 실제(DAP)와 상당히 많은 공통점이 있다(Bredekamp & Copple, 1997). 표 15-1에 발도르프 유아교육과 DAP 지침을 비교, 요약해 놓았다. 발도르프 접근법은 유아교육의 다음 5가지 영역 모두에서 DAP에 부합하는 특징을 갖는다. (1) 돌봄의 학습공동체 구성하기, (2) 발달과 학습을 증진시키도록 가르치기, (3) 적절한 교육과정 조직하기, (4) 유아의 학습과 발달 평가하기, (5) 가족과 호혜적 관계 형성하기에서 그러하다.

일반적으로 이 장에서 논의되는 다섯 영역의 프로그램 특징에서는 DAP와 발도르프가 서로 부합되지만, 발도르프의 비전통적 평가 방법에 비해서 DAP는 평가에 대한 더 세분화된 접근을 제안한다. 이보다 더 눈에 띄는 차이점은 적절한 교육과정을 조직하는 차원에서 찾을 수 있는데 DAP는 과학기술의 이용을 권장하거나 적어도 인정하며 프로그램 안에 통합한다. 실제로 오늘날 유아교육의 주류는 21세기 미래 과학기술 시민(techno-citizens)을 준비시킬 필요성을 인정하며 유아교육 프로그램에 컴퓨터를 포함한다. 발도르프는 이러한 경향을 강력히 반대한다. 발도르프 교육에서 컴퓨터는 유아기를 모두 지난 아동과 청소년을 대상으로 할 때만 포함된다.

그럼에도 불구하고, 발도르프 유아교육은 이를 보완하는 많은 장점을 갖는다. 발도르프가 인지적, 사회적 유능성과 심지어 학교준비도에도 기여한다는 것은 증명될 수 있다. 물론 유아기의 진정한 모습에 전념하는 것과 유아들이 전 학년을 발도르프에서 보내려는 사실을 볼 때, 발도르프 유아교육에서 학교준비도는 중요한 우선순위가 아니다. 발도르프의 프로젝트 활용이 레지오 에밀리아와 프로젝트 접근법(13장과 14장 참조)과 비슷하다는 것은 특히 훌륭한 것으로 여겨진다. 발도르프 유아교육에서 유아는 보통 장시간의 탐구활동 형태를 갖는 효과적 학습에 몰두할 수 있는 충분한 자유시간을 교실 안팎에서 갖게 된다. 더욱이 스펙트럼 접근법(11장 참조)과 같이 교육과정에서 제공되는 다수의 다양한 활동은 다양한 영역에서 싹트고 있는 유아의 재능을 자극하며 이는 다중지능 개념과 일치한다고 볼 수 있다. 이러한 프로그램의 특징은 긍정적인 성향과 학습 습관을 촉진하도록 몰입할 수 있는 학습 환경을 제공함으로써 유아의 인지적, 사회·정서적 발달을 풍부하게 해줄 수 있다.

1) 발도르프 접근법에서는 어떻게 특수교육을 하는가?

특수교육 영역에 관심을 갖고 있다면 발도르프 교육이 최근 민감하지만 점점 중요성

표 15-1 DAP 지침과 발도르프 교육의 비교

DAP 지침	발도르프 교육
1. 돌봄의 학습 공동체 조성하기 • 학습 공동체로서 환경이 역할을 한다. • 성인과 유아의 지속적이고 긍정적인 관계는 건강한 발달을 촉진한다. • 사회적 관계는 학습을 위한 중요한 맥락이다. • 안전하고 스트레스 없는 환경은 공동체를 촉진시킨다. • 유아는 조직구성과 일과를 즐긴다.	**발도르프의 공동체 요소** • 환경에 대한 유아의 민감성 • 모방과 놀이의 중요성 • 혼합연령집단구성의 이점 • 리듬과 일과의 형성
2. 발달과 학습을 증진시키도록 가르치기 • 교사는 유아를 존중하고 소중하게 여긴다. • 교사는 개별 유아를 잘 이해하는 것을 우선시 한다. • 교사는 인지적으로 몰입할 수 있고 반응적인 환경을 조성한다. • 교사는 또래 간의 협력을 촉진한다. • 교사는 폭넓고 다양한 교육 방법을 이용한다. • 교사는 책임감의 발달과 자기 조절을 촉진시킨다.	**발도르프에서 발달과 학습을 증진시키는 가르침** • 존경, 열정, 보호 • 유아를 존중하고 가치 두기 • 몰입할 수 있고 반응적 환경 제공하기 • 유아의 감각 경험과의 연계 • 또래와의 협력 • 행함을 통한 유아의 학습 • 책임감과 자기 조절
3. 적절한 교육과정 조직하기 • 교육과정은 모든 영역의 발달을 위해 제공한다. • 교육과정은 학문영역의 광범위한 범위의 내용을 포함시킨다. • 교육과정은 유아가 무엇을 이미 알고 있으며 무엇을 알 수 있는지에 기초한다. • 교육과정은 간략히 주제에 걸쳐 통합한다. • 교육과정은 지식, 이해력, 과정 및 기능의 발달을 촉진한다. • 교육과정 내용은 인지적 진솔성을 갖는다. • 교육과정은 유아의 가정 문화와 언어를 지원하는 기회를 갖는다. • 교육과정의 목표는 실제적이고 도달할 수 있는 것이다. • 과학기술이 이용될 땐 물리적, 철학적으로 통합되어 있다.	**발도르프에서 적절한 교육과정 조직하기** • 전인적 아동 기르기: 머리, 가슴, 손 1. 정서적 2. 정신적 3. 도덕적 4. 신체적 5. 인지적 • 광범위한 학문영역 통합시키기 • 인지적 진솔성 유지하기 • 다양성 수용하기

표 15-1 DAP 지침과 발도르프 교육의 비교 (계속)

DAP 지침	발도르프 교육
4. 유아의 학습과 발달 평가하기 • 평가는 지속적인 것이며, 전략적이고, 분명한 목적이 있는 것이다. • 평가의 내용은 중요한 학습 목표를 향한 과정을 반영한다. • 평가의 방법은 어린 유아의 연령과 경험에 적절한 것이다. • 평가는 특정한 목적에 맞게 한다. • 결정은 결코 한 가지 평가 방법에 기초해서 내려지지 않는다. • 발달적 평가는 요구를 파악하고 그에 맞게 계획하는 데 이용된다. • 평가는 개별적 다양성을 인식하고 차이를 인정한다.	**발도르프에서 유아의 학습과 발달 평가하기** • 평가에 대한 비전통적인 접근 • 자신의 속도로 성장할 자유 • 개별로서 각 유아에 대한 평가 • 유아 발달에 대한 통찰력을 얻기 위한 관찰
5. 가족과 호혜적 관계 형성하기 • 호혜적 관계는 상호간의 존중을 필요로 한다. • 정기적으로 자주 쌍방 간 의사소통을 형성하고 유지하는 것이 중요하다. • 프로그램은 부모를 기쁘게 맞이하며 부모는 자녀에 대한 결정에 참여한다. • 교사는 유아를 위한 부모의 선택과 목표을 인정한다. • 교사와 부모는 유아에 대한 지식을 나눈다. • 프로그램은 개별 유아를 위한 평가와 계획에 가족을 참여시킨다. • 프로그램은 서비스의 범위와 가족을 연결한다. • 개별 유아에 대한 발달적 정보는 그 유아에 대한 교육적 책임을 가진 모든 사람들이 함께 공유한다.	**발도르프에서 가족과 호혜적 관계 형성하기** • 초기부터 학교에서 환영받는 부모 • 핵심 요소로서의 의사소통 • 유아 발달에 결정적인 부모의 역할 • 가족 공동체 촉진하기

이 강조되는 이 주제에 어떻게 접근하는지 궁금증을 가질 것이다. 흥미롭게도 Rudolf Steiner는 이것을 전혀 다른 명칭인 **치유적 교육**(curative education)이라 불렀다. 그 이름에서 장애 유아 교육에 관한 그의 새로운 사고방식을 엿볼 수 있다. 장애 유아에 대한 그의 태도는 어떤 장애를 가졌든 간에 사회에 기여할 무언가를 가지고 있다는 인식에서 나온 존중이라 볼 수 있다.

> 치유적 교육에서 중요한 관점은 신체적, 감각적, 정신적, 정서적, 사회적, 또는 어떤 혼합된 장애이든 그 종류와 장애 심각도에 관계없이 유아의 영적 완전성이 손상되지 않고 그대로 있다는 것이다. 특수아는 실로 특별한 영혼의 돌봄이 필요한 것으로 간주되고 유아는 신중히 고안된 치료적 환경에서 장애에 대처하고 이를 극복하도록 도움을 받는다. 그 치료적 환경은 유아의 다양하고 고유한 발달적, 치유적 요구에 부합될 수 있는 환경을 의미한다. (Juul & Maier, 1992, p. 212)

교사는 인간적이며 영적인 환경을 조성하도록 설계된 기숙학교나 마을에서 "특별한 돌봄이 필요한" 유아와 일한다. 이러한 공동체는 머리, 가슴, 손의 총체적 유아에게 도달하려고 노력하면서 그 구성원의 요구에 맞춘다. 교사는 통합된 환경에서 유아를 가르치며, 각 유아가 자신의 능력을 발달시키면서 장애를 극복하도록 균형을 맞춰준다. 교육과정은 전통적 발도르프와 비슷하지만 치유적 예술 활동, 적응할 수 있는 신체적 과정, 직업 훈련, 직업 체험이 포함된다(Juul & Maier, 1992).

발도르프 유아교육은 세계적으로 불우한 환경에서 태어난 유아뿐 아니라 장애 유아를 가진 부유한 가족에게도 인기가 있어 왔다. 발도르프 유아교육은 비종교적이고, 전체론적이며, 인간으로서의 유아에 대한 깊은 존중과 인간 발달에 대한 깊은 이해와 가치에 토대를 둔다. 집과 같은 물리적 환경(커튼, 카펫, 차분한 빛과 색, 단순하고 자연적 가구 등)과 섬세한 질서와 안정감을 주는 변화로운 자연과 함께 강조되는 창의적 놀이와 예술적 표현 등 발도르프 유아교육에 내재적으로 치유하는 무언가가 있는 것으로 보인다. 따라서 발도르프는 망명자 캠프에 사는 난민 유아나 빈민가나 가난 속에서 자란 유아, 혹은 폭력이나 전쟁으로 수없이 많은 갈등을 거치며 살아온 유아처럼 근심과 스트레스와 관계된 증상을 경험하는 유아들에게 더할 나위 없이 적합한 것으로 보인다. 발도르프 유아교육은 이러한 유아들에게 다가가 도와준다(Oldfield, 2001).

2) 발도르프 교육에 대한 비판

지금까지 발도르프 교육이 갖는 강점과 혜택에 대해 강조하여 왔다. 그러나 모든 교육모델에는 비판도 따른다. 그래서 발도르프 교육에 대해 무엇이 비판받고 있는지 알아보고자 한다. 확실히 발도르프 유아교육이 과학기술을 간과하고 있다는 점에서 비판할 수 있다. 발도르프 교육에서 조기 읽기/쓰기 학습의 목적을 바라보는 관점, 또는 읽기에 대한 느긋한 접근법, 또는 평가에 무관심한 태도에서 그 한계점을 지적할 수 있을 것이다. 그러한 염려는 타당하다. 그러나 발도르프 교육에 대한 다른 타당한 또는 덜 타당한 반대들도 심화되어 왔다.

합법적 비종파 학교를 위한 모임(People for Legal Nonsectarian Schools: PLANS)이라고 불리는 조직은 발도르프 교육에 반대하는 자신들의 목소리를 내기 위하여 (발도르프 학교에 대한) 비판자와 "살아나온 사람들"에게 포럼을 제공하는 웹사이트(http://www.waldorfcritics.org)를 개설하였다. 그 웹사이트에 있는 정보에 따르면, 이들이 발도르프식 접근에 대하여 매우 강하게 반대하고 있다는 것과 자신들의 염려에 대해 매우 거리낌 없이 말하고 있다는 점은 명백하다. PLANS 웹사이트에서 지속적으로 제기되는 발도르프 교육에 대한 세 가지 주요한 비판점은 다음과 같다. (1) 발도르프 학교는 종교 학교이다, (2) 발도르프 교육과정은 Steiner의 인지학적 이론에 기초하고 있다, (3) 발도르프 학교는 자신들의 철학 또는 인지학과의 관련성에 대해 부모에게 알려주지 않는다.

첫 번째 불만은 발도르프 학교가 공립학교 영역으로 진입하려는 움직임과 관련된 것이다. '발도르프의 영향을 받은' 미국의 공립학교와 차터 학교(Charter Schools)[2]는 정교분리법을 위반한 것이라고 비판자들은 생각한다. PLANS 구성원들은 인지학의 종교와 Rudolf Steiner의 영적 신념은 발도르프 교육과 분리될 수 없으며 어떤 식으로든 발도르프 방법론은 인지학에 뿌리를 두고 있는 것이며 공적 영역에서 이를 재생산하는 것은 허용될 수 없는 일이라고 주장한다. 한 예는 종교적인 특징을 제거하고자 발도르프식 공립학교들에서 축제행사를 변화시킨 시도는 단지 외관상의 모습만 바꾼 것뿐이며, '영적 기반을 둔' 종교 의식이 다른 명목하에 여전히 동일하게 이루어지고 있다는 지적이다.

또 다른 이슈는 역사와 과학 이론을 유아에게 소개할 때 교육과정에 미치는 인지학의 영향이다. 인지학은 신체 기관의 기능, 윤회설, 숙명론, 역사적 사건에 대한 비전통적인 아이디어를 장려한다. PLANS에서는 이것이 발도르프 교육에서 '사이비 과학'이며, 교실에 침투하는 '정신 나간' 인지학적 아이디어라고 주장한다. 그러나 발도르프 옹호자들은 교사가 인지학을 연구하지만 교실에서 이것을 가르치지는 않는다는 입장을 취한다.

여전히 또 다른 염려는 어떤 부모들은 일반적으로 발도르프 교육을 둘러싼 철학적 신념에 대해 알지 못하고 있으며, 심지어 교사들이 의도적으로 부모의 질문에 분명한 답을 주지 않고 모르는 상태로 둔다는 것이다. PLANS 웹사이트(2008)는 역시 다음과 같이 강력히 주장하고 있다.

발도르프 교육에 대한 방대한 양의 문헌은 인지학의 폐쇄적 체계 내에서 생산되어

---

2) 역주: 미국 교육위원회의 통제를 받지 않는 자립형 공립 초·중등학교

왔다. 대부분의 정보는 발도르프 교육 체계의 정신적 목표에 대하여 정직하게 기술하고 있지 못하다. 심지어는 발도르프에 자녀를 보낸 경험이 있는 부모 대부분도 교육 방법을 결정짓는 인지학의 원리와 교육과정에 배어 있는 인지학적 교리에 대해 아는 것이 거의 없다.

여기에 대한 하나의 답변은 부모가 일반 공립학교에 자녀를 보내지 않기로 결정한다면, 자녀를 위해 선택한 학교의 철학에 대해 스스로 알아보아야 할 책임을 갖는다는 것이다. 선택한 학교가 어떤 신념을 가지며 학교에서 무엇을 어떻게 가르치는지에 대해 정보를 얻는 것은 부모의 책임이다. 후에 놀랄 가능성을 줄일 수 있도록 부모는 인터넷에서 조사하여 방대한 정보를 얻거나, 교실을 관찰하거나, 유아가 등록하기 전에 여러 교사와 이야기 나눌 수 있다.

3) 공립학교에서 발도르프 교육을 실시할 수 있는가?

이 질문은 최근 인기의 오름세와 더불어 다루어야 할 중요한 것이다. 미국에서 발도르프 교육에 대한 관심 증가와 더불어 발도르프에 영향을 받은 초등학교 프로그램이 새롭게 많이 시도되고 있다. Denver 대학교의 교육학과 교수인 Bruce Uhrmacher는 대안 교육으로부터 아이디어를 가져오는 데 대한 주제로 매우 유익한 논문을 썼다. 그는 다른 모델로부터 아이디어나 교육 접근법을 가져와 이용하는 것에 대한 결정을 할 때 고려해야 할 두 가지 중요한 요소를 제공한다. 바로 어디서 그 아이디어가 왔는가를 인식하는 것과 아이디어가 어디로 가는지를 숙고하는 것이다(Uhrmacher, 1993, 1997).

첫째, 교사는 아이디어를 도입한 맥락과 구조를 고려하고, 어떻게 아이디어가 그 맥락에 적합한지를 고려해야만 한다. 발도르프 유아교육에 대한 한 예로, 하루를 시작하면서 꼬박 한 시간 동안 상상놀이 시간을 제공하는 아이디어에 대해 생각해 보자. 상상놀이 시간의 활용법을 도입하여 자신의 교실에서 실행하길 바라는 교사는 발도르프 접근법에서 그 활용의 이면에 있는 철학을 이해해야만 한다. 교사는 발도르프가 유아기에 가치를 두며 유아기에 가장 중요한 표현 중의 하나가 상상놀이라고 여긴다는 것을 이해해야만 한다. 발도르프 교사의 진정한 역할은 자기 주도적인 자유를 유아에게 주는 것, 유아 내면의 생각과 진정 창의적인 방법으로 나타내는 아이디어를 허용하는 것을 의미한다. 이를 인식하지 못하는 교사는 유아들에게 무엇을 하는지 설명하도록 하거나 블록 쌓기를 할 때 유아가 이용하는 블록 색깔을 말하도록 유아에게 요구하는 것과 같이 아마도 교사 주도적 학습을 시키려는 시도를 하여 유아의 놀이를 방해함으로써 적절하지 못한 방식으로 이러한 개념을 적용할 수 있다. 발도르프 교사의 눈에 이는 유아를 놀이 경험 밖으로 끌어내거나 유아가 하고 있는 것의 중요성을 손상시키는 것으로 보인다.

Uhrmacher(1997)에 따르면, 어떤 아이디어를 도입할 것을 고려 중인 교사에게 있어 새로운 아이디어의 적용이 현재 교육과정에 어떤 영향을 미칠지를 예견하는 것이 중요하다. 물론 이미 형성된 일과에 그 어떤 변화를 주든 혼란을 경험할 수 있다. 교사는 새로운 아이디어가 개인적 철학과, 심지어 그 프로그램이 포함되어 있는 전반적 운영과 어떻게 조화를 이룰 것인지를 주의 깊게 숙고해야만 한다. 교사는 새로운 추가부분에 균형을 이루기 위해 다른 부분을 수정해야만 할 것인가? 이러한 것은 모두 중요한 고려대상이며, 미리 철저히 준비해야만 한다. 교육에 대한 특정한 접근법으로부터 아이디어를 취하는 것과 다른 프로그램에 특정 아이디어를 이식하는 것에 대한 많은 논쟁이 있다. 어떤 사람은 적절하게 이루어질 경우 도입은 도움이 되며 유익할 것이라고 생각한다. 다른 사람들은 새로운 도입은 항상 의도된 맥락으로부터 아이디어를 제거하여 부적절한 적용을 유발시킬 것이라고 믿는다.

발도르프 교육에 관하여 심지어 발도르프 교사들도 이러한 이슈에서 입장이 나뉜다. 많은 교사들은 발도르프 교육이 많은 이점을 제공할 수 있다고 생각한다. 발도르프의 특별한 교수법이 유아에게 도움이 된다면, 왜 발도르프 학교 밖으로 그 방법을 가져가서라도 이 방법을 널리 보급하여 활용하도록 장려하지 않는가? 다른 한편으로, 다른 많은 발도르프 교사는 발도르프 학교의 맥락에서 아이디어가 밖으로 끌어내어졌을 때, 이러한 아이디어가 그 의미와 고유의 가치를 잃을 것이라고 생각한다. Steiner의 아동발달 원리에 근거를 둔 교육사상은 인지학 원리와 밀접하게 결합되어 있다. 교사들은 이러한 맥락적인 구조 없이 그 교육사상이 학생에 대해 같은 목적이나 이익을 유지하지 못할 것이라고 걱정한다. 발도르프의 강한 종교적 관점은 정교분리 원칙 때문에 공립학교로 옮겨 실행하는 것이 거의 불가능하다. Steiner의 교육은 종교적 관점 없이 존재하는가? 발도르프 교육자는 뜨겁게 논쟁되는 이슈에 대해 가지각색의 입장을 취한다.

그럼에도 불구하고, 발도르프에 영향을 받은 미국 공립학교 프로그램에 관한 많은 성공 스토리가 존재한다. 하나는 효과적 모델로서 발도르프 교육학을 적용하려고 시도한 첫 공립학교로, 1991년 설립된 위스콘신 주 Urban Waldorf School of Milwaukee(밀워키 도시 발도르프 학교)이다. 설립한 지 3년 후 발도르프와 관계 없는 7명의 교육 연구자들이 이 학교 프로그램을 평가하였다(Easton, 1997). 연구자들은 학교에 다니는 대도시 중심부의 저소득층 거주지역 아이들을 위해 학교가 안전하고 친근한 교육 환경을 성공적으로 제공하고 있다고 보고하였다. 표준화 검사 점수는 극적으로 상승했으며, 폭력이 빈번한 이웃에 비해서 공격성의 증거나 다른 부정적인 사회적 행동은 비교적 거의 없었다. 교사는 유아와 일하며 의미 있는 관계를 발달시킬 수 있었고, 잘못된 행동에 대해 일관되게 협상할 수 있었으며, 좋은 시민 자격을 갖추기 위한 준비로 학생이 인격과 인지적 학습을 발달시키도록 도울 수 있었다. 비록 이러한 증거가 학교가 학생들의 요구를 채우기에 성공적이었다는 사실을 제안할지라도, 질문은 남는다. 어떻게 발도르프 교육학을 잘 적용할 수 있을까? 학생의 성공 열쇠가 발도르프 영향이었나? 아니면 다른 요인들이 있었는가? 어쩌면 환경조건의 변화로 인한 행동이나 실행에 일시적이며 대개 긍정적인 변화를 가져오는 호손효과(Hawthorne effect)[3] 때문이었을지도 모른다.

6. 결론

전쟁으로 피폐한 독일에서의 초라한 시작에도 불구하고 발도르프는 그 철학에서 시대를 초월해 왔으며, 1919년과 마찬가지로 어느 모로 보나 오늘날 발도르프는 역동적이고 진보적이다. 발도르프 유아교육과 DAP 지침서(Bredekamp & Copple, 1997)에서 제시하는 최선의 유아교육적 실천은 매우 유사하다. 둘 모두 유아발달에 대한 이해에 근거하여 유아교육에 적합한 접근법을 찾는다. 둘은 개별적 존재로 유아에게 가치를 두며 유아기의 중요성을 존중한다.

더욱이, 많은 면에서 발도르프는 NAEYC가 제시한 기준을 적용과 태도 모두에서 능가했을 수도 있다고 생각한다. 예를 들어, NAEYC가 신체적, 사회적, 정서적, 언어적, 미학적, 인지적인 것을 전인적 유아로 부르는 반면 발도르프는 유아의 영적이고 도덕적인 발달 또한 고려함으로써 더 깊은 총체성의 단계로까지 간다.

출판된 대부분의 정보가 1~12학년에 초점을 맞추는 경향이 있지만, 현재 미국에는 발도르프 초등학교보다 발도르프 유치원이 더 많이 있다. 발도르프적 관점에서의 유아교육에 대해 더 많은 정보를 갖는 것이 도움이 되지만, 유아 보육과 교육 분야에 대한 발도르프 철학과 발달적, 교육적 사상에 대한 종합적이며 공정한 분석을 위해 제3자로부터 연구 자료를 얻는 것이 오히려 더 중요할 수 있다. 확실히 이 분야에 대한 연구가 필요하며, 비록 우리가 이러한 주제를 여기서 다루진 않겠지만, 새로운 관심이 경험 연구 영역에서 드러나기 시작했다(Gerwin & Mitchell, 2006). 유아기 발도르프 교육학에 대해 더 많이 배울 필요가 있다. 특히 점점 가속화되는 우리 삶과 여러 문제

---

3) 역주: 인간의 행동을 관찰함으로써 실험대상자 행동이 일시적으로 변하는 현상을 말한다. 이 현상은 1924년에서 1932년 사이에 호손 웍스라는 공장에서 수행된 일련의 실험에서 얻어진 결과에서 유래한다. 어떤 새로운 관심을 기울이거나 전보다 관심을 더 많이 쏟음으로써 대상자의 행동과 능률에 변화가 일어나는 현상을 말하는 것으로 의미가 확장되었다.

를 가진 이 시대에 유아를 교육하는 데 특히 의미 있는 접근처럼 여겨진다.

추천사이트

아동기를 위한 연합회(Alliance for Childhood)
http://www.allianceforchildhood.net

미국 인지학 협회(Anthroposophical Society in America)
http://www.anthroposophy.org

북미 발도르프 학교 협회(Association of Waldorf Schools in North America)
http://www.awsna.org

유럽 Steiner 교육 협의회(European Council for Steiner Education)
http://www.steinerwaldorfeurope.org

합법적 비종파 학교를 위한 모임(PLANS): 발도르프 학교에 대한 우려(People for Legal and Nonsectarian Schools (PLANS): Our Concerns About Waldorf Schools)
http://www.waldorfcritics.org/active/

Rudolf Steiner 자료실(concerns.html Rudolf Steiner Archive)
http://www.elib.com/Steiner/

Rudolf Steiner 대학(Rudolf Steiner College)
http://www.steinercollege.org

발도르프 온라인 도서관(The Online Waldorf Library)
http://www.waldorflibrary.org

Steiner 저서 정신연구 센터(The Steiner Books Spiritual Research Center)
http://www.steinerbooks.org/research

북미 발도르프 유아교육협회(Waldorf Early Childhood Association of North America)
http://www.waldorfearlychildhood.org

발도르프 홈스쿨 사이트(Waldorf Homeschooling Sites)
http://www.waldorffamilynetwork.com
http://www.waldorfwithoutwalls.com

발도르프 교재 구매 사이트(Waldorf Materials Shopping Sites)
http://www.naturalplay.com
http://www.waldorfshop.net

발도르프의 세계: 웹을 통한 발도르프 교육(Waldorf World: Waldorf Education on the Web)
http://www.waldorfworld.net

왜 발도르프인가? 발도르프 교육에 대한 모든 것(Why Waldorf Works: Everything You Need to Know About Waldorf Education)
http://www.whywaldorfworks.org

인터넷상의 세계 발도르프 학교

남아프리카 발도르프 학교 연합회(Federation of Waldorf Schools in Southern Africa) **[언어: 영어]**
http://www.waldorf.org.za

케냐 나이로비 발도르프 학교(Nairobi Waldorf Schools in Kenya)**[언어: 영어]**
http://www.nairobiwaldorfschool.org

호주 Steiner **학교**(Steiner Schools in Australia)**[언어: 영어]**
http://www.mrss.com.au

이탈리아 Steiner **학교**(Steiner School in Italy)**[언어: 이탈리아어]**
http://www.rudolfsteiner.it

영국과 아일랜드 Steiner **발도르프 학교 단체**(Steiner Waldorf Schools Fellowship in the United Kingdom and Ireland)**[언어: 영어]**
http://www.steinerwaldorf.org.uk

스웨덴 발도르프 학교(Swedish Waldorf Schools)**[언어: 스웨덴어]**
http://www.waldorf.se

발도르프 교육과 관련된 책

Berger, T. (1992). *The harvest craft book.* Edinburgh: Floris Books.
Berger, T., & Berger, P. (1999). *Gnome craft book.* Edinburgh: Floris Books.
Jenkinson, S. (2001). *Genius of play.* Gloucestershire, England: Hawthorn Press.
Leeuwen, M. V., & Moeskops, J. (1990). *Nature corner.* Edinburgh: Floris Books.
Masters, B. (1984). *Waldorf songbook.* Edinburgh: Floris Books.
Nobel, A. (1996). *Educating through art: The Steiner school approach.* Edinburgh: Floris Books.

참고문헌

Bredekamp, S., & Copple, C. (1997). *Developmentally appropriate practice in early childhood programs* (Rev. ed.). Washington, DC: National Association for the

Education of Young Children.

Easton, F. (1997). Educating the whole child, "Head, Heart and Hands": Learning from the Waldorf experience. *Theory into Practice, 36*(2), 87-94.

Edwards, C. (2002). Three approaches from Europe: Waldorf, Montessori, and Reggio Emilia. *Early Childhood Research & Practice, 4*(1). Retrieved April 8, 2008, at http://ecrp.uiuc.edu/v4n1/edwards.html

Gerwin, D., & Mitchell, D. (2006). Report from the co-directors. *Research Bulletin, 11*(2), 3.

Gerwin, D., & Mitchell, D. (2007). Standing out without standing alone: Profile of Waldorf school graduates. *Research Bulletin, 12*(2), 7-16.

Grunelius, E. M. (1991). *Early childhood education and the Waldorf school plan.* Fair Oaks, CA: Rudolf Steiner College Publications.

Healy, J. (1999). *Endangered minds: Why our children can't think and what we can do about it.* New York: Touchstone Books.

Juul, K. D., & Maier, M. (1992). Teacher training in curative education. *Teacher Education and Special Education, 15*(2), 211-218.

Oldfield, L. (2001). *Free to learn: Introducing Steiner Waldorf early childhood education.* Gloucestershire, England: Hawthorn Press.

Oppenheimer, T. (1999). Schooling the imagination. *Atlantic Monthly, 284*(3), 71-83.

People for Legal and Nonsectarian Schools. (2008). Our concerns about Waldorf Schools. Retrieved April 12, 2008, at http://www.waldorfcritics.org/active/concerns.html

Petrash, J. (2002). *Understanding Waldorf education: Teaching from the inside out.* Beltsville, MD: Gryphon House, Inc.

Pusch, R. (Ed.). (1993). *Waldorf schools: Vol. I. Kindergarten and early grades.* Spring Valley, NY: Mercury Press.

Trostli, R. (1998). *Rhythms of learning: Selected lectures by Rudolf Steiner.* New York: Anthroposophic Press.

Uhrmacher, B. P. (1993). Coming to know the world through Waldorf education. *Journal of Curriculum and Supervision, 9*(1), 87-104.

Uhrmacher, B. P. (1997). Evaluating change: Strategies for borrowing from alternative education. *Theory into Practice, 36*(2), 71-78.

Uhrmacher, B. P. (2007). Artful curriculum, evaluation, and instructions: Lessons learned from Rudolf Steiner's spiritually based Waldorf education. In D. Hansen (Ed.), *Ethical visions of education: Philosophies in practice* (pp. 141-156). New York: Teachers College Press.

Ward, W. (2001). Is Waldorf education Christian? *Renewal, 10*(1).

Wilkinson, R. (1996). *The spiritual basis of Steiner education.* London: Steiner Press.

16장

몬테소리 교육의 현재

Martha Torrence(Cambridge Montessori School)
John Chattin-McNichols(Seattle University)

Maria Montessori(1870~1952)는 여러 면에서 비범한 재능을 보였으며, 수많은 어려움을 극복하고 이탈리아에서 처음으로 의사가 된 여성들 중 한 명이다. 그녀의 관찰력은 인류학을 공부하면서 더 예리해졌으며, 이는 그녀의 첫 저서인 「교육학적 인류학(Pedagogical Anthropology)」(Montessori, 1913)에서 빛을 발하였다. 또한 로마 국립언어교정(Orthophrenic) 학교에서 당시 "손상된 아이들(defective children)"이라고 불렸던 학생들과 일하기 시작하였다. 그녀는 프랑스의 의사이자 발달장애 아동 교육자였던 Jean Itard나 Edouard Seguin의 이론을 바탕으로 하여 다양한 학생들을 지도하였다(Loeffler, 1992). 1907년에 Montessori는 로마 저소득층 지역의 4~7세 유아를 대상으로 하는 유아 및 가족 프로그램을 개발하도록 요청받았다. 이것이 이탈리아어로 카사 데 밤비니(Casa dei Bambini), 즉 어린이의 집(Children' s house)의 효시이다.

미국에서 1910년대와 1920년대에 걸쳐 몬테소리 프로그램에 대한 관심이 상당히 높았지만(몬테소리 프로그램은 1916년 샌프란시스코 세계 박람회에서 시범 교실을 운영하였다), 이후 1950년대 후반에 이르기까지 잊혀진 상태였다. 그 배경으로 유아가 가정에서 최적의 보살핌을 받을 수 있다는 부모들의 인식과 교육자들의 몬테소리 이론에 대한 이해가 부족했다는 점을 들 수 있겠다.

현재 미국에서의 몬테소리 프로그램은 1950년대 후반, 중산층을 대상으로 하는 사립학교에서 출발하였다. 이러한 초기 학교들은 학부모들의 주도에 의해 설립된 경우가 많다. 1959년에 미국몬테소리협회(American Montessori Society: AMS)가 설립되었으며, 설립자인 Nancy McCormick Rambusch는 인종, 문화 등의 다양성이 풍부한 미국 사회에 맞게 몬테소리 프로그램을 해석하고 토착화하기 위해서는 단순히 도입하는 것뿐만 아니라 적극적으로 응용하여야 한다고 주장하였다(Rambusch, cited in Loeffler, 1992). 많은 몬테소리 학교들이 생겨남에 따라 몬테소리 교사 부족 현상이 생겨났고, 그 결과 사립 몬테소리 교사 양성 프로그램이 시작되었다. 이러한 사립 교사 양성 프로그램들은 대학 프로그램과는 별개의 형태로 독립적으로 운영되는 경우가 대부분이었다.

몬테소리라는 용어가 미국에서는 일반적인 개념으로 사용되었기 때문에 공식적인 기관의 인증을 받지 않은 교사 양성 프로그램이나 교사들이 늘어나게 되었다. 그때나 지금이나 일부 학교들은 Rambusch가 설명한 것과는 거리가 먼 프로그램을 운영하면서도 몬테소리라는 명칭을 사용하고 있다. 국제몬테소리협회(Association Montessori Internationale: AMI)는 다른 관련 단체들과 연계하에 몬테소리 프로그램 기준목표를 설정하였다. 협회 참여는 자발적으로 이루어지며, 협회의 기준목표는 주 정부의 설립 인가기준과는 별개의 것이다.

1960년대 후반부터 각 지역의 학부모들은 공립학교에 몬테소리 프로그램을 도입해야 할 필요성을 주장하였다. 이러한 학부모들 중 상당수는 본인들이 사립 몬테소리 프로그램에서 교육을 받은 경험이 있었다. 연방 정부가 마그네트 프로그램(magnet program)을 지원하는 과정에서 이러한 주장이 적극적으로 뒷받침되었고, 현재 전국적으로 150개의 교육청에 걸쳐 350개 이상의 학교에서 공립 몬테소리 프로그램을 도입하고 있다(Kahn, 1990; Schapiro & Hellen, 2007). 이러한 학교들은 3세 유아부터 고등학교 과정을 대상으로 하며, 현재 미국 전역에 걸쳐 4000여 개의 공·사립 몬테소리 프로그램이 운영되고 있다(Schapiro & Hellen).

1. 핵심 내용과 기본 배경

그렇다면 몬테소리 프로그램이 다른 일반적인 유아교육 프로그램과 차별화되는 내용은 무엇인가? 오늘날의 몬테소리 교실을 방문한다면 어떤 것을 보게 되리라 기대하는가?

첫 번째로 눈에 띄는 특징은 집단 구성이 혼합연령으로 이루어진다는 점이다. 대체로 3, 4, 5세 유아들이 한 학급을 형성하며, 6, 7, 8세 연령이 다른 학급을 이룬다. 또 하나의 특징은 교실의 배치이다. 높이가 낮은 개방된 형태의 교구장에 다양한 교재교구가 준비되어 있으며 유아들이 이를 자유롭게 선택할 수 있다. 책상 배치는 교사 중심의 전체수업이 아니라, 개인이나 소집단 중심 활동이 이루어지도록 구성되어 있다. 교실 바닥 공간이 개방되어 자유롭게 쓸 수 있다. 몬테소리 프로그램이 필요로 하는 교구장의 수는 다른 일반적인 프로그램에 비하여 더 많은 편이다. 각 교실의 벽면은 보통 교구장으로 활용되며, 교구장이 연장되어 교실 내에 집중적인 활동을 위한 세부 공간을 만들기도 한다. 몬테소리 교구들은 교사가 전체 활동을 진행하는 데 사용되기보다는 유아 개인이나 소집단 활동을 위하여 주로 사용된다. 예를 들어 교사 중심 활동을 진행하기 위하여 교실에 하나의 커다란 지구본을 놓기보다는 작은 지구본들을 여러 개 놓고 유아들이 자유롭게 다루고 탐색하게 하는 것이다.

몬테소리 프로그램이 적절하게 이루어지고 있는가를 판단하는 주요 기준 중의 하나는 학습자 활동이다. 몬테소리 프로그램의 유아들은 하루 일과 중 주요 부분을 자신이 선택한 개별 활동이나 소집단 활동으로 진행한다. 종일제 몬테소리 프로그램의 경우 보통 하루에 3~4시간 정도가 이에 할당된다.

몬테소리 프로그램의 또 하나의 주요 측면은 과제 수행에 있어서 경쟁이 아닌 협동적 태도이다. 유아들은 개별적으로 과제를 수행하고 "통제된" 교구에 나타나는 반응을 살피거나 다른 유아들에게 도움을 청한다. 몬테소리 프로그램에서 유아들은 교사를 교실 내의 유일한 정보제공자로 생각하지 않는다.

이렇게 답을 찾아가는 과정은 일반적인 형태의 평가를 줄이는 결과를 가져오게 된

James E. Johnson

유아들이 몬테소리 교구를 창의적인 방법으로 함께 사용하고 있다.

다. 그 대신 포트폴리오 평가나 수행 평가(performance-based assessment), 교사 관찰과 같은 근거 있는 참평가 방법이 강조된다. 유아는 개별, 혹은 소집단 발표를 통해 수업과 연관된 활동을 수행하게 되며, 교사는 여기서 수업이 성공적으로 이루어졌는지를 즉시 평가할 수 있는 기회를 가지게 된다. 교사의 계속적인 관찰 또한 유아의 전반적인 발달을 이해하는 데 큰 도움을 준다. 이러한 관찰은 교사가 특정 개념이나 기술을 개별적으로 지도하는 것을 가능하게 해준다. 교사의 개입이 필요한 경우, 지시가 아닌 제안을 통하여 이루어지거나, 교구를 다른 방향으로 사용하거나 다른 교구를 선택하도록 돕는 형태로 이루어진다. 교사의 개입이 지나치게 성급한 것처럼 보이는 경우에도, 몬테소리가 제공하는 풍부한 환경으로 인하여 유아가 자신의 요구와 흥미에 맞는 다른 활동을 찾을 수 있게 된다.

마지막으로, 개인의 책임감을 키우는 것이 크게 중시된다. 예를 들어 유아는 교구를 정리하거나, 교실 환경을 깨끗하게 유지하거나, 부분적으로 교실 규칙을 정하는 데 참여하게 된다.

다음의 일화는 3~6세의 아동을 대상으로 하는 몬테소리 학급에서 일어난 것이다. "평범한" 하루 중에 일어날 수 있는 단면을 볼 수 있다.

오전 9시 5분, 몇몇 유아들은 이미 개별 활동에 몰두해있다. 한 명은 비눗물에 거품기를 넣어 휘젓고 있고, 또 한 명은 미국 지도 퍼즐에 손잡이가 달린 나무 조각을 맞추어 넣고 있다. 마지막 유아는 식기를 닦으며 광택을 내고 있다. 교사는 문 옆에 서서 등원하는 아이들을 조용히 맞이하고 있다. 유아들이 교실에 들어서면 교사는 유아의 눈높이에 맞는 자세로 악수를 하고, 유아 이름을 부르며 맞이한다. 아이들과 짧막한 대화가 이어지기도 한다. 예를 들어 한 유아는 전날 집에 스컹크가 들어온 상황을 자세히 이야기하고 있다. 교사는 주의 깊게 들으며 반응하고, 때때로 자세한 상황을 생각해 보도록 질문을 던지기도 한다.

보조교사는 교실 안을 돌아다니면서 유아들이 개별 활동을 망설이거나 결정을 못 내리고 있으면 주도성을 가질 수 있도록 도와준다. 여아 두 명이 기니피그(guinea pig) 우리 옆에 서서 기니피그가 당근을 갉아 먹고 있는 것을 보고 있다. 여자 아이들은 기니어피그에 대하여 대화를 한다. 한 명이 클립보드, 미술용 종이, 색연필 등을 가지고 와서 교실에 있는 이 애완동물을 그리기 시작한다. 완성된 그림에 "ginee pig"라고 적고 자신의 사물함에 넣는다.

9시 15분경, 24명의 유아가 모두 등원하였다. 3세, 4세, 5세 유아들이 고루 섞여 있다. 유아들이 교실 내를 이동하기 시작한다. 어떤 유아는 개별적으로 활동을 하고, 어떤 유아들은 두세 명이 모여 공통적으로 관심 있는 활동을 함께 진행한다. 한 3세 유아는 샌드페이퍼로 만든 알파벳 교구를 꺼낸다. 이 유아는 교사에게 자신이 손가락으로 알파벳 모양을 따라가며 하나씩 읽어나가는 모습을 지켜보라고 말한다. 그러고는 자발적으로 각각의 알파벳을 5번씩이나 반복해서 읽어나간다!

4세 여아가 이젤 위의 커다란 종이에 물감으로 그림을 그리고 있다. 처음에는 붓으로 물감을 칠하고, 그 다음에 롤러로 물감 자국을 따라가며 문질러 롤러의 질감을 더한다. 한 3세 유아는 언어 영역에서 나무로 만든 동물들이 들어있는 통을 꺼낸다. "이건 동물 짝 맞추기 놀이예요."하며 짝을 맞추어 나간다. 그 다음, 유아는 동물들의 이름을 말하기 시작한다. 코끼리와 코뿔소는 정확히 맞추지만, 늑대를 여우로 부른다. 조금 후, 진짜 여우를 꺼내자 기존에 여우라 불렀던 것을 다시 늑대로 고쳐 부른다. 여우는 "개미잡이"라고 부른다.

두 명의 5세 유아들이 매트 위에서 천 단위의 입방체(천비즈), 백 단위의 네모평판(백비즈)과 십 단위의 막대(십비즈), 일 단위의 구슬(일비즈)을 많이 사용하여 "은행"을 협동하여 만들고 있다. 이들은 이후에 이 교구를 사용하여 천 단위의 수를 나타내고, 그 수에 맞는 카드를 맞추어 나가게 된다. 한 유아는 은행원, 다른 유아는 손님이 된다.

두 유아가 함께 간식을 먹기로 한다. 유아들은 간식 책상 각각의 의자에 놓여있는 앞치마를 꺼낸다. 유아들은 자신들의 키에 맞게 설치된 싱크대에서 손을 씻고, 간식 책상 위의 바구니에서 머핀을 꺼낸다(간식 책상 위에는 각 유아가 먹을 수 있는 분량을 의미하는 "1"이 표시되어 있다). 각자 주스를 컵에 따르고, 테이블로 들고 가서 앉는다. 두 유아는 서로 이야기하며 간식을 먹는다. 다 먹고 난 후, 각자 냅킨을 휴지통에 버리고 컵을 정리하고 스폰지로 자기 자리를 닦는다.

이러한 여러 활동들은 오전 11시에 교사가 대집단활동을 위해 유아들을 모을 때까지 이어진다. 교사는 문답놀이를 리듬감 있게 진행하며 유아들을 모은다. 유아들은 보조교사와 함께 각자의 활동을 정리하고 교구장에 넣는다. 몇몇 유아들은 진행하던 활동을 중간에 정리하기 힘든 상황이기 때문에, 자기 이름이 쓰여진 카드를 바구니에서 가져와 자신이 활동하던 영역에 표시하고 나중에 활동을 이어나간다.

교사는 유아들이 집에서 가져온 "C"로 시작하는 물건들을 바구니에서 꺼내 하나씩 보여주고 설명한다. 이어서 교사는 유아들에게 물건에 대한 단서를 하나씩 설명하며 스무고개 게임을 진행하고, 유아들은 번갈아가며 물건이 무엇인지 짐작하여 맞춘다. 게임이 끝난 후 교사는 유아를 한 명씩 부르며 바깥놀이 준비를 위해 문 앞에 줄서게 한다.

---

2. Montessori의 발달적 관점

Montessori는 교육을 "유아의 삶을 돕고 (중략) 마음이 발달하는 과정을 돕는" 도구로 보았다(Montessori, 1949/1967a, p. 28). 자주 인용되는 표현인 "유아를 따르라(follow the child)"라는 개념은 유아의 발달을 따르는 과정에서 교육자가 교수 방법, 교육과정, 유아 사이에 가장 적절한 조합을 만들어나갈 수 있다는 것이다. Montessori의 교육 철학을 보기에 앞서 그녀의 인간 발달에 대한 관점을 알아보자.

Montessori에 의하면 발달은 하나의 정해진 연속된 단계를 거쳐가는 것(이 발달모형은 유아가 그저 작은 성인이라는 의미를 내포한다)이 아니며, 출생에서 성인단계까지 직선적이고 일정한 방식으로 성장하는 것도 아니다. 이러한 기존의 발달단계 모형은 나이가 많고 성숙한 성인이 보여주는 높은 수준의 정신 활동이 어린 유아의 정신활동보다 더 중요하다는 의미를 내포하고 있다. 반면에 Montessori는 인생의 첫 단계를 가장 역동적이고 중요한 단계로 보았다.

Montessori의 발달 패러다임은 4개의 연관된 단계로 설명된다(표 16-1 참조). 각 단계는 6년씩의 발달적 시기(혹은 단계)를 의미하는데, 출생~6세(영아기); 6~12세(아동기), 12~18세(청소년기), 18~24세(성인기)로 나뉜다. 처음과 세 번째 시기는 특히 신체적, 심리적으로 동적이고 변화가 심하다. 다른 두 단계는 강화하고 통합하는 단계

표 16-1 발달 단계

단계	특징 / 민감기
0~6세	*유아는 경험을 통해 스스로를 발달시켜 나간다.* • 질서 있게 정리된 환경이 필요 • 손과 혀를 사용한 환경 탐색(언어발달을 촉진) • 움직임 • 미세하고 세부적인 것에 대한 깊은 관심 • 사회적 관계에 대한 관심
6~12세	*아동은 세상을 탐색하기 위한 도구를 만들었고, 이제는 교실 밖으로 나가기 원한다.* • 문화에 대한 탐색 • 상상력 • 도덕성 • 사회적 관계
12~18세	*아동은 성인, 또래, 사회와의 관계를 통하여 자신을 사회적 존재로 재구성한다. 이 중요한 사회적 과제로 인해 학습적 과제에 대한 관심이 적어진다. 특히 실제 세상과 관련 없는 것에 대한 관심이 줄어든다.* • 인본주의적 탐색자 • 정의에 대한 관심 • 실제 세상과 관련된 작업의 필요성
18~24세	*사회적 재구성을 마친 성인기 초반의 사람들은 이제 기존의 교육 자원들을 최대한 활용할 수 있다.* • 학습에 대한 자기 동기 부여, 지식을 실제 상황과 관련된 문제에 적용 • 윤리적, 정신적인 발달이 시작되면서 선택상황에 영향을 미침

Grazzini(1996)에 기초함.

로 상대적으로 안정된 시기이다(Grazzini, 1996).

각 단계는 구별되는 특징을 지니고 있는 동시에, 유아가 다음 단계에 잘 적응할 수 있도록 준비시킨다. Montessori는 각 단계를 구별하는 핵심적 특징이나 정신적 성향을 '민감기(sensitive periods)' 라고 설명하였다. "이러한 단계들은 (중략) 일시적이며 정해진 특성들을 획득하는 데 제한되어 있다" (Montessori, 1966, p. 38). Montessori는 이러한 민감기가 개인이 핵심적인 특성이나 능력을 개발하는 데 가장 적절한 시기라고 보았다.

Grazzini에 의하면, Montessori는 발달을 일련의 '탄생(births)' 이 연속되거나 혹은 민감성이 높아지는 시기의 연속이라고 보았다. 각 단계의 민감성은 새로운 흥미와 기능을 성장시킨다. 이러한 민감성은 점점 강해지다가 정점에서 약해지지만, 이 과정에서 얻어진 능력은 개인의 일생에 계속적으로 남게 된다(Grazzini, 1996). 예를 들어, Montessori는 질서에 대한 민감한 단계가 출생부터 시작되어 2~4세 시기에 가장 강하게 나타난다고 보았다. 이 시기에 유아는 주변 환경에서 물건을 제자리에 정리하려는 성향을 강박적일 만큼 강하게 보인다. 이러한 민감성은 여러 형태로 나타나게 된다. 예를 들어 활동의 순서가 어긋나는 경우 속상해 하거나 동일한 이야기를 반복적으로 듣는 것을 좋아하는 것이 그 경우이다.

Montessori는 이러한 질서에 대한 욕구를 정확하고 예측 가능한 환경을 필요로 하는 유아의 내적 요구의 외현적 표현으로 보았다. 유아의 외적 질서에 대한 추구는 5세나 6세경에는 일반적으로 감소하는 것으로 나타났다. 이 시기에 충분한 시간과 경험이 적절한 환경에서 주어진다면 이러한 민감기에 필요한 요구가 충족된다. 유아는 "내적 개념구조(inner conceptual framework)" 를 형성하게 되고, 이를 토대로 하여 다음 발달 단계로 이행해 감에 따라 추상적인 사고, 추론, 복잡한 문제해결 능력을 발달시켜 나간다.

이러한 예는 민감기가 가지는 두 가지 주요한 특성을 보여준다. 즉, 민감기는 본질적으로 일시적인 속성을 지니면서도 지속적인 정신적 능력 형태로 유지된다는 것이다. 그러므로 교육자의 주요 목표는 이러한 민감기를 계속적으로 인지하고 그에 맞는 교육 환경을 준비하는 것이다.

1) 흡수정신

Montessori는 주변환경을 동화할 수 있는 유아의 독특한 능력에 주목하였다. 그녀는 영아기부터 이러한 능력이 유아로 하여금 여러 가지 경험을 강력하고도 직접적으로 흡수하도록 돕는다고 보았다. 이러한 흡수과정을 통하여 정신 그 자체가 형성된다. 유아는 흡수과정을 통하여 자신이 속한 물리적 · 사회적 환경을 직접적으로 동화시켜 나가는 동시에, 자신의 내재적인 정신능력을 발달시켜 나간다. Montessori는 이를 다음과 같이 표현하였다. "생각은 단순히 마음으로 들어가는 것이 아니라 형성되는 것이다. 그것은 유아 내부에서 구현된다. 유아는 주위 환경에서 찾아내는 것을 바탕으로 자신의 '정신적 근육(mental muscles)'을 만든다. 우리는 이러한 형태의 정신 상태를 **'흡수정신(absorbent mind)'**이라고 부른다"(Montessori, 1949/1967a, pp. 25-26; emphasis in original).

Montessori에 의하면 이러한 강력한 정신의 형성은 신생아 단계에서 6세에 걸쳐 일어나고, 다음과 같은 두 개의 구분된 단계로 이루어진다. 출생 후 3세까지는 무의식적 흡수정신(unconscious absorbent mind) 단계에 속하는데, 이 시기에 유아는 감각과 움직임을 통하여 주변 환경을 탐색하고, 언어와 주변의 문화를 흡수하게 된다. 유아는 이러한 경험을 기억에 저장하게 되지만, 이는 의식적으로 이루어지는 것은 아니다. 즉 유아가 필요할 때 불러올 수 있는 것은 아니다. Montessori는 "성인의 정신단계를 의식적이라고 분류한다면 유아(3세 이하의)의 정신단계는 무의식적이라고 부를 수 있지만, 무의식적인 정신단계가 반드시 열등한 것은 아니다. 무의식적인 정신단계도 높은 수준의 지성을 가질 수 있다"(Montesssori, 1949/1967a, p. 23)고 주장하였다.

Montessori는 어린 유아가 소리, 리듬, 언어구조 등을 급속도로 배워나가는 것을 그 실례로 들었다. 신생아는 주위에서 여러 가지 소리를 듣게 되지만, 자연스럽고 무의식적으로 사람의 목소리를 구분한다. 유아는 모국어의 소리와 리듬뿐만 아니라 단어, 어의론(semantics), 문법 등을 일부러 공부하거나 성인이 가르치지 않아도 점진적으로 배우게 된다. 유아는 이러한 과정의 초기에는 의식적인 기억을 가지고 있지 않지만, 경험을 통하여 이러한 기억을 만들어 나가고 인간 언어의 패턴을 효과적이고 직접적으로 흡수하게 된다(Montessori, 1949/1967a).

Montessori에 의하면 3세경을 기점으로 유아의 강력한 흡수능력은 더 의식적이고 목적 지향적인 것으로 전환된다. 유아는 정확하고 감각적인 탐색자가 되며, 사물 간의 관계를 이해하고 비교하게 된다. 유아는 감각 경험을 분류하고 정제하면서, 기존에 흡수하였던 여러 이미지들을 의식(consciousness)의 단계로 불러오게 된다. 이러한 과정을 통해, "유아는 한걸음 한걸음 정신을 구축해 나감으로써 정신적으로 기억을 저장하고 이해할 수 있는 능력을 가지고 사고할 수 있는 단계에 이르게 된다"(Montessori, 1949/1967a, p. 27). 이 과정은 '의식적 흡수정신' 시기 전반을 통하여 발전하는데, 이는 대략 3세에서 6세에 이르는 시기이다. Montessori의 무의식적 흡수정신은 Piaget의 출생에서 2세에 해당하는 감각적 조작기와 유사한 점이 많다. 그리고 의식적 흡수정신은 Piaget의 전조작기(2세부터 7세까지 해당)와 매우 유사하다.

2) 절제: 의지의 발달

Montessori는 유아가 주변 세계를 능동적으로 이해해나갈 뿐만 아니라 내적 절제에 대한 감각, 즉 초점과 행동을 통제하고 감독할 수 있는 능력 또한 능동적으로 발달시켜 나간다고 보았다. 그러므로 우수한 몬테소리 학급에서 '절제(discipline)'는 교사가 유아에게 교사의 의지를 덮어버리는 것이 아니라, 유아가 관심 있는 활동을 함으로써 점진적으로 생기는 내적 목표에 대한 감각을 통하여 생겨나게 된다.

학교 환경에 처음 접하게 되는 시기에는 아직 여러 교구, 사회적 기대, 기본 원칙에 익숙하지 않다. 유아는 충동적이고 목표가 없는 것처럼 보이지만, 깊은 관심을 느끼게 되는 대상을 찾았을 때는 반응을 보이기 시작한다. Montessori에 의하면 이처럼 목적의식을 가진 활동은 더 폭넓은 경험을 제공할 뿐만 아니라, 유아가 집중력을 기르고 다른 상황에서도 행동을 할 수 있도록 돕는다. 이러한 일련의 활동들을 통하여 유아의 의지, 혹은 자신의 행동을 통제할 수 있는 능력이 발달하기 시작한다. Montessori는 "학교가 유아의 마음을 키워주는 공간으로 성장의 기회를 주어야 한다" (Montessori, 1949/1967a, p. 264)고 하였지만, 이것이 흘러가는 대로 놔두는 방임적인 방식을 의미하는 것은 아니다. 만약 그렇다면 혼란이 커져서 오직 교사의 직접적인 통제만이 본래의 조화로운 상황으로 돌려놓을 수 있을 것이다. 따라서 방임적이기보다는, 모든 구성원들이 평화롭게 참여할 수 있는 정도의 행동 제한이 있다.

바꾸어 말하면, 몬테소리 교실 환경에서는 제한 속에서의 자유가 유지되고 있다. 즉 교구를 목적에 맞게 주의하여 사용할 자유, 배움을 자신에 맞게 스스로 이끌어갈 자유, 다른 사람과 상호작용할 자유, 그리고 공간을 마음대로 움직일 자유 등이 주어진다. 행동의 제약은 또래와의 공동체 형성, 교구의 바른 사용 범위, 사회적 존엄성과 평안함을 유지하는 등의 지침을 유아에게 주기 위하여 이루어진다. 기본 규칙은 자기 자신, 다른 사람, 주변 환경을 존중하기 위해 있는 것으로 설명된다. 이러한 자유와 제한 사이에 이루어지는 균형을 통해 생기는 평안함은 활동이 없거나 정지된 상태와는 다른 것이다. 그보다는 "능동적인 평안함(active peace)의 형태" (Montessori, 1949, 1967a, p. 254)라는 것이 잘 절제된 몬테소리 교실에서 더 많이 나타나는 것으로 알려져 있다.

그러면 유아의 마음이 가지는 독특한 역량과, 교육은 "인생의 조력"이 되어야 한다는 원칙에 근거할 때 어떠한 교육 환경, 교구, 교육방식이 뒤따르는가?

3. 프로그램의 특징

1) 준비된 환경

Montessori에 의하면, 유아는 "주변 환경을 흡수하고, 그로부터 모든 것을 구하며, 이를 자신 안에서 구현하는" 끊임 없는 탐구자이다(Montessori, 1949/1967a, p. 66). 유아는 경험을 수동적으로 받아들이는 존재가 아니라, 최적의 발달이 일어날 수 있도록 특별하게 준비된 학습자 중심의 섬세한 환경에서 의도성과 자유의지를 가지고 이상적으로 상호작용한다.

몬테소리 학습 환경은 물리적 · 심리적 환경 모두를 포함한다. 물리적 환경은 질서 있고, 유아의 신체 크기에 적절하며, 미적으로 만족스러우며, 시각적으로 조화를 이루도록 설계된다. 프로그램의 교실 환경은 유아들이 사용하기 전에 미리 섬세하게 준비되지만, 각 유아 집단의 요구를 충족시키기 위하여 끊임없이 개선되고 변화한다. 바꾸어 말하면, 질서가 있지만 경직되지 않고, 준비되었지만 고정된 것은 아니다. 교사는 자신의 관찰을 토대로 유아의 흥미와 요구에 따라 끊임없이 환경을 다시 준비하고 세밀하게 개선한다.

학습 환경을 준비하고 계속적으로 개선하는 것은 몬테소리 교사의 핵심 과제이다. 몬테소리 교실환경의 교사는 교실에서 중심적 존재는 아니지만, 수동적 존재와는 거리가 멀다. 즉 교사는 유아가 환경과 상호작용할 수 있도록 차분하게 목적을 가진 활동에 집중할 수 있는 심리적 상태를 조성하고 각 유아의 요구에 정성껏, 따뜻하면서 존중감을 가지고 반응하며, 유아와 교구 간에 "좋은 조합"이 이루어질 수 있도록 돕는다. 준비된 환경이 성공하기 위해서는 "교사가 유아와 더불어 성장하는 삶을 이루어 갈 수 있는 능력"(Lillard, 1972, p. 61)이 필요하다.

Lillard(1972)는 몬테소리 교육환경의 6가지 핵심 구성요소를 제시하였다. (1) 자유, (2) 구조와 질서, (3) 현실성과 자연, (4) 미적이면서 삶에 대해 긍정적이고 자발적인 반응을 불러오는 환경, (5) 몬테소리 교구, (6) 공동체적 삶의 발달 등이다. 몬테소리 교육 환경의 또 하나의 특징은 유아의 주체적 활동을 위해 방해받지 않는 순수한 활동 시간이 여러 차례 주어진다는 것이다. 이러한 활동 시간은 유아들이 활동을 원하는 만큼 반복하고, 집중 시간을 늘리고, 사회성을 기르고, 휴식을 취하고, 반성하고, 하루 일과 속에서 여러 가지 선택 가능한 다양한 활동에 전념할 수 있도록 돕는다.

2) 자유

Montessori에 의하면, 유아는 "나 혼자 할 수 있어"라는 독립적 성향을 자연적으로 가지고 있다. 또한 유아는 자신의 발달을 위한 청사진을 내부적으로 가지고 있으며, 이는 적절한 환경과 내적 방향지시에 따라 활동할 수 있는 자유가 주어지면 자연스럽게 펼쳐진다.

자유는 유아가 어떤 시점에서나 주어진 교구나 경험 중에서 가장 유용하고 흥미있는 것을 선택할 수 있도록 돕기 위해 필요하다. 반면에 성인은 유아의 흥미와 활동을 관찰하고, 유아의 성격과 발달에 대하여 이해하며, 유아의 요구에 맞도록 환경을 조정하고 개선한다. Montessori에 의하면, 진정한 절제는 자유로운 환경에서만 생겨나는 것이다.

유아가 내적 발달 요구에 부합하는 목적성 있는 과제를 수행할 때, 유아의 관심은 과제에 고정되어 집중 시간을 늘리고, 목적이나 목표에 맞게 '의지'를 맞추고, 절제력을 기르는 방향으로 성장하게 된다. 몬테소리 교실에서 자유의 질은 이러한 내적 발달의 집중력과 절제력에 달려 있다. Montessori에 의하면, 집중력과 절제력은 논리적으로 서로 불가분의 관계이다.

3) 구조와 질서

"활동을 자유롭게 선택할 수 있는 유아는 주변 환경 속에서 자신의 내적 조직과 강한 유사성을 가진 측면을 발견하게 될 것이며, 이러한 내적 조직은 자연의 법칙에 따라 스스로 발달한다"(Montessori, 1965, p. 70). 바꾸어 말하면, 환경의 외적 조직은 유아 내부에서 피어나는 내적 질서를 모방하는 동시에 활성화시켜야 한다. 유아는 질서에 민감하기 때문에(표 16-1 참조), 교실의 일상 리듬과 일과는 예측 가능한 것이어야 하며, 교구는 논리적 방식으로 조직되어야 하며, 행동의 길잡이가 되는 수업은 정확하고 간결하게 전달되어야 한다.

하지만 "경직성"이라는 말은 여기에 해당되지 않는다. 적절한 구조는 몬테소리 교실에서 여러 다양한 형태로 나타나는데, 주기적으로 매일 이루어지는 일과 활동, 예상되는 장소에서 교구를 찾을 수 있는 것, 조화롭게 배치된 교구들, 모든 행동을 통제하는 기본 원칙이나 규제가 예측 범위에 있는 것 등이 이에 포함된다.

4) 현실성과 자연

Montessori는 유아의 마음이 흡수성을 가지고 있기 때문에 유아의 손에 들어가는 교구는 확실한 품질을 갖추어야 하며, 현실을 정확히 반영하여야 한다고 보았다. 그녀는 유아에게 낮은 품질의 교구를 주거나 환상에 기반한 이미지를 제시하는 일을 피하였다.

몬테소리 환경에서는 실제적이며, 제대로 작동하는, 유아 신체에 맞는 일상 도구들을 제공한다. 유아에게 맞는 크기의 빗자루, 쓰레받이, 유리 식기 등과 같은 물건들을 흔히 볼 수 있다. 몬테소리 교구들은 보통 튼튼한 나무, 유리, 그리고 (요즘에는 시대에 걸맞게) 고급 플라스틱으로 만들어진다. 교사교육 프로그램에서 질 높고 확실한 품질을 갖춘 교구의 필요성을 주창하고 있다.

Montessori는 어린 유아는 환상이 아닌 현실세계에 몰입해야 한다고 보았다. 그녀는 유아의 상상력이 성인 주도의 환상이 아닌, 감각 기반과 현실세계 경험의 바탕에 의해 발달한다고 주장하였다(Montessori, 1965). Lillian Katz 또한 이러한 관점을 미디어와 대중 마케팅이 지배하는 현대사회에 적용시키며 찬성하는 듯하다. "나는 대부분의 유아들이 성인 주도의 환상이 넘치는 현실에서 고통받고 있다고 믿는다. 내가 마법의 남용이라고 묘사하는 단계에까지 이르렀다. 이는 유아들을 머리가 빈 애완동물처럼 즐겁고 기분 좋도록만 다루는 것과 유사하다." (Katz: Loeffler, 1992, p. 193에서 재인용)라고 한 바 있다.

Montessori는 유아가 본래부터 자연세계, 즉 자연의 순환주기, 리듬, 고유의 질서에 끌리기 때문에 자연이 교육환경의 일부가 되어야 한다고 생각하였다. 유아들이 돌보는 식물, 동물, 그리고 작은 정원은 몬테소리 교실의 기본 요소이다.

5) 미적 환경과 전체적 조화

Montessori는 교구가 미적 요소를 포함하여야 할 뿐만 아니라 환경 자체가 전체적인 조화를 이루어야 한다고 주장하였다. 환경은 깨끗하고, 매력적이며, 잘 관리되어야 한다. 유아의 마음에 들도록 다양한 색을 갖추어야 하지만, 지나친 자극을 피하기 위하여 정리되어 있어야 한다. Montessori는 미적 요소뿐만 아니라 전체적으로 평화롭고 사람을 배려하는 환경이면서 어떤 의미로는 유아가 몰입할 수 있는 영적인(spiritual) 미도 필요하다고 주장하였다. Anita Rui Olds의 에세이 「미적 장소(Places of Beauty)」(Bergen, 1988, p. 185에서 인용) 또한 이 생각을 반영하고 있다. "일본의 건축에서 'Torre' 라 불리는 아치는 세속적 영역과 신성한 영역 사이의 전환을 나타내는데, 자연스럽고 일상적인 것에서 영적이며 미적인 것으로 전이된다. 나는 모든 유아의 공간이 이러한 아치로 만들어지고, 공간이 이러한 의미를 잘 반영할 수 있도록 설계되어야 한다고 생각한다. 그러면 Torre를 지나가면 각 유아는 미, 일체감, 배려로 감싸일 것이다."

6) 몬테소리 교구

"'준비된 환경' 은 유아가 과제의 실행과 반복을 통하여 정체성, 절제력, 주변 환경에 대한 통제력을 기르는 것을 돕도록 설계되었는데, 겉으로 보기에는 간단한 이러한 과제들은 유아의 발달 과정 중에 직면하게 되는 문화적 기대와 관련되어 있다" (Rambusch, 1962, p. 71). 이러한 "겉으로 보기에 간단한 과제들" 은 몬테소리 교육법과 관련된 몬테소리 교구들을 지칭하는 것이다. 이러한 교구가 교실 환경에 존재하는 것만으로도 일반 교육환경과 몬테소리 교육이 이루어지는 환경을 구분하기도 한다. 하지만 교구 자체가 아니라 몬테소리 환경의 주요 구성요소이다. 교구는 충분조건이라기보다 필요조건이라 할 수 있다.

이러한 교구의 고유 기본 원리에 따라 특정한 개념이나 문제에 한정시키고 실수가 조절될 수 있도록 짜여져 있다(즉, 자동교육(auto-educational)). 이 기본 원리들은 유아 주도의 활동과 행동을 포함한다. 처음에는 비교적 간단한 활동에서 시작하여 유아가 더 많은 경험과 판단을 가지게 됨에 따라 점점 복잡성을 띠게 된다. 또한 몬테소리 교구는 유아가 후속 학습을 위한 준비를 할 수 있도록 직·간접적으로 도울 수 있게 설계되었다. 이 교구들은 시각적, 미적으로 흥미와 즐거움을 준다.

교구가 단일 문제에 한정되는 것은 유아의 학습경험이 명확하도록 유도하고 핵심 개념 습득에 집중하기 위해서이다. 예를 들어, 일련의 육면체 10개로 1개의 탑(혹은 분홍 탑)을 만들 수 있는데 각 육면체는 일정 비율로 크기가 커진다. 각 육면체는 크기라는 단일변수를 제외하고는 정확히 동일한 모양을 가지고 있다. 이는 유아의 관심이 크기라는 특징에 집중이 되도록 하고, 불필요하게 주의가 분산되지 않는 상태에서 육면체의 크기 관계에 대하여 탐색할 수 있도록 돕는다. 반면, 현재 만들어지고 있는 상업적 교구들은 대부분 "더 많은 것이 더 좋은 것"이라는 개념을 담고 있다. 상업적으로 만들어진 교구들은 여러가지 색깔, 문자, 숫자, 질감 등으로 꾸며져 있다. Montessori에 의하면 유아는 다면적인 특성을 가진 육면체를 가지고 놀면서 즐거움을 느낄 수 있으나 반면에 지나치게 많은 자극이 주어짐에 따라 불필요하게 주의가 분산될 수 있다고 보았다.

실수의 조절 개념은 유아들이 교구의 단순반복 사용을 통하여 일종의 기계적인 완벽함을 갖게 하도록 추구하는 것으로 자주 오해를 받는다. Montessori는 과학자였으며, 실수를 본래부터 내포된 것으로 보고 모든 학습의 건설적인 일부라고 보았다. 그녀는 "실수"를 인지하는 것이 유아로 하여금 더 자세하게 관찰하고 학습 경험에 대한 분석을 철저히 하도록 돕는다는 관점에서 실수를 인지적 자기 구성을 위한 근본적인 도구라고 보았다. Montessori는 유아들이 알아채고 해석할 수 있는 피드백을 제공할 수 있도록 실수의 조절(혹은 설계상의 단서) 개념을 교구 설계에 포함시켰는데, 이는 성인에게 승인받고 승인받지 못하는 것에 의존하는 것으로부터 유아를 자유롭게 하였다. Montessori는 "교구를 통한 실수의 조절은 유아로 하여금 자신의 사고, 비판적 능력, 그리고 계속적으로 발달하는 구분 능력을 기르도록 돕는다"(Montessori, 1948/1967b, p. 103).

이 기본원리의 대표적인 예는 몬테소리 원기둥인데, 단단한 나무로 만들어졌으며 손잡이가 달린 10개의 원기둥이 크기별로 배열되고, 각각 같은 크기의 구멍에 맞게 되어 있다. 일반적으로 유아들은 자연스럽게 원기둥을 구멍에 맞게 맞추게 된다. 원기둥이 구멍에 맞지 않을 때나 너무 큰 크기의 구멍에 원기둥이 들어가서 흔들거리거나, 앞선 실수 때문에 원기둥이 모자르게 되는 등의 경우에 "실수"가 명확히 드러나게 된다. 유아는 관찰과 실험을 통하여 "실수"를 인지하고 교구와 인지적인 대화를 시작하게 된다. 유아가 이러한 경험을 통해 판단력을 갖게 되면서 후에 다른 교구를 제공할 때는 외면적이고 명확한 실수의 조절 요소가 감소하게 된다. 예를 들어 손잡이가 없는 원기둥 교구(상위 형태의 교구임)를 순서대로 늘어놓는 활동에서는 원기둥 크기에 따른 구멍이 없이 전 단계와 유사한 경험을 하게 된다. 유아는 미리 정해진 규격을 따라 원기둥을 순서대로 배열하는 것이 아니라, 자신의 독립적 판단이 교구 사용지침을 대체하게 되는 것이다.

Montessori는 신체적 동작과 인지적 발달 사이의 신경근육 연계를 중시하여 유아의 활동이나 동작이 그녀의 교구에도 반영되도록 의도하였다. 몬테소리 교실의 유아들은 다양한 물건들을 들어올리고, 옮기고, 균형 잡고, 쌓아올리고, 붓고, 쓸고, 조립하고, 선별하면서 학습 환경을 적극적으로 활용하고 참여한다.

이러한 신체 활동은 학습 활동에 대한 유아의 흥미를 유지시켜 주는 역할을 한다. Montessori는 "어떠한 사물이 유아의 흥미를 더 유발할 수 있는가는 사물 자체의 질보다는 사물이 유아에게 활동기회를 제공할 수 있는가에 달려있다" (Montessori, 1948/1967b, p. 104). 동작을 지각적인 학습에 결합시키는 것은 활동이나 개념을 유아의 "근육 기억"에 저장시키는 역할을 하고 유아가 스스로의 동작을 통제할 수 있는 기회를 준다. 유아는 신체적 동작을 주어진 활동에 맞추어 가면서, 조정능력, 균형감, 그리고 전반적인 근육의 발달을 가져오게 된다.

몬테소리 교구들은 대체적으로 단순함에서 복잡함으로 이행되는데, 유아가 다음 활동으로 넘어감에 따라 한 단계 높은 난이도가 주어진다. 이는 유아가 더 많은 단계나 더 많은 판단을 필요로 하는 수준으로 가기 이전에 기술, 교구, 혹은 개념에 대한 내적인 숙달감을 가질 수 있도록 돕는다. 교육과정이 성인 주도가 아닌 유아 주도이기 때문에 몬테소리 교구를 사용해 나가는 특별한 방식이나 정해진 순서는 없다. 교구는 각 유아의 흥미와 요구되는 예비 기술에 맞추어 주어진다. 여기서 목표는 현 교육과정이나 정해진 시간표를 마치는 것이 아니라 유아의 성공과 독립심에 맞추어진다.

몬테소리 교구는 보통 단순함에서 복잡함으로 넘어가는 과정에서 비계설정(scaffolding)이 일어나거나 후속학습(subsequent learning)을 위한 간접적 준비가 이루어지도록 설계되어 있다. 예를 들어, 유아는 분홍탑이나 빨간 막대와 같은 크기 분류와 관련된 교구들을 크기에 따라 나열하면서 간접적으로 10진법 개념을 배우게 되는데,

이는 이러한 크기 분류 형식의 모든 교구들이 10개로 구성되어 있기 때문이다. 유아가 손가락 세 개를 사용하여 손잡이가 달린 원기둥을 잡는 것은 글자 쓰기에 간접적 도움을 준다. 액체를 큰 통에서 같은 크기의 작은 통 3개로 옮겨 붓는 활동을 통해 유아들은 분수와 나눗셈에 대한 간접적 도움을 받을 수 있다.

종합적으로, 몬테소리 교구는 하나의 배타적인 교구가 아니라 복합적인 전체로 바라보아야 한다. 우수한 몬테소리 교실의 가장 큰 특징은 교사가 과학적인 교육자라는 점이다. 이러한 유형의 교사의 지도하에 몬테소리 교구들은 완성된 교육 패키지가 아니라 잘 설계된 가능성들의 총합이 된다.

7) 공동체적 삶의 발달

몬테소리 프로그램 교실에서의 독립성과 개인 발달에 대한 성향을 사회화(socialization)가 거의 이루어지지 않는 것으로 오해해서는 안 된다. 사실, 혹자는 이보다 더 왜곡된 표현은 없다고까지 말하기도 한다. '사회화를 준비하기 위하여 무엇이 제공되는가?' 하는 질문에 대하여 공기의 성분처럼 몬테소리 교육 자체가 사회화와 밀접한 관련이 있다고 대답할 수 있다" (Rambusch, 1962, p. 79). 유아들은 교사 주도의 대집단 교육을 여러 시간 받는 것을 벗어나서, 서로 상호작용하며, 작업을 함께하고, 다른 사람의 활동을 관찰하고, 다른 유아에게 교재에 대한 도움을 청하거나 주고, 간식을 먹으며 대화를 나눈다. 몬테소리 교실의 주요 특징 중 하나는 단순히 함께하는 것이 아니라, 이러한 건설적인 사회성(proactive sociability)이다(Rambusch).

몬테소리 프로그램의 여러 활동들은 개별 아동의 학습을 고려하여 설계되었으나, 언어 활동과 같은 다른 여러 활동들은 둘 이상의 유아를 고려하였다. 교사는 드러나게 활동하지 않으나 교실 안을 이동하면서, 개별 유아나 소집단의 유아들에게 활동을 제안하고, 대화를 나누고, 상호 갈등을 해소할 수 있도록 돕는다.

3년에 걸친 혼합연령집단 구성(이는 몬테소리 환경에서 흔하다) 또한 공동체적 삶의 발달을 돕는다. 연령이 높은 유아는 연령이 낮은 학습자들을 돕고 리더와 역할모델 역할을 하도록 격려한다. 유아는 다양한 가능성을 가지고 자유롭게 친구를 선택할 수 있으며, 자기 자신에게 없는 부분을 발견할 수 있다. 타인에 대한 협동과 존중은 몬테소리 교실 공동체의 근본적인 개념이다.

4. 교육과정 영역

3세에서 6세를 위한 몬테소리 학습 환경은 보통 다음과 같이 나누어진다. 일상생활 영역(일상적인 삶), 감각 영역(하나 또는 그 이상의 감각에 집중되는 교구), 언어 영역, 그리고 수학 영역이다. 추가적으로 음악, 미술, 신체활동, 그리고 극놀이 등이 교육과정에 포함된다(American Montessori Society, 1994).

1) 일상생활 영역

일상생활이라 불리는 교육과정 영역은 몬테소리 교육과정의 필수불가결한 요소로 여겨지는데, 이는 유아가 일상생활에서의 실제 활동을 통하여 교실의 다른 영역에서 필요로 하는 학습 집중도를 위한 기술과 성향을 기르게 된다. 유아는 쓸기, 바느질하기, 정원 가꾸기 등과 같이 익숙한 가정 일상 활동을 통하여 한 가지 활동에 집중하고 처음에서 끝까지 이루어지는 순서를 경험하고, 특정 목표를 위해 움직임을 조정하고, 특정 과제를 단계별로 나누어 조직하는 법을 배우며, 자기 주도적인 활동을 통해 독립성을 기르게 된다. 따라서 당근 자르기와 같은 활동의 직접적 혹은 실현적 목표가 껍질 벗기기, 자르기, 당근 나누어주기 등이라고 해도, 간접적 혹은 잠재적인 목표는 독립심 발달, 질서 지키기, 집중하기, 눈과 손의 협응력 발달, 공동체 의식 기르기(다른 유아에게 당근을 나누어주면서), 그리고 현실적인 자아 존중감(성취감을 통하여) 등이다. 일상생활 영역 활동은 유아들의 가정에서 일상적으로 이루어지는 활동을 유아 신체 크기에 맞게 조절하여 제공함으로써 유아의 사회 참여를 유도한다. 가정에서 학교로 원만한 전이가 이루어질 수 있도록 한다. 특정 활동은 자기 관리(self-care)(예를 들어 이 닦기, 여러 가지 지퍼나 단추 잠그기 연습 교구, 코 풀기, 머리 빗기 등), 환경 가꾸기(꽃 정리하기, 신발 닦기, 테이블 닦기, 정원 가꾸기), 삶의 기술(바느질하기, 음식 준비하기), 소근육 발달(활동 바꾸기, 예를 들면 따르고 갈기, 그리고 공동체 생활(식탁 차리기, "실례합니다" 또는 "고맙습니다"라고 말하기 등)이다.

일상생활 영역은 대개 표준화가 되어 있지 않기 때문에, 교사가 이 교육과정 영역의 교구 대부분을 만들어낸다. 유아의 필요, 흥미, 교실의 문화적 구성에 따라 다양한 활동이 이루어진다. 예를 들어 하와이의 몬테소리 교실에서 교사는 하와이 문화와 자연을 반영하고 적용한다. 실 꿰기 교구는 꽃, 씨앗, 나뭇잎으로 만들어진다. 붓기와 떠서 올리기는 작은 조개 껍데기와 씨를 사용한다. 단추 채우기 교구는 하와이의 타파(tapa) 의상 디자인으로 되어 있다. 음식 활동은 쌀 초밥 준비하기, Poi[1] 만들기, 중국식으로 과일과 씨앗 말리기 등을 포함한다(Bogart, 1992).

유아들이 성장함에 따라, 일상생활 영역은 점차 복잡한 형태의 요리 활동, 응급처치, 자전거 수리, 전화 받기 예절, 컴퓨터 능력, 그리고 간단한 기계에 대한 지식 등을 포함하게 된다(Chattin-McNichols, 1992).

---

1) 역주: 폴리네시아의 전통 죽

2) 감각 영역

유아는 태어나면서부터 자극이 풍부한 환경에 둘러싸이며, 감각 이미지들을 자신의 마음에 흡수하기 위하여 무의식적으로 모든 감각들을 사용한다(Montessori, 1973). Montessori에 의하면 3세 무렵에 특별하게 준비된 교구들을 실제적으로 탐색하면서 정렬시키고 분류할 수 있게 된다. 감각 영역 교구는 이러한 점을 염두에 두고 디자인되었다. 이 교구들은 Montessori 본인에 의해 디자인되었으며 Jean Itard와 Edouard Seguin의 업적을 기반으로 응용된 것이다(Montessori, 1948/1967b).

감각 교구는 유아가 감각 이미지들을 "분류하고 범주화" 시킬 수 있도록 주어지는 일련의 연속된 활동들로, 미적이면서도 단순해 보이는 디자인으로 되어 있다(Montessori, 1948/1967b). 이러한 활동들은 감각을 정제하며 예리하게 만들고 이후의 지적 발달을 위한 감각기반을 만들어낸다. "감각을 훈련시키고 예리하게 만드는 것은 지각할 수 있는 세계를 확장시키고 지적 발달을 위한 더욱 공고한 기반을 제공하는 명확한 장점을 가진다" (Montessori, 1948/1967b, p. 99).

시각, 근육-촉각, 청각, 미각, 후각적으로 매력적인 교구들이 순차적으로 주어짐으로써 하나의 특정 개념이나 감각 지각을 개별적으로 익힐 수 있게 된다. 예를 들어 긴 막대(길이 개념 개별화), 색판(색 개념 개별화), 촉감판(거칠고 부드러운 질감 개별화), 소리 실린더(소리 크기 개별화), 그리고 냄새 단지(특정 향 개별화) 등이 있다.

각 과정은 단순한 것에서 복잡한 것으로 이행된다. 예를 들어, 첫 단계의 색깔 상자를 사용할 때 유아는 빨강, 노랑, 파랑과 같은 원색만을 다루게 된다. 마지막 단계에서, 유아는 각각 9가지 색깔을 가장 어두운 것에서 밝은 것까지 7단계로 구분하게 된다. 유아가 과정을 거쳐 가면서 전 단계에서 얻어진 판단능력이나 정제된 감각이 내적 안내자가 된다.

이러한 활동들은 직접적이고 구체적인 경험에서 관련 개념과 수준에 대한 더 추상적 인식으로 이행된다. 예를 들어 기하도형 서랍을 사용할 때 유아는 손잡이가 달린 파란색의 나무 삼각형을 서랍의 일치하는 모양 구멍에 맞추는 과정을 통하여 기하학적 형태에 대한 초기 개념을 익힌다(손잡이가 달린 간단한 퍼즐과 유사하다). 교사는 "삼각형" 이란 용어를 적절한 시기에 소개한다. 후속활동을 통하여, 유아는 카드에 그려진 가느다란 파란 외곽선을 "삼각형" 으로 인식하게 되고 주위 환경에서 다른 삼각형들을 찾아내게 된다("셔츠에 삼각형이 있어요!"). 이 활동을 통하여, 유아는 "삼각형" 의 이미지와 본질을 내면화하게 되고, 이러한 지식이 개념적 단계에 이르게 된다. 이후에, 유아는 "삼각형" 이라는 개념을 만들어나가게 되는 동시에 지금까지 실제로 탐색한 여러 가지 형태의 삼각형들을 인식하게 된다.

유아가 감각 교구들을 사용할 때, 초기에는 교사가 시연하는 비교나 순차적 변화의 패턴을 따라가는 것이 권장되지만 후반에는 확장(서로 다른 두 교구의 관련도나 활동의 환경에 대한 확장)이나 변형(교구를 다른 방법으로 배치)을 탐색하도록 격려받는다(Torrence, 1993). 감각 교구는 대부분 자유형식으로 사용될 수 있기 때문에 유아 주도로 계획된 다양한 활동들을 만들어내는 데 사용할 수 있고, 탐색과 창의성을 함양할 수 있다.

3) 언어 영역

> [언어]는 교재가 아니다. 과정이다. “언어는 과정”이라는 Montessori의 관점을 고려한다면 언어 영역은 (중략) 훨씬 더 많은 것을 포함할 수 있다—모든 학습환경과, 사실상 세상 전부를 포함할 수 있다. 언어 교육과정은 내용(content)이라기보다는 맥락(context)이 되며, 잘 짜여진 식단이라기보다 종합적인 부페와 같은 것이 된다. 그리고 여기서 중요한 열쇠는 유아 자신의 구어(spoken language)이다. (Turner, 1995, p. 26)

몬테소리 교실 환경에서 언어발달은 환경 전반에 걸쳐 영향을 준다. 유아 간의 자유로운 소통과 공동체적인 사회 환경, 특정 수업을 통하여 교사가 전달해주는 정확한 용어, 대집단 모임에서 사용하는 노래, 동시, 대화, 책읽기 영역에서 쓰이는 좋은 책, 그리고 언어와 문해력 발달을 위해 사용되는 특정한 교육을 위한 교구들이 포함된다. 몬테소리 교실은 구어발달을 위한 풍부한 환경을 제공해주며, 이는 문어(written language) 시스템을 궁극적으로 이해하는 데 필요한 기반을 구성해준다.

Montessori는 아마도 구어와 문어는 자기 표현 수단의 결과라는 현대의 총체적 언어 접근법(whole language) 이론가들의 이론에 동의할 것이다(Montessori, 1964). Montessori에 의하면 유아가 쓰기(사회적 활동으로 인식)를 배우기 위해서는 먼저 쓰기를 위한 시스템을 획득하여야 한다. 이는 부분적으로 “철판모형(metal insets)”이라는 교구를 사용함으로써 얻어지는데, 이 교재로 다양한 기하학적인 철제 모양들로 다양한 베끼기나 그리기 활동을 할 수 있으며, 이는 다양한 연필 사용 기술을 익히는 데 적합하다(Chattin-McNichols, 1992). 유아의 손은 일상 영역이나 감각 영역 교구를 다루면서 이러한 활동들을 위한 준비를 하게 된다.

또한 쓰기 활동의 시스템 발달은 유아가 나무로 된 알파벳 교구를 다루거나 목재 각판(Masonite plaques)에 부착된 모래종이로 이루어진 글자(모래종이 글자)를 손으로 느끼면서 이루어진다(Montessori, 1963). 유아는 시각, 근육-촉각, 운동감각, 청각 감각들 간의 활성화와 연관을 통하여(교사는 유아가 글자를 다루고 있을 때 해당 글자의 소리를 내준다), 유아는 연습을 통하여 각 글자의 심상과 관련된 음을 익히게 된다. 상징인 글자들과 해당 음에 대한 정보를 많이 기억하고 저장하게 된 유아는 단어와 메시지 "쓰기"(음-철자)를 통하여 문어에 대한 탐색을 시작하게 되는데, 초반에는 나무로 된 알파벳을 움직여가며 다루다가 후반에는 연필이나 다른 필기도구를 사용하여 문자를 만들어가게 된다.

어린 유아들이 알파벳 상징에 익숙하게 하는 Montessori의 방법은 일부 사람들에게는 읽기 능력의 조기 습득을 "재촉하는" 것처럼 보일 수 있다. 하지만 그녀의 의도는 이러한 해석과는 반대로 유아를 중요한 민감기에 문어의 도구에 익숙해짐으로써, 단순히 반복적이고 규칙을 따르는 딱딱한 결과물보다는 후에 유아의 문어에 대한 "폭발적인" 반응이 자연스럽게 이루어지도록 하는 데 있다.

현대의 대부분의 몬테소리 교사들은 철판모형, 모래종이 문자, 움직일 수 있는 알파벳(movable alphabet)을 핵심적인 언어 교구로 생각하고 있으며 이를 바탕으로 교사가 만들어낸 다양한 교구들을 사용하여 확장할 수 있으며, 이는 특정 유아들의 요구와 흥미를 충족할 수 있도록 구성되어 있다. 일반적인 추가적인 활동에는 명칭카드(nomenclature cards), 서로 운율이 맞는 물체들이나 그림, 이야기 순서 맞추기 카드(sequence story cards), 연관카드(go-togethers), 유사한 음을 가진 사물들이 있는 상자들, 그림-명칭 맞추기 세트, 받아쓰기 게임, 명령어 게임(지시를 위해 그림과 단어 모두 사용), 문법 게임 등이 있다.

몬테소리 언어 과정은 쓰기(부호화하기)가 읽기(해독하기)에 선행하며 두 가지는 깊은 연관성을 가지고 있다고 본다. 각 교실에는 초기 읽기 능력을 기르기 위한 다양한 특정 활동들이 포함되어 있다(명명하기 활동, 주요 단어 카드, 다양한 음성 및 예상 가능한 텍스트 등).

4) 수 영역

수학적인 사고는 특정 수학 영역에 대한 경험 이전에 수학과 관련없는 것처럼 보이는 여러 가지 활동들로부터 시작된다. Montessori는 자신이 "수학적 마인드"라고 명명한 능력의 기반은 질서, 정밀성, 세부사항에 대한 주의, 순서에 대한 감각 등을 일상생활에서 사용하거나 감각 교구의 사용을 통하여 길러질 수 있다고 보았다. "필수전제 조건적인 활동들은 수학을 하는 데 있어 유아에게 필요한 정확성과 논리적 순서를 기르는 데 도움을 준다"(Scott, 1995, p. 26).

일대일 대응 개념은 옷 입히기 틀(하나의 구멍에 단추 하나씩), 손잡이가 달린 원기둥(하나의 구멍에 원기둥 하나씩), 그리고 그외의 모든 일대일 대응 활동에 내재되어 있다. 유아는 모든 순서화와 분류활동을 통하여 유사점 및 차이점을 탐색하고 비교하며, 감각 교구로 상대적인 패턴을 만드는 활동을 통하여 공간적 관계를 탐구하고, 예상 가능한 하루의 규칙적인 일과를 통하여 시간적인 관계를 배워나간다. 유아는 10개의 사물로 구성된 감각 교구를 순서대로 놓으면서 간접적으로 십진법에 대한 개념을 익히게 된다(큐브의 탑이나 넓은 계단 등). 더욱이, 유아는 다양한 교구들을 순서화하면서 자연스럽게 "상대적으로 많은"이나 "상대적으로 적은"이라는 개념에 익숙해질 수 있다(예를 들어 긴 막대기, 손잡이 달린 원기둥 등).

수학적인 순서 개념은 익숙한 감각 경험의 논리적 확장에서 비롯된다. 열 개의 빨간색 막대를 길이 순서대로 매기는 경험을 한 유아는 그 다음 단계로 같은 길이를 가진 열 개의 막대에 빨강과 파랑으로 수량을 표시한 교구를 사용한 활동을 하게 된다. 유아는 각 부분을 세면서 가장 짧은 것에서 가장 긴 것으로 순서대로 배열한다. 그후 유아는 숫자를 시각적, 촉각적인 방법으로 접하고 나서 수 상징체계(모래종이 숫자)를 접한 뒤, 다시 막대활동으로 돌아와 숫자와 양을 연결시키게 된다. 이와 유사한 방식으로, 모든 몬테소리 수학 교구들은 구체적이고 알려진 것에서 추상적이고 미지의 것으로 발전해 나가며, 한 번에 한 가지 과제를 해결하는 데 목표를 둔다. 수학 교구는 추상적 개념들의 물리적 발현 혹은 "추상의 구체화"이다(Montessori 1948/1967b, p. 174).

몬테소리 수학 교구는 4가지 영역으로 구분되어 있다: (1) 0에서 10까지 세기 활동과 수량화, (2) 연속적으로 세기(점점 더 높은 수를 체계적인 수-선에 맞추어 세기), (3) 10진법(고전적인 금색 구슬 교구를 사용하여 자릿값—1단위를 나타내는 구슬, 10단위를 나타내는 막대, 100단위를 나타내는 사각형, 1000단위를 나타내는 정육면체—표상하기), (4) 연산(더하기, 빼기 등). 몬테소리 교구의 일반적인 사용법이 그러하듯이, 수학 교구는 관심이 있거나 흥미를 보이는 유아들에게 제공된다. 교사가 교구를 골라주는 것이 아니라 유아가 직접 교구를 선택한다. 이것의 목적은 조기 학습이나 인공적인 추상, 수학적 사실의 암기가 아니다. Montessori는 수학을 인간 마음의 자연스럽고 만족스러운 기능이라고 보았다. 숫자 사이의 관계를 체계적으로 발견해 나가는 것은 유아가 수학적인 사고와 문제해결 능력을 가지도록 하는 데 도움이 된다. "추상은 유아가 지식을 구성해 나가는 데 있어서 이루어지는 창의적인 과정이다"(Chattin-McNichols, 1992, p. 97). 미국몬테소리협회(AMS)의 "수학교육에 대한 선언문"에서 설명하였듯이 "수학은 일상 생활에서 생기는 문제를 해결해 나가는 과정에서 생겨난다. 공간, 크기, 수량 등이 이와 관련되어 있다."

유아는 명확하게 생각하고, 학습된 개념을 창의적이고 새로운 방법으로 활용하도록 격려받는다. 개념을 이해하고 문제해결에 활용하는 능력은 수학교육뿐만 아니라, 모든 교육의 목표이기도 하다.

5) 미술 표현 영역

"유아의 인지적 능력의 발달을 강조하는 것과 더불어 유아의 정서적인 생활, 내적 사고, 감정, 자기 표현의 방식 등에도 관심을 기울여야 한다"(미국몬테소리협회, 연도 미상). 현재 미국몬테소리협회는 이 목표들을 기반으로 시각예술, 음악, 춤, 연극 등을 통한 유아의 자기 표현을 강조하고 있다(미국몬테소리협회, 1994).

Montessori는 교육에 있어서 환경적 미학(environmental aesthetics) 의식의 선구자였으며 환경의 미적 특성과 전반적인 균형이 유아의 발달에 깊은 영향을 끼치게 됨을 알고 있었다. 그녀는 유아 초기의 환경을 통한 간접적인 미적 교육 접근법을 선호하였으며, 아름답고 주의 깊게 선택된 미술작품을 유아교육 환경에 포함하는 것이 중요하다고 느꼈다(Montessori, 1964). 교실 교구와 자연환경을 통한 다양하고 풍성한 감각 경험(Montessori, 1964, 1965)은 유아의 창의적인 표현이 피어날 수 있는 풍성한 팔레트를 제공한다.

오늘날의 몬테소리 교실 환경은 이를 반영하여 유아의 자기 표현과 상징적인 이해에 있어서 시각예술의 중요성뿐만 아니라, 미적이고 풍부한 감각 경험에 초점을 두고 있다. 몬테소리 교실 환경에서는 일반적으로 다양한 표현미술을 위한 매체, 즉 물감, 찰흙, 콜라주 재료, 여러 가지 그리기 및 색칠하기 매체, 종이반죽 등이 갖추어져 있다. 미국 몬테소리 교사교육 과정은 유아의 미적 표현의 방식에 관한 핵심적인 교육을 제공하고(Montessori Accreditation Council for Teacher Education, 1996) 다른 교사연수 워크숍들도 교사가 유아발달에 있어서 중요한 이 분야에 대하여 지식을 넓히고 기술을 발달시킬 수 있도록 돕고 있다(미국몬테소리협회[American Montessori Society: AMS])와 북미몬테소리교사협회[North American Montessori Teachers Association: NAMTA].

6) 음악 영역

음악적 인식, 표현, 그리고 음악의 기본 요소에 대한 교육은 몬테소리 프로그램 고유의 것이다(미국몬테소리협회, 연도 미상). "침묵게임"과 같이 소리를 구분하는 청각 능력 발달 활동이나, 소리 실린더, 몬테소리 종(음조의 구분을 위한) 등은 몬테소리 유아교육 프로그램의 핵심 교육과정이다(Montessori, 1948/1967b). 리듬 활동(여러 가지 리듬에 맞추어 선을 따라 움직임), 클래식이나 다양한 음악 듣기, 다같이 노래 부르기, 간단한 악기 탐색하기, 간단한 악보 사용(큰 오선지에 나무로 만든 음표 움직이기) 등의 음악 활동은 Montessori에 의하여 추가되었거나 현재 몬테소리 환경에서 사용되고 있는 것들이다(Montessori, 1948/1967b).

초등학교 단계의 몬테소리 프로그램 음악 교육은 보통 아동들이 다양한 악기를 익히거나, 악보를 읽고 표기하거나, 집단 음악활동 경험을 하는 데 중점을 둔다. 예를 들어, 뉴멕시코 주의 Albuquerque와 오하이오 주의 Cincinnati에 위치한 두 학교들은 초등학교와 고등학교 스틸드럼밴드를 각각 운영하고 있다(Leto, 1996).

7) 문화 영역: 지리와 과학

몬테소리의 철학에는 모든 생물과 사물의 조직적인 상호관계성에 대한 우주적인(cosmic) 관점이 포함되어 있다(Montessori, 1973). 이 관점은 우주는 조직하는 힘이며, 유아가 개별적인 사실과 현상에 대한 이해를 하기 위해서는 모든 생명과 구성원의 상호의존적 성질에 대한 이해 또한 이루어져야 한다는 것에 기반을 두고 있다(Duffy & Duffy, 2002). 이러한 철학적인 관점은 몬테소리 접근법의 생명과학과 물리과학에 대한 기초가 될 뿐만 아니라, Montessori가 "물리적 · 문화적인 지리"라고 설명한 것에 대한 기반이 된다.

Montessori는 인간이 가지는 요구를 보편적인 것으로 보았으며, 지구에 존재하는 다양한 문화에 대한 학습은 인간들이 자연과 어떻게 상호작용하며 요구를 충족시키는가에 대한 조사라고 보았다(Montessori, 1965). 문화체험 행사, 특정 문화에 대한 주제 학습, 다양한 문화적 배경에서 나온 사물이나 도구를 사용해보는 것, 이 모두가 몬테소리 교실 환경에서 유아가 다른 문화에 대한 인식과 지식을 배울 수 있는 방법이다. 유아는 다양한 영역과 활동을 자유롭게 선택할 수 있도록 환경을 제공받으며, 이를 통하여 통합된 교육과정에서 여러 가지 가능성을 열어갈 수 있다.

예를 들어, 주 저자의 학급에서 일본에 대해 공부할 때, 일상 영역의 유아들은 젓가락을 사용하여 물건을 옮기고 김밥을 말아보았고, 감각 영역에서 아름다운 꽃무늬 패턴을 비교하거나 녹차를 맛보았으며, 언어 영역에서 일본어 일상 용어들을 어떻게 표현하는지 배웠고("안녕하세요", "실례합니다", "고맙습니다"), 수 영역에서는 칠보 쟁반 위에 광을 낸 돌을 세어보았고, 지리 영역에서는 아시아(일본을 포함하는) 지도 퍼즐을 만들어 보았고, 미술 영역에서는 일본식 바위 정원을 만들었고(원하는 대로 돌을 배치하고 모래를 쓸어서 모양을 구성한다), 마지막으로 일상 영역과 극놀이 활동을 결합하여 일본식 다도 건물을 만들어 한 번에 두 사람씩 기모노를 입고 건물에 들어가 서로 녹차를 대접하였다(방문자가 유아들에게 다도 예식이 어떻게 진행되는지 보여주고 유아들이 관찰하였다).

대부분의 몬테소리 교실 환경은 지형에 대한 실제 모형(예를 들어 섬 주위를 물로 채우거나, 호수를 물로 채움)과 대륙이나 지구의 여러 부분에 대한 지도퍼즐이 있다.

유아기의 과학적 탐색은 "직접 관찰(비공식적인 가설을 만들어내고 검증하는 것의 기반)을 포함한다. 자연을 직접 관찰하는 데 있어서 감각의 역할은 이후의 추상적 사고에 대한 실험적인 기반을 제공해주는 데 있다"(American Montessori Society, 연도 미상). 어린 유아에게 있어서 이것은 하루 일과 중에 자연환경과 직접 접하는 것을 의미하며, 자연현상을 경험하고 명명하고 분류하기 시작하는 기회가 되며, "왜"와 "어떻게"라는 질문을 할 수 있는 기회이며, 유아가 타고난 경이감을 기꺼이 이끌어줄 수 있는 성인들과 정기적으로 상호 작용하는 것을 의미한다.

5. 교사의 역할

몬테소리의 목표는 유아의 본질과 발달 모두를 고려함으로써 세상을 더 평화롭고, 다정하고, 목적성 있는 곳으로 만드는 것이었다. 이러한 목표하에서 교사의 역할은 유아를 존중하고, 개별 유아의 발달과정을 의식하고, 유아의 자연스러운 바램이나 추진력을 지켜주어 각자의 개성을 만들어 나가게 하는 것이다(Cossentino & Whitcomb, 2003).

이러한 목표에 기반하여, Montessori는 새로운 교사 역할의 모델이나 패러다임이 만들어져야 한다고 인식하였다(Montessori, 1964). 이러한 새로운 형태의 교육이라는 목표가 이루어지기 위해서는 학교와 교사가 준비된 환경에서 자유를 허용하는 것이 필요하다. Montessori에 의하면, 잘 준비된 환경에서 이러한 자유가 주어진 유아는 유아 자신의 자연스러운 성향과 단계에 맞추어 발달하게 된다. 그러므로 교사의 역할은 유아의 부족한 부분을 "가르치는" 것이 아니라 각 유아의 발달을 자세히 관찰하는 것이며, 수업, 일관성 있는 구조, 적절한 격려 등을 통해 지도하며 학습자 중심의 교구를 제공하여야 한다.

관찰자로서의 교사의 역할은 Montessori가 활동했던 시기에(또한 현재에도) 일반적으로 교사가 통제하고 교실의 중심적 존재였던 것과는 극단적인 차이가 있다. 일부에서는 자유방임주의나 수동적인 태도라고 오해를 받기도 했으나, 훈련받은 몬테소리 교사의 관찰은, 오해와는 반대로, 과학적인 관찰자의 태도이다. "교사의 교재, 즉 교사의 행동을 고무시키고, 교사가 전문가로 성장하기 위해서 읽고 공부해야 하는 유일한 교재는, 유아가 초기의 무질서한 움직임에서 자연스럽게 정리된 형태로 이행해 나가는 것에 대한 관찰이다"(Montessori, 1948/1967b, p. 55). 유아가 처음 이러한 환경에 접하고 일과와 교구에 대하여 익숙하지 않을 때(심지어 오늘도) 교사가 유아의 이러한 "무질서한 움직임"을 관찰하면서 적극적인 상상을 시작한다. 즉 교사는 "아직 그 단계에 이르지 못한" 유아를 상상해본다. 교사는 유아가 "과제(work)"라는 목적성 있는 활동을 통하여 자신을 드러내고, 궁극적으로 집중적이고 침착한 유아가 되리라고 믿고 있다(Montessori, 1963).

이러한 관찰자(오늘날의 표현으로는 "아이 보는 이(kid watcher)" 로서의 역할을 넘어선 교사의 다른 주된 역할은 학습 환경을 주의 깊게 준비하고, 혼란스러워 하는 유아에게는 그 유아가 겪는 어려움에 주의를 기울이고 방향을 잡아주고, 흥미를 보이는 유아에게 적절한 학습이 일어날 수 있도록 교구와 활동을 제시해주는 것이다. 또한 교사는 대집단 활동이나 각 유아에 대한 관찰기록을 하는 역할도 담당한다. 교사는 학부모 협의회와 같은 활동을 통하여 각 유아의 가족과 정기적인 의사소통을 하여야 한다.

몬테소리 접근법은 흔히 표준적인 학습 중심의 교구와 혼동되는데, 물론 그 대부분이 Montessori에 의하여 설계되었고 그녀의 이름을 포함하고 있다. Montessori가 이러한 교구의 특정 사용방법을 정기적으로 교사들에게 가르쳤고 오늘날에도 몬테소리 교육생들이 같은 방법을 숙달하는 데 많은 시간과 노력을 기울이고 있다는 것은 사실이다. 그러나 Montessori는 이러한 교구와 그 사용법이 자신의 접근법을 규정짓는 것을 원하지 않았던 것으로 보인다. 「몬테소리 접근법(Montessori Method)」에서 적은 것처럼, "나 한 사람만에 의하여 방법들이 편집된 이 책은 다른 사람들에 의해서 후에도 발전되어야 한다. 나의 소망은 이 방법에 의하여 교육된 유아에 대한 개별적 연구를 기점으로 다른 교육자들도 각자 실험을 하고 결과를 도출해내는 것이다. 이것이 미래에 이루어질 교육학 책들의 모습일 것이다" (Montessori, 964, p. 373). 따라서 Montessori에 의하면 관찰에 기초한 교사와 유아 간의 새로운 관계가 Montessori 접근법의 특성을 대표하는 것이어야 하고, 이는 단순한 학습 중심의 특정 교구보다 훨씬 의미가 큰 것이다.

그럼에도 불구하고, 전통적인 몬테소리 교구는 교사들이 만들어낸 교구들과 더불어 몬테소리 교실 환경의 중요한 부분을 차지하고 있다. 교사는 유아와 교구 사이의 초기 연결을 돕고, 유아가 교구를 탐색하도록 유도하고 그 사용법을 알려주는 데 중요한 역할을 한다(Montessori, 1948/1967b). 이러한 활동들은 짧고, 단순하며, 정확해야 한다. 이것은 활동의 목적을 제시하기 위하여 제공된다—즉 정확히 모방되어야 하는 완벽한 표준이 아니라, 그 이후의 유아의 탐구활동에 대한 청사진을 보여주는 것이다.

역설적으로, 교사는 각 활동을 완벽하게 이해하여야 하지만, 이러한 동일한 기준이 유아들에게 적용되지는 않는다. 각 활동의 제공은 "삶에 영향을 주되 스스로 자유롭게 발달하도록 두는" 것에 중점을 둔다(Montessori, 1948/1967b, p. 111).

유아가 목적을 가지고 활동에 참여할 때, 교사는 유아가 교구와 적극적인 상호작용을 할 수 있도록 한발 물러서 있어야 한다. 배우는 과정의 핵심은 성인의 가르침에 있는 것이 아니라, 유아의 활동 과정 안에 있는 것이다. "교구를 사용하는 당사자는 유아이다. 능동적이어야 하는 주체는 교사가 아니라 유아 자신이다" (Montessori,

1948/1967b, p. 149). 적절하게 훈련받은 몬테소리 교사는 사실상, 유아의 활동에 있어서 개입과 비개입 간의 섬세한 균형을 볼 수 있는 능력을 가져야 한다. 교구 안에 내재된, 오류의 통제(control of error) 과정은 유아가 성공적으로 교구에 대하여 탐구할 수 있도록 돕는 데 목적을 둔다. 하지만 실제로 이 현상이 어떻게 일어나는가? 한 설문 연구는 유아의 서열화와 분류 과제에서 실수를 하는 경우 교사의 개입을 조사하였다(설문 참여자=422). 4개국에서 온 다양한 경험을 가진 교사들 중 7개의 각기 다른 몬테소리 교육 배경을 가진 교사들은 공통적으로 이러한 상황에서는 개입하지 않을 것이라는 데 대체적으로 동의를 하였다. 하지만 그들의 반응은 수학, 언어 활동의 실수, 혹은 상상놀이에서의 개입에 대해서는 의견이 엇갈렸다(Chattin-McNichols, 1991).

교사의 역할은 유아들이 언제라도 거친 행동이나 무례한 행동, 방해되는 행동을 할 때마다 개입을 하고 적극적으로 재유도(redirect)를 해주는 것이지만, 유아의 행동이 교구의 본래 목적에 맞는 경우에는 유아의 자연스러운 관심과 참여가 이루어지도록 교사 자신의 개입을 최소화하고 세심하게 관찰하는 것도 포함된다(Montessori, 1948/1967b). 교사는 관찰하고, 기록하고, 그 결과 유아의 흥미와 요구를 알게 되고, 전통적인 몬테소리 교구들과 새로 만들어진 교구들이 같이 사용되는, 매력 있고 질서 잡힌 환경을 준비하고 유지하게 된다. 교사는 관찰을 통하여 유아와 교구 간의 이상적인 조합을 탐색해 나가고, 이것은 유아의 활동에 강력하면서도 섬세한 자극이 된다. 교사는 정련되고 체계적이고 간결한 수업을 통해 특정 교구의 목적과 방향을 보여준다. 교사는 유아가 목적성을 가진, 초점을 가진 활동에 집중하고 있을 때 관찰자로서의 위치를 유지하고, 부적절하거나 사나운 행동을 하게 되는 경우에 재유도를 해주게 된다.

6. 몬테소리 연구

몬테소리 교육에 관한 연구는 양적으로 소수이고, 특히 미국 내의 약 5000개의 몬테소리 교육기관을 고려할 때 더더욱 그러하다(Schapiro & Hellen, 2007). 비록 백 개 이상의 연구물들이 출판되었지만, 여러 가지 문제들로 인해 극히 불확실한 결론만 내릴 수 있다(Boehnlein, 1988; Chattin-McNichols, 1981, 1992). 연구기법 상의 문제에는 몬테소리 교육을 선택한 학부모들이 미치는 영향과 몬테소리 모델 자체의 효과를 분리시키는 것이 포함된다. 또 하나의 약점 중 하나는 한 개 혹은 소수의 교실이나 학교의 교사들이 몬테소리 교육을 대표하는 것으로 간주된다(증명되기보다는)는 점이다. 단기간에 이루어지는 대부분의 연구들은 동일한 교사가 한 교실에서 3년 동안 가르치는 몬테소리 사상에 맞지 않다. 더한층 어려운 점은 일부 연구에서 이루어지는 몬테소리 모델이 명확하지 않다는 점이다. 몬테소리 프로그램들 중 부분적으로만 실행하는 프로그램에 대한 평가는 우리의 지식에 그다지 큰 도움이 되지 못한다.

그럼에도 불구하고, 몬테소리 교실에 대한 연구들은 다음과 같은 사항을 제안하고 있다.

- 학생들이 상대적으로 전체 집단 활동에 많은 시간을 보내지 않는다. 반면, 학생들은 교실 안을 움직이면서, 활동을 선택하고, 개인 혹은 소집단으로 활동하며, 서로 상호작용을 한다. 이러한 행동 유형은 독립성의 특징이라고 묘사되었다(Feltin, 1987; Miller & Dyer, 1975; Wirtz, 1976).
- 다른 유아원 프로그램보다 교구를 가지고 이루어지는 활동이 더 자주 일어난다(Feltin, 1987; Schmid & Black, 1977; Stodolsky & Karlson, 1972).
- 유아들이 상당한 시간 동안 대화를 하고, 이 대화의 대부분이 학교 활동이나 또래 간의 상호 교수 활동과 연관되어 있다. 연구마다 관찰 도구가 다르기 때문에 이러한 경향이 다른 연령에도 이어지는지는 불분명하다(Baines & Snortum, 1973; Feltin, 1987; Wirtz, 1976).
- 몬테소리 유아들은 상상놀이나 역할놀이에 몰두하지만, 전형적인 프로그램에는 역할놀이/옷 입기 영역이 갖추어져 있지 않다(Black, 1977; Chattin-McNichols, 1991; Feltin, 1987; Miller & Dyer, 1975; Reuter & Yunik, 1973; Schmid & Black, 1977; Stodolsky & Karlson, 1972; Torrence, 1992; Wirtz, 1976). 이러한 연구 결과들 중 일부는 다른 연구들보다 표본 크기, 자료 수집의 시기 등의 측면에서 상대적으로 더 우수한 연구들이다.

아마도 최근의 단독으로 가장 중요한 연구는 Angeline Lillard에 의해서 이루어진 두 편의 연구물일 것이다(Lillard, 2005; Lillard & Else-Quest, 2006). 「몬테소리: 천재 이면의 과학」(Lillard, 2005)은 몬테소리에 대한 주요한 학문적 연구이며, 몬테소리 교육자와 일반 교육자들 사이의 이해를 높일 수 있는 "교량역할"의 책으로 특히 가치가 있다. 발달 심리학자인 Lillard는 현대의 연구물들이 몬테소리 접근법의 어떠한 부분을 지지하고 지지하지 않는지 알기 위해 연구를 실시하였다. 6세 이하 유아의 가장놀이(pretend play)가 그 가치를 인정받지 못하는 것을 제외하고는 현재까지 연구된 Montessori의 주요한 사상들 모두가 인간 학습과 발달에 관한 연구에 의해 검증되었다고 한다. 이 책은 다음과 같은 Montessori의 주요한 8가지 원칙을 중심으로 구성되었으며, 최근의 경향에 맞추어 관련 연구의 관점으로 분석하였다.

- 움직임이 학습과 인지에 미치는 영향

- 선택이 학습에 미치는 영향
- 흥미가 인간 학습에 미치는 영향(예를 들어, 학습의 주제나 방법에 흥미를 가지고 있는 경우에 어떻게 더 잘 배우게 되는지)
- 외부적 보상과 그것이 동기유발에 미치는 부정적 영향
- 협동과 그것이 학습에 미치는 영향
- 학습을 위한 의미 있는 맥락
- 성인의 상호작용 유형과 유아에게 미칠 수 있는 최상의 결과
- 환경에서의 질서: 학습과정과 결과에 미치는 영향

Lillard 박사는 몬테소리에 대하여 빈번하게 이루어지는 비판들에 대하여 명확히 대응하였다. 이 비판은 "그래, 몬테소리도 괜찮지만 '우리' 프로그램은 X가 있어" 하는 식으로 이루어지지만 X는 실제적으로 Montessori의 창안물이다(예를 들어, 교구의 사용, 혼합연령집단구성, 협동적 학습, 기타 등등). Lillard 박사는 한두 가지의 새로운 측면을 가지고 있지만, 유아와 학습에 관한 기존의 생각은 아직도 강한, 전통적인 형태의 학교 환경(유아에 대한 로크식 관념, 교육과정의 구조와 전달에 관한 공장식 모형[factory model]: Bennett & LeCompte, 1990)과, 모든 변화를 통합하는 몬테소리 프로그램과 같이 근본부터 새롭게 이루어진 프로그램의 차이점을 강조하였다.

한 가지 문제점은 국제몬테소리협회(Association Montessori Internationale: AMI)에서 몬테소리 교육을 받은 Lillard가 AMI 학교와 교사교육 프로그램만이 진정한 몬테소리 모델이라는 관점에서 책을 저술했다는 것이다. 이것은 처음에는 작은 일로 보일 수도 있다. 물론 저자가 어떠한 것이 몬테소리이고 아닌지에 대하여 결정할 권리가 있다. 이 책의 공저자들을 포함한 많은 저자들도 몬테소리의 원리를 받아들이지 않으면서 자신들이 몬테소리 프로그램이라고 주장하는 프로그램들이 가져오는 부정적인 영향에 대하여 우려하고 있다. 그러나 Lillard의 구분은 사실 매우 중요한 의미를 가지는데, 이는 책에 대하여 심각한 부정적 결과를 가져올 수 있다. 첫째, Lillard의 기준을 적용하면, 약 5000개로 추산되는 미국 내의 몬테소리 학교들은 약 300개로 줄어드는 결과가 나타나는데, 이는 AMI-USA 웹사이트에 나타나는 AMI 학교의 수에 근거한 것이다(http://www.montessori-ami.org). 이러한 수적 감소는 몬테소리에 대한 비몬테소리 교육자들의 관심이 줄어드는 결과로 나타날 수 있다.

이외에도 다른 더 심각한 결과들이 있다. 누군가가 AMI 학교들만이 진정한 몬테소리라고 믿는다면, 전적으로 AMI 학교에서만 이루어진 연구들은 거의 없기 때문에, 몬테소리 학교에서 이루어진 연구들은 사실상 100% 의미가 없어진다. 내가 여기서 주장하는 바는 질적 수준을 검증할 수 없는 몬테소리 교실 환경에서 이루어진 연구를

잘 활용하기 위해서는 연구의 결론에 대하여 특히 주의를 기울여야 하겠지만, 연구 자체를 완전히 무시할 필요까지는 없다는 것이다.

종합적으로, Lillard의 교육과 발달 연구 주류에 대한 검토는 수많은 Montessori의 기본 사상을 강하게 뒷받침해 준다.

마지막으로, Lillard와 Else-Quest(2006)는 위스콘신 주 Milwaukee 지역의 공립 몬테소리 프로그램들의 학생들과 몬테소리 프로그램에 지원하였지만 입학하지 못한 학생들을 비교하는 잘 구성된 연구를 실시하였다. 이러한 방법은 부모의 선택, 사회경제적 지위(SES), 가족 패턴, 교육적 포부와 같은 가치, 인종 등의 영향에서 오는 효과들을 통제해 준다는 점에서 현명한 선택이다. 이 연구에는 53명의 통제집단 학생들과 59명의 몬테소리 학생들이 포함되었다. 5세 유아들과 12세 아동들이 몬테소리 프로그램과 통제집단 간에 모두 비교되었는데, 이는 각 집단이 상대적으로 작은 표본크기로 구성되어 있음을 의미한다. 이 연구는 각 연령집단에 대하여 다양한 측정방법을 사용하였다는 점에서 큰 의미가 있다. 몬테소리 집단의 5세 유아들은 Woodcock-Johnson 검사 도구의 7개의 하위 측정 도구 중 3개에서 통계적으로 의미 있는 높은 점수를 받았다: 문자-단어 인식(Letter-Word Identification), 단어 맞추기(Word Attack), 그리고 응용 문제(Applied Problems)(수학)이다. 또한 몬테소리 5세 유아들이 실행 기능에서 더 우수하다는 통계적으로 의미 있는 결과가 나왔는데 이는 "학교에서의 성공에 많은 영향을 미치는 것으로 생각된다"(Lillard & Else-Quest, 2006). 사회·행동 측정도구에서 이야기가 주어지고 어떻게 문제를 해결할 수 있는지 질문을 받았을 때, 몬테소리 5세 유아들은 "정의와 공정성에 기초한 더 높은 단계의 사고를 하는" 경향이 훨씬 높았다(Lillard & Else-Quest, 2006). 실외놀이터에서 놀이를 하는 시간에 사회성 행동을 관찰한 두 가지 도구들 또한 몬테소리 5세 유아들이 더 우수함을 보여주었다. 마지막으로, 잘못된 믿음(False Belief) 과제를 통해 유아의 마음에 대한 이해를 조사하였다. 몬테소리 5세 유아들은 80%가 통과한 반면 통제집단의 유아들은 50%만이 통과하였다.

12세의 경우는 통계적으로 의미 있는 차이가 덜 나타났다. 몬테소리 아동들이 만든 이야기들은 더 창의적이고 더 정교한 문장구조를 지니는 것으로 나타났다. 사회·행동측정에서 몬테소리 아동들이 사회적 문제에 있어서 "긍정적이고 자신감이 넘치는 반응"을 더 많이 선택하는 것으로 나타났다. 학교에 대한 느낌을 측정하는 검사항목들에서 몬테소리 12세 아동들은 공동체 의식을 더 많이 느끼는 것으로 나타났다.

이 연구에 대한 비판자들은 이 연구가 하나의 몬테소리 학교에서 진행되었고, 몬테소리 연구대상이 통제집단에 비하여 여자아이 비율이 더 높았으며, 통제집단에 비하여 몬테소리 환경에서 또래들이 줄 수 있는 영향을 고려하지 않았다는 점에 대하여 문제제기를 하였다.

몬테소리 교육의 영향과 효과성에 대한 조사를 한 다른 연구자들은 다음과 같은 사항들을 조심스럽게 제안하였다.

- 초기 연구들은 일반적으로 몬테소리 유아원 경험이 초기 효과를 보여주나 장기적인 효과를 증명하는 데는 상당한 어려움을 겪었다. 가장 잘 구성된 연구 중의 하나에서 몬테소리 유아들이 다른 프로그램들이나 통제집단에 비하여 가장 높은 IQ를 가지는 것으로 나타났다(Miller & Bizzell, 1983, 1985; 그리고 Dawson, 1988; Dreyer & Rigler, 1969; Duax, 1989; Karnes, Shwedel, & Williams, 1983; Miller & Dyer, 1975; Takacs & Clifford, 1988).
- 학업적 성취 결과라는 관점에서 몬테소리 유아원들은 다른 연구된 어떤 프로그램들만큼이나 큰 효과를 나타내는 것으로 나타났다. Duax(1989)는 위스콘신주 Milwaukee의 공립 몬테소리 프로그램 유아들의 성취도를 조사한 결과, 단 한 명의 유아만이 전국 평균 이하의 점수를 받았다는 것을 찾아내었다. 부모 선택의 편향이 요인이 될 수도 있다. 하지만 Duax의 교사 설문조사 자료는 몬테소리 졸업생들이 중학교 단계에서 다음 5가지 영역에서 더 높은 점수를 받았다는 것을 보여준다.

1. 중학교에서 잘 해내는 데 필요한 기본 기술들을 사용한다.
2. 책임감 있고 신뢰를 받는다.
3. 학급의 주제들에 열정을 보인다.
4. 개인주의적이고 남과 다르다는 것을 두려워하지 않는다.
5. 다문화에 대한 인식을 보여준다.

최근의 성취도 검사 결과나 다른 일반적인 학습에 대한 측정도구들을 사용한 연구들은 언급할 것이 몇 개 없다. Duax(1995)는 다문화 환경에 있는 사립 몬테소리 초등학교를 조사한 결과 성취도 수준이 높았다고 보고하였다. Glenn(1993, 1996, 1999)은 사립 몬테소리 학교의 성취도를 조사하기 위하여 미니 종단적 접근법(mini longitudinal approach)을 사용하였다. 명백하게 작은 수의 사례들로 연구하기는 하였지만 10세경에는 일반인에 비하여 이들이 성취도 검사 결과에서 평균적으로 더 높은 성적을 보여주었다. 이보다 더 흥미가 있는 결과는 Glenn이 동일한 학생들이 고등학교와 대학교에 다닐 때 실시한 온라인 설문에서 나타났다. 45명의 학생들이 온라인 설문에 참석하였는데, 심리학적, 사회적, 장래계획상의 이슈에 대하여 조사하였다. 이 연구는 두 가지 가설을 가정하였다. (1) 몬테소리 교육을 받은 연도수(Montessori Education Years: MEY)가 몬테소리 교육에서 강조되는 특성들과 정적으로 비례하며 (2) 몬테소리 교육을 받은 연구 참여자들이 최소한 일반인들만큼 성공적이다. 중도탈락의 영향을 받기는 하였지만, 연구 결과는 평생교육과 자기 계발에 대한 첫번째 가설을 충분히 지지하였다. 평생교육에 대한 개인적 가치는 몬테소리 교육연도(MEY)가 10년에서 15년 사이인 학생들 사이에서 가장 우세한 것으로 나타났다. 자기 계발을 위한 노력은 자기 이해에 대한 강한 욕구와, 전반적 성격 발달, 자기 통제와 절제력, 그리고 사회적 상호작용 활동에 대한 강한 긍정적 태도 등을 통하여 나타났다.

Rathunde와 Csikszentmihalyi(2005)는 몬테소리 학교와 전통적인 중학교 과정 학생들의 동기유발과 경험의 질을 연구하였다. 290명의 연구대상 학생들은 대응적 표본으로 구성되었다. 5개의 잘 알려진 몬테소리 학교가 선택되었고, 이 몬테소리 학교들의 사회경제적 지위나 인종과 같은 인구학적 변수에 대응하는 중학교들이 더 큰 연구에서 선택되었다. 연구자들은 이 연구를 탐색적 연구라고 설명하였다. 다변량 분석에 의하면 몬테소리 중학교 학생들이 더 풍부한 감정과 효능감(예를 들어 활기찬), 내적 동기, 몰입경험, 그리고 흔들리지 않는 깊은 관심을 가지고 있다.

수학 성취도에 있어서도 긍정적인 결과들이 나타났다(Baker, 1988; Bausch & Hsu, 1988; Dawson, 1988; Fero, 1997; Glenn, 1989; Miller & Bizzell, 1985; Takacs & Clifford, 1988). 한 종단적 연구에 의하면, 몬테소리 프로그램에 있는 남아들의 수학 성취도는 같은 연령에 속하는 일반 유아원의 유아들과 통제집단에 비해 통계적으로 유의하게 높았다(Miller & Bizzell, 1983, 1985; Miller & Dyer, 1975). 다른 연구에서 몬테소리 프로그램이 다양한 인종적 배경을 가진 유아들에게 어떤 영향을 미치는지 파악하기 위하여 텍사스 주 Houston 시에 있는 공립 몬테소리 학교 학생들의 성취도 검사 결과를 인종에 따라 분석하였다. 몬테소리에 속하는 모든 학년과 인종 집단의 학생들이 해당 학년의 학년동등점수(grade equivalent)보다 최소한 0.5 높은 점수를 받았다. 일부 5학년 학생들은 수학 분야에서 10학년의 학년동등점수를 가지는 것으로 나타나기도 하였다(Dawson, 1988). Reed(2000)는 몬테소리 1~3학년 학생들의 자릿값(place value) 과제에 대한 절차적 및 개념적인 능력에 대하여 조사하였는데, 학생들이 다음과 같은 영역에서 우수하다는 것을 찾아내었다: 숫자에서 자릿값을 인식하기, 표준적인 더하기 알고리즘을 사용하여 다중 자릿수 계산하기, 두 자릿수 더하기 풀기와 빠진 덧수(missing addend) 문제를 교구를 사용하거나 교구 없이 풀기, 그리고 세 자릿수 혹은 네 자릿수를 사용하는 문장제 문제 풀기 등이다. 이 연구는 절차적 지식과 개념적 지식을 구분하였다. 일학년과 전체 집단을 비교한 카이 검증의 결과 절차적 지식에서는 차이가 없었으나, 개념적 지식에서는 의미 있는 차이가 발견되었다. 이 연구는 자릿수에 대한 이해 부족이 학생의 수학능력 발달을 어떻게 무력하게 만드는지 알고 있는 사람들에게 반복연구와 추후연구가 필요하다는 것을 알려준다.

요약하면, 몬테소리 교육의 효과에 대한 지지는 계속 증가하고 있으며, 특히 유아기 몬테소리 교육의 효과가 더욱 높다고 인식되고 있다. 그러나 몬테소리 접근법의 결과, 장점과 단점에 대한 질문을 해결하기 위해서는 더 많은 연구 참여자들을 대상으로 하는 연구 프로젝트들이 진행되어야 한다. 몬테소리 교육의 핵심을 발달심리 연구에 의해 고찰한 최근 결과에 따르면(Lillard, 2005) 전 생애에 걸쳐 학습자들이 몬테소리 교육방법을 사용하는 것을 지지한다고 한다.

7. 초등학교 단계에서의 몬테소리 교육

6세에서 12세의 아동을 대상으로 한 몬테소리 프로그램은 Montessori 박사가 2차 세계대전 때 인도에 억류(이탈리아 시민으로)된 이래 계속적으로 몬테소리 운동의 일부분이 되어 왔다. 그녀는 이 시기에 몬테소리 초등학교 프로그램 모델을 창안하였다(Standing, 1962). 몬테소리 초등학교 프로그램은 미국 내의 사립 및 공립 분야 모두에서 점점 더 확산되고 있다.

초등학교 연령의 아동들은 움직임과 신체적 탐색을 통하여 세상을 이해하는 단계에서 추상적인 개념을 이해하는 단계로 발전해간다. 몬테소리 초등교육의 전통적인 구성은 일련의 '대단위 수업(Great Lessons)' (우주의 이야기, 생명의 출현, 인간의 도래, 기호에 의한 의사소통에 대한 이야기, 그리고 수에 관한 이야기)으로 이루어져 있는데(North American Montessori Teachers' Assocaition, 1995), 이는 아동의 상상력과 각 질문과 관련된 학문 분야에 대한 깊은 관심을 불러일으킬 수 있도록 짜여져 있다. 이야기라는 핵심은 아동에게 한 시기의 큰 그림을 제시해주는 역할을 하고, 나아가 연관된 학문 분야에 대한 세부사항이 전달된다: 수학(산수, 기하학, 대수학 포함), 언어(말하기, 쓰기, 읽기, 문법 포함), 과학(식물학, 동물학, 화학, 지질학 포함), 지리(자연지리학과 문화지리학 포함). 대단위 수업이 통합적인 형태를 가지기 때문에, 개별적 과목이라는 것은 존재하지 않는다.

몬테소리 유아교육 프로그램에서 사용되는 동일한 교육과정 및 새로운 교수법에 대한 접근은 몬테소리 초등교육의 일부이기도 하다. 혼합연령집단구성, 아동의 사고와 추상적 개념 발달을 돕기 위한 구체적 조작물의 사용, 통합적 교육과정, 그리고 협동적 학습 등은 최근에는 다양한 교육기관에서 흔히 사용되고 있지만, 몬테소리 초등학교는 50년 이상의 교육 경험을 반영하여 이러한 접근법을 하나로 통합하고 있는 유일한 곳이다(Lillard, 2005). 다음과 같은 다수의 특징들이 통합을 촉진시킨다.

- 초등학교 교실은 유아 프로그램과 같이 보통 3년 단위의 연령으로 구성된다. 6~9세 아동과 9~12세 아동으로 구성되는 것이 보통이다. 아동들은 동일한 교사와 함께 3년 동안 지낸다. 학년 초 학급 내의 아동 중 1/3만이 교사를 처음 만나게 된다.
- 태도는 경쟁이라기보다는 협동적인 것이다. 물론 몬테소리 교육은 마법이 아니며, 다른 일반적인 미국 학급에서 볼 수 있는 경쟁 상황을 당연히 몬테소리 학급에서도 볼 수 있을 것이다. 그러나 몇 가지 실행방법들은 이를 줄여나가는 데 도움을 줄 수 있는데, 예를 들면 다음과 같다.
  - 누가 먼저 끝내느냐, 혹은 누가 가장 좋은 점수를 받느냐는 것보다는 협동적인 성질의 과제
  - 여러 가지 활동들이 답들을 가지고 있다는 특성(이는 "누가 정답을 맞추는가"보다 이해에 더 초점을 맞추게 된다)
  - 갈등해결과 평화교육에 대한 교육과정과 교구뿐만 아니라 뚜렷한 신념
- 여러 가지 조작물들이 각 주제 영역에 따라 학생들이 사용할 수 있도록 준비되어 있다. 여기서 예컨대 전통적인 교실에서 수학 연산을 보여주기 위해 교구를 가끔씩 사용되는 것과 좋은 몬테소리 초등학교 교실에서 사용되는 것의 차이를 이해하는 것이 필요하다. 몬테소리 초등학교 교실에서 가장 일반적인 형태의 교수법은 개인이나 소집단에게 교구에 대하여 짧게 소개하는 것이고, 아동이나 아동들이 그 교구를 사용하는 과정이 이어진다. 몬테소리 원리 중 "오류의 통제(control of error)"는 초등학교 교실에서 아동에게 대부분의 답을 제공해주는 형태로 나타난다(예를 들어 수학문제). 그리고 마지막으로, 교육과정의 범위는 매우 놀라운 수준이다. 9~12세 아동의 수학과제에는 원기둥, 피라미드와 같은 사물들의 부피, 규칙적인 다각형의 면적, 제곱근과 세제곱근, 그리고 여러 가지 다른 진법을 사용하는 과제들이 포함된다. 문법이나 생물이나 물리 교과에는 보통 사람들이 고등학교나 대학교에서 배울 수 있는 수준을 포함한다. 그러나 교구의 수나 높은 수준의 내용은 단지 전체적 그림의 일부일 뿐이다. 두 가지 차이점은 다음과 같다.

  1. 교구는 아동의 학습을 돕기 위하여 다양하게 사용될 수 있다. 몬테소리 교실에서는 수학 교재들이 아동에게 개념에 대한 "큰 그림", 즉 더하기나 긴 나눗셈(long division), 각도, 주위의 길이(perimiter) 등과 같은 것을 제시하기 위하여 사용된다. 다른 교구나 프레젠테이션들이 아동이 특정 사실을 기억하는 데 도움을 주기 위해 사용된다. 그러나 가장 중요한 교구는 아동으로

하여금 스스로 연산법을 발견할 수 있도록 해주는, 종이와 연필을 사용하여 수학 과제를 푸는 것이다. 이것은 진정한 의미의 발견학습이며, 이는 수학에 재능이 뛰어난 아동만을 위한 것이 아니다. 아동이 사용하는 수학교구와 과제는 교사의 프레젠테이션과 아동의 과제에 대한 관찰에 기반하여 교사가 안내하게 된다. 이 장의 공저자는 자신의 교실에서 보통의 능력을 가진 아동들이 긴 나눗셈의 연산법이나 분수 나눗셈, 제곱근, 정다각형의 면적, 피라미드의 부피 등을 구하는 법을 "발견"하는 것을 여러 차례 목격했다. 물리적 재료와 그 재료들이 테이블이나 바닥에 배치된 상태와 연산법 사이의 밀접한 관련성—이는 아동이 종이에 쉽게 계산하는 방법 대신 과정을 발견할 수 있는 기회를 준다—은 몬테소리 교구의 고유한 점일 것이다. 그리고 물론 이렇게 발견된 순서들로 인해 아동이 이해하기 쉽고 즐겁게(지름길을 발견한 기분까지도) 배울 수 있기 때문에 과정을 기억하는 데 도움이 된다.

2. 몬테소리 초등학교와 전통적인 학교 사이의 교육과정, 교재교구, 그리고 교육 목표 간의 관계는 차이가 있다. 전통적인 교육방법에서 개별적 교육에 대한 논의가 증가하고 있지만, 좋은 교사가 자기 학급의 아동을 위하여 "내용"(주로 교과서를 사용)을 다룬다는 사상이 아직도 강하게 유지되고 있다. 즉, 과학 시간의 목표는 모든 아동들이 과학 교과서에 나와 있는 학습과제, 읽기, 활동 등을 마치고 다음 학년 과학 교육과정으로 올라가는 것을 의미한다. 교수법이 개별성을 포함할 수는 있지만, 각 아동에 대한 목표는 동일할 것이다. 몬테소리 초등학교 교실에서는 각 과목에서 아동의 학습을 최대화하는 것이 목표이다. 그러므로 불균형적인 학습 수준을 가진 아동—읽기 능력은 뛰어나지만 다른 과목에서는 학년 수준에 맞는 정도의 능력을 가진—은 몬테소리 아동 중에 특이하기보다는 흔한 것이다. 몬테소리 초등학교 교실의 상위 1/3 교육과정은 전통적인 교사들이 "심화 교구"라고 부르는 것으로 특정 영역에서 뛰어난 능력을 발휘하기 시작하는 아동들을 지원하기 위한 것이다.

몬테소리 초등학교와 전통적인 초등학교 사이의 또 하나의 차이점은 몬테소리의 우주교육(cosmic education)과 아직도 전통적인 교실에서 사용되는 "시각 확대(expanding horizons)" 교육과정 간의 비교에서 찾아볼 수 있다. 시각 확대 모델에서는 유치반의 아동이 자신 주변의 이웃을 탐색하는데, 여기에는 흔히 우체국, 소방서 등을 방문하는 것이 포함된다. 1학년은 초점이 도시나 지역으로 확대된다. 2학년에서는 주에 대하여 조사하고, 지역이나 나라에 대하여 공부하는 것으로 이어질 수 있다.

하지만 그 이후에는 사회과목의 단원들이 아동에게 유의미한 방식으로 구성된 것은 아니다. 예를 들어, 유럽, 아시아, 남미의 국가들에 관한 주제는 역사 단원(독립전쟁, 중세 등) 같이 짜여진다.

아동 자신의 주변의 이웃부터 시작하는 것과는 반대로, 몬테소리 교육은 세계에서 출발한다. 유아에게 소프트볼 크기의 지구본을 제시하는데, 바다는 파란색으로 칠해져 있고, 대륙은 갈색 모래종이로 표시되어 있다. 학생들은 연속된 프레젠테이션과 능동적인 체험활동을 경험한 후 각 대륙에 있는 국가의 이름, 형태, 위치 등을 알 수 있는 지도퍼즐을 사용한다. 이후, 일반적으로 초등학교 단계에서 지도에 수도, 국기, 강 등이 추가된다. 이러한 정치지리(political geography) 요소가 진행되는 동안, 아동들은 자연지리학(physical geography) 또한 배우게 된다. 찰흙과 물을 사용한 섬, 호수, 지협, 해협 등의 모형을 시작으로, 곧 세계의 만(bays), 강 등과 같은 것을 찾아내는 단계로 이행하게 된다.

지리에 대한 집중적인 초점에 더하여, 아동들은 연대표와 같은 다양한 자료를 통하여 역사를 배우게 된다. Montessori는 연대표가 아동으로 하여금 역사와 관련된 연대도, 세기, 천년 간의 역사에 대한 구체적 이해를 하게 도우며, 이를 통하여 지구와 인류의 다양한 업적(문자와 수학 등)에 대한 "큰 그림"을 갖게 하는 시각을 배우도록 돕는다고 보았다.

몬테소리 초등학교 사회과목은 "사람들의 기본적인 요구(Fundemental Needs of People)"라고 불리는 연속된 일련의 수업을 활용한다. 다양한 프레젠테이션, 토의, 아동의 작업 결과로 각 수업에서 인간의 기본적인 요구들이 어떠한 것인가에 대해 생각을 하도록 돕는다. 전형적인 요구로 음식, 옷, 주거, 난방과 빛, 방어, 이동수단 등이 있다. 이러한 요구들은 초기에는 아동 각자의 문화 내에서 연구되며, 생명과학, 요리, 건축설계, 물리(예를 들어 간단한 기계) 등과 같은 다른 분야와 통합될 수 있다.

이러한 4가지 요소들(자연지리, 정치지리, 연대표를 활용하는 역사, 그리고 기본 요구 과제)은 Montessori의 관점과 대조적인 시각의 확대 구조 관점에서 볼 수도 있다. 첫째, 몬테소리 접근법에서 모든 기초 내용 과제(foundational content work)로 인하여 사회과목을 심화 단계 학년에 이를 때까지 유보한다는 것을 밝힐 필요가 있다. 둘째, 이 접근법은 아동의 직접적 경험에 기반하여, 출발점이 아동 자신의 주위 이웃이 되어야 한다는, 일부 구성주의 사상을 반영한 교육과정들과 상충된다. 하지만 몬테소리 초등학교 고학년(9~12세) 교사가 일본에 대하여 어떻게 가르칠지 상상해보자. 이 주제는 기본적 요구를 새로운 분야의 학습에 적용하고 점검하면서 시작할 수 있다. 교사가 음식에 대하여 초점을 맞추는 것을 상상해보자. 일본에서는 어떠한 종류의 단백질이 있을까? 동경에서의 소고기와 참치 가격을 누가 알아볼까? 누가 자연지리를 조사하여 방목지나 해안이 얼마나 있는지 조사할까? 누가 일본 문명 연대표를 통하여 일본인들의 문화유산을 알아볼까? 곡식들은 어떨까? 밀, 옥수수, 쌀? 이와 유사하게, 옷과 주거 또한 학생들이 알고 있는 것(지리와 역사)에 대한 논리적 결과로 공부할 수 있고, 이는 우리가 공유하고 있는 동일한 기본적 요구에 기반한다. 쌀과 초밥, 간지(kanji)와 화지로 만든 문(shoji screens), 비단옷 등은 모두 적절한 선택이며 인간 사이의 차이점보다는 공통점을 보여줄 수 있다.

8. 공립 몬테소리 프로그램

현재 미국 내에서 약 150개에서 160개의 공립학교 교육청들이 몬테소리 프로그램을 운영하고 있다(D. Schapiro와의 개인적 대화, April 2008). 약 50개의 교육청은 몬테소리 프로그램을 운영하고 있는데, 오하이오 주 Cicinnati는 7곳, 버지니아 주의 Arlington은 10곳, 텍사스 주의 Houston은 7곳, 콜로라도 주의 Denver는 5곳 등이다. 다른 대부분의 교육청은 몬테소리 프로그램을 한 곳만 운영한다. 여러 곳에서 운영하는 교육청들은 도시지역에 위치한 규모가 큰 교육청인 경향이 많고, 단독 시설들을 운영하는 교육청은 작고, 교외나 시골 지역인 경우가 많다.

수준 높은 공립 프로그램을 시작하고 유지하는 데 있어서 아마도 가장 큰 문제점은 우수한 몬테소리 초등교사들이 부족하다는 데 있을 것이다. 공립 프로그램에서 가르치기 위해서 교사는 주립 교사 자격증과 몬테소리 초등 교사 훈련을 받아야 한다. 실질적으로, 이것은 주립 자격을 가진 교사가 몬테소리 프로그램에 반하여 1년이나 적어도 여름 학기를 몬테소리를 공부하는 데 사용하거나, 아니면 몬테소리 교사나 몬테소리 초등 교사가 1년을 휴직하고 주립 교사 자격을 얻는다는 것을 의미한다. 두 경우 모두 교사는 두 배의 수업료를 내면서 최소한 어느 정도 동일한 내용을 두 번 듣고 있다는 것을 의미한다. 더 높은 공립학교 임금과 후생복지 혜택을 제공하더라도(사립학교와 비교하여), 공립 프로그램들은 교사를 찾는 데 많은 어려움을 겪는다. 이것은 교사가 완전한 초등 몬테소리 자격이나 주립 교사 자격 없이 몬테소리 프로그램에서 일하게 되는 결과로 나타나게 된다.

몬테소리 프로그램은 학업 성취도 평가 결과에서 보여진 것처럼, 학생들을 끌어들이고 존속시키고 잘 교육시키는 데 성공적인 경우가 대부분이다(Dawson, 1988; Duax, 1989; Takacs & Clifford, 1988; Villegas & Biwer, 1987). Duax(1995)는 위스콘신 주 밀워키에 있는 비선발제 몬테소리 특성화 학교(nonselective Montessori magnet school)의 학생 감소율을 조사하였는데, 존속도가 교육청의 평균보다 2배를 유지하였고 흑인과 백인 학생 사이에 존속도가 유의미한 차이가 없었다고 보고하였다.

오늘날의 공립학교에서 몬테소리 프로그램은 지속적으로 유지되고 있으며, 공립 몬테소리 학교에 대한 최신 정보들이 있다. AMI, AMS, NAMTA 등을 대표하는 새로운 자원 집단인 몬테소리 공립학교 협회(Montessori Public Schools Consortium)는 현재 공립 몬테소리 프로그램들에 대한 정보를 제공한다. 이 협회는 이 장의 마지막에 있는 NAMTA 주소를 통하여 연락을 취할 수 있다. 그리고 공립학교 몬테소리주의자(Public School Montessorian)라는 뉴스레터가 공립 몬테소리 프로그램에 영향을 미치는 이슈들에 대한 토론의 장을 제공하며 무료로 배포되고 있다. 이 뉴스레터는 Jola Publications, Box 8354, Minneapolis, MN 55408에서 출판되고 있다.

일반적으로 공립학교 몬테소리는 계속적으로 성장하고 있다. 특성화 학교에 대한 연방정부 지원의 감소(특히 초기 설립자금)에도 불구하고 공립 몬테소리 학교의 개설은 약간의 감소만이 있었을 뿐이다. 이러한 공립 프로그램들은 학부모들의 지속적인 지지에 의해 생겨나고 유지되고 있으며, 이는 몬테소리 교육이 사립 분야에서 거둔 성공에 어느 정도 기반한 것으로 짐작되고 있다. 차터스쿨(Charter school)[2] 운동 또한 공립 몬테소리 프로그램을 19개 주에 추가적으로 확산시키는 데 영향을 주었다(Schapiro & Hellen, 2007).

현재 공립 몬테소리 학교의 문제점은 교사 양성의 어려움과 몬테소리 학교의 졸업반 단계(보통 4~5학년)에서 비몬테소리 학교 환경과의 연계 문제로 인하여 전통적인 방식의 교육으로 돌아가는 경향이 나타나는 것이다. 또한 기준목표 시험에 대한 압력이 높아지면서 전통적인 교육과 몬테소리 교육이 매우 상이한 시각을 가지고 있는 이 문제도 새로운 이슈로 부각되고 있다.

9. 개발도상국가에서의 몬테소리

몬테소리는 거의 그 시초에서부터 범세계적인 운동으로 진행되었다. Montessori 박사의 강연과 교사교육 과정에 의해 직접적 영감을 받고 유럽과 인도에서 수많은 학교들이 발달하였다. 시간이 흐르면서 몬테소리 운동은 모든 지역으로 퍼져나가 유럽, 북미, 아시아, 남미, 호주, 아프리카 지역으로 확산되었다(미국몬테소리협회, 2007; 국제몬테소리협회, 2007). AMS는 현재 8개 국가와 푸에르토리코에서 교사 자격 교육 프로그램을 운영하고 있으며 21개국에 회원을 두고 있다. AMI는 21개국에 교사교육 프로그램을 제시하는 것으로 나타났다.

몬테소리가 세계적 확산을 연구하기 위해서는 미국 이외의 지역에 프로그램 인증

2) 역주: 공적 자금을 받아 교사 · 부모 · 지역 단체 등이 설립한 학교

James E. Johnson

특정한 교육적 도구를 통하여 학문적 내용을 발달적으로 적합하게 가르치는 것, 그것이 Montessori가 오늘날의 유아교육에 미친 영향이다.

을 담당하는 몬테소리 교사교육 인증위원회(Montessori Accrediation Commission for Teacher Education: MACTE)의 역할도 살펴보아야 한다. 1992년 MACTE의 설립 이전에는 AMS가 몬테소리 교사교육 프로그램을 가지는 유일한 국제기구였다. 비록 MACTE가 미국 교육부에 의해 인정되는 미국 프로그램을 위한 인증기관 역할을 위주로 구성되었지만, MACTE는 몬테소리 국제 프로그램들이 인증을 받을 수 있는 창구로 인식되었다. AMS가 다른 조직들과 독립적인 교사교육 프로그램들과 연합하여 협회를 만들고 MACTE를 구성하였을 때, 멕시코에 두 개의 AMS 교사교육 프로그램들이 있었다. 2007~2008년, MACTE는 캐나다에 9개 프로그램, 한국에 3개 프로그램, 중국에 2개 프로그램, 그리고 영국, 대만, 아일랜드, 멕시코, 도미니카 공화국, 이스라엘, 남아프리카에 각각 1개의 프로그램을 명시하고 있다.

이러한 회원제도나 인증제도 데이터를 제외하고는, 몬테소리 프로그램의 국제적인 확산을 전 세계적인 연구자들의 네트워크 없이 기록하는 것은 매우 어렵다. 하지만 여러 가지 추정은 이루어질 수 있다.

엄격한 기준에 따른 회원제도나 공인된 기관에 의한 인증제도 중에서 한 가지 혹은 두 가지 모두 채용하는 국제 학교나 교사교육 프로그램은 많지는 않은 것으로 보인다(그리고 실제적으로 소수이다). 중국의 교사와 교사교육자들의 일화 보고들(anecdotal reports)은 "교사 양성 과정"이 교재 판매자에 의하여 구성되고 1주나 2주 교육 기간을 거쳐 자격증이 주어지는 것의 실제 예를 보여준다. 상대적으로 통제되지 않는 환경에서 기준의 질은 편차가 심할 수 있으며, 어떤 학교들은 믿을 만한 몬테소리 모델을 제공하는 반면 다른 학교들은 수준 낮은 프로그램을 제공하기도 한다. 모델 간의 우열을 가릴 수 없기 때문에, 몬테소리가 비교적 새롭게 도입된 지역에서는 부모들이 현재 실행되고 있는 몬테소리 모델들이 몬테소리 교육의 좋은 예인가 아닌가 판단하기 어렵다.

브라질, 중국, 한국과 같은 국가에서 중산층 가족들은 최상의 교육을 제공하기를 원하고 "몬테소리"라는 명칭이 수준 높은 교육과 동의어로 사용된다. 하지만 많은 경우 이러한 부모들이(미국의 경우도 유사한 경우가 많지만) 몬테소리의 핵심 원칙들과 어긋나는 요구를 한다. 예를 들어 3년 주기 대신 1년이나 2년 주기를 주장하거나, 실제적 교구들 대신 학문적 성격이나 서류를 강조하는 것이 그 예이다.

이 장의 공저자 두 명 모두 푸에르토리코, 중국, 한국, 브라질과 같이 다양한 지역의 몬테소리 프로그램에 참여해왔다. 우리의 일화 경험들(anecdotal experiences)은 여러 종류이며 여기에는 극히 적은 교재교구에도 불구하고 몬테소리가 아름답게 적용되는 경우(푸에르토리코), 매우 열심히 일하고 헌신적인 교사 훈련생들이 자신들의 교재를 만들어내는 경우(한국, 푸에트리코, 브라질), 그리고 호화스러운 몬테소리 프로그램이 지역사회에서 최고 엘리트에게만 이루어지는 경우(중국) 등이 포함된다. 다른 학교나 교사교육 프로그램으로부터 멀리 떨어진 지역에서 몬테소리 모델을 일관성 있게 적용하는 것은 어려운 일이다. 지역에 학교가 부족한 경우 지원을 받을 기회가 적어지고, 교사교육자나 공신력 있는 기관이 멀리 떨어져 있으므로, 내부적으로 만들어지고 수용되는 기준이 아닌 것을 시행하기는 매우 어렵다.

개발도상국가의 몬테소리 학교에 대한 계속되는 요구와 그에 따른 정식으로 교육받은 몬테소리 교사에 대한 요구가 늘어남에 따라, AMS나 AMI와 같은 기구에 대한 요구가 증가할 것이며, 이 조직들은 몬테소리 신규 공동체에 지원, 교육, 기준을 제공하는 것뿐만 아니라 각 지역에서 지역사회의 몬테소리 기반(지역 기반 교육 과정과 교사교육자, 국가 혹은 지역 조직)을 발달시킬 수 있도록 도움을 제공하는 역할을 할 것이다.

10. 결론

전 세계에서 혁신적인 교사들이 몬테소리 원리를 새로운 환경에 적용하고 다양한 개별 학습자들의 흥미와 요구를 맞추고 있으며, 이들에 의해 몬테소리 핵심 교육과정은 계속적으로 발달하고 확장되고 있다. 과거 20년에 걸쳐 몬테소리 프로그램은 여러 공립학교 시스템에 실험적 모델로 통합되어 왔으며, 사립학교 운동을 더 넓은 사회경제적, 인종적, 문화적 집단에 기반하여 확장시켜 왔다.

몬테소리에 관한 연구는 몬테소리 공립학교 시도에 따른 결과뿐만 아니라, 일반적인 몬테소리 교육의 장기적 효과에 대한 연구도 진행되고 있다. 바라건대, 다양한 종단적, 실험적, 자연주의적 연구가 진행된다면 현재의 활동을 더 많이 기록하고 미국과 그 외 지역의 몬테소리 학교 경험의 본질과 효과에 대한 더 확장된 형태의 질문에 대한 답을 구하는 데 도움을 줄 수 있을 것이다.

몬테소리 관련자료

Who Was Maria Montessori?
www.montessori-namta.org/NAMTA/geninfo/mmbio.html

이 웹사이트는 Maria Montessori를 소개하고, 약간의 역사와 그녀의 사상에 대하여 소개를 하고 있다.

All About Montessori Schools
American Montessori Society. http://www.amshq.org
Association Montessori Internationale. http://www.montssori-ami.org
www.montessori.org/schools/search.php

이 링크들을 통하여 지역, 이름, 키워드로 몬테소리 학교들을 찾을 수 있다.

All About American Montessori Society
http://www.amshq.org

미국몬테소리협회 홈페이지로, 학교, 성명서, 학회 일정, 교사교육프로그램 리스트, 몬테소리 연구 최우수 석사. 박사 논문 수상자, 기타 여러 정보를 제공한다.

All You Need to Know About NAMTA or NAMTO
http://www.montessori-namta.org

북미몬테소리교사협회 웹사이트이로, 학회를 포함한 활동에 대한 정보를 제공한다.

What You Need to Know About Toronto Montessori School
http://www.toronto-montessori.ca

토론토 몬테소리 학교 웹사이트는 몬테소리에 관한 방대한 정보를 제공한다.

미국에 있는 주요 몬테소리 협회

미국몬테소리협회(American Montessori Society: AMS)

281 Park Ave. South, 6th Floor
New York, NY 10011
212-358-1250

국제몬테소리협회(Association Montessori Internationale: AMI/USA)
410 Alexander St.
Rochester, NY 14607-1028
716-461-5920

몬테소리 교사교육 인증위원회(Montessori Accreditation Council for Teacher Education: MACTE)
17583 Oak Street
Fountain Valley, CA 92708
888-446-2283

북미몬테소리교사협회(North American Montessori Teachers Association: NAMTA)
11424 Bellflower Rd. NE
Cleveland, OH 44106
216-421-1905

참고문헌

American Montessori Society. (1994). *Montessori education.* New York: Author.

American Montessori Society. (2007). http://www. amshq.org

American Montessori Society. (n.d.). *American Montessori Society position papers.* New York: Author. Retrieved April 13, 2008, at http://www.amshq.org/member_positionPapers.htm

Baines, M., & Snortum, J. (1973). A time-sampling analysis of Montessori versus traditional classroom interaction. *Journal of Educational Research, 66,* 313-316.

Baker, K. (1988). *The interpretation of subtraction held by children in the Association Montessori Internationale curriculum.* Unpublished master's thesis, University of Maryland.

Bausch, J., & Hsu, H. (1988). Montessori: Right or wrong about number concepts? *Arithmetic Teacher, 35*(6), 8-11.

Bennett, K. P., & LeCompte, M. D. (1990). How schools work: A sociological analysis of education. New York: Longman. In A. S. Lillard (2007). *Montessori: The science behind the genius.* New York: Oxford University Press.

Bergen, D. (Ed.). (1988). *Play as a medium for learning and development.* Portsmouth, NH: Heinemann.

Black, S. (1977). *A comparison of cognitive and social development in British infant and Montessori preschools.* Unpublished doctoral dissertation, Temple University.

Boehnlein, M. (1988). Montessori research: Analysis in retrospect. *Special Edition*

of the North American Montessori Teachers' Association Journal, 13(3).
Bogart, L. (1992). Transmitting the tools of a culture. *Montessori Life, 4*(3), 27-28.
Chattin-McNichols, J. (1981). The effects of Montessori school experience. *Young Children, 36*, 49-66.
Chattin-McNichols, J. (1991). *Montessori teachers' intervention: Preliminary findings from an international study.* Urbana-Champaign, IL. (ERIC Document Reproduction Service No. ED 341499)
Chattin-McNichols, J. (1992). *The Montessori controversy.* Albany, NY: Delmar.
Cisneros, M. (1994). *Multiple measures of the effectiveness of public school Montessori education in the third grade.* Unpublished doctoral dissertation. University of North Texas.
Cossentino, J., & Whitcomb, J. (2003, April). *Culture, coherence, and craft-oriented teacher education and the case of Montessori teacher training.* Paper presented at the Annual Meeting of American Educational Research Association, Chicago, IL.
Dawson, M. A. (1988). *Comparative analysis of the standardized test scores of students enrolled in HISD Montessori magnet and traditional elementary classrooms.* Unpublished master's thesis, Texas Southern University.
Dreyer, A. S., & Rigler, D. (1969). Cognitive performance in Montessori and nursery school children. *Journal of Educational Research, 67*, 411-416.
Duax, T. (1989). Preliminary report on the educational effectiveness of a Montessori school in the public sector. *North American Montessori Teachers' Association Quarterly, 14*, 2.
Duax, T. (1995). Report on academic achievement in a private Montessori school. *NAMTA Journal, 20*(2), 145-147.
Duffy, M., & Duffy, D. (2002). *Children of the universe.* Hollidaysburg, PA: Parent Child Press.
Feltin, P. (1987). *Independent learning in four Montessori elementary classrooms.* Unpublished doctoral dissertation, Seattle University.
Fero, J. R. (1997). *A comparison of academic achievement of students taught by the Montessori method and by traditional methods of instruction in the elementary grades.* Unpublished doctoral dissertation, Montana State University, Bozeman.
Glenn, C. (1989). A comparison of lower and upper elementary Montessori students with a public school sample. *North American Montessori Teachers' Association Quarterly, 14*, 263-268.
Glenn, C. (1993). *The longitudinal assessment study: Cycle 3 (seven year) follow up.* (ERIC Document Reproduction Service, No. ED 370679)
Glenn, C. (1996). *The longitudinal assessment study: Cycle 4 (ten year) follow up.* (ERIC Document Reproduction Service No. ED 403013)
Glenn, C. (1999). *The longitudinal assessment study: Thirteen year follow up.* (ERIC Document Reproduction Service No. ED 431543)
Grazzini, C. (1996). The four planes of development. *The NAMTA Journal, 21*(2), 208-241.
Kahn, D. (Ed.). (1990). *Implementing Montessori education in the public sector.*

Cleveland, OH: North American Montessori Teachers' Association.

Karnes, M., Shwedel, A., & Williams, M. (1983). A comparison of five approaches for educating young children from low-income homes. In The Consortium for Longitudinal Studies (Ed.), *As the twig is bent: Lasting effects of preschool programs* (pp. 133-169). Hillsdale, NJ: Erlbaum.

Leto, F. (1996). Let the music flow: A conversation with Frank Leto. *Montessori Life, 8*(5), 22-26.

Lillard, A. (2005). *Montessori: The science behind the genius.* New York: Oxford University Press.

Lillard, A., & Else-Quest, N. (2006). Evaluating Montessori education. *Science, 313*, 1893-1894.

Lillard, P. (1972). *Montessori: A modern approach.* New York: Schocken.

Loeffler, M. H. (1992). Montessori and constructivism. In M. H. Loeffler (Ed.), *Montessori in contemporary American culture* (pp. 101-113). Portsmouth, NH: Heinemann.

Miller, L., & Bizzell, R. (1983). Long-term effects of four preschool programs: Sixth, seventh, and eighth grades. *Child Development, 54*(3), 727-741.

Miller, L., & Bizzell, R. (1985). Long-term effects of four preschool programs: Ninth- and tenthgrade results. *Child Development, 55*(4), 1570-1587.

Miller, L., & Dyer, L. (1975). Four preschool programs: Their dimensions and effects. *Monographs of the Society for Research in Child Development, 40* (Serial No. 162).

Montessori Accreditation Council for Teacher Education. (1996). *Montessori accreditation council for teacher education standards for teacher education programs.* Pasadena, CA: Author.

Montessori, M. (1913). *Pedagogical anthropology.* New York: Stokes.

Montessori, M. (1963). *Education for a new world. Madras*, India: Vasanta Press.

Montessori, M. (1964). *The Montessori method.* New York: Schocken.

Montessori, M. (1965). *Spontaneous activity in education.* New York: Schocken.

Montessori, M. (1966). *The secret of childhood.* Notre Dame, IN: Fides.

Montessori, M. (1967a). *The absorbent mind.* New York: Dell. (Original work published 1949)

Montessori, M. (1967b). *The discovery of the child.* Notre Dame, IN: Fides. (Original work published 1948)

Montessori, M. (1973). *From childhood to adolescence.* New York: Schocken.

North American Montessori Teachers' Association (D. Kahn, Ed.) (1995). *What is Montessori elementary?* Cleveland, OH: NAMTA.

Rambusch, N. M. (1962). *Learning how to learn.* Baltimore, MD: Helicon.

Rathunde, K., & Csikszentmihalyi, M. (2005, May). Middle school students' motivation and quality of experience: A comparison of Montessori and traditional school environments. *American Journal of Education, 111*, 341-371.

Reed, M. (2000). A comparison of the place value understanding of Montessori and non-Montessori elementary school students. *Dissertation Abstracts International, 61*, No. 05A.

Reuter, J., & Yunik, G. (1973). Social interaction in nursery schools. *Developmental Psychology, 9*, 319-325.

Schapiro, D., & Hellen, B. (2007). *Montessori community resource.* Minneapolis, MN: Jola.

Schmid, J., & Black, K. (1977). An observational study of the choice and use of toys by Montessori and non-Montessori preschoolers. In S. Makhick & J. Henne (Eds.), *Evaluations of educational outcomes: Proceedings of the national conference on the evaluation of Montessori and open classrooms* (pp. 79-92). New York: American Montessori Society.

Scott, J. (1995). The development of the mathematical mind. *Montessori Life, 7*(2), 25.

Standing, E. M. (1962). *Maria Montessori: Her life and work.* New York: New American Library.

Standing, E. M. (1964). *The child in the church.* Notre Dame, IN: Fides.

Stodolsky, S., & Karlson, A. (1972). Differential outcomes of a Montessori curriculum. *Elementary School Journal, 72*, 419-433.

Takacs, C., & Clifford, A. (1988). Performance of Montessori graduates in public school classrooms. *North American Montessori Teachers' Association Quarterly, 14*(1), 2-9.

Torrence, M. (1992). Montessori and play: Theory vs. practice. *Montessori Life, 7*(3), 35-38.

Torrence, M. (1993). From percept to concept: The sensorial path to knowledge. *Montessori Life, 5*(3), 28-30.

Turner, J. (1995). How do you teach reading? *Montessori Life, 7*(3), 25-34.

Villegas, A., & Biwer, P. (1987). Parent involvement in a Montessori program: The Denver public school experience. *North American Montessori Teachers' Association Quarterly, 13*(1), 13-24.

Wirtz, P. (1976). *Social behavior related to material settings in the Montessori preschool environment.* Unpublished doctoral dissertation, George Peabody College for Teachers.

피라미드 방법

Jef J. van Kuyk(CITO Corporation)

1. 기본 개념

피라미드 방법은 2세반에서 7세 사이의 모든 유아를 위한 교육방법이다(이 장에서는 6세까지를 중심으로 기술한다). 이 방법은 특별한 지원이 필요한 유아를 위한 몇 가지 특징적 내용을 가지고 있다. 여기에는 부가적인 언어 자극, 상호작용적 이야기하기, 특별한 놀이와 주도적 학습 활동들, 영재아를 위한 활동들, 그리고 개인지도가 포함된다(van Kuyk, 2003).

피라미드 방법에서의 교육은 도움과 지원이 없으면 일상적인 과업을 제대로 수행할 수 없는 상처받기 쉬운 유아를 돕는 것과 동시에 이들이 우리로부터 점차 독립할 수 있도록 자극함으로써 스스로 학습할 수 있게 하는 것을 의미한다.

피라미드는 Piaget와 Vygotsky의 이론을 통합하여 더 발전시킨 역동적 시스템 이론(Dynamic Systems Theory)이라는 새로운 이론에 기초를 두고 있다(Fischer & Bidell, 2006; van Geert, 1998). 이 이론은 유아교육에 대한 새로운 관점을 제공한다(van Kuyk, 2006). 발달 단계가 고정되어 있다고 보는 Piaget 이론과는 반대로, 역동적 시스템 이론은 인생의 초반부에 일련의 동적인 장 · 단기 주기들로 이루어져 있다. 이러한 성장주기 동안 유아는 자기 조절과 성인의 비계설정을 통해 새로운 기술을 학습하고 재학습하게 된다. 비계설정은 필요할 때 도움을 주는 것을 기초로 하면서 능력이 증대되면 점진적으로 도움을 주지 않는 것을 의미한다(Pressley, Hogan, Wharton-

McDonald, & Mistretta, 1996). 자기 조절을 통한 발달과 비계설정을 통한 발달 사이에는 큰 차이가 있다. 자기 조절을 통해서 유아는 일반적인(하등) 수준의 발달에 도달할 수 있는 반면, 교사의 비계설정을 통해서는 유아가 최적(고등) 수준의 발달에 도달할 수 있다(Fischer & Bidell, 2006). 항상 유아가 최적의 수준에 도달하도록 노력하는 것이 바람직할까? 유아와 교사는 각각 한계를 갖고 있다. 교사는 모든 유아들에게 자신의 역량과 시간을 나누어주어야만 한다. 유아는 긴장과 이완 사이에서 전환해야만 하며 자기 조절과 비계설정 모두를 위한 시간을 필요로 한다.

이 장에서는 놀이와 주도적 학습을 통해 유아에게 자기 조절 기회를 제공하도록 물리적 · 심리적 환경을 창조하는 피라미드 교육과정을 어떻게 구성하였는지를 명백히 하고자 한다. 교사가 어떻게 한편으론 놀이와 주도적 학습을 위해 비계설정을 해주면서 또 다른 한편으론 유아가 '지금, 여기' 에서부터 더 멀리 그리고 더 추상적인 표상을 하도록(Sigel, 1993) 유아들이 주도성을 발휘하는 법을 배울 수 있는 프로젝트를 통해서 그리고 성장주기를 최적화해 줄 수 있는지에 대해 설명하고자 한다. 놀이와 주도적 학습을 자기 조절로 설명하며 또한 역동적 시스템 이론의 장 · 단기 주기를 비계설정(연간 12가지 프로젝트)으로 설명하고, 이를 실행으로 옮긴다. 모든 프로젝트의 기초인 단기 주기는 거리 넓히기의 네 단계 즉, 도입(Orientation), 시연(Demonstration), 확장(Broadening), 심화(Deepening)(ODBD라고도 불림)를 포함한다. 장기 주기는 단기 주기를 기초로 하는 연간 계획을 말한다. 뿐만 아니라, 교사가 주도적으로 할 수 있는 또 다른 방법인 순차적인 활동을 기술한다.

이 교육과정은 교사가 유아를 대하는 방식, 즉 관계 요소들로 이루어진다. 이는 애착이론에서 파생된 것으로 안전과 안녕, 정서적 지지, 보호와 이해, 애정적인 관계, 자율성에 대한 존중, 구조와 규칙, 그리고 세상을 탐색하는 데 있어서의 개방적인 관점을 포함한다. 관계 요소를 보완하는 것은 교육 요소, 혹은 교사가 유아의 발달을 자극하고 유아의 호기심을 불러일으키고, 유아를 내적, 외적으로 동기화시키는 것이 무엇인지 파악하는 것이다. 이러한 요소는 역동적 시스템 이론과 거리 넓히기 이론(Distancing Theory)[1](Sigel, 1993)으로부터 나왔다(Fischer & Rose, 1998). 이러한 두 가

---

1) 역주: distance 혹은 distancing으로 불리는 용어로 본서에서는 '거리 넓히기' 로 번역한다. 즉 지금, 여기라는 직접적이고 구체적인 것에서 시작하여 점진적으로 추상화되고 복합적인 학습이 이루어지도록 지원하는 방법이다. Sigel은 언어를 매개로 한 '거리 넓히기 전략(distancing strategies)' 이 아동의 문제해결을 증진시킬 수 있는 효과적인 교수방법임을 제안한다. 예컨대, 거리 넓히기는 성인의 언어적 진술을 정신 조작의 요구 수준에 따라 다음과 같이 세 단계로 나누어 볼 수 있다.

(1) 낮은 단계: 성인이 인접한 환경에 놓여 있는 사물들에 대해 언급하거나 질문한다(예: "이것은 무엇으로 만들었니?" "이 모자는 빨간 모자이구나" 와 같이 명명하기나 묘사하기).

지 요소 안에서 네 가지 개념 즉, 유아의 주도성, 교사의 주도성, 가까움과 거리 넓히기가 통합된다.

1) 유아의 주도성

여기서 제기되는 문제는 유아가 어느 정도까지 스스로 자신의 발달을 최적화할 수 있는가이다. Piaget(1970)에 의하면, 유아는 자신의 발달을 지휘하기에 충분한 인지적 힘을 가지고 있다고 한다. 이것은 물리적 · 사회적 환경으로부터 사물과의 직면을 통해 이루어진다. 유아의 주도성은 교육과정의 시작과 끝이다. 인간은 자기 조절을 하도록 되어 있다(Fischer & Bidell, 2006; van Geert, 1998). 우리는 유아가 태어나자마자 세상을 발견하고자 하는 것을 보게 된다. 아주 일찍부터 유아는 사물을 잡고, 소리를 듣고, 움직임을 눈으로 쫓기 시작한다. 자신이 흥미로워하는 것에 집중하고 그것을 알게 되면 흥미를 잃는다. 유아는 스스로 선택하는 법을 배운다. 피라미드 방법의 가장 첫 번째 목적은 주도성을 발휘할 수 있는 유아의 능력을 지원하고 최적화하는 것이다. 이는 또한 궁극적인 목적이기도 한데, 이후에 유아가 일상적 삶에서 잘 해나갈 수 있어야 하기 때문이다. 이를 위해 유아 자신의 주도성이 필수적이다.

2) 교사의 주도성

교사의 주도성과 관련하여 묻게 되는 질문은 어떠한 형태의 교사 주도성이 최적의 발달을 가져오는가이다. 교사의 주도성은 교육의 과정에 있어 필수적이다(Fischer & Bidell, 2006; van Geert, 1998). 교사의 역할은 도움 없이는 성취할 수 없는 유아의 발달에 있어 비계설정을 해주는 것이다(Bowman, 2000). 교사는 놀이와 주도적 학습 동안 유아가 주도성을 발휘하도록 자극함으로써 지원할 수도 있다. 그러나 교사가 주도성을 발휘하여 최적의 발달을 고무시킬 수도 있다. 교사는 집단 활동 동안이나 유아가 스스로 과제를 수행할 때 이렇게 할 수 있다. 교사는 광범위한 교육 기술을 갖고 있다. 교사가 가능성을 창조하고, 지원을 제공하며, 동기화하고, 좋은 본보기가 되며, 가르치고, 유아를 안내함으로써 사고하는 법, 문제해결 방법을 학습하게 할 수 있는 것이다.

---

(2) 중간 단계: 성인이 인접 환경에 놓여 있는 두 가지 양상들의 관계에 대해 언급함으로써 어떤 것을 자세히 설명하는 말을 한다(예: "어떤 것이 더 크지?" "이 둘은 삼각형 모양이고 이 둘은 사각형이구나"와 같이 비교하기, 분류하기, 관련짓기).

(3) 높은 단계: 인접환경에 놓여 있는 것을 넘어서서 가정을 세우거나 생각을 정교하게 가다듬도록 요구한다(예: "앞에 있는 숫자들 간의 관계에 미루어볼 때 다음에는 어떤 숫자가 와야 할까?" "무엇을 해야 할까?"와 같이 추론하기, 계획하기).

3) 가까움

유아를 교육할 때, 유아와 교사 사이의 강한 애착이 중요하다(Ainsworth, Blehar, & Waters, 1978; Bowlby, 1969; Erickson, Sroufe, & Egeland, 1985). 유아가 교사와 가까이 있다는 느낌을 가지는 것이 중요하다. 이는 유아가 앞으로 나아가 세상을 탐구할 수 있을 만큼 안전하고 안정되며 자유롭게 느끼도록 한다. 교사는 유아에게 이러한 자유를 주지만, 동시에 명확한 구조와 경계를 설정하고 규칙을 확고히 해야 한다. 이러한 규칙들은 유아를 제한하기 위한 것이 아니라 놀이와 학습의 장이 어디인지를 알려주기 위한 것이다. 또한 구조와 규칙은 유아가 안전감을 느끼게 한다. 안전한 환경에서 유아는 주도성을 발휘하고 세상을 탐구할 수 있다. 교사의 임무는 신호를 바로 알아채고 유아가 해결책을 찾도록 도와주어 스스로 찾아가도록 하는 것이다. 교사는 유아의 자율성을 존중하면서 도움을 필요로 할 때는 정서적으로 지원해준다. 예를 들어, 유아가 집단 활동에 참여할 준비가 아직 되지 않다는 신호를 보인다면 그러한 신호를 존중해야만 한다. 만약 유아가 집중하여 놀이하고 있다면, 교사는 한 걸음 물러나 있어야 한다. 만약 유아가 궁지에 다다른다면, 그 때는 교사가 더 강화된 지도를 제공할 수 있다. 이를 민감한 반응 태도(sensitive response attitude)라고 한다.

4) 거리 넓히기

거리 넓히기(distancing) 개념은 Sigel의 개념 체계에서 나왔다(Cocking & Renninger, 1993; Sigel, 1993). 거리 넓히기는 Vygotksy의 근접발달영역(Vygotsky, 1962) 안에서의 교수법이다. 가까움의 조건하에서는 교사가 '지금, 여기' 에 중점을 두기에 거리가 없다. 교사는 구체적 사물을 포함하여, 감각으로 직접 관찰할 수 있는 것을 사용하면서 '지금, 여기' 라는 상황에서 유아와 가깝게 시작해야만 한다. 동시에, 교사는 유아가 점점 더 거리를 넓혀가도록 도와주어야만 한다. 교사는 '지금, 여기' 와 관련된 질문을 할 뿐 아니라, '지금, 여기' 에 없는 주제에 대해 서로 질문을 하고 이야기를 한다. 이러한 방법으로, 유아는 태어나기 전에 세상이 존재했다는 것을 배우게 되고 엄마와 아빠 또한 한때는 어린 유아였다는 것을 알 수 있게 된다. 유아는 이전에 한 번도 보지 못한 장소에 대해서도 생각하는 것, 오래전에 일어났던 일 또는 아직 일어난 적이 없는 것에 대해서도 생각하는 것을 배울 수 있게 된다. 예를 들어, "우리는 휴가를 갈 거야. 우리가 가려고 하는 곳은 어떤 곳일까?" "너는 어제 무엇을 했니?" "내일 또는 다음주에 무엇을 할 거니?" 와 같은 것에 대해 생각할 수 있게 된다.

이러한 방법으로 유아는 이 다음에 회상할 수 있도록 표상하는 법을 배우게 된다. 연구에 따르면 자녀가 '지금, 여기' 를 벗어나 다양한 활동에 참여하도록 하는 부모를 둔 유아는 잘 발달하는 반면 '지금, 여기'에 머무르는 부모를 둔 유아는 덜 발달하거나 심지어는 부진한 기술을 보이기도 한다고 한다(Sigel, 1993). 기본 원칙은 바로 구체적 상황과 사물들로 가깝게 시작하고, 그러고 나서 '지금, 여기'에 없는 것을 정신적으로 나타나게 해주는 질문과 상징화된 중재자를 사용함으로써(유아가 이해 가능하고/접근 가능한 더 추상적 개념들) '지금, 여기'에 없는 사물과 사건을 표상하도록 유아를 도와주는 것이다.

2. 기본 개념 간의 관계

피라미드 방법에서 우리가 확인한 네 가지 기본 개념(초석)은 밀접하게 관련되어 있다(그림 17-1). 만약 유아가 주도성을 학습한다면, 교사는 뒤로 물러나 있을 수 있다. 만약 유아가 거의 주도성을 보이지 않는다면, 교사가 지원을 제공해야만 한다. 교사와 유아 사이에 교류 관계가 있고, 서로서로 영향을 준다.

또한 가까움과 거리 넓히기는 서로 밀접하게 연결되어 있다. 가까움은 거리 넓히기를 가능하게 한다. 즉, 만약 유아가 안전하게 느끼면 탐색할 수 있으며 '지금, 여기'로부터 거리를 넓혀 갈 수 있다.

개념들 사이의 관계도 중요하지만, 교사는 유아의 관계 요구 즉, 안전에 대한 요구, 스스로 하고자 하는 요구(자율성), 숙달하고자 하는 요구(유능감)뿐 아니라, 교육에 대한 요구, 감각 경험에 대한 요구, 능동적으로 하고자 하는 요구 그리고 놀이에 대

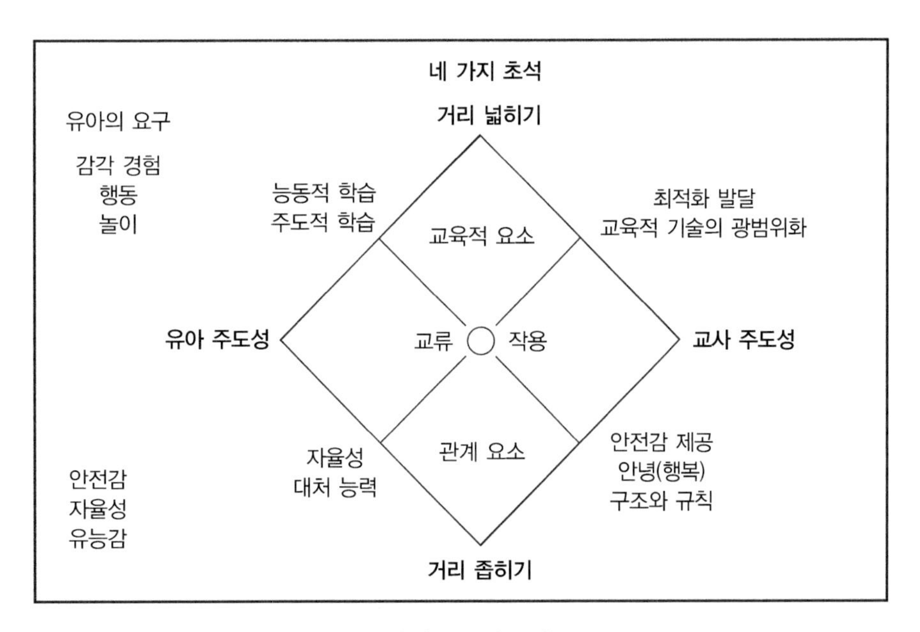

그림 17-1 관계 요소와 교육 요소

한 요구를 고려해야만 한다. 이러한 방법은 유아의 자유, 안녕, 동기, 호기심을 강화하고 최적의 발달을 가능하게 한다.

3. 최적화

연구에 따르면 유아가 항상 동일한 수준으로 기능하는 것은 사실이며, 많은 다양한 수준의 행위와 사고 기능을 할 수 있다(그림 17-2). 유아가 어떤 수준에서 기능 할지는 상황에 달려있다(Fischer & Bidell, 2006). 만약 관계요소가 최적이라면, 유아는 정상적 수준에서 행동할 수 있다. 만약 상황이 덜 우호적이라면, 예를 들어, 편치 않거나 스트레스가 있다면, 유아는 최소 수준에서 기능한다. 만약 유아가 구조와 규칙의 부족으로 방해를 받는다면, 유아는 정상 수준에서 기능을 할 수 없게 될 것이다.

교육을 통해 유아가 자기 조절에 도달하도록 하기 위해 정상 수준 이상으로 상승하도록 자극할 수 있다. 교육이 유아 발달의 최적 수준에 도달할 수 있도록 도와준다는 것은 여러 연구에서 밝혀졌다(Fischer & Bidell, 2006; Sigel, 1993). 예를 들어, 유아의 놀이를 지원하고 주도성 학습을 자극함으로써 그렇게 될 수 있다. 개별 활동을 하는 동안, 교사는 새로운 역할과 놀잇감을 소개하거나 또는 유아가 글씨 쓰는 것을 지원하면서 놀이를 풍부하게 해줄 수 있다. 대집단 활동에서, 교사는 명확한 예를 제공하거나 상황의 주요 특성을 묘사하거나 현상의 이해 과정을 이끌 수 있다. 유아의 능동적 학습을 돕기 위해 유아가 주도성을 발휘하는 능력에 영향을 미치지 않는 범위 내에서 비계설정을 통해 지원할 수 있다(Vygotsky의 근접발달영역). 상당한 지식과 경험을 가진 교사가 제공하는 전문적인 비계설정은 가장 좋은 형태의 지원이다.

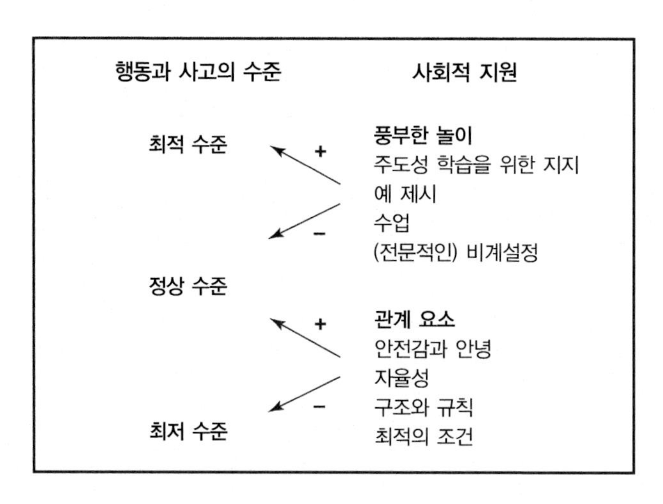

그림 17-2 행동과 사고 수준과 사회적 지원

이러한 이유로, 피라미드 방법을 통해 유아의 발달을 촉진하는 것을 특별히 중요하게 생각하고 있다. 초기에 유아를 자극함으로써, 그리고 스스로 일상적인 일을 해결하도록 용기를 북돋워 줌으로써, 이들이 이후 학교에서 잘 해나가고 스스로 자신의 일을 해나갈 수 있는 기반을 마련해준다.

유아기 동안, 교사는 관계 요소가 유아들이 정상적으로 기능할 수 있도록 해주는지를 확인해야 한다. 관계 요소가 잘 되어 있어야 교육 요소가 영향을 줄 수 있으며 그 결과 유아가 최적 수준에 다다를 수 있다. 교사는 한 유아의 최적 발달만을 도모하는 것이 아니라 전체 집단을 도와야 하기 때문에 상당한 전문성을 요한다. 더 많고 광범위한 교육적 기술을 요한다. 교사는 어린 유아의 경우 12~15명, 그리고 더 연령이 많은 유아의 경우 20~25명의 많은 유아들에게 제공해야 한다. 항상 모든 유아에게 개별적 주의를 기울이는 것은 불가능하다. 교사가 유아 스스로 학습할 수 있는 것과 교사가 가르쳐야만 하는 것 사이의 균형을 이루는 것은 중요하다. 교사는 유아의 발달과 독립성 수준에 따라 능동적인 학습에 필수적인 관계 지원과 교육 지원을 제공한다.

4. 내용

서론에서 유아의 발달을 최적화하기 위해 우리가 어떻게 하는지에 대해 제시하였다. 이것은 피라미드 방법의 기초이다. 이제 우리가 던지는 질문은 다음과 같다. 발달을 최적화하기 위한 우리 노력의 핵심은 무엇이며 어떠한 발달이 촉진되고 있는가? 그 해답을 찾는 데 있어 정서지능 이론(Salovay & Mayer, 1990)과 Gardner의 다중지능 이론(Gardner, 1993)이 영감을 주었다.

세 가지 지능(van Kuyk, 2003) 측면에서 피라미드 방법의 내용을 묘사하고 어떠한 발달 영역이 이러한 지능에 포함되는지를 설명할 수 있다. 피라미드 방법에서 이러한 세 가지 지능은 동등하게 균형을 이루면서 실행된다(그림 17-3).

5. 세 가지 지능

피라미드 방법은 세 가지 지능으로부터 시작된다. 세 가지 지능은 일상적으로 흔히 말하는 머리의 선물 즉, 인지적 지능, 마음의 선물인 정서적 지능 그리고 손의 선물인 신체적 지능으로 구성된다. 유아들은 이러한 재능 또는 지능을 다양한 정도로 가지고 있다. 가장 능력이 뛰어난 지능에 대한 학습에 초점을 두고자 하기 때문이 아니라, 세 가지 지능 모두를 포함하는 균형된 발달 경로를 유아에게 제공하기를 원하기 때문에 이렇게 세 가지로 구분해 왔다. 지능은 추상적이고 일반적이기 때문에, 유아를 교육과 관련된 모든 사람들이 전 세계적으로 쉽게 인식할 수 있는 발달 영역으로 구체화시켜 왔다.

1) 인지적 지능

인지적 지능은 언어와 사고를 통제하고 실행할 수 있는 능력이다. 여기서 지각, 언어, 사고, 공간과 시간에 대한 지향의 발달을 보게 된다. 모든 지각, 언어 그리고 사고는 공간과 시간 안에서 이루어진다. 유아는 이러한 영역을 발달시키면서 자신이 매일 경험하고 세계를 이해하는 방법을 배운다. 유아는 '지금, 여기' 로부터 거리를 넓혀가는 것을 배운다. 언어는 두 가지 기능을 가진다. 언어는 유아가 의사소통하는 수단이자 교사로부터 배울 수 있는 수단이다. 언어의 풍부화 또한 중요한 교육 목표이다.

2) 정서적 지능

정서적 지능은 자신의 정서와 타인의 정서에 대해 느끼는 능력과 스스로 사회적으로 행동하는 능력을 말한다. 지능 영역은 개인적 발달과 사회 · 정서적 발달을 포함한다. 유아는 자신감, 인내심과 자기 조절력을 발달시키는 것을 배운다. 더욱이, 유아는 자

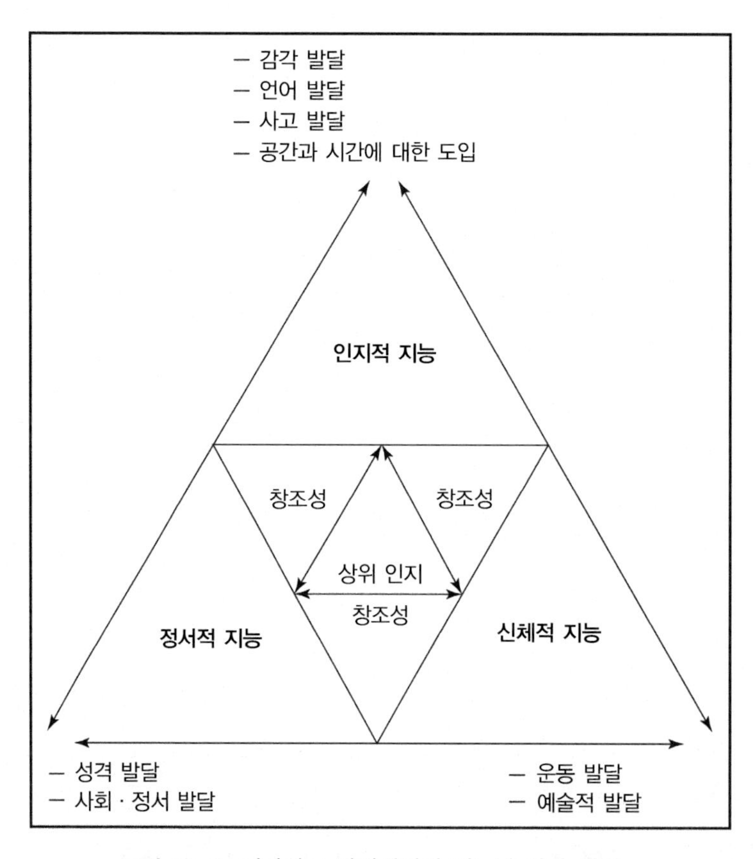

그림 17-3 피라미드 방법에서의 지능과 발달 영역

신의 감정과 타인의 감정을 인식하고 스스로 행동하고 스스로 수행하는 과정에서 이러한 감정에 대한 존중을 보이는 법을 배운다(도덕적 발달).

3) 신체적 지능

신체적 지능은 움직임을 시작하고, 통제하고, 창의적으로 자신을 표현하는 능력이다. 여기서 우리는 운동 발달과 예술적(음악과 미술) 발달을 구분한다. 이러한 영역 안에서 유아는 움직이고, 행동하고, 자신의 신체를 통제하는 것을 배우고 자신의 능력이 어느 정도인지 알게 된다. 유아는 신체에 관련하여 창의적으로 되는 것을 배우고, 신체 언어를 발달시키는 방법과 예술적 발달의 과정에서 재료와 도구, 기구를 사용하는 방법을 배운다. 유아는 신체로, 그리고 적절한 재료와 도구의 도움을 받아 창조하고 미술과 음악으로 자신을 표현하는 것을 배운다. 이는 대부분 전체적 경험이다.

6. 행동과 사고의 수준

여기서는 학습한 것을 더 융통성 있게 점차 내면화하고 의식적으로 활용하게 되는 세 가지 수준의 행동과 사고를 제시한다.

1) 기초적 수준

기초적 수준은 기초 지식과 기초 기능의 수준이다. 이것은 유아가 모방과 예시를 통해 다른 사람을 따라하고 배우는 것이다. 유아는 이를 프로젝트의 첫 번째 단계에서 그리고 순차적 활동에서 배운다.

2) 창조적 수준

두 번째 수준은 창조적 수준이다. 이것은 새롭고 가치 있는 어떠한 것을 창조해 내거나 생각해 내는 능력을 말하다. 이 수준에서, 유아는 창조적인 방식으로 자신의 기초 지식을 사용한다. 유아는 자신이 배운 것을 적용해보며 새로운 방법을 만들기 시작한다. 능동적 학습이 이루어지는 놀이와 주도적 학습 및 프로젝트의 제 단계에서, 특히, 확장과 심화 단계에서 유아는 창조적인 방법으로 지식과 기술을 활용하는 것을 배운다.

3) 상위 인지적 수준

지식과 기능의 최고 수준을 상위인지라 한다. 이 수준은 유아가 자신의 지식과 기능을 알고 의식적으로 자신의 행동을 변화시키고자 할 때 도달된다. 인지적 지능의 지휘하에, 유아는 신체적, 정서적, 인지적 행동에 대해 의식화하면서 융통성 있고 창조적인 방법으로 행한다. 놀이와 주도적 학습에 대한 반성("무엇이 중요한가? 해결책을 찾을 수 있는가?")과 프로젝트의 능동적 학습동안 유아는 상위인지 수준에서 배우고 생각하도록 자극된다.

7. 네 가지 프로그램

피라미드 방법에는 유아의 발달을 최적화할 수 있도록 유아 주도와 교사 주도로부터 관계 요소와 교육 요소들을 실행하는 네 가지 프로그램이 있다. 두 주도 프로그램은 유아가 시작하는 것으로, 놀이와 주도적 학습이다. 주도적 학습(initiative learning)은 유아가 스스로 주도적으로 학습하는 것을 표현하는 데 사용하는 새로운 용어이다. 다른 두 프로그램은 교사가 시작하는 것으로, 교사가 유아와 함께 외부세계에 대해 탐구하는 프로젝트와 유아가 학습하도록 위계적으로 제공하는 순차적 활동이다(그림 17-4).

피라미드 방법에서는 유아가 스스로를 조절해야 한다는 사실에 초점을 두고 있다. 유아는 놀이와 학습 활동 모두에 있어 주도성을 발휘하여 스스로 하게 촉진적인 놀이와 학습 환경에 의해 자극받는다.

그러나 우리는 유아 스스로 모든 것을 배울 수는 없다는 것을 안다. 사실 유아는 다른 유아들로부터 배우며 특히 교사로부터 많은 것을 배운다. 교사 주도 프로그램은 유아에게 새로운 것을 가르치는 데 있어 중요하다. 이것은 개인지도를 통해 개별적으로 이루어질 수 있다(Slavin, Madden, & Karweit, 1994). 예를 들어, 특별한 지원 또는 더 많은 학습 시간이 필요한 유아에게 교사가 지도를 하는 것이다. 그러나 개인교습은 비용이 많이 든다. 집단으로 프로젝트와 순차적 프로그램을 통해 주제를 알아보고 탐색하는 것이 더 나으며 더 효율적일 수 있다. 능동적 학습에서 교사는 예를 제시하고, 가르치고 유아를 지원한다. 유아에게 동기를 부여하고 유아가 알아야 하고 할 수 있는 것을 가르친다.

유아 주도	교사 주도
놀이	프로젝트
주도적 학습	순차적 활동

그림 17-4 다양한 주도성의 표현

8. 개입의 세 수준

유아와 교사의 공동 구성 과정을 세 수준의 개입으로 구분한다(그림 17-5). 유아가 주도성을 발휘할 때 필요로 하는 지원과 개인적이든 집단으로든 교사 주도에 의해 지원을 받으면서 배워야만 하는 것 간에 균형이 맞으며 서로 조화를 이루도록 한다.

1) 하위 수준

유아는 교사의 개입 없이 독립적으로 놀이하고 배운다. 교사는 거의 또는 전혀 지원을 해주지 않는다. 만약 지원이 필요하다면, 교사는 유아의 발달 수준과 독립성의 정도에 맞추어 지원해준다.

2) 중간 수준

유아는 교사와 함께 놀이하고, 탐구하고 학습한다. 중간 수준의 지원은 대집단 또는 소집단으로 주어진다. 프로젝트 동안, 처음에 교사는 그 과정이 시작되도록 돕기 위해 평균보다 더 많은 지원을 해 준다. 그리고 나서 천천히, 조금씩 유아에게 활동을 넘겨주고자 한다. 제공되는 도움의 양은 발달 수준과 유아들이 보여주는 독립성의 정도에

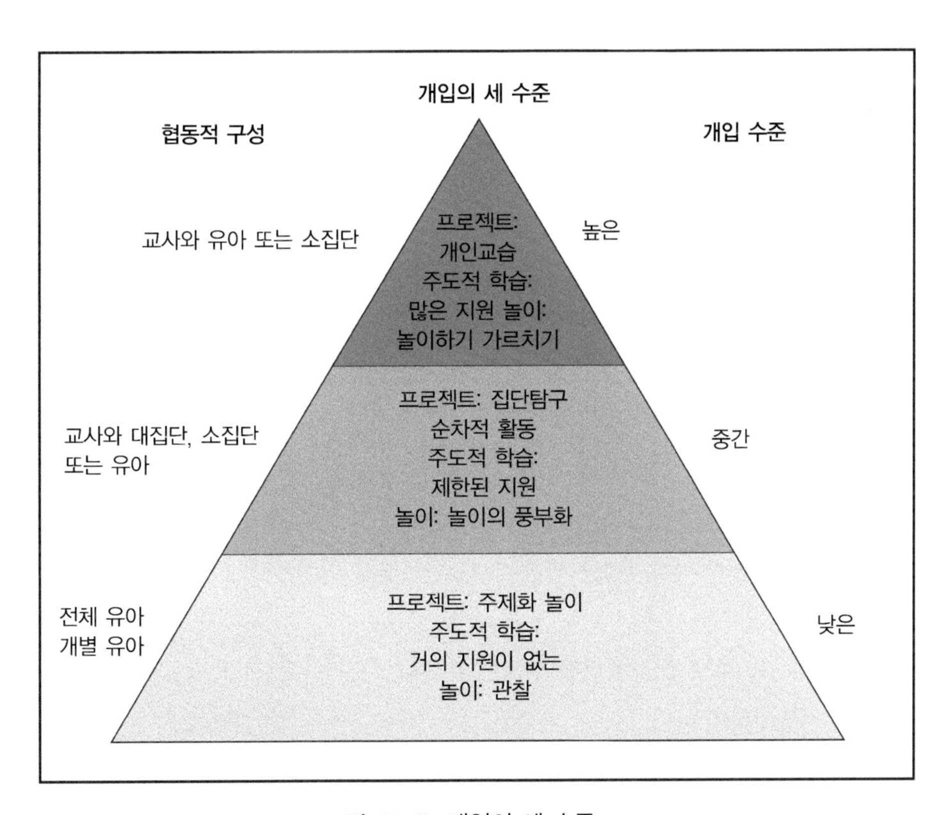

그림 17-5 개입의 세 수준

달려 있다.

3) 상위 수준

교사 또는 개인교사(특수교사가 제공하는 개별적 지원)가 특별한 도움을 요구하는 개별 유아 또는 소집단과 함께 놀이하거나 가르친다. 그러므로 교사 또는 개인교사가 상당한 지원을 하는 것이다. 일반적으로, 유아의 발달 수준은 낮을 것이고 그 독립성 수준은 제한적일 것이다. 도움의 강도는 유아를 상위 발달 수준으로 이끌고 더 독립적으로 만드는 데 필요한 정도에 맞추어 이루어진다.

9. 프로그램의 정교화

프로그램의 실제적 기초는 놀이와 학습 환경의 계획과 설비이다.

1) 놀이와 학습을 위한 환경

뇌 연구로부터 "뇌는 환경이 제공하는 것을 취한다"는 사실을 알게 된다(Shonkoff& Philips, 2000). 자궁에서 태아는 이미 말하는 소리와 다른(덜 구조화된) 소리 또는 소음에 대해 다르게 반응한다. 교사가 해야 할 일은 유아가 학습을 위해 새로운 구조를 찾을 수 있도록 자기 조절의 가능성을 제공해주는 풍부하고 고도의 구조화된 환경을 유아에게 마련해주는 것이다.

(1) 고도로 구조화된 환경

환경은 놀이와 탐구를 위해 새로운 도전을 제공한다. 유아는 그 속에서 자신의 발달 수준에 맞으면서 더 높은 수준에 이를 수 있게 해주는 놀잇감과 상황을 찾을 수 있다. 유아는 스스로 선택하는 기회를 가지고 스스로 유연성 있게 결정할 수 있다.

이러한 환경에서는 벽장과 다른 수준의 교재를 포함하는 다른 창고 영역뿐 아니라, 학습과 놀이에 대한 구조를 제공하는 발견 탁자들과 같이 유아가 놀이할 수 있는 영역이 필요하다. 프로젝트를 실행하기 위해 교사는 유아가 새로운 교재와 새로운 생각을 경험해 보도록 영역을 변화시킨다. 교사는 벽장을 열어주고 그 결과 유아는 과제에 맞는 교육적 교재를 선택할 수 있을 것이다.

교사는 유아가 주도성을 발휘할 수 있도록 자극하는 환경을 만드는 물리적, 심리적 공간을 제공해야만 한다.

(2) 물리적 공간

교사는 모든 유아에게 놀이를 할 수 있는 충분한 공간과 주도적 학습을 위한 놀이와 주도성을 발휘할 기회를 제공해야 한다. 교사는 활동 영역에서 개별 유아에게 다른 발달 영역을 표상하는 활동들을 선택하도록 충분한 교재를 제공해야 한다. 유아가 혼자서 또는 다른 유아와 함께 할 수 있다. Vygotsky는 다른 유아와의 의사소통을 통해서 유아가 생각, 행동, 그리고 다른 유아의 언어에 대해 상호작용한다는 것을 증명하였다. 개별 유아는 계속해서 자신의 마음을 변화시켜야만 하는데 이는 유연성 있고 탄력성 있는 사고를 자극한다.

(3) 심리적 공간

교사는 유아가 자신이 하고 있는 것이 잘 받아들여지고 있다는 느낌을 촉진하도록 주도성을 발휘하게 허용하거나 심지어 자극한다. 유아는 구조와 규칙의 범위 안에서는 교사의 승인을 받을 필요가 없다. 교사는 심리적 공간을 만들고 유아가 하는 것에 대해 확인한다.

2) 놀이 프로그램

놀이는 유아가 주도하는 활동이다. 유아는 풍부한 놀이 환경에서 선택하고 자유롭게 탐색할 수 있다. 이는 이 장의 후반부에서 논의할 프로젝트에서도 가능하다. 피라미드 방법에서 놀이 참여를 최적화하는 데는 세 가지 방법이 있다.

(1) 풍부한 놀이 상황 창조하기

우리는 놀이의 유형을 확인한다. 각 유형의 놀이는 놀이 환경에 대해 요구하는 바가 다르다. 피라미드 방법에서는 놀이의 다섯 가지 유형, 즉, 놀잇감 놀이, 운동놀이, 가장놀이, 상상놀이, 규칙놀이를 구분한다.

놀잇감 환경으로 놀이 상황을 만드는 것에 덧붙여, 유아가 풍부한 놀이를 할 수 있게 촉진한다. 만약 풍부한 놀이가 충분히 이루어지지 않는다면, 두 번째 수준으로 옮겨간다.

(2) 놀이 질 향상하기

과거에 교사들은 흔히 유아가 놀이를 하고 있을 때 유아를 방해해서는 안 된다고 생각했었는데, 이는 유아가 풍부하게 그리고 집중해서 놀이하고 있는 경우에는 여전히 적용된다. 그러나, 피라미드 방법에서는 성인이 놀이를 풍부화하는 데 있어 적극적인 역할을 할 수 있고, 또 해야만 한다는 생각을 토대로 한다. 유아는 성인과 함께 놀이하는

피라미드 교사들은 대집단 또는 소집단으로 정한 계열로 이루어지는 학습을 기대한다.

것을 좋아하지만, 더 중요하며 또한 과학적 연구에서도 확인해주고 있는 사실은 만약 놀이에서 성인이 유아를 지도한다면 상위 수준에서 행동하고 생각할 것이라는 것이다(Fischer & Bidell, 2006). 놀이 풍부화의 과정은 두 가지 형태를 취할 수 있다.

① 놀이에 참여하기

한 명 혹은 여러 명의 유아와 함께 놀이함으로써, 교사는 유아가 참여하고 있는 놀이에 대해 가치를 두고 또 즐긴다는 사실을 보여준다. 유아는 가치를 인정받는다고 느끼고, 교사는 이를 통해 유아의 "놀이 속으로 들어가기"를 할 수 있고 놀이를 풍부화할 수 있다. 그러나 교사가 지시하기를 시작한다면, 예를 들어, "컵을 쥐어라."라고 하면, 교사는 가르치는 교사이지 놀이를 하는 교사가 아니다. 일단 교사가 유아의 놀이 또는 놀이 집단에 참여자로 된다면, 제안을 할 수 있지만 이것도 교사가 맡은 역할에 해당할 경우에 한한다.

② 놀이 풍부화하기

매일 유아놀이는 역할놀이 영역에서 차 마시는 놀이를 한다. 교사는 이들에게 다가가서 함께 차를 마신다. 이러한 일상이 끝나면, 유아는 스스로 '정리' 한다. 교사는 유아의 놀이를 관찰하고 참여 정도를 평가할 수 있다.

유아가 주도성을 발휘하는가? 자신들만의 규칙을 만드는가? 놀이는 여전히 충분히 흥미 있는가? 역할들이 너무 정형화되어 가고 있지는 않는가? 환상이 활용되는가?

부모들은 유아기 학습에 있어 매우 중요하다.

이와 같은 것을 평가할 수 있다.

놀이가 충분히 풍부하지 않음을 보여주는 것, 예를 들어, 놀이 지속의 부족, 상상력 활용의 제한, 그리고 빈약한 이야기 등을 통해 종종 놀이를 풍부하게 하는 데 영감을 얻을 수 있다. 이러한 방법으로, 교사는 놀이에 새로운 역할을 소개할 수 있다. "무슨 소리지? 벨소리인가? 누굴까? 누가 우리를 방문하려고 하지?"

(3) 놀이하는 방법 배우기

때때로 집단에서 놀이하지 않는 유아가 있다. 아프거나 걱정이 있거나 또는 두려워하는 유아들이다. 언어를 자유로이 구사하는 힘이 없거나 무시되었다고 느끼는 유아도 있다. 또한 놀이에 익숙하지 않은 유아도 있는데, 이들의 놀이는 결코 이해된 적이 없고, 금지되거나 거절되어 왔다. 어떻게 하면 이러한 유아가 놀이에 참여하도록 할 수 있을까?

피라미드 방법에서는 세 단계로 유아에게 놀이를 하도록 가르친다. 즉, 유아에게 놀이를 하는 방법 보여주기, 스스로 놀이를 하도록 격려하기, 그리고 유아가 독립적으로 놀이하도록 하기이다(van Kuyk, 2003).

놀이 활동들과 연계하여, 상상놀이에 대한 10가지의 귀중한 규칙, 그리고 유아가 개인적으로 그리고 집단에서 놀이를 하도록 도전하는 방법뿐만 아니라 교사를 위해 다양한 유형의 놀이 활동들을 소개한 「피라미드 놀이 교재(Pyramid Play Book)」를 제공한다. 이 책에는 놀이를 풍부하게 하는 방법과 놀이를 가르치는 방법도 포함되어 있다.

유아는 상황이나 행동을 자신이 통제하고 있다고 느낄 필요가 있다. 피라미드 방법의 놀잇감은 이러한 모방 학습을 장려하는 데 활용된다.

3) 주도적 학습

유아는 놀이하기만을 원하는 것이 아니라, 사물이 어떻게 작용하는지 주위 세상을 이해하고자 하는 동기를 가진다. 유아는 자신을 위한 목표를 설명한다. 이는 초기 읽고 쓰기, 초기 수학 개념과 세계를 탐구하는 영역에서 매우 명확하게 볼 수 있다. 피라미드 방법에서 성인의 세계를 모방해보고, 알게 되고 숙달하는 데 필요한 것이 바로 이러한 동기와 호기심이다. 유아에게 주도성을 발휘하도록 기회를 주어야 하고, 교사는 이에 따라 자신의 접근방법을 수정해야 한다. 피라미드 방법에서는 흥미영역(예를 들어, 언어영역, 탐구영역, 수학영역)을 계획하고 주도적 학습을 장려하기 위해 발달에 적합한 교재 · 교구를 소개한다.

(1) 주도적 학습 격려하기

① 좋은 예 제시하기

일반적으로, 주도적 학습의 시작은 유아로부터 이루어지나 또한 유아 스스로 학습하도록 유아를 격려하고 도전시킬 수 있다. 이를 위한 가장 좋은 방법은 유아에게 좋은 예를 제시하는 것이다. 초기에는 기능이 아니라 흥미 발달을 강조한다. 교사는 유아가 읽기, 쓰기, 수학, 그리고 실험의 예를 많이 봄으로써 흥미를 키우게 한다. 예를 들어, 교사는 칠판에 기록을 하고, 문장이나 수를 이용하여 필기를 하며, 봄에 올챙이가 어떻게 자라는지 알기 위해 강을 조사하고 씨앗이 발아하는지를 확인한다.

② 중요한 것에 대해 이야기하기

우리가 하고 있는 일에 대해 유아에게 이야기해주는 것이 영감의 또 다른 근원이 될 수 있다. 쓰기와 수학의 가치, 나이가 들어서의 유용성에 대해 이야기할 수 있다. 교사가 의사소통이 필요한 경우(예를 들어, 쇼핑)의 의미 있는 예를 유아에게 제시한다. 유아는 원하는 것을 형성하는 방법(예를 들어, 가게에서는 쇼핑 목록이 필요하다)을 찾아야만 하고 슈퍼마켓에서 사려는 물건에 돈을 지불하는 방법(예를 들어, 점원이 자신이 파는 물건에 대한 돈을 받는다)도 알아내야 한다. 유아의 경우 경험에 연계시키는 것이 필수적이다. 가까운 곳에서 시작하고 서서히 보다 멀리 넓히도록 돕는다.

(2) 주도적 학습에 지원 제공하기

유아를 지원하기 위해서는 지식과 기술이 필요하다는 사실은 명백하다. 가장 중요한 조건은 유아 스스로가 주도성과 유능감을 가지고 유지해야 한다는 것이다. 즉 스스로 가능한 최선의 결과를 성취했다고 느끼는 것이다. 그러므로 유아가 선택한 과제를 수행하는 데 필요한 만큼의 전략적인 지원(strategic help)을 제공하는 것이 필요하다. 이미 이러한 전략적 지원을 비계설정이라 언급했다. 교사가 지원을 제공하고 전략을 결정하기 전에, 유아의 발달 수준, 독립성 정도, 유아가 갖고 있는 동기 정도를 관찰한다.

주도적 학습과 관련하여, 교사는 유아가 읽기, 쓰기, 수학을 경험해보고 실험해볼 수 있는 흥미영역을 제공하는 방법을 「피라미드 학습 교재(Pyramid Learning Book)」에서 찾을 수 있다. 이 책에는 활용할 수 있는 교재 · 교구와 단순한 것에서부터 어려운 것으로 순서화하는 방법에 대한 정보가 포함되어 있다. 또한 교사가 교재를 활용하는 방법과 주도적 학습에 대해 거의, 제한된, 또는 많은 개입을 통해 지원하는 데 있어 시사점을 찾을 수 있을 것이다.

4) 프로젝트

프로젝트는 잘 균형 잡힌 활동들이다. 이러한 활동들은 서로 연결되어 있고 유아의 경험과 흥미에 맞게끔 특정한 초점을 두고 만들어진다. 매년 12가지 프로젝트가 이루어진다. 유아의 흥미(집, 안전요원 등)와 경험(여름철 물놀이)에 기초를 두고 계획자가 주제를 선택한다. 일년간 시간이 흐르면서 프로젝트의 난이도가 증대된다. 순차적 체제(sequential framework)는 전체적인 접근을 계획하는 데 활용된다. 순차적 체제에 기초를 둔 개념 연계는 각 프로젝트의 기초를 형성한다. 피라미드 방법에서 교사는 바깥세상을 교실 안으로 가져온다. 교사는 각 새로운 프로젝트를 놀이-학습 환경에 통합시켜 유아와 함께 각 초점을 탐구한다.

프로젝트는 40쪽 분량의 「프로젝트 교재(Project Book)」에 제시된 프로그램이다. 각 프로젝트는 '놀이 프로그램'과 함께 시작된다. 프로젝트의 초점에 기반하여 유아가 스스로 놀이를 선택하고 풍부한 놀이-학습 환경의 맥락 내에서 주도적 학습 활동을 수행할 수 있다. 이러한 놀이 프로그램은 자유 놀이와 한 가지 점에서 차이를 보인다. 교사는 각 프로젝트에서 유아가 놀이하고 배우는 데 새로운 도전을 주기 위해 새로운 요소를 놀이-학습 환경에 도입한다.

각 프로젝트의 핵심은 집단 프로그램(group program)으로, 교사가 소개하거나 장려한 주제를 유아가 조사하는 것이다. 더욱이, 각 프로젝트에는 프로젝트 초점의 맥락에서 이야기 나누기 시간에 실시될 수 있는 순차적 활동들이 포함된다. 교사는 집단 프로그램에서 활동들 간에 차이를 두고 있다. 활동을 더 쉽게 또는 더 어렵게 만들며, 교사는 유아가 적극적인 학습자가 될 수 있도록 상호작용적 방법으로 활동을 제시한 별도의 매뉴얼을 통해 이질적인 집단에서 보이는 개인차를 다룰 수 있게 된다. 집단 프로그램 활동을 마친 후에, 학습된 기능은 흥미영역에서의 개인적, 집단적 활동(협력 학습)에서 수행할 수 있다.

교사가 프로젝트 교재에 있는 두 가지 프로그램을 모두 실시하지는 않는다. 개인 교사가 개인지도 프로그램(tutor program)을 실시하고, 교사와 협력하여 부모가 부모 프로그램(parent program)을 수행한다. 모든 활동에서 중요한 것은 같은 프로젝트의 초점과 연계되는 것이다.

피라미드 방법에서 프로젝트는 두 가지 기능을 가진다. 첫째로, 유아는 직접 경험하면서 세상에서 중요한 것에 대해 배운다. 특정한 맥락 안에서 함께 속하는 통합된 개념 체제를 인식하는 법을 배운다. 둘째로, 프로젝트는 유아에게 주도성을 활용하여 다양한 것을 스스로 배우는 방법에 대한 예를 제공한다. 프로젝트는 주도적 놀이와 학습의 예를 제공한다. 프로젝트의 일부는 언어 발달을 지원한다.

(1) 거리 넓히기 학습

피라미드 방법의 기초 개념 중 하나는 거리 넓히기이다. 앞에서 언급한 것처럼(Sigel, 1993), 유아의 부모 또는 교사가 '지금, 여기'를 넘어가 그 이상(가깝거나 먼, 다른 장

"가까운" 질문	"먼" 질문
코끼리는 무슨 색이지? 코끼리의 코는 어디 있지? 코끼리의 귀는 몇 개지? 코끼리는 어디에 서 있지?	코끼리는 어디에 가려 하고 있지? 코끼리는 무엇을 먹지? 왜 코끼리의 코는 그렇게 길까? 코끼리는 어디에 살까?

그림 17-6 질문의 유형과 예

소들, 또는 이전에 발생한 것, 그리고 앞으로 발생할 것)을 제공해주는 경우 더 잘 발달하는 것을 보아왔다.

여기 그 예가 있다(그림 17-6). 초록색 배경에 있는 코끼리의 그림을 상상하라. 그 그림을 유아에게 보여주었을 때 몇 가지 '가까운' 질문(그림에서 대답을 찾을 수 있는 것)을 하고 몇 가지 '먼' 질문(생각을 하고, 창조적으로 찾고, 상상하고 또는 기존 지식을 활용해서 답을 찾아야만 하는 것)을 한다.

우리는 '먼' 질문만을 해서는 안된다. '가까운' 질문도 또한 중요하다. 가까운 질문은 유아에게 더 익숙하고, 유아가 생각할 수 있는 것을 주고, 사물을 더 명료화하며, 유아에게 안전감을 제공하며 고정된 기초 지식을 준다. 그러나, '가까운' 질문을 하는 것에 쉽사리 만족해서는 안된다. 사실 우리가 '먼' 질문을 많이 해야 한다. 이러한 먼 질문들을 준비하는 것이 더 어렵지만, 연구로부터 알 수 있는 것처럼 더 효과적이다 (Sigel, 1993).

거리 넓히기를 학습하는 것은 단기 주기와 장기 주기, 두 가지 방법에서 나타난다.

① 단기 주기

각 프로젝트의 집단 탐구에서 여러 단계가 실시된다. 유아가 경험하는 세계에 가까운 것에서 시작하여, 서서히 그로부터 거리를 넓힌다. 유아는 표상(representation)하기, 즉 2세경부터 발달하기 시작해서 유아가 생각하도록 하는 정신적 이미지를 만드는 법을 배워야 한다(Fischer & Rose, 1998). 이러한 표상은 처음에는 매우 구체적이지만, 점점 더 추상적으로 된다. 처음에는 단순한 표상이며 이후에 더 복잡하게 나타난다. 유아가 스스로 표상을 시작하는 2세에서 6세 사이가 특히 민감한 시기다. 이 단기 주기 과정은 소개, 시연, 확장, 심화라는 네 단계로 이루어진다.

② 소개

이 첫 번째 단계는 학습 단계가 아니라, 유아에게 프로젝트 핵심 맥락에 대해 소개하

소개 활동

레몬에이드 만들기

Jean van Leeuwen의 「돼지 아만다와 매우 더운 날(Amanda Pig and the Very Hot Day)」이라는 책을 읽는다.

얼마나 더운지에 대해 이야기 나눈다(아만다는 자기 아버지의 정원에 있는 초목처럼 늘어져 있다).

유아들에게 아만다가 어떻게 하면 시원할 수 있는지 질문한다(호스로 샤워하는 것과 시원한 레몬에이드).

유아기에 그들을 갈증 나게 하는 것과 갈증 날 때 마시고 싶어하는 것에 대해 이야기 하도록 한다.

갈증이 난다는 것을 어떻게 아는가?

신체에 어떠한 신호가 나타나는가?

다음으로, 각 유아에게 컵과 플라스틱 숟가락을 준다.

각 유아가 큰 물병에서 각자의 컵에 물을 따르도록 한다.

각 유아에게 레몬 조각을 주고 냄새를 맡고 맛보도록 한다.

어떠한 냄새가 나고 어떠한 맛이 나는지에 대해 이야기한다.

유아에게 신맛이 나는 다른 음식을 생각할 수 있는지 질문한다.

이제 유아로 하여금 자기 컵에 든 물에 레몬을 짜 넣도록 한다.

유아에게 조금 마셔보고 어떠한 맛이 나는지를 알아보도록 말한다.

각설탕 그릇을 돌리면서 유아에게 레몬에이드를 달게 만들도록 한다.

어떠한 맛이 나는지 질문한다.

신맛 또는 단맛 중 어떠한 것을 더 좋아하는가?

그러고 나서 "어떻게 차게 만들 수 있을까?"라고 질문한다.

아이스박스에 얼음을 준비하고 각 유아가 숟가락으로 얼음 조각을 떠 넣도록 한다.

그들에게 얼음을 휘젓고 다시 맛을 보게 한다.

이제 어떻게 느껴지는가? 따뜻한 것 또는 차가운 것 중 어느 것이 더 좋은가?

따뜻할 때 마시고 싶은 것은 어떤 것이며 추울 때 마시고 싶은 것은 어떤 것인가?

목적: 물의 다양한 활용 이해하기 * 신맛과 단맛 비교하기 * 설탕이 물에 녹는 것 관찰하기 * 물의 온도 비교하기 * 이야기의 순서 따르기

기 위한 것이다. 이것은 주로 유아의 경험과 프로젝트 핵심에 대해 유아가 이미 알고 있는 것을 연계하면서 이루어진다. 이는 유아에게 안전감과 유아가 다가올 활동을 신뢰할 수 있다는 느낌을 주며, 좋은 분위기를 형성한다.

각 단계에서 교사는 다섯 가지 활동으로부터 선택할 수 있다.

③ 시연

이 첫 번째 학습 단계는 유아가 경험하는 세상과 가까운 데에서 시작한다. 교사가 명료한 예를 보여준다. 첫 번째 단계에서는 많은 활동이 감각을 통해 행해지며, 이러한 방법으로 유아는 다양한 경험을 하게 된다. 교사는 유아에게 가장 중요한 측면을 지적한다. 또한 개념을 논의하고 명명한다. 교사는 시연하면서 동시에 유아에게 자신이 하

시연 활동

물을 아래위로 끌어당기기

사전에 플라스틱 물통을 긴 밧줄로 묶어둔다.

유아들이 놀이터에 모이게 한다. 도르래를 만들도록 가로 막대 위로 밧줄을 길게 던진다.

유아에게 밧줄에 연결된 물통이 있는 우물 사진을 보여준다(프로젝트 자원에서 찾을 수 있음).

유아에게 우물에서 물을 끌어올릴 수 있는 방법을 아는지를 질문한다.

Jack and Jill Went Up the Hill[2)]이라는 노래를 부르고 노래 속에 나오는 아이들이 집에 가져갈 물을 구하기 위해 언덕에 있는 우물에 가야 하는 사실에 대해 말해준다.

유아에게 물통과 밧줄을 보여준다.

유아가 밧줄을 이용하여 빈 물통을 끌어올리도록 한다.

각 유아가 빨리 한 번씩 해보도록 한다.

이제 유아들에게 "물통을 정말 무겁게 하려면 무엇을 사용할 수 있을까?"라는 질문으로 도전하게 한다.

유아들이 생각하기에 물통을 가장 무겁게 할 수 있는 어떠한 것을 사용해서든 물통을 채우도록 한다.

유아에게 물통에 다양한 물건들을 채워 넣으면 어떤 소리를 들을 수 있는지 질문한다.

이제 각 유아가 밧줄을 이용해 물통을 끌어올리도록 한다.

유아가 알게 되는 것은 무엇인가? 만약 필요하다면 서로 돕도록 한다.

물의 양을 달리하여 물통을 채우고 유아들이 무게의 변화를 경험하도록 한다.

프로젝트의 남은 기간동안 물통을 바깥 놀이터에 두고 유아들이 계속 실험을 할 수 있도록 한다.

(참고: 이것은 확장 단계에서 소개되는 「티키티키 템보(Tikki tikki Tembo)」라는 책과 연계될 것이다.)

목적: 밧줄과 도르래의 활용 시연하기 * 협력하여 문제 해결하기 * 무게의 변화 관찰하기 * 무게의 차이 기술하기

고 있는 것에 대해 이야기한다. 교사는 구체적인 상황과 구체적인 교구를 사용하고, 이를 기초로 하여 유아는 상당한 감각 경험을 하게 된다. 교사는 유아가 이해하도록 명료한 예를 제공한다. 또한 교사는 핵심을 설명하기 위해 그림을 사용하기도 한다.

---

2) 역주: Jack and Jill went up the hill
to fetch a pail of water.
Jack tell down and broke his crown
and Jill came tumbling after.

Up Jack get and home did trot,
as fast as he could caper.
Went to bed to mend his head.
with vineger and brown paper.

Jill came in and she did grin
to see his paper piaster.
Mother, vexed, did scold her next,
for causing Jack' s disaster.

확장 활동

깨끗한 물과 더러운 물

큰 비닐 종이 위로 깨끗한 물 세 통을 쏟아 붓는다.
유아에게 통의 물이 깨끗한지 아니면 더러운지 질문한다.
깨끗한 물로 무엇을 할 수 있는지 질문한다(씻기, 마시기, 요리하기 등).
그러고 나서 어떻게 하면 물이 더러워지는지 질문한다(목욕하기, 설거지하기, 오염).
유아를 세 집단으로 나누어서 각각 물 한 통씩을 준다.
각 집단에게 물을 더럽힐 성분을 준다.
첫 번째 집단은 비누로 더러운 그릇들을 씻게 한다.
두 번째 집단은 미술용 붓 몇 자루를 씻게 한다.
세 번째 집단은 흙, 작은 돌들, 그리고 나뭇잎들을 첨가하게 한다.
유아가 세 통을 보고 알아차린 게 무엇인지에 대해 이야기하도록 한다.
다음으로 유아에게 물을 어떻게 하면 다시 깨끗하게 할 수 있는가에 대해 질문한다.
각 통의 물을 커피 여과지나 무명지에 붓고 유아들이 관찰한 것에 대해 질문한다.
이를 여러 차례 실시하고 물이 여과되는 횟수가 많을수록 어떠한 변화가 나타나는지를 살펴본다.
탐구 영역에서 여과된 물을 병에 넣어 두고서 유아들이 돋보기로 물을 더 자세하게 볼 수 있도록 한다.
Gene Zion의 「더러운 강아지 해리(Harry the Dirty Dog)」을 읽으면서 마무리한다.

목적: 깨끗한 물과 더러운 물을 관찰하고 비교하기 * 다른 사람들과 협력하여 활동하기 * 여과된 물에 대해 이해하기 * 이야기 순서 따르기 * 어휘 확장하기

유아는 이러한 방법으로 구체적 표상에 대해 배운다.

④ 확장

이것은 개념의 확장을 말한다. 다양한 예를 통해 관련되는 특성들을 찾고, 비교 하며(유사한 점은 무엇이고 차이점은 무엇인가?), 더 어려운 예들이 소개된다. 언어는 이러한 비교에서 중요한 역할을 한다. 교사는 비교 시 유아 자신의 경험을 중심으로 하다가 유아가 점점 거리를 넓히도록 돕는다. 교사는 거리 넓히기 질문을 하기 시작한다. 즉, 교사는 이전에 일어났던 일에 대해 유아가 회상하도록 하며 실제 존재하지 않거나 아직 발생하지 않은 것에 대해서도 이야기한다.

⑤ 심화

마지막 단계는 유아가 새롭고 종종 더 어려운 상황에서 시연과 확장에 의해 학습한 것을 활용하도록 장려하는 것이 목적이다. 이러한 상황의 일부는 익숙할 것이고 일부는 그렇지 않을 것이다. 유아는 스스로 문제를 해결하도록 학습해야 한다. 사물에 대해 사고하는 것은 감각 경험, 언어와 함께 중요한 역할을 한다. 더 깊이 생각함으로써, 유아는 학습하고 경험한 것을 더 유연하게 활용하는 법을 배운다. 유아는 다른 감각들과

심화 활동

물이 어떻게 사물을 변화시키는가?

대집단 활동을 하는 곳의 한가운데에 큰 비닐 종이를 펴 놓고 어두운 면 천, 알루미늄 호일, 휴지, 커피 여과지, 플라스틱 뚜껑, 왁스 발린 종이, 각설탕 몇 조각, 곽 휴지, 페이퍼 타올, 그리고 작은 그릇에 담긴 요리에 사용하는 기름 등과 같은 물건을 둔다.

유아들과 함께 각각의 사물에 대해 이야기하고 유아들이 그것에 대해 알고 있는 것에 대해 질문한다.

그들에게 물이 어떻게 각각의 사물에 영향을 주는가를 보여주는 실험을 할 것이라고 이야기한다.

한 유아로 하여금 점안기를 사용하여 첫 번째 물건을 젖게 만들게 한다.

일어나는 변화에 대해서 관찰하고 논의한다.

다음 실험의 각 단계 이전에, 유아에게 어떤 일이 발생할 것이라고 생각하는지에 대해 예상해보도록 질문한다.

유아에게 모든 물건들을 가지고 실험할 때, 물이 가장 적게 영향을 주는 것에서부터 가장 많이 영향을 주는 것까지 순서대로 사물을 배열하게 한다.

목적: 다양한 사물에 미치는 물의 영향 예측하기 * 직접 실험을 통해 예측한 바를 검증하기 * 다양한 사물에 의한 물의 영향 관찰하기 * 물이 영향을 미치는 방식에 대해 논의하기 * 물의 속성에 대한 지식 확장하기

다양한 표상 유형 사이에서 전환하는 법을 배운다. '먼' 질문들이 주요한 질문의 유형이 된다. 교사는 유아가 새로운 상황을 기대하게 한다. 교사는 유아가 배운 것에 대해 반성적 사고를 하고 경험한 것으로부터의 결론(상위인지)을 끌도록 장려한다.

이러한 방법으로 표상이 점점 복잡하고 추상적으로 된다. 표상은 앞으로의 학습에 있어 필수적이다. 주제에 대해 더 깊이 알기 위해 어느 정도의 지식은 가장 적절한 '먼' 질문을 하고 가장 적절한 대답을 제공하는 데 있어 필수적이다.

주도성을 발휘하는 데 있어 교사는 각 단계에서 유아를 동기화하도록 고안된 광범위한 도구의 도움을 받게 된다. 첫 번째 단계에서, 교사는 유아들이 주제에 대해 충분한 정보가 없다고 가정한다. 교사는 예를 제시해주고 가르친다. 후속 단계 동안 교사는 전문가 비계설정을 통해 학습해 온 것을 유아가 활용하도록 동기화한다. 이는 유아가 심화된 지식과 다른 학습 활동에서 사고했던 것을 활용하도록 하며, 독립적으로 사고하도록 돕는다.

프로젝트와 연계하여 「상호작용적 이야기 나누기(interactive storytelling)」라는 그림책을 제공한다. 연구(Stoep & van Elsacker, 2005)에 따르면, 구조화된 방법으로 한 번 이상 그림책을 '읽는' 것이 단지 한 번만 읽는 것보다 더 효율적이다. 피라미드 방법에서는 그림책을 프로젝트 핵심과 관련된 각각의 프로젝트 교재와 함께 사용한다. 상호작용적 이야기 나누기에 필요한 유창성(심리적 장소)과 함께, 상호작용적 방법으로 이야기 나누기를 마무리하기 위해 네 가지 프로젝트 단계를 활용한다. 영재아를 위한 활동에서도 마찬가지이다. 영재아들에게는 대부분 상위수준에서의 확장과 심화와

같은 단계가 필요하다. 또한 이러한 활동은 프로젝트와 연계되어 있으며 프로젝트를 풍부화한다. 개별화된 수준에서 프로젝트를 실행하기 위해, 우리는 많은 디지털 교재를 사용한다. 유아들은 교실에 있는 한두 대의 컴퓨터를 가지고 활동한다.

⑥ 장기 주기

표상기간(Fischer & Rose, 1998)인 $2\frac{1}{2}$세에서 $6\frac{1}{2}$세 사이의 유아를 대상으로 3년 계획이 실시된다. 매년 피라미드는 환영 프로그램으로 시작하여 매 2주 또는 3주에 걸쳐 수행되는 12가지 프로젝트가 이루어진다. 가장 어린 집단($2\frac{1}{2}$세~4세), 중간 집단(4~5세)과 가장 연령이 높은 집단(5~$6\frac{1}{2}$세와 6~7세)은 동일한 핵심을 탐구한다. 매년 교사와 유아는 거리 넓히기의 수준을 확장한다(그림 17-7). 초기에는 유아의 경험 세계와 요구는 밀접하게 연관된다. 이후에 유아는 현 시점에서부터 더 먼 것을 상상해야만 한다. 유아는 점점 더 상위수준에서 그리고 더 많은 다양성 추상성과 함께 재연하는 것을 학습하고 재학습한다.

5) 순차적 프로그램

순차적 프로그램에서 교사는 쉬운 것에서 어려운 것까지 특정한 발달 영역에서 유아가 학습할 활동을 찾는다. 이는 대집단이나 소집단의 맥락에서 이루어지며 상당한 집중을 요한다. 교사는 프로젝트와 순차적 프로그램으로부터 유아에게 과제를 제시하

Toos Van Kuyk

피라미드 방법에서는 자신의 감정과 타인의 감정을 알아차리고 사회적 방법으로 행동하는 능력인 정서 학습을 강조한다.

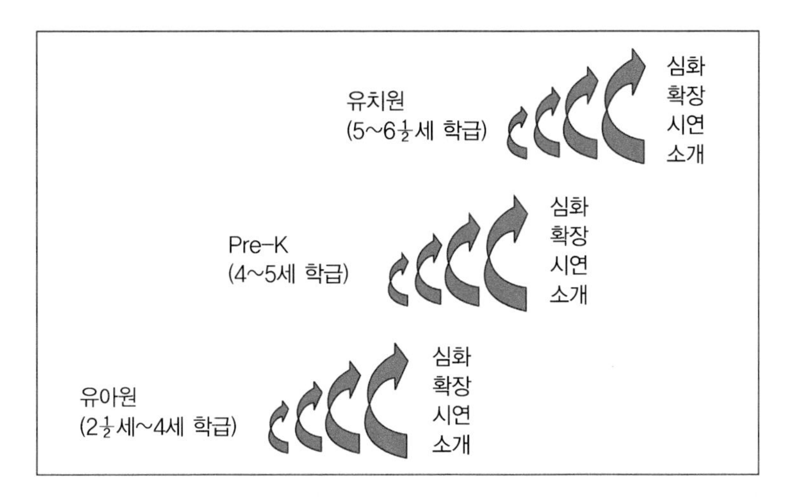

그림 17-7 피라미드 프로젝트에서의 단기와 장기 주기 (Fischer & Rose, 1998 참조)

기 위해 주도성을 발휘한다.

(1) 순차적 활동

프로젝트에서 순차적 활동은 4세에서 6세 사이의 유아를 위한 것이다. 활동은 다음과 같은 영역과 관련되어 있다.

- 소근육 발달, 그리기와 쓰기 기능
- 언어 발달과 읽기와 쓰기에 대한 준비
- 사고와 수학 발달
- 공간과 시간에 대한 정향과 세상에 대한 발견

이 활동들은 순차적 프로그램에서 나온 것이다. 프로젝트에서 이 활동들은 난이도에 따라 조직되며 프로젝트 핵심이라는 맥락에 따라 이루어진다. 순차적 활동은 주로 연속된 순환 고리(circle) 내에서 수행된다. 대개 오래 걸리지 않는 이러한 순환 고리를 통해 순차적 활동을 학습하고, 연습하고, 반복한다.

(2) 순차적 프로그램

순차적 프로그램은 각 발달 영역별로 개발되어 왔다(또는 개발 중이다). 순차적 프로그램은 난이도 수준이 증가하는 활동을 포함하고 있다. 특정한 프로젝트에 묶여있지 않고 모든 맥락에서 활용될 수 있거나 맥락 내에서 독립적으로 활용될 수 있다. 위계 구조가 있어 모든 발달 영역들이 연계되어 있는 프로젝트 활동을 위해 참조점이 된다. 우리가 앞에서 밝힌 것처럼, 프로젝트 내에 순차적 활동들이 포함되어 있다. 이러한 활동은 연간 프로그램의 순서를 따른다. 따라서 난이도를 기준으로 하여 프로젝트에서 순차적 활동을 포함할 수 있게 된다. 순차적 활동은 순차적 프로그램에 뿌리를 두고 있다. 가장 어린 유아($2\frac{1}{2}$세부터 4세까지)를 대상으로 고안된 프로젝트에는 별도의 순차적 활동이 포함되어 있지 않다. 모든 발달 영역에서의 순차적 활동은 프로젝트 교재에 포함되어 있다. 사실 순차적 프로그램은 모든 발달 영역이 서로 연결된 프로젝트의 계열 체계를 제공한다(van Kuyk, 2006).

6) 개인지도 프로그램

개인지도 프로그램은 프로젝트 교재의 집단 탐구와 대칭을 이룬다. Slavin과 그의 동료들(1994)은 개인지도가 효과적이라는 것을 보여주었고 최고의 개인지도는 일상 프로그램과 직접적으로 연계된 것이며 예방적임을 밝혔다. 피라미드 방법에서 개인지도는 읽기 학습을 위해 초등학교에서 활용될 뿐 아니라 더 확장된 기초에서 가장 어린 집단(3세부터 6세까지)에서도 활용된다. 집단 탐구에서 사용되는 것과 동일하게 네 단계로 이루어지며 개인지도를 받은 유아를 도전시키기 위해 활용된다. 집단 탐구 이전에, 특정한 교사가 유아를 개인지도함으로써, 긍정적 순환을 창조하여 그 결과 유아들이 집단 활동에 더 적극적으로 참여하고 있다고 느끼도록 한다. 유아는 가외의 그리고 더 집중적인 학습 시간을 갖게 된다. 활동은 놀이, 여러 행동, 그리고 감각의 집중적인 활용을 통해 비형식적으로 수행된다. 예방적 개인지도를 충분하게 받지 않은 유아와 프로젝트에서 기본적인 개념을 아직 통달하지 못한 유아는 각 프로젝트 후에 교정을 위한 개인지도를 받게 된다.

7) 부모 프로그램

부모 프로그램은 피라미드 모델을 강력하게 지원해주며 연간 프로젝트와 병행하여 이루어진다. 부모 참여는 중요하다. 이는 Royce, Darlington과 Murray(1983)가 실시한 메타연구에서 밝혀진 바이다. 교육적 임무는 학교와 부모 모두에게 있다(Gestwicki, 1987). 부모 활동은 중요하다. 부모는 가정에서의 교육과 학교에서의 교육을 연결시켜 주는 매개체이다. 부모는 유아의 놀이와 학습 시간을 확장하는 데 도움을 줄 수 있고, 이는 유아 발달에 중요한 효과를 미치며, 효율적인 교육적 요소들이 서로 지지함으로써 최적의 발달을 창조할 수 있음을 보여준다.

다음과 같은 방법으로 부모들이 참여하도록 할 수 있다.

- 교사는 다양한 상호 연관된 부모 활동의 개요를 중심으로 연간 부모 참여를 계획한다

- 매일 아침 '오픈하우스 놀이(open-house play)' 시간 동안 부모는 교실에서 유아와 자유롭게 함께 놀이한다. 이것은 가정에서의 교육과 연령별 유아교육기관에서의 교육과 연계된다.
- 매년 초기에, 학부모 주간(parent week)을 갖고, 교사가 활동에 대해 설명을 한 후 집단에서 부모가 자녀와 함께 활동하는 데, 예를 들어, 상호작용적 읽기(스토리텔링)나 과제 설명하기 등을 보여준다. 이러한 활동은 가정에서도 계속될 것이다.
- 매년 초기 그리고 모든 프로젝트에서 제공되는 환영 프로그램에서 부모는 가정에서 유아의 놀이와 학습 시간을 증대시키기 위해 놀이와 학습 활동을 가정에 가져간다. 이러한 활동은 집단 또는 교실에서 프로젝트 활동을 강화시킨다. 필요한 경우, 부모가 주로 사용하는 언어로 설명서를 제공한다. 또한 부모는 자녀에게 주제와 연관된 학습 자료, 특히 가족의 문화에 관련된 학습 자료를 제공하여 학교에 가져가도록 한다.

프로젝트 활동에의 부모 참여는 특별한 '연계자(binding agent)'를 만든다. 유아는 가정에서 수행될 수 있는 활동으로부터 자주 그리고 영원히 많은 혜택을 받는다. 각 프로젝트 주제와 함께 동반되는 개방놀이와 탐구영역은 매우 분명한 방법으로 프로젝트 주제를 부모에게 소개해 줄 수 있다.

10. 평가

피라미드 방법에서는 유아의 발달을 최적화하고자 한다. 그러므로 전 피라미드 기간에 걸쳐 개별 유아 발달을 추적해야 하며 가능하다면 교육의 과정을 향상시켜야 한다. 그렇게 하기 위하여, 유아의 행동(유아가 독립적으로 할 수 있는가?)과 성취된 결과(예를 들어, 어휘 확장)를 기록한다. 개별 유아와 전체 집단 유아 모두를 연구한다. 이것을 **유아 평가**라고 한다. 또한 교사의 관점에서 평가 과정에 대해 접근한다. 어떻게 교사가 유아와 상호작용하는가?(교사는 개별 유아에 대해 접근하고 있는가? 교사는 유아가 좋은 결과를 성취할 수 있도록 과정을 조직할 수 있는가?) 이것을 **교사 평가**라 일컫는다. 그러고 나서 피라미드 방법이 교육 실제에 있어 유용하고 가치가 있는지 자문해본다(통제 또는 준거 집단과 비교할 때 다른 방법만큼 또는 다른 방법보다 더 좋은가?). 이것을 **프로그램 평가**라 한다. 다음에서 이런 필수적인 평가를 실시하기 위해 활용하는 과정을 기술한다. 평가는 3세에서 6세의 유아에게 영향을 주기에 전체 피라미드 방법과 통합된다.

1) 유아평가

유아평가는 세 가지 평가 과정 중에서 가장 중요한 것으로, 유아의 학습과정을 지원하는 데 도움을 준다. 우리는 이를 균형된 방법으로 실시한다. 피라미드 방법에서 유아는 놀이를 통해 발달하고, 스스로 주도적으로나 교사가 실시하는 프로그램을 통해 학습한다. 균형된 평가는 각 발달 영역에서 어떻게 발달이 이루어지는가와 목표 또는 교사의 의도가 얼마나 잘 성취되는가를 밝히고자 한다. 각 발달 영역에서 기술된 발달 단계는 놀이와 주도적 학습을 평가하는 데 좋은 준거점을 제공한다. 프로그램 목적에서 기술된 목표는 교사가 주도한 학습 과정을 평가하는 데 활용된다. 우리는 이러한 두 가지 과정에 가장 잘 맞는 평가 과정을 선택해 왔다.

(1) 실제 상황 개인 평가

유아의 실제 수행에 대해 가능한 한 근접하기 위해 개별 유아에 초점을 둔 신뢰할 만한 평가 절차를 활용한다. 이는 유아의 자연스런 놀이 학습 환경에 맞춘 과정으로 유아의 실제 행동을 점검한다. 유아가 어떻게 행동하는가 그리고 무엇을 성취하는가(그림 17-8)? 이러한 방법을 통해 개별 유아의 독특함, 유아의 창의성, 그리고 Piaget가 말하는 유아 자신의 '학습의 힘(learning power)' 에 더 근접할 수 있을 것이다.

(2) 체계적인 공동 평가

유아가 목적을 실현하는 범위를 확인하기 위해 모든 유아에게 공통으로 관련되는 체

그림 17-8 포트폴리오: 유아의 그림

계적이고 표준화된 평가 절차를 활용한다. 어떻게 유아가 자신의 주도성을 활용하고 어느 정도 교사의 주도성에 의지하고 있는가를 측정하기 위해 유아의 행동과 성취도를 본다.

(3) 평가 도구

다양한 평가를 실시하는 데 있어 하나의 도구가 모든 목적에 적합할 수는 없기 때문에 몇 가지 다른 도구를 사용한다. 각 도구는 장단점을 가지고 있다. 우리는 도구의 질, 내려야 할 결정의 중요도, 적용 기간, 적용 결과를 살펴본다. 이 때 준거는 신뢰성(모든 교사가 각각 동일한 결과에 이르러야 한다)과 타당도(측정하고자 하는 것에 대한 측정) 그리고 실용성(짧은 기간 동안 쉬운 정보 수집)이다. 2000명 이상의 교사가 이러한 도구들의 실용성을 시험해 왔고, Cito(네덜란드에 기초를 둔 USA Cito가 설립된 국제교육평가 기관: International Institute for Educational Assessment)로 미국에서는 문항반응이론[3]을 활용하면서 신뢰도와 타당도를 연구해 왔다(Eggen & Sanders, 1993). 장기간에 걸쳐 이루어져야 할 결정에는 관찰척도와 검사지를 활용한다. 이러한 도구는 관계 설정 및 교육 결정 모두에 활용된다. 평가의 세 가지 유형 즉, 상시 평가, 학기별 평가, 진단적 평가는 서로 다른 절차를 사용한다. 이러한 것은 구체적 기능에 맞게 다듬어진 것으로 가능한 한 단점을 모두 없애고자 한다(관찰에서 주관성은 관찰척도를 만들고 자료 수집에서 주관성 방지를 위해 컴퓨터 보조 검사를 활용하면서 관리된다).

(4) 상시 평가

상시 평가는 한 집단의 일상적이며 자연스러운 환경에서 이루어진다. 피라미드 방법에서는 유아의 행동과 성취한 결과 모두를 평가한다.

① 관찰

유아가 활동할 때 유아를 관찰하기 위해 교사는 자신의 관계, 교육 지식을 활용한다. 관계 요소의 경우 초점은 안전성, 자율성, 정서적 지원, 구조, 그리고 규칙에 있다. 교육적 요소에서는 놀이와 주도성 학습과 같이 유아 스스로 주도적으로 행하는 활동이 강조된다. 또한 교사는 유아가 과제를 수행하는 집단 탐구 시간 동안에도 유아를 관찰한다.

---

3) 역주: 문항반응이론(Item Response Theory)이란 검사를 구성하고 있는 문항 하나하나를 분석단위로 하여 피험자가 문항에 대해 특정 반응을 할 확률을 문항 특성(문항곤란도, 문항변별도, 추측요인) 및 피험자의 능력의 함수로 기술하는 통계이론이다.

② 기록보관과 포트폴리오

교사는 각 유아가 무엇을 하는지 계속 기록한다. 유아의 활동에 대한 개괄적 이해를 유지하기 위해 교사는 포트폴리오를 만들어 유아 스스로 주도적으로 한 활동에서 나온 결과물의 예를 모은다. 여기에는 쓰기 활동지 또는 초기 읽기/쓰기, 수, 그리고 탐구와 관련된 결과물뿐 아니라 그리기, 삼차원적 결과물(이 경우 기록을 위해 디지털 사진기가 유용함)과 같은 미술 발달과 관련된 것들도 포함된다. 매해 반년마다 가장 중요한 결과물을 포트폴리에서 선택하여 영구 포트폴리오에 옮겨 보관한다.

(5) 학기별 평가

일 년에 두 번 교사는 일상의 임무에서 벗어나 관찰척도를 사용하며, 또한 학생 모니터링 시스템에서 디지털 검사를 유아에게 실시한다(그림 17-9). 이러한 평가는 개별 유아의 행동과 교사에 의해 실시된 프로그램, 예를 들어, 프로젝트와 순차적 활동으로부터 배운 것에 초점을 두고 있다. 이 평가의 목적은 유아가 무엇을 배웠는가 또는 지난 6개월 동안 유아에게 실시되었던 프로그램에 조정이 필요한지에 대해 알아내는 것이다. 또한 교사는 다가올 6개월 동안 받게 될 개인지도에 대해서도 알려줄 것이다(하위 25% 점수를 받은 유아). 평가는 더 오랜 기간에 걸쳐 수행되며 개인지도에 관한 중요한 의사결정을 내리게 된다.

신체적 · 정서적 지능을 평가하는 데는 관찰척도를 사용하며 인지적 지능에 관해서는 검사를 사용한다. 이러한 방법으로 유아의 발달을 반년마다 추적할 수 있다. 정해진 규준을 사용하여, 개별 유아의 행동과 기능을 6개월 이전에 보였던 행동과 기능 그리고 참조 집단의 규준과 비교할 수 있다.

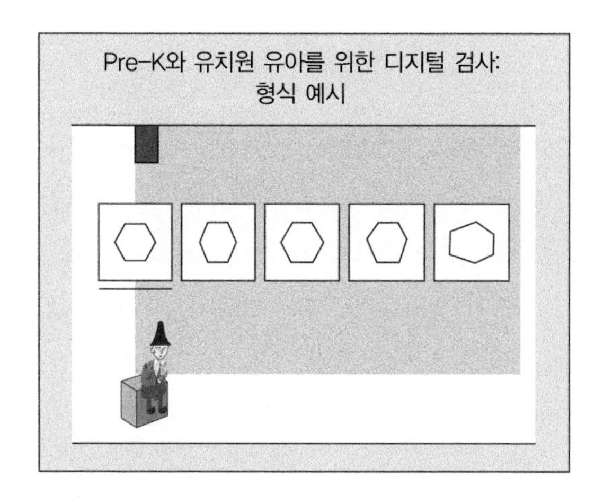

그림 17-9 Pre-K와 유치원 유아를 위한 디지털 검사

① 관찰척도

교사는 유아의 운동기능, 사회·정서적 발달과 놀이-작업 행동을 관찰하기 위해 두 가지 관찰척도 즉, 유아원 척도와 Pre-K/유치원 척도를 이용한다(그림 17-10). 모든 유아를 관찰한다.

② 디지털 검사

인지적 지능에 대한 세 가지 디지털 검사는 언어 발달, 읽기 발달, 사고와 수 개념 발달 그리고 장소와 시간의 정향(orientation)이다.

검사로부터 수집한 자료를 통해 개별 유아의 발달과 같은 방법으로 집단 전체의 발달을 알 수 있으며, 정해진 절차에 따라 개인지도가 필요한 유아를 식별해 낸다. 이는 컴퓨터화된 장기 모니터링 시스템이다.

③ 적응 검사

유아에게 디지털 검사를 실시하는 것이 실제로 가능한가에 대해 철저하게 연구한 후 유아용 컴퓨터 검사를 개발하였다. 유아는 과제에 집중할 수 있기 때문에 컴퓨터와 함께 작업하는 것을 좋아한다. 검사는 적응적이며, 그 결과 유아는 자신의 기술 수준에 적절한 과제만을 하게 된다. 너무 어렵거나 너무 쉬운 과제는 주어지지 않는다. 더욱이, 컴퓨터는 평가 절차가 객관적이고 모든 유아에게 동일하며 교사들의 해석 차이에 의해 영향을 받지 않는다는 것을 확실하게 해준다. 상당한 연구를 통해 유아가 컴퓨터 마우스를 가지고 쉽게 작업을 할 수 있음이 밝혀졌으며, 마우스 모듈로 연습을 하고, 아울러 동기를 유지하고 지원해주는 재미있는 인물(Primo라고 불리는 가상의 지도자)의 도움으로 유아는 쉽게 스스로 검사를 완성할 수 있다. 기록과 그래프, 표 만들기

창의성			
30. 유아는 창조적으로 작업하는 데서 즐거움을 얻는다.	3	2	1
31. 유아는 교재로 실험을 하고자 한다.	3	2	1
놀이			
32. 유아는 스스로 주도성을 발휘하며 놀이하기 시작한다.	3	2	1

그림 17-10 유아원 관찰척도의 예

는 Cito가 개발한 컴퓨터 프로그램을 사용하면 자동적으로 생성된다. 네덜란드 심리학 기구(Netherlands Institute for Psychology: NIP)에 의하면, 이러한 검사는 검사 기준을 매우 적합하게 따른다.

그림 17-10에서 설명되는 유아원 척도로부터의 정보는 교사가 같은 방법으로 개별 유아의 발달을 평가하게 하는 또 다른 도구이다.

(6) 진단적 평가

비록 우리가 언급한 과정이 일반적으로 만족스럽고 유아의 발달을 추적하고 의사 결정을 하도록 하지만, 예외적인 경우와 어려운 문제가 있는 경우에는 다른 진단적 도구를 활용할 수 있다. 이러한 것은 교사가 특정한 유아에게 어떻게 진행해야 할지 확실하지 않을 때 유용하다.

① 진단적 면담

진단적 면담은 유아의 행동에 대해 생생하게 기술하는 데 사용한다.

② 관찰 프로그램

교사는 인지적 영역 즉, 언어 발달(언어 유희), 사고 발달(순서 짓기)과 공간에 대한 정향(공간의 정향)에 있어 유아가 얼마나 발달되어 있는가에 대해 알아보기 위해 세 가지 관찰 프로그램 모두 또는 그 중 어느 한 가지를 활용할 수 있다.

관찰 프로그램은 준거참조(기준참조가 아님) 평가이다. 즉, 유아가 무엇을 통달하고 무엇을 아직 통달하지 못했는가를 알아보는 것이다. 이런 진단을 기초로, 교사는 활동 계획을 세운다.

2) 교사 평가

교사 평가는 교사가 각 유아를 대하는 방법(관계 요소)과 개별 유아의 발달을 최적화하는 정도(교육 요소)에 대해 초점을 두고 있다. 피라미드 방법을 실시하는 교사는 공인된 피라미드 교육자로부터 전문적인 훈련을 받는다. 훈련에는 18일이 걸리며 2년의 기간에 걸쳐 이루어진다.

(1) 훈련 동안

훈련 동안 교사는 '전체 청사진' 에 대해 지도를 받는다. 효율적으로 훈련을 수행하기 위해 훈련자는 피라미드 실시 평가(Pyramid Implementation Assessment: PIA)를 이용한다. 이 도구는 피라미드 방법의 모든 관련 목표를 포괄하며 쉽게 인식할 수 있는 방식으로 제시되어 있다. 훈련가와 훈련을 받는 사람은 훈련가가 관찰할 수 있는 기술을 최적화하기 위해 어떻게 할 수 있는가에 대해 함께 결정할 수 있다.

(2) 훈련 후

훈련이 끝나 후에는 이러한 기술을 계속 유지, 개발하는 것이 필수적이다. 이러한 목적으로, 피라미드에서는 피라미드 유능감 거울(Pyramid Competence Mirror: PCM)로 알려진 웹 기반 유능감 '거울' 을 개발하였다. 이 도구는 PIA에 기초를 두고 있다. 훈련받은 모든 교사는 여덟 가지 유능감에 기초하여 자신의 기술 상태를 확인할 수 있다. 교사는 유아가 보이는 실제 행동뿐 아니라, 바람직한 행동 모두를 확인하는 많은 질문을 접하게 된다. Cito 웹사이트인 http://www.cito.com에서 도구를 사용할 수 있다.

3) 프로그램 평가

프로그램 평가는 피라미드 방법의 중요한 부분이며, 이는 외재적으로뿐만 아니라 내재적으로도 실시된다.

(1) 내재적 평가

학교 체제 안에서 내재적 평가는 수용 가능한 절차이다. 학교는 Cito가 개발한 피라미드 도구(교육과정과는 독립적으로)로 교사를 평가할 수 있다. 집합의 상위수준에서, 표준화된 검사는 단일 학교, 여러 학교들, 지방자치, 또는 무작위, 전국 학교 표본으로부터의 결과를 수립하는 데 활용될 수 있다. 이러한 방법으로 3년에 걸쳐 유아 발달을 계속 추적할 수 있다. Cito의 컴퓨터 프로그램을 사용하여, 가능한 자료들은 상위 수준에서 종합할 수 있다. 따라서 각 학교와 지방자치 단체에서는 직접 피라미드 방법의 효율성을 발견하는 데 컴퓨터를 사용하는 것이 용이하다.

그림 17-11은 내재적 평가의 결과를 정하는 데 사용되는 척도를 설명한다. 척도로부터 평균적인 결과를 읽을 수 있을 뿐 아니라, 규준이 이미 만들어진 국가수준 참조 집단에 대한 결과 분포도 읽을 수 있다.

그림 17-11의 그래프에 의하여, 국가수준 참조 집단과 비교할 때 3세에 피라미드 방법을 시작한 유아의 75%가 사전 검사에서 E 또는 D 수준이었다. 실험이 끝났을 때, 즉 3년 후에 이 비율은 25%로 줄어들었다. 다시 말해 위험에 처한 유아의 50%가 감소하였던 것이다. 3년 만에 피라미드 프로그램의 유아들은 참조 집단의 평균 수준의 결과를 보인 것이다. 더 늦게 시작한 유아(4세 또는 5세가 되었을 때 시작)들 또한 처음에는 D나 E 수준이었지만, 3년 동안 피라미드 프로그램을 받은 집단보다는 더 제한적인 범위이긴 하지만 좋은 결과를 보였다. 처음부터 끝까지 전체 프로그램을 경험한 유

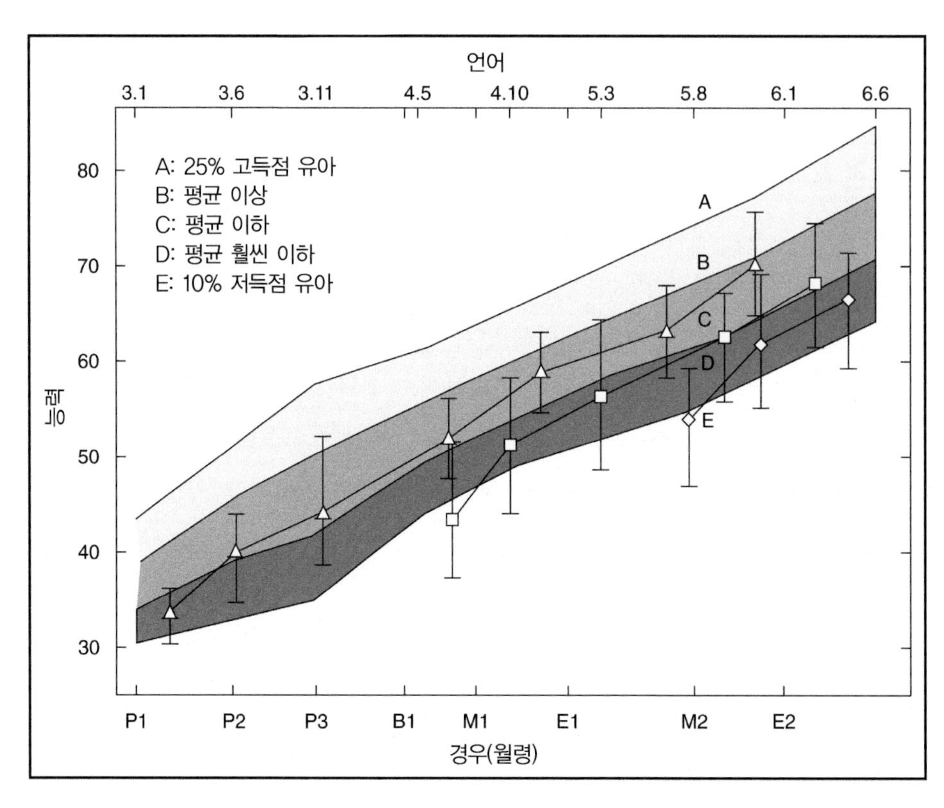

그림 17-11 언어 검사 결과, 평균 및 변산

아가 가장 좋은 결과를 보여주었다. 순서 짓기와 공간, 시간 검사 수행을 평가했을 때도 같은 결과가 나타난다.

① 결론

피라미드 방법은 3세에 시작해야만 하고 3년이라는 전체 기간에 걸쳐 실시되어야 한다. 이러한 방법으로, 유아 발달을 촉진할 수 있으며 그 결과 성공적으로 초등학교 교육을 받을 기회가 더 많아진다. 그렇다고 점수가 낮은 유아에게만 이익을 주는 것은 아니다. 실험 초기에 D 또는 E의 점수를 받은 유아들(참조 집단의 경우 최하위 25%)과 수학을 잘할 확률이 높은 A, B, C의 점수를 받은 유아들(참조 집단의 상위 75%)과 비교했을 때, 피라미드 방법에 참여하는 유아의 60%가 D와 E 수준, 40%가 A, B, C 수준이었다. 3년 후에는 D와 E 수준의 유아 비율이 21%(참조 집단보다 더 낮고) 그리고 A, B, C 수준의 유아 비율은 79%로 참조 집단보다 더 높았다. 즉, 참조 집단보다 많은 유아가 성공할 기회를 가진 것이었다. 그러므로 피라미드 프로그램이 위험에 처한 유아와 잘 하고 있는 유아 모두에게 효과가 있다고 결론짓는다.

(2) 개인지도 평가

프로그램이 효과적인지, 위험성을 줄이는 데 개인지도가 어떠한 역할을 하는지가 중요한 질문이다. 개인지도의 효율성을 평가하기 위해, 사전 검사-사후 검사 설계에 사용된 평가 도구가 선택되었다. 반년동안 피라미드 방법에 참여한 모든 유아를 검사하였다. 모든 유아에 대해 능력 점수(언어, 사고, 그리고 장소와 시간)를 알아보았다. 이는 사전 검사 점수이다. 사전 검사 후 이 집단의 일부(실험 집단)에게 개인지도를 실시한 반면 또 다른 일부(통제 집단)에게는 실시하지 않았다(통제 집단). 반년 후에 유아를 다시 검사한다(사후 검사). 만약 개인지도가 효율적이라면 실험 집단에서 위험에 처한 유아(E와 D 점수)의 비율이 사전 검사보다 사후 검사에서 확실하게 낮게 될 것이다. 반면 통제 집단에서는 비율이 비슷해야 한다. 만약 실험 집단에서만 비율이 감소된다면, 그 결과가 개인지도에 의한 것이라고 결론지을 수 있다(그림 17-12).

실험 집단에서 위험에 처한 유아의 비율이 놀랍게 떨어졌다는 것이 명확하다. 통제 집단에서는 그러한 하락이 없었다. 그러므로 개인지도가 실제로 효과적이라고 결론지을 수 있다.

(3) 외재적 평가

① 국가수준 연구

수용 가능한 연구 결과를 제시하기 위해서는 독립적인 연구자가 외재적 평가를 실시하는 것이 낫다. Amsterdam 대학교와 Groningen 대학교는 보건부와 교육부의 요청에 따라 피라미드 방법을 연구하였다. 대학 연구자들은 많은 수의 이민자 유아를 포함하여 불리한 배경을 가진 유아들이 상대적으로 높은 비율을 차지하는 유아원(3~4세), pre-K(4~5세), 유치원(5~6세)에서 연구를 실시하였다. 연구자들은 피라미드 방법과 미국 프로그램인 하이스코프의 칼라이도스코프(Kaleidoscope)(Homann & Weikart, 1995) 방법의 실시 수준(Groningen)과 효율성(Amsterdam)에 대해 연구를 하였다. 특

	개인지도 미실시 (n=855)		개인지도 실시 (n=219)	
	사전 검사	사후 검사	사전 검사	사후 검사
사고	43.2	41.6	74.4	53.4
언어	48.1	48.4	88.1	73.5
공간과 시간	51.2	48.9	84.4	74.0

그림 17-12 위험에 처한 유아의 사전 검사 및 사후 검사 비율(개인지도 실시와 미실시)

별한 지원이 필요한 유아는 매주 네 번의 수업시간에 특별 교사(칼라이도스코프) 또는 개인지도(피라미드)가 주어졌다. 연구는 1996년에서 1999년 사이에 실시되었다. 통제 집단의 유아와 결과를 비교하였다.

결과에 따르면 두 가지 접근 모두에서 실시 수준이 높고 유아의 교육 활동 참가 수준이 매우 높았다(85%). 그러나 연구자들은 비판적인 지적도 많이 하였다. 피라미드 방법에서 불리한 배경을 가진 유아에게 초점을 둔다는 사실을 놓고 볼 때 프로그램에서 언어 발달이 충분히 강조되지 않았다고 결론지었다. 또한 폭과 깊이를 증대시키기 위해 고안된 집단 탐구의 단계는 불충분하고 충분히 명백하지 않았다고 지적하였다.

칼라이도스코프 방법처럼 피라미드 방법은 유아에 있어 교육적 위험을 감소시키는 데 긍정적인 결과를 보여주는 데 있어 부족한 효과에서부터 상당한 효과까지 다양하였다. 효과 크기에 있어, Cohen의 준거를 사용하면(.20=약함; .50=중감; .80=강함), 통제 집단과 비교했을 때 언어와 읽기 발달은 약한 데서 중간 정도 수준이었으며, 칼라이도스코프가 다소 더 나은 결과를 보였다. 반면, 사고와 수의 영역에서도 칼라이도스코프 방법보다 피라미드 방법이 더 나은 발달 결과를 보였다. 아마도 피라미드와 칼라이도스코프 프로그램 모두에 있어 유아 발달 초기에 개입이 시작되어야만 하고 더 긴 기간 동안 지속되어야 할 것이다.

② Amsterdam 평가—유아원과 유치원

국가 수준 실험 이후 Amsterdam에 있는 Groningen 대학교에서 유사한 연구를 실시하였다. 1998년과 2000년 사이 이를 통해 피라미드 방법에 필요했던 향상이 이루어졌다. 새로운 언어 접근 방법이 어휘 발달을 위한 특별한 구조를 갖추고 프로젝트에 통합되었고, 프로젝트 교재에서는 집단 탐구에서의 폭과 깊이를 향상시킬 수 있는 단계가 더 명시화되었다. 특별한 지원이 필요한 유아에게는 특수교사 또는 개인지도가 주어졌다. 이 연구에는 불리한 배경을 가진 유아들이 상당히 포함되었으며 유아원(3~4세), 공립 유아원(4~5세), 유치원 유아(5~6세)를 대상으로 이루어졌다(그림 17-13).

연구에 따르면, 피라미드 방법에 등록된 유아는 비교 집단에 비해 언어 발달이 더 잘 이루어진듯 하였다. 칼라이도스코프 방법의 효과 크기는 약한 데서 중간 정도 사이였다. 사고 발달에 관해서는 피라미드 방법에서의 효과 크기가 좋았고 칼라이도스코프 방법은 약하거나 중간 정도였다. 관찰 결과, 특수교사(칼라이도스코프)나 특별 개인지도(피라미드) 모두 효율적으로 기능할 수 없었던 것으로 나타났다. 피라미드는 비우호적인 환경에서 효율적으로 활용될 수 있는 탄탄한 방법으로 나타났다.

Amsterdam, Groningen 대학교의 유아원 실험

Cohen 효과: .20=약함; .50=중간; .80=강함

피라미드		칼라이도스코프 (하이스코프)	
유아원부터		유아원부터	
언어		언어	
3~6세 언어 검사	.81	3~6세 언어 검사	.38
사고		사고	
3~6세 순서화	.72	3~6세 순서화	.35

그림 17-13 유아원 유치원 실험, 암스테르담

③ Prima 코호트 연구

최선의 교육 실제를 찾기 위한 연구에서 Amsterdam 지역 행정당국과 Amsterdam 대학교는 Prima 코호트 연구[4](Veen, Roeleveld, & van Daalen, 2005)의 결과를 이용하여, 위험에 처한 유아, 대부분 이민자 유아들을 지원하기 위한 개념을 적용할 Amsterdam 지역의 학교 30곳을 선택하였다. Amsterdam 학교 대다수는 피라미드 방법을 활용하였고 더 적은 수는 하이스코프를, 한 학교는 레지오 에밀리아와 다른 접근들을 활용하였다. 이 조사 연구에서는 Amsterdam 학교들의 결과를 네덜란드 전국 코호트 표본 집단과 비교하였다. Prima 코호트 연구에 참여한 30개의 Amsterdam 학교들 중 10개 학교에서 3세 유아부터 자료가 있었다(네덜란드의 경우 초등학교는 4세에 시작한다). Amsterdam 학교들의 연구결과를 6세 유아의 전국 코호트 연구와 비교하였다. 모든 유아들이 언어와 수학 평가와 행동, 활동태도, 그리고 자신감에 초점을 둔 세 차례 관찰에도 참가하였다.

위험에 처한 유아들이 많이 다니는 Amsterdam 학교들의 성취도는 국가적 참조 집단보다 낮았다. 그러나 다단계 모형으로 자료를 점검했을 때, Amsterdam 학교들의 결과는 심지어 국가 평균보다 높았다. 피라미드 또는 하이스코프와 같은 집중 프로그램을 실행한 10개의 학교는 국가 평균보다 1/3 가량 표준 편차가 높았다(그림 17-14 참조).

평균적으로, 실험 집단의 유아는 참조 집단의 유아보다 더 나은 활동 태도를 보였다. 최고 성취도를 보인 여섯 개의 Amsterdam 학교는 '최고의 교육 실제 학교(best-

4) 역주: 코호트 연구(Cohort Study)는 의학이나 사회과학에서 활용되는 종단연구의 하나로 연구설계방법의 하나다. 특정 시기에 공통된 경험을 하거나 공통점을 가진 집단(예컨대, 같은 출생시기, 실업, 약물 노출 등)과 다른 면에서는 유사하나 이러한 경험이나 공통점이 없는 집단과 장기적으로 추적, 비교하여 인과관계를 추론하고자 한다.

검사	비통제 프로그램	통제 프로그램	집중 프로그램
언어	−6	+0.1	+2.8
사고	−2.5	+1.5	+.2

그림 17-14 전국 코호트 연구에서의 비통제, 통제 그리고 집중 프로그램의 결과

practice schools)' 로 선택되어, '최고의 교육 실제' 의 특성의 조사 대상이 되었다. 핵심적인 질문은 어떻게 그러한 최고 성취를 보이는 학교의 결과를 설명할 수 있는가(조사의 질적 부분)이다. 공통적으로, '최고의 교육 실제 학교' 들은 26개의 '최고의 교육 실제의 특성' 에 있어 압도적으로 긍정적인 측면을 보였다(질문의 60%는 긍정적, 단지 4%만이 부정적). 최고의 교육 실제를 갖는, 최고 점수를 받은 여섯 학교들 중 다섯 군데는 피라미드 학교였고 한 군데는 하이스코프 학교였다. 대부분의 피라미드 학교는 '최고의 교육 실제' 를 한다는 것을 증명하고 있다고 결론지을 수 있었다.

11. 결론

네 연구 모두에서 피라미드 방법은 발달적 결과 평가에서 긍정적 효과를 보였다. 이러한 결과(같은 긍정적 방향)는 지역별 연구에서도 또한 볼 수 있다. 그러므로 피라미드 방법은 성공적인 유아교육을 수행하는 데 교사에게 도움이 되는 효과적이고 실용적인 방법인 것처럼 보인다. 피라미드는 상황이 적합하든 그렇지 못하든 모두 적용될 수 있는 탄탄한 방법이다. 피라미드 방법은 개인지도가 적용될 때 더 효과적이다.

피라미드는 유아가 스스로 발달하는 데 최적의 기회를 제공하는 균형 잡힌 방법이다. 즉, 유아 주도와 교사 주도의 균형, 관계 요소와 교육 요소들, 내용(전체적인 개념에서 세 가지 지능이 개발됨), 유아의 가능성(위험에 처한 유아도 영리한 유아만큼 성취하게 됨), 마지막으로 적어도 평가절차에서의 균형(교사 특성과 유아의 창의성을 평가하기에 충분히 실제적이며, 교사의 목적이 실현되는지를 알아보기에 충분히 체계적인 것)이 그 내용이 된다.

추천사이트

피라미드 교육원리(The Power of Pyramid Principles)
http://www.pyramidprinciples.com

Cito:
http://www.cito.com

교육관련 자료(For educationally appropriate materials)
http://www.nienhuis.com

Cito USA Inc.
931 Monroe Dr. NE, Ste.A-102-315
Atlanta, GA 30308
Phone: 1-801-815-9247
Fax: 1-404-601-6853
E-mail: support.usa@cito.com

van Kuyk, Jef. J., 2003. *Pyramid: The Method for Young Children*, Arnhem, The Netherlands: Cito.

참고문헌

Ainsworth, M. D. S., Blehar, M. C., & Waters, E. (1978). *Patterns of attachment: A psychological study of the strange situation.* Hillsdale, NJ: Erlbaum.

Bowlby, J. (1969). *Attachment and loss. Vol. 1.* London, England: Hogarth Press.

Bowman, B. T., Donovan, M. S., & Burns, M. S. (2001). *Eager to learn: Educating our preschoolers.* Washington, DC: National Academy Press.

Cocking, R. R., & Renninger, K. A. (Eds.). (1993). *The development and meaning of psychological distance.* Hillsdale, NJ: Erlbaum.

Eggen, T. J. H. M., & Sanders, P. F. (ed.), (1993). *Psychometrie in de praktijk* [Psychometrics in practice]. Arnhem, The Netherlands: Cito.

Erickson, M. F., Sroufe, L. A., & Egeland, B. (1985). The relationship between quality of attachment and behavior problems in preschool in a high-risk sample. In I. Bretherton & E. Waters (Eds.), *Growing points of attachement theory and research.* Monographs of the society for research in child development, 50, 147-166.

Fischer, K. W., & Bidell, T. R. (2006). *Dynamic development in action and thought.* In W. Damon & R. M. Lerner (Eds.), *Handbook of child psychology.* New York: Wiley, chapter 7.

Fischer, K. W., & Rose, S. P. (1998). Growth cycles of brain and mind. In *Educational Leadership, 56*(3), 56-60.

Gardner, H. (1993). *Multiple intelligences: The theory in practice.* New York: Basic Books.

Gestwicki, C. (1987). *Home, school, and community relations: A guide to working with parents.* Albony, NY: Delmar.

Homann, M., & Weikart, D. P. (1995). *Educating young children.* Ypsilanti, MI: High/Scope Educational Research Foundation.

Piaget, J. (1970). *Genetic epistemology.* New York: Columbia University Press.

Pressley, M., Hogan, K., Wharton-McDonald, R., & Mistretta, J. (1996). The challenges of instructional scaffolding: The challenges of instruction that supports student thinking. *Learning Disabilities Research & Practices, 11*, 138-146.

Royce, J. M., Darlington, R. B., & Murray, H. W. (1983). Pooled analyses: Findings across studies. In *The Consortium for Longitudinal Studies. As the Twig is bent . . . Lasting Effects of preschool programs.* Hillsdale, NJ: Erlbaum.

Salovay, P., & Mayer, J. D. (1990). Emotional intelligence. *Imagination, Cognition, and Personality, 9*, 185-211.

Shonkoff, J. P., & Philips, D. A. (Eds.). (2000). *From neurons to neighborhoods: The science of early childhood development.* Washington, DC: National Academy Press.

Sigel, I. E. (1993). The centrality of a distancing model for the development of representational competence. In R. R. Cocking & K. A. Renninger (Eds.), *The development and meaning of psychological distance.* Hillsdale, NJ: Erlbaum, 141-158.

Slavin, R. E., Madden, N. A., & Karweit, N. L., (1994). Success for all: A comprehensive approach to prevention and early intervention. In R. E. Slavin, N. L. Karweit, & B. A. Wasik (Eds.), *Preventing early school failure: Research, policy and practice.* Boston: Allyn & Bacon.

Stoep, J., & van Elsäcker, W. (2005). *Peuters interactief met taal. De taallijn VVE: Taalstimulering voor jonge kinderen* [Preschool children, interactive with language. The Language Line]. Nijmegen: Expertisecentrum Nederlands.

van Geert, P. (1998). *A dynamic systems model of basic developmental mechanisms: Piaget, Vygotsky, and beyond. In Psychological Review, 105*(4), 634-677.

van Kuyk, J. J. (2003). *Pyramid: The method for young children* (English version). Arnhem, The Netherlands: Cito.

van Kuyk, J. J. (2006). *Holistic or sequential approach to curriculum: what works best for young children?* In J. J. van Kuyk. *The quality of early childhood education.* Arnhem, The Netherlands: Cito.

Veen, A., Roeleveld, J., & van Daalen, M. (2005). *Op zoek naar 'Best Practice': Opbrengsten van de Amsterdamse Voorscholen.* [In search for 'Best Practice': Results of Amsterdam preschools and kindergartens]. Amsterdam: SCO-Kohnstamm Instituut.

Vygotsky, L. (1962). *Thought and language.* Cambridge, MA: MIT Press.

찾아보기

ㄱ

[역자 소개]

이진희
계명대학교 사범대학 유아교육과 교수
University of Illinois at Urbana-Champaign,
C&I(유아교육 전공), Ph.D.
jlee5@kmu.ac.kr

윤은주
숙명여자대학교 생활과학대학 아동복지학부 교수
University of Illinois at Urbana-Champaign,
C&I(유아교육 전공), Ph.D.
eunjuyun@sm.ac.kr

성소영
안양대학교 인문대학 유아교육과 교수
University of Illinois at Urbana-Champaign,
C&I(유아교육 전공), Ph.D.
sosung@anyang.ac.kr

이병호
덕성여자대학교 사회과학대학 유아교육과 교수
University of Illinois at Urbana-Champaign,
C&I(유아교육 전공), Ph.D.
bhlee@duksung.ac.kr

전홍주
배재대학교 인문대학 유아교육과 교수
Arizona State University,
C&I(유아교육 전공), Ph.D.
hjun@pcu.ac.kr

안지령
위덕대학교 사범계열 유아교육학부 교수
University of British Columbia,
C&I(유아교육 전공), Ph.D.
jrahn@uu.ac.kr

영유아 프로그램의 다양성과 역동성 제5판

발 행 일 • 2010년 6월 25일 1쇄 발행
저 자 • Jaipaul L. Roopnarine · James E. Johnson
역 자 • 이진희 · 윤은주 · 성소영 · 이병호 · 전홍주 · 안지령
발 행 인 • 홍진기
발 행 처 • 아카데미프레스
주 소 • 122-900 서울시 은평구 역촌동 58-9
부호아파트 102동 상가 3호
전 화 • (02)2694-2563
팩 스 • (02)2694-2564
편 집 • 디자인 드림
웹사이트 • www.academypress.co.kr
등 록 일 • 2003. 6. 18, 제313-2003-220호
I S B N • 978-89-91517-78-3

가격 25,000원